천부경 天符經

삼일신고 三一神誥 참전계경 參佺戒經

一始無始一析三極無盡本
天一一地一二人一三一積十鉅無匱化
三天二三地二三人二三大三合六生七八九
運三四成環五七一妙衍
萬往萬來用變不動本
本心本太陽昂明人
中天地一一終無終一

최민자 주해

| 서문 | 하늘소리 ··· 6

제1편 | 천부경

제1부 천부경의 이해 ············· 29
제1장 천부경의 전래 ····················· 31
제2장 천부경의 요체 ····················· 44
제3장 천부경의 구조 ····················· 51

제2부 천부경의 주해 ············· 53
제1장 상경上經「천리天理」············· 55
제2장 중경中經「지전地轉」············· 75
제3장 하경下經「인물人物」············· 99

제2편 | 삼일신고

제3부 삼일신고의 이해 ············· 123
제1장 삼일신고의 전래 ····················· 125
제2장 삼일신고의 요체 ····················· 134
제3장 삼일신고의 구조 ····················· 140

제4부 삼일신고의 주해 ············· 143
서장 삼일신고 서 ····················· 144
제1장 하늘(天) ····················· 148
제2장 일신一神 ····················· 153
제3장 천궁天宮 ····················· 163
제4장 세계世界 ····················· 171
제5장 인물人物 ····················· 179

| 제3편 | 참전계경

제5부 참전계경의 이해 ······ 193
　제1장　참전계경의 전래 ······ 195
　제2장　참전계경의 요체 ······ 206
　제3장　참전계경의 구조 ······ 217

제6부 참전계경의 주해 ······ 219
　제1강령 「성誠」 ······ 220
　제2강령 「신信」 ······ 316
　제3강령 「애愛」 ······ 374
　제4강령 「제濟」 ······ 454
　제5강령 「화禍」 ······ 506
　제6강령 「복福」 ······ 578
　제7강령 「보報」 ······ 650
　제8강령 「응應」 ······ 700

| 부록 | 참고문헌 요해 ······ 753
　　　　찾아보기 ······ 864

서문

하늘 소리

> 『천부경』에서 천지 포태胞胎의 이치와 기운을 일一부터 십十까지의 숫자로 풀이한 것은 진리가 언설의 경계를 넘어서 있는 까닭이다. 강을 건너기 위해서는 나룻배가 필요하나 언덕에 오르기 위해서는 배를 버려야 하듯, 진리의 언덕에 오르기 위해서는 이 숫자들마저도 버려야 한다.
> ―『천부경』해설 중에서

하늘 소리 하나 : 숫자로써 숫자가 끊어진 법을 보여주고자

우주의 본질은 생명이다. 일체의 생명은 천·지·인 혼원일기混元一氣에서 나와 다시 그 하나인 혼원일기로 돌아간다. 그런 까닭에 생명의 본질은 내재성인 동시에 초월성이며, 전체성(一)인 동시에 개체성(多)이며, 우주의 본원인 동시에 현상 그 자체다. 가시권可視圈에서 비가시권에 이르기까지, 극대로부터 극미에 이르기까지, 일체의 생명은 자기생성적 네트워크 체제로서의 우주에 참여하고 있으며, 그 근원은 모두 하나로 연결되어 있다. 그런 까닭에 생명의 원리는 보편의식(universal consciousness 또는 universal will)에 기초한 자발성(自發性 spontaneity)이다. 생명은 스스로 생성되고 변화하여 돌아가는 '스스로(自) 그러한(然)' 자이므로 누가 누구를 창조하는 것이 아니다. 창조하는 주체도 없고 창조되는 객체도 없다. 『천부경』에서 천지 포태胞胎의 이치와 기운을 풀이한 일一부터 십十까지 숫자들의 순열 조합은 우주섭리가 써내려 가는 생명의 대서사시大敍事詩요,

천·지·인 혼원일기가 연주하는 생명의 교향곡이다. 따라서 일체의 생명은 우주적 생명이며, 이 우주는 '참여하는 우주(participatory universe)'이다. 그 뉘라서 천지에 미만彌滿해 있는 이 우주적 무도舞蹈를 그치게 할 수 있으리오!

이 우주는 방대하고 복잡하면서도 매우 정교하게 짜여진 생명의 피륙이다. 비록 오관五官의 지각으로는 그것의 극히 일부밖에는 볼 수가 없다고 할지라도, 보이지 않는 얽히고설킨 무수한 실들이 빈틈없이 짜여져 있다. 개체의 존재성은 우주적 에너지의 흐름 속에서만 파악될 수 있으며, 그런 점에서 존재성은 곧 관계성이다. '이것'이 곧 다른 '모든 것'이다. 밤하늘에 흩어져 있는 무수한 별들 사이에 인력이 작용하고 있는 것처럼, 우주만물은 끝없이 상호 연결되어 있으며 서로가 서로를 비추는 상즉상입相卽相入의 구조로 연기緣起하고 있는 것이다. 자본자근自本自根·자생자화自生自化하는 생명의 파동적波動的 성격을 깨닫게 되면, 불연不然의 본체계와 기연其然의 현상계를 회통會通하게 됨으로써 내재와 초월, 본체와 작용이 결국 하나임을 알게 된다. 그것은 무궁無窮의 품속에서 노니는 절대적 자유의 경지이다. 절대적 자유는 삶과 죽음을 관통한다. 절대적 자유의 품속에서는 '나'를 잊고, '나'를 잃지 않으므로 모든 존재 속에서 나 자신을 보고, 나 자신 속에서 모든 존재를 본다. 생명은 논리를 초월한다. 생명은 영원한 신비다. 생명의 원천과 연결되지 못한 것은 결국 허구다. 전체實體를 알지 못하고서는 결코 두려움과 욕망에서 벗어날 수 없다.

가을이 되면 나무가 수기水氣를 뿌리로 돌리듯, 일체의 생명은 본래의 뿌리로 돌아감으로써 영원한 생명을 유지한다. 만물이 생장生長하고 변화하는 이 모습이 기실은 모두 그 근원으로 되돌아가는 작용인 것이다. 생사生死란 생명의 낮과 밤의 주기일 뿐, 생명은 결코 죽지 않는다. 다만 형태와 모습만이 변할 뿐이다. 우리가 늙는 것이 아니고 우리 육체가 늙는 것이다. 우리가 죽는 것이 아니고 단지 육체라는 허물을 벗는 것이다. 따라서 죽음이란 슬픈 것도 아니고, 마지막도 아니다. 생명의 흐름은 상호의존·상호전화·상호관통하는 원궤를 이루며 영원히 이어진다. 일원(一元, 宇宙曆 1년)인 12만 9천6백 년을 주기로 천지개벽의 도수度數에 따라 우주가 봄·여름·가을·겨울의 '개벽'으로 이어지는 우주의 순환, 지구가 태양을 공전하고 태양계는 은하세계를 2억 5천만 년 주기로 회전하며 은하세계는 은하단을 향하여 회전운동을 하는 천체의 순환, 그리고 천시天時와 지리地理에 조응하는 생명체의 순환과 카르마(karma 業)의 작용이 불러일으키는 의식계의 순환—그 속을 우리가 살고 있는 것이다.

『천부경』은 단순히 우리 민족 고유의 경전이 아니라 모든 종교와 진리의 모체가 되는 인류의 경전이다. 우주의 순환, 천체의 순환, 생명체의 순환, 그리고 의식계의 순환과 더불어 일체 생명의 비밀을, 그 어떤 종교적 교의나 철학적 사변이나 언어적 미망迷妄에 빠지지 않고 단 81자로 열어 보인 천부경이야말로 모든 종교와 진리의 진액이 응축되어 있는 경전 중의 경전, 생명경生命經이다. 미회[未會: 우주의 8월(陰)]인 우주 가을로의 초입初入에서도 여전히 사상적 질곡에서 헤어나지 못하는 우리 인류에게 천부경은 '표월지지標月之指'로 다가서고 있다. 뉘라서 진리의 달을 가리키는 우리 국조國祖의 손가락을 외면하랴! 이 순간에도 천부경은 숫자로써 숫자가 끊어진 법을 보여 주고자 무진등無盡燈으로 타오르고 있다. 참으로 역사의 종언이 아니라 '하나(一)'의 원리가 용해되어 흐르는 새로운 역사의 시작이다.

하늘 소리 둘 : 무수한 진리의 가지들을 하나의 진리로

　동양 최고最古의 의학 경전으로 알려진 『황제내경黃帝內經』의 첫머리는 상고천진론上古天眞論으로 시작한다. 동양의학에서 인간을 보는 관점에 대한 선언이랄 수 있는 상고천진론은 가히 인류의 생명 헌장憲章이라고 할 만한 내용이 수록되어 있다. 현대의학으로서도 게놈(genome) 프로젝트를 통해 이제 겨우 그 단초를 규명하는 단계에밖에 이르지 못한 생명의 비밀을, 상고천진론에서는 이미 수천 년 전에 모든 인간이 태어나면서부터 여자는 7년을 주기로, 남자는 8년을 주기로 성장·쇠퇴하는 그 자체의 생명 프로그램을 가지고 나온다는 사실을 밝혀놓고 있는 것이다. 특히 마지막 부분에서는 인간 생명의 완성을 다루고 있어, 동양의학의 목표가 단순히 무병장수하는 삶이 아니라 인간 자체의 완성이라는 사실을 알려준다는 점에서 특기할 만하다.

　모든 인간이 그 자체의 생명 프로그램을 가지고 나온다는 상고천진론의 관점은 존재의 자기근원성과 관련된 것이라는 점에서, 이 우주를 자기생성적 네트워크 체제로 인식하는 현대 물리학의 양자역학(量子力學 quantum mechanics)적 관점과도 그 맥이 통하는 바가 있다. 즉 주체-객체 이분법이 폐기됨으로써 전 우주가 참여자의 위치에 있게 되는, 이른바 '참여하는 우주'의 경계가 미시세계를 다루는 양자역학적 실험에서 밝혀진 것이다. 그 대표적인 것이 빛(전자기파)의 파동-입자의 이중성(wave-particle duality)에 관한 닐스 보어(Niels Bohr)의 상보성원리(Complementarity Principle)와 전자의 속도 및 위치에 관한 베르너 하이젠베르크(Werner Heisenberg)의 불확정성원리(Uncertainty Principle)이다. 그 핵심은 인과론에 기초한 뉴턴(Isaac Newton)의 고전역학의 틀을 벗어나 관측의 대상이 항상 관측자와 연결되어 있고 또한 관측의 대상과 관측자의 경계가 고정된 것이 아니라고 보아, 주체와 객체를 대립적인 관계가 아닌 하나의 연속체로 파악한 것이다. 여기서 관측자의 의식이 관측 대상에 영향을 미칠 수 있다고 본 것은 적어도 정신과학의 측면에서 보면 전혀 새로운 것이 아니다. 그러나 입자파동의 이중성에 관한 설명은 여전히 현대 물리학의 아킬레스건(achilles腱)으로 남아 있으며, 또한 양자역학이 소립자素粒子물리학이나 고체물리학에서 거둔 많은 성과와는 달리, 상대성이론과 접목한 양자장(量子場 quantum field)이론이나 중력과의 통합을 모색하는 이론 분야는 여전히 과학자들의 현안으로 남아 있다.

물리物理 세계는 성리性理에 대한 인식의 바탕이 없이는 명쾌하게 설명될 수 있는 것이 아니다. 왜냐하면 사물의 이치란 곧 물성物性을 일컫는 것으로 사물[物]의 이치와 성품[性]의 이치는 마치 그림자와 실물의 관계와도 같이 상호 조응하는 까닭이다. 유·불·선에서 물리는 각각 기氣·색色·유有로 나타나고, 성리는 이理·공空·무無로 나타난다. 말하자면 전일적 실재관에 기초한 고대 동양의 인식체계에서 물리와 성리는 물질과 정신, 작용과 본체, 필변과 불변이라는 불가분의 표리관계로서 통합된 형태로 나타난다. 사서四書의 하나로 일컬어지는 『대학大學』에서는 명명덕(明明德: 명덕을 밝힘)·친민[親民(新民): 백성을 친애함]·지지선(止於至善: 지선에 머묾)을 대학의 3강령이라 하고 이를 격물格物·치지致知·성의誠意·정심正心·수신修身·제가齊家·치국治國·평천하平天下의 8조목八條目으로 정리하여 유교의 윤곽을 제시하였다. 8조목의 요지는 "사물의 이치를 궁구하여 이르지 않는 데가 없게 한 다음에야 모든 사물의 이치를 알 수 있게 되고, 모든 사물의 이치를 알고 난 다음에야 뜻이 성실해지고, 뜻이 성실해진 다음에야 마음이 바르게 되고, 마음이 바르게 된 다음에야 몸이 닦아지고, 몸이 닦아진 다음에야 집안이 다스려지고, 집안이 다스려진 다음에야 나라가 다스려지고, 나라가 다스려진 다음에야 천하가 태평하게 된다"는 것이다. 현대 물리학의 연구 방법과 지향점에 대해 생각하게 하는 대목이다.

또한 중국 선종禪宗의 초조初祖 보리달마(菩提達磨 Bodhidharma, ?~528?)는 도道에 들어가는 요문을 밝힌 『이입사행론二入四行論』에서 이입사행이 이치로 들어가는 이입理入과 실천행으로 들어가는 행입行入의 두 가지 문이 있고, 사행四行, 즉 보원행報怨行・수연행隨緣行・무소구행無所求行・칭법행稱法行의 네 가지 실천행을 통해 궁극적 진리에 이를 수 있다고 하였다. 이치로 들어가는 이입이란 참성품을 깨달아 일체 생명의 진성眞性이 하나임을 체득하는 것으로, 이는 곧 분별지分別智를 버리고 근본지根本智로 되돌아감으로써 물성을 깨닫는 것이다. 그리하여 이치와 실천행의 두 가지 문은 이치(理)에 의하여 행行을 일으키고 행에 의하여 이치에 들어가는 상즉상입相卽相入의 관계로 둘이면서 하나인 이문일심二門一心의 법을 이루는 것이다. 물성物性을 알지 못하고서는 물리 세계의 존재 이유가 규명될 수가 없고 따라서 올바른 행行이 일어날 수가 없으므로 달마는 깨달음에 이르는 길을 이입과 행입의 두 가지 문으로 나타낸 것이다. 현대 물리학의 초점이 문명의 이기利器 창출에 맞추어진 것도 물리학자들이 물리 세계의 존재 이유를 규명하지 못한 데 있다고 보아야 할 것이다.

필자가 본서의 내용과 관련하여 양자론에 관심을 갖는 것은 이제 양자론이 물리학자들의 전유물이었던 시대는 사실상 끝났기 때문이다. 트랜지스터(transistor)・실리콘 칩・핵에너지와 같은 신기술을 비롯해서 화학・생물학・생리학・반도체 등 수많은 분야의 신개발이 양자론에 힘입어 나타났거니와, 최근 양자 컴퓨터나 나노테크놀로지 등 양자론을 본격적으로 도입한 응용 연구까지 붐을 이루고 있어 바야흐로 21세기는 양자공학의 시대라는 말까지 나오고 있을 정도이다. 필자가 특히 주목하는 것은 우리 인류의 가치지향성이 현대 물리학의 안내로 대大에서 소小를 거쳐 극미세極微細에서 공空으로 진입하고 있다는 사실이다. 이 세계가 근본적인 전일성의 현시이며 독립적인 최소의 단위로 분해될 수 없다고 하는 아원자 물리학의 '양자장量子場' 개념은 『반야심경般若心經』의 '색즉시공 공즉시색(色卽是空 空卽是色)'이란 구절 속에 이미 구현되어 있다. '대소'는 물질적 차원의 개념이지만 '공'은 의식적 차원의 개념이다. 물질시대에서 의식시대로의 패러다임 전환의 단초가 여기에 있다. 1927년에 형성된 양자세계에 관한 보어의 '코펜하겐 해석(Copenhagen interpretation)'은 결정론과 인과론의 근본적인 변화를 가져오게 했으며 지금까지도 유력한 위치를 차지하고 있다. 그러나 왜 미시세계에서는 입자-파동의 이중성이 존재하는지, 또는 모든 곳에 존재하거나 어느 곳에서도 존재하지 않는다는 미시세계에서의 역설(paradox)이 의미하는 바가 무엇인지에 대해서는 설명하지 못하고 있을 뿐더러 물리학의 과제가 아니라고까지 하고 있다. 과연 그럴까? 단언하건대, 그것이 물리학의 과제가 아니라고 한다면 지구과학의 미래는 없다.

　『참전계경』에서는 사람의 몸에만 눈, 코, 입, 귀, 요도, 항문의 구규九竅가 있는 것이 아니라 마음에도 구규가 있다고 하고 있다. 몸뿐만 아니라 마음에도 아홉 구멍이 있다고 한 것은 몸과 마음이 조응관계에 있는 까닭이다. 말하자면 눈, 코, 입, 귀, 요도, 항문은 통로일 뿐이고 기실은 모두 마음의 작용이니 마음에 아홉 구멍이 있다고 한 것이다. 사물을 본다는 것은 단순한 눈의 작용이 아니라 마음(의식)의 작용이다. '물리학은 우리가 자연에 대해 말할 수 있는 것을 다룬다'고 한 보어의 말은, 관측자의 의식이 그 대상에 영향을 줄 수 있다고 한 자신의 이론을 잠시 잊은 듯하다. 또한 자연이 어떻게 존재하는지를 알아내는 것이 물리학의 과제가 아니라고 하는 생각은 정신·물질 이원론의 덫에 걸린 것이다. 입자-파동의 이중성은 소위 과학적 합리주의에 기초한 지금의 칸막이지식으로는 적절하게 설명될 수가 없다. 현대 물리학의 혁명적 진보는, 다시 말해서 인류의 가치체계의 혁명적 변화는 과학과 신神의 운명적인 만남을 통하여 이루어질 것이다. 그것은 곧 이성과 신성의 합일이며 물리와 성리의 통합이다.

우주 가을로의 초입에서 이루어지는 과학과 신의 운명적인 만남, 그것은 생장·분열[宇宙曆 전반 6개월(春夏)]의 선천시대를 마감하고 수렴·통일[宇宙曆 후반 6개월(秋冬)]의 후천시대로 넘어가는 과정에서 나타나게 되는 시대적 필연이다. 우주의 시간대가 새로운 질서로 접어들면서 이제 우리 인류는 건운乾運의 선천 5만 년이 다하고 곤운坤運의 후천 5만 년이 열리게 되는 후천개벽기, 즉 미회未會에 들어서 있다. 인간은 단순한 지구적 존재가 아니라 우주의 본질과 천지 운행의 원리에 조응하는 우주적 존재인 것이다. 송대宋代의 대유학자 소강절(邵康節, 이름은 擁, 1011~1077)의 『황극경세서皇極經世書』에도 나와 있거니와, 천시天時에 조응하여 인사人事가 일어나는 법이니, 이제 우리 인류는 과학과 신의 운명적인 만남을 위하여 유일신 논쟁을 종식시키지 않으면 안 된다. 왜냐하면 인격화된 유일신을 설정하여 주체-객체 이분법에 근거한 '창조론'의 설명은 양자역학적 관점에서 볼 때 비과학적이라 할 수밖에 없기 때문이다.

『삼일신고三一神誥』의 '성기원도 절친견 자성구자 강재이뇌(聲氣願禱 絶親見 自性求子 降在爾腦)'라는 구절은 유일신의 실체를 명징하게 보여준다. "소리내어 기운을 다하여 원하고 기도한다고 해서 ('하나'님을) 친견할 수 있는 것이 아니다. 자성에서 씨['하나'님의 씨앗(子)]를 구하라. 너희 머릿골에 내려와 계시니라"라고 한 것은, '하나'님은 머릿골에 이미 내려와 계시므로 참본성에 대한 자각이 없는 기도행위는 아무리 소리 내어 기운을 다하여 한다고 해도 공허한 광야의 외침과도 같이 헛되다는 것이다. 「마태복음(Matthew)」(7:21)에서 "나더러 주여 주여 하는 자마다 다 천국에 들어갈 것이 아니요 다만 하늘에 계신 내 아버지의 뜻대로 행하는 자라야 들어가리라"고 한 것도 이와 같은 의미이다. 여기서 '아버지(聖父·하늘(님)·唯一神'란 우주만물의 근원으로서 우주만물에 편재해 있는 보편자(唯一者)이다. 우주의 실체는 의식이므로 보편자는 곧 보편의식(순수의식, 우주의식, 근원의식, 전체의식)이며 이는 곧 참본성(천·지·인 混元一氣)을 일컫는 것이다. 참본성을 따르는 자만이 천국에 들어갈 수 있다는 의미이다. 삼일신고에서 성통공완(性通功完)을 강조하는 것도 참본성을 통하지 않고서는 인간의 자기실현은 불가능하기 때문이다. 영원히 생명의 물레를 돌리는 천·지·인 혼원일기(참본성), 즉 유일신을 신교(神教, 仙教)에서는 삼신(천·지·인 三神), 유교에서는 하늘(天), 불교에서는 일심(佛), 도교에서는 도(道), 기독교에서는 하나님(하느님·창조주), 힌두교에서는 브라흐마(Brāhma), 이슬람교에서는 알라(Allah), 동학(천도교)에서는 한울(天·天主), 대종교에서는 한얼 등으로 달리 명명하고 있지만 그 실체는 모두 같은 것이다. 천·지·인 혼원일기는 작용으로는 셋이지만 그 체는 하나인 까닭에 이름하여 유일신이라 한 것이다.

 9·11테러나 이슬람권을 자극시킨 무하마드 풍자만화 사건에서 보듯, 기독교 문명과 이슬람 문명 간의 문명 충돌의 본질은 종교 충돌이며 그 핵심에는 유일신의 존재가 자리 잡고 있다. 오늘날 삶과 종교, 종교와 종교, 종교와 학문 간 불화의 단초가 되고 있는 '유일신' 논쟁은 진리의 편린에 집착함으로 인해 큰 진리가 가려진 데서 오는 것으로 단순한 종교 논쟁이 아니라 우리 삶 속에 뿌리박은 심대한 문제이다. 참본성이 곧 하늘이요 신(神)이니, 참본성을 떠

난 그 어디에 따로이 유일신이 존재하는 것이 아니다. 우주만물에 편재해 있는 절대유일의 '참나'가 곧 유일신이다. 오늘날의 지식체계가 과학적 합리주의에 기초해 있는 만큼, 과학과 신의 만남은 학문과 종교의 화해의 전주곡이 될 것이며, 종교의 성벽에 갇혀 개체화되고 물질화되어 신음하는 유일신'하나'님·하늘(님)·眞理'을 해방시켜 만유의 유일신으로 되돌리는 계기를 제공할 것이다. 만유에 편재해 있는 유일신의 실체를 외면한 채 자신의 부정한 의식이 만들어낸 '나'만의 유일신, 내 종교만의 유일신을 경배하는 것은 짚신이나 나막신 수준의 물신物神을 경배하는 것에 지나지 않으니, 그것이야말로 모든 종교에서 그토록 경계하는 우상숭배에 빠지는 일이다.

　인내천人乃天이다. 우주의 실체는 의식이므로, 사람이 하늘이라고 한 뜻은 참본성이 곧 하늘이라는 뜻이다. 참본성은 분리될 수 없는 하나이므로 이름하여 유일신이라 한 것이요, 또한 분리될 수 없는 하나이니 사람만이 아니라 우주만물이 다 하늘이다. 우주만물이 다 지기至氣인 하늘(天)의 화현化現인 까닭에「영부주문靈符呪文」에서는 '이천식천以天食天-이천화천以天化天', 즉 하늘로써 하늘을 먹고 하늘로써 하늘을 화할 뿐이라고 한 것이다. 말하자면 우주만물이 모두 한 기운 한 마음으로 꿰뚫어진 까닭에 우주만물의 생성·변화·소멸 자체가 모두 하늘의 조화造化 작용인 것으로 나타나는 것이다. 인내천의 '인人'이 사람과 우주만물을 나타내는 인물人物의 의미인 것은, 필자가『천부경』해설에서 '인일삼人一三'의 '인일'을 '인물'의 본체로 풀이한 것과 같은 것이다. 또한 이는『황극경세서』에 나오는 천개어자(天開於子: 子會에서 하늘이 열림)·지벽어축(地闢於丑: 丑會에서 땅이 열림)·인기어인(人起於寅: 寅會에서 人物이 생겨남)의 선천개벽先天開闢에 관한 설명에서 '인기어인'의 '인'을 '인물'의 의미로 나타낸 것과도 같은 것이다. 다만 사람이 만물의 영장이니, '인人'은 때론 사람과 우주만물을 나타내는 대명사로도 사용되는 것이다. 따라서 참본성이 곧 하늘이요 유일신이다. 진리 그 자체인 유일신은 특정 종교의 신도 아니요 섬겨야 할 대상도 아니다. 바로 우리 자신이며, 우주만물 그 자체다.

'천상천하유아독존天上天下唯我獨尊'이란 말은 유일자의 실재를 명징하게 보여준다. 여기서 '아我'란 태어나지도 죽지도 않으며 세상사에 물들지도 않는, 생명의 본체인 참나(참본성, 神性, 一心)를 가리키는 것이다. 참나는 이 세상 그 무엇에도 비길 데 없이 존귀한 까닭에 이 세상에 오직 참나만이 홀로 높다고 한 것이다. 이 참나가 바로 만유의 중심에 내려와 있는 신성인 동시에 다함이 없는 기화氣化의 작용으로 만유를 생멸시키는 불생불멸의 유일자(唯我), 즉 유일신이다. 예수 그리스도께서 "나를 따르라"고 하신 그 '나' 또한 절대유일의 참나(참본성), 즉 유일신을 가리키는 것이다. 종교의 세속화·상업화·기업화 현상, 유일신 논쟁, 창조론과 진화론 논쟁, 유물론과 유심론 논쟁, 신·인간 이원론, 물질만능주의 등은 우리의 참본성인 유일신의 실체를 직시하지 못하는 데서 오는 것이다. 우주만물이 혼원일기混元一氣인 유일신의 화현化現임을 직시한다면, 일체의 생명현상이 자기근원성을 가지고 있음을 인식한다면, 그리하여 본체계와 현상계가 둘이 아님을 알게 되면, 주체·객체, 정신·물질, 유심·유물, 신·인간 등 일체의 이분법은 종식될 것이다.

육조 혜능六祖慧能의 법사法嗣인 당나라 선승禪僧 하택신회(荷澤神會, 684~758)가 남종선南宗禪의 주장을 정리한『돈오무생반야송頓悟無生般若頌』에서는 일(一, 유일신)과 다(多, 우주만물), 진제眞諦와 속제俗諦가 같은 것임을 이理와 사事의 관계를 통하여 나타내고 있다. 여기서 '이'와 '사'는 곧 본체와 작용의 관계로서, 풀 한포기, 물방울 하나까지도 한 이치 기운의 조화造化 작용 아닌 것이 없으니 우주만물(事)을 떠나 따로이 유일신(理)을 찾을 수 있는 것이 아니다. 음양오행의 우주적 기운의 응결에 의해 만물이 화생하나 궁극에는 그 근원으로 되돌아가는 것이니, 유일신과 우주만물은 둘이 아니다. '작용은 하지만 흔적이 없고 공空하지만 흔적이 없는 것도 아니니 진공묘유眞空妙有'라고 하여 신회가 진공묘유를 체와 용의 상호관통에 대한 논리로 해석한 것은 진공묘유가 본래의 자성(참본성, 神性), 즉 유일신을 설명하는 것임을 보여주는 것이다. 신과 세계와 영혼, 즉 천·지·인 삼재의 통합성을 자각하게 되면 유일신의 탈을 쓴 물신은 저절로 그 모습을 감추게 될 것이다. 지구적 의식(planetary consciousness)의 혁명적 변화는, 필자가 말하는 제2의 르네상스·제2의 종교개혁은, 존재의 자기근원성에 대한 자각을 통해 유일신(참본성)의 실체를 직시함으로써 이루어질 것이다. 삶과 종교, 종교와 종교, 학문과 종교 간의 진정한 화해는 이로부터 시작될 것이다.

우리 상고시대 정치대전이자 삶의 교본이었던 『천부경』·『삼일신고』·『참전계경』을 관통하는 신교神敎적 사유의 특성은 한마디로 대통합이다. 지금으로부터 9,000년 이상 전부터 전해진 천부경·삼일신고·참전계경 등의 가르침은 유일신(천·지·인 三神)과 우주만물이 하나라는 일즉삼一卽三·삼즉일三卽一의 원리에 기초한 것으로, 천신교天神敎, 신교神敎, 수두교蘇塗敎, 대천교(代天敎, 부여), 경천교(敬天敎, 고구려), 진종교(眞倧敎, 발해), 숭천교(崇天敎·玄妙之道·風流, 신라), 왕검교(王儉敎, 고려), 배천교(拜天敎, 遼·金), 주신교(主神敎, 만주) 등으로 불리며 여러 갈래로 퍼져 나갔다. 불교의 삼신불(三身佛: 法身·化身·報身)이나 기독교의 삼위일체(三位一體: 聖父·聖子·聖靈), 그리고 무극無極·태극太極·황극皇極과 동학의 내유신령內有神靈·외유기화外有氣化·각지불이各知不移는 세 경전의 중핵을 이루는 천·지·인 삼신일체의 가르침과 그 의미가 같은 것으로 모두 삼신사상에서 나온 것이다. 일즉삼·삼즉일의 원리에 기초한 세 경전의 가르침은 인간 존재의 세 중심축이랄 수 있는 종교와 과학과 인문, 즉 신과 세계와 영혼의 세 영역(天地人 三才)의 분절성을 극복하게 함으로써 인간 존재의 '세 중심축'의 연관성 상실을 초래한 근대 서구의 정치적 자유주의를 치유할 수 있는 묘약妙藥을 함유하고 있다. 또한 이는 전일적이고 생태적이며 영적靈的인 현대 물리학의 새로운 실재관과도 일치하는 것이다.

『천부경』에서 근원적 일자(궁극적 실재)인 유일신에 이름을 붙이지 않고 그냥 '하나(一)'라고 한 것은 무수한 진리의 가지들을 하나의 진리로 되돌리기 위한 우리 국조의 심원深遠한 뜻이 담겨진 것이다. '집일함삼執一含三'과 '회삼귀일會三歸一'을 뜻하는 일즉삼(一卽多)·삼즉일(多卽一)의 원리에 기초한 천부경의 삼신일체 사상은 유일신 논쟁을 침묵시킬 만한 난공불락의 논리구조와 '천지본음天地本音'을 담고 있다. 본체-작용-본체·작용의 합일, 정신-물질-정신·물질의 합일, 보편성-특수성-보편성·특수성의 합일이라는 천부경 81자의 변증법적 논리구조는 생명의 3화음적 구조(the triadic structure of Life)를 표징하며, 천·지·인 삼재의 융화를 바탕으로 일즉삼·삼즉일의 원리가 인간 존재 속에 구현되는 함의를 지닌다. 천부경의 '인중천지일人中天地一'은 천·지·인 삼신일체의 천도를 드러낸 것으로 사람의 마음이 밝아지면 하늘(天)과 성性과 신神이 결국 하나임을 알게 되는 것이다. 빛의 파동-입자의 이중성의 비밀을 풀 수 있는 열쇠가 바로 '인중천지일'에 있다. 천부경의 '천지본음'은 고도의 정신과학이 밝힌 생명의 비밀을 압축한 것이라는 점에서 정신·물질 이원론의 해체 과정 속에 있는 현대물리학에 많은 시사점을 제공해 줄 수 있을 것이다.

하늘 소리 셋 : 진정한 문명은 '참나'에 대한 깨달음에서

필자가 유일신 논쟁에 관심을 갖는 것은 그것이 단순히 종교적 차원의 문제가 아니라 진리의 중추를 틀어쥐는 문제라는 점에서 학문적 차원과도 깊이 관련되기 때문이다. 오늘날 학문이 근본지根本智에서 멀어져 칸막이지식으로 전락함으로써 전인교육이 이루어지지 못하게 된 것은, 근대의 과학적 합리주의의 팽배로 인간 이성의 오만함이 극에 이르러 이성에 의한 신성(참본성, 참나, 유일신)의 학대가 만연하면서 학문의 불구화 현상이 초래된 데 그 근본 원인이 있다. 진리의 중핵을 이루는 하늘(天)과 성性과 신神은 무시무종이며 무소부재인 '하나(一)'의 본질을 다양하게 명명한 것일 뿐 별개가 아니다. 그럼에도 근대 서구의 지식체계에서는 이를 분리시켜 인식함으로써 결과적으로 유일신 논쟁을 야기시키게 된 것이다. 왜 '하나'님이 우상숭배를 그토록 경계했는가? 그것은 유일신의 실체를 직시하지 못하고서는 참본성을 자각할 수 없으므로 경천敬天의 도를 바르게 실천할 수 없고 따라서 인간의 자기실현은 불가능하기 때문이다.

실로 참본성이 열리지 않고서는 세상을 밝힐 수가 없으니 유일신 논쟁은 진정한 문명의 개창을 위한 당연한 수순이라고 보아야 할 것이다. 참본성이 곧 하늘이요 유일신임을 깨닫게 되면, 다시 말해서 유일신이 바로 우리의 본신(참나)임을 자각하게 되면, 종교적 진리가 삶 속에 구현됨으로써 자연히 전인교육이 이루어지고 밝은 정치가 구현되게 될 것이다. 그런데 진리 그 자체인 유일신이 종교의 성벽에 갇혀 신음하는 동안 유일신의 탈을 쓴 물신이 인간의 우상숭배에 힘입어 맹휘를 떨치며 오늘날 문명 충돌을 야기시키고 있으니, 유일신 논쟁은 종교적·학문적 영역에서는 말할 것도 없고 정치적 영역에서까지도 초미의 관심사가 아닐 수 없다. 유일신 논쟁은 진정한 문명의 개창을 위해 반드시 매듭지어야 할 인류의 과제다. 유일신의 실체 규명은 동시에 하늘과 참본성(참나)의 실체 규명이라는 점에서 정신·물질 이원론에 입각한 근대 서구 지식체계의 전면적인 개편과 더불어 패러다임 전환에 따른 새로운 문명의 개창을 촉구하게 될 것이다.

『천부경』·『삼일신고』·『참전계경』에서 마음을 밝히는 가르침을 근본으로 삼은 것은 정치의 주체인 인간의 마음이 밝아지지 않고서는 밝은 정치가 이루어질 수 없기 때문이다. 마음이 밝아진다는 것은 내재적 본성인 신성을 깨달아 우주만물이 결국 하나임을 알게 된다는 것이고 이는 곧 더불어 사는 삶을 실천하는 것이다. 이들 경전의 가르침은 재세이화·홍익인간의 이념과 경천숭조敬天崇祖의 보본報本사상 속에 잘 구현되어 있으며, 참전계경에서는 그러한 성통공완性通功完에 이르는 길을 366사로써 제시하고 있다. 이들 세 경전을 관통하는 핵심 사상인 천·지·인 삼재의 조화는, 생명현상을 개체나 종種의 차원이 아닌 생태계 그 자체로 인식하여 이 우주가 상호 작용하는 네트워크체제로 이루어져 있다는 현대 물리학의 생태적 관점과도 일맥상통하는 것이다. 현대 민주주의가 정치의 요체를 사람이 아닌 제도와 정책에 둠으로써 인간 소외 현상을 야기시켰다면, 이들 사상은 자연과 인간, 인간과 인간의 대립성과 분절성을 지양하고 융합과 조화에 그 토대를 둠으로써 현대사회가 안고 있는 인간소외 문제를 극복할 수 있게 할 것이다.

종교는 진리로 안내하는 문이다. 문 안으로 들어가서도 여전히 이름으로 진리를 찾는다면 진리는 그 모습을 드러내지 않을 것이다. 왜냐하면 진리는 본래 무명無名이고 따라서 경계가 없기 때문이다. 언어는 침묵을 전하기 위한 방편일 뿐이며, 형상 또한 무형상을 나타내기 위한 방편에 불과한 것이다. 우리가 의식하든 의식하지 못하든, 세속적인 삶을 살든 정신수행자로서의 삶을 살든, 종교라는 통로를 통하든 통하지 않든, 우리 모두는 우리의 본신인 신神으로 가는 도상에 있다. 어떤 사람은 오늘, 또 어떤 사람은 내일, 그리고 또 다른 사람은 모레…, 거기에 이를 것이다. 언젠가 '존재의 집'에 이르면 알게 될 것이다. 마치 소를 타고 소를 찾아 헤매는 것처럼, 우리의 본신인 신을 찾아 천지사방을 헤매었다는 것을! 우주 가을의 길목에서 천부경으로의 원시반본原始返本이 이루어지고 있는 것도 사상적 원시반본을 통하여 우리 인류가 영원한 생명을 체득하기 위한 것이다.

  신라 눌지왕 때의 충신 박제상朴堤上의 『부도지符都誌』에서도 밝히고 있거니와, 천부경은 상고시대 아시아의 대제국 환국桓國이 세계의 정치적·종교적 중심지로서, 사해의 공도公都로서, 세계 문화의 산실産室 역할을 하게 했던 '천부보전天符寶典'이었다. 부도지에 따르면, 파미르 고원의 마고성麻姑城에서 시작된 우리 민족은 마고麻姑, 궁희穹姬, 황궁黃穹, 유인有因, 환인, 환웅, 단군에 이르는 과정에서 전 세계로 퍼져 나가 우리의 천부天符 문화를 세계 도처에 뿌리내리게 한 것으로 나온다. 파나류산(波奈留山, 天山崑崙)을 도읍으로 한 환국의 12연방 중 하나인 수밀이국須密爾國은 천부天符사상으로 오늘날 4대 문명이라 일컬어지는 수메르 문화를 발흥시켰으며, 특히 수메르인들의 종교문학과 의식이 오늘날 서양 문명의 뿌리라고 할 수 있는 기독교에 상당한 영향을 미쳤다는 사실은 이미 밝혀진 바이다. 러시아 태생의 저명한 미국인 수메르학자 새뮤얼 노아 크레이머(Samuel Noah Creimer)는 인류 최초의 학교, 최초의 민주적 대의제도, 최초의 문학 등 인류의 문화·문명사에서 최초의 중요한 것 39가지(초판에서는 27가지, 개정판에서 12가지 사례 추가)가 모두 수메르인들의 발명품이라고 밝히고 있으니, 수메르인들이 우리 인류의 뿌리에 대한 비밀을 간직하고 있는 민족으로 여겨지는 것은 당연하다 할 것이다. 이처럼 우리의 천부사상이 동·서양의 문화·문명을 발흥시킨 모체였다는 사실이 점차 밝혀지고 있는 것은, 하늘(天)과 성性과 신神이 하나로 용해된 천부경에서 전 세계 종교와 사상 및 문화가 수많은 갈래로 나누어져 제각기 발전하여 꽃피우고 열매를 맺었다가 이제는 다시 하나의 뿌리로 돌아가 통합되어야 할 시점에 이르렀기 때문일 것이다.

생육신生六臣의 한 사람인 매월당梅月堂 김시습(金時習, 1435~1493)의 『징심록추기澄心錄追記』는 우리 역사상 왕권과 결부되는 것으로 간주되는 금척金尺에 천부경이 새겨져 있음을 확연하게 보여 준다는 점에서 천부경은 단순한 종교 경전이 아니라 정치적 권위의 상징인 동시에 나라를 경영하는 정치대전이었다고 할 수 있을 것이다. 오늘날까지도 세계 각지의 신화, 전설, 종교, 철학, 정치제도, 역易사상과 상수학象數學, 역법曆法, 천문, 지리, 기하학, 물리학, 언어학, 수학, 음악, 건축, 거석巨石, 세석기細石器, 빗살무늬 토기 등 거의 모든 분야에서 천부 문화의 잔영을 찾아 볼 수 있다는 점에서 인류의 문화·문명사를 제대로 이해하려면 9,000년 이상 전부터 찬란한 문화·문명을 꽃피웠던 우리 상고사와 그 중심축으로서 기능하였던 천부경—그리고 삼일신고, 참전계경—을 아는 것이 필수적이다. 천부경을 좀 더 자세하게 풀이한 삼일신고에는 '하늘(天)', '일신(유일신)', '천궁天宮', '세계', '인물'에 대한 가르침이 나오는데, '세계'편에서 천지창조와 은하계銀河系의 생성 및 별의 진화, 그리고 태양계의 운행과 지구의 형성 과정에 대해 논한 부분은 현대과학에서 밝혀진 판구조론(板構造論, Plate Tectonics) 등의 내용과도 일치한다. 또한 참전계경의 가르침의 요체는 '혈구지도絜矩之道', 즉 남을 나와 같이 헤아리는 추기탁인推己度人의 도道로 압축될 수 있는데, 『대학大學』「전문傳文」치국평천하治國平天下 18장, 19장은 군자가 지녀야 할 혈구지도를 제시하고 이에 관한 설명을 한 것으로 참전계경과 일치한다.

　수천 년 동안 국가 통치엘리트 집단의 정치대전이자 만백성의 삶의 교본으로서 전 세계에 찬란한 문화·문명을 꽃피우게 했던 천부경은, 현재 지구촌의 종교세계와 학문세계를 아우르는 진리 전반의 문제와 정치세계의 문명 충돌 문제의 중핵을 이루는 유일신 논쟁, 창조론·진화론 논쟁, 유물론·유심론 논쟁, 신·인간 이원론, 종교의 타락상과 물신 숭배 사조, 인간소외 현상 등에 대해 그 어떤 종교적 교의나 철학적 사변이나 언어적 미망에 빠지지 않고 단 81자로 명쾌하게 그 해답을 제시하고 있다는 점에서 그 심대한 가치는 아무리 강조해도 지나치지 않을 것이다. 그럼에도 지금까지 학계의 반향을 불러일으키지 못했던 것은 보편적 지식 체계에서 수용할 수 있는 학술적 접근을 통한 선행 연구가 없어 연구자들의 접근을 어렵게 한 것이 그 이유 중의 하나일 것이다. 필자가 본서를 집필하게 된 것도 학계에 몸담고 있는 사람으로서 학술적 접근을 통한 연구의 필요성을 절감했기 때문이다. 집필 과정에서 필자는 선교仙敎, 유교, 불교, 도교, 기독교, 힌두교, 이슬람교, 천도교(동학), 대종교 등의 경전과 역사서, 의서醫書, 현대물리학을 비롯한 과학 서적과 유관 자료를 참고하였으며, 본문 내용과 관련되는 경우 각주에서 이들 경전들과 비교 분석하였다. 요약하면, 먼저 원문을 번역하고, 필자가 이해한 방식으로 이를 해설하였으며, 원문 번역에 대한 주해를 붙이고, 그리고 각주에서 해당 경전들과 비교 분석함으로써 천부경이 전 세계 종교와 사상의 원류라 할 만한 진경眞經임을 밝혀내었다. '참고문헌 요해'는 필자가 참고한 문헌의 요체를 밝힌 것으로 지면 관계상 다 수록하지 못함을 아쉽게 생각한다.

　천부경은 일부터 십까지 숫자로 81자가 모두 연결되어 있는 관계로 무엇보다도 그 구조를 파악하지 않으면 심원한 의미를 파악할 수 없게 되어 있다. 오래 전부터 필자는 천부경에 관심이 있었으나 애써 풀려고 하지는 않았다. 만약 그것이 문자로 풀 수 있는 것이었다면 조선시대만 해도 기라성 같은 한학자들이 꽤 있었는데 왜 풀지 못했겠는가라고 생각했기 때문이다. 하여 만년에, 어쩌면 아주 만년에 조용한 곳에 들어가 정리할 수 있기를 염원하고 있었다. 그런데 작년에 동학의 정치철학적 원형에 관한 논문을 쓰다가 천부경 81자를 가만히 들여다보고 있노라니 그 구조와 더불어 이치가 드러나면서 일주일 만에 핵심적인 내용을 간략하게 정리할 수 있었다. 하지만 본격적으로 집필을 시작한 것은 작년 가을학기가 시작되면서였고 강의와 더불어 필자가 추진 중인 프로젝트 등으로 필자의 인생에서 가장 다사다난했던 시기에 집필을 하게 되었으니, 만년에 조용한 곳에 들어가 정리하리라던 필자의 예상은 완전히 빗나간 셈이다. 다행히 지난 십수 년간 우리 상고사를 공부해왔고 다양한 경전들을 비롯한 관련 서적들도 이전에 읽은 적이 있어 빠르게 진행할 수 있었다. 집필 기간 내내 필자는 천부경으로 숨쉬고, 천부경으로 생각하고 말하고 움직였다. 아침에 책상에 앉았는가 하면 밤이 되어 있었고, 밤에 책상에 앉았는가 하면 아침이 되어 있었다. 이치를 문자화하자니 때론 깊은 명상에 들어가야 했고, 반무의식 상태에서 내면의 소리를 받아 적기도 하였다. 지난 수 개월 간의 집필 기간은 시장바닥에서의 명상 그 자체였다.

『인간불평등기원론*Discours sur l'origine et les fondements de l'inégalité parmi les hommes*』 서문에서 "인간의 모든 지식 중에서 가장 유용하고도 진보되지 않은 것은 인간에 관한 지식"이라고 루소(J. J. Rousseau)가 한 말에 필자는 전적으로 공감하면서, 집필하는 동안 세 경전의 가르침을 통하여 인간에 관한 진지眞知와 만날 수 있었던 것을 감사하게 생각한다. 이번 작업에서 필자의 역할은 새로운 것을 창조하는 것이 아니라 천부경이라는 뿌리에서 갈라져 나간 세계 종교와 진리의 진액을 거두어들여 그것이 결국 하나의 뿌리로 돌아감을 보여주는 것이었다. 말하자면 세상에 흩어져 있는 영롱한 구슬들을 모아 하나의 목걸이로 만드는 작업이었다. 우주의 가을은 씨앗을 뿌리는 시기가 아니라 추수하는 시기인 까닭이다. 마치 농부가 하늘에 감사하는 마음으로 추수하듯이, 성현들께서 만들어 놓은 주옥같은 구슬을 감사하는 마음으로 꿰어 본 것이다.

진정한 문명은 이제부터 시작되어야 한다. 삶의 도道, 종교의 도, 학문의 도가 하나인 진정한 문명의 개창을 위하여, 이제 우리 인류는 공허한 언어의 유희에서 벗어나 자신의 의식 속에 가두어 놓은 하늘('하나'님 · '하늘'님 · 유일신)을 만인의 하늘로 되돌려주어야 한다. 그것은 종교라는 문을 통하여 종교라는 이름을 넘어서는 것이다. 그리하여 부정한 심상이 사라지면 하늘이 곧 우리 자신(참본성)임을 알게 될 것이다. 진정한 문명은 '참나'에 대한 깨달음에서 시작될 것이다. 물신숭배에 기초한 문명이 아니라 순수의식을 지향하는 문명, 생명과 사랑의 문명은 이제부터 시작되어야 한다. 우리들 마음의 등잔이 예지叡智의 기름으로 가득 채워지는 그날이 바로 월드컵을 응원하기 위해 광화문에 운집했던 수백만의 인파가 존재혁명을 위해 다시 모여드는 날이 될 것이다.

금년 봄학기부터 1년간 이곳 연변대학에 객좌교수로 와 있으면서 지난 수 개월 간의 작업을 마무리 짓게 되었다. 우선 천부경을 전수해 주신 고운 최치원 선생, 나를 천부경으로 인도해 주신 수운 최제우 선생과 해월 최시형 선생, 세 분 스승님과 이 글을 쓰게 해주신 천지부모天地父母님, 그리고 영적 스승님들께 내 영혼을 다하여 깊이 감사드린다. 그리고 필자의 천부경 집필에 많은 관심을 가지고 격려를 아끼지 않으셨던 여러 선생님들께도 감사하는 마음을 전한다. 끝으로 이 책이 출판되기까지 성심을 다한 '도서출판 모시는사람들'의 박길수 대표와 편집진 여러분에게도 감사드린다.

걸림이 없는 경계에서 유유자적하며 이 우주를 관통하는 의식意識의 대운하를 건설하였던 진묵 대사(震默大師, 1562-1633)의 선화仙畵 같은 삶을 떠올리며, 우주 가을로의 초입에서 그의 선시와 더불어 찻잔을 기울여 본다.

하늘은 이불, 땅은 요, 산은 베개
달은 촛불, 구름은 병풍, 바다는 술독이라
크게 취해 거연히 춤을 추나니
긴소매 곤륜산에 걸릴까 저어하네
天衾地席山爲枕　月燭雲屛海作樽
大醉居然仍起舞　却嫌長袖掛崑崙

하늘 소리는 우주만물에 편재해 있는 참본성의 소리다. 참본성의 소리를 듣는 것, 그것은 희열이고 환희였다. 그 참본성의 소리를 여기에 옮겨놓은 것이다.

2006년 4월
중국 연변대학에서　최민자

제1편

천부경

天 符 經

天符經

中	本	衍	運	三	三	一	盡	一
天	本	萬	三	大	天	三	本	始
地	心	往	四	三	二	一	天	無
一	本	萬	成	合	三	積	一	始
一	太	來	環	六	地	十	一	一
終	陽	用	五	生	二	鉅	地	析
無	昂	變	七	七	三	無	一	三
終	明	不	一	八	人	匱	二	極
一	人	動	妙	九	二	化	人	無

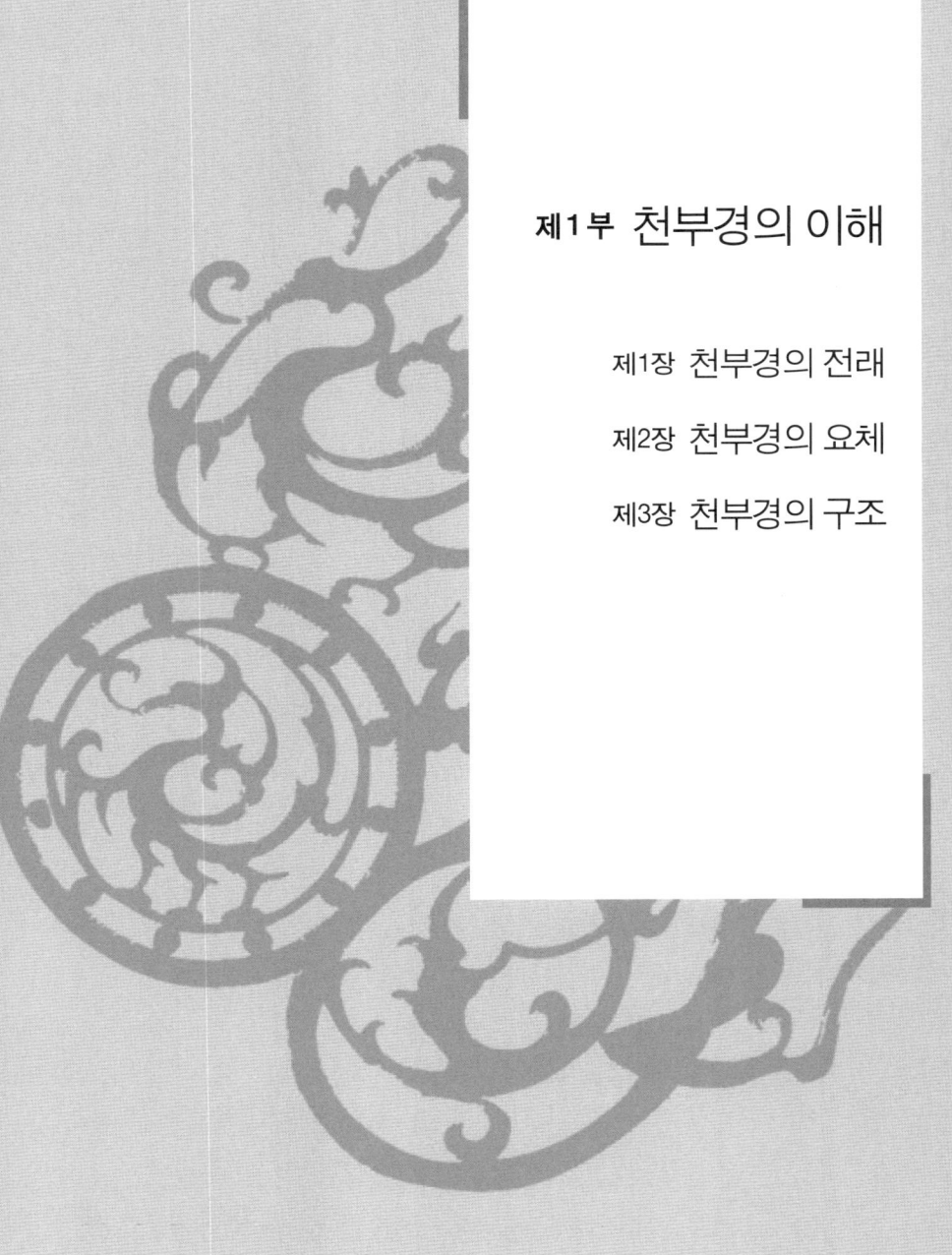

제1부 천부경의 이해

제1장 천부경의 전래

제2장 천부경의 요체

제3장 천부경의 구조

제1장 천부경의 전래

『천부경天符經』은 우주만물의 창시창조創始創造와 생성, 변화, 발전, 완성의 원리를 밝힌 총 81자로 이루어진 우리 민족 으뜸의 경전이다. 천·지·인 삼신일체三神一體의 천도天道에 부합하는 경으로서 우주의 조화 원리를 밝히고 있다는 점에서 조화경造化經이라고 부르기도 한다. 한민족 정신문화의 뿌리이며 세계 정신문화의 뿌리가 되는 큰 원리를 담고 있어, 『삼일신고(三一神誥, 敎化經)』, 『참전계경(參佺戒經, 366事, 治化經)』을 비롯한 우리 민족 고유의 경전과 역易사상에 근본적인 설계 원리를 제공하였다. 「태백일사太白逸史」 소도경전본훈蘇塗經典本訓 등에는 천부경이 지금으로부터 약 9,000년 전 천제 환인桓仁[1]이 다스리던 환국桓國[2]으로부터 구전된 글이라고 나와 있다.[3] 그

---

1 『桓檀古記』「太白逸史」桓國本紀 初頭에서는 『朝代記』를 인용하여 桓仁(또는 桓因)이 역사적 실존인물임을 밝히고 있으며 모두 7대를 전한 것으로 나온다. 神市本紀와 「三聖紀全」 下篇 등에서는 安巴堅 桓仁이 桓國을 개창하여 7대를 전하여 지난 햇수가 모두 3,301년이라고 하고 7대 智爲利 桓仁(檀仁)의 뒤를 이어 居發桓 桓雄이 기원전 3,898년에 倍達國(桓雄 神市)을 개창했다고 하니, 桓國 개창 시기는 지금으로부터 약 9,000년 전이다. 또한 「檀君世紀」에는 기원전 2,333년에 창건한 고조선의 檀君(桓儉) 47대가 배달국 제18대 居弗檀 桓雄(檀雄)의 뒤를 이은 것으로 나온다.

2 桓國의 역사적 실재에 대해서는 『三國遺事』 원본에도 명기되어 있다. 『삼국유사』 中宗壬申刊本에는 "옛날에 **환인**의 서자 환웅이 있어(昔有桓因庶子桓雄)…"가 아닌, "옛날에 **환국**의 서자 환웅이 있어(昔有桓國庶子桓雄)…"로 시작한다. 사실상 일본인들도 한일 합방 전에는 삼국유사 원본과 일본어 번역본에서처럼 분명히 '桓因'이 아닌 '桓國'이라고 했던 것으로 나타난다.

3 『桓檀古記』「太白逸史」蘇塗經典本訓 : "天符經 天帝桓國口傳之書也."

후 약 6,000년 전 배달국 시대에 환웅桓雄이 신지神誌 혁덕赫德에게 명하여 우리나라 최초의 문자인, 사슴 발자국 모양을 딴 녹도鹿圖 문자로 기록케 하여 전하다가, 단군조선에 이르러서는 전문篆文으로 전하게 되었다. 따라서 오늘날 천부경은, 훗날 고운孤雲 최치원崔致遠이 전자篆字로 기록해 놓은 옛 비석을 보고 다시 한문으로 옮겨 서첩書帖으로 만들어 세상에 전한 것이다.[4] 최치원 이후 천부경은 조선 중종 때 일십당주인一十堂主人 이맥李陌이 『태백일사太白逸史』에 삽입하여 그 명맥을 잇다가 1911년 운초雲樵 계연수桂延壽가 『환단고기桓檀古記』를 편찬하여 오늘에 이르고 있다. 환단고기는 신라 승려 안함로安含老의 『삼성기三聖紀』와 원동중元董仲의 『삼성기三聖紀』, 고려 말 행촌杏村 이암李嵒의 『단군세기檀君世紀』, 고려 말 휴애거사休崖居士 범장范樟의 『북부여기北夫餘紀』 그리고 이암의 현손인 이맥의 『태백일사』를 합본한 것으로 우리 환단(桓檀: 환국·배달국·단군조선)의 역사와 정신문화를 알게 해 주는 소중한 역사문화서이다.[5] 『환단고기』 내

4 『桓檀古記』 「太白逸史」 蘇塗經典本訓.
5 『桓檀古記』 「三聖紀全」 下篇에는 桓國이 波奈留山(天山崑崙)을 도읍으로 天海(바이칼 호)를 포함하여 남북 5만리, 동서 2만리의 광대한 땅을 12연방으로 나누어 다스린 것으로 나온다. 이러한 환국의 강역에 관한 환단고기의 내용은 당 태종 때 편찬된 『晉書』 권97 「열전(列傳)」 제67 '비리등십국(神離等十國)'의 내용과도 부합한다. 1990년 7월 환국의 한 영역이었던 카자흐 소비에트 사회주의 공화국의 수도 알마아타 서쪽 600km 지점 잠불 지역에서 한국 석기 유물과 닮은 유물이 많이 출토된 것 등은 환국의 강역에 관한 시사점을 주는 것이다. 또한 요하문명(遼河文明, 랴오허문명)의 대표 문화로 꼽히는 홍산문화(紅山文化)는 요서(遼西)에 산재해 있는 500여 곳의 유적에서 발굴되었다. 내몽골 자치구 적봉(赤峰, 츠펑) 시(市)와 요녕성(遼寧省, 랴오닝성) 조양(朝陽, 차오양) 시(市) 일대를 기반으로 한 홍산문화의 주인공은 전형적인 우리 동이족(東夷族)으로 밝혀졌다. 광의의 초기 홍산문화는 환국시대로 비정할 수 있다. 특히 단군조선 시대의 천문 현상-예를 들면, 『환단고기』 「단군세기」에 나오는 13세 단군 屹達 50년(B.C.1733) 戊辰에 수성, 금성, 화성, 목성, 토성의 다섯 행성이 결집한 五星聚婁 현상-을 박창범 교수팀이 컴퓨터 합성기법을 이용하여 시각화함으로써 그러한 사실을 과학적으로 검증한 것은 상고사 연구자

의 여러 기록들은 『천부경』이 환국·배달국·단군조선·부여·고구려·백제·신라·가야·발해(大震國)·통일신라·고려·조선으로 이어지는 우리 역사 속에서 국가적으로 매우 중시된 경전임을 밝히고 있다.

「삼성기」·「단군세기」·「태백일사」 등은 천부경이 우리 국조

들에게는 매우 고무적인 일이다. 「단군세기」의 내용은 北崖子의 『揆園史話』, 李承休의 『帝王韻紀』, 大野勃의 『檀奇古事』 등의 내용과 큰 줄기가 일치하며, 특히 『환단고기』나 『규원사화』에서의 상고사 인식은 박은식, 신채호, 정인보 등 민족사학자들에게 크게 영향을 미쳤다. 단군조선의 개국에 관한 기록이 나타나는 현존 古史書로는 一然의 『삼국유사』(紀異 第1 古朝鮮 王儉朝鮮條), 『제왕운기』(卷下), 『규원사화』(檀君記), 『朝鮮王朝實錄』(世宗實錄 地理志), 朴世茂의 『童蒙先習』, 鄭道傳의 『朝鮮經國典』(國號條) 등이 있다. 현존하지는 않으나 다른 사서에 인용된 것으로는 李奎報의 『東明王篇』 서문에 인용된 『舊三國史』, 『삼국유사』 紀異 제1 고조선 왕검조선조에 인용된 『古記』, 金富軾의 『三國史記』 신라본기 제4 진흥왕 37년 기사 중 崔致遠의 鸞郎碑序에 인용된 『先史』, 『제왕운기』 하권의 東國君王開國年代序에 인용된 『國史』와 『殊異傳』, 『규원사화』에 인용된 『朝代記』, 『古朝鮮秘記』, 『誌公記』, 『三聖密記』와 淸平 李茗의 『震域遺記』, 그리고 『환단고기』에 인용된 『朝代記』, 『大辨經』, 『三聖密記』, 『高麗八觀記』, 『表訓天詞』 등이 있다. 1982년에 소련 과학원 시베리아 분원의 역사언어철학연구소가 한국, 중국, 일본, 소련의 고조선 연구와 고고학적 발굴 성과를 총정리하여 출간한 『고조선』의 주요 내용을 보면, '고조선의 영토는 한반도뿐만 아니라 만주와 요동 지역을 포함하며 비파형 단검 문화라고 하는 독자적 문화를 발전시켰고, 기자조선은 한대에 허위로 꾸며진 것이며 한사군은 현재의 한반도 밖에 존재했고, 고조선 지역 청동기의 시작은 기원전 2천년 후반기이며 고조선은 국가 단계로서 초기 철기 시대로 추정된다'(『경향신문』, 1982년 11월 11일자 기사)라고 한 것은 주목할 만하다. 국내에서는 일부 연구자들이 환단고기의 사료적 가치에 대해 의문을 제기하기도 하지만, 일본에서는 그것의 사료적 중요성에 대해 일찍이 주목한 바 있다. 즉 2차 세계대전이 끝나자 일본에서는 고사 고전 연구가 붐을 이루면서 한국의 환단고기가 일본의 고사 고전 가운데 『호쯔마 전(秀眞傳)』과 웃가야(上伽倻) 왕조사의 내용과 부합하는 것에 주목한 것이 그것이다. 일본의 가시마(鹿島昇)는 환단고기를 일어로 全譯하고 그것이 또 하나의 웃가야 왕조사-기원전 3,898년에 개창한 神市의 환웅 18대와 기원전 2,333년에 창건한 고조선의 단군 47대와 기원 전후에 세운 부여와 고구려·백제·신라로 이어지는 위대한 혈맥-라고 주장한다. 그는 환단고기를 사서로서뿐만 아니라 문화서로서도 독자적 지위를 갖는 것으로 높이 평가한다.

國祖이신 환웅천황과 단군왕검의 제왕적 권위를 상징하는 징표로서 천제의 즉위식이나 제천의식 거행시 '천부보전天符寶篆'으로 받들어진 성스러운 경이었음을 밝히고 있다. 또한 나라를 다스리는 만세의 경전으로서 만백성을 교화시키고자 천부경과 삼일신고를 가르쳤다는 사실도 전한다. 말하자면 수신제가치국평천하修身齊家治國平天下하는 정치대전이자 임금과 신하와 백성 모두가 반드시 숙지해야 할 삶의 교본이었던 셈이다. 「삼성기」에는 환웅천황이 개천하여 백성들을 교화할 때 천경(天符經)과 신고(三一神誥)를 강론하여 크게 가르침을 편 것으로 나오고,[6] 단군세기에도 '천경'과 '신고'가 나오고 천부경의 핵심 원리인 삼신일체를 의미하는 집일함삼執一含三과 회삼귀일會三歸一의 천계天戒에 대해 언급하였으며,[7] 태백일사 삼한관경본기三韓管境本紀 마한세가 상편(馬韓世家 上)에는 윷놀이를 제정하여 환역桓易을 풀이한 것이 바로 신지 혁덕이 기록한 천부天符의 남긴 뜻이라고 하였고,[8] 번한세가 상편(番韓世家 上)에는 '천부왕인

---

6 『桓檀古記』「三聖紀全」下篇:"桓雄天王 肇自開天 生民施化 演天經 講神誥 大訓于衆."

7 『桓檀古記』「檀君世紀」에는 33세 단군 甘勿 7년에 삼성사를 세우고 친히 제사를 지낸 誓告文 중에 "執一含三 會三歸一 大演天戒 永生爲法"이라 하여 "하나를 잡아 셋을 포함하고 셋이 모여 하나로 돌아가게 되나니 온 누리에 삼신님('하나'님) 계율 널리 퍼뜨려 영세토록 변치 않는 법 이루오리다"라고 나온다. 이러한 삼신 숭배는 명나라 왕엄주(王弇洲, 본명은 王世貞, 1529~1593)의 『續苑委餘編』에 나오는 단군과 그의 치적 및 가르침에 관한 기록에서도 밝히고 있음을 李始榮의 『感時漫語』(서울: 일조각, 1983), 21-22쪽에서는 전한다. "동방의 단군님은 특출한 분으로 신성한 가르침을 펴서 백성을 온후하고도 근면하게 하여 당당하고 강력한 민족이 되게 하였으며, 단군의 이 가르침을 부여에서는 代天教, 신라에서는 崇天教, 고구려에서는 敬天教, 고려에서는 王儉教라 하였는데 이들 모두가 三神을 제사 지내는 것이며 해마다 10월이면 하늘에 경배하였다. 단군의 개천 건국일은 10월 3일이다"라고 한 것이 그것이다.

8 『桓檀古記』「太白逸史」三韓管境本紀 馬韓世家 上:"於是 作柶戲 以演桓易 盖神

天符王印을 차면 험한 곳을 지나도 위태롭지 않고 재앙을 만나도 해를 입지 않을 것'이라고 하였다.[9] 이 외에도 발해국 시조 대조영(大祚榮, 高王)의 아우 반안군왕盤安郡王 대야발大野勃의 『단기고사檀奇古事』에 천부경의 원리와 그 가르침이 나타나 있으며,[10] 또 조선 정조正祖 5년 구월산 삼성사에 올린 치제문致祭文[11]에 "천부보전이 지금에 이르러서는 사실적 물증이 없으나 우리 동국 역사에서는 신성하게 일컬어지며 세세로 전해져 왔다"고 기록되어 있어 천부경의 지속적인 전승과 심대한 가치를 짐작케 한다. 천부경 원문 81자가 모두 수록된 문헌과 자료로는 대개 다음과 같은 몇 가지를 들 수 있다.

첫째, 이맥의 『태백일사』에 실린 〈태백일사본太白逸史本〉이다.

둘째, 1916년 계연수가 묘향산 석벽에서 발견, 탁본하여 이듬해인 1917년 단군교당에 전한 〈묘향산 석벽본(妙香山 石壁本)〉이다.

셋째, 성균관대학교가 소장하고 있는 『최문창후전집崔文昌候全集』의 〈최고운 사적본(崔孤雲 事跡本)〉이다.

넷째, 조선 말 대유학자 노사 기정진(蘆沙 奇正鎭) 계통으로 전해 온 〈노사전 비문본(蘆沙傳 碑文本)〉이다.

다섯째, 고려 말 6은六隱 중의 한 사람인 농은 민안부(農隱 閔安富)[12]의 〈농은 유집본(農隱 遺集本)〉이다. 여기에는 『천부경』 81자가 한자

誌赫德所記天符之遺意也."

9 『桓檀古記』「太白逸史」三韓管境本紀 番韓世家 上: "遂以王土篆文天符王印 示之 曰 佩之則能歷險不危 逢凶無害."
10 『檀奇古史』「前檀君朝鮮」檀典과 第2世 扶婁條.
11 중요민속자료 [제218-10호] 致祭文.
12 農隱 閔安富는 牧隱 李穡, 圃隱 鄭夢周, 冶隱 吉再, 陶隱 李崇仁, 樹隱 金冲漢과 함께 六隱으로 불리던 충신으로 조선이 개국하자 杜門同에 은거한 72賢 중 한 사람이다.

의 초기 형태인 갑골문(甲骨文, 象形文字)[13]으로 실려 있다.

이 중에서 가장 많이 인용되는 것이 〈태백일사본〉과 〈묘향산 석벽본〉으로, 이 양 본은 전문이 모두 일치한다. 필자도 이 양 본을 원문으로 삼아 다룰 것이다. 『최문창후전집』은 최치원의 후손인 최국술이 1925년에 편찬한 것으로 이 전집에 실린 〈최고운 사적본〉의 기록은 〈노사전 비문본〉의 그것과 마찬가지로 〈태백일사본〉이나 〈묘향산 석벽본〉의 천부경 81자와는 다른 글자가 몇 군데 보인다. 즉 析석(析三極)을 碩석(碩三極), 衍연(一妙衍)을 演연(一妙演), 動동(不動本)을 同동(不同本), 昻앙(昻明)을 仰앙(仰明), 地지(天地一)를 中중(天中一)으로 표기한 등의 것이다. 또 〈농은 유집본〉의 기록도 〈태백일사본〉이나 〈묘향산 석벽본〉의 천부경 81자와는 다른 글자가 몇 군데 나타난다. 즉 析석(析三極)을 新신(新三極), 化화(無匱化三)를 從종(無匱從三, 從=从; 从은 從의 古子), 三삼(大三合)을 氣기(大氣合, 氣=夕), 運운(運三四)을 夷충(夷三四)으로 표기한 등의 것이다. 그러나 몇 군데 글자가 다르다고 해서 그 의미가 달라지는 것은 아니며, 전체적인 내용은 다르지 않고 모두 81자로 되어 있다. 이렇듯 전래 경로가 달라도 그 내용이 일치하는 것은 오히려 『천부경』의 실재를 반증하는 것이다.

---

13 甲骨文이란 명칭은 그 문자가 주로 거북껍질(龜甲)이나 소의 어깨뼈 등에 칼로 새긴 것에서 유래한 것으로, 청나라 말기 광서 25년(1899) 중국 하남성 殷墟에서 처음 발견되어, 당시 금석학자인 王懿榮이 처음으로 연구했다. 甲骨文은 殷王朝 때 도성의 유적지인 殷墟에서 출토된 까닭에 殷墟文字라고도 한다. 고려 말 충신인 農隱 閔安富의 遺集에 실린 天符經文에서 은허 갑골문과 같은 글자들이 다수 발견됨으로써, 더욱이 중국에서는 아직 발견되지 않았거나 발견되었더라도 미해독된 갑골문자들이 발견·확인됨으로써, 갑골문은 중국 대륙 내부에서만 발견되는 것으로 여겼던 종래의 고정관념이 깨지게 되었다. 언어학자 박대종은 漢字의 기원인 갑골문으로 쓰여진 〈農隱 遺集本〉의 天符經文에 대한 연구를 통해 갑골문의 뿌리가 단군조선 이전의 桓雄 시대까지 거슬러 올라간다는 사실을 밝혀내었다.

이 외에도 천부경 원문 81자가 수록되지는 않았지만 그 원리나 가르침을 거론한 자료는 적지 않으며, 그 명칭 또한 천부경 또는 천경天經, 진경眞經, 천부天符, 천부진경天符眞經, 천부보전天符寶篆, 천부보전天符寶典, 금척金尺 등으로 일컬어지고 있다. 천부경·삼일신고·참전계경을 압축한 『단군팔조교檀君八條敎』, 환국·배달국·단군조선에 이르는 역사와 천부경의 원리를 총 180자로 밝힌 『신지비사神誌秘詞』, 박제상朴堤上의 『징심록澄心錄』 15지誌 가운데 제1지인 「부도지符都誌」, 생육신生六臣의 한 사람인 매월당梅月堂 김시습金時習의 『징심록추기澄心錄追記』,[14] 우리나라 대표적 예언서인 격암 남사고(南師古, 1509~1571)의 『격암유록格菴遺錄』, 모든 종교와 진리의 모체가 되는 신교神敎의 원리를 밝힌 자하선인紫霞仙人과 팔공진인八公眞人의 예언서 『신교총화神敎叢話』, 그리고 고구려 명재상 을파소乙巴素의 후손 을밀선인乙密仙人이 지은 다물多勿[15]의 노래인 '다물흥방지가多勿興邦之歌' 등에 천부경의 원리와 그 가르침이 나타나 있다.

우리나라에서 기록 연대가 가장 오래된 역사서인 징심록 15지 가운데 제1지인 부도지에는 그 첫머리에 "마고성麻姑城이 지상에서 가장 높은 성으로 천부天符를 받들어 선천先天을 계승하였다"[16]고 나

---

14 金時習의 『澄心錄追記』는 朴堤上의 『澄心錄』에 대한 追記이다. 『澄心錄』은 上敎 5誌인 〈符都誌〉, 〈音信誌〉, 〈曆時誌〉, 〈天雄誌〉, 〈星辰誌〉와 中敎 5誌인 〈四海誌〉, 〈禊祓誌〉, 〈物名誌〉, 〈歌樂誌〉, 〈醫藥誌〉, 그리고 下敎 5誌인 〈農桑誌〉, 〈陶人誌〉, 그밖에 알려지지 않은 3誌를 포함하여 모두 15誌로 되어 있는데, 이후 朴堤上의 아들 百結이 〈金尺誌〉를 지어 보태고, 金時習이 〈澄心錄 追記〉를 써서 보탬으로써 모두 17誌로 이루어져 있다.

15 이는 본래 고구려의 시조 高朱蒙의 年號로서 "옛땅을 회복한다"는 뜻으로 쓰이던 고구려 때의 말. 이러한 '회복(恢復)'을 뜻하는 고구려의 정치이념을 '다물이념'이라고 하는데 이는 곧 단군조선의 영광을 되찾고 그 통치 영역을 되물려받겠다는 것이다.

16 『符都誌』 第1章: "麻姑城 地上最高大城 奉守天符 繼承先天."

오고, 제10장에는 "유인씨有因氏가 천부삼인天符三印을 이어받으니 이것이 곧 천지본음天地本音의 상象으로, 진실로 근본이 하나임을 알게 하는 것"[17]이라고 나오며, 또한 "유인씨가 천 년을 지내고 나서 아들 환인씨桓因氏에게 천부를 전하고…"[18]라고 나오고, 제33장에는 "마침내 오늘의 사람들로 하여금 가히 천부의 실재를 들어서 알게 하며…"[19]라는 말이 나오는 것으로 보아, 천부경이 환인 이전 시대로부터 전승되어 온 것으로 국본國本을 상징하는 것임을 알 수 있다. '부도符都'라는 말은 천부의 이치에 부합하는 나라 또는 그 나라의 수도라는 뜻으로, 환국·배달국·단군조선에 이르는 우리 상고시대의 나라 또는 수도를 일컫는 것이다. 부도지에 따르면, 파미르 고원의 마고성에서 시작된 우리 민족은 마고麻姑, 궁희穹姬, 황궁黃穹, 유인, 환인, 환웅, 단군에 이르는 과정에서 전 세계로 퍼져 나가 우리 천부 문화를 세계 도처에 뿌리내리게 하였다.

한편『징심록추기』는 우리 역사상 왕권과 결부되는 것으로 간주되는 금척(金尺)에 천부경이 새겨져 있음을 확연하게 보여 준다. 징심록추기 제8장에는 금척이 천부경의 원리를 본떠 만들었고, 천부경을 영원히 보존하기 위하여 금으로 만들었으며, 무오류성을 지닌 우주만물을 재는 척도로서의 자(尺)로 만들었다고 나온다.[20] 말하자면 하늘의 뜻에 부합하는 천부도天符都를 건설하기 위한 신기神器였던 것이다. 그 내용에 '필재어금척지수리必在於金尺之數理…

---

17 『符都誌』第10章:"有因氏 繼受天符三印 此卽天地本音之象而使知其眞一根本者也."

18 『符都誌』第10章:"有因氏千年 傳天符於子桓因氏…."

19 『符都誌』第33章:"竟使今人 可得聞而知天符之在…."

20 『澄心錄追記』第8章:"…大抵其本 卽天符之法而製之以金者 爲其不變也 作之以尺者 爲其無誤也."

기수사심난其數辭甚難'이라 하여 금척에 새겨진 수리數理가 심히 어렵다고 하고, 대저 그 근본은 곧 '천부지법이제지天符之法而製之'라 하여 천부경의 법을 본떠 만든 것이라고 하였으니, 수리는 곧 천부경의 수리임이 분명하다. 제10장에는 "신라 창시의 근본이 이미 부도에 있었으니, 금척의 법이 또한 단군의 세상에 있었음을 가히 알 수 있는 것이다"[21]라고 나오고, 이어서 "혁거세왕이…13세의 어린 나이로 능히 뭇 사람들의 추대를 받은 것은 그 혈통의 계열이 반드시 유서가 깊었기 때문으로 금척이 오래된 전래물임을 또한 미루어 알 수 있다"[22]고 나오며, 제13장에는 "(조선조) 태조가 꿈에 금척을 얻은 것이 어찌 우연이라 할 수 있으리오"[23]라고 나온다. 이렇게 볼 때 금척은 환단桓檀시대로부터 전래되어 온 영원성·무오류성을 지닌 우주만물의 척도로서 천부경을 새겨서 천권天權을 표시한 천부인天符印[24]의 하나라 하겠다.

이러한 천부경의 절대적 위상은 격암유록에도 그대로 드러난다. 그 내용이 파자破字, 측자側字, 은유, 비유 등으로 되어 있어 풀이하는 것이 쉽지 않지만 몇 군데만 살펴보자. 「송가전松家田」에서는 천부경을 '진경眞經'[25]이라고 하였고, 「궁을도가弓乙圖歌」에서는

---

21 『澄心錄追記』第10章 : "新羅創始之本 已在於符都則金尺之法 亦在於檀世者可知也."

22 『澄心錄追記』第10章 : "赫居世王…以十三之年少 能爲衆人之所推則其 血系 必有由緒而金尺之爲傳來之古物 亦可以推知也."

23 『澄心錄追記』第13章 : "太祖之夢得金尺 豈其偶然者哉."

24 cf. 『三國遺事』中宗壬申刊本, 紀異 第1 古朝鮮 王儉朝鮮條 : "옛날에 桓國의 庶子 桓雄이 있어 인간 세상에 뜻을 품으매 桓因(또는 桓仁)이 그 뜻을 알고 三危太白을 내려다보니 홍익인간의 이념을 가히 실현할 만한지라 이에 天符印 세 개를 주어 인간 세상을 다스리게 하였다(昔有桓國庶子桓雄 數意天下 貪求人世 父知子意 下視三危太伯 可以弘益人間 乃授天符印三箇)."

25 『格菴遺錄』「松家田」: "丹書用法 天符經 無窮造化出現…天符經 眞經也."

"새벽에 맑은 정신으로 꿇어앉아 진경을 독송하길 주야로 잊지 말고 반드시 명심하라"고 나오며,[26] 「정각가精覺歌」에서는 "상제께서 예언하신 성스러운 진경은 생사의 이치를 분명히 판별해 준 것으로 소리도 냄새도 없고 별 맛도 없다"[27]고 하였다. 또한 「농궁가弄弓歌」에서는 "하늘에서 내려온 궁부(弓符, 天符經)에 하늘의 뜻이 있는데 창생을 구제하는 지극한 이치를 누가 알리오"[28]라고 하고, 「가사총론歌辭總論」에서는 "궁부의 이치로 선천先天이 회복되니 사시장춘의 신세계"[29]라고 하였다. 특히 「은비가隱秘歌」에서는 천부경의 중핵을 이루는 집일함삼과 회삼귀일의 원리가 인간 존재 속에 구현된 천·지·인 삼신일체의 천도가 후천세계를 열 것임을 예고하였다. 은비가에 나오는 '부자신중삼인출父子神中三人出'은 집일함삼, 즉 하나를 잡아 셋을 포함하는 이치를 나타내고, '삼진신중일인출三眞神中一人出'은 회삼귀일, 즉 셋이 모여 하나로 돌아가는 이치를 나낸 것이다. 여기서 성부·성자·성령은 삼위일체이며, 천·지·인 삼신일체와 조응한다. 즉 '성부'는 '천[본체계, 의식계]'과 조응하고, '성자'는 '지[현상계, 물질계]'와 조응하며, '성령'은 '인'과 조응한다. '성령'을 '인'과 조응한다고 한 것은 '인'의 실체가 물질적 형상이 아닌 참본성, 즉 일심이기 때문이다. 따라서 일즉삼(一卽三, 一卽多)이요 삼즉일(三卽一, 多卽一)이다. 그래서 기독교에서는 성령이 임해야, 다시 말해 일심의 경계에 이르러야 성부와 성자가 한 분 '하나'님이라는 것을 알 수 있다고 했다. 천·지·인 혼원일기混元一氣인 '하나(一)'가 곧 우

---

26 『格菴遺錄』「弓乙圖歌」: "辰淸かと坐誦眞經 不敎晝夜 洞洞燭燭銘心."

27 『格菴遺錄』「精覺歌」: "上帝豫言聖眞經 生死其理名言判 無聲無臭別無味."

28 『格菴遺錄』「弄弓歌」: "天降弓符天意在 極濟蒼生誰可知."

29 『格菴遺錄』「歌辭總論」: "中天弓符先天回復 四時長春新世界."

주 만물(三)이요 우주만물이 곧 '하나(一)'이다. 진인眞人이란 삼신일체의 천도가 인간 존재 속에 구현된, 말하자면 '인중천지일人中天地一'을 체현한 존재이다.[30]

천부경이 만고의 진경眞經이며 천·지·인 삼신일체의 천도가 후천 세계를 열 것이라고 한 격암유록의 예언적 내용은, 삼신일체에 뿌리를 둔 신교神敎가 모든 종교와 진리의 모체가 될 것이라고 예언한 신교총화의 내용과도 일치한다. 또한 고구려 안장왕安藏王 때 조의선인皂衣仙人[31]의 애창곡이던 '다물흥방지가'의 가사에도 천부경의 '인중천지일'이 나타난다. "사람 속에 천지가 하나됨이여, 마음은 신과 더불어 근본이 되도다(人中天地爲一兮 心與神卽本)"가 그것이다. 이는 천부경의 원리와 그 가르침이 고구려인들의 삶과 정신 세계에 깊이 용해되어 있었음을 말해 주는 것으로 국가의 지도자 집단을 형성했던 조의선인의 웅혼한 기상을 엿볼 수 있게 한다.

이처럼, 천부경의 실재를 입증하는 문헌과 자료는 수없이 많다. 정확하게 말하자면, 우리 민족의 삶과 정치 세계와 정신 세계를 관통했던 천부경을 알지 못하고서는 민족적 정체성이 확립될 수 없으며 따라서 대한민국의 정체성도 성립될 수 없다. 역사는 우리에게 '강력한 사회는 보편화하며 허약한 사회는 특수화한다'는 사실을 일깨워 주었다. 퀴글리(Carroll Quigley)의 동반구 문명에 관한

---

30 『格菴遺錄』「隱秘歌」: "父子神中三人出 世上眞人誰可知 三眞神中一人出."
31 단군 시대로부터 고구려를 거쳐 고려에 이르는 심신 훈련 단체. 이들은 名山大川을 다니며 심신을 수련하였으며 삼국 통일의 주역이었던 신라의 화랑과 마찬가지로 살수대첩 등 국가의 중대사에 큰 역할을 한 것으로 나타난다. 宋나라 사신으로 왔던 徐兢의 『高麗圖經』에는 훈련 단체 단원들이 머리를 깎은 채 허리에는 검은 띠를 매고 훈련을 받은 것으로 나타나 있다.

도표³²에서 동아시아에는 인도·중국·일본의 세 문명이 있을 뿐, 한국은 아예 문명권에서 빠져 있다. 환국·배달국·단군조선으로 이어지는 유구한 역사와 선진 문화를 가진 한국이 중국이나 일본의 지류 정도로 인식되게 된 것은 한민족 스스로 자신의 정신적·사상적 뿌리를 망각함으로써 정신적 생명력이 결여된 데 있다.

『천부경』의 '집일함삼'과 '회삼귀일'의 원리는 일체의 생명이 하나의 뿌리에서 나와 다시 하나의 뿌리로 돌아가는 '한생명'이라는 사실을 바탕으로 한다. 『천부경』은 생명의 순환과 성통광명(性通光明: 참본성이 열려 광명하게 됨)의 이치를 밝힌 생명경(生命經)이다. 『천부경』은 천·지·인 삼신三神이 곧 일신(一神, 唯一神, 天主)이며 그 일신이 바로 만유에 편재해 있는 신성(一心, 自性, 우주적 본성)인 동시에 만유를 화생시키는 지기(至氣, 混元一氣)로서 일체의 우주만물을 관통한다는 사실을 밝힘으로써 삼신일체의 천도가 인간 존재 속에 구현되는 '중일中一'³³의 이상을 제시한다. 여기서 '중일'의 이상이란 혼원일기로 이루어진 생명의 유기성과 상호관통을 직관적으로 깨닫는 생태적 자각에 기초한 것이라는 점에서 진정한 의미에서의 에코토피아 ecotopia, 즉 생태적 이상향과 다르지 않다. 모든 존재의 개체성은 우주적 에너지의 흐름 속에서만 파악될 수 있으므로 전체와 분리된

---

32 Carroll Quigley, *The Evolution of Civilizations: An Introduction to Historical Analysis*, 2nd ed. (Indianapolis: Liberty Press, 1979), p.83.

33 '中一'이란 『천부경』의 '人中天地一'을 축약한 것으로 在世理化·弘益人間의 이상을 나타내는 의미로 사용된 것이다. 『桓檀古記』「太白逸史」三韓管境本紀 馬韓世家 上에서는 "천하의 큰 근본이 내 마음의 中一에 있다. 사람이 中一을 잃으면 일을 이룰 수가 없고 사물이 中一을 잃으면 바탕이 기울어져 엎어지게 된다. 이렇게 되면 임금의 마음은 위태롭게 되고 백성들의 마음은 미약하게 될 것이다 (天下大本 在於吾心之中一也 人失中一 則事無成就 物失中一 則體乃傾覆 君心惟危 衆心惟微)"라고 하였다.

개체는 어떤 의미에서도 진리가 아니며 자유가 아님을 직시함으로써 우주 '한생명'을 자각할 수 있게 되는 것이다. 가을이 되면 나무가 수기水氣를 뿌리로 돌리듯, 일체 생명은 본래의 뿌리로 돌아감으로써 영원한 생명을 유지한다. 우주 가을로의 초입에서 천부경으로의 원시반본原始返本이 이루어지고 있는 것도 사상적 원시반본을 통하여 우리 인류가 영원한 생명을 체득하기 위한 것이다.

제2장 천부경의 요체

『천부경(造化經)』은 천·지·인 삼신일체三神一體의 천도天道를 밝힘으로써 '천부중일天符中一'[34]의 이상을 명징하게 제시한 전 세계 경전의 종주宗主요 사상의 원류라 할 만한 진경眞經이다. 여기서 삼신일체(三位一體: 聖父·聖子·聖靈)[35]란 각각 신이 있는 것이 아니고 작용으로만 삼신三神이며 그 체는 일신(唯一神)이다.[36] 이는 곧 유일신의 실

---

34 『桓檀古記』「太白逸史」蘇塗經典本訓. '천부중일'의 이상이란 천·지·인 삼재의 융화가 인간 존재 속에 구현된 의미를 지닌 천부경의 '人中天地一'을 축약한 '中一'과 천부경의 '天符'를 합성하여 만든 용어로 在世理化·弘益人間의 이상을 나타내는 의미로 쓰인 것이다.

35 三神一體는 기독교의 三位一體와 같은 것이다. 천·지·인 셋(三神)은 본래 각각 있는 것이 아니고 '하나(一)'인 混元一氣(唯一神)에서 나온 것이니 작용으로만 三神이고 그 근원은 唯一神이다. 이것이 곧 삼신사상이다. 천·지·인 三才의 조화를 강조하는 것은 분리되지 않은 그 '하나(一)', 즉 唯一神이 '참나'이자 우주의 본원이기 때문이다. 이 세상의 모든 반목과 갈등은 우주만물에 내재하는 유일신, 즉 절대유일의 '참나'를 깨닫지 못하고 서로 다른 것으로 분리시킨 데서 오는 것이다. 기독교의 聖父·聖子·聖靈은 三位一體로서 천·지·인과 조응하며 그 근원은 하나님['하나(一)'] 아버지, 즉 유일신이다. 이는 주기도문에서 "…뜻이 하늘(天)에서 이루어진 것같이 땅(地)에서도 이루어지이다…"라고 한 데서도 명징하게 드러난다. 여기서 天과 地는 기도하는 주체인 人(참본성, 즉 聖靈)과 연결된다. 기도하기 전후에 신자가 가슴에 긋는 聖號는 이를 상징적으로 보여준다. 즉 성부와 성자와 성령의 이름으로 이마, 가슴, 가슴 좌우에 긋는 聖號는 각각 天, 地, 人을 상징하는 것으로, 天(성부)와 地(성자)는 이마(天·圓, ○)에서 가슴(地·方, □)으로 직선으로 연결되고 人(성령)은 좌우로 그음으로써 삼각형을 이루게 되는데 이는 천부경에서 사람과 우주만물(人物)을 상징하는 각(人·角, △)에 해당하는 것이다. 이 圓方角은 天地人 三神一體(三位一體)를 상징하는 것으로 三一圖(⊚)의 도형으로 나타난다.

36 『桓檀古記』「太白逸史」三神五帝本紀: "自上界 却有三神 卽一上帝 主體則爲一

체를 밝힌 것으로 그 유일신이 바로 천·지·인 혼원일기混元一氣인 '하나(一)', 즉 '하나'님(天主·Allah·Brāhma·道·神性)이다. 말하자면 하나(一)'인 혼원일기(唯一神)에서 천·지·인 셋(三神)이 갈라져 나온 것이므로 천·지·인이 각각 있는 것이 아니고 작용으로만 셋이라는 뜻으로 천·지·인 삼신이 곧 유일신이다. 이미 9,000년 이상 전부터 모든 종교와 진리의 모체가 되어 온 우리의 신교神敎는 바로 이러한 일즉삼(一卽三)·삼즉일(三卽一)의 원리에 기초한 삼신사상에서 나온 것이다.

　우리 민족의 3대 경전인 천부경·삼일신고·참전계경을 관통하는 신교적 사유의 특성은 한마디로 대통합이다. 이는 전일적이고 생태적이며 영적靈的인 현대 물리학의 새로운 실재관(vision of reality)과도 일치하는 것이다. 그것은 인간 존재의 세 중심축이랄 수 있는 종교와 과학과 인문 즉 신과 세계와 영혼의 세 영역(天地人 三才)의 분절성을 극복하고 전체로서의 통일성을 지향하게 함으로써, 인간 존재의 '세 중심축'의 연관성 상실을 초래한 근대 서구의 정치적 자유주의를 치유할 수 있는 묘약妙藥을 함유하고 있다. 유일신은 우주만물에 편재해 있는 보편자인 까닭에 특정 종교의 유일신이 아니라 만유의 유일신이다. 이 세상의 모든 반목과 갈등은 유일신의 실체를 직시하지 못하는 데서 오는 것이다. 무시무종無始無終이며 무소부재無所不在인 하늘(天主·하늘(님)은 곧 우리의 참본성(自性, 一心, 순수의식)이다. 천·지·인 삼신은 참본성, 즉 자성의 세 측면을 나타낸 것이다. 참본성을 알지 못하고서는 인간의 자기실현은 불가능한 까닭에 모든 경전에서는 그토록 우상숭배를 경계했던 것이

　　神 非各有神也 作用則 三神也."

다. 참본성이 바로 절대유일의 '참나'인 유일신이다.[37] 따라서 유일신은 특정 종교의 신도 아니요 섬겨야 할 대상도 아니다. 바로 우리 자신이며 우주만물 그 자체다. 여기서 말하는 '우리 자신'과 '우주만물 그 자체'란 물질적 형체가 아니라 내재해 있는 참본성(神性, 靈性, 一心)을 일컫는 것이다. 참본성(性)이 곧 하늘(天)이며 신(神)이다.

천부경에서 근원적 일자一者에 이름을 붙이지 않고 그냥 '하나(一)'라고 한 것은 무수한 진리의 가지들을 하나의 진리로 되돌리기 위한 우리 국조의 심원深遠한 뜻이 담겨진 것이다. 유일신唯一神논쟁은 단순히 종교 차원이 아닌 우리 삶 속에 뿌리박은 심대深大한 문제이다. 삶과 종교, 종교와 종교, 학문과 종교의 화해를 통해 진정한 문명이 개창될 수 있기 위해서는 유일신 논쟁이 명쾌하게 종결되지 않으면 안 된다. '집일함삼執一含三'과 '회삼귀일會三歸一'[38]을 뜻

---

37 cf.『三一神誥』: "聲氣願禱 絶親見 自性求子 降在爾腦";『聖經』「마태복음(Matthew)」(7:21): "나더러 주여 주여 하는 자마다 다 천국에 들어갈 것이 아니요 다만 하늘에 계신 내 아버지의 뜻대로 행하는 자라야 들어가리라." 이는 소리 내어 기운을 다하여 원하고 기도한다고 해서 천국에 들어가는 것이 아니라 참본성을 직시하여 거기에 따라야 한다는 것이다. 여기서 '아버지'란 우주만물의 근원으로 참본성을 의미한다. 말하자면 '하나'님은 오직 참본성(自性)에 대한 직관적 지각을 통해 닿을 수 있는 영역인 까닭에『三一神誥』에서는 "자성에서 씨('하나'님의 씨앗(子)를 구하라"고 한 것이다.

38 『桓檀古記』「太白逸史」蘇塗經典本訓: "所以執一含三者 乃一其氣而三其神也 所以會三歸一者 是易神爲三而氣爲一也." 즉 "하나를 잡아 셋을 포함한다 함은 곧 그 기운을 하나로 하는 것이며 그 신을 셋으로 하는 것이요, 셋이 모여 하나로 돌아간다 함은 이 또한 신이 셋이 되고 기운이 하나가 되는 것이다." 말하자면 '하나를 잡아 셋을 포함하고 셋이 모여 하나로 돌아감'이란 뜻이다. 이는 곧 一卽三·三卽一의 뜻으로 천·지·인 三神一體를 의미하는 것이다. 混元一氣인 '하나(一)'가 곧 천·지·인 삼신이요, 천·지·인 삼신이 곧 混元一氣 '하나(一)'인 것이다. 여기서 "三一은 그 본체요, 一三은 그 작용이다"(『桓檀古記』「太白逸史」蘇塗經典本訓: "三一其體 一三其用"). 말하자면 一卽三·三卽一의 원리인 執一含三·會三歸一은 작용과 본체라는 불가분의 관계로 분석될 수 있는 것이다. 또한 기본수 '三'은 사람과 우주만물을 나타내므로 '多'와 그 뜻이 같은 것이다. 따라서 一卽三·三

하는 일즉삼(一卽多)・삼즉일(多卽一)의 원리에 기초한 천부경의 삼신사상은 유일신 논쟁을 침묵시킬 만한 난공불락의 논리 구조와 '천지본음天地本音'을 담고 있다. 일체의 생명이 하나인 혼원일기에서 나와 다시 그 하나인 혼원일기로 돌아가는 이치를 통해 우리 인류 또한 천지에 뿌리를 둔 '한생명'임을 직시하게 하고, '중일中一'의 실천적 삶을 기반으로 한 재세이화・홍익인간의 이상을 제시한다는 점에서, 천부경은 단순히 우리 민족의 경전이 아니라 모든 종교와 진리의 모체가 되는 인류의 경전이다. 우주의 순환, 천체의 순환, 생명체의 순환, 그리고 의식계의 순환과 더불어 일체 생명의 비밀을, 그 어떤 종교적 교의나 철학적 사변이나 언어적 미망에 빠지지 않고 단 81자로 열어 보인 천부경이야말로 모든 종교와 진리의 진액이 응축되어 있는 경전 중의 경전이라 할 것이다.

천부경은 본래 장이 나누어져 있지 않았지만, 필자는 천부경이 담고 있는 의미를 좀더 명료하게 풀기 위하여 그 구조를 다음과 같이 셋으로 나누어 살펴보았다. 즉 상경上經「천리天理」, 중경中經「지전地轉」, 하경下經「인물人物」이라는 주제로 나눈 것이다. 상경「천리」는 '一始無始一析三極無盡本, 天一一地一二人一三, 一積十鉅無匱化三'으로 구성되어 있으며, 시작도 끝도 없는 영원한 '하나(一)'[39]의 본질과 무한한 창조

卽一은 곧 一卽多・多卽一이다.

39 『天符經』에 나오는 '一'을 그냥 하나(一)라고 하지 않고 필자가 '하나(一)'라고 표기한 것은, 이 '一'이 바로 하늘(天)・天主(하느님, 하나님, 創造主, 絶對者, 造物者, 唯一神, Allah, 一神, 天神, 한울, 한얼)・道・佛・太極(無極)・브라흐마(Brāhma: 梵, 創造神/Atman)・우주의식(전체의식, 보편의식, 근원의식, 순수의식, 一心)・우주의 창조적 에너지(至氣, 混元一氣)・진리(실체, 眞如(suchness), 불멸) 등으로 다양하게 불리는 근원적 일자一者 또는 궁극적 실재로서의 우주의 본원을 일컫는 것인 까닭에 주목할 필요가 있기 때문이다. 말하자면 '하나(一)'는 『天符經』의 핵심 원리인 一卽三・三卽一의 중핵을 이루는 숫자이므로 강조하여 나타낸 것이다.

성, 즉 천·지·인 혼원일기混元一氣인 '하나(一)'에서 우주만물이 나오는 일즉삼의 이치를 드러낸 것이다. 중경「지전」은 '天二三地二三人二三, 大三合六生七八九, 運三四成環五七'로 구성되어 있으며, 음양 양극 간의 역동적인 상호 작용으로 천지 운행이 이루어지고 음양오행이 만물을 낳는 과정이 끝없이 순환 반복되는 '하나(一)'의 이치와 기운의 조화造化 작용을 나타낸 것이다. 하경「인물」은 '一妙衍萬往萬來用變不動本, 本心本太陽昂明人中天地一, 一終無終一'로 구성되어 있으며, 우주만물의 근본이 '하나(一)'로 통하는 삼즉일의 이치와 소우주인 인간의 대우주와의 합일을 통해 하늘의 이치가 인간 속에 징험徵驗됨을 보여 주는 것이다. 말하자면 상경「천리」가 가능태라면, 하경「인물」은 구체적 현실태인 것이다. 요약하면,「천리」에서는 '하나(一)'의 이치를 드러내고,「지전」에서는 '하나(一)'의 이치와 기운의 조화 작용을 나타내며,「인물」에서는 '하나(一)'의 이치와 그 조화 기운과 하나가 되는 일심一心의 경계를 보여준다. 영원한 '하나(一)'는 곧 하나인 마음(一心)이다.

이를 본체와 작용의 관계로 살펴보면, 상경「천리」의 '천일 지일 인일(天一地一人一)'은 '하나(一)'의 체體의 측면을 나타낸 것으로 '법신法身' 즉 '내유신령(內有神靈: 안으로 신성한 靈[靈性·神性]이 있음)'과 조응하는 것이라면, 중경「지전」의 '천이삼 지이삼 인이삼(天二三地二三人二三)'은 '하나(一)'의 이치와 기운의 조화 작용인 용用의 측면을 나낸 것으로 '화신化身', 즉 '외유기화(外有氣化: 밖으로 氣化의 작용이 있음)'와 조응하는 것이고, 하경「인물」의 '인중천지일人中天地一'은 '하나(一)'의 이치와 그 조화 기운과 하나가 되는 상相의 측면을 나타낸 것으로 '보신報身' 즉 '각지불이各知不移'와 조응하는 것이다. 내유신령과 외유기화는 법신과 화신의 관계와 마찬가지로 본체와 작용의 관계로서 그 체가 둘이 아니므로 모두 일심법이다. 법신(內有神靈)이 염染·정淨 제법諸法을 포괄한 가능태라면, 보신(各知不移)은 자성自性의 자각적 주체가 되는 구체적 현실태이다. 천부경의 '천일 지일 인일'·'천이삼 지이삼 인이삼'·'인중천지일'은 천·지·인 삼신일체를 의미하는 것이다. 천부경의 천·지·인 삼신은 불교의 법신·화신·보신, 기독교의 성부·성자·성령, 동학의 내유신령·외유기화·각지불이, 그리고 무극無極·태극太極·황극皇極의 삼원구조와 마찬가지로 자성(自性·우주적 본성·一心·근원의식·순수의식·우주의식·보편의식·전체의식)의 세 측면을 나타낸 것이다.

이렇듯 천부경 81자는 본체-작용-본체·작용의 합일[정신·물질·정신·물질의 합일, 보편성·특수성·보편성·특수성의 합일]이라는 '생명의 3화음적 구조(the triadic structure of Life)'[40]로 이루어져 있는 까닭에 필자는 천부경을 생명경生命經이라고 부른다. 생명의 본체를 나타낸 「천리」는 한 이치 기운(一理氣)[41]을 함축한 전일적인 의식계[본체계]이고, 그 작용을 나타낸 「지전」은 한 이치 기운의 조화 작용을 나타낸 다양한 물질계[현상계]이며, 본체와 작용의 합일을 나타낸 「인물」은 이 양 세계를 관통하는 원리가 내재된 것으로 한 이치 기운과 하나가 되는 일심의 경계이다. 다시 말해 본체가 내재적 본성인 신성靈性이라면, 작용은 음양의 원리와 기운의 조화造化 작용으로 체體를 이룬 것이다. 본체가 초논리·초이성·직관의 영역인 진제眞諦라고 한다면, 작용은 감각적·지각적·경험적 영역인 속제俗諦다. 본체와 작용의 합일은 '인중천지일人

---

40 여기서 '생명의 3화음적 구조'란 용어는 필자가 천부경 81자의 구조를 궁구하다가 그것이 생명의 본체-작용-본체·작용의 합일을 나타낸 것이라 생각되어 그렇게 명명한 것으로 필자의 新造語다.

41 cf. 『海月神師法說』「天地理氣」: "天地 陰陽 日月於千萬物 化生之理 莫非一理氣 造化也" 즉, "天地, 陰陽, 日月, 千萬物의 化生한 이치가 한 이치 기운(一理氣)의 造化 아님이 없는 것이다"라는 뜻이다. "처음에 기운을 편 것은 이치요, 형상을 이룬 뒤에 움직이는 것은 기운이니, 기운은 곧 이치이다(『海月神師法說』「天地理氣」: "初宣氣 理也 成形後運動 氣也 氣則理也")."

人中天地一'의 경계다. 천부경의 실천적 논의의 중핵을 이루는 '인중천지일'은 천·지·인 삼신일체의 천도가 인간 존재 속에 구현된 것으로 인간의 자기실현이란 이를 두고 하는 말이다. 이러한 '생명의 3화음적 구조'는 생명의 본질 자체가 본체와 작용의 상호 관통에 기초해 있는 데서 기인하는 것으로 통섭적 세계관의 바탕을 이루는 것이다.

「단군세기」에서는 조화·교화·치화의 신이 각각 성性·명命·정精을 이루며 성·명·정이 천·지·인 삼신과 조응하여 '하나(一)' 즉 일신(唯一神, 天主)과 상호 관통하고 있음을 밝히고 있다. 이러한 자성의 세 측면은 기독교의 성부·성자·성령의 관계와 마찬가지로 삼위일체(三位一體, 三神一體)로서 '회삼귀일會三歸一'의 이치에 입각해 있다. 말하자면 자성의 세 측면인 조화·교화·치화, 성·명·정, 천·지·인은 모두 삼위일체로서 혼원일기인 '하나(一)' 즉 유일신(一神, 天主)으로 돌아가는 것이다. 한마디로 자성이 곧 유일신(人乃天)이다. 태백일사 삼한관경본기 마한세가 상편에서는 하늘의 기틀과 마음의 기틀, 땅의 형상과 몸의 형상, 그리고 사물의 주재함과 기氣의 주재함이 조응하고 있음을 보고 천·지·인 삼신일체의 천도가 인간 존재 속에 구현(人中天地一)되어 있음을 명징하게 나타내 보이고 있다. 삼라만상의 천변만화가 모두 혼원일기인 '하나(一)'의 이치와 기운의 조화 작용인 까닭에 '하나(一)'와 우주만물(人物, 三)은 분리될 수 있는 것이 아니므로 '하나를 잡아 셋을 포함하고 셋이 모여 하나로 돌아가는 것(執一含三 會三歸一)'이라고 한 것이다. 이렇듯 필자가 천부경을 하늘의 이치(天理)와 땅의 운행(地轉)과 인물人物이라는 주제로 삼분하여 조명하는 것은 천부경이 천·지·인 삼재三才의 융화를 기초로 하여 하늘(天)과 사람(人)과 만물(物)을 '하나(一)'로 관통하고 있기 때문이다. 또한 이러한 분류는 천부경을 좀더 자세하게 풀이한 『삼일신고』 내용과도 부합하는 것이다.

제3장 천부경의 구조

『천부경』은 본래 장이 나누어져 있지 않았지만, 필자는 그 의미를 좀 더 명료하게 풀기 위하여 상경「천리」, 중경「지전」, 하경「인물」의 세 주제로 나누어 살펴보기로 한다. 천부경 81자는 본체-작용-본체·작용의 합일, 정신-물질-정신·물질의 합일, 보편성-특수성-보편성·특수성의 합일이라는 변증법적 논리 구조를 가지고 있다. 이러한 논리 구조는 천·지·인 삼재의 융화를 바탕으로 일즉삼·삼즉일의 원리가 인간 존재 속에 구현되는 함의含意를 지니고 있다. '하나(一)'에서 우주만물이 나오는 '일즉삼'의 이치를 드러낸 상경「천리」, '하나(一)'의 이치와 기운의 조화 작용을 나타낸 중경「지전」, 그리고 우주만물의 근본이 '하나(一)'로 통하는 '삼즉일'의 이치와 하늘의 이치가 인간 속에 징험(徵驗)됨을 보여주는 하경「인물」은 '생명의 3화음적 구조(the triadic structure of Life)'로 이루어져 있다. 천부경은 81자로 이루어진 까닭에 필자는 『구구경九九經』이라 부르기도 하는데, 이 구구경은 삼삼三三의 구조, 즉 구九로 이루어져 있으며 9의 자승수가 구구경 81자가 되는 것이다.

1. 상경上經 「천리天理」

1) 一始無始一 析三極無盡本
2) 天一一 地一二 人一三
3) 一積十鉅 無匱化三

2. 중경中經 「지전地轉」

　1) 天二三 地二三 人二三

　2) 大三合六 生七八九

　3) 運三四 成環五七

3. 하경下經 「인물人物」

　1) 一妙衍萬往萬來 用變不動本

　2) 本心本太陽 昂明 人中天地一

　3) 一終無終一

제2부 천부경의 주해註解

제1장 상경上經「천리天理」

제2장 중경中經「지전地轉」

제3장 하경下經「인물人物」

제1장 상경上經「천리天理」

상경「천리」에서는 근원성·포괄성·보편성을 띠는 영원한 '하나(一)'의 본질과 무한한 창조성, 즉 천·지·인 혼원일기인 '하나(一)'에서 우주만물이 나오는 일즉삼一卽三의 이치를 드러낸다.

一始無始一 析三極無盡本
天一一 地一二 人一三
一積十鉅 無匱化三

천부경 제1장 상경 천리-1

一 始 無 始 一　析 三 極 無 盡 本
일 시 무 시 일　석 삼 극 무 진 본

번 역　'하나(一)'에서 우주만물이 비롯되지만 시작이 없는 '하나(一)'이며, 그 '하나(一)'에서 천·지·인 삼극三極이 갈라져 나오지만 근본은 다함이 없도다.

해 설　궁극적 실재(根源的 一者)인 '하나(一)'에서 우주만물이 비롯되지만 그 '하나(一)'는 감각이나 지각을 초월해 있으며 인과법칙因果法則에서 벗어나 자본자근自本自根·자생자화自生自化하는[42] 절대유일의 '하나(一)'[43]인 까닭에 시작이 없는 것이라 하여 '일시무시일一始無

42　cf.『莊子』「大宗師」: "夫道有情有信 無爲無形 可傳而不可受 可得而不可見 自本自根 未有天地 自古以固存 神鬼神帝 生天生地 在太極之先 而不爲高 在六極之下 而不爲深 先天地 而不爲久 長於上古 而不爲老." 道는 의심할 바 없이 실재하되, '無爲無形'이며 체득할 수는 있어도 볼 수가 없고, 自本自根하여 천지가 있기 이전에 옛날부터 본래 존재하였으며 천지를 생성한 것으로 나온다;『道德經』40장 : "弱者道之用" '약한 것이 道의 작용'이라고 한 것은 道의 작용을 無爲自然의 그것으로 본 까닭이다. 말하자면 道는 곧 자연의 道로서 天地人의 모든 활동을 포괄하는 자기 스스로의 순수 활동이다.『道德經』28장에서는 "人法地 地法天 天法道 道法自然"이라 하여 "사람은 땅의 법칙을, 땅은 하늘의 법칙을, 하늘은 道의 법칙을, 道는 자연의 법칙을 본받아야 한다"라고 하는데, 여기서 '道法自然'은『道德經』의 전체적인 맥락으로 볼 때 자연이 道의 上位概念이 아닌 同位概念으로 나타나므로 '道卽自然'으로 보아야 한다.

43　『桓檀古記』「太白逸史」蘇塗經典本訓에는 이 절대유일의 '하나(一)'가 '無'와 '有'의 혼돈(混), '虛'와 '粗'의 '현묘함(妙)'으로 나타나고 있다.

始一'이라고 한 것이다. 시작이 없다는 것은 동시에 끝이 없다는 것이며, 시작도 끝도 없는 그 영원한 '하나(一)'에서 천·지·인 삼극이 갈라져 나오지만 그 근본은 다함이 없는 것이라 하여 '석삼극무진본析三極無盡本'[44]이라고 한 것이다. 이는 곧 근원성·포괄성·보편성을 띠는 '하나(一)'의 본질과 무한한 창조성을 보여 주는 것이다. 말하자면 천·지·인 혼원일기混元一氣[45]인 '하나(一)'에서 우주만물이 나오는 일즉삼一卽三[46]의 이치를 드러낸 것이다. 천부경의 논리 구조로 볼 때 삼三은 사람과 우주만물을 나타내는 기본수이므로 일즉삼은 곧 일즉다一卽多[47]이다. 이러한 본체와 작용의 상호 관통은 일一과 다多, 이理와 사事, 정靜과 동動, 공空과 색色이라는 불가분의 관계로 분석될 수 있다. 여기서 '하나(一)'라고 한 것은 '하나(一)'라는 명상名相이 생기기 전부터 이미 사실로서 존재해 온 것으로, 유有라고 하자니 그 모습이 텅 비어 있고 무無라고 하자니 우주만물이 다 이로부터 나오니 그 이름을 알지 못하여 그냥 그렇게 부른 것이다.[48] 이 묘한 '하나(一)'에서 만유萬有가 비롯되니 하도 신령스러워 때론 '님' 자를 붙여 '하나'님이라고 부르기도 한다. 『도덕경道德經』 25장

---

44 cf. 『華嚴一乘法界圖』: "法性圓融無二相 諸法不動本來寂."

45 cf. 『莊子』 「知北游」: "生也死之徒 死也生之始 孰知其紀 人之生 氣之聚也 聚則爲死 若死生爲徒 吾又何患 故萬物一也…故曰通天下一氣耳 聖人故貴一." 생과 사가 동반자이며 만물이 '하나(一)'이고, '하나(一)'의 기운(一氣)이 천하를 관통하고 있기에 성인은 '하나(一)'를 귀하게 여긴다는 것이다. 이는 곧 '하나(一)'가 一氣임을 의미한다.

46 cf. 『桓檀古記』 「太白逸史」 蘇塗經典本訓: "執一含三會三歸一." 一卽三이 곧 三卽一이듯, 執一含三이 곧 會三歸一이다. 궁극적 실재인 '하나(一)'와 우주만물(三)은 본체와 작용의 관계로 상호 관통한다.

47 cf. 『華嚴一乘法界圖』: "一中一切多中一 一卽一切多卽一 一微塵中含十方 一切塵中亦如是."

48 cf. 『華嚴一乘法界圖』: "無名無相絶一切 證智所知非餘境."

에서는 경험 세계의 총체 밖에서 그 스스로의 법칙성에 의해 활동하는 가장 포괄적이고도 근원적인 존재가 있다고 보고 그 존재는 "홀로 서서 변화되지 않으며 두루 운행하여도 위태롭지 않는 고로 가히 천하의 모체가 될 수가 있다"고 하면서 그 이름을 알지 못하여 억지로 '도道'라고도 하고 '대大'라고도 한 것으로 나와 있다.[49] 이렇듯 우주만물의 근원이 되는 궁극적 실재는 언어의 영역을 초월해 있는 까닭에 무엇이라고 정확하게 명명할 수가 없다. '하나(一)'라고 부르든, 도라고 부르든, 또는 하늘(天)이라고 부르든, 그 밖의 다른 어떤 이름으로 부르든, 이는 억지로 붙인 이름일 뿐 그 이름이 곧 실상을 나타내는 것은 아니며, 그러한 명명이 있기 전부터 이미 그것은 사실로서 존재해온 것이다.

궁극적 실재인 '하나(一)'는 그 자체는 생멸生滅하지 아니하면서 만유를 생멸케 하고 또한 그 자체는 무규정자(道常無名)이면서 만유를 규정하며 만유에 편재遍在해 있는 무시무종無始無終의 유일자(唯一神)[50]이므로 감각과 지각을 초월해 있으며 언어세계의 포착망에서 벗어나 있다. 말하자면 '진리 불립문자不立文字'인 것이다. 「만두

---

49 『道德經』 25章 : "有物混成 先天地生 寂兮寥兮 獨立而不改 周行而不殆 可以爲天下母 吾不知其名 强字之曰道 强爲之名曰大." cf.『道德經』 14章 : "…繩繩兮不可名 復歸於無物 是謂無狀之狀 無物之象."

50 cf. *Svetasvatara Upanishad* in *The Upanishads*, translated from the Sanskrit with an introduction by Juan Mascaro(London: Penguin Books Ltd., 1962), 4, p.92: "He rules over the sources of creation. From him comes the universe and unto him it returns. He is…**the one God** of our adoration."; *Kata Upanishad* in *The Upanishads*, 5, p.64: "He is Brahman…who in truth is called **the Immortal**. All the worlds rest on that Spirit and beyond him no one can go…There is **one Ruler**, the Spirit that is in all things, who transforms his own form into many."; *The Bhagavad Gita*, translated from the Sanskrit with an introduction by Juan Mascaro(London: Penguin Books Ltd., 1962), 9. 11. : "…They know not my Spirit supreme, **the infinite** God of this all."

꺄 우파니샤드Mandukya Upanishad」에서 "'옴(OM)'은 일체 만물이다. '옴' 은 과거요 현재요 미래이며 시간을 초월한 존재 브라흐마(Brāhma)이 다. 일체 만물이 '옴'이다"[51]라고 한 것이나, 「요한계시록(Revelation)」 (1:8)에서 "나는 알파(α)와 오메가(Ω)라. 이제도 있고, 전에도 있었고, 장차 올 자요, 전능한 자라"[52]고 한 것, 그리고 회교 성전聖典 『코란 The Holy Quran(Koran)』에서 '하나님은 오직 알라(Allah) 한 분'이라고 한 것은 모두 유일신 '하나(一)'를 단순히 그렇게 명명한 것일 뿐, 신은 결코 이름 지어질 수 있는 인격체가 아니다. 이름이 붙는 순간, 신 은 개체화(particularization)되고 물질화되어 보편성을 상실하기 때문이 다. 신(神性)은 본래 무명無名이다. 인간의 의식이 물질 차원의 에고 (ego 個我)에 갇혀서는 이름 너머에 있는 '하나(一)'인 신성을 볼 수 없 다. 신은 인간과 분리된 외재적인 존재가 아니라 내재적인 동시에 초월적인 존재이다. 신은 만유에 내재해 있는 신성神性인 동시에 만유를 생성·변화시키는 지기至氣로서 일체의 우주만물을 관통 한다. 『삼일신고』의 일신一神과 회교 『코란』의 알라(Allah)와 기독교 『성경』의 하나님, 힌두교 『베다(Veda)』·『우파니샤드The Upanishads』· 『바가바드 기타The Bhagavad Gita』의 브라흐마(Brāhma), 유교의 '하늘(天)' 과 불교의 '불佛'과 도교의 '도道'[53], 그리고 천도교 『동경대전東經大全』

---

51 *Mandukya Upanishad* in *The Upanishads*, p.83: "OM. This eternal Word is all : what was, what is and what shall be, and what beyond is in eternity. All is OM." 이는 곧 개체성과 전체성, 특수성과 보편성의 합일을 말해 주는 것으로 우주만물 과 유일신 브라흐마가 하나라는 것이다. *The Upanishads*에서는 유일신 브라흐 마를 불멸의 음성 '옴(OM)'으로 나타낸다.

52 "Revelation" in *Bible*, 1:8 : "I am the Alpha and the Omega," says the Lord God, "who is, and who was, and who is to come, the Almighty." cf. "Revelation" in *Bible*, 21:6 : "I am the Alpha and the Omega, the beginning and the End."

53 유교 가치 규범의 근간은 '하늘(天)'로 나타난다. 孔子가 50세에 '知天命' 즉 하늘

의 천주天主와 우리 민족 고유의 경전들에 나오는 삼신三神(天神)과 우리 민족이 예로부터 숭앙해온 '하늘(天)'[54]이 서로 다른 것이 아니다. 모두 우주만물의 근원인 '하나(一)' 즉 유일신을 다양하게 명명한 것일 뿐이다. 유일신이 만물에 편재해 있음은 비가 대지를 고루 적시고, 태양이 사해四海를 두루 비추며, 달빛이 천강千江을 고루 물들이는 것과 같은 이치다. 유일신이 없는 곳이 없는 것이다.[55] 유일신은 본래 무명無名이다. 그럴진대 그 이름으로 실상을 구분함은 유일신을 죽이는 일이요, 모든 종교가 그토록 경계하는 우상숭배에 빠지는 일이다. '나'만의 '하나'님, 내 종교만의 '하나'님으로 묶어두게 되면 '하나'님은 보편성을 상실하고 개체화·물질화되어 '무소부재無所不在'일 수도 없고 절대·영원일 수도 없으니 유일신을 죽이는 일이 되는 것이요, 만유에 편재해 있는 '하나'님의 실체를 외면한 채 자신의 부정한 의식이 만들어낸 '나'만의 '하나'님, 내 종교만의 '하

의 명을 알았다고 한 것이나, 孟子가 失民心이 곧 失天下라고 한 것이 그것이다. 불교의 '佛'은 물질과 정신이 하나가 된 마음(一心)을 일컫는 것이다. 마음의 근본과 우주의 근본은 하나로 통하므로 一心은 곧 우주만물의 근원인 '하나(一)'이다. 六祖慧能에 의하면, 佛性은 영원과 변화의 彼岸에, 선과 악의 피안에, 내용과 형식의 피안에 있다. 도교의 '道'는 名과 無名의 피안에서 一과 多, 無와 有, 본체와 현상을 포괄하는 동시에 초월하는 근원적 一者를 지칭한 것이다.

54 한국 상고 사상의 근본 정신은 천·지·인 삼재의 융화를 기초로 한다. 고조선의 개조 제1대 단군은 敬天崇祖의 '報本思想'을 이전의 신시시대로부터 이어받아 고유의 玄妙之道(風流)를 기반으로 하는 皀衣國仙의 國風을 열었다. '보본'이란 '근본에 보답한다'는 뜻으로 孝와 忠을 기반으로 한 崇祖思想은 祭天을 기반으로 한 敬天(敬神) 사상과 함께 한국 전통사상의 골간을 형성해 왔다. 상고와 고대의 國中 대축제는 물론, 중세와 근세에도 제천, 즉 천지의 주재자를 받들고 보본하는 예를 잊지 아니하였다. 이는 곧 우리의 전통사상이 천·지·인 삼재를 기초로 하여 하늘과 사람과 만물을 하나로 관통하고 있음을 보여주는 것이다.

55 cf. 『莊子』 「齊物論」: "道惡乎往而不存?" 다함이 없는 변화(外有氣化) 속에서도 道는 우주만물에 내재(內有神靈)해 있으므로 道가 없는 곳이 없는 것이다.

나'님을 경배하는 것은 짚신이나 나막신 수준의 물신物神을 경배하는 것에 지나지 않으니 우상숭배에 빠지는 일이 되는 것이다.

유일신은 우주만물에 편재해 있는 보편자인 까닭에 특정 종교의 유일신이 아니라 만유의 유일신이다. 이 세상의 모든 반목과 갈등은 우주만물에 내재하는 절대유일의 '참나'를 깨닫지 못하고 서로 다른 것으로 분리시킨 데서 오는 것이다. 절대유일의 '참나'가 곧 유일신(天主)이다. 천·지·인 삼신이 곧 유일신 '하나(一)'이다. 따라서 '참나'는 천·지·인 삼신, 즉 유일신 '하나(一)'를 지칭하는 것이다. '참나'는 육체적인 '나'가 아니라 본래의 자성(自性, 一心, 순수의식)을 일컫는 것으로 천·지·인 삼신은 자성의 세 측면을 나타낸 것이다. 「단군세기」에서는 "조화造化의 신이 강림하여 나의 '성품(性)'이 되고 교화敎化의 신이 강림하여 나의 '목숨(命)'이 되며 치화治化의 신이 강림하여 나의 '정기(精)'가 된다"[56]라고 하여 조화·교화·치화의 신이 각각 성·명·정을 이룬다고 밝히고 있고, 또한 "'성품'의 영을 깨달음은 천신(삼신)과 그 근원을 함께 하고 '목숨'의 나타남은 산천과 그 기(氣)를 함께 하며 '정기(精)'가 영속되는 것은 창생과 그 업業을 함께 하는 것이니, '하나를 잡아 셋을 포함하고 셋을 모아 하나로 돌아감'이란 바로 이를 말한다"[57]라고 하여 성·명·정이 천·지·인 삼신과 조응하여 '하나(一)' 즉 일신(唯一神, 天主)과 상호 관통하고 있음을 밝히고 있다. 이러한 자성의 세 측면은 기독교의 성부·성자·성령(聖神, 聖靈)의 관계와 마찬가지로 삼위일체(三位一體, 三

---

56 『桓檀古記』「檀君世紀」: "造化之神 降爲我性 敎化之神 降爲我命 治化之神 降爲我精."

57 『桓檀古記』「檀君世紀」: "其性之靈覺也 與天神同其源 其命之現生也 與山川同其氣 其精之永續也 與蒼生同其業也 乃執一而含三 會三而歸一者 是也."

神一體)로서 '회삼귀일'의 이치에 입각해 있다. 말하자면 자성의 세 측면인 조화·교화·치화, 성·명·정, 천·지·인은 모두 삼위일체로서 혼원일기인 '하나(一)' 즉 유일신(一神, 天主)으로 돌아가는 것이다. 한마디로 자성이 곧 유일신(人乃天)[58]이다. 「태백일사」 삼한관경본기 마한세가 상편에서는 천·지·인 삼신일체의 천도가 인간 존재 속에 구현(人中天地一)되어 있음을 명징하게 드러내 보이고 있다. "하늘의 기틀 있음은 내 마음의 기틀에서 보고 땅의 형상 있음은 내 몸의 형상에서 보며 사물의 주재함이 있음은 내 기의 주재함에서 볼 수가 있다"[59]라고 한 것이 그것이다. 이렇듯 하늘의 기틀과 마음의 기틀, 땅의 형상과 몸의 형상, 그리고 사물의 주재함과 기氣의 주재함이 모두 혼원일기인 '하나(一)'의 이치와 기운의 조화 작용이므로 '하나(一)'와 우주만물(人物, 三)은 분리될 수 있는 것이 아니다. 그런 까닭에 '하나를 잡아 셋을 포함하고 셋이 모여 하나로 돌아가는 것'이라고 한 것이다. 이렇게 볼 때 천부경에서 근원적 일자一者에 이름을 붙이지 않고 그냥 '하나(一)'라고 한 것은 무수한 진리의 가지들을 하나의 진리로 되돌리기 위한 우리 국조의 심원한 뜻이 담긴 원융圓融한 지혜의 소산이다. 오늘날 삶과 종교, 종교와 종교 간 불화의 단초가 되고 있는 '유일신' 논쟁은 진리의 편린에 집착함으로 인해 큰 진리가 가려진 데서 오는 것이다. 다시 말해서 정신적 생명력(spiritual vitality)의 결여와 영적 무지無知에서 오는 것이다. 부정한 의식(分別智)의 철폐를 통한 진지(眞知, 根本智)의 회복으로 그러한

58　『中庸』: "天命之謂性 率性之謂道." 즉 "하늘이 명한 것이 性이고 이 性을 따르는 것이 道이다."

59　『桓檀古記』「太白逸史」 三韓管境本紀 馬韓世家 上: "天地有機 見於吾心之機 地之有象 見於吾身之象 物之有宰 見於吾氣之宰也."

논쟁은 종식될 수 있다.

또한 '천상천하유아독존天上天下唯我獨尊'이란 말은 절대유일의 '하나(一)' 즉 유일자의 실재를 명징하게 보여준다. 여기서 '아我'란 태어나지도 죽지도 않으며 세상사에 물들지도 않는, 우주만물의 근원과 하나로 통하는 '참나(神性, 一心, 大我)'를 가리킨다. '참나'는 이 세상 그 무엇에도 비길 데 없이 존귀한 까닭에 이 세상에 오직 '참나'만이 홀로 높다고 한 것이다. 이 '참나'가 바로 만유의 중심에 내려와 있는 동시에 다함이 없는 기화氣化의 작용으로 만유를 생멸시키는 불생불멸의 유일자(唯我), 즉 유일신이다. 예수 그리스도께서 "나를 따르라"고 한 그 '나' 또한 '참나' 즉 유일신을 가리키는 것이다. 유일신은 특정 종교의 신이 아니라 우주만물에 내재해 있는 동시에 초월하는 '하나(一)'인 '참나'를 일컫는 것이다. 우주만물의 개체성은 유일신이 다양한 모습으로 현현한 것이다(萬像一天). 우주만물에 내재하는 '참자아'의 동질성을 깨달은 사람은 우주의 조화 기운과 하나가 됨으로써 유일신과 한 호흡 속에 있게 된다. 모든 종교에서 유일신 숭배를 그토록 강조한 것은 유일신이 곧 '참나'이며, '참나'에 대한 주체적 자각이 없이는 인간의 자기 실현은 불가능하기 때문이다. 따라서 '하나(一)'인 '참나'를 공경함은 곧 진리인 실체에 대한 인식이며 동시에 우주 '한생명'의 실천이다. 우주의 실체는 의식이므로 '하나(一)'인 '참나'는 곧 순수의식(전체의식, 보편의식, 근원의식, 우주의식)이요 하나인 마음(一心, 참본성)이다. 따라서 유일신 논쟁은 단순한 종교 차원이 아닌 우리 삶 속에 뿌리박은 심대深大한 문제다. '참나'의 자각적 주체에 의한 진정한 문명이 개창될 수 있기 위해서는 유일신 논쟁이 명쾌하게 종결되지 않으면 안 된다.

개체성(특수성)과 전체성(보편성), 즉 생멸하는 우주만물과 불생불멸인 궁극적 실재는 불가분의 하나이다.[60] 인내천人乃天으로 대표되는 동학의 불연기연不然其然[61]의 논리에서 드러나듯, 우주만물의 개체성이 전일성의 현시顯示임을 깨닫게 되면 조물자인 '하나(一)'와 그 그림자인 인간이 분리될 수 없는 하나[62]라는 사실을 알게 되는 것이다. 수운水雲 심법心法의 키워드라 할 수 있는 '오심즉여심(吾心卽汝心: 내 마음이 곧 네 마음)'[63]은 하늘마음(참본성, 순수의식, 우주의식, 전체의식, 보편의식)이 곧 사람마음임을 보여주는 것으로 하늘(유일신)이 사람을 떠나 따로이 존재하는 것이 아님을 천인합일天人合一의 이치를 통해 명징하게 드러낸 것이다. 거울에 비친 형상과 거울을 분리시킬 수 없듯이, 마음의 거울에 비친 만상과 마음을 분리시킬 수 없다. 거울이 모든 형상을 받아들이고 바다가 모든 강줄기를 받아들이듯

---

60 cf. Ashvaghosha, *The Awakening of Faith*, trans. Teitaro Suzuki(Mineola, New York: Dover Publications, INC., 2003), p.55: "In the one soul we may distinguish two aspects. The one is the Soul as suchness(眞如), the other is the soul as birth-and-death(生滅)…both are so closely interrelated that one cannot be separated from the other."

61 『東經大全』「不然其然」. 不然이 사물의 근본 이치와 관련된 超논리·超이성·직관의 영역이라면, 其然은 사물의 현상적 측면과 관련된 감각적·지각적·경험적 판단의 영역이다. '그렇지 아니함과 그러함', 즉 不然其然은 本體界와 現象界를 會通시키는 水雲 崔濟愚의 독특한 논리이다.

62 『龍潭遺詞』「興比歌」: "무궁한 그 이치를 불연기연 살펴내어…무궁히 알았으면 무궁한 이 울 속에 무궁한 내 아닌가."

63 『東經大全』「論學文」: "日吾心卽汝心也 人何知之 知天地而無知鬼神 鬼神者吾也." 1860년 庚申 4월 5일 東學 창시자 水雲은 後天 오만년을 펼칠 '今不聞古不聞 今不比古不比'의 '만고 없는 無極大道'를 '吾心卽汝心'의 心法과 함께 하늘로부터 받는 신비체험을 한다. 밖으로는 接靈의 기운이 있고 안으로는 降話의 가르침이 있으되 보아도 보이지 아니하고 들어도 들리지 아니하는 내면으로부터의 가르침의 말씀은 '내 마음이 네 마음'이라고 하는 것으로 시작된다. 이는 하늘마음이 바로 수운의 마음과 같다는 뜻이다. 이어 세상 사람들은 천지의 형체만을 알 뿐 그 천지의 주재자인 하늘은 알지 못한다고 하고, 이에 수운에게 무궁한 道를 줄 것이니 무궁한 德을 펼치라고 降靈之文에는 나온다.

이, 일심一心은 만물만상을 포용한다. 우리들 자신의 깊은 의식이 하늘로 통하는 문이다. 의식의 근원에 이르게 되면 하나의 진리가 그 모습을 드러내게 되는데 그것이 바로 일심의 나타남이다. 우리의 마음이 일심의 원천으로 되돌아가면(歸一心源), 다시 말해서 본래의 천심天心을 회복하면 진속眞俗 평등의 본체를 체득할 수 있게 되는 것이다. 언젠가 '존재의 집'에 이르게 되면 알게 될 것이다. 소를 타고 소를 찾아 헤매는 것처럼, 우리의 본신인 신을 찾아 천지사방을 헤매었다는 것을! 끝으로 영원한 '하나(一)'에서 우주만물이 나오는 다함이 없는 창조성을 일컬어 『도덕경』 6장에서는 '현빈玄牝'이라고 하고 있는데, 이는 도의 공용功用의 영구함을 암컷의 생산력에 비유한 것이다. "암컷의 문門이 천지의 근원이며 만물을 끊임없이 생산해 내어도 그 작용은 다함이 없다"[64]고 한 것이 그것이다. 이러한 도道의 기능적인 면을 일컬어 『장자莊子』 「대종사大宗師」편에서는 '조물자造物者'[65] 또는 '조화자造化者'라고 하고 있다. '하나(一)'는 천지간의 삼라만상이 태어나는 문이며 우주의 본원으로서 포괄하지 않음이 없고, 우주의 창조성 그 자체로서 우주만물에 편재해 있는 보편자이다. 우주만물은 지기至氣인 '하나(一)' 즉 하늘(天)의 화현化現인 까닭에 「영부주문靈符呪文」에서는 '이천식천以天食天-이천화천以天化天' 즉 하늘로써 하늘을 먹고 하늘로써 하늘을 화할 뿐이라고 한 것이다. 말하자면 우주만물이 모두 한 기운 한 마음으로 꿰뚫어진 까닭에 우주만물의 생성·변화·소멸 자체가 모두 하늘의 조화造化 작

---

64 『道德經』 6章: "谷神不死 是謂玄牝 玄牝之門 是謂天地根 綿綿若存 用之不勤."

65 cf. 『東經大全』, 「不然其然」: '造物者'(「不然其然」의 말미에서 水雲은 만유를 생성케 하는 天主('하나(一)')의 무한한 창조성을 일컬어 造物者라고 하고 있다).

용[66]인 것으로 나타나는 것이다.

주 해 1) 一始無始一(일시무시일) : 근원적 일자一者 또는 궁극적 실재로서의 '하나(一)'는 우주의 본원을 일컫는 것으로 하늘(天)·天主(하느님, 하나님, 創造主, 絶對者, 造物者, 唯一神, Allah, 一神, 天神, 한울, 한얼)·道·佛·太極(無極)·브라흐마(Brāhma: 梵, 創造神 / Atman)·우주의식(전체의식, 순수의식, 一心)·우주의 창조적 에너지(至氣, 混元一氣)·진리[실체, 眞如(suchness), 불멸] 등으로 다양하게 명명된다. '하나(一)'에서 시작한다는 '일시一始'는 궁극적 실재인 '하나(一)'에서 우주만물이 비롯된다는 것이고, 시작이 없는 '하나(一)'라는 '무시일無始一'은 인과법칙에서 벗어나 자본자근自本自根·자생자화自生自化하는 유일자(唯一神)의 자기근원성을 일컫는 것이다. 따라서 '일시무시일'이란 궁극적 실재인 '하나(一)'에서 우주만물이 비롯되지만 그 '하나(一)'는 인과법칙에서 벗어나 자본자근·자생자화하는 절대유일의 '하나(一)'인 까닭에 시작이 없는 '하나(一)'라는 뜻이다.

2) 析三極 無盡本(석삼극 무진본) : '석析'은 '가르다', '나누다'는 뜻이고, '극極'은 지극한 이치를 일컬음이니, '석삼극'은 '하나(一)'에서 천·지·인 세 지극한 이치가 갈라져 나오는 것을 말한다. '무진본'은 그 근본은 다함이 없다는 뜻이다. 따라서 '석삼극 무진본'은 '하나(一)'에서 천·지·인 삼극이 갈라져 나오지만 그 근본은 다함이 없다는 뜻이다.

---

66 『天道敎經典』「靈符呪文」, 294쪽 : "吾道 義 以天食天-以天化天…宇宙萬物 總貫一氣一心也." cf. *The Bhagavad Gita*, 4. 24. : "Who in all his work sees God, he in truth goes unto God: God is his worship, God is his offering, offered by God in the fire of God."

천부경 제1장 상경 천리-2

天一一 地一二 人一三
천 일 일   지 일 이   인 일 삼

번 역   하늘의 본체(天一)가 첫 번째(一)로 열리고, 땅의 본체(地一)가 두 번째(二)로 열리고, 인물人物의 본체(人一)가 세 번째(三)로 생겨나는 것이라.

해 설   먼저(一) 하늘의 본체(天一)가 열리고, 다음으로(二) 땅의 본체(地一)가 열리고, 그 다음으로(三) 인물人物의 본체(人一)가 생겨난다고 하여 '천일일 지일이 인일삼(天一一 地一二 人一三)'이라고 한 것이다. 여기서 '인일삼人一三'의 '인일'은 사람과 우주만물의 본체로 풀이하는 것이 옳다. '천일·지일·인일'은 '하나(一)'의 본체를 천·지·인 셋으로 나눈 것으로 그 근본은 모두 하나로 통하는 것이다. 그리고 '하나(一)'의 묘리妙理의 작용으로 천지가 열리고 인물이 생겨나는 무위無爲의 천지창조天地創造[67] 과정을 일一, 이二, 삼三의 순서로 나타

---

[67] 우주는 자기 생성적 네트워크 체제로 이루어져 있으므로 창조주와 피조물이 따로 있는 것이 아니다. 정확하게 말하면 모든 존재는 자기 근원성을 가지고 있으므로 모두가 '참여자'의 위치에 있는 것이다(각주 121 참조). 따라서 주체-객체 이분법이 성립되지 않으므로 상대계의 언어로 적절하게 설명될 수 없다. 여기서 '천지창조'라고 한 것은 일반적인 언어 습관에 따른 것일 뿐 창조하는 주체와 피조물의 이분화를 상정한 것은 아니다. '창조론'과 '진화론'의 논쟁은 이분법적 사고가 종식될 때 끝나게 될 것이다. '창조론'과 '진화론'에 대해서는 下經「人物」"一妙衍萬往萬來 用變不動本" 해설 참조.

낸 것이다. 이는 『황극경세서皇極經世書』에서 천개어자天開於子 즉 자회子會에서 하늘이 열리고, 지벽어축地闢於丑 즉 축회丑會에서 땅이 열리며, 인기어인人起於寅 즉 인회寅會에서 인물人物이 생겨나는 선천개벽先天開闢[68]이 있다고 한 것과 일치한다. 우주 1년의 이수理數를 처음으로 밝혀낸 소강절邵康節에 의하면, 천지의 시종始終은 일원一元의 기氣이며, 일원(宇宙曆 1年)은 12만 9천 6백 년이요 일원에는 12회(子會, 丑會, 寅會, 卯會, 辰會, 巳會, 午會, 未會, 申會, 酉會, 戌會, 亥會)가 있어 1회(一會, 宇宙曆 1개월)인 1만 8백 년마다 소개벽이 일어나고 우주의 봄과 가을에 우주가 생장·분열하고 수렴·통일되는 선천·후천의 대개벽이 순환한다고 한다. 또한 1회會에는 30운運이 있으니 1운은 360년이고 또 1운에는 12세世가 있으니 1세는 30년이다. 즉 1원元에는 12회 360운 4,320세가 있는 것이다.[69] 성星의 76 즉 인회의 가운데

---

68 『皇極經世書』「纂圖指要·下」. 중국 宋代의 巨儒 邵康節(邵雍, 1011-1077)은 春夏秋冬의 生長斂藏의 이치를 통해 '元會運世'를 밝힘과 동시에 삼라만상의 일체의 변화를 꿰뚫고 있다. 우주 1년의 12만 9천6백 년 가운데 인류 문명의 생존 기간은 乾運의 선천 5만 년과 坤運의 후천 5만 년을 합한 10만 년이며, 나머지 2만 9천6백 년은 빙하기로 천지의 재충전을 위한 휴식기이다. '앎은 강절의 지식에 있나니'라는 말처럼 '理氣之宗' 또는 '易의 祖宗'으로 일컬어지는 邵康節의 象數 학설에 기초한 우주관과 자연철학은 宋代 性理學의 鼻祖 周濂溪의 太極圖說과 더불어 동양 우주론의 바탕을 이루고 있다. 그의 사상은 『皇極經世書』를 통해 세상에 알려졌고, 朱子에 의해 성리학의 근본 이념으로 자리 잡게 되었다. 先天 乾道 시대는 天地否卦(☷)인 陰陽相剋의 시대인 관계로 民意가 제대로 반영되지 못하고 빈부의 격차가 심하며 여성이 제자리를 찾지 못하는 시대로 일관해 왔으나, 後天 坤道 시대는 地天泰卦(☰)인 陰陽之合의 시대인 관계로 대립물의 통합이 이루어지고 종교적 진리가 정치사회 속에 구현되는 聖俗一如·靈肉雙全의 시대라고 할 수 있을 것이다.

69 『皇極經世書』「纂圖指要·下」와 「觀物內篇·10」. 邵康節은 『皇極經世書』「觀物內篇·10」벽두에서 日月星辰을 元會運世로 헤아리고 있다. 즉 "日은 하늘의 元으로 헤아리고, 月은 하늘의 會로 헤아리며, 星은 하늘의 運으로 헤아리고, 辰은 하늘의 世로 헤아린다(日經天之元 月經天之會 星經天之運 辰經天之世)"가 그것이다.

에서 개물開物이 되는 것은 1년의 경칩驚蟄에 해당하고, 315 즉 술회의 가운데에서 폐물閉物이 되는 것은 1년의 입동立冬에 해당한다. 여기서 선천개벽은 후천개벽과 불가분의 관계에 있으므로 하나의 연속체로 고찰할 필요가 있다. 선천과 후천의 구분은 우주의 1회전 기간을 둘로 나누어 우주력宇宙曆 전반 6개월(春夏)을 생장·분열의 선천 시대, 후반 6개월(秋冬)을 수렴·통일의 후천 시대로 보는 데서 나온 것이다. 건운乾運의 선천 5만 년이 음양상극陰陽相剋의 시대로 일관한 것은 지축의 경사로 인해 음양이 고르지 못한 데 기인한다. 말하자면 지축이 23.5도로 기울어짐으로 인해 양陽은 360보다 넘치고 음陰은 354일이 되어 태양·태음력의 차이가 생겨나게 되고 대립물이 상극을 이루는 시대로 일관해 온 것이다. 음양동정陰陽動靜의 원리로 이제 그 극에서 음으로 되돌아오면서 우주의 가을인 미회未會에서는 지축 정립과 같은 지구의 자정自淨 작용의 일환인 대변혁 과정을 거쳐 천지가 정원형으로 360이 되어 음양이 고르게 되는 후천개벽이 일어나는 것이다. 말하자면 우주의 시간대가 새로운 질서로 접어들면서 이제 우리 인류는 선천의 건운 5만 년이 다하고 곤운坤運의 후천 5만 년이 열리게 되는 후천개벽기 즉 미회未會에 들어서 있다. 인간은 단순한 지구적 존재가 아니라 우주의 본질과 천지 운행의 원리에 조응하는 우주적 존재인 것이다.

　　후천개벽은 우주가 생生, 장長, 염斂, 장藏 4계절로 순환하는 과정에서 후천 가을의 시간대로 접어들면서 일어나는 대격변 현상이다. 수운은 새로운 성운盛運의 시대를 맞이하여 만인이 본래의 천심(天心, 우주적 본성)을 회복하여 천리天理를 따르면 동귀일체同歸一體가 이루어져 후천개벽의 새 세상이 열리게 된다고 보았다. 말하자면 천지 개벽의 도수度數에 조응照應하여 인위人爲의 정신개벽과 사회개벽이 이루어지면 천지가 합덕合德하는 후천의 새 세상이 열리는 것이다. 천시天時와 인사人事의 조응 관계는 "마치 형태가 있으면 그림자가 모이고 소리가 있으면 울림이 있는 것과 같다."[70] 말하자면 "천시가 인사에 말미암는 것이고 인사 또한 천시에 말미암는 것이다."[71] 본체계와 현상계는 본래 하나다. 순천順天의 삶이란 인人이 시時에 머물러 같이 가며 하늘을 거스르지 않는 것으로, 이로써 하늘이 도와 길吉함이 있으며 이롭지 않음이 없게 되는 것이다.[72] 무릇 성인이란 나아갈 때와 물러날 때를 아는 사람이라고 한 것은 이를 두고 한 말이다. 따라서 후천개벽은 단순히 정신개벽과 사회개벽을 통한 지구적 질서의 재편성이 아니라 천지운행의 원리에 따른 우주적 차원의 질서 재편으로 이를 통해 곤운坤運의 후천 5만 년이 열리게 되는 것이다. 실로 천지 운행의 원리를 알지 못하고서는, 혼원일기(混元一氣)인 '하나(一)'에서 우주만물이 비롯된다는 사실을 알지 못하고서는, 그리고 그 '하나(一)'가 곧 '참나(참본성, 神性, 自性, 一心)'임을 체득하지 않고서는, 천·지·인 삼재의 융화를 이룰 수가 없으며 따라서 우주 '한생명'을 실천할 수도 없다. 끝으로, '하나(一)'에서 천·지·인의 본체가 열리는 '천일일 지일이 인일삼'은 영적 차원에서 물적 차원으로, 근원적 일자一者의 위치에서 다양성의 세계로 나오는 일즉삼·일즉다의 이치를 천지 창조 과정을 통하여 보여 주는 것이다. 이러한 과정은 정신은 물질을 통하여, 보편성은 특수성을 통하여 스스로를 구현한다는 사실을 보여 줌으로써 정신

---

70 『皇極經世書』「纂圖指要·下」: "時動而事起天運而人從, 猶形行而影會聲發而響."
71 『皇極經世書』「纂圖指要·下」: "天之時由人之事乎. 人之事有天之時乎."
72 『皇極經世書』「纂圖指要·下」: "故聖人與天 行而不逆與時俱遊而不違是以自天祐之吉無不利…."

과 물질, 보편성(전체성)과 특수성(개체성)의 관계에 대해 사유하게 한다. 일심의 원천에 이르면 정신과 물질이, 보편성과 특수성이 결국 하나임을 알게 되고 본체계와 현상계의 양 세계를 자유롭게 내왕함으로써 '색(色, 物質, 有)이 곧 공(空, 精神, 無)이요 공이 곧 색'[73]임을 체득할 수 있게 되는 것이다. 현상의 본질로서 존재 자체 속에 내재해 있는 절대유일의 '하나(一)'인 보편자는 물질을 통하여, 특수성을 통하여 구체적 현실태가 되는 것이다.

주해 天一一 地一二 人一三(천일일 지일이 인일삼): '천일天一'은 하늘의 본체, '지일地一'은 땅의 본체, '인일人一'은 인물人物의 본체를 말하는 것으로 이는 곧 '하나(一)'의 본체를 천·지·인 셋으로 나눈 것이다. 여기서 '인일'을 인물의 본체로 풀이한 것은 '삼三'이 사람과 우주만물을 나타내는 기본수이기 때문이다. 셋으로 나눈다고 해서 '하나(一)'가 늘어나는 것도 아니고, 셋을 합한다고 해서 줄어드는 것도 아니다. 그 근본은 모두 '하나(一)'로 통하는 것이다. 이에 대해서는 중경中徑「지전地轉」과 하경下經「인물人物」에서 좀더 자세히 논하기로 한다. '일一, 이二, 삼三'은 '하나(一)'의 조화 기운의 작용으로 우주의 1월인 자회子會에서 하늘이 열리고 2월인 축회丑會에서 땅이 열리며 3월인 인회寅會에서 인물이 생겨나는 천지창조의 과정을 순서대로 나타낸 것으로, 천·지·인을 나타내는 기본수이기도 하다.

---

73 『般若心經』: "色不異空 空不異色 色卽是空 空卽是色."

一積十鉅 無匱化三
일 적 십 거 무 궤 화 삼

번역 '하나(一)'가 쌓여 크게 열(十)을 이루지만 다시 다함이 없이 천·지·인 삼극三極으로 화하게 되는 도다.

해설 '하나(一)'는 만유가 비롯되는 현묘玄妙한 문門이요, 천변만화千變萬化가 작용하는 생멸生滅의 문이며, 만물만상이 하나가 되는 진여眞如의 문이다. '하나(一)'의 묘리妙理의 작용으로 우주만물이 생장·분열하고 수렴·통일되지만 그로써 끝나는 것이 아니라 다시 생장·분열하는 천·지·인 삼극三極의 천변만화의 작용이 있게 되는 것이니, 이러한 과정은 다함이 없이 순환 반복되는 것이라 하여 '일적십거 무궤화삼(一積十鉅無匱化三)'이라고 한 것이다. '하나(一)'가 종자라면, 우주만물(三)은 그 나무이고, 열(十)은 그 열매다. 종자인 '하나(一)'와 그 나무인 우주만물(三)은 둘이 아니며, 종자인 '하나(一)'와 그 열매인 열(十) 또한 둘이 아니다. 따라서 '하나(一)'와 셋(三)과 열(十)은 종자와 나무와 열매의 관계로 모두 하나이다. 이는 마치 움직임이 극極에 달하면 고요해지고 고요함이 극에 달하면 다시 움직이는 태극太極과도 같이, '하나(一)'가 묘하게 피어나 생장·분열하여 열매(十)를 맺게 되지만 그로써 끝나는 것이 아니라 그 열매(十)는 다시 종자인 '하나(一)'가 되고 그 '하나(一)'에서 천·지·인 삼극이 갈라져 나오는 과정이 다함이 없이 순환 반복되는 것이다.[74] 이렇듯 상경上經「천리天理」에서는 '하나(一)'에서 우주만물이 나오는 일즉삼一卽三의 이치를 드러내고 있다. 여기서 '일즉삼'은 동시에 '삼즉일三卽一'의 이치를 내포하고 있긴 하나, 상경「천리」에서는 영원한 '하나(一)'의 다함이 없는 창조성을 가능태로서 나타내 보이고 있으므로 '일즉삼'의 이치를 드러낸 것이라고 한 것이다. 다시 말해서 '일적십거 무궤화삼'은 '하나(一)'의 본체가 염染·정淨 제법諸法을 포괄하며 다함이 없이 순환 반복하는 이치를 가능태로서 보여 주고 있는 것이다. '하나(一)'가 음양 양극간의 역동적인 상호 작용으로 나타남으로써 현실태가 되는 것은 '천이삼 지이삼 인이삼(天二三 地二三 人二三)'에서부터이다. 이러한 시작도 끝도 없는 절대유일의 '하나(一)'의 원리가 바로 만유를 범주範疇하며 가없는 변화에 응답하는 원궤圓軌의 중심축이다. 천부경의 사상은 한마디로 대일大一의 사상, 즉 '한사상'이다.

주 해 1) 一積十鉅(일적십거) : 천부경에서는 천지 포태胞胎의 이치와 기운을 일一부터 십十까지의 숫자로 풀이하고 있는데, '일적십거'는 우주만물의 근원인 '하나(一)'가 묘하게 작용하여 우주만물이 생장·분열하고 수렴·통일되는 과정을 일一과 십十으로 함축한 것이다. 여기서 거鉅는 '크다'의 뜻으로 열(十)이 완성을 뜻하는 큰

---

74 cf.『東經大全』「論學文」: '無往不復之理'. 水雲은 그가 하늘로부터 받은 道를 '無往不復之理', 즉 '가고 돌아오지 않음이 없는 理法'이라고 하고 이러한 자연의 理法을 天道라고 명명하였다. 만물은 無常한지라 不變함이 없는 까닭에 붓다께서는 "생의 모든 현상은 꿈같고, 환상 같고, 물거품 같고, 그림자 같고, 이슬 같고, 번갯불 같으니, 그대는 마땅히 그와 같이 觀하여야 하리라"(『金剛經』: "一切有爲法 如夢幻泡影 如露亦如電 應作如是觀")고 한 것이다.

숫자이므로 그냥 십+이라고 하지 않고 '십거+鉅'라고 한 것이다. 따라서 '일적십거'는 '하나(一)'가 쌓여 크게 열(+)을 이룬다는 뜻이다.

2) 無匱化三(무궤화삼) : '궤匱'가 '다할 궤'이니 '무궤'는 '다함이 없다'는 뜻이고, '화삼'은 '삼三으로 화化하다'는 뜻이니, '무궤화삼'은 다함이 없이 삼으로 화한다는 의미이다. 일一과 십+은 종자와 열매의 관계로 결국 같은 것이다. 종자(一)가 피어나 열매(+)를 맺게 되면 열매로써 끝나는 것이 아니라 그 열매(+)가 다시 종자(一)가 되어 천·지·인 삼극三極의 천변만화千變萬化의 작용이 있게 되는 것이니, 이러한 과정은 다함이 없이 순환 반복되는 것이라 하여 '무궤화삼'이라고 한 것이다.

제2장 중경中經「지전地轉」

중경「지전」에서는 음양 양극 간의 역동적인 상호작용으로 천지 운행이 이루어지고 음양오행이 만물을 낳는 과정이 끝없이 순환 반복되는 '하나(一)'의 이치와 기운의 조화造化 작용을 나타낸다.

天二三 地二三 人二三
大三合六 生七八九
運三四 成環五七

천부경 제2장 중경 지전-1

天二三 地二三 人二三
천이삼   지이삼   인이삼

번 역   하늘에도 음양(二)이 있고, 땅에도 음양이 있으며, 사람에게도 음양이 있어 음양 양극 간의 역동적인 상호 작용으로 천지운행이 이루어지고 우주만물이 생장·변화하는 도다.

해 설   천지만물에 음양이 있어 음양 양극 간의 역동적인 상호 작용으로 천지운행이 이루어지고 우주만물이 생장·변화하게 되는 것이라 하여 '천이삼 지이삼 인이삼(天二三地二三人二三)'이라 한 것이다. 이는『도덕경』에서 "도(道, Tao)는 일一을 낳고, 일은 이二를 낳으며, 이는 삼三을 낳고, 삼은 만물을 낳는다. 만물은 음陰을 업고 양陽을 안으며 충기沖氣라는 화합력에 의하여 생성된다"[75]고 한 것과 그 맥을 같이한다. 여기서 '삼은 만물을 낳는다'고 하는 '삼생만물三生萬物'은 삼이 곧 만물이라는 '삼즉만물三卽萬物'의 뜻이다.『도덕경』의 '도道'는『천부경』의 '하나(一)'와 같은 것이고, '일一'은『천부경』의 '천일 지일 인일(天一地一人一)'의 일과 같이 도의 본체를 나타낸 것이며, '이二'는『천부경』의 '천이 지이 인이(天二地二人二)'의 이와 같이 도의 작용을 나타낸 것이고, '삼三'은『천부경』의 '천이삼 지이삼 인이삼(天二三地二三人二三)'의 삼과 같이 사람과 우주만물(人物)

---

75 『道德經』42章 : "道生一 一生二 二生三 三生萬物 萬物負陰而抱陽 靚氣而爲和."

을 나타낸 것이다. 말하자면 『도덕경』의 '도생일道生一, 일생이一生二, 이생삼二生三, 삼생만물三生萬物'의 도, 일, 이, 삼의 네 단계는 『천부경』의 '하나(一)', '천일 지일 인일', '천이 지이 인이', '천이삼 지이삼 인이삼'이 되는 것과 같은 것이다. 만유의 본원으로서의 도, 즉 '하나(一)'가 만물을 생성하는 과정은 음양의 원리가 변증법적인 커뮤니케이션을 통하여 발전하는 과정이다. '천일 지일 인일'이 '하나(一)'의 본체를 나타낸 것이라면, '천이삼 지이삼 인이삼'은 '하나(一)'가 음양(二) 양극 간의 역동적인 상호 작용으로 나타난 것으로 이는 곧 불연不然과 기연其然, 진여眞如와 생멸生滅이 본체와 작용의 상호적인 관계에 있음을 말하여 주는 것이다.[76] 다시 말해서 실재의 영원하고 지각할 수 없는 이裏의 측면인 체體와, 실재의 현상적이고 지각할 수 있는 표表의 측면인 용用이라는 불가분의 관계로 상호 관통하고 있음을 보여 주는 것이다. '비무이비유非無而非有 비유이비무非有而非無'[77]인 것이다. 체로서의 진여(不然)와 용으로서의 생멸(其然)의 상호 관통 논리는 이 우주가 자기생성적 네트워크 체제로 이루어져 있으며 우주만물이 근본적인 전일성(the oneness of all things)의 현시顯示임을 말하여 주는 것이다. 이러한 전일성全一性이 개오開悟되지 않았을 때 개체화個體化와 무지無知가 일어나는 것이다.[78] 본체

---

76 cf. 『華嚴一乘法界圖』: "生死般若常共和 理事冥然無分別."

77 元曉, 「大乘起信論別記」, 趙明基 編, 『元曉大師全集』(서울: 寶蓮閣, 1978), 477쪽(이하 『大乘起信論別記』로 약칭).

78 현대 물리학의 발달로 원자의 존재가 실증되면서 원자를 구성하는 핵과 전자가 발견되고 이어 핵의 구성물인 양성자와 중성자, 기타 수많은 亞原子粒子가 발견되면서 물질의 근본적인 단위로서의 '素粒子'라는 개념은 사실상 폐기되게 되었다. 아원자 물리학의 '量子場(quantum field)' 개념은 물질이 개별적인 원자들로 구성되어 있는 것이 아니라 근본적인 물리적 실체, 즉 공간의 도처에 彌滿해 있는 연속체로 되어 있는 것으로 본다. 말하자면 場이 유일한 실재이며 물질은 장이

와 작용의 상호 관통은 천시天時와 지리地理 그리고 인사人事가 조응 관계에 있으며, 우주 섭리의 작용과 인류 역사의 전개 과정이 긴밀히 연계되어 있음을 말하여 준다. 이러한 연계성은 우주만물의 생성·변화·소멸 자체가 모두 '하나(一)'의 조화의 자취이며, 우주만물이 다 지기(至氣, 混元一氣)인 '하나(一)'의 화현化現이라는 점에서 분명히 드러난다. 이러한 본체와 작용의 상호적인 관계는 상경「천리」와 중경「지전」, 중경「지전」과 하경「인물」 그리고 상경「천리」와 하경「인물」의 논리 구조를 이해하는 데 필수적이므로 여기서 자세히 다룰 필요가 있다.

본체와 작용의 상호적인 관계는 아슈바고샤(Ashvaghosha, 馬鳴)가 그의 『대승기신론(大乘起信論 The Awakening of Faith)』에서 일심이문一心二門의 법으로 명징하게 나타내 보이고 있는 바, 그 대의는 원효元曉의 『대승기신론소大乘起信論疏』와 『대승기신론별기大乘起信論別記』[79] 양자를 종합할 때 분명히 드러난다. 『대승기신론소』에서는 "진여문眞如門은 염染과 정淨이 서로 통하는 것을 밝힌 것이니 서로 통하는 것 외에 별도의 염·정이 있는 것이 아니므로 염·정 제법諸法을 포괄

극도로 강하게 집중된 공간의 영역에 의해 성립되는 것이라고 보는 것이다. 그것의 粒子性은 마치 무한한 창조성을 지닌 '空'과도 같이 대립자의 역동적 통일성에 기초해 있다. 이 세계가 근본적인 전일성의 현시이며 독립적인 최소의 단위로 분해될 수 없다고 하는 '양자장' 개념은 『般若心經』의 '色卽是空 空卽是色' 속에 이미 구현되어 있다.

79 『大乘起信論疏』는 『大乘起信論』 본문을 해석한 것이고, 『대승기신론별기大乘起信論別記』는 『大乘起信論疏』의 草稿와 같은 것으로 『大乘起信論』을 간략하게 주석한 것이다. 元曉는 불교 사상사의 양대 조류인 般若思想과 唯識思想이 『大乘起信論』에서 종합되고 있는 점을 간파하고 '開하면 無量無邊한 의미를 宗으로 삼고 合하면 二門一心의 법을 要로 삼는' 이 論이야말로 모든 불교 사상의 논쟁을 지양할 수 있는 근거를 명백히 제시하는 것으로 보고 있다. 『大乘起信論』이 一心二門으로 如來의 근본 뜻을 해석하고 信心을 일으켜 수행하게 하는 것은 一心法에 의거하는 이 二門 - 眞如門과 生滅門 - 이 모든 법을 총괄하는 까닭이다.

한다"⁸⁰고 하였고, 『대승기신론별기』에서는 "생멸문生滅門은 진여眞如가 선善과 불선不善의 원인이 되고 또 연緣과 결합하여 모든 법을 변질시키는 것"⁸¹에 대해 설명하였다. 여기서 원효는 "비록 실제로는 모든 법을 변질시켰지만 항상 그 진성眞性은 파괴되지 않는 까닭에 이 생멸문 가운데에도 역시 진여眞如가 포괄된다"⁸²고 본다. 그리하여 원효는 "진여문 가운데 대승[大乘, '하나(一)']의 본체가 있고, 생멸문 가운데 체體와 상相과 용用이 있다"⁸³고 하여 이문일심二門一心에 의거하여 대승의 뜻이 나타난다고 하였다. 그런데 여기서 원효는 마음의 생멸이 무명無明에 의해 이루어지고 또한 생멸하는 마음은 본각本覺⁸⁴을 따라 이루어지므로 '심체무이心體無二'라고 하였다.⁸⁵ 또한 『금강삼매경론金剛三昧經論』에서도 이 이문二門은 그 체體가 둘이 아니므로 모두 '일심법一心法'이라고 하였다.⁸⁶ 그리하여 그는 중생심衆生心이 본래 공적지심空寂之心이나 망념妄念이 동동하여 무시無始이래로 유전流轉하는 바 수습修習하여 본래의 공심空心을 얻기 위해

---

80 元曉, 「大乘起信論疏」, 『元曉大師全集』, 404쪽(이하 『大乘起信論疏』로 약칭): "欲明眞如門者染淨通相 通相之外無別染淨 故得總攝染淨諸法."

81 『大乘起信論別記』, 468쪽: "生滅門者 卽此眞如 是善不善因與緣和合 反作諸法."

82 『大乘起信論別記』, 468쪽: "雖實反作諸法 而恒不壞眞性 故於此門亦攝眞如." 여기서 元曉는 '瓦器皆爲微塵所攝'이라 하여 眞如門을 질그릇이 모두 微塵에 포함되는 것에 비유하고, 또한 '故瓦器門卽攝微塵'이라 하여 生滅門을 질그릇이란 門 속에 微塵이 포괄되는 것에 비유하고 있다.

83 『大乘起信論疏』, 402쪽: "眞如門中有大乘體 生滅門中有體相用."

84 如來藏이라고도 불리는 一心의 본체는 바로 이 本覺[究竟覺]인데(『大乘起信論別記』, 467쪽) 『金剛三昧經論』에서는 '本覺利品'이라는 독립된 장을 설치하고 이 本覺의 利로써 중생에게 이익을 주는 도리를 나타내고 있다(元曉, 「金剛三昧經論」, 『元曉大師全集』, 181-197쪽(이하 『金剛三昧經論』으로 약칭)).

85 『大乘起信論別記』, 471쪽.

86 『金剛三昧經論』, 146쪽: "然此二門 其體無二 所以皆是一心法."

서는 "진여문에 의하여 지행止行을 닦고 생멸문에 의하여 관행觀行을 일으키어 지止와 관觀을 동시에 닦아 나가야 한다"[87]고 주장한다. 이는 생멸문과 진여문의 이문二門을 통해 일심에 대한 이론적 논의를 전개하고 궁극에는 믿음을 일으키어 실천적인 행위에로 나아가게 하는『대승기신론』사상의 진수가 그대로 드러난 것이다.

진여와 생멸은 본체와 작용의 관계를 나타낸 것으로 그 체가 둘이 아니므로 작용은 본체로서의 작용인 것이다. '천일 지일 인일'이 '하나(一)'의 본체를 나타낸 것이라면, '천이삼 지이삼 인이삼'은 '하나(一)'의 작용을 나타낸 것으로 작용 속에도 '하나(一)'의 진성眞性은 그대로 존재하므로 그 체가 둘이 아니다. 정확하게 말하자면, 자생자화自生自化하는 본체로서의 작용인 것이다.『천부경』에서 '하나(一)'의 세 측면을 '천일 지일 인일 · 천이삼 지이삼 인이삼 · 인중천지일'이라고 하듯,『대승기신론』에서는 일심[自性, '하나(一)']의 세 측면을 '체體 · 용用 · 상相'이라고 하고 있다. '천일 지일 인일 · 천이삼 지이삼 인이삼 · 인중천지일'이 '하나(一)'와 둘이 아니듯, '체 · 용 · 상' 또한 일심과 둘이 아니다. 체 · 상 · 용은 일심 즉 자성의 세 측면을 나타낸 것으로 '체'는 우주만물의 근원인 진여 그 자체['하나(一)'], '상'은 형태와 속성, '용'은 작용 또는 기능을 일컫는다. 여기서 '체'는 법신法身, 법신의 상相은 보신報身, 법신의 용用은 화신(化身, 應身)으로 일컬어지는 바, 법신인 '체'를 초논리 · 초이성 · 직관의 영역인 진제眞諦라고 한다면, 법신의 '용'인 '화신'은 감각적 · 지각적 · 경험적 영역인 속제俗諦라 하겠다. 진제와 속제의 관계는 곧 본체와

---

87 『金剛三昧經論』, 145쪽 ;『大乘起信論疏』, 397쪽. cf. *The Bhagavad Gita*, 5. 5. : "Because the victory won by the man of wisdom is also won by the man of good work. That man sees indeed the truth who sees that vision and creation are one."

작용의 관계이며, 이 양 세계를 관통하는 원리가 내재된 것이 '보신'이다. 육조 혜능六祖慧能의 설법 내용을 기록한 『육조단경六祖壇經』에는 법신불·화신불(化身佛, 應身佛)·보신불의 삼신불이 자기 본성 속에 있음을 분명히 밝히고 있다.[88] 여기서 '불佛'은 '하나(一)', 대승大乘, 도道와 마찬가지로 우주의 실체를 가리키는 것이다. 우주의 실체는 의식이므로 이는 곧 순수의식(전체의식, 우주의식)이요 하나인 마음(一心)이다. 말하자면 일심의 세 측면을 그렇게 명명한 것이다. 혜능은 평등무이平等無二한 본성을 일컬어 실성實性이라 하고 이 실성 가운데 있으면서 선악에 물들지 않는 것을 일컬어 만덕원만萬德圓滿한 보신불이라고 하였다.[89] 다시 말해서 일념으로 자기 본성의 자각적 주체가 되어 본래의 마음을 잃지 않는 것을 보신이라 일컫는 것이다.[90] 진여 그 자체인 법신은 곧 자성自性을 말하며, 일념을 선한 쪽으로 돌려 지혜가 즉석에서 생겨나게 되는 것을 자성이 변화한 화신불이라고 하였다.[91] 『대승기신론소』에서 "일체 중생에게 장애 없는 지혜를 밝혀 주는 수레로 무주無住의 6바라밀波羅蜜로써 일체의 반야般若에로 회향廻向하는 것"[92]이라고 한 것은 화신불을 일컬음이다.

본체와 작용의 상호적인 관계는 동학의 불연기연적不然其然的 세

---

88 『六祖壇經』卷上, Ⅵ 說一體三身佛相門, 24 : "三身佛在自性中."
89 『六祖壇經』卷上, Ⅵ 說一體三身佛相門, 24 : "無二之性 名爲實性 於實性中 不染善惡 此名圓滿報身佛."
90 『六祖壇經』卷上, Ⅵ 說一體三身佛相門, 24 : "念念自見 不失本念 名爲報身…念念自性自見 卽是報身佛."
91 『六祖壇經』卷上, Ⅵ 說一體三身佛相門, 24 : "廻一念善 知慧卽生 此名自性化身佛."
92 『大乘起信論疏』, 391쪽 : "大乘者…於一體衆生無障碍慧明爲軒 以無住六波羅蜜 廻向薩般若."

계관과 「시천주侍天主」 도덕에서 더욱 명료하게 드러난다. 불연기연은 체로서의 불연과 용으로서의 기연의 상호 관통 논리이다. 생명의 본체인 '하나(一)'와 그 화현인 우주만물은 그 체가 둘이 아니므로 모두 일심법이다. 불연기연의 논리는 진眞과 속俗, 이理와 사事, 염染과 정淨, 공空과 색色, 일一과 다多[93] 등의 상호 대립하는 범주들을 각각 체와 용이라는 불가분의 관계로 화쟁회통和諍會通시키고 있다. 동학의 본체와 작용의 합일에 대한 인식은 인내천의 요체라 할 수 있는 「시侍」가 함축한 세 가지 의미, 즉 내유신령內有神靈・외유기화外有氣化・각지불이各知不移[94] 속에서 명징하게 드러난다. 이 세 가지 의미는 곧 법신・화신・보신을 일컫는 것이다. 안으로 신령이 있고 밖으로 기화가 있어 온 세상 사람이 각기 알아서 옮기지 아니한다는 뜻은 인간의 신성(靈性)과 생명의 유기성 및 상호 관통을 깨달아 순천順天의 삶을 지향하는 것을 말한다. 본체계와 현상계를 회통하는 이 '하나(一)'의 원리는 「무체법경無體法經」에 보이는 개합開闔의 논리에서도 명징하게 드러난다. 즉 "성性이 닫히면 만리만사萬理萬事의 원소原素가 되고 성이 열리면 만리만사의 거울이 되나니…"[95]라고 한 것이 그것이다.[96]

---

93 『頓悟無生般若頌』에서는 一과 多가 같음을 理와 事의 관계를 통하여 나타내고 있다. "움직임과 고요함이 함께 妙하니, 理와 事는 모두 같은 것이다. 理는 그 淨한 곳을 통하여 事의 다양성 속에 도달하고, 事는 이렇게 해서 理와 상통하여 無礙의 妙를 나타낸다(荷澤神會,『頓悟無生般若頌』: "動寂俱妙 理事皆如 理淨處 事能通達 事理通無礙")."

94 『東經大全』「論學文」: "侍者 內有神靈 外有氣化 一世之人 各知不移者也."

95 『天道教經典』「無體法經」, 437쪽: "性 闔則 爲萬理萬事之原素 性 開則 爲萬理萬事之良鏡."

96 본체계와 현상계의 상호 관통을 깨닫지 못하면 죽음에서 죽음으로 떠돌게 된다고 「까타 우파니샤드 Kata Upanishad」에서는 말한다. Kata Upanishad in The Upanishads, 4, pp.62-63: "What is here is also there, and what is there is also

이렇게 볼 때 『천부경』 상경 「천리」의 '천일 지일 인일'이 '하나(一)'의 본체인 '법신' 즉 '내유신령'과 조응하는 것이라면, 중경 「지전」의 '천이삼 지이삼 인이삼'은 '하나(一)'의 이치와 기운의 조화 작용인 '화신' 즉 '외유기화'와 조응하는 것이고, 하경 「인물」의 '인중천지일'은 '하나(一)'의 이치와 그 조화 기운과 하나가 되는 '보신' 즉 '각지불이'와 조응하는 것이다. 내유신령과 외유기화는 법신과 화신의 관계와 마찬가지로 본체와 작용의 관계로서 하나의 이치를 양 방향에서 관찰한 것으로 그 체가 둘이 아니므로 모두 일심법이다. 법신(內有神靈)이 염染·정淨 제법諸法을 포괄한 가능태라면, 보신(各知不移)은 자성自性의 자각적 주체가 되는 구체적 현실태이다. 법신과 화신을 관통하는 원리가 내재된 것이 보신이다. 『천부경』의 '천일 지일 인일'·'천이삼 지이삼 인이삼'·'인중천지일'은 천·지·인 삼신일체[97]를 의미한다. 『천부경』의 천·지·인 삼신은 불교의 법신·화신·보신, 동학의 내유신령·외유기화·각지불이와 마찬가지로 자성의 세 측면을 나타낸 것이다. 이러한 자성의 세 측면은 기독교의 성부·성자·성령의 관계와 마찬가지로 삼위일체로서 회삼귀일會三歸一의 이치에 입각해 있다. 천·지·인 삼원(三元) 구조는 무극(無極)·태극(太極)·황극(皇極)으로도 나타낼 수 있다. 무극이 생명의 근원(元氣, 至氣, 混元一氣)을 지칭한 것이라면, 태극은 음양

---

here. Who sees the many and not the ONE, wanders on from death to death."

97 cf. 『桓檀古記』「太白逸史」 三神五帝本紀, "自上界 却有三神 卽一上帝 主體則爲一神 非各有神也 作用則 三神也." 이는 三神이 한 분 上帝이며 주체는 곧 一神이니 각각 신이 있는 것이 아니고 작용으로만 三神이라는 뜻으로 三神一體를 의미한다. 또한 『桓檀古記』「太白逸史」 蘇塗經典本訓에서는 "혼돈과 현묘함이 하나의 고리를 이루어 본체와 작용이 갈림이 없는 大虛의 빛남이 곧 三神의 모습"(混妙一環 體用無歧 大虛有光 是神之像)이라고 하였다.

(陰陽)의 역동적인 상호작용이 일어나는 자리이고, 이 양 세계를 관통하는 원리가 내재된 것이 황극이다. 대공지정(大公至正)의 왕도(王道)를 표징하는 황극은 현상계를 경영하는 원리로서 생명의 본체인 무극과 그 작용인 태극의 합일을 추동하는 메커니즘인 셈이다. 이렇듯 '천이삼 지이삼 인이삼'은 음양 양극 간의 역동적인 상호 작용으로 천지 운행이 이루어지고 만물이 화생하는 과정을 본체와 작용의 상호 관통으로 풀이할 때 자기생성적 네트워크 체제로서의 우주가 그 모습을 드러내게 되는 것이다.

주해　天二三 地二三 人二三(천이삼 지이삼 인이삼) : '천이 지이 인이(天二地二人二)'는 하늘에도 음양이 있고, 땅에도 음양이 있으며, 사람에게도 음양이 있다는 뜻으로 천지만물에 음양이 있음을 나타낸 것이다. 삼三은 사람과 우주만물을 나타내는 기본수이니, 천이삼 지이삼 인이삼은 음양 양극 간의 역동적인 상호 작용으로 천지 운행이 이루어지고 우주만물이 화생하는 것을 나타낸다. '천일 지일 인일(天一地一人一)'이 천·지·인 즉 '하나(一)'의 본체를 나타낸 것이라면, '천이삼 지이삼 인이삼'은 '하나(一)'의 진성眞性과 음양오행의 정精과의 묘합妙合으로 이루어지는 '하나(一)'의 작용을 나타낸 것이다. '하나(一)'의 진성은 천일 지일 인일, '천이 지이 인이', '천이삼 지이삼 인이삼' 내에 모두 그대로 보존된다. 말하자면 '하나(一)와 음양오행과 만물은 불가분의 관계인 것이다.

大三合六 生七八九
대 삼 합 육 생 칠 팔 구

번역 대삼大三, 즉 하늘의 음양(二)과 땅의 음양과 사람의 음양이 합하여 육六이 되고, 칠七, 팔八, 구九가 생겨나는 것이라.

해설 대삼大三, 즉 하늘의 음양과 땅의 음양과 사람의 음양이 합하여 육六이 되고, 육에 천·지·인 기본수인 일一, 이二, 삼三을 더하여 칠七, 팔八, 구九가 생겨나는 것이라 하여 '대삼합육 생칠팔구大三合六生七八九'라 한 것이다. 여기서 육은 천·지·인 기본수인 일, 이, 삼을 합한 수이기도 하며, 본체로서의 천·지·인 셋(三)과 작용으로서의 천·지·인 셋을 합한 수이기도 하다. 그런데 본체와 작용은 본래 둘이 아니라 하나이며 작용은 본체로서의 작용인 까닭에 천이·지이·인이를 합하여 육이라고 한 것으로 이는 천·지·인 음양의 총합을 나타낸 것이다. 말하자면 육은 대삼大三의 묘합妙合이자 '하나(一)'의 체상體象을 나타낸 것으로 '하나(一)'의 진성眞性은 이들 음양(二) 속에도 그대로 보존된다. 또한 음양 이기二氣에 의해 오행(水·火·木·金·土)이 생성되고 음양오행에 의해 만물이 생겨나지만 음양과 오행 그리고 만물 내에도 '하나(一)'의 진성은 그대로 존재하므로 '하나(一)'와 음양오행과 만물은 분리시켜 생각할 수 없다.⁹⁸ 말하자면 '하나(一)'는 본체계와 현상계를 관통하는 근원적인 일자一者로서 우주만물에 편재해 있는 보편자이다. 「영부주문靈符呪文」에서 "저 새소리도 또한 시천주侍天主의 소리니라"⁹⁹라고 한 것은 사람만이 홀로 생명의 본체인 '하나(一)' 즉 천주天主를 모신 것이 아니라 우주만물이 다 천주를 모시고 있다는 뜻이다. '천이'·'지이'·'인이'를 합한 육에 천·지·인 기본수인 일, 이, 삼을 더하면 칠, 팔, 구가 생겨나는 것이니, 이는 천·지·인 혼원일기인 '하나(一)'가 생명의 물레를 돌리는 이 우주의 가없는 파노라마를 천지 포태胞胎의 이치와 기운을 담은 이수理數로 나타낸 것이다. 다시 말해서 '하나(一)'의 진성과 음양오행의 정精과의 묘합妙合으로 우주 자연의 사시사철과 24절기의 운행과 더불어 감感·식息·촉觸이 형성되면서 만물이 화생化生하는 과정을 칠, 팔, 구로 나타낸 것이다.¹⁰⁰ 일월성신日月星辰을 다스리는 하늘의 주재신으로서 인간의 길흉화복(수명장수·자손번창·천재지변 등)을 주관하는 것으로 알려진 북두칠성北斗七星과 인간의 일곱 가지 감정인 칠정七情과 망자亡者가 삼악도三惡

---

98 cf. 周敦頤, 『太極圖說』. 北宋시대 성리학의 鼻祖 주돈이(周濂溪라고도 함, 1017~1073)의 『태극도설』에 의하면, 우주만물의 생성 과정은 太極-陰陽-五行-萬物로 되어 있으며 태극의 動靜에 의해 음양이 생겨나지만 음양 내에도 역시 태극은 존재한다. 음양 二氣에 의해 水·火·木·金·土의 五行이 생성되고 음양오행에 의해 만물이 생겨나지만 오행과 만물 내에도 태극은 존재한다. 朱子에 따르면 태극은 理라 해석되는데 이 이가 곧 도이다. 태극은 본래 다함이 없는 無極이다. 무극의 眞과 음양오행의 精과의 妙合으로 하늘의 도인 乾道는 陽의 남자를 이루고 땅의 도인 坤道는 陰의 여자를 이루며 만물이 化生하나, 만물은 결국 하나의 음양으로, 그리고 음양은 하나의 태극으로 돌아간다.

99 cf. 『天道敎經典』「靈符呪文」, 294쪽: "彼鳥聲 亦是 侍天主之聲也."

100 『三一神誥』「人物」을 보면, 사람과 우주만물이 다 같이 받은 '하나(一)'의 眞性을 셋으로 나누어 性·命·精이라고 하고 이어 心·氣·身과 感·息·觸의 순서로 說하고 있는데, 7, 8, 9는 『三一神誥』의 논리적 구조와 연결시켜 볼 때 感·息·觸에 해당하는 것이다.

道에 들지 않고 좀더 나은 세상에 태어나기를 비는 기도의식인 49재 즉 칠칠재七七齋의 7이라는 숫자,[101] 우주 섭리를 함축하고 있는 팔괘八卦·팔괘의 자승수인 64괘와 여덟 절후節侯의 팔절八節과 인중천지일人中天地一·성통공완性通功完을 이루는 구체적인 방법을 366사事로써 제시한 팔강령(八綱領, 八理)의 8이라는 숫자,[102] 하늘의

---

[101] 7은 생명의 일정한 주기와 현상을 지배하는 숫자로 알려져 있다. 사찰에 모셔진 칠성각은 북두칠성 신앙과 관련이 있으며, 예로부터 수명장수·자손번창 등을 기원하며 액운을 막아달라고 북두칠성께 치성을 올리는 칠성기도가 행해져 왔다. 우리의 생명이 북두칠성으로부터 왔고 죽으면 다시 그곳으로 돌아간다는 믿음이 있었기에, 사람이 죽으면 시신을 '七星板'에 놓는 것이다. 하늘을 숭배하는 '桓雄 天孫族'과 원주민인 '곰 토템족'이 서로 융합하여 통혼하기에 이르는 과정을 단군 신선 사상과 결합시켜 상징적으로 나타낸 단군 설화에 보면 곰이 삼칠일 (21일) 만에 사람이 된 것으로 나온다. '삼칠일'의 3은 우주만물의 기본수이고 7은 생명수이니 삼칠일 만에 사람다운 사람이 되었다는 것은 一卽三·三卽一의 원리가 인간 존재 속에 구현됨으로써 '人中天地一'을 실현했다는 것이요, 이는 곧 眞性·眞命·眞精의 三眞으로 돌아감으로써 우주만물이 '한생명'임을 체득했다는 의미가 함축된 것이다. 예로부터 많이 행해져 온 삼칠일 기도는 기도의 진정한 의미가 우주 '한생명'을 체득함으로써 '참나'에 이르는 데 있음을 암시하는 것이다. 『黃帝內經』에서는 여성의 신체가 7년을 주기로 생리와 발육의 현상에 있어 변화를 일으키는 것을 설명하고 있다. 예컨대, 일반적으로 여성이 14세(7×2)가 되면 月經이 시작되며 姙娠할 능력이 생기고, 49세(7×7)가 되면 月經이 끝나며 姙娠하지 못하게 되는 것이 그것이다. 또한 남자의 경우 8년을 주기로 성장·쇠퇴하는 생리력의 변화를 나타내었다. 七情은 일반적으로 喜·怒·哀·懼·愛·惡·欲을 말하는데, 한의학에서는 喜·怒·憂·思·悲·驚·恐을 七情이라고 하고, 불교에서는 喜·怒·憂·懼·愛·憎·欲을 七情이라고 한다. 또한 죽음과 탄생의 경계에 있는 세계에서 듣는 것만으로 영원한 자유에 이르게 하는 Padma Sambhava, *The Tibetan Book of the Dead : Liberation through Understanding in the Between*, translated by Robert A. F. Thurman and foreword by H. H. the Dalai Lama(New York: Bantam Books, 1994)(원어로 『바르도 퇴돌 Bardo Thödol』) 경전이 숫자 7의 자승수인 49라는 숫자를 기초로 하고 있음을 주목할 필요가 있다.

[102] 八卦는 太皥伏羲氏에 의해 창시된 것으로 건(乾, ☰), 곤(坤, ☷), 진(震, ☳), 손(巽, ☴), 감(坎, ☵), 이(離, ☲), 간(艮, ☶), 태(兌, ☱)를 말함인데 우주 자연의 오묘한 이치를 부호화하여 나타냈다. 八節은 立春·春分·立夏·夏至·立秋·秋分·立冬·冬至를 말한다. 八綱領은 參佺戒經 또는 治化經이라고도 하는 것으로 誠·

구궁九宮과 소우주인 인체의 구규九竅와 9의 자승수인 『천부경』 81자·『도덕경』 81장과 『서경(書經)』의 「홍범(洪範)」에 기록된 홍범구주洪範九疇의 9라는 숫자,[103] 그리고 칠·팔·구를 합한 24절기의 24

信·愛·濟·禍·福·報·應을 말한다. 이에 대해서는 뒤에 나오는 『參佺戒經』에서 자세하게 풀이하기로 한다. 『易經 The I Ching』에서는 千態萬象의 우주 조화를 숫자 8의 자승수인 64괘로 설명하였다.

[103] 하늘의 九宮 즉 아홉 구역은 팔괘의 방위와 가운데 방위를 합한 것을 말한다. 북극성을 중심으로 하늘을 아홉 구역으로 분할하여 이를 태일太一, 천일天一, 천부天符, 태음太陰, 함지咸池, 청룡靑龍, 섭제攝提, 헌원軒轅, 초요招搖 등의 9신이 지배한다고 보는 것이다. 여기서 '宮'이라고 한 것은 아홉 구역 모두 神이 居하는 곳이라 하여 그렇게 명명된 것이다. 九竅는 사람 몸에 있는 아홉 구멍 즉 눈, 코, 입, 귀, 요도, 항문을 말한다. 洪範九疇는 河圖와 洛書의 이치를 실제로 적용한 법도로서 그 주요 내용은 정치가 天의 常道인 오행五行·오사五事·팔정八政·오기五紀·황극皇極·삼덕三德·계의稽疑·서징庶徵·오복五福등 구주九疇에 의해 인식되고 실현된다는 것이다. 다시 말해서 天時와 地理 그리고 人事의 조응관계를 기초로 하여 天理에 순응하는 정치 大法을 9개 조항으로 집대성한 것이다. 『書經』에 나타난 洪範九疇 원문의 大綱을 보면, 第一疇 五行은 水·火·木·金·土이고, 第二疇 敬五事는 용모(貌), 언행(言), 시각(視), 청각(聽), 생각(思)을 일상생활에서 공손하고 바르게 행하는 것을 말하며, 第三疇 八政은 식(食: 食糧), 화(貨: 財貨), 사(祀: 祭祀), 사공(司空: 內務), 사도(司徒: 敎育), 사적(司寇: 治安), 빈(賓: 外務), 사(師: 軍師)의 여덟 가지 통치행위와 관련된 것을 말하고, 第四疇 五紀는 세歲, 일日, 월月, 성신星辰, 역수曆數로 천지 운행의 법도를 말한다. 第五疇인 建用皇極은 君王이 어느 편에도 치우침이 없는 大公至正의 王道를 세워서 백성들에게 펴는 것을 말하는 것으로, 洪範 9개 조항의 중앙에 위치시킴으로써 군왕이 중심에서 바른 도를 세운다는 뜻에서 王道는 곧 中正의 道임을 논리구조적으로 명료하게 보여 준다. 第六疇 三德은 군왕이 지켜야 할 天·地·人의 세 가지 德目, 즉 정직正直, 강극(剛克: 강함으로 다스림), 유극(柔克: 부드러움으로 다스림)을 말하고, 第七疇 明用稽疑는 국가의 주요 정책을 집행함에 있어 의심이 가는 일에 대해서는 사람이 할 바를 다한 후 하늘의 뜻에 다시 비추어보는 의미에서 복서(卜筮)로 결정하는 방법을 말하고 있으며, 第八疇 庶徵은 하늘이 사람에게 보여주는 여러 가지 징후를 잘 파악하여 충분히 대비해야 함을 말하고 있고, 第九疇 五福(壽, 富, 康寧, 德, 考終命)과 六極(凶短折, 疾, 憂, 貧, 惡, 弱)은 삶의 목표를 올바르게 유도하기 위해 경계로 삼기 위한 것이다. 단재 신채호 선생에 의하면 홍범구주는 2세 단군 부루(扶婁)가 태자였을 당시 도산회의(塗山會議)에서 우(禹: 후에 夏나라 왕)에게 전한 신서(神書)의 본문이라고 한다. 끝으로 백두산이라는 '白' 자는 백이라는 '百' 자에서 한

라는 숫자--이 숫자들의 순열 조합은 우주 섭리가 써내려 가는 생명의 대서사시大敍事詩요, 천·지·인 혼원일기가 연주하는 생명의 교향곡이다. 따라서 일체의 생명은 우주적 생명이다. 그 뉘라서 천지에 미만彌滿해 있는 이 우주적 무도舞蹈를 그치게 할 수 있으리오!

주 해 1) 大三合六(대삼합육) : 대삼합육은 천이天二·지이地二·인이人二, 즉 하늘의 음양(天二)과 땅의 음양(地二)과 사람의 음양(人二)을 합한 천·지·인 음양의 총합을 나타낸 것이다.

2) 生七八九(생칠팔구) : 생칠팔구는 음양의 총합인 육六에 천·지·인 기본수인 일一, 이二, 삼三을 더하여 생겨난 숫자로, 우주만물에 내재한 '하나(一)'의 진성眞性과 음양오행의 정精과의 묘합으로 우주자연의 사시사철과 24절기의 운행과 더불어 감感·식息·촉觸이 형성되면서 우주만물이 화생하는 과정을 천지 포태胞胎의 이치와 기운을 담은 이수理數로 나타낸 것이다.

획이 빠진 것으로 100에서 하나를 뺐으니 99(구구)가 되는 셈이다. 이 숫자는 백두산에 있는 크고 작은 봉우리들의 도합과 같다고도 하며 인간 세계를 상징하는 최고의 숫자로 알려져 있다. 백두산 천지의 정북쪽에 자리잡은 仙敎의 사당으로 알려진 八卦廟(지금은 그 터만 남아 있음)의 문이 99개였던 것, 地藏王菩薩(신라 왕자 金喬覺 스님)이 안치된 중국 九華山 肉身寶殿의 北門 계단이 99개, 南門 계단이 81(구구)개인 것(묘하게도 九華山 봉우리가 99개이며, 喬覺 스님이 涅槃에 드신 때가 99세임), 『道德經』이 81장으로 이루어진 것, 그리고 구구단이 '구구'로 끝나는 것, 이 모두 『구구경(천부경)』의 '구구'와 일치하는 것이다. 또한 帝釋天이 다스린다는 하늘을 3이 연이은 33天(忉利天)으로 나타낸 것도 주목할 만하다. 이러한 33天 사상은 예로부터 우리 민족에게 많은 영향을 주었다. 3·1운동 당시 민족대표가 33인으로 구성된 것은 인간 세계의 차원이 아닌 전 우주적 차원의 독립 선언임을 나타낸 것이며, 한 해를 보내며 갖는 33번의 除夜의 打鐘儀式 또한 우리 민족의 의식이 전 우주와 교감하고 있음을 보여주는 것이다.

부경 제2장 중경 지전 -3

運三四 成環五七
운 삼 사   성 환 오 칠

번역   천·지·인 셋(三)이 네(四) 단계 - '하나(一)', '천일 지일 인일(天一地一人一)', '천이 지이 인이(天二地二人二)', '천이삼 지이삼 인이삼(天二三地二三人二三)' - 를 운행하면서 오행(五)이 생성되고 음양오행(七)이 만물을 낳는 과정이 끝없이 순환 반복되는 원궤(環)를 이루는 것이라.

해설   천·지·인 셋(三)이 네(四) 단계, 즉 '하나(一)'인 단계, '천일 지일 인일'인 단계, '천이 지이 인이'인 단계, '천이삼 지이삼 인이삼'인 단계를 거치면서 오행(五行: 水火木金土)이 생성되고 음양오행(七)이 만물을 낳는 과정이 끝없이 순환 반복되는 원궤圓軌를 이룬다고 하여 '운삼사 성환오칠(運三四 成環五七)'이라 한 것이다. 이 네 단계는 『도덕경』의 '도생일道生一, 일생이一生二, 이생삼二生三, 삼생만물三生萬物'의 도道, 일一, 이二, 삼三의 네 단계와 일치하는 것이다. 음양 이기二氣에 의해 오행이 생성되고 음양오행에 의해 만물이 화생하나, 만물은 결국 하나의 음양으로, 그리고 음양은 '하나(一)'인 혼원일기混元一氣로 돌아간다는 것이다.[104] 이러한 본체와 작용의 관계를

---

104 李栗谷이 29세 때 大科에 장원 급제한 글인 '易數策'에서는 "萬物一五行也 五行一陰陽也 陰陽一太極也 太極亦强名耳 其體則爲之易 其理則謂之道 其用則爲之

불교에서는 연기적緣起的 세계관으로 풀이하는데,[105] 윤회 사상輪廻思想은 바로 이 연기적 세계관에 기초한 것이다. "이미 건너가야 할 저쪽 언덕이 없는데, 어찌 떠나가야 할 이쪽 언덕이 있으리"[106]라고 한 『열반종요涅槃宗要』의 구절이 말하여 주듯, 기실은 가는 것도 없고 오는 것도 없으니 윤회란 실재하는 것이 아니다. 오욕칠정五慾七情[107]에 얽매인 그 마음이, '나와 너', '이것과 저것'을 이원화二元化하고 편착偏着하는 그 마음이 윤회의 수레바퀴를 돌리는 것이다.[108] 이렇게 볼 때 삼三과 사四의 수리數理를 운용運用하여 오五와 칠七의 순환 고리를 이루는 바가 표징標徵하는 인간 세계의 윤회란 오욕칠정이 낳은 우리 내부의 부정적인 에너지가 다함이 없이 카르마(karma, 業)[109]의 작용을 불러일으키는 것을 말한다. 이러한 카르마의

神"이라고 하여 "만물은 하나의 오행이요, 오행은 하나의 음양이며, 음양은 하나의 태극이다. 태극은 또한 억지로 붙인 이름일 뿐이니, 그 體를 일러 易이라 하고, 그 理를 일러 道라 하며, 그 用을 일러 神이라 한다"라고 易·道·神을 정의했다.

105 『大乘起信論別記』, 468쪽 : "生滅門者 卽此眞如 是善不善因與緣和合 反作諸法." 즉 "眞如가 善과 不善의 원인이 되고 또 緣과 결합하여 모든 법을 변질시킨다"라고 한 것이 그것이다.

106 『涅槃宗要』: "旣無彼岸可到 何有此岸可離."

107 五慾은 食慾·物慾·睡眠慾·名譽慾·色慾을 말한다. 七情에 대해서는 각주 101 참조.

108 cf. 『大乘起信論疏』, 427쪽 : "心生則種種法生 心滅則種種法滅." 元曉大師가 義湘大師와 함께 入唐途中 움막에 들어 자다가 목이 말라 사발 같은데 고인 물을 마시고 解渴하여 편히 쉬었는데, 이튿날 살펴보니 그 움막은 古塚의 龕室이요 물그릇은 해골박이었다. 이를 본 元曉는 갑자기 구토를 일으키다가 홀연 三界唯心의 이치를 大悟하여 '心生則種種法生 心滅則種種法滅'이라 하였다. 즉 마음이 일어나면 갖가지 法이 일어나고, 마음이 사라지면 갖가지 法이 사라진다는 뜻이다. 三界는 오직 마음뿐이요(三界唯心) 萬法은 오직 識뿐이라(萬法唯識) 마음 밖에 法이 없거늘(心外無法) 따로 구할 것이 없다 하여 義湘과 헤어져 還國했다 한다.

109 '카르마'는 산스크리트어로 원래 '행위'를 뜻하지만, 죄와 괴로움의 인과관계를

법칙(윤회의 법칙, 인과의 법칙 또는 작용·반작용의 법칙)[110]은 인간의 영혼이 완성에 이르기 위한 조건에 관계한다. 내적 자아의 각성과 영적인 힘의 계발을 위해 있는 것이다. 인내하고 용서하고 사랑하는 마음이야말로 이러한 법칙에 대한 유일한 용제溶劑이다. 궁극적 실재인 '하나(一)'와 우주만물이, 본체와 작용이 둘이 아니라는 사실을 알게 되면, 그리하여 이 우주가 '한생명'임을 깨닫게 되면, 윤회의 수레바퀴는 멈추게 될 것이다. 오욕칠정을 좇는 삶이 허망한 것은 향이 다 타서 재가 되는 것과 같은 이치다. 이렇듯 우주의 조화 작용과 인간의 정신 작용이 조응관계에 있는 것은 혼원일기인 '하나(一)'가 천·지·인을 관통해 있기 때문이다. 우주만물은 모두 간 것은 다시 돌아오고 돌아온 것은 다시 돌아가는 법. 이러한 자연의 이법理法을 일러 『동경대전東經大全』「논학문論學文」에서는 '무왕불복지리無

나타내는 '業'이라는 의미로 흔히 사용된다. 지금 겪는 괴로움은 과거의 어떤 행위가 원인이 되어 나타나는 결과라는 것이다. 카르마는 근본적으로 靈性이 결여된 데서 생기는 것이다. 즉 우주 '한생명'의 나툼으로서의 영적 일체성(spiritual identity)이 결여되어 '나'와 '너', '이것'과 '저것'을 구분하는 데서 카르마가 생기는 것이다. 행위 그 자체보다는 동기와 목적이 카르마의 작용을 불러일으키는 원인이 된다. 새로운 카르마를 짓지 않는 비결은 에고(ego)를 초월하는 데 있다. 말하자면 오직 이 육체가 '나'라는 착각에서 벗어나 우주만물을 자기 자신과 한몸으로 느끼는 데 있다. 행위를 하되 그 행위의 결과에 집착함이 없이 담담하게 행위할 수 있을 때 붓다처럼 '존재의 집으로 가는 옛길'을 발견할 수 있게 될 것이다. 카르마의 목적은 단순한 징벌에 있는 것이 아니라, 영적 교정과 함께 영적 진화를 위한 靈性 계발에 있다.

110 뉴턴의 '운동의 법칙' 제3법칙인 작용·반작용의 법칙 - 모든 작용에는 같은 크기의 반작용이 따른다 - 은 물리 현상에만 적용되는 것이 아니라 영적 진화에도 그대로 적용된다. "씨 뿌린 대로 거둔다"고 한 말이나, "사로잡는 자는 사로잡힐 것이요, 칼로 죽이는 자는 자기도 마땅히 칼로 죽으리니…"라고 한 말은 단적으로 이를 나타낸 것이다. 또한 "악의를 품고 오는 사람을 좋게 해 주면 자기가 다른 사람들에게 저지른 일을 보상할 수가 있다"는 말도 같은 뜻의 다른 표현에 지나지 않는다.

往不復之理', 즉 '가고 돌아오지 않음이 없는 이법'이라 하고 천도天道라 명명하였다.[111] 천·지·인 셋(三)이 네(四) 단계를 운행하면서 오五와 칠七의 순환 고리를 이루는 이 숫자들의 묘합妙合에서 하도낙서河圖洛書[112]로 설명되는 음양오행, 팔괘八卦가 나오고 천지 운행의 원리가 나온다.

삼三과 사四의 묘리를 운용하여 오五와 칠七의 순환 고리를 이루는 것을 도형으로 나타낸 것이 원방각(圓方角: ○□△)이다. 천지인 天地人을 함축하고 있는 천원(天圓: ○)·지방(地方: □)·인각(人角: △)의 원리[113]는 삼사三四 즉 삼각(△)과 사각(□)을 운용하여 오칠五七의 순환 고리 원(圓: ○)을 이루어 원방각이 삼위일체가 되는 삼일도(三一圖: Ⓐ)를 형성하게 된다. 원방각의 '삼일도'는 5개 접점과 7개 면면으로 이루어진 까닭에 오칠五七의 순환 고리 원(圓: ○)을 이룬다고 한 것이다. 이는 음양의 이기二氣에 의해 오행(五)이 생성되고 음양오행

---

111 『東經大全』「論學文」.
112 河圖는 太皞伏羲氏가 黃河 龍馬의 등에서 얻은 그림인데 이것으로 易의 八卦를 만들었다고 하며, 洛書는 夏禹가 洛水 거북의 등에서 얻은 글인데 이것으로 禹는 천하를 다스리는 大法으로서의 洪範九疇를 만들었다고 한다. 그러나 앞서 고찰했듯이, 도산회의(塗山會議)에서 당시 태자였던 부루(扶婁: 후에 2세 단군)는 禹(후에 하나라 왕)에게 오행치수법(五行治水法)이 기록된 신서(神書, 金簡玉牒)를 전하였는데, 홍범구주는 그 신서의 본문이라고 단재 신채호는 주장했다. 河圖(龍圖)는 열 개의 숫자 1, 2, 3, 4, 5, 6, 7, 8, 9, 10이 일으키는 변화이며 그 합인 55라는 숫자는 相生五行을 나타내고, 洛書(龜書 또는 九書)는 아홉 개의 숫자 1, 2, 3, 4, 5, 6, 7, 8, 9가 일으키는 변화이며 그 합인 45라는 숫자는 相剋五行을 나타내는 것으로, 河圖洛書는 相生相剋하는 천지 운행의 玄妙한 이치를 드러낸 것이다.
113 『桓檀古記』「太白逸史」蘇塗經典本訓에서는 "圓이란 하나(一)이며 無極이며, 方이란 둘(二)이며 反極이며, 角이란 셋(三)이며 太極이다(圓者一也 無極 方者二也 反極 角者三也 太極)"라고 하여 圓·方·角이 곧 天(一)·地(二)·人(三)을 나타내고 있음을 보여준다. 여기서 無極과 太極은 본체와 작용의 관계로서 하나의 고리를 이루므로 무극이 곧 태극이요 태극이 곧 무극이다.

(七)에 의해 만물이 화생하는 과정이 끝없이 순환 반복되는 오칠五七의 우주 섭리와 합치되는 도형이다. 다시 말해서 천·지·인 삼일사상三一思想이 바로 이 '삼일도'에 함축된 것이다. '하나(一)'의 법法, 즉 우주 섭리는 인간의 일상사와는 무관한 허공에 떠 있는 그 무엇이 아니다. 가시권可視圈에서 비非가시권에 이르기까지 우주 섭리에서 벗어나 존재할 수 있는 것은 이 우주에 아무 것도 없다. 실로 자연현상에서부터 인체 현상, 사회와 국가 현상, 그리고 천체 현상에 이르기까지, 극대로부터 극미에 이르기까지, 그 어느 것 하나도 우주 섭리에서 벗어나 있는 것은 없다. 한마디로 천지 운행 그 자체가 '하나(一)'의 법이다. 이 '하나(一)'의 법은 '하늘의 그물이 넓고 넓어서 보이지는 않으나 새지 않는다'[114]고 한 『명심보감明心寶鑑』 구절속에 잘 나타나 있다. 이 우주는 방대하고 복잡하면서도 매우 정교하게 짜여진 생명의 피륙이다. 비록 오관五官의 지각으로는 그것의 극히 일부밖에는 볼 수가 없다고 할지라도 보이지 않는 얽히고설킨 무수한 실들이 빈틈없이 짜여져 있다. 이러한 상호 연관과 상호 의존의 세계 구조를 『화엄경華嚴經』에서는 인드라망(Indra網)[115]으로 비유한다. 제석천궁帝釋天宮에는 그물코마다 보석이 달려 있는 무한히 큰 그물이 있는데, 서로의 빛을 받아 서로 비추는 관계로 하나만 봐도 나머지 전체 보석의 영상이 보이게 된다는 것이다. 이 세상의 그 어떤 것도 전체와 분리되어 그 자체만으로 존재할 수는 없으며, '이것'이 곧 다른 '모든 것'[116]임을 뜻한다는 것이다. 이는 밤하

---

114 『明心寶鑑』「天命」: "天網 恢恢 疎而不漏."
115 '인드라'는 제석천왕을 가리키는 梵語이니, 인드라 網은 곧 제석천왕의 보배 그물을 뜻한다.
116 18~19세기 영국의 시인 윌리엄 블레이크(William Blake)는 명징하고도 지극히 아름다운 단시에서 '이것'이 곧 다른 '모든 것'임을 이렇게 암시하였다.

늘에 흩어져 있는 무수한 별들 사이에 인력이 작용하고 있는 것처럼, 우주만물은 끝없이 상호 연결되어 있으며 서로가 서로를 비추는 상즉상입相卽相入의 구조로 연기緣起하고 있음을 보여 주는 것이다.

이 우주가 본질적으로 역동적이며 불가분적인 전체로서, 정신적인 동시에 물질적인 하나의 실재로서 인식되게 된 데에는 20세기 실험 물리학의 발달에 힘입은 바 크다. 아인슈타인(Albert Einstein)의 상대성이론과 양자역학에 이르러 뉴턴(Isaac Newton)의 3차원적 절대 시공時空 개념이 폐기되고 4차원의 '시공연속체'가 형성됨으로써 이 우주가 상호 작용하는 네트워크 체제로 이루어져 있다는 생태적 관점이 점차 힘을 얻게 된 것이다. 말하자면 생명현상을 개체나 종種의 차원이 아닌 생태계 그 자체로 인식하게 된 것이다. 생명은 전체적인 것—전체와 분리된 개체는 그 어떠한 의미에서도 진리가 아니다. 자유가 아니다. 왜냐하면 개체의 존재성은 우주적 에너지의 흐름 속에서만 파악될 수 있으며, 그런 점에서 존재성은 곧 관계성이기 때문이다. 오五와 칠七이 이루는 생명의 순환 고리는 생명현상 그 자체에 대한 정확한 인식이 없이는 포착될 수 없다. 생사生死란 우주의 숨결이다. 생명은 결코 죽지 않는다. 삼라만상은 죽어 없어지는 것이 아니라 단지 변화할 뿐이다. 꽃이 피고 지는 것이나 인간이 태어나고 죽는 것 모두 자연과 인간이 하나의 생명의 순환 고리로 연결되어 있음을 보여 준다. 죽어서 흙으로 돌아가고 초목을 키우고 초목은 다시 인간에게 산소와 양분을 공급하는 방식으

To see a world in a grain of sand	한 알의 모래에서 세계를
And a Heaven in a wild flower,	한 송이 들꽃에서 천국을 보기 위하여,
Hold infinity in the palm of your hand	당신의 손바닥에 무한을
And eternity in an hour	한 순간 속에 영원을 간직하라

로. 생명의 흐름은 상호의존(interdependence)・상호전화(interchange)・상호관통(interpenetration)하는 원궤를 이루며 영원히 이어진다. 일원(一元, 우주 1년)인 12만 9천6백 년을 주기로 천지개벽의 도수度數에 따라 우주가 봄・여름・가을・겨울의 '개벽'으로 이어지는 우주의 순환, 지구가 태양을 공전하고 태양계는 은하세계를 약 2억 5천만 년 주기로 회전하며 은하세계는 은하단을 향하여 회전운동을 하는 천체의 순환, 그리고 천시天時와 지리地理에 조응하는 생명체의 순환과 카르마의 작용이 불러일으키는 의식계의 순환[117]—그 속을 우리가 살고 있는 것이다. 이렇듯 중경中經「지전地轉」에서는 음양 양극 간의 역동적인 상호 작용으로 천지 운행이 이루어지고 음양오행이 만물을 낳는 과정이 끝없이 순환 반복되는 '하나(一)'의 이치와 기운의 조화造化 작용을 보여준다. 『천부경』에서 천지 포태의 이치와 기운을 일一부터 십十까지의 숫자로 풀이한 것은 진리가 언설의 경계를 넘어서 있는 까닭이다. 강을 건너기 위해서는 나룻배가 필요하나 언덕에 오르기 위해서는 배를 버려야 하듯, 진리의 언덕에 오르기 위해서는 이 숫자들마저도 버려야 한다.

---

117 카르마의 작용이 불러일으키는 의식계의 순환은 生・住・異・滅의 四相의 변화가 그대로 空相임을 깨닫지 못하고 탐욕(greedy desire)과 분노(wrath)의 에너지에 이끌려 집착하는 데 있다. 모든 행위를 신에게 바치는 燔祭儀式과도 같이 정성을 다하여 행할 수 있다면, 삶의 매순간마다 우주만물을 '참나'로 대할 수 있다면, 더 이상은 카르마의 지배를 받지 않게 되므로 輪廻는 종식될 것이다. 臨濟禪師가 說한 '四種無相境'은 바로 이 四種 즉 生住異滅의 변화가 한갓 幻化의 작용임을 깨닫게 하는 것으로, 地・水・火・風의 4대로 구성된 육신을 미혹에서 지키는 방법이다.

  一念心礙 被地來礙 그대 한 생각의 의심, 흙에 이르러 묻히네
  一念心愛 被水來溺 그대 한 생각의 애욕, 물에 흘러 잠겨버리네
  一念心瞋 被火來燒 그대 한 생각의 성냄, 불에 휩싸여 타오르네
  一念心喜 被風來飄 그대 한 생각의 기쁨, 바람에 날려 흩어져버리네

주 해 1) 運三四(운삼사) : 운삼사는 삼三과 사四를 운행한다는 뜻으로 이는 천·지·인 셋(三)이 '하나(一)', '천일 지일 인일', '천이 지이 인이(天二 地二 人二)', '천이삼 지이삼 인이삼'의 네(四) 단계를 운행하는 것을 말한다. 이 네 단계를 『도덕경』에서는 '도생일道生一, 일생이一生二, 이생삼二生三, 삼생만물三生萬物'이라고 하여 도道, 일, 이, 삼으로 나타내고 있다.

2) 成環五七(성환오칠) : 성환오칠은 오五와 칠七의 순환 고리(環)를 이룬다는 뜻으로 이는 음양陰陽 이기二氣에 의해 오행이 생성되고 음양오행에 의해 만물이 화생하는 과정이 끝없이 순환 반복되는 원궤를 이루는 것을 말한다. 따라서 '운삼사 성환오칠'은 천·지·인 셋(三)이 네(四) 단계를 운행하면서 오행(五)이 생성되고 음양오행(七)이 만물을 낳는 과정이 끝없이 순환 반복되는 원궤(環), 즉 생명의 순환 고리를 이루는 것을 말한다. 이는 곧 상즉상입相卽相入의 연기론적緣起論的 생명관을 보여주는 것이다.

제3장 하경下經 「인물人物」

하경 「인물」에서는 우주만물의 근본이 '하나(一)'로 통하는 삼즉일三卽一의 이치와 소우주인 인간의 대우주와의 합일을 통해 하늘의 이치가 인간 속에 징험徵驗됨을 보여준다. 말하자면 '하나(一)'의 이치와 그 조화 기운과 하나가 되는 일심一心의 경계를 보여주는 것이다. 상경 「천리」가 가능태可能態라면, 하경 「인물」은 구체적 현실태로 '천부중일天符中一'의 이상을 제시한다.

一妙衍萬往萬來 用變不動本
本心本太陽 昂明 人中天地一
一終無終一

> # 一 妙 衍 萬 往 萬 來 用 變 不 動 本
> 일 묘 연 만 왕 만 래   용 변 부 동 본

번역 '하나(一)'의 묘리妙理의 작용으로 삼라만상이 오고 가며 그 쓰임(用)은 무수히 변하지만 근본은 변함이 없도다.

해설 '하나(一)'의 묘한 이치의 작용으로 삼라만상이 오고 가며 그 쓰임은 무수히 변하지만 근본은 변함도 다함도 없는 까닭에 '일묘연만왕만래 용변부동본(一妙衍萬往萬來用變不動本)'이라고 한 것이다. 우주만물이 다 지기至氣인 '하나(一)'의 화현化現이고, 우주만물의 생성·변화·소멸 자체가 모두 '하나(一)'의 조화의 자취이니, '하나(一)'의 묘리妙理의 작용으로 삼라만상이 오고 간다고 한 것이다. '하나(一)'에서 우주만물이 형성되고 궁극에는 그 근원으로 되돌아가는 작용이 다함이 없이 이루어지는 까닭에 '만왕만래'라고 한 것이고, 그 쓰임은 무수히 변하지만 근본은 변함도 다함도 없는 까닭에 '용변부동본'이라고 한 것이다. 우주만물은 '하나(一)'에서 나와 다시 '하나(一)'로 복귀하므로[118] '하나(一)'의 견지에서 보면

---

118 cf.『道德經』40장 : "反者道之動." 되돌아가는 것이 道의 움직임이다. 근본으로 돌아감은 순환하여 서로 바뀐다는 뜻으로 이러한 운동과 변화는 일체의 事象이 대립·의존 관계에 있기 때문이며, 또한 대립물의 상호의존성은 調和의 美를 발현시키게 된다.

늘어난 것도 줄어든 것도 없다.[119] 만물만상은 무상無常한지라 한결같을 수 없고 오직 '하나(一)'만이 한결같아서 이러한 대립과 운동을 통일시킨다. '하나(一)'는 천지만물의 근원으로서 무한한 생명력을 지니고 있다. 하나의 달(月)이 수천 갈래 시냇물에 비치지만, 허공에 떠 있는 달은 변함도 다함도 없는 것과 같은 이치다. 밤이 다하면 물속에 있는 수천 개 '달'은 그 근원인 하나의 '달'에 의해 거두어진다. 무지無知의 바람이 고요해지면 일체의 현상은 '하나(一)'의 본질 속으로 흡수되기 마련인 것이다. 본체계와 현상계, '하나(一)'와 우주만물의 관계는 보이지 않는 실체와 보이는 그림자의 관계와 같은 것이다. 이처럼 자본자근自本自根・자생자화自生自化하는 '하나(一)'의 조화 즉 생명의 파동적波動的 성격을 깨닫게 되면, 다시 말해서 '하나(一)'의 묘용妙用을 활연관통豁然貫通하게 되면, 불연不然의 본체계와 기연其然의 현상계를 회통會通함으로써 내재와 초월, 본체와 작용이 결국 하나임을 알게 된다. 창조주와 피조물, 신과 인간의 이분법적 도식화는 본체계와 현상계를 상호 관통하는 '하나(一)'의 조화 작용을 깨닫지 못한 데 기인한다. 일체의 이분법이 폐기된 이른바 '무리지지리 불연지대연(無理之至理 不然之大然)'[120]의 경계에 이르면, 삼라만상은 '하나(一)'가 남긴 자국들에 불과한 것임을 알게 된다. 다시 말해서 진여眞如와 생멸生滅, 본체와 작용의 합일을 깨닫게

---

119 cf. 열역학 제1법칙(the first law of thermodynamics): 에너지는 한 형태에서 다른 형태로 변화할 수는 있지만 어떠한 물리적 변화에서도 모든 물체가 지닌 에너지의 합은 불변이라는 에너지 보존의 법칙.

120 『金剛三昧經論』, 130쪽;『大乘起信論別記』, 464쪽. 이는 〈道理 아닌 지극한 道理, 肯定 아닌 大肯定〉으로 번역될 수 있으나 그 참뜻은 상대적 차별성을 떠난 如實한 大肯定을 의미한다. 이는 곧 莊周(莊子)가 말하는 '大通'과 하나가 된 '坐忘'의 경지(『莊子』「大宗師」: "墮枝體 黜聰明 離形去知 同於大通此謂坐忘")이며, '나'를 잊고 '나'를 잃지 않는 경지이다.

되면, 자기생성적 네트워크 체제로서의 '참여하는 우주(participatory universe)'[121]가 그 모습을 드러내는 것이다. '창조론'과 '진화론'의 논쟁은 일체의 생명현상이 자기근원성을 가지고 있음을 인식하지 못하고 주체-객체 이분법으로 무리하게 설명하려는 데서 오는 것이다. 스스로 생성되고 스스로 변화하여 스스로 돌아가는 것인데, 누가 누구를 창조한다는 말인가! 거울에 비친 형상과 거울을 분리시킬 수 없고, 천강千江에 비친 달 그림자와 달을 분리시킬 수 없듯이, 우주만물과 혼원일기인 '하나(一)' 즉 유일신은 분리될 수 없다. 풀 한 포기, 물방울 하나까지도 모두 유일신 '하나(一)'의 조화 작용의 나타남인 까닭에 '보이는 것은 보이지 않는 것의 그림자'라는 말이 나온 것이다. 창조하는 주체와 창조되는 객체가 분리되어 존재하는 것이 아니므로 주체-객체 이분법에 근거한 '창조론'의 설명은 양자역학적 관점에서 볼 때 비과학적이라 할 수밖에 없다. 진화론 또한 시작도 끝도 없는 영원한 생명의 비밀을, 이 우주가 자기생성적 네트워크체제로 이루어져 있음을 적절하게 설명하지 못하고 있다. '이것'이 곧 다른 '모든 것'임을, 생명의 유기성과 상호 관통을 어찌 '진화론'만으로 설명할 수 있을 것인가! '창조론'과 '진화론'의

---

[121] 여기서 '참여하는 우주'란 주체와 객체의 이분법이 폐기됨으로써 전 우주가 참여자의 위치에 있게 되는 경계를 말한 것이다. 이러한 경계는 현대 물리학의 양자역학적 실험에서 확인된 것이다. 빛(전자기파)의 파동-입자의 이중성(wave-particle duality)에 관한 닐스 보어(Niels Bohr)의 상보성원리(Complementarity Principle)나 전자의 속도와 위치에 관한 하이젠베르크(Werner Heisenberg)의 불확정성원리(Uncertainty Principle)는 관측의 대상이 항상 관측자와 연결되어 있고 또한 관측의 대상과 관측자의 경계가 고정된 것이 아니라고 보는 점에서 주체와 객체를 대립적인 관계가 아닌 하나의 연속체로 파악한 것이다. '하나(一)'가 우주만물이요 우주만물이 '하나(一)'라고 하는 『천부경』의 一卽三·三卽一의 이치는 주체-객체의 이분법이 더 이상은 유효하지 않은 것으로 드러난 양자역학적 실험 결과와 맥을 같이 하는 것이다.

논쟁은 주체-객체의 이분법적 사고가 폐기되고 진지眞知를 체득함으로써만이 종식될 수 있다.

'하나(一)'는 만유의 본질로서 내재해 있는 동시에 만물화생의 근본 원리로서 작용하고 있으므로 삼라만상이 오고 가며 그 쓰임은 무수히 변하지만 근본은 변함도 다함도 없는 것이다. 따라서 우주만물과 '하나(一)'는 둘이 아니다. 『용담유사龍潭遺詞』「흥비가興比歌」에서 '무궁한 그 이치를 불연기연 살펴내어 무궁히 알았으면 무궁한 이 울 속에 무궁한 내 아닌가'[122]라고 한 것은, 무궁한 하늘天, '하나(一)'의 조화를 깨닫게 되면 조물자造物者인 하늘과 그 그림자인 인간이 분리될 수 없는 하나라는 사실을 알게 된다는 것이다. 그러나 그러한 묘각妙覺의 경지는 매순간 깨어 있는 의식이 아니고서는 결코 이를 수 없는 까닭에 「양천주養天主」에서는 "오직 하늘을 양養한 사람에게 하늘이 있고, 양치 않는 사람에게는 하늘이 없나니…"[123]라고 한 것이다. '시侍'가 함축하고 있는 세 가지 의미 즉 내유신령內有神靈・외유기화外有氣化・각지불이各知不移에서 명징하게 드러나듯, '하늘을 모심(侍天)'은 곧 '하늘을 기름(養天)'이라는 뜻이다. '양천養天'은 의식意識의 확장을 말하며, 영적靈的 진화와 관계된다. 이렇듯 「시천주」도덕은 자각적 실천이 수반될 때 그 진면목이 드러난다. 내재적 본성인 신성과 혼원일기混元一氣로 이루어진 생명의 유기성과 상호 관통을 깨달아 순천順天의 삶을 지향하게 하는 것, 바로 여기에 '하나(一)'의 비밀이 있고 '시천侍天'의 비밀이 있다. 그것은 천인합일天人合一의 대공大公한 경계에 이르게 하는 것이다. '만상일천萬像一天', 즉 만 가지 모습은 하나의 법法이다. 많은 나무 가지들

---

122 『龍潭遺詞』「興比歌」.

123 『天道敎經典』「養天主」, 368쪽.

이 하나의 뿌리로 돌아가듯이, 무수한 진리의 가지들도 하나의 진리로 되돌아간다. 마음의 거울에 비친 만상과 마음을 분리시킬 수 없는 것은 거울에 비친 형상과 거울을 분리시킬 수 없는 것과 같다. 그래서 '만법귀일萬法歸一', 즉 만 가지 법이 하나인 마음의 법으로 돌아간다고 한다. 하나가 곧 여럿이요(一卽多), 여럿이 곧 하나(多卽一)다. 불생불멸인 '하나(一)'가 곧 우주만물이요 생멸하는 우주만물이 곧 '하나(一)'다. 보이는 만상은 보이지 않는 실체의 그림자에 불과하다. 실체가 곧 그림자요 그림자가 곧 실체다. 생사生死를 버리고 열반涅槃을 구하는 것은 마치 그림자를 버리고 실체를 구하는 것과 같다. 마찬가지로 색신色身을 버리고 법신法身을 구하는 것은 얼음을 버리고 물을 구하는 것과 같다. 생사가 곧 열반이요 열반이 곧 생사이며, 색신이 곧 법신이요 법신이 곧 색신이다. 그것은 티끌 속에서 티끌 없는 곳으로 가는 경지다. 말하자면 본체와 작용의 관계다. 이러한 본체계와 현상계의 관계를 인도의 대서사시 '마하바라타(Mahabharata)'에 나오는 『바가바드 기타The Bhagavad Gita』에서는 "브라흐마(Brāhma 梵), 즉 창조신(the god of creation)의 낮과 밤"으로 묘사하고 있다. 인도인들이 애송하는 아름다운 영적인 시로 이루어진 이 경전에는 "…브라흐마의 아침이 밝아오면 우주만물이 본체계(the Invisible)에서 나와 활동을 시작하고, 브라흐마의 밤이 오면 다시 본체계로 되돌아간다. 그렇게 우주만물은 브라흐마의 낮과 밤의 주기에 따라 생성과 소멸을 끝없이 순환 반복한다"[124]라고 나와

---

[124] *The Bhagavad Gita*, 8. 18-19. : "…When that day comes, all the visible creation arises from the Invisible; and all creation disappears into the Invisible when the night of darkness comes. Thus the infinity of beings which live again and again all powerlessly disappear when the night of darkness comes; and they all return again at the rising of the day."

있다. 말하자면 우주만물이 브라흐마에서 나와 다시 브라흐마로 되돌아가는 것이다. 그런 까닭에 『금강경오가해金剛經五家解』에서는 보신報身과 화신化身은 진眞이 아니며, 바로 이 브라흐마 즉 "법신法身만이 청정하여 끝이 없다"[125]라고 하고 있다. 말하자면 물속의 달은 나타났다 사라졌다 하지만 허공에 뜬 달은 항상 교교皎皎히 빛나는 것과 같다는 것이다.

'하나(一)'와 우주만물, 즉 일(一)과 다多는 상호 연관되어 있으며 상호 관통한다. 『장자莊子』 「제물론齊物論」에서는 천지만물이 다 '하나(一)'일 따름이므로 '만물여아위일萬物與我爲一'이라고 하였다. 『금강삼매경론』과 『대승기신론소』에서는 개합開合의 논리를 이용하여 이를 명쾌하게 보여 준다. "개開하여도 하나가 늘어나지 않고 합合하여도 열이 줄어들지 않는다"[126]고 한 것이나, "합合하여 말을 하면 일관一觀이요, 개開하여 말을 하면 십문十門이다"[127]라고 한 것, 그리고 "개開하면 무량무변한 의미를 종宗으로 삼고 합合하면 이문일심二門一心의 법을 요要로 삼는다"[128]고 한 것이 그것이다. 즉 열면 열이고 닫으면 하나이나, 연다고 해서 그 하나가 늘어나는 것이 아니고 닫는다고 해서 그 열이 줄어드는 것이 아니다. 마찬가지로 대자연의 문을 열면 무수한 사상事象이 있으나 닫으면 하나이다. 연다고 해서 그 하나가 늘어나는 것이 아니고, 닫는다고 해서 그 무수한 사상이 줄어드는 것이 아니다. 우리의 마음이 일심의 원천으로 되돌아가 진속眞俗 평등의 본체를 체득하지 않고서는 정확하게

---

125 『金剛經五家解』: "保化非眞了妄緣 法身淸淨廣無邊."
126 『金剛三昧經論』, 131-132쪽.
127 『金剛三昧經論』, 130쪽.
128 『大乘起信論疏』, 391쪽.

그 의미를 파악했다고 할 수 없을 것이다. 인간 의식의 여러 차원은 「창세기(Genesis)」(28:10-12)에 나오는 야곱이 꿈에서 본 사다리에 비유되기도 한다. "야곱이 브엘세바에서 떠나 하란으로 향하여 가던 도중 해가 지게 되자 거기서 유숙하려고 그곳의 한 돌을 취하여 베개하고 눕더니, 꿈에 본즉 사닥다리가 땅 위에 섰는데 그 꼭대기가 하늘에 닿았고 하나님의 사자가 그 위에서 오르락내리락하고…"[129] 야곱과 마찬가지로 우리들 자신의 깊은 의식이 바로 하늘로 통하는 문이다. 의식의 근원에 이르면 하나의 진리가 그 모습을 드러내게 내는데 그것이 바로 일심의 나타남이다. 야곱이 꿈에서 본 사다리를 오르내리는 하나님의 사자 또한 영적 차원에서 물적 차원으로, 물적 차원에서 영적 차원으로의 의식세계의 자유로운 내왕을 보여 준다. 의식의 사다리를 타고 내려오는 하나님의 사자는 근원적 일자一者의 위치에서 다양성의 세계로 내려오는 것을, 반면에 올라가는 사자는 다양성의 세계에서 다시 근원적 일자의 위치로 회귀하는 것을 상징적으로 보여 주고 있는 것이다. 말하자면 본체계에서 현상계로, 현상계에서 다시 본체계로의 이동을 표징하는 것이다. 일즉다一卽多요 다즉일多卽一이다. 이렇듯 '일묘연만왕만래 용변부동본'에서는 삼라만상이 오고 가며 그 쓰임은 무수히 변하지만 근본은 변함이 없는 것이라 하여 본체계와 현상계의 역동적 통일성과 함께 생멸을 거듭하는 우주만물의 본질이 곧 불생불멸의

---

[129] "Genesis" in *Bible*, 28:10-12 : "Jacob left Beersheba and set out for Haran. When he reached a certain place, he stopped for the night because the sun had set. Taking one of the stones there, he put it under his head and lay down to sleep. He had a dream in which he saw a stairway resting on the earth, with its top reaching to heaven, and the angles of God were ascending and descending on it."

'하나(一)'라고 하는 삼즉일(三卽一 또는 多卽一)의 이치를 보여 주고 있는 것이다.

주 해 1) 一妙衍萬往萬來(일묘연만왕만래) : 연衍은 널리 뻗어서 퍼진다는 뜻이다. 일묘연은 '하나(一)'가 묘하게 퍼진다는 뜻이니, 이는 곧 '하나(一)'의 묘리妙理의 작용을 나타낸 것이다. 만왕만래는 수없이 가고 온다는 뜻이다. '하나(一)'에서 삼라만상이 화생化하는 것을 '오다(來)'라고 하고, 궁극에는 그 근원으로 되돌아가는 것을 '가다(往)'라고 한 것으로, '만왕만래'는 그러한 과정이 수없이 반복됨을 의미한다. 삼라만상이 오고 가는 과정이 수없이 반복된다는 것은 그 쓰임(用)이 무수히 변하는 것을 의미한다. 여기서 '오다(來)'는 일즉삼一卽三 또는 일즉다一卽多를 의미하는 것이고, '가다(往)'는 삼즉일三卽一 또는 다즉일多卽一을 의미하는 것으로, 오고 간다는 것은 곧 본체와 작용의 합일을 의미한다.

2) 用變不動本(용변부동본) : 용변은 쓰임(用)이 변한다는 뜻으로, 삼라만상이 오고 가며 무수히 변하는 '하나(一)'의 작용적 측면을 나타낸 것이다. 부동본은 근본이 변함이 없다는 뜻으로, 다함이 없는 창조성을 지닌 '하나(一)'의 본체적 측면을 나타낸 것이다. 이러한 본체와 작용의 관계는 일(一)과 다多, 이理와 사事, 정靜과 동動, 진眞과 속俗, 정淨과 염染, 공空과 색色이라는 불가분의 관계로 분석될 수 있다.

천부경 제3장 하경 인물 -2

本心本太陽 昂明 人中天地一
본 심 본 태 양   앙 명   인 중 천 지 일

번역 인간의 근본 마음자리는 우주의 근본인 태양과도 같이 광명한 것이어서, 이렇게 환하게 마음을 밝히면 천·지·인 삼신일체의 천도가 인간 존재 속에 구현되는 것이라.

해설 인간의 참본성은 우주의 근본인 태양과도 같이 광명한 것이어서, 이렇게 환하게 마음을 밝히면 사람 속에 천지가 하나가 되어 천·지·인 삼신일체三神一體를 체득하게 되는 것이라 하여 '본심본태양 앙명 인중천지일(本心本太陽昂明人中天地一)'이라고 한 것이다. 다시 말해서 마음의 근본(근원의식)은 우주의 근본(우주의식)과 하나로 통하는 것이어서 인간의 참본성(神性, 自性, 一心, '참나')이 회복되면, 천·지·인 삼재의 융화가 구체적 현실태로 나타남으로써 인간의 완전한 자기 실현이 이루어지는 것이다. 여기서 '본심'과 '본태양'은 소우주와 대우주의 합일을 표징하는 대구(對句)로서 사용된 것이다. '생명의 난로'인 태양은 지구의 모든 생명은 물론 다른 행성과 위성, 소행성, 혜성 등 태양계 전 구성원의 주요 에너지공급원이기 때문에 우리가 살고 있는 태양계의 중심이라는 의미에서 '우주의 근본인 태양'이라고 한 것이다. 이렇듯 천·지·인 삼재의 융화가 인간 존재 속에 구현된 의미를 지닌 『천부경』의 '인중천지일'을 축약하여 '천부중일天符中一'¹³⁰의 이상으로 나타내기도 한다. 인간의 자기 실현이란 "내가 나 된 것일 뿐 다른 것이 아니다."¹³¹ 따라서 이 세상에서 새로이 이룰 것은 아무것도 없다. 단지 인간 본래의 자성自性을 회복하는 일만이 있을 뿐이다. '참나'와 만나기 위해 인류는 그토록 멀고도 험난한 길을 달려 왔다. 역사상 그 무수한 국가의 명멸과 문명의 부침浮沈과 삶과 죽음의 투쟁, 그 모든 것은 '참나'와 만나기 위한 교육 과정이요, 국가·민족·인종·종교·성·계급 간의 경계를 넘어 인류가 하나임을 인식하기 위한 시험의 관문이었다. 삶과 죽음, 전쟁과 평화, 빛과 어둠, 기쁨과 슬픔, 사랑과 증오, 건강과 병, 맑은 하늘과 태풍 등의 대조적 체험을 통해 우리의 영혼은 더욱 맑고 밝고 확대되고 강화된다. 그리하여 마침내 이들이 모두 하나라는 인식에 이르게 된다. '참나'로 가는 길이 곧 동귀일체同歸一體요, 귀일심원歸一心源이다. '참나'가 바로 불생불멸의 영원한 '하나(一)'이며, 이는 곧 하나인 마음(一心)으로 우주적 본성을 일컬음이다. 그런 까닭에 「영부주문靈符呪文」에서는 "마음이란 것은 내게 있는 본연의 하늘이니 천지만물이 본래 한 마음이라"¹³²고 한 것이다. 환하게 마음을 밝힌다는 것은 본래의 자성自性을 회복한다는 것이요 이는 곧 일심의 근원으로 돌아간다는 것이다. 일심의 근원으로 돌아가면 사람이 하늘을 모시고 있음(侍天)을 저절로 알게 되는 법.¹³³ 이는 곧 평등성지平等性智의 나타남이다. 만유가 그러하

---

130 『桓檀古記』「太白逸史」蘇塗經典本訓.

131 『東經大全』「後八節」: "我爲我而非他." 水雲은 내재적 본성인 神性의 자각적 주체가 된다는 것이 "내가 나 된 것일 뿐 다른 것이 아니다"라고 하며 존재의 자기 근원성을 명징하게 보여 준다.

132 『天道教經典』「靈符呪文」, 289쪽 : "心者 在我之本然天也 天地萬物 本來一心."

133 一心의 근원으로 되돌아가면 그때에 네 가지 지혜가 원만해진다고 『金剛三昧經

거니와, 사람 또한 지기至氣인 '하나(一)' 즉 하늘의 화현인 까닭에 하늘과 둘이 아니므로 인내천人乃天이라 한 것이다. 깨달은 자의 눈으로 보면 모두가 깨달은 존재이다. 말하자면 일심은 근원성·포괄성·보편성을 띠는 까닭에 우주만물의 근본과 하나로 통하게 되므로 일체가 밝아지는 것이다. 이는 곧 소우주인 인간과 대우주가 하나가 되는 것이다. 천부경의 진수眞髓는 바로 이 '인중천지일'에 있다. 말하자면 천·지·인 삼재三才의 조화의 열쇠는 사람에게 있고 사람의 마음이 밝아지면 그 열쇠는 저절로 작동하게 되는 것이다. 다시 말해서 우주의 조화 기운과 함께 하는 자각적 실천이 수반될 때 구체적 현실태가 될 수 있는 것이다. 근기根機가 높은 사람이라면 천부경 81자만으로도 혼원일기混元一氣로 이루어진 생명의 유기성과 상호 관통을 직관적으로 깨달음으로써 마음을 밝히고 세상을 밝히는 성통공완性通功完을 이룰 수 있을 것이다. 천부경 81자의 의미는 뒤에 나오는 삼일신고三一神誥 366자와 재세이화在世理化의 이념을 366사事로써 제시한 참전계경參佺戒經에서 더욱 명료하게 드러난다. 이에 대해서는 뒤에서 자세히 다룰 것이다.

「천지인天地人·귀신鬼神·음양陰陽」에서 "사람이 바로 하늘이요 하늘이 바로 사람이니 사람 밖에 하늘 없고 하늘 밖에 사람 없다"[134]고 한 것도 '인중천지일'과 같은 의미이다. 경천敬天·경인敬

論』에서는 말한다. "'…그 땅은 청정하기가 깨끗한 유리와 같다'고 한 것은 大圓鏡智의 뜻을 나타낸 것이다…'그 性이 항상 평등하기가 저 大地와 같다'고 한 것은 平等性智의 뜻을 나타낸 것이다…'깨닫고 묘하게 관찰함이 지혜의 햇빛과 같다고 한 것은 妙觀察智의 뜻을 밝힌 것이다…'이익을 이루어 근본을 얻음이 大法雨와 같다'고 한 것은 成所作智의 뜻을 밝힌 것이다(『金剛三昧經論』, 188쪽: "…言其地淸淨 如淨琉璃 是顯大圓鏡智之義…言性常平等 如彼大地 是顯平等性智之義…故言覺妙觀察 如慧日光 是明妙觀察智之義…故言利性得本 如大法雨…是明性所作智之義…").

134 『天道敎經典』「天地人·鬼神·陰陽」, 268쪽 : "人是天 天是人 人外無天 天外無

人・경물敬物의 '삼경三敬' 사상은 우주만물의 조화적 질서를 이루는 바탕이 되는 것으로 마음을 밝히는 길을 제시하고 있다. 경천敬天은 허공을 향하여 상제上帝를 공경하는 것이 아니라 내 마음을 공경함이니, '오심불경 즉천지불경吾心不敬卽天地不敬'이라고 한 것이다.[135] 우주만물에 대한 차별 없는 사랑과 공경의 원천인 바로 그 하나인 마음을 공경함이 곧 '경천'이다. 우상숭배란 바로 이 경천의 도道를 바르게 알지 못하는 데서 오는 것이다. 저 푸른 창공도 저 까마득한 허공도 아닌 하나인 마음 즉 '하나(一)'를 공경함으로써 불생불멸의 참자아 즉 자신의 내재적 본성인 신성神性을 깨닫게 될 것이요, 일체의 우주만물이 다 내 동포라는 전체 의식에 이를 수 있을 것이며, 기꺼이 헌신하고자 하는 마음, 책임과 의무를 다하고자 하는 마음이 우러나올 수 있나니, 실로 '하나(一)'에 대한 공경이야말로 모든 진리의 중추를 틀어쥐는 것이다. 이러한 '경천'의 원리는 경인敬人의 행위가 수반되지 않으면 발현될 수 없는 까닭에 하늘을 공경하되 사람을 공경함이 없으면 행위의 실효를 거둘 수 없다고 한 것이다. 그래서 사람이 곧 하늘이라고 한 것이다. 경천만 있고 경인이 없으면 바르게 도道가 실행될 수 있는 것이 아니므로 "사람을 버리고 하늘을 공경한다는 것은 물을 버리고 해갈解渴을 구하는 자와 같다"[136]고 한 것이다. 그러나 사람을 하늘과 같이 공경한다 할지라도 경인은 경물敬物이 없이는 도덕의 극치에 이르지 못하고, 물物을

人."

[135] 『天道敎經典』「三敬」, 354-355쪽. 하늘과 인간의 一元性은 "나는 도시 믿지 말고 하늘님만 믿었어라. 네 몸에 모셨으니 捨近取遠하단말가"(『龍潭遺詞』「敎訓歌」)라고 한 데서나, 한국 전통사상의 골간이 되어 온 敬天崇祖 사상, 즉 하늘을 공경하고 조상을 받드는 것을 하나로 본 데서 명징하게 드러난다.

[136] 『天道敎經典』「三敬」, 357쪽.

공경함에까지 이르러야 비로소 천지기화天地氣化의 덕德에 합일될 수 있다는 것이다. 인간이 영적靈的으로 확장될수록 사랑은 그만큼 전체적이 된다. 우주만물에 대한 차별 없는 공경과 사랑이 일어날 수 있는 것은 바로 이 우주만물에 내재한 - 동시에 초월한 - '하나(一)'인 참자아를 깨달음으로서이다. 우주의 이치와 기운의 조화 작용으로 만물이 생겨난 까닭에 본래의 진여眞如한 마음을 회복하여 우주의 조화 기운 즉 '무위이화無爲而化'의 덕과 하나가 되면 지기至氣와 합일하고 무왕불복無往不復의 이치 즉 천도天道를 깨닫게 된다. 이렇듯 본래의 천심을 회복하면 천시天時와 지리地理, 그리고 인사人事가 조응관계에 있음을 알게 되어 사람이 할 바를 다 하게 되는 것이다. 말하자면 우주적 본성을 회복하여 원융무이圓融無二한 원리를 체득하면 생명의 유기성과 상호 관통을 깨달아 지기至氣의 화현化現인 만유의 생명을 존중하고 사랑을 실천하는 순천의 삶을 지향할 수 있게 되는 것이다.

경천·경인·경물의 '삼경三敬'의 실천은 마음을 밝히기 위한 것이요, 마음을 밝힌다는 것은 일즉삼(一卽三, 一卽多)·삼즉일(三卽一, 多卽一)의 이치를 깨닫는 것으로 우주만물이 곧 '나' 자신임을 알게 되는 것이다. '인중천지일'은 천·지·인 혼원일기混元一氣인 '하나(一)'가 곧 '참나'임을 깨닫는 것이다. 다시 말해서 천·지·인 삼신일체三神一體를 체득하는 것이다. 천·지·인 삼신三神이 곧 유일신(唯我) '하나(一)'이니, 삼위일체三位一體란 이를 두고 하는 말이다. 신神은 인간과 분리된 외재적인 존재가 아니라 내재적인 동시에 초월적인 존재이다. 신은 만유에 내재해 있는 신성神性인 동시에 만유를 생성·변화시키는 지기至氣로서 일체의 우주만물을 관통한다. 수운水雲 심법心法의 키워드라 할 수 있는 '오심즉여심吾心卽汝心'은 하늘마음이 곧 사람마음이란 뜻으로 천인합일天人合一의 이치를 극명하게 보여

준다. '사람이 곧 하늘'이란 말은 이성과 신성의 합일을 의미한다. 유사 이래 신을 섬기는 의식이 보편화된 것은 우리의 본신이 곧 신(神性)이기 때문이다. 이기적인 욕구 충족을 위해서가 아니라 '영혼의 정화(purification of soul)'를 위해서, 마치 신에게 바치는 번제의식燔祭儀式과도 같이 정성을 다함으로써 신성이 발현될 수 있는 까닭이다. 오늘날 만연한 인간성 상실은 곧 내재적 본성인 신성 상실에서 비롯되는 것이다. 따라서 신성 회복은 곧 인간성 회복이며, 이성과 신성이 합일하는 일심一心 속에서 인간은 비로소 신과 하나가 된다. 마음을 지키고 기운을 바르게 함으로써 우리의 마음이 태양과도 같이 광명하게 되면 '사람이 곧 하늘'임을 알게 되고 평등무이平等無二한 세계가 저절로 그 모습을 드러낼 것이다. 『천부경』에 나타난 '천부중일天符中一'의 이상은 인간의 신성 회복을 통해 인류의 삶을, 이 세상을 근본적으로 바꾸기 위한 것이다. 다시 말해서 인간과 신의 이원성을 폐기함으로써 이성과 신성의 통합을 이룩하는 것이다. 그것은 종교적인 낡은 교의나 철학적 사변이나 언어적 미망迷妄을 떠나 있으며, 에고(ego, 個我)가 만들어 낸 일체의 장벽을 해체할 것을 선언한다. 그것은 우주 '한생명'에 대한 선언이요 '성통공완性通功完'에 대한 갈파喝破이다. 실로 참본성이 열리지 않고서는 공功을 완수할 수 없으며, 따라서 세상을 근본적으로 바꿀 수도 없다. 부정한 의식의 철폐를 통한 진지眞知의 회복, 바로 여기에 제2의 르네상스가 있고 제2의 종교개혁이 있다. 그것은 다양성으로 이루어진 하나의 통일체를 창출하는 일이다. 우리가 태어날 때부터 지닌 반야般若의 지혜(智劍)는 산호 가지마다 달빛이 온통 영롱하게 빛나듯 세상에 비치지 않는 곳이 없는 까닭이다.[137] 말하자면 일즉삼·삼

---

137 cf. 『碧巖錄』 第100則 「巴陵吹毛劍 」: "僧問陵 如何是吹毛劍 陵云 珊瑚枝枝撐著

즉일의 원리에 대한 인식이며 동시에 그 실천이다. 그것은 유럽적이고 기독교적인 서구의 르네상스나 종교개혁과는 달리, 전 인류적이고 전 지구적이며 전 우주적인 존재혁명이 될 것이다. 삶과 학문, 삶과 종교, 학문과 종교, 종교와 종교의 진정한 화해는 이로부터 시작될 것이다.

천부경의 '하나(一)'의 원리는 일즉삼·삼즉일의 이치를 명징하게 밝힘으로써 무수한 진리의 가지들을 하나의 진리로 되돌리기 위한 것이다. '하나(一)'를 열면 무수한 사상事象이 다 펼쳐져 나오지만, 닫으면 '하나(一)'이다. 연다고 해서 그 '하나(一)'가 늘어나는 것이 아니고, 닫는다고 해서 그 무수한 사상이 줄어드는 것이 아니다. '인중천지일'은 이성과 신성의 통합을 의미하는 것으로 천부경의 실천적 논의의 중핵을 이루고 있다. 이성과 신성이 통합된 '참삶' 속에서 자유의지와 필연, 개체와 전체는 하나가 된다. 천시天時와 지리地理, 그리고 인사人事가 조응 관계에 있음을 알게 되면, 세상만사를 인간이 모두 주재할 수 있는 것은 아니라고 보고 주재할 수 없는 필연의 영역을 인정함으로써 사람의 할 일을 다하고 하늘의 명을 기다리는, 이른바 '진인사대천명盡人事待天命'의 지혜를 나타내 보일 수 있는 것이다. 자유의지와 필연의 문제는 곧 개체와 전체의 두 대립되는 범주에 관한 것으로 우리들의 삶에서 가장 근원적인 문제이다. 인간 비극의 단초가 바로 이 양자 간의 부조화에 있다. 세상만사가 내 뜻대로 되지 않는다고 해서 괴로워하는 것은, 나무는 보되 숲은 보지 못하며 물방울은 보되 바다는 보지 못하는 데서

月." 한 화상이 파릉 선사에게 묻기를, "사람마다 지니고 있다는 般若의 智劍이란 어떤 것입니까?" 파릉 선사 왈, "산호 가지마다 온통 영롱한 달빛에 젖은 것과 같지"

오는 것이다. 개인적 존재는 말할 것도 없고 세계사의 무대에서 펼쳐지는 무수한 국가의 명멸도 도도한 역사의 물결을 타고 흐르는 한갓 물방울에 불과하다. 물방울과 물결, 개체성과 전체성의 상호의존성, 즉 합일성에 대한 인식에 이르지 않고서는 물질계에서 구현되고 있는 정신의 참모습을 볼 수가 없다. 해와 달이 허공에 떠 있지만 거기에 집착하지 않는 것처럼, 비우고 또 비우는 연단鍊鍛의 과정을 통하여 마침내 '함이 없으면서도 하지 않음이 없는'[138] 경지에 이르면, 다시 말해서 무위이화無爲而化의 덕과 그 기운과 하나가 되면, 사람이 법을 좇는 것이 아니라 법이 사람을 좇고 물질이 의식을 거두어들이는 것이 아니라 의식이 물질을 거두어들이는[139] 천부중일天符中一의 이상은 실현될 수 있을 것이다. 이는 곧 '삼즉일'의 원리가 인간 존재 속에 구현되는 것으로, 물질문명의 상흔傷痕을 치유해 줄 진정한 문명의 개창은 이로부터 시작될 것이다.

주해 1) 本心本太陽(본심본태양) : '본심'은 소우주인 인간의 참본성, 즉 근본 마음자리를 일컫는 것이고 '본태양'은 대우주의 근본인 태양을 일컫는 것이니, '본심본태양'은 인간의 근본 마음자리가 우주의 근본인 태양과도 같이 광명하다는 뜻이다. 여기서 '우주의 근본인 태양'이라고 한 것은 '생명의 난로'인 태양이 지구의 모든 생명은 물론 다른 행성과 위성, 소행성, 혜성 등 태양계 전 구성원의 주요 에너지공급원이기 때문에 우리가 살고 있는 태양계의 중심이

---

[138] 『道德經』 48章 : "無爲而無不爲."
[139] 達磨, 『二入四行論』 : "迷時人逐法 解時法逐人 迷時色攝識 解時識攝色." "미혹하면 사람이 法을 좇지만, 깨달으면 法이 사람을 좇는다. 미혹하면 물질이 의식을 거두어들이지만, 깨달으면 의식이 물질을 거두어들인다"

라는 의미이다. '본심'과 '본태양'은 소우주와 대우주의 합일을 표징하는 대구(對句)로서 사용된 것이다.

2) 昻明(앙명) : 앙昻은 '우러르다'는 뜻이고 명明은 '밝다'는 뜻이니, 앙명은 밝음을 우러르다는 뜻으로 이는 곧 환하게 마음을 밝히는 것을 말한다. 다시 말해서 태양과도 같이 광명한 참본성을 회복한다는 의미이다.

3) 人中天地一(인중천지일) : 인중人中은 '사람 속에' 또는 '사람 가운데'라는 뜻이고 '천지일'은 천지가 하나가 된다는 뜻이니, '인중천지일'은 사람 속에 천지가 하나로 녹아들어가 천·지·인 삼재의 융화가 이루어지는 것을 뜻한다. 다시 말해서 내재적 본성인 신성('하나')을 깨달음으로써 천인합일天人合一을 체득하는 것이다. 이는 곧 천·지·인 삼신일체三神一體의 천도(天道)가 인간 존재 속에 구현되는 것으로, 인간의 자기실현이란 이를 두고 하는 말이다.

一終無終一
일 종 무 종 일

번역 '하나(一)'에서 우주만물이 비롯되고 다시 '하나(一)'로 돌아가지만 끝이 없는 영원한 '하나(一)'로다.

해설 '하나(一)'에서 우주만물이 비롯되고 다시 '하나(一)'로 돌아가지만, 우주만물의 근본이 되는 그 '하나(一)'는 '하나(一)'라는 이름이 붙여지기 이전부터 이미 사실로서 존재해 온 까닭에 시작이 없으며 따라서 '하나(一)'로 돌아가지만 끝이 없는 '하나(一)'라 하여 '일종무종일一終無終一'이라고 한 것이다. 끝이 없다는 것은 곧 시작이 없다는 것과 같은 뜻으로, 무시무종無始無終의 영원한 '하나(一)'로 천부경은 끝난다. '하나(一)'로 돌아가나 끝이 없는 '하나(一)'라는 '일종무종일'의 의미는 '하나(一)'에서 비롯되나 시작이 없는 '하나(一)'라는 '일시무시일一始無始一'의 의미와 사실상 같은 것이다. 그럼에도 굳이 형식상 대구對句를 사용한 것은 시작도 끝도 없는 영원한 '하나(一)'라는 의미를 더욱 명료하게 효과적으로 드러냄으로써 다함이 없는 생명의 순환 고리를 생생하게 느낄 수 있게 하기 위한 것으로 보인다. 불생불멸인 '하나(一)'는 진여와 생멸, 진제眞諦와 속제俗諦, 본체와 작용의 이분법이 완전히 폐기된 경계인 까닭에 시작도 끝도 없으며, 가지도 오지도 않는 것이다.

어느 화상和尙이 선지식善知識에게 물었다.
"가지도 않고 오지도 않는 것은?"
선지식이 대답했다.
"내가 너하고 같이 다니는 것이다"

모든 개체의 자성自性은 텅 빈 우주나 거대한 대양과도 같이 막힘이 없이 상호 관통한다. 그러므로 자성의 본질은 평등이다. '나'와 '너', '이것'과 '저것'의 이분법적 경계가 사라지면 원융무이圓融無二한 경계가 그 모습을 드러내게 되고 대립자간의 관계 또한 동일한 실재의 양면성으로서 공존하며 하나의 연속적인 협력체를 형성함으로써 가지도 않고 오지도 않는 여여한 실재에 이를 수 있게 된다. 태어나지도 죽지도 않으며 세상사에 물들지도 않는 '하나(一)', 즉 영원한 신성을 보는 사람은 우주만물이 결국 하나임을 알게 되고 보편적 실재인 그 '하나(一)'를 깨닫게 될 것이다. 참자아 속에는 그 어떤 차별성도 존재하지 않으며, 오직 전체성만이 물결칠 뿐이다. 모든 존재 속에 내재하는, 동시에 초월하는 이 '하나(一)'인 참자아를 깨닫게 되면 그 어떤 환영(maya)이나 슬픔도 없으며 죽음의 아가리로부터 벗어나 불멸에 이르게 된다.[140]

이렇듯 '천부중일'의 이상을 구현하는 이법理法은 우주만물의 근원인 '하나(一)'에로 원시반본原始返本하는 것이다. '하나'님(天主)·절대자·창조주·유일신·알라(Allah)·도道·불佛·브라흐마 등 다양한 이름으로 행해지는 종교적 숭배는 그 무어라 명명하든 모두

---

140 cf. *Chandogya Upanishad* in *The Upanishads*, 8. 7. p.121: "There is a Spirit which is pure and which is beyond old age and death; and beyond hunger and thirst and sorrow. This is Atman, the Spirit in man."

우주만물의 근원인 혼원일기混元一氣를 지칭하는 것으로, 본래의 뿌리에로 원시반본하기 위한 것이다. 말하자면 순수의식(우주의식·전체의식)으로 돌아가기 위한 것이다. 가을이 되면 나무가 수기水氣를 뿌리로 돌리듯, 일체의 생명은 본래의 뿌리로 돌아감으로써 영원한 생명을 유지하는 것이다. 일심의 원천으로 돌아가는 것(歸一心源)은 개인적 차원의 원시반본이요, 우리 민족의 원형을 함유하고 있는 상고사 복원과 국조이신 환인·환웅·환검 숭배는 민족적 차원의 원시반본이며, '천지부모天地父母'[141]를 섬기는 것은 지구공동체적 차원의 원시반본이고, 우주의 봄·여름인 선천 5만 년이 다하고 우주의 가을이 되면 우주섭리에 따라 후천개벽이 일어나는 것은 우주적 차원의 원시반본으로 그 이치는 모두 근원인 뿌리에로 돌아가는 것이다. 우주 가을로의 초입初入에서 천부경이 세인들의 관심을 불러일으키는 것도 후천의 새 세상을 열기 위한 사상적 원시반본이다. 삼라만상은 모두 혼원일기의 역동적인 나타남으로 무수한 것 같지만 기실은 하나의 기氣밖에 없다. 그런 까닭에 「천지부모天地父母」에서는 '천지는 곧 부모요 부모는 곧 천지니 천지부모는 일체'라고 하고, '부모의 포태가 곧 천지의 포태'라고 했다.[142] 부모의 포태와 천지의 포태가 동일한 것은 천·지·인 자체가 지기至氣인 '하나(一)'의 화현인 까닭이다. 따라서 '천지부모'를 섬기는 것은 곧 생명의 뿌리를 찾는 것이요 우주적 본성으로 돌아가는 것이다. 만인이 우주적 본성을 회복하여 소아小我의 유위有爲가 아닌 대아大我의 무위無爲를 따르게 되면 동귀일체가 이루어져 천지가 합덕合德하

---

141 『天道教經典』「天地父母」, 249-254쪽.
142 『天道教經典』,「天地父母」, 249쪽 : "天地卽父母 父母卽天地 天地父母 一體也 父母之胞胎 卽天地之胞胎."

는 후천의 새 세상이 열리게 되는 것이다.

요약하면, 상경「천리」에서는 천·지·인 혼원일기인 '하나(一)'에서 우주만물이 나오는 일즉삼(一卽三, 執一含三)의 이치를 드러내고, 중경「지전」에서는 음양 양극간의 역동적인 상호작용으로 천지 운행이 이루어지고 음양오행이 만물을 낳는 과정이 끝없이 순환 반복되는 '하나(一)'의 이치와 기운의 조화造化 작용을 나타내며, 하경「인물」에서는 우주만물의 근본이 '하나(一)'로 통하는 삼즉일(三卽一, 會三歸一)의 이치와 소우주인 인간의 대우주와의 합일을 통해 하늘의 이치가 인간 속에 징험徵驗됨을 보여준다. 상경「천리」가 가능태라면, 하경「인물」은 구체적 현실태로 '천부중일天符中一'의 이상을 명징하게 제시한다.

주해 一終無終一(일종무종일) : '일종'은 '하나(一)'로 돌아간다는 뜻이다. 말하자면 '하나(一)'에서 우주만물이 비롯되고 다시 '하나(一)'로 돌아간다는 뜻이다. 이는 『도덕경』 40장에서 반자도지동反者 道之動, 즉 되돌아가는 것이 도道의 움직임이라고 한 것과 맥을 같이 한다. '무종일'은 끝이 없는 '하나(一)'라는 뜻이다. 우주만물의 근원인 그 하나(一)는 '하나(一)'라는 이름이 붙여지기 이전부터 이미 사실로서 존재해 온 까닭에 시작이 없으며 따라서 '하나(一)'로 돌아가지만 끝이 없는 '하나(一)'라는 뜻이다. 이렇게 볼 때 '일종무종일'은 '하나(一)'에서 우주만물이 비롯되고 다시 '하나(一)'로 돌아가지만 끝이 없는 영원한 '하나(一)'라는 의미이다.

제2편
삼일신고

三 一 神 誥

帝曰爾五加衆 蒼蒼非天 玄玄非天 天無形質 無端倪
無上下四方 虛虛空空 無不在 無不容
神在無上一位 有大德大慧大力 生天 主無數世界 造甡
甡物 纖塵無漏 昭昭靈靈 不敢名量 聲氣願禱 絶親見
自性求子 降在爾腦
天神國 有天宮 階萬善 門萬德 一神攸居 群靈諸哲護
侍 大吉祥大光明處 惟性通功完者 朝永得快樂
爾觀三列星辰 數無盡 大小明暗苦樂 不同 一神造群世界
神勅日世界使者 舝七百世界 爾地自大 一丸世界
中火震盪 海幻陸遷 乃成見象 神呵氣包底 煦日色熱
行翥化游栽物 繁殖
人物 同受三眞 曰性命精 人全之 物偏之 眞性 無善惡
上哲通 眞命 無淸濁 中哲知 眞精 無厚薄 下哲保 返眞一神
惟衆迷地 三妄着根 曰心氣身 心依性 有善惡 善福惡禍
氣依命 有淸濁 淸壽濁夭 身依精 有厚薄 厚貴薄賤 眞妄對作
三途 曰感息觸 轉成十八境 感 喜懼哀怒貪厭 息
芬瀾寒熱震濕 觸 聲色臭味淫抵 衆 善惡淸濁厚薄相雜
從境途任走 墮生長肖病歿苦 哲 止感調息禁觸 一意化行
改妄即眞 發大神機 性通功完 是

제3부 삼일신고의 이해

제1장 삼일신고의 전래

제2장 삼일신고의 요체

제3장 삼일신고의 구조

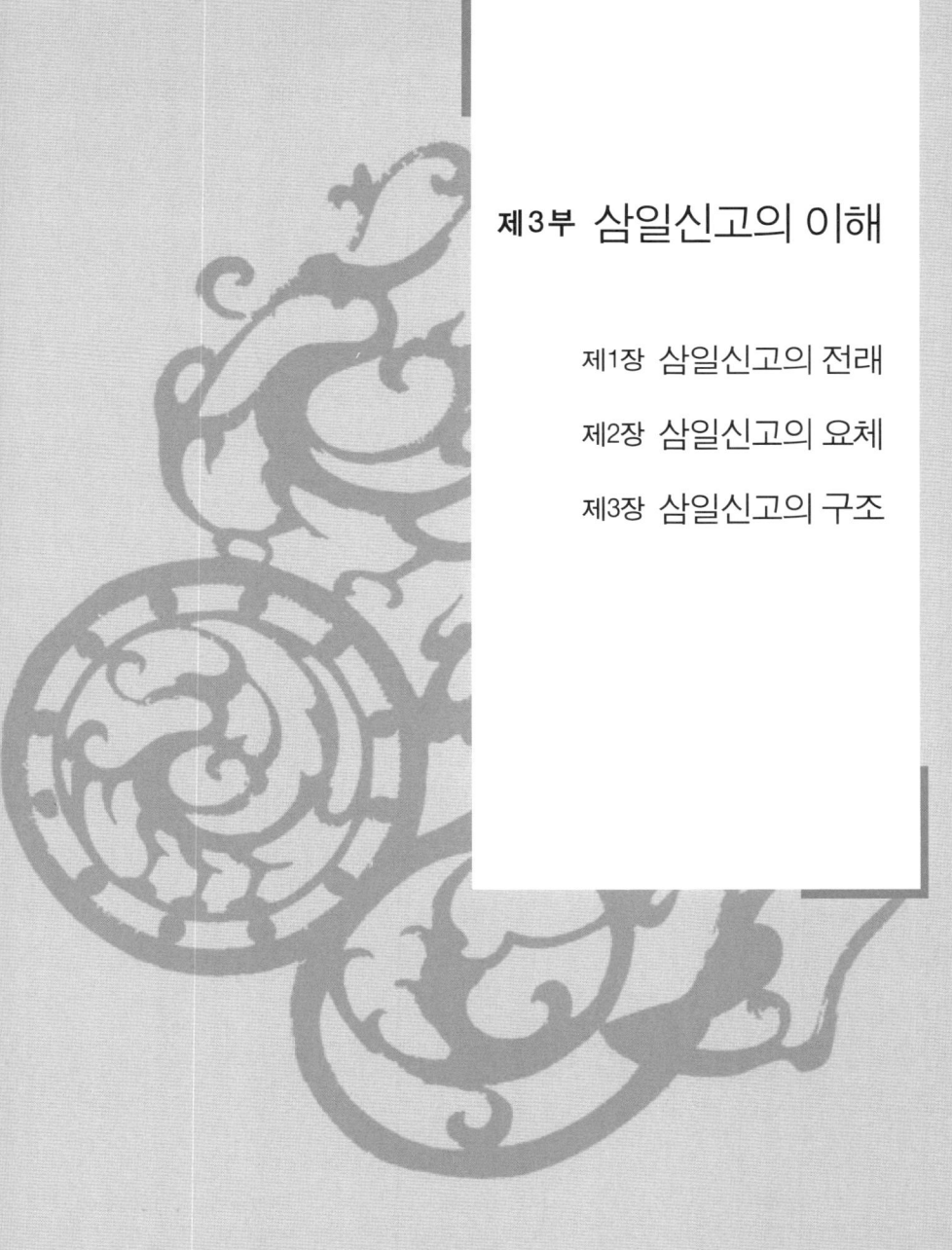

제1장 삼일신고의 전래

『삼일신고三一神誥』는 일신강충一神降衷, 성통광명性通光明, 재세이화在世理化, 홍익인간弘益人間[1]의 원리를 밝힌 총 366자로 이루어진 우리 민족 고유의 경전이다. 또한 모든 종교와 진리의 모체가 되는 원리를 담고 있다는 점에서 천부경과 더불어 인류의 경전이라 할 만하다. 삼일三一사상을 본령으로 삼아 마음을 밝히고 세상을 밝히는 성통공완性通功完의 비밀을 담고 있다는 점에서 '교화경敎化經'이라고 부르기도 한다. 「태백일사太白逸史」 소도경전본훈蘇塗經典本訓에는 삼일신고가 본래 신시개천神市開天 시대에 나온 것으로 그 글의 내용은 대개 하나를 잡아 셋을 포함하고 셋이 모여 하나로 돌아가는 '집일함삼 회삼귀일(執一含三 會三歸一)'의 원리를 근본으로 삼는다고 나와 있다.[2] 말하자면 환국으로부터 내려오던 것을 환웅천황이 신시에 개천하면서 글로 펴내어 오늘에 전해지고 있는 것이다. 『환단고기』 내의 여러 기록들은 『삼일신고』가 환국·배달국·단군조선·부여·고구려·백제·신라·가야·발해(大震國)·통일신라·

---

1   '一神降衷'이란 '하나'님이 인간의 중심에 내려와 계심을 말함이요. '性通光明'이란 인간의 중심에 내려와 계신 '하나'님의 진성을 통하면 태양과도 같이 광명하게 됨을 말하는 것으로 이는 곧 사람이 하늘임을 알게 되는 것이다. '性通'은 在世理化, 弘益人間의 구현이라는 '功完'을 이루기 위한 전제조건인 동시에 인간의 자기 실현을 위한 필수조건이다.

2   『桓檀古記』「太白逸史」蘇塗經典本訓: "三一神誥 本出於神市開天之世 而其爲書也 盖以執一含三會三歸一之 義爲本領."

고려·조선으로 이어지는 우리 역사 속에서 천부경과 더불어 국가적으로 매우 중시된 경전임을 밝히고 있다.

「태백일사」 소도경전본훈에는 "우리 환국이 환웅의 신시개천 이래로 천신께 올리는 제사를 주재하고 『삼일신고』를 조술하여 산하山河를 널리 개척하며 인민을 교화하였다"라고 나온다.[3] 「삼성기전三聖紀全」 하편에는 환웅천황이 개천하여 백성들을 교화할 때 '천경(天符經)'과 '신고(三一神誥)'를 강론하여 크게 가르침을 편 것으로 나오고,[4] 「단군세기」 11세 단군 도해道奚 원년 경인庚寅에 '천경'과 '신고'에 대한 언급이 나오며,[5] 또한 단군 도해 46년 3월에 『천부경』을 논하고 『삼일신고』를 강연한 사실이 언급되어 있다.[6] 「태백일사」 신시본기神市本紀에는 "대개 상대上代 신시의 인문 교화가 근세에 이르기까지 비록 건실하게 행해지지는 못했다 할지라도 『천부경』과 『삼일신고』는 오히려 후세에 전해져 있으며 거국적으로 남녀 모두가 말없이 숭배하여 믿으니, 인간의 생사는 반드시 삼신이 주재하는 것이라"[7]고 하였고, 「삼성기전」 하편에서는 "환웅천황이 처음으로 개천한 이래 백성들을 교화함에 있어 『천부경』을 풀이하고 『삼일신고』를 강의하여 크게 가르침을 폈다"[8]라고 나오며, 「태백일

---

3 『桓檀古記』「太白逸史」蘇塗經典本訓:"吾桓國 自桓雄開天 主祭天神 祖述神誥 恢拓山河 敎化人民."

4 『桓檀古記』「三聖紀全」下篇:"桓雄天王 肇自開天 生民施化 演天經 講神誥 大訓于衆."

5 『桓檀古記』「檀君世紀」:"天經神誥 詔述於上 衣冠帶劍 樂效於下."

6 『桓檀古記』「檀君世紀」:"乙亥四十六年…三月…仍登樓殿 論經演誥."

7 『桓檀古記』「太白逸史」神市本紀:"盖上世神市之人文敎化 至于近世 雖不得健行 而天經神誥 猶有傳於後世 擧國男女 亦皆崇信於潛嘿之中 卽人間生死 必曰三神所主."

8 『桓檀古記』「三聖紀全」下篇:"桓雄天王 肇自開天 生民施化 演天經 講神誥 大訓

사」 대진국본기大震國本紀에는 "태자 흠무欽武가 즉위하여 연호를 고쳐 대흥大興이라 하고…이듬해 태학太學을 세워 『천부경』과 『삼일신고』를 가르치고 환단桓檀의 옛 역사를 강론했다"[9]고 나온다.

한편 북애자北崖子의 『규원사화揆園史話』 「단군기檀君記」에는 단군이 오가五家[10]와 백성들로 하여금 일월日月, 음양陰陽, 사시四時의 신과 산악山岳, 하천, 이사里社를 주관하는 신에게 제사를 올리게 하고 마친 뒤에 8훈(八訓 또는 八條目)으로써 크게 가르침을 베푼 것으로 나오는데 이는 단군 자신이 백성들을 위하여 홍익인간의 이념을 풀이한 것이다. 이는 곧 경천애인敬天愛人 사상의 발로요 재세이화의 이념이 함축된 것이다. 8훈의 내용 중에는 삼일신고 제2장 「일신一神」과 제3장 「천궁天宮」, 그리고 제5장 「인물人物」에 대한 가르침이 자세하게 풀이되어 있다. 그 내용 중, "'하나'님은 오직 한 분으로 위 없는 으뜸 자리에 계시어 천지를 창조하시고 전 세계를 주재하시며 헤아릴 수 없이 많은 사물을 만드시니, 넓고도 넓어 포함하지 아니하는 사물이 없고, 밝고도 밝으며 신령스럽고도 신령스러워 티끌 하나도 새는 일이 없다"[11]고 한 것은 「일신」에 대한 가르침

---

9   『桓檀古記』「太白逸史」大震國本紀 : "太子欽武立 改元曰大興…明年立太學 教以天經神誥."

10 『桓檀古記』「太白逸史」神市本紀에서는 大辯經을 인용하여 五加에 관하여 이렇게 적고 있다. "加는 곧 家로 五加가 있었는데 牛加는 穀食을 주관하고, 馬加는 생명을 주관하고, 狗加는 刑罰을 주관하고, 猪加는 疾病을 주관하고, 鷄加는 善惡을 주관하였으며, 백성은 64부족, 무리(徒)는 3천이 있었다(加卽家也 五家 曰牛加主穀 馬加主命 狗加主刑 猪加主病 鷄加主善惡也 民有六十四 徒有三千)"라고 하였고, 桓國本紀에서도 '神市에는 五事가 있었으니, 이른바 5사란 五加인 우가·마가·구가·저가·양가(羊加 또는 鷄加)가 각기 곡식, 생명, 형벌, 질병, 선악을 주관하는 것(神市有五事…所謂五事者 牛加主穀 馬加主命 狗加主刑 猪加主病 羊加一作鷄加主善惡)'을 말하는 것이라고 하였다.

11 『揆園史話』「檀君記」: "惟皇 一神在最上一位 創天地主全世界 造無量物 蕩蕩洋

을 풀이한 것이다. "하나'님은 오직 한 분으로 위없는 으뜸 자리에 계시어 천궁을 거느리시고 세상의 온갖 선함을 열며 만덕萬德의 근원이므로 모든 신령이 보호하여 모시니 크게 상서롭고 크게 광명한 곳이라 이를 일러 신향神鄕이라 한다"[12]고 한 것은 「천궁」에 대한 가르침을 풀이한 것이다. 그리고 "오직 황천제께서 천궁으로부터 3천의 무리를 거느리고 인간 세상에 내려와 우리 황조가 되셔서 공을 완수하고 하늘나라 신향으로 돌아가셨으니, 여러 무리들은 오직 천범天範에 따라 만 가지 선을 이루고 모든 악을 없애어 성통공완을 이루면 천궁에 이를 것이다"[13]라고 한 것은 「인물」에 대한 가르침을 풀이한 것이다.

이 외에도 발해국 시조 대조영(大祚榮, 高王)의 아우 반안군왕盤安郡王 대야발大野勃의 『단기고사檀奇古事』[14]에 『삼일신고』의 원리와 그 가르침이 나타나 있다. 『단기고사』 서문에는 대야발이 발해국 고왕高王의 명을 받들어 천통天統 17년 3월 3일에 「삼일신고 서序」를 적게 된 경위가 나와 있으며, 단기고사 또한 임금의 명을 받들어 사해에 널려 있는 사서를 수집하고 역사적 평론을 참고하여 13년이 걸려 완성한 것임을 밝히고 있다. 단기고사 서문에는 삼일신고 제5장 「인물人物」의 가르침이 명징하게 풀이되어 있고, 제1대 단군

洋 無物弗包 昭昭靈靈 纖塵弗漏."
12 『揆園史話』「檀君記」: "惟皇 一神在最上一位 用御天宮 啓萬善 原萬德 群靈護侍 大吉祥 大光明處曰神鄕."
13 『揆園史話』「檀君記」: "惟皇 天帝降自天宮 率三千團部 爲我皇祖 乃至功完而朝天 歸神鄕 咨爾有衆惟則天範 扶萬善滅萬惡 性通功完 乃朝天."
14 『檀奇古事』 서문 첫머리에서 저자 大野勃은 당나라 장군 蘇定方과 薛仁貴가 백제와 고구려 멸망 당시 그 國書庫를 부수고 檀奇古事와 고구려사·백제사를 전부 불태워 버린 관계로 다시 고대사를 편집하고자 여러 의견과 많은 史記를 참고하여 그 윤곽을 잡았음을 밝히고 있다.

왕검조條에는 제1장 「하늘天」과 제2장 「일신一神」의 가르침이 나타나 있으며,[15] 제13세 흘달屹達조에는 제4장 「세계」와 제5장 「인물」을 풀이하는 데 도움이 될 만한 가르침이 나온다. 이렇듯 『삼일신고』는 『천부경』과 더불어 나라를 다스리는 만세의 경전이자 만백성을 교화시키는 교화경으로서 우리 배달겨레가 반드시 숙지해야 할 정치대전이자 삶의 교본이었던 것이다.

『삼일신고』 원문이 수록된 문헌과 자료로는 대개 다음 몇 개 본이 가장 원형인 것으로 알려져 있다.

첫째, 〈발해 석실본(渤海 石室本)〉이다.
둘째, 〈천보산 태소암본(天寶山 太素庵本)〉이다.
셋째, 〈고경각 신사기본(古經閣 神事記本)〉이다.

여기서 〈석실본〉은 처음 시작이 '제왈 원보팽우(帝曰 元輔彭虞)'로 나오고, 〈태소암본〉은 '제왈 이오가중(帝曰 爾五加衆)'으로 나오며, 〈신사기본〉은 '주약왈 자이중(主若曰 咨爾衆)'으로 나오는데 천제께서 설하는 대상의 차이일 뿐 내용상 차이는 전혀 없다. 다만 〈태소암본〉은 '진성선무악眞性善無惡', '진명청무탁眞命清無濁', '진정후무박眞精厚無薄'으로 나오는데 반해, 〈석실본〉과 〈신사기본〉은 '진성무선악眞性無善惡', '진명무청탁眞命無清濁', '진정무후박眞精無厚薄'으로 나오고, 또한 '유중미지 삼망착근 진망대작삼도(惟衆迷地 三妄着根 眞妄對作三途)' 구절의 위치가 〈태소암본〉의 경우에는 '인물 동수삼진同受三眞' 바로 뒤에 놓여 있으나, 〈석실본〉과 〈신사기본〉의 경우에는 '유중미지 삼망착근'은 '왈심기신曰心氣身' 앞에, '진망대작삼도'는 '왈감식촉曰感息觸' 앞에 놓여 있어 차이가 있는 것처럼 보인다. 그러나 전체 내용으로 볼 때 그 의미가 다른 것은 아니다. 필자는 진성・진명・진정,

---

15 『檀奇古史』「前檀君朝鮮」第1世 檀君王儉條.

즉 삼진을 일체의 상대적 차별상을 넘어선 진성무선악·진명무청탁·진정무후박으로 나타낸 〈석실본〉과 〈신사기본〉의 표현이 더 적절하다고 생각되어 이 양 본을 위주로 하되, 처음 시작 글자는 우리 고대국가 통치의 중추역할을 맡았던 유력 부족 오가五加를 대상으로 설하는 〈태소암본〉에 의거한 이맥의 〈태백일사본〉을 따라 '제왈 이오가중(帝曰 爾五加衆)'으로 하였다.

〈석실본〉이란 말은 발해국 제3대 문왕文王 대흠무大欽武[16]께서 남기신 「삼일신고 봉장기(三一神誥 奉藏記)」[17]라는 글 속에 『삼일신고』를 영원히 보존키 위해 대흥大興 3년 3월 15일 "영보각靈寶閣에 두었던 어찬진본御贊眞本을 받들어 태백산 보본단報本壇 석실 속에 옮겨 간직한다"[18]라고 한 데서 유래한다. 이렇게 보본단 석실 속에 감추어진 민족 경전과 단군실사檀君實史는 조선 말기에 이르러 백봉 대종사(白峯大宗師)에 의해 발견되는데 그 경위는 「단군교포명서(檀君敎佈明書)」[19]에 잘 나타나 있다. 그 내용인즉, "백봉 대종사께서 태백산 중에서 하늘에 10년 기도 끝에 대황조성신大皇祖聖神의 묵계를 받으시고 보본단 석실을 찾아내어, 그 속에서 민족 경전과 단군실사檀君實史를 얻으셨다"[20]라고 한 것이 그것이다. 『삼일신고』 본문 앞에는 발해국 시조 대조영의 「어제삼일신고 찬(御製三一神誥 贊)」[21]이 있고,

---

16 발해국 제3대 황제 大欽武의 廟號는 世宗, 諡號는 光聖文皇帝, 年號는 大興이다.

17 『大倧敎經典』「三一神誥奉藏記」, 77-80쪽; 大倧敎總本司 編, 『三一哲學譯解倧經合編』(서울: 대종교출판사, 단기 4335), 42-45쪽.

18 『三一哲學譯解倧經合編』, 45쪽 : "玆奉靈寶閣 御贊眞本 移藏于太白山報本壇石室中."

19 김교헌 엮음, 윤세복 번역, 『弘巖神兄朝天記』(서울: 대종교출판사, 단기 4459), 145-156쪽.

20 『弘巖神兄朝天記』, 149쪽.

21 『大倧敎經典』「御製三一神誥贊」, 33-36쪽; 『三一哲學譯解倧經合編』「御製三一神

그 앞에는 어제御弟 대야발大野勃의 「삼일신고 서序」[22]가 있으며, 본문 뒤에는 고구려 개국공신 마의극재사麻衣克再思의 「삼일신고 독법讀法」[23]이 있고, 그 뒤에는 발해국 문왕의 「삼일신고 봉장기」가 있다.

「삼일신고 봉장기」에 의하면, "삼일신고는 원래 돌과 나무로 된 두 본(二本)이 있어 세상에 전해져 왔는데 석본石本은 부여 국고國庫에 간직되었고, 단본檀本은 위만조선衛滿朝鮮에 전하였다가 둘 다 병화兵火에 잃었다 하며…이 책은 곧 고구려에서 번역하여 전한 것이요, 우리 할아버지 고왕高王께서 읽으시고 예찬한 것이다"[24] 라고 하고 있다. 이렇듯 「삼일신고 봉장기」에는 발해국 문왕까지 이 경전이 전해진 경위가 밝혀져 있고, 그 뒤에 대종교까지 전하여 진 경위는 백봉 대종사와 두암 백전(頭岩 伯佺) 등이 단기 4237(1904)년 10월 3일에 공표한 〈단군교포명서〉에 밝혀져 있다. 이듬해 단기 4238(1905)년 섣달 그믐날 밤 백봉 대종사는 구순九旬의 백전을 보내어 구국운동 차 일본을 다녀오는 홍암 나철(弘岩 羅喆)을 서울 서대문 역에서 만나 『삼일신고』와 『신사기神事記』를 전해 주게 하였다. 〈신사기본〉은 대종교 소장의 신사기神事記[25]에 실린 것으로 〈석실본〉과는 처음 시작 글자만 다르며 분장分章되어 있지 않은 점 외에는 〈석

誥贊」, 8-12쪽.

22 『大倧敎經典』「三一神誥序」, 27-32쪽;『三一哲學譯解倧經合編』「三一神誥序」, 1-8쪽.

23 『大倧敎經典』「三一神誥讀法」74-76쪽;『三一哲學譯解倧經合編』「三一神誥讀法」, 39-42쪽.

24 『三一哲學譯解倧經合編』, 44쪽;『大倧敎經典』「三一神誥奉藏記」, 80쪽 : "原有石檀二本而世傳 石本 藏於夫餘國庫 檀本 則爲衛氏之有 竝失於兵?…此本 乃高句麗之所譯傳 而我高考之讀而贊之者也."

25 『大倧敎經典』「神事記」, 479-513쪽;『三一哲學譯解倧經合編』, 73-102쪽.

실본)과 같으므로 따로이 부연하지 않기로 한다.

〈태소암본〉은 「태백일사」 고려국본기 내용에서 유래한다. 그 내용인즉, "행촌杏村 선생이 일찍이 천보산에 유람갔다가 밤에 태소암에서 유숙하였는데, 소전素佺이라는 한 거사가 기이한 고서들을 많이 간직하고 있어 이에 이명(李茗)·범장范樟과 더불어 함께 신서神書를 구했는데 모두 옛 환단桓檀으로부터 전수된 진결眞訣이라…선생이 이르기를, "도가 하늘에 있음에 이것이 삼신三神이 되고 도가 사람에게 있음에 이것이 삼진三眞이 되니 그 근본을 말하면 하나가 될 뿐이다…스스로 홍행촌수紅杏村叟라고 부르며 마침내 행촌삼서杏村三書를 지어 집에 간직하였다."[26] 행촌삼서란 단군세기, 태백진훈太白眞訓, 농상집요農桑輯要를 일컫는 것으로 〈태소암본〉이란 바로 이 행촌삼서 안에 있는 것이다. 「태백일사」에는 〈태소암본〉의 『삼일신고』 원문이 실려 있다.

『삼일신고』의 핵심은 그 제목이 말하여 주듯, 천·지·인 삼신일체三神一體에 기초한 삼일三一사상이다. 발해국 시조 대조영의 「어제삼일신고 찬(御製三一神誥 贊)」에는 회삼귀일會三歸一을 뜻하는 삼즉일三卽一의 원리를 반망귀진返妄歸眞, 즉 망령됨을 돌이켜 참됨으로 돌아가는 것이라고 하고 있다. 이는 곧 『삼일신고』 본문 속의 반망즉진返妄卽眞과 상통하는 것이다. 따라서 '삼일신고'란 망령됨을 돌이켜 참됨으로 돌아가게 하는 신명神明한 말씀이라는 뜻이다. 박제상朴堤上은 『부도지符都誌』에서 "미혹함이 심대하여 성상性相이 변이한 고로…그러나 스스로 힘써 닦아 미혹함을 깨끗이 씻어 남김이

---

26 『桓檀古記』「太白逸史」高麗國本紀: "杏村先生 嘗遊於天寶山 夜宿太素庵 有一居士曰素佺 多藏奇古之書 乃與李茗范樟 同得神書皆古桓檀傳授之眞訣也…先生曰道在天也 是爲三神 道在人也 是爲三眞 言其本則 爲一而已…自號爲紅杏村叟 遂著杏村三書 藏于家."

없으면 자연히 복본復本할 것이니…"²⁷라고 했다. 이러한 복본 사상은 고구려의 다물多勿과도 관계가 있는 것으로 이화세계, 홍익인간으로의 복귀를 나타낸다. 지유地乳를 마시며 사는 인간이 만든 최초의 낙원국가, 고대 한민족의 발상지인 파미르고원 마고성麻姑城으로의 복귀를 나타낸 것이다. 느낌을 그치고(止感) 호흡을 고르며(調息) 부딪침을 금하여(禁觸) 오직 한 뜻으로 이 우주가 '한생명'이라는 삼일의 진리를 닦아 나가면, 삼진(三眞: 眞性·眞命·眞精) 즉 근본지根本智로 돌아가 일신(唯一神, '하나'님)과 하나가 될 수 있는 것이다. 이는 삼신일체·삼진귀일三眞歸一로서 성통광명·재세이화·홍익인간의 원리가 구현됨을 뜻한다.

---

27 『符都誌』, 第7章 : "諸人之惑量 甚大 性相變異故…然 自勉修證 淸濟惑量而無餘則自然復本…."

제2장 삼일신고의 요체

『삼일신고(敎化經)』는 한마디로 삼일三一사상을 본령으로 삼고 삼신三神 조화造化의 본원과 세계 인물의 교화를 상세하게 논한 것이다. 『천부경』 81자가 담고 있는 의미는 『삼일신고』 366자에서 더욱 명료하게 드러난다. 삼일사상이란 집일함삼執一含三과 회삼귀일會三歸一[28]을 뜻하는데 이는 곧 일즉삼一卽三・삼즉일三卽一을 말하는 것으로 우주만물(三)이 '하나(一)'라는 사상을 기초로 하고 있다. '하나(一)'는 곧 하늘(天)이며 삼(三)은 사람과 우주만물(人物)을 나타내는 기본수이기도 하므로 삼일사상은 인내천人乃天 사상[29]과 상통한다. 소도경전본훈에서는 『삼일신고』의 다섯 가지 큰 지결旨訣이 천부天符에 근본을 두고 있으며, 『삼일신고』의 궁극적인 뜻이 천부중일天符中一의 이상에서 벗어나지 않음을 밝히고 있다.[30] 여기서 '천부중일'의 '중일'이란 『천부경』 하경下經에 나오는 '인중천지일人中天地一'을 축약한 것이다. 이는 『삼일신고』가 삼즉일의 이치를 드러낸 『천부경』 하경下經편을 중점적으로 다루고 있음을 보여 주는 것으로, 백성들을 교화하기 위한 교화경으로서의 위상을 말해 주는 것이다.

---

28 『桓檀古記』「太白逸史」蘇塗經典本訓. 執一含三과 會三歸一이란 '하나를 잡아 셋을 포함하고 셋이 모여 하나로 돌아감'이란 뜻이다.

29 '人乃天'의 '人'은 사람(人) 또는 사람과 우주만물(人物), 어느 것으로 보아도 무방하다. 사람이 만물의 영장인 까닭에 천부경에서도 인물의 본체가 세 번째로 생겨나는 것을 '人物一三'이라고 하지 않고 그냥 '人一三'이라고 했다.

30 『桓檀古記』「太白逸史」蘇塗經典本訓.

설명의 편의상 『삼일신고』를 행촌 이암의 분류방식대로 5장으로 나누되 제1장의 제목을 '허공虛空'이라고 한 태백일사와는 달리, '하늘(天)'이라고 하였다. 제1장 「하늘(天)」에서는 하늘이란 것이 단순히 육안으로 보이는 그런 유형적인 것이 아님을 밝히고 있다. 하늘을 공경하는 경천의 도道는 허공을 향하여 상제를 공경하는 것이 아니라 참본성 즉 내재적 본성인 신성을 경배하고 따르는 것이다. 참본성이란 우주만물에 편재遍在해 있는 생명의 본체인 '하나(一)'(하늘님, 唯一神, 一心)를 일컫는 것으로 그 '하나(一)'의 본질을 근원성·포괄성·보편성·무규정성·무한성으로 나타내고 있다. 따라서 하늘(天)과 성性과 신神은 별개가 아니다. 시작도 끝도 없는 영원한 '하나(一)'의 본질을 다양하게 명명한 것일 뿐이다. 하늘의 실체를 알지 못하고서는 참본성을 자각할 수 없으므로 경천의 도를 바르게 실천할 수 없고 따라서 인간의 자기실현은 불가능하게 된다. 하늘에 대한 가르침을 『삼일신고』 첫머리에 둔 것은 이 때문이다.

제1장 「하늘」이 근원적 일자一者인 '하나(一)'의 본질을 밝힌 것이라면, 제2장 「일신一神」은 '하나(一)'의 무한한 창조성을 밝히고 그 '하나(一)'에 이르는 길을 제시한다. '천天'과 '신神'이 둘이 아니므로 「하늘」과 「일신」이 별개의 장이라고 볼 수는 없다. 「일신」 편은 천·지·인 삼신三神 '하나'님이 시작도 끝도 없는 근본자리에 계시어 큰 덕과 큰 지혜와 큰 힘으로 하늘을 내시고, 무한한 우주를 주재하며, 만물을 창조한 것으로 나와 있다. 신은 만유의 중심에 내려와 있는 신성인 동시에 만유를 화생化生시키는 지기(至氣, 混元一氣)로서 유일신이요 하늘이며 참본성이다. 소리 내어 기운을 다하여 원하고 기도한다고 해서 '하나'님[31]을 친견할 수 있는 것이 아니라

---

31 '하나'님이라고 따옴표를 붙인 것은 우주섭리의 의인화로 인한 본질 왜곡에서 벗

고 한 것은, 자성(本性)에 대한 직관적 지각을 통해서만이 내재적 본성인 신성이 발현될 수 있다는 의미이다. '하나'님은 인간의 중심에 내려와 계시니 일신강충一神降衷이요, 인간의 중심에 내려와 계신 '하나'님의 진성眞性을 통하면 태양과도 같이 광명하게 되니 성통광명性通光明이다. 이는 곧 사람이 하늘임을 알게 되는 것으로, 성통性通은 재세이화・홍익인간의 구현이라는 공완功完을 이루기 위한 전제조건인 동시에 인간의 자기실현을 위한 필수조건이다. 다시 말해서 성통이 개인적 수신에 관한 것이라면, 공완은 사회적 삶에 관한 것으로 이 둘은 동전의 양면과 같은 것이다. 따라서 '하나'님은 우리와 무관한 초월적 존재도, 참본성을 떠난 그 어디에 따로이 존재하는 것도 아니다. 내재적인 동시에 초월적이며, 개체적인 동시에 전체적이며, 우주의 본원인 동시에 현상 그 자체인 천・지・인 혼원일기混元一氣인 것이다. 정성을 다하여 자신에게 주어진 의무를 성실하게 수행하는 것이 만유의 근원으로서 만유 속에 내재해 있는 '하나'님을 경배하는 것이다.

제3장 「천궁天宮」에서는 하늘을 신국神國이라고 하고 이 신국의 천궁에 일신(唯一神, '하나'님)이 거(居)하는 것으로 나온다. 우주만물은 지기至氣인 '일신'의 화현이므로 우주만물과 일신은 둘이 아니며 따라서 천궁은 우주만물의 중심에 존재한다. 그것은 태양과도 같이 광명한 마음의 근본자리를 가리키는 것이다. 오직 참본성이 열리

어나 우주의 실체를 직시하게 하기 위한 것이다. '하나(一)'는 하늘(天)・天主(하느님, 하나님, 創造主, 絶對者, 造物者, 唯一神, Allah, 一神, 天神, 한울, 한얼)・道・佛・太極(無極)・브라흐마(Brāhma: 梵, 創造神/Atman)・우주의식[전체의식, 보편의식, 순수의식, 근원의식(一心)]・우주의 창조적 에너지(至氣, 混元一氣)・진리[실체, 眞如(suchness), 불멸] 등으로 다양하게 명명되고 있는 근원적 一者 또는 궁극적 실재로서의 우주의 본원을 일컫는 것이고, 바로 이 우주의 본원인 混元一氣에서 우주만물이 나오니 하도 신령스러워 '님' 자를 붙여 '하나'님이 된 것이다.

고 공덕을 완수한 자만이, 다시 말해서 성통공완을 이룬 자만이 천궁에 나아가 영원히 쾌락을 얻게 되는 것이다. 마음을 밝히고 세상을 밝혀서 재세이화在世理化·홍익인간弘益人間의 이념을 자각적으로 실천한 사람만이 '하나'님과 하나가 될 수 있고 지상천궁地上天宮을 세울 수 있다는 말이다. 참본성이 열린다는 것은 내재적 본성인 신성에 대한 주체적 자각이 이루어짐으로써 사람의 몸이 곧 '하나'님이 계시는 신국임을 깨달아 '시천주(侍天主, '하나'님을 모심)'의 자각적 주체가 되는 것을 의미한다. 한마디로 사람이 곧 하늘인 것이다.

제4장 「세계世界」에서는 천지창조와 은하계의 생성과 별의 진화, 그리고 태양계의 운행과 지구의 형성 과정에 대하여 말해 준다. 천지창조와 더불어 우주만물이 화생化生하는 시작도 끝도 없는 전 과정 자체가 한 이치 기운(一神)의 조화 작용이다. '하나'님이 해 세계, 즉 태양계(Solar System)를 맡은 사자에게 칙명을 내려 칠백 세계를 거느리게 했다는 것은 곧 태양계의 운행을 나타낸 것이다. 여기서 칠백 세계의 '700'은 태양계를 구성하고 있는 태양과 현재까지 공식적으로 행성으로서의 지위가 부여된 8개의 행성과 205개의 위성(2021년 9월 현재), 그리고 새롭게 발견되었거나 또는 발견을 기다리고 있는 다른 행성들 및 위성들과 거대 소행성을 포함한 숫자인 것으로 짐작된다. 다른 한편으로는 우리 태양계에서 지구 인류와 유사한 지성체(知性體)가 살고 있는 별의 숫자인 것으로 생각해 볼 수도 있다. 지구 중심의 불덩어리가 진동하여 솟구쳐서 지진地震이나 화산 폭발이 일어나며, 또한 맨틀 대류[mantle convection(對流)]에 의해 지구 표면에 떠 있는 판板 대륙이 상호 이동하는, 이른바 판구조론(板構造論, Plate Tectonics)으로 설명되는 이러한 과정에서 바다로 변하고 육지가 되는 지각변동이 있게 되는 것이다. "'하나'님이 기운을 불어 넣어…온갖 것들이 번식하게 되었다"는 것은 혼원일기混元一氣인

'하나'님의 조화 작용으로 만물이 화생하는 과정을 의인화하여 나타낸 것이다.

끝으로, 제5장「인물人物」에서는 사람과 만물이 다 같이 근원적 일자一者인 '하나(一)'에서 나왔으며, 그 하나의 진성을 셋으로 표현하여 성性·명命·정精이라고 하였다. 진성(眞性)은 참성품(참본성)을 말하는 것으로 선함도 악함도 없으니 으뜸 밝은이(上哲)로서 막힘이 없이 두루 통하고, 진명眞命은 참목숨을 말하는 것으로 맑음도 흐림도 없으니 중간 밝은이(中哲)로서 미혹함이 없이 잘 알며, 진정眞精은 참정기를 말하는 것으로 두터움도 엷음도 없으니 아래 밝은이(下哲)로서 잘 보전하나니, 선악과 청탁淸濁과 후박厚薄이 구분되기 이전의 삼진三眞, 즉 근본지根本智로 돌아가면 일신과 하나가 될 수 있다는 것이다. 사람이 처지에 미혹하여 성·명·정 삼진三眞을 지키지 못하고 삼망三妄, 즉 심心·기氣·신身이 뿌리를 내리는 것에 대해 설명하고, 또한 삼진三眞과 삼망三妄이 서로 맞서 세 갈래 길(三途), 즉 감감·식息·촉觸을 짓고 이 세 가지가 굴러 열여덟 가지 경계를 이루는 것에 대해 설명하고 있다. 느낌을 그치고(止感), 호흡을 고르며(調息), 부딪침을 금하여(禁觸) 오직 한 뜻으로 나아가 망령됨을 돌이켜 참됨에 이르고 마침내 무위이화無爲而化의 덕과 그 기운과 하나가 되니, 이것이 바로 참본성을 통하고 공덕을 완수함(性通功完)이다.

『삼일신고』의 핵심 원리인 삼일三一 원리의 실천성은 바로 이 성통공완에 함축되어 있다. 말하자면 성통광명은 재세이화·홍익인간의 구현을 위한 전제조건인 동시에 인간의 자기 실현을 위한 필수조건이다. 16세기 명나라 역사학자 왕세정(王世貞, 王弇洲)의『속완위여편續宛委餘編』에 단군과 그의 치적 그리고 가르침에 관한 기록이 있음을 이시영의『감시만어感時漫語』에서도 밝히고 있거니와,[32] 삼일 원리를 기초로 한 우리 국조의 이러한 가르침을 부여에서는 대천교代天敎, 신라에서는 숭천교崇天敎, 고구려에서는 경천교敬天敎, 고려에서는 왕검교王儉敎라 하여 숭배한 것은, 이 우주가 '한생명'이라는 삼일의 진리를 일념으로 닦아 나가면 성통광명이 이루어져 재세이화·홍익인간의 지상천국이 구현될 수 있는 까닭이다. 다시 말해서 천부경, 삼일신고, 참전계경을 관통하는 천·지·인 삼신일체三神一體의 천도天道를 닦아 나가면 성통공완을 이룰 수 있기 때문이다.

---

[32] 李始榮, 『感始漫語』(서울: 일조각, 1983), 21-22쪽 : "동방의 단군님은 특출한 분으로 신성한 가르침을 펴서 백성을 온후하고도 근면하게 하여 당당하고 강력한 민족이 되게 하였으며, 단군의 이 가르침을 부여에서는 代天敎, 신라에서는 崇天敎, 고구려에서는 敬天敎, 고려에서는 王儉敎라 하였는데 이들 모두가 三神을 제사 지내는 것이며 해마다 10월이면 하늘에 경배하였다. 단군의 개천 건국일은 10월 3일이다"

제3장 삼일신고의 구조

『삼일신고』 구본舊本에선 장을 나누지 않았는데 고려 말기 행촌 이암이 5장으로 나누었으며, 필자는 태백일사太白逸史에 수록된 이암의 분류 방식을 따르기로 한다. 다만 제1장의 제목을 태백일사에서는 '허공虛空'이라고 하였으나, 필자는 '하늘天'이라고 하였다.[33] 따라서 하늘(天), 일신一神, 천궁天宮, 세계世界, 인물人物의 5장으로 나누어 살펴보기로 한다. 전체 5장 중 1장 「하늘」과 2장 「일신」은 천부경의 상경 「천리天理」에 해당하는 것으로 천부경의 '하나(一)'가 삼일신고에서는 '하늘'·'일신'으로 명명되고 있다. 4장 「세계」는 천부경의 중경 「지전地轉」에 해당하는 것이며, 5장 「인물」은 천부경의 하경 「인물」에 해당하는 것이다. 그리고 3장 「천궁」은 일신(唯一神, '하나'님)이 거居하는 곳으로, 오직 마음을 밝히고 세상을 밝힘으로써 성통공완性通功完을 이룬 사람만이 갈 수 있는 곳이라고 하여 천부중일天符中一의 실천적 의미와 그 효과를 밝히고 있다. 이는 천지인天地人을 이룬 사람이 곧 하늘이요 일신임을 명징하게 보여 주는 것으로, 우주만물의 중심에 존재하는 「천궁」을 다섯 장의 중앙에

---

33 제1장은 '하늘(天)'의 본질에 대한 가르침으로, 하늘이란 것이 단순히 육안으로 보이는 푸른 창공이나 까마득한 허공이 아니라 참본성임을 설하고 있다는 점에서 '하늘'이란 제목이 적절하다고 본다. 하늘의 실체를 알지 못하고서는 참본성을 자각할 수 없으므로 하늘을 공경하는 敬天의 道를 바르게 실천할 수 없고 따라서 인간의 자기실현은 불가능해지는 까닭에 『삼일신고』에서는 '하늘'에 대한 가르침을 그 첫머리에 두고 있는 것이다.

둠으로써 논리 구조적 명료성과 더불어 삼일三一 원리의 실천적 측면을 그만큼 강조한 것이라 하겠다.

1. 「하늘(天)」

帝曰爾五加衆 蒼蒼非天 玄玄非天 天無形質 無端倪
無上下四方 虛虛空空 無不在 無不容

2. 「일신一神」

神在無上一位 有大德大慧大力 生天 主無數世界
造兟兟物 纖塵無漏 昭昭靈靈 不敢名量 聲氣願禱
絶親見 自性求子 降在爾腦

3. 「천궁天宮」

天神國 有天宮 階萬善 門萬德 一神攸居 群靈諸哲護侍
大吉祥大光明處 惟性通功完者 朝永得快樂

4. 「세계世界」

爾觀三列星辰 數無盡 大小明暗苦樂 不同 一神造群世界
神勅日世界使者 牽七百世界
爾地自大 一丸世界 中火震盪 海幻陸遷 乃成見象
神呵氣包底 煦日色熱 行翥化游栽物 繁殖

5. 「인물人物」

人物 同受三眞 曰性命精 人全之 物偏之
眞性 無善惡 上哲通 眞命 無淸濁 中哲知

眞精 無厚薄 下哲保 返眞一神

惟衆迷地 三妄着根 曰心氣身 心依性

有善惡 善福惡禍 氣依命 有淸濁

淸壽濁夭 身依精 有厚薄 厚貴薄賤

眞妄對作三途 曰感息觸 轉成十八境

感 喜懼哀怒貪厭 息 芬䜌寒熱震濕

觸 聲色臭味淫抵

衆 善惡淸濁厚薄相雜 從境途任走

墮生長肖病歿苦 哲 止感調息禁觸

一意化行 改妄卽眞 發大神機 性通功完 是

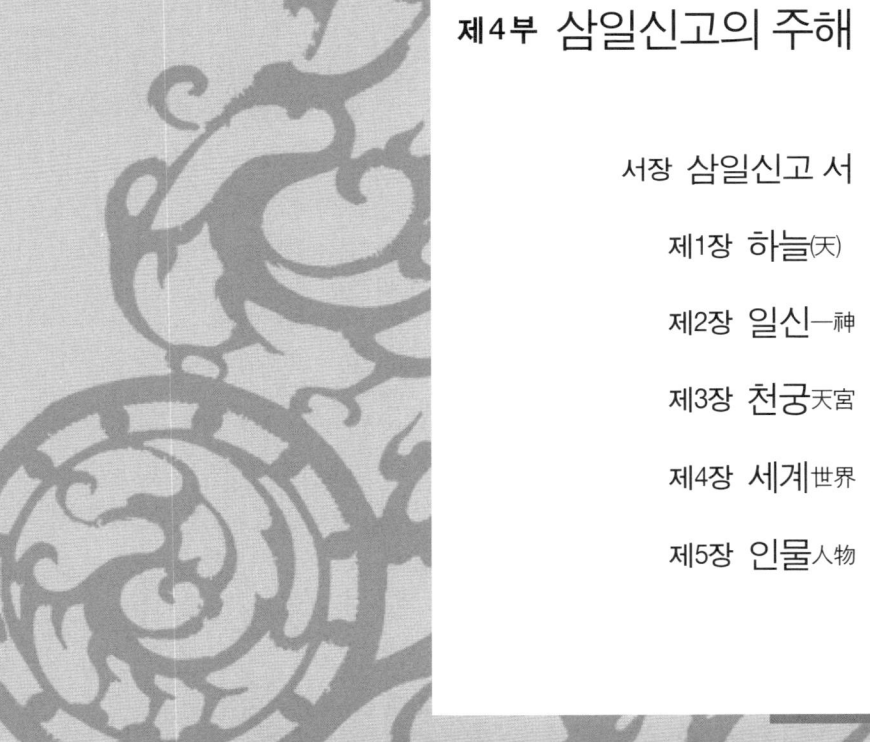

제4부 삼일신고의 주해

서장 삼일신고 서

제1장 하늘(天)

제2장 일신一神

제3장 천궁天宮

제4장 세계世界

제5장 인물人物

발해 반안군왕盤安郡王 대야발大野勃

삼일신고三一神誥 서序

臣竊伏聞 群機有象 眞宰無形 藉其無而陶鈞亭毒 曰天神
신 절 복 문 군 기 유 상 진 재 무 형 자 기 무 이 도 균 정 독 왈 천 신

假其有而生歿樂苦 曰人物
가 기 유 이 생 몰 락 고 왈 인 물

厥初神錫之性 元無眞妄 自是人受之品 乃有粹駁
궐 초 신 석 지 성 원 무 진 망 자 시 인 수 지 품 내 유 수 박

譬如百川所涵 孤月同印 一雨所潤万卉-殊芳
비 여 백 천 소 함 고 월 동 인 일 우 소 윤 만 훼-수 방

嗟嗟有衆 漸紛邪愚 竟昧仁智 膏火 相煎於世爐
차 차 유 중 점 분 사 우 경 매 인 지 고 화 상 전 어 세 로

腥塵交蔽於心竇 因之以方榮方枯 旋起旋滅
성 진 교 폐 어 심 두 인 지 이 방 영 방 고 선 기 선 멸

翻同帶晞之羣蜉 未免赴燭之屑蛾 不啻孺子之井淪
번 동 대 희 지 군 부 미 면 부 촉 지 자 아 불 시 유 자 지 정 륜

寧忍慈父之岸視 茲蓋大德大慧大力
영 인 자 부 지 안 시 자 개 대 덕 대 혜 대 력

天祖之所以化身降世 所以開敎建極也
천 조 지 소 이 화 신 강 세 소 이 개 교 건 극 야

若三一神誥者 洵神府寶藏之最上腦珠 化衆成哲之無二眞經
약 삼 일 신 고 자 순 신 부 보 장 지 최 상 뇌 주 화 중 성 철 지 무 이 진 경

精微邃玄之旨 靈明炳煥之篇 有非肉眼凡衆之所可窺測者也
정미수현지지 영명병환지편 유비육안범중지소가규측자야

惟我 聖上基下 素以天縱之姿 克紹 神界之統 旣奠金甌
유아 성상기하 소이천종지자 극소 신비지통 기전금구

迺垂黃裳 爰捧天訓之瓊笈 載緝
내수황상 원봉천훈지경급 재즙

宸翰之寶贊 五彩-騰於雲潢 七曜-麗於紫極
신한지보찬 오채-등어운황 칠요-리어자극

于時四海-波晏 万邦民寧 於戲韙哉
우시사해-파안 만방민녕 오호위재

臣猥以末學 叨承 聖勅 才有限而道無窮 心欲言而口不逮
신외이말학 도승 성칙 재유한이도무궁 심욕언이구불체

縱有所述 無異乎塵培喬嶽 露霑巨浸也
종유소술 무이호진배교악 노점거침야

天統 十七年 三月 三日 盤安郡王 臣 野勃 奉勅謹序
천통 십칠년 삼월 삼일 반안군왕 신 야발 봉칙근서

* 神=䰠, 腦=𠕃, 哲=嚞, 靈=𤫊; 오른쪽이 古代 글자

* 출전: 『三一哲學譯解倧經合編』「三一神誥 序」

「삼일신고三一神誥─神誥 서序」

해제解題

　　신이 그윽히 엎디어 들건대 뭇 작용은 형상이 있되 그 작용의 본체인 진정한 주재자는 형상이 없다 하였으니, 아무 것도 없는 데서 도균(陶鈞, 轆轤)이 도자기를 만들어내듯 만물을 생육生育하시는 이가 곧 '하나'님이요, 형상을 빌어 나고 죽고 즐기고 괴로워하는 것들이 바로 사람과 만물이라. 처음에 '하나'님이 주신 성품은 본디 참됨과 망령됨이 없었건만(根本智) 사람이 그것을 받은 뒤로부터 순수함과 순수하지 못함이 생겨났으니(分別智), 비유컨대 백 갈래 냇물에 외로운 달 하나가 똑같이 비치고 같은 비에 젖건마는 만 가지 풀이 다 달리 피어남과 같음이라.

　　애닯다! 뭇 사람들은 갈수록 사특하고 어리석어져 마침내 어짊과 지혜로움에는 어둡게 되어 마음속 이글거리는 불길이 세상이라는 화로에 서로를 지지고(煎), 서로 다투는 허망한 생각의 먼지가 본성의 문을 가리고 말았도다. 그로 말미암아 성盛하다가는 쇠衰하고 일어났다가는 멸滅하는 것이 마치 아침 햇살 아래 노는 뭇 하루살이와도 같고 밤 촛불에 날아드는 가엾은 부나비 신세를 면치 못하거니, 이는 어린 아들이 우물에 빠지는 것에 비길 바 아니거늘 어찌 인자하신 아버지가 참고 바라만 보고 있을 것이랴. 이것이 무릇 큰 덕과 큰 지혜와 큰 힘을 지닌 '하나'님이 사람 몸으로 화하여 세상에 내려오신 까닭이며, 또 교화를 펴고 나라를 세우신 까닭이라.

이『삼일신고』는 진실로 마음속 깊이 보배로이 간직할 최상의 참 이치요, 뭇 사람들을 밝은이가 되게 하는 둘도 없는 참 경전이니, 정밀하고 심오하며 현묘한 뜻과 신령스럽고 밝으며 환히 빛나는 글을 범인의 육안으로는 알 수 있는 것이 아닐지라.
　우리 임금께서는 본디 하늘이 내신 이로서 '하나'님이 내려 주신 천통을 이어 나라 터전을 정하시고 군왕의 예복을 입으시고서 하늘의 가르침이 적힌 보배로운 책궤를 받들어 친히 보배로운 찬문을 엮으시니, 다섯 채색이 은하수에 나부끼고 북두칠성이 북극성에 둘리는데 이 때에 사해의 물결이 잔잔하고 만방의 백성들이 편안해지니, 오호라 지극한 이치의 나타남이로다.

　신이 외람되이 모자라는 학식으로 감히 임금님의 명을 받드오니 재주는 한계가 있되 도는 무궁하여 마음으론 말을 하려하나 입으론 미치지 못하오며, 비록 이 글을 짓기는 하였으되 높은 산에 티끌을 더하고 거대한 못에 이슬을 더하는 것과 다름이 없나이다.

　천통 17년 3월 3일 반안군왕 신 야발은 임금님의 명을 받들어 삼가 서문을 적나이다.

삼일신고

제1장 하늘(天)

帝曰爾五加衆　蒼蒼非天　玄玄非天
제 왈 이 오 가 중　창 창 비 천　현 현 비 천

天無形質　無端倪　無上下四方
천 무 형 질　무 단 예　무 상 하 사 방

虛虛空空　無不在　無不容
허 허 공 공　무 부 재　무 불 용

번역　천제께서 말씀하시길, 너희 오가五加 무리들아. 푸르고 푸른 것이 하늘天이 아니며, 검고 검은 것이 하늘이 아니다. 하늘은 형상도 바탕도 없고, 시작도 끝도 없으며, 위 아래 사방도 없어 텅 비어 있으나 있지 않은 곳이 없고 포용하지 않는 것이 없다.

해설　천제, 즉 신시神市 환웅천황桓雄天皇께서 오가五加에게 하늘에 대한 가르침을 설하는 내용이다. 푸르고 푸른 것이 하늘이 아니며 검고 검은 것이 하늘이 아니라고 한 것은 단순히 육안으로 보이는 낮의 푸른 창공이나 밤의 까마득한 허공이 진정한 하늘은 아니라는 말이다. 하늘의 실체를 알지 못하고서는 하늘을 공경하는 경천敬天의 도道를 바르게 실천할 수가 없다.「삼경三敬」에서는 "경천은 결단코 허공을 향하여 상제上帝를 공경한다는 것이 아니요, 내 마음을 공경함이 곧 경천의 도를 바르게 아는 길이니,「오심불경吾

心不敬이 즉천지불경卽天地不敬이라」…"³⁴고 하였다. 하늘의 실체를 알지 못한 채 허공만 바라보고 헛되이 사심으로 비는 행위를 두고 하는 말이다. 모든 종교에서 그토록 경계하는 우상숭배란 바로 이 경천의 도를 바르게 알지 못하는 데서 오는 것이다. 우주만물에 대한 차별 없는 사랑과 공경의 원천인 바로 그 하나인 마음(一心)을 공경함이 곧 경천이다.³⁵ 실로 "사람은 경천함으로써 자기의 영생을 알게 될 것이요,…인오동포人吾同胞 물오동포物吾同胞의 전적이체全的理諦를 깨달을 것이요,…남을 위하여 희생하는 마음, 세상을 위하여 의무를 다할 마음이 생길 수 있으므로 경천은 모든 진리의 중추를 파지把持함이니라"³⁶고 한 것이다. 하늘에 대한 공경이야말로 모든 진리의 중추를 틀어쥐는 것인 까닭에 삼일신고에서는 하늘에 대한 가르침을 그 첫머리에 두고 있는 것이다.

하늘은 육안으로 보이는 그런 유형적인 것이 아니다. 형상도 바탕도 없다고 한 것은 하늘의 무규정성을, 시작도 끝도 없다는 것은 하늘의 영원성·근원성을, 위 아래 사방도 없다는 것은 하늘의 무한성을, 있지 않은 곳이 없다는 것은 하늘의 보편성을, 포용하지 않는 것이 없다는 것은 하늘의 포괄성을 일컫는 것이다.³⁷ 여기서

---

34 『天道敎經典』「三敬」, 354-355쪽.

35 cf. '一心爲大乘法'(『大乘起信論疏』, 402쪽). 一心은 일체의 世間法과 出世間法을 다 포괄하는 것인 까닭에 만물이 그 안에 포용되며, 德이란 德은 갖추지 않은 것이 없고, 像이란 像은 나타나지 않는 바가 없다. 그런 까닭에 元曉는 '眞如大海 永絶百非故'(『大乘起信論疏』, 395쪽), 즉 "眞如한 마음의 큰 바다는 영원히 모든 오류를 여의었다"라고 하고 바로 이 眞如한 마음[一心, 하늘]이 모든 행위의 원천이 되는 것으로 보았다.

36 『天道敎經典』「三敬」, 355-356쪽.

37 cf. Ashvaghosha, *The Awakening of Faith*, p.59 : "…suchness is neither that which is existence, nor that which is non-existence, nor that which is at once existence and non-existence, nor that which is not at once existence and non-

'있지 않은 곳이 없다'는 말은 기독교의 '무소부재無所不在'와 일치하는 것이다. 다만 차이점이 있다면 『요한계시록』에서는 하늘에 인격을 부여하여 '하늘'님이 되면서 절대적 권위를 갖는 인격체로서 인간세계를 군림하게 되었다는 것이다. 그러나 인격체가 되면 '하늘'님은 인간화되어 '무소부재'일 수도 없고, 절대·영원일 수도 없다. 이와 같이 우주섭리의 의인화는 물형계에서 살고 있는 우리에게 우주섭리에 대한 이해를 용이하게 해주는 순기능적인 측면이 있는 반면, 사고를 제한시키고, 착각을 증폭시키고, 본질을 왜곡시키고, 결과적으로 우민화愚民化시켜 맹종을 강요하는 것과 다름없는 역기능이 있음을 부인할 수 없다.

『중용中庸』에도 "천명지위성 솔성지위도天命之謂性 率性之謂道", 즉 "하늘이 명한 것이 성性이고 이 성을 따르는 것이 도道이다"라고 나와 있거니와, 하늘을 공경하는 경천의 도道는 허공을 향하여 상제를 공경하는 것이 아니라 참본성(一心, 우주적 본성, 순수의식, 우주의식, 보편의식, 전체의식)을 따르는 것이다. 참본성이란 우주만물에 편재(遍在)해 있는 생명의 본체인 '하나(一)', 즉 유일신(神性, 참나)을 일컫는 것으로 유일신이 곧 하늘이며 참본성이다. 참본성을 떠난 그 어디에 따로이 유일신(天)이 존재하는 것이 아니다. 따라서 유일신은 특정 종교의 신도 아니요 섬겨야 할 대상도 아니며, 바로 우리 자신이고 우주만물 그 자체다. 사람과 우주만물의 참본성은 분리될 수 없는 하나인 까닭에 이름하여 유일신이라 한 것이다. '하늘'님(唯一神)을 경

---

existence." Ashvaghosha(馬鳴)의 말처럼, 大乘(一心, 天)의 本領(essence)은 "존재하는 것도 아니며 존재하지 않는 것도 아니요, 존재와 비존재가 동시에 존재하는 것도 아니며 존재와 비존재가 동시에 존재하지 않는 것도 아니다"; The Bhagavad Gita, 13. 12. : "It is Brahman, beginningless, supreme: beyond what is and beyond what is not."

배하는 것은 곧 참본성을 따르는 것이요 내재적 본성인 신성을 경배하고 따르는 것이다. 이렇게 볼 때 하늘(天)과 성性과 신神은 별개가 아니다. 천부경에서 말하는 시작도 끝도 없는 영원한 '하나(一)'의 본질을 다양하게 명명한 것일 뿐이다. 하늘의 실체를 알지 못하고서는 참본성을 자각할 수 없으므로 경천의 도를 바르게 실천할 수 없고 따라서 인간의 자기실현은 불가능하게 된다. 하늘에 대한 가르침의 소중함이 바로 여기에 있다.

주 해

1) 帝제 : 제帝는 천제, 즉 신시神市 환웅천황桓雄天皇이다.

2) 爾이 : 이인칭 대명사 '너 이(爾, 古字는 甭)'이다.

3) 五加(오가) : 기원전 약 200년까지[38] 우리 고대국가 통치의 중추 역할을 맡았던 유력 부족인 우가牛加, 마가馬加, 구가狗加, 저가猪加, 양가(羊加 또는 鷄加)를 말한다. 환국본기桓國本紀에는 환국의 임금인 환인(桓因 또는 桓仁)은 오가(五加) 중에서 서로 돌아가며 뽑혔고, 만방의 백성들 수만이 모여 환인을 추대하여 환화(桓花 또는 檀樹) 아래 돌무지 위에 앉게 하고 무리를 이루어 환무環舞하면서 그에게 줄지어 경배하였다고 나와 있다. 「단군세기檀君世紀」에 의하면, 전기 왕검조선조前期王儉朝鮮朝에서는 태자太子보다 주로 우가와 계가가 교대로 단제檀帝에 추대된 것으로 나오는데,[39] 이는 전기 왕검조선이 유력

---

38 『桓檀古記』「太白逸史」三韓管境本紀에 "계해년에 단군 高烈加가 제위를 버리고 아사달로 들어가자 진조선이 5가와 더불어 秦始皇 政에게 복종하더니, 끝내 회복하지 못한 채 종말을 맞았다"(癸亥 檀君高烈加 遂棄位 入阿斯達 眞朝鮮與五加從政 終未復而終焉)라고 나와 있는 것으로 보아 五加는 기원 전 약 200년까지 우리 고대국가 통치의 중추 역할을 맡았던 것으로 보인다.

39 5세 단군 鷄加丘乙, 6세 단군 牛加達門, 7세 단군 鷄加翰栗, 10세 단군 牛加魯乙, 12세 단군 牛加阿漢, 13세 단군 牛加屹達, 14세 단군 牛加古弗, 16세 단군 牛加蔚那 등이 있다.

부족인 '오가' 중심의 통치체제였음을 말하여 준다.

    4) 衆중 : 중(衆, 古字는 众)은 '무리 중'이다.

    5) 蒼蒼(창창) : 창창蒼蒼은 푸르고 푸르다는 뜻이다(蒼: 푸를 창).

    6) 玄玄(현현) : 현현玄玄은 검고 검다는 뜻이다(玄 검을 현).

    7) 無形質(무형질) : 여기서 '무(無, 古字는 旡)'는 '있다' '없다'의 상대적 의미가 아닌 절대적 의미이다. 무형질無形質은 형상도 바탕도 없다는 의미로 이는 하늘의 무규정성을 나타낸다 (形 형상형; 質 바탕질).

    8) 無端倪(무단예) : 단예端倪가 시작과 끝이라는 뜻이니, 무단예無端倪는 시작과 끝이 없다는 의미로 이는 곧 하늘의 영원성, 근원성을 나타낸다. '무無'는 절대적 의미로서의 무無이다.

    9) 無上下四方(무상하사방): 상하사방上下四方이 없다는 것은 곧 하늘의 무한계성을 나타낸다.

    10) 虛虛空空(허허공공) : '빌 허虛'와 '빌 공空'이 반복 사용됨으로써 '텅 비어 있다'는 의미를 강조하여 나타내고 있다.

    11) 無不在(무부재) : 부재不在는 '있지 않다'는 뜻이니, 무부재無不在는 이중부정으로서 '있지 않은 곳이 없다'는 의미로 이는 곧 하늘의 보편성을 나타낸다.

    12) 無不容(무불용) : 불용不容은 '포용하지 않다'는 뜻이니, 무불용無不容은 이중부정으로서 '포용하지 않는 것이 없다'는 의미로 이는 곧 하늘의 포괄성을 나타낸다.

삼일신고

제2장 일신一神

神在無上一位 有大德大慧大力 生天
신 재 무 상 일 위 　유 대 덕 대 혜 대 력 　생 천

主無數世界 造甡甡物
주 무 수 세 계 　조 신 신 물

纖塵無漏 昭昭靈靈 不敢名量
섬 진 무 루 　소 소 령 령 　불 감 명 량

聲氣願禱 絶親見 自性求子 降在爾腦
성 기 원 도 　절 친 견 　자 성 구 자 　강 재 이 뇌

번역 삼신 '하나'님(唯一神, 一神)은 위 없는 첫 자리에 계시어 큰 덕과 큰 지혜와 큰 힘으로 하늘을 내시고, 무수한 세계를 주재하며, 만물을 창조하되 작은 티끌 하나도 새는 일이 없고, 밝고도 밝으며 신령스럽고도 신령스러워 감히 이름 지어 헤아릴 수 없도다. 소리 내어 기운을 다하여 원하고 기도한다고 해서 '하나'님을 친견할 수 있는 것이 아니다. 자성(本性)에서 '하나'님의 씨를 구하라. 너희 머릿골에 내려와 계시니라.

해설 '천天'과 '신神'이 둘이 아니므로 제1장 「하늘」과 제2장 「일신」은 별개의 장이라고 볼 수는 없다. 「하늘」편이 근원적 일자一者인 '하나(一)'의 본질을 밝힌 것이라면, 「일신」편은 '하나(一)'의 무한한 창조성을 밝히고 그 '하나(一)'에 이르는 길을 제시한다. 천·

지·인 삼신三神 '하나'님, 즉 유일신은 시작도 끝도 없는 근본자리에 계시어 큰 덕과 큰 지혜와 큰 힘으로 하늘을 내시고(生天), 무한한 우주를 주재하며, 만물을 창조한 것으로 나와 있다. 여기서 생천生天은 천부경의 '천일일天一一'과 같은 의미로 하늘의 본체가 열리는 것을 말한다. 무한한 우주를 주재한다고 한 것은 신(唯一神, 삼신 '하나'님)이 곧 우주섭리 그 자체인 까닭이다. 만물을 창조한다는 것은 천부경의 '천이삼 지이삼 인이삼(天二三 地二三 人二三)'과 같은 의미로 음양 양극간의 역동적인 상호 작용으로 천지 운행이 이루어지고 우주만물이 생성·변화하는 이치를 여기서는 의인화하여 신이 창조한 것으로 나타내고 있다. 그러나 천부경 하경「인물」의 '일묘연만왕만래 용변부동본(一妙衍萬往萬來用變不動本)' 해설에서도 지적한 바와 같이, 우주는 스스로 생성되고 스스로 변화하여 스스로 돌아가는 자기생성적 네트워크 체제로 이루어진 까닭에 창조주와 피조물, 즉 주체-객체 이분법은 성립되지 않는다. 다만 신을 향한 경외심을 가지고 매순간 정성을 다하게 되면 내부의 신성이 발현될 수 있는 까닭에[40] 하나의 방편으로 의인화하여 나타낸 것이다. 신은 만유의 중심에 내려와 있는 신성인 동시에 다함이 없는 기화氣化의 작용으로 만유를 화생化生시키는 지기(至氣, 混元一氣)로서 유일신이요 하늘이며 참본성이다.[41] 이러한 사실을 자각하지 못하고서는 참본

---

40 cf. *The Bhagavad Gita*, 4. 23. : "…and his work is a holy sacrifice. The work of such a man is pure."

41 cf. *The Bhagavad Gita*, 13. 15. : "He is invisible: he cannot be seen. He is far and he is near, he moves and he moves not, he is within all and he is outside all."; *Mandukya Upanishad* in *The Upanishads*, 2. 2. p.78: "Know him as all that is, and all that is not, the end of love-longing beyond understanding, the highest in all beings."

성이 드러날 수 없으므로 인간의 자기실현은 불가능하게 된다. 유일신 '하나'님을 경배하는 것은 곧 만유의 근원인 참본성을 경배하는 것인 까닭에 「마태복음(Matthew)」(22:37)에서는 그토록 간절하게 "네 마음을 다하고 목숨을 다하고 뜻을 다하여 주 너의 하나님을 사랑하라"[42]고 한 것이요, 또한 우주만물이 혼원일기인 '하나'님의 화현인 까닭에 우주 '한생명'의 자각적 실천을 강조하는 뜻에서 "이웃을 네 몸과 같이 사랑하라"[43]고 한 것이다. 만물을 창조하되 작은 티끌 하나도 새는 일이 없다는 것은 신의 완전한 창조 질서를 보여주는 것이다. 말하자면 신의 창조행위는 하지 않음이 없는 '무불위無不爲'의 행위인 것이다. 이러한 신(神性)의 다함이 없는 창조성과 절대 조화의 창조 질서는 참으로 밝고도 밝으며 신령스럽고도 신령스러워 감히 언어로는 표현할 길이 없다고 한 것이다.

　소리 내어 기운을 다하여 원하고 기도한다고 해서 '하나'님을 친견할 수 있는 것이 아니라고 한 것은, 허공을 향하여 무조건 '하나'님께 빈다고 해서 '하나'님을 친견할 수 있는 것이 아니라 자성에 대한 직관적 지각을 통해서만이 친견할 수 있다는 의미이다. 여기서 '하나'님을 친견한다는 것은 곧 내재적 본성인 신성이 발현되는 것을 의미한다. 말하자면 내재적 본성인 신성神性을 깨달을 때 비로소 신은 그 모습을 드러낸다는 말이다. 하늘(天)이 명한 것이 '성性'이니, 본성을 떠난 그 어디에서도 '하나'님을 만날 수 있는 것이 아니라는 말이다. 한마디로 성性이 곧 신神이요 천天이다. 『삼일신고』 첫머리에 「하늘」에 대한 가르침을 둔 것도 하늘의 실체가 육

42　"Matthew" in *Bible*, 22:37 : "Love the Lord your God with all your heart and with all your soul and with all your mind."

43　"Matthew" in *Bible*, 22:39 : "Love your neighbor as yourself."

안으로 보이는 푸른 창공이나 까마득한 허공이 아니라 참본성(神性)임을 직시하게 하기 위한 것이다. 말하자면 참본성이 곧 하늘이요 신神이다.[44] 헛되게 다른 곳에서 '하나'님을 찾으려 하지 말고 바로 그 참본성 속에서 '하나'님의 씨를 구하라는 말이다. 여기서 '성기원도 절친견(聲氣願禱 絶親見)'은 본성에 대한 자각이 없이 허공만 바라보고 헛되이 사심으로 비는 행위에 비추어서 하는 말이다. 그렇게 해서는 '하나'님을 만날 수 없다는 말이다. 이러한 의미는 뒤 구절 '자성구자 강재이뇌(自性求子 降在爾腦)'와 연결시킬 때 분명히 드러난다. '하나'님은 너희 머릿골에 이미 내려와 계시므로 본성에 대한 자각이 없는 기도행위는 아무리 소리 내어 기운을 다하여 한다고 해도 공허한 광야의 외침과도 같이 헛되고 헛되다는 것이다. 그런 까닭에 「마태복음(Matthew)」(7:21)에서는 "나더러 주여 주여 하는 자마다 다 천국에 들어갈 것이 아니요 다만 하늘에 계신 내 아버지의 뜻대로 행하는 자라야 들어가리라"[45]고 한 것이다. 여기서 '아버지'란 우주만물의 근원으로 참본성을 의미한다. '하나'님은 오직 참본성(自性)에 대한 직관적 지각을 통해 닿을 수 있는 영역인 까닭에 "자성에서 씨['하나'님의 씨앗(子)]를 구하라"고 한 것이다. "너희 머릿골에 내려와 계시니라"라고 한 것은, 자성에 대한 지각이 직관의 영역인 우뇌의 작용에 기인하며 우주 순수의식이 우뇌로 연결되어 있음을 말하여 주는 것이다. 그것의 요체는 마음을 비움에 있다. 만유의 중심에 내려와 있는 신성을 자각함으로써, 전체와 분리된 개

---

44 cf. 『涅槃宗要』, 66쪽 : "一心之性唯佛所體 故說是心名爲佛性"

45 "Matthew" in Bible, 7:21 : "Not everyone who says to me, 'Lord, Lord,' will enter the kingdom of heaven, but only he who does the will of my Father who is in heaven."

체라는 생각이 사라짐으로써 저절로 작동하게 되는 것이다. '하나'님은 곧 신성이며 전체의식(우주의식, 순수의식)인 까닭이다. '하나'님은 인간의 중심에 내려와 계시니 일신강충一神降衷이요, 인간의 중심에 내려와 계신 '하나'님의 진성眞性을 통하면 태양과도 같이 광명하게 되니 성통광명이다. 이는 곧 사람이 하늘임을 알게 되는 것이다. 성통性通은 재세이화・홍익인간의 구현이라는 공완功完을 이루기 위한 전제조건인 동시에 인간의 자기실현을 위한 필수조건이다.

따라서 '하나'님은 우리와 무관한 초월적 존재가 아니라 내재적인 동시에 초월적이며, 개체적인 동시에 전체적이며, 우주의 본원인 동시에 현상 그 자체인 천・지・인 혼원일기混元一氣인 것이다. 「만두꺄 우파니샤드(Mandukya Upanishad)」에서 "브라흐마(Brāhma)는 일체 만물이다. 아트만Atman이 곧 브라흐마이다"[46]라고 한 것은 내재와 초월, 개체와 전체, 그리고 현상계와 본체계의 상호 관통을 말하여 주는 것이다. 이렇듯 내재와 초월, 본체와 작용을 상호 관통하는 '하나'님의 특성은 동학의 '내유신령內有神靈'과 '외유기화外有氣化'의 관계에서 명징하게 드러난다. '하나'님이 만유의 본질로서 내재해 있는 동시에 만물화생의 근본 원리로서 작용하고 있다는 것은 내재와 초월, 본체와 작용의 합일을 말하여 주는 것으로 그 체體가 둘이 아니라는 것이다. 말하자면 '하나'님과 인간과 우주만물은 분리시켜 생각할 수 없다는 것이다. 인간의 중심에 내려와 계신

---

46 *Mandukya Upanishad* in *The Upanishads*, p.83 : "Brahman is all and Atman is Brahman." 브라흐마가 우주의 본원인 근원적 일자궁극적 실재를 지칭한 것이라면 아트만은 개별적 존재의 본성(영혼)을 지칭한 것으로, 브라흐마가 곧 아트만이라는 것은 브라흐마 즉 '하나'님이 우리와 무관한 존재가 아니라 초월적인 동시에 내재적이며, 전체적인 동시에 개체적이며, 우주의 본원인 동시에 현상 그 자체임을 말하여 주는 것이다.

'하나'님은 씨앗(子)으로 존재하는 '하나'님으로, 진성眞性이다.「양천주養天主」에서 '하나'님을 양養할 줄 아는 사람이라야 '하나'님을 모실 줄 아는 것[47]이라고 하여 '시천侍天'을 '양천養天'으로 풀이한 것은, 씨앗으로 존재하는 '하나'님을 양해야 한다는 의미이다. 양하지 않으면 '하나'님의 본성이 발현되지 않으니 그렇게 말한 것이다. 마치 비가 대지를 고루 적시지만 만 가지 풀이 각기 다르게 꽃을 피우듯, 우주만물에 '하나'님의 씨앗이 고루 내재해 있지만 그 씨앗을 양하고 양하지 않음에 따라 다르게 나타나는 것이다.『바가바드 기타The Bhagavad Gita』에서는 말한다. "각자에게 주어진 의무를 수행하는 것이 만유의 근원으로서 만유 속에 내재해 있는 '하나'님을 경배하는 것이다. 이렇듯 정성을 다하여 자신의 의무를 수행하는 사람은 완전한 경지에 도달한다."[48] 말하자면 정성을 다하여 자신의 의무를 수행하는 것이 곧 만유의 근원으로서 만유 속에 내재해 있는 유일신 '하나'님을 양하는 길인 것이다. 마음을 밝히고 세상을 밝히는 성통공완의 비밀은 '하나'님을 양하는 데 있다. '하나'님을 양해야 참본성이 열리기 때문이다. '하나'님을 양하는 방법은 허공을 향하여 헛되이 사심으로 비는 것이 아니라 정성을 다하여 자신의 의무를 성실하게 수행하는 것이다. 군자와 소인의 차이는 모두 '하나'님이 씨앗으로 내재해 있는 것은 같으나, 군자는 '하나'님을 양하여 그 본성이 발현된 경우라면, 소인은 양하지 않아 아직 발현되지 않은 경우이다. 이렇듯 사람과 우주만물의 근본이 되는 그 '하나(一)', 즉 '하나'님의 본체는 참본성을 떠난 그 어디에 따로이 존재하는 것

---

47 『天道教經典』「養天主」, 367쪽.

48 The Bhagavad Gita, 18. 46. : "A man attains perfection when his work is worship of God, from whom all things come and who is in all."

이 아니라는 것이다. 『삼일신고』에서도 '자성구자 강재이뇌'라고 하여 자성의 직관적 지각을 강조한 것은 이 때문이다.

만물에 편재遍在해 있는 우주적 본성(神性)과 혼원일기로 이루어진 생명의 유기성 및 상호 관통을 깨닫지 않고서는 영적 일체성(spiritual identity)이 확립될 수 없으며 따라서 우주 '한생명'의 진정한 실천이 나올 수도 없다. 만인이 내재적 본성인 신성에 대한 주체적 자각이 이루어지면 이 세상은 뒤집어진다. 여기서 뒤집어진다는 것은 세상이 제자리를 찾는다는 말이다. 만인이 도성입덕道成立德하여 군자로서 거듭나게 되니, 세상이 뒤집어지는 것인 동시에 제자리를 찾는 것이다. 근대 서구의 정치적 자유주의가 오늘날 한계에 이를 수밖에 없는 것은, 자유·평등·복지 등의 제 이념이 한갓 구호에 머무를 수밖에 없는 것은, 인간 존재의 세 중심축이랄 수 있는 종교와 과학과 인문, 즉 신과 세계와 영혼의 세 영역(天地人 三才)의 통합성을 인식하지 못함으로 해서 물신物神 숭배가 만연하게 된 데 있다. 현대판 물신의 등장은 정신의 자기분열의 표징이다. 바로 이 물신이 우상이다. 스스로의 영적靈的 이미지로서가 아닌, 육적 이미지로서 그려낸 물신이 우상이다. 현재 지구촌은 물신이 무소불위의 권력을 휘두르며 인류의 우상숭배에 힘입어 최고신으로서 군림하고 있다. 종교의 세속화·상업화·기업화 현상, 유일신 논쟁, 창조론과 진화론 논쟁, 유물론과 유심론 논쟁, 신·인간 이원론, 물질만능주의 등은 우리의 참본성인 유일신의 실체를 직시하지 못하는 데서 오는 것이다. 우주만물이 혼원일기인 유일신의 화현化現임을 직시한다면, 그리하여 본체계와 현상계가 둘이 아님을 알게 되면, 주체·객체, 정신·물질, 유심·유물, 신·인간 등 일체의 이분법은 종식될 것이다. 일체 만물은 지기至氣인 유일신에서 나와 다시 유일신으로 돌아간다. 유일신은 특정 종교의 신이 아니라 진리 그 자체이며 '참나'(大我, 一心, 自性)를 일컫는 것이다. 말하자면 내재적 본성인 신성을 일컫는 것이다. 그러나 해가 뜨면 풀잎에 맺힌 이슬방울이 사라지듯, 신과 세계와 영혼 즉 천·지·인 삼재의 통합성을 자각하게 되면 물신은 저절로 그 모습을 감추게 될 것이다. 일신一神에 대한 가르침의 소중함이 바로 여기에 있다.

주해 1) 神(신) : '신(神, 古字는 申)'은 일신一神 또는 유일신唯一神, '하나'님, '하늘'님(하느님)을 말한다. 집일함삼執一含三과 회삼귀일會三歸一을 뜻하는 일즉삼一卽三·삼즉일三卽一의 원리에 입각해서 볼 때 유일신은 곧 천·지·인 삼신三神 '하나'님을 의미한다. 여기서 '하나'님, '하늘'님에 따옴표를 붙인 것은 '달'님, '별'님의 경우와 마찬가지로 '님'자를 붙인 의인화된 표현임을 주지시키기 위한 것이다. '천天'과 '신神'은 둘이 아니며, 천부경의 '하나(一)'와 마찬가지로 모두 근원적 일자一者 또는 궁극적 실재를 가리킨다.

2) 在無上一位(재무상일위) : 무상無上은 위가 없다는 뜻이고 일위一位는 첫 자리(근본자리)라는 뜻이니, 위 없는 첫 자리에 있다는 뜻이다. 이는 근원적 일자一者로서의 유일신의 위상을 나타내는 것이다.

3) 有大德大慧大力(유대덕대혜대력) : 큰 덕과 큰 지혜와 큰 힘이 있다는 뜻이다.

4) 生天(생천) : 생천生天은 '하늘을 낳다' 또는 '만들다'라는 의미이다 (生낳 생, 만들 생). 이는 곧 천부경의 천일일天一一, 즉 하늘의 본체가 첫 번째로 열리는 것과 같은 의미이다.

5) 主無數世界(주무수세계) : 무수한 세계를 주재한다는 뜻으로 이는 곧 무한한 우주를 주재한다는 의미이다.

6) 造甡甡物(조신신물) : 조신신물造甡甡物은 만물을 창조한다는 의

미이다(兟 많을 신). 이는 곧 천부경의 '천이삼 지이삼 인이삼(天二三 地 二三 人二三)'과 같은 뜻이다. 음양 양극 간의 역동적인 상호 작용으로 천지 운행이 이루어지고 우주만물이 생성・변화하는 이치를 여기 서는 의인화하여 신이 창조하는 것으로 나타내고 있다. 그러나 우 주는 스스로 생성되고 스스로 변화하여 스스로 돌아가는 자기생 성적 네트워크체제로 이루어진 까닭에 창조주와 피조물 즉 주체-객체 이분법은 성립되지 않는다. 이에 대해서는 『천부경』 하경 「인 물」의 '일묘연만왕만래 용변부동본(一妙衍萬往萬來 用變不動本)' 해설에 서 이미 지적한 바이다.

7) 纖塵無漏(섬진무루) : '섬진무루'는 작은 티끌 하나도 새는 일이 없다는 뜻으로 신의 완전한 창조 질서를 보여준다(纖 작을 섬; 塵 티끌 진; 漏 샐 루, 빠뜨릴 루).

8) 昭昭靈靈(소소령령) : '밝을 소昭' '신령스러울 령(靈, 古字는 靁)'이 니, 밝고도 밝으며 신령스럽고도 신령스럽다는 뜻이다. 이는 곧 신 의 창조 질서가 절대 조화의 세계를 이루고 있음을 나타낸 것이다.

9) 不敢名量(불감명량) : '명량名量'은 이름 지어 헤아리다는 뜻이 니, 감히 이름 지어 헤아릴 수 없다는 뜻이다. 말하자면 인간의 언 어로는 표현할 길이 없다는 뜻이다(量 헤아릴 량).

10) 聲氣願禱 絶親見(성기원도 절친견) : '소리 성(聲, 古字는 聲)' '기운 기氣' '원할 원願' '빌 도禱'이니, 성기원도聲氣願禱는 소리 내어 기운을 다하여 원하고 기도한다는 뜻이다. 절친견絶親見은 친견할 수 있는 것이 아니라는 뜻이다(絶 끊어질 절). 따라서 성기원도 절친견(聲氣願禱 絶親見)은 소리 내어 기운을 다하여 원하고 기도한다고 해서 '하나' 님을 친견할 수 있는 것이 아니라는 의미이다. 본성에 대한 자각이 없이 허공만 바라보고 헛되이 사심으로 비는 행위에 비추어서 하 는 말이다. 이를 뒤 구절 '자성구자 강재이뇌(自性求子 降在爾腦)'와 연

결시켜 보면 그 의미가 더 분명해진다. 하늘(天)이 명한 것이 '성性'이니, 본성을 떠난 그 어디에서도 '하나'님을 만날 수 있는 것이 아니며, 오직 자성에 대한 직관적 지각을 통해서만이 친견할 수 있다는 뜻이다. 바로 그 참본성 속에서 '하나'님의 씨를 구하라는 말이다.

11) 自性求子 降在爾腦(자성구자 강재이뇌) : 구자求子는 '하나'님의 씨를 구하다는 뜻이니(子 씨 자), 자성구자自性求子는 자성 즉 스스로의 본성에서 '하나'님의 씨를 구하라는 의미이다. 강재이뇌降在爾腦(腦, 古字는 匘)는 너희 머릿골에 내려와 있다는 뜻이다(腦 머릿골 뇌; 降 내릴 강).

삼일신고

제3장 천궁天宮

天神國 有天宮 階萬善 門萬德
천 신 국 유 천 궁 계 만 선 문 만 덕

一神攸居 群靈諸哲護侍
일 신 유 거 군 령 제 철 호 시

大吉祥大光明處 惟性通功完者 朝永得快樂
대 길 상 대 광 명 처 유 성 통 공 완 자 조 영 득 쾌 락

번역 하늘은 삼신 '하나'님(唯一神, 一神)의 나라로 천궁이 있으니, 만선萬善의 계단과 만덕萬德의 문으로 이루어져 있도다. '하나'님이 계신 곳에 뭇 신령과 밝은이들이 호위하여 모시고 있어 크게 길하고 상서로우며 크게 광명한 곳이라. 오직 성통공완을 이룬 자만이 그곳에 나아가 영원히 쾌락을 얻으리라.

해설 「천궁」편에서는 하늘(天)을 신국神國이라고 하고 이 신국의 천궁天宮에 일신一神, 즉 '하나'님이 계시는 것으로 나온다. 이는 인간세계의 구조로 나타낸 것일 뿐, 하늘(神國)과 '하나'님은 둘이 아니다. '하나'님은 만유의 본질로서 내재해 있는 동시에 만물 화생의 근본 원리로서 작용하고 있으므로 사람과 우주만물을 떠난 그 어디에 따로이 존재하는 것이 아니다. 우주만물은 지기至氣인 '일신'의 화현이므로 우주만물과 '일신'은 둘이 아니며 따라서 천궁은 우주만물의 중심에 존재한다. 그것은 태양과도 같이 광명한 마음의

근본자리를 가리키는 것이다. 그런 까닭에 「마태복음(Matthew)」(5:8)에서는 "마음이 청결한 자는 복이 있나니 그들이 하나님을 볼 것"[49] 이라고 하고, 「누가복음(Luke)」(6:20)에서는 "너희 가난한 자는 복이 있나니 하나님의 나라가 너희 것"[50]이라고 한 것이다. 우리들 자신의 깊은 의식이 천궁으로 통하는 문이다. 우주 섭리를 일부터 십까지의 숫자로 사실적으로 풀이한 천부경과는 달리, 여기서는 의인화의 방법을 사용하고 있다. 이는 신(一神, 즉 唯一神)이 하늘(天)과 참본성(性)과 별개가 아니며 모두 '하나(一)'인 혼원일기를 달리 명명한 것임을 나타내기 위한 것으로 보인다. 우주섭리의 의인화 내지 인격화는 일반적으로 난해한 것으로 여겨지는 우주섭리에 사람과 같은 인격을 부여함으로써 이해를 돕기 위한 방편으로 사용된다. 이를테면, '하나'님을 아버지라고 부르는 것과 같은 것이다. '하나'님을 근원적인 일자―者라고 하기보다는 아버지라고 하면 훨씬 수월하게 와 닿기 때문에 의인화의 방편을 사용하는 것이다. 그러면 혹자는 '아버지가 아니란 말인가!'라고 하며 불경스러워할지 모른다. 내용으로 보면 우주만물의 근원이 '하나'님이니, 분명 '하나'님은 예수만이 아니라 우주만물의 아버지임에 틀림없다. 그러나 '아버지'라고 부르는 순간, '하나'님과 '나' 자신이 이원화되고 '나'만의 '하나'님으로 화하여 버린다는 데 문제가 있다. '하나'님은 곧 하나인 마음, 즉 순수의식이다. 우리가 일체의 차별상을 떠나 일심―心의 원천으로 되돌아가면 그 모습을 드러내는 근원적인 일자이다. 따라서 '하나'님은 우리와 분리된 외재적인 존재가 아니라, 근원성·포

---

49 "Matthew" in *Bible*, 5:8 : "Blessed are the pure in heart, for they will see God."
50 "Luke" in *Bible*, 6:20 : "Blessed are you who are poor, for yours is the kingdom of God."

괄성·보편성을 띠는 하나인 마음속에 자리 잡은 내재적이고 초월적인 존재, 즉 우리의 내재적 본성인 신성(神性, 佛性)을 의미한다.[51] 따라서 '나'만의 '하나'님 또는 내 종교만의 '하나'님으로 묶어 두는 것이야말로 불경스러운 것이다. 그렇게 되는 순간, '하나'님이 그토록 경계하는 우상숭배에 빠지게 된다. 우상숭배란 바로 우리의 내재적 본성인 신성을 우리 자신으로부터 분리시켜 외재적 존재로 물화(物化)하여 객체화된 하나의 대상으로 숭배하는 것이다. 천(天)과 천주(天主), 하늘과 '하늘'님(하느님), '하나'(一)와 '하나'님은 본질적으로 아무런 차이가 없다. 이는 마치 달(月)과 '달'님, 해(日)와 '햇'님이 아무런 차이가 없는 것과 같은 이치다. 영적 진화의 단계에 따라 사물에 대한 인식 방법이 달라져야 한다는 것은 자명하다. 유치원생과 대학생의 사물에 대한 인식 방법이 다를 수밖에 없는 것처럼. 유치원생에게는 사물의 근원적인 이치를 바로 이해시키는 것이 불가능하기 때문에 의인화의 방편을 사용하여 사물을 사람처럼 생각하게 함으로써 쉽게 이해할 수 있게 한다. 그러나 대학생에게는 그럴 필요가 없다.

앞서 살펴 본 바와 같이, 하늘은 있지 않은 곳이 없으므로(無不在, 無所不在) 하늘을 신국(神國)이라고 한 것은 신국이 없는 곳이 없다는 말이다. 우주만물이 지기(至氣, 混元一氣)인 '하나'님의 화현인 까닭에 '하나'님이 없는 곳이 없는 것이다. 우주만물이 다 '하나'님의 나라 신국이다. 인간의 몸도 신국이다. 『용담유사(龍潭遺詞)』「교훈가(敎訓歌)」에 "나는 도시 믿지 말고 한울님('하나'님)만 믿었어라. 네 몸에 모셨으니 사근취원(捨近取遠) 하단말가"라고 한 데서 인간의 몸이 바로 '하나'님의 나라 신국임을 명징하게 보여 준다. 제2장 「일신」에

---

51 cf. 『涅槃宗要』, 66쪽 : "一心之性唯佛所體 故說是心名爲佛性"

서 "너희 머릿골(腦)에 내려와 계시니라(降在爾腦)"라고 한 데서도 알 수 있듯이, 인간의 몸이 신국이라면 머릿골은 '하나'님이 계시는 천궁에 해당하는 곳이라 할 수 있다. 인간에게는 하늘의 뜻이 땅에서도 이루어지게 하려는 원초적인 본능이 내재되어 있다. '하나(一)'인 혼원일기에서 천·지·인 셋이 갈라져 나와 다시 '하나(一)'인 혼원일기로 돌아가는 것이니, 이 세 지극한 이치는 분리시켜 생각할 수 없는 것이다. 천시天時와 지리地理 그리고 인사人事의 조응관계에 대해서는 『천부경』에서 이미 살펴본 바이다. 우리 역사상 상고시대의 환국·배달국·단군조선은 지상에서의 신국을 구가했던 국가들이다. 그 신국의 천궁에 해당하는 곳이 바로 중앙아시아의 천산(天山, 波奈留山)이요, 중국 대륙의 태백산太白山이며, 한반도의 백두산이었던 것이다. 환桓 또는 한韓은 전일全一·광명 또는 대大·고高를 의미한다. 이러한 환의 이념은 국가·민족·계급·인종·성·종교 등 일체의 장벽을 초월하여 평등하고 평화로운 이상세계를 창조하는 토대가 될 수 있다. 그런 점에서 환은 홍익인간의 이념을 함축한 것이라 하겠으며, 그 구현자로서의 우리 민족은 스스로를 천손족天孫族이라고 불렀던 것이다. 천궁이 만선萬善의 계단과 만덕萬德의 문으로 이루어져 있다는 것은 온갖 선과 덕이 넘쳐흐르는 지복至福의 하늘 궁전임을 은유적으로 나타낸 것이다. 환언하면, '하나'님이 계시는 천궁에 이르기 위해서는 만선의 계단을 올라야 하고 만덕의 문을 열어야 하니 그만큼 많은 선행을 쌓고 덕을 베풀어야 한다는 의미로 해석될 수 있다. 여기서 계단과 문은 물질 차원의 것이 아니라 의식意識의 계단이요 의식의 문이다. 우리들 자신의 깊은 의식이 바로 천국으로 통하는 계단이요 문인 것이다. 따라서 천국과 지옥은 시공時空 개념이 아니라 인간의 의식 상태를 말하는 것이다. 이 마음 하나가 천국이요 지옥이라는 말이 바로 그것이다.

천국은 걸림이 없는 자유로운 의식의 영역이다. 말하자면 8식 八識[52]의 모든 물결이 다시 기동하지 않는 일심의 원천, 거기가 바로 천국이다. 지옥은 걸림으로 가득 찬 구속의 영역이다. 진여眞如한 마음의 본바탕이 가려지고 무명無明의 바람이 일어 여러 형태의 생멸을 짓게 되는 그 마음, 즉 생멸심生滅心이 지옥이다. '하나'님이 계신 곳에 뭇 신령과 밝은 이들이 호위하여 모시고 있다는 것은 밝고 신령스러운 기운이 감싸고 있음을 은유적으로 나타낸 것이다. 따라서 지극히 길吉하고 상서로우며 광명한 곳이다. 오직 참본성이 열리고 공덕을 완수한 자만이, 다시 말해서 성통공완을 이룬 자만이 '하나'님 궁전에 나아가 영원히 쾌락을 얻게 되는 것이다. 성통공완을 이룬 사람이란 마음을 밝히고 세상을 밝혀서 재세이화 · 홍익인간의 이념을 자각적으로 실천한 사람이다. 그런 사람만이 천궁에 나아가 영원한 쾌락을 얻게 된다는 것은, 천지기운과 조화를 이룬 사람은 '하나'님과 하나가 될 수 있다는 말이다. 이는 곧 이성과 신성의 통합이며, 동귀일체同歸一體요 귀일심원歸一心源이다. 뒤에 나오는 제5장 「인물」에서는 느낌을 그치고(止感), 호흡을 고르며(調息), 부딪침을 금하여(禁觸) 참본성이 열리는 개인적 차원의 성통性通의 바탕 위에 공동체적 차원의 공덕을 완수하는 공완功完을 일러 성통공완이라고 하고 있다. 거기에 이르는 구체적인 방법은 뒤에 나오는 참전계경에서 366사事로써 제시되어 있다. 참본성이 열린다는 것은 내재적 본성인 신성을 주체적으로 자각함으로써 사람의

---

52 불교의 唯識思想에 의하면 인간의 意識은 여덟 단계로 구성되어 있다. 이 八識의 이론 체계를 보면, 우선 眼識, 耳識, 鼻識, 舌識, 身識, 意識이라는 흔히 前6식으로 총칭되는 표면의식이 있고, 이 여섯 가지의 식은 보다 심층의 제7식인 자아의 식, 즉 잠재의식에 의해서 지배되며, 이 잠재의식은 보다 심층의 제8식에 연결되어 있는데 이 제8식이 우리 마음속 깊이 감춰진 모든 심리 활동의 원천이 된다.

몸이 곧 '하나'님이 계시는 신국임을 깨달아 '시천주(侍天主, '하나'님을 모심)'의 자각적 주체가 되는 것을 의미한다. 한마디로 사람이 곧 하늘이다.

따라서 성통공완을 이루기 위해서는 우리의 본신인 하늘을 공경하는 경천敬天의 도를 바르게 실천하지 않으면 안 된다. 하늘을 공경한다는 것은 곧 사람을 공경한다는 것이요, 또한 하늘이 없는 곳이 없이 우주만물에 편재해 있으니(無所不在) 우주만물을 차별 없이 사랑한다는 것이다. 우리 상고사상의 근본정신이 천·지·인 삼재의 융화에 기초한 것은 경천의 도를 바르게 실천함으로써 성통공완을 이루기 위한 것이었다. 고조선의 개조 제1대 단군은 경천숭조敬天崇祖의 보본사상報本思想을 이전의 신시神市시대로부터 이어받아 고유의 현묘지도(玄妙之道, 風流)를 기반으로 하는 조의국선皂衣國仙의 국풍國風을 열었다. 보본이라 함은 '근본에 보답한다'는 뜻으로 효孝와 충忠에 기반된 숭조崇祖 사상은 제천祭天에 기반된 경천(敬天, 敬神)사상과 함께 한국 전통사상의 골간을 형성해 왔다. 이는 우리의 전통사상이 천·지·인 삼재의 융화에 기초하여 하늘과 사람과 만물을 하나로 관통하고 있음을 보여 주는 것이다. 우리의 개국이념인 홍익인간[53]은 널리 인간 세상을 이롭게 하는 것으로 전 인류 사회의 평화와 행복이라는 이상을 담고 있다. 그것은 인간의 존엄성에 기초하여 치자와 피치자, 개인과 국가가 일체가 되어 하늘과 조상을 숭경崇敬하는 천인합일의 보본사상이다. 우리 국조께서 마음을 밝히는 가르침을 근본으로 삼은 것은 정치의 주체인 인간의 마음이 밝아지지 않고서는 밝은 정치가 이루어질 수 없으며 따라서 홍익인간의 이념 또한 실현될 수 없기 때문이다. 마음이 밝

---

53 『三國遺事』紀異 第1 王儉朝鮮條;『帝王韻紀』「前朝鮮紀」初頭.

아진다고 하는 것은 우주만물이 결국 하나임을 알게 됨으로써 더불어 사는 삶을 실천하게 되는 것을 말한다. 우주만물의 개체성은 '하나(一)', 즉 궁극적 실재가 다양한 모습으로 현현한 것으로 우주만물의 생성·변화·소멸은 모두 '하나(一)'의 조화 작용이다. 본래의 천심을 회복하여 우주의 조화 기운과 하나가 되면 천지 운행을 관조할 수 있게 됨으로써 천덕을 몸에 지니게 되어 광명이세의 정치이념을 구현할 수 있게 되는 것이다.

주 해   1) 神國(신국) : 삼신 '하나'님(唯一神)의 나라를 뜻한다.

2) 天宮(천궁) : 만선萬善의 계단과 만덕萬德의 문으로 이루어진, 말하자면 온갖 선과 덕이 넘쳐흐르는 하늘 궁전을 은유적으로 나타낸 것이다. 여기서 계단과 문은 물질 차원의 것이 아니라 의식의 계단이요 의식의 문을 일컫는 것이다.

3) 階萬善(계만선): 계階는 '섬돌, 층계'의 뜻이고 만선萬善은 온갖 선善이란 뜻이니, 온갖 선으로 된 계단 즉 만선의 계단이란 의미이다.

4) 門萬德(문만덕): 만덕萬德은 온갖 덕德이란 뜻이니, 온갖 덕으로 된 문門 즉 만덕의 문이란 의미이다.

5) 一神攸居(일신유거) : 일신一神은 '하나'님(唯一神)이고, 곳 유攸 살 거居이니, '하나'님이 계신 곳이라는 뜻이다.

6) 群靈諸哲護侍(군령제철호시) : 군群(古字는 羣)은 '무리 군'이고 영靈은 '신령 령'이니, 군령群靈은 뭇 신령이란 뜻이다. 제諸는 '모두 제'이고 철哲(古字는 喆)은 '밝을 철'로서 '밝은이'란 뜻이니, 제철諸哲은 '모든 밝은이'라는 뜻이다. 호시(護侍)는 '호위하여 모시다'라는 뜻이다. 따라서 뭇 신령과 밝은이들이 호위하여 모시고 있다는 의미이다. 밝고 신령스러운 기운이 감싸고 있음을 은유적으로 나타낸 것이다.

7) 大吉祥大光明處(대길상대광명처) : 크게 길하고 상서로우며, 크게 광명한 곳이라는 의미이다.

8) 惟性通功完者(유성통공완자) : '오직 성통공완을 이룬 자만이'라는 의미이다(惟 오직 유). 뒤에 나오는 제5장 「인물」에서는 성통性通이 느낌을 그치고(止感), 호흡을 고르며(調息), 부딪침을 금하여(禁觸) 참본성이 열리는 것이라고 하고, 공완功完은 공덕을 완수하다는 뜻으로 개인적 차원의 성통이 이루어진 바탕 위에 공동체적 차원의 공완을 이룰 수 있는 것으로 본다. 말하자면 성통공완은 참본성이 열리어 재세이화·홍익인간의 이념이 구현되는 것을 말한다. 그 구체적인 방법이 366사事로써 제시되어 있다. 이에 대해서는 뒤에 나오는 『참전계경』에서 살펴볼 것이다.

9) 朝永得快樂(조영득쾌락): '하나'님이 계신 천궁에 나아가 '하나'님을 뵙고 영원히 쾌락을 얻는다는 뜻이다(朝 뵐 조).

삼일신고

제4장 세계世界

爾觀森列星辰 數無盡 大小明暗苦樂
이 관 삼 렬 성 신 수 무 진 대 소 명 암 고 락

不同 一神造群世界
부 동 일 신 조 군 세 계

神勅日世界使者 舝七百世界 爾地自大
신 칙 일 세 계 사 자 할 칠 백 세 계 이 지 자 대

一丸世界 中火震盪 海幻陸遷
일 환 세 계 중 화 진 탕 해 환 육 천

乃成見象 神呵氣包底 煦日色熱
내 성 현 상 신 가 기 포 저 후 일 색 열

行翥化游栽物 繁殖
행 저 화 유 재 물 번 식

번역 총총히 널린 저 별들을 보라. 그 수가 다함이 없으며, 크고 작고 밝고 어둡고 괴롭고 즐거움이 같지 않으니라. '하나'님(一神)이 온 누리를 창조하시고, 그중에 해세계(태양계)를 맡은 사자를 시켜 칠백세계를 거느리게 하시니, 너희 땅이 스스로 큰 듯이 보일 것이나 하나의 작은 알(丸)만한 세계니라. 중심의 불덩어리가 진동하여 솟구쳐서 바다로 변하고 육지가 되어 지금의 땅덩이 형상을 갖추게 된 것이라. '하나'님이 기운을 불어넣어 바닥까지 감싸고 햇빛과 열로 따뜻하게 하여 걷고 날고 탈바꿈하고 헤엄치고 심는 온

갖 것들이 번식하게 되었도다.

해설 「세계世界」편은 천지창조와 은하계의 생성과 별의 진화, 그리고 태양계의 운행과 지구의 형성 과정을 단 72자로 간명하게 설한 것이다. 별의 진화(stellar evolution)에 대해서는 별의 탄생부터 초신성(supernova) 폭발까지 현대과학에서 일정 부분 밝혀진 바이다.

다른 생명체와 마찬가지로 우주의 별들 또한 생성과 소멸의 순환 속에 있으며, 태어난 환경이나 조건에 따라 다른 삶을 살게 되는 것이니 고락이 같지 않다고 한 것이다. '하나'님(一神)이 온 누리를 창조한 것은 『천부경』의 '천일일 지일이 인일삼', 즉 "하늘의 본체가 첫 번째로 열리고, 땅의 본체가 두 번째로 열리고, 인물人物의 본체가 세 번째로 생겨나는" 천지창조와 그 의미가 같은 것이다. 이에 대해 「천지이기天地理氣」에서는 명쾌하게 설명하고 있다. "천지, 음양, 일월, 천만물이 화생한 이치가 한 이치 기운의 조화造化 아님이 없다"[54]고 한 것이 그것이다. 여기서 말하는 한 이치 기운(一理氣)이 곧 일신一神이다. '일신'은 시작도 끝도 없는 영원한 '하나(一)', 즉 우주만물의 제1원인[근원적 一者]으로서 무시무종無始無終이며 무소부재無所不在이고, 자본자근自本自根・자생자화自生自化하는 무궁한 이치와 조화 기운 자체를 일컫는 것이다. 천지창조와 더불어 우주만물이 화생하는 시작도 끝도 없는 전 과정 자체가 '일신'의 조화 작용이다. '하나'님이 해세계, 즉 태양계(Solar System)를 맡은 사자에게 칙명을 내려 칠백세계를 거느리게(주관하게) 했다는 것은 곧 태양계의 운행을 나타낸 것이다. 태양계는 태양과 현재까지 공식적으로

---

54 『天道教經典』,「天地理氣」, 246쪽 : "天地 陰陽 日月 於千萬物 化生之理 莫非一理氣 造化也."

행성으로서의 지위가 부여된 8개의 행성과 205개의 위성(2021년 9월 현재), 그리고 소행성, 혜성, 유성 등으로 이루어져 있다. 여기서 칠백세계의 '700'은 수성(水星, Mercury), 금성(金星, Venus), 지구(地球, Earth), 화성(火星, Mars), 목성(木星, Jupiter), 토성(土星, Saturn), 천왕성(天王星, Uranus), 해왕성(海王星, Neptune) 등 태양을 중심으로 돌고 있는 8개의 행성(行星, Planet)과 그중 6개 행성들(지구, 화성, 목성, 토성, 천왕성, 해왕성) 주위를 돌고 있는 205개의 위성,[55] 그리고 새롭게 발견되었거나 또는 발견을 기다리고 있는 다른 행성 및 위성들과 거대 소행성 등을 포함한 숫자인 것으로 짐작된다. 다른 한편으로는 우리 태양계에서 지구 인류와 유사한 지성체(知性體)가 살고 있는 별의 숫자인 것으로 생각해 볼 수도 있다. 소행성은 지름이 1-2km 정도만 되어도 지구에 떨어질 경우 인류에게 치명적인 재앙을 가져올 수 있는데 그 수가 약 천만 개 정도라고 한다. 지구 땅덩이를 알에 비유한 것은 작다는 의미와 더불어 지구의 둥근 형태를 암시한 것이다. 지구는 거대한 태양계에 속하는 작은 한 알의 세계라는 것이다. 태양계 또한 은하계 내에서의 위치는 극히 미미한 수준이니, 지구가 이 우주의 중심이라는 생각은 한갓 망념에 불과한 것이다.

"중심의 불덩어리가 진동하여 솟구쳐서 바다로 변하고 육지가 되어 지금의 지구 형상을 이루게 된 것이고, '하나'님이 기운을 불어 넣어 바닥까지 감싸고 햇빛과 열로 따뜻하게 하여 걷고 날고 탈바꿈하고 헤엄치고 심는 온갖 것들이 번식하게 되었다"라고 한 것

---

55 국제천문연맹(IAU)에 따르면 2021년 9월 현재 태양계 8개 행성에서 발견된 공식적인 위성의 총 개수는 205개(토성 82, 목성 79, 천왕성 27, 해왕성 14, 화성 2, 지구 1, 금성·수성 0)이다. 우주에 대한 관측 기술이 계속 발달하게 되면 새로 발견되는 행성과 위성의 수도 늘어나게 될 것이고 수많은 블랙홀과 중성자별의 충돌 현상도 관측하게 될 것이다.

은 지구의 형성 과정을 말하여 주는 것이다. 지구 중심의 불덩어리가 진동하여 솟구쳐서 지진이나 화산 폭발이 일어나며, 또한 지구 표면에 떠 있는 판대륙板大陸이 상호 이동함으로써 바다로 변하고 육지가 되는 지각변동이 있게 되는 것이다. 맨틀 대류(mantle convection(對流))에 의해 판대륙이 서로 멀어지기도 하고(발산경계) 충돌하기도 하며(수렴경계) 엇갈리기도 하는(변환경계), 이른바 판구조론(板構造論 plate tectonics)[56]으로 설명되는 이러한 과정에서 높은 산맥이나 열도가 형성되기도 하고, 때론 판 자체가 소멸되기도 하는 것이다. 대륙판과 대륙판이 충돌한 예로는 인도판과 유라시아판이 충돌하여 히말라야산맥을 형성한 경우를 들 수 있다. 해양판과 대륙판이

---

[56] 베게너(Alfred Wegener)의 대륙이동설(大陸移動說)과 디이츠(R. Dietz)와 헤스(H. Hess)의 海底擴張說, 그리고 홈즈(Arthur Holmes)의 맨틀대류설을 종합하여 정립한 윌슨(John Tuzo Wilson)과 모건(W. J. Morgan) 등의 '판구조론'에 따르면, 지구의 표층인 암석권(lithosphere)은 그 두께가 약 100km인 6개의 대규모 판(유라시아판, 아프리카판, 아메리카판, 태평양판, 남극판, 인도판 등)과 12개의 소규모 판(필리핀판, 나즈카판, 코코스판, 카리브판 등)으로 나뉘어져 있고, 이들 판들은 그 하부 연약권(軟弱圈, asthenosphere)에서 일어나는 맨틀 대류에 의해 서로 멀어지거나 충돌하기도 하고 엇갈리기도 하면서 발산경계(divergent boundary), 수렴경계(convergent boundary 또는 subduction boundary(攝入境界)), 변환경계(transform boundary 또는 conservative boundary(보존경계))라는 세 가지 유형의 경계를 형성한다. 지진이나 화산폭발, 造山運動, 해구 등의 지각변동은 대부분 판의 경계를 따라 일어나며, 각각 매년 수cm 정도의 속도로 맨틀(mantle) 위를 제각기 이동하면서 끊임없이 지구의 모습을 변화시켜 간다는 것이다. 맨틀은 점성 유체로 상하 온도차에 의한 對流를 하고 있으며, 이것이 에너지가 돼 지각판이 움직인다는 것이다. 인도판과 유라시아판이 충돌하여 형성된 히말라야산맥 꼭대기에 조개껍질 등 바다에서 서식하는 생물의 흔적이 있다고 하는 것은 판구조론의 사실성을 입증하는 것이다. 이러한 판구조론은 대륙과 해양의 기원을 맨틀의 대류현상으로 설명하고 있으나 주로 상부 맨틀의 대류에 대해서만 설명한다. 이에 대해 플룸구조론(plume tectonics)―맨틀 하부에서 지표면으로 향하는 고온의 열기둥(hot plume)과 지표면에서 맨틀 하부로 향하는 저온의 열기둥(cold plume)을 포괄하는 플룸의 운동으로 설명되는―은 암석권과 연약권에 국한된 판 이동의 역학적인 문제를 보다 심층적으로 이해할 수 있게 한다.

충돌한 예로는 나즈카판과 남아메리카판이 충돌하여 페루-칠레 해구와 안데스산맥을 형성한 경우를 들 수 있고, 태평양판과 유라시아판이 충돌하여 일본 해구와 일본 호상열도를 형성한 경우를 들 수 있다. 해양판과 해양판이 충돌한 예로는 태평양판과 필리핀판이 충돌하여 마리아나 해구를 형성한 경우를 들 수 있다. 다음으로 "'하나'님이 기운을 불어 넣어…온갖 것들이 번식하게 되었다"는 것은 혼원일기混元一氣인 '하나'님의 조화 작용을 나타낸것이다. 다시 말해서 한 이치 기운의 조화 작용으로 만물이 화생하는 과정을 의인화시켜 나타낸 것이다. 기운을 불어넣는 '하나'님, 즉 창조주와 기운을 받는 피조물이 따로 있는 것이 아니고 혼원일기인 '하나'님의 화현化現이 곧 우주만물이므로 우주만물과 '하나'님은 둘이 아니다.[57] '하나'님은 만유 속에 만유의 참본성으로 내재해 있기 때문이다.

주 해 1) 爾觀森列星辰(이관삼렬성신) : 삼렬森列은 죽 늘어서 있음을 말하고, 성신星辰은 별을 말함이니, "너희들은 총총히 널린 저 별들을 보라"는 뜻이다(爾 너 이; 觀 볼 관).

2) 數無盡(수무진) : 무진無盡은 다함이 없다는 뜻이니, 수무진數無盡은 '그 수가 다함이 없다'는 뜻이다.

3) 大小明暗苦樂 不同(대소명암고락 부동) : 별들의 크기와 밝기와 고락苦樂이 같지 않다는 말이다. 즉 크고 작고 밝고 어둡고 괴롭고 즐거움이 같지 않다는 의미이다. 별의 구조와 밝기, 크기, 온도 등

---

[57] cf.『東經大全』「論學文」: "吾心卽汝心(내 마음이 곧 네 마음)" 庚申年(1860) 4월 5일 水雲 崔濟愚가 하늘로부터 받은 '吾心卽汝心'의 心法은 하늘마음이 곧 사람마음임을 명징하게 보여준다.

시간적 변화로서의 별의 일생을 의미하는 별의 진화에 대해서는 현대 과학에서 일정 부분 밝혀진 바 있고, 우주의 별들 또한 다른 생명체와 마찬가지로 생성과 소멸의 순환 속에 있으며 태어난 환경이나 조건에 따라 다른 삶을 살게 되는 것이므로 고락이 같지 않다고 한 것이다.

4) 一神造群世界(일신조군세계) : 일신一神은 '하나'님(유일신)이고 지을 조造, 무리 군群, 많을 군이니, '하나'님이 온 누리를 창조하다는 의미이다. 천부경의 '천일일 지일이 인일삼', 즉 하늘의 본체가 첫 번째로 열리고, 땅의 본체가 두 번째로 열리고, 인물人物의 본체가 세 번째로 생겨나는 천지창조와 같은 의미이다. 여기서 '천지창조'라고 한 것은 - 천부경에서 이미 밝힌 바와 같이 - 일반적인 언어 습관에 따른 것일 뿐, 창조하는 주체와 창조되는 피조물이 따로 있는 것이 아니므로 주체-객체 이분법을 상정하는 것은 결코 아니다.

5) 神勅日世界使者(신칙일세계사자) : 일세계사자日世界使者는 해(日)세계의 사자(神官)를 말함이니, '하나'님이 해세계(태양계, Solar System)를 맡은 사자에게 칙명을 내린다는 뜻이다(勅 조서 칙).

6) 舝七百世界(할칠백세계) : '舝'은 '할轄'과 그 뜻이 같으며 '주관하다, 거느리다'의 뜻이 있으니, ('하나'님이 해세계를 맡은 사자를 시켜) 칠백 세계를 거느리게 하다는 뜻으로 이는 곧 태양계의 운행을 나타낸다. 태양계는 태양과 8개의 행성과 205개의 위성(2021년 9월 현재), 그리고 소행성, 혜성, 유성 등으로 이루어져 있다. 2006년 8월 24일 체코 프라하에서 개최된 국제천문연맹(IAU) 총회에서 태양계 행성 목록에 대한 결의안을 놓고 전체 위원들의 투표를 실시한 결과, 일정한 공전궤도를 갖지 못한 명왕성(冥王星 Pluto)을 1930년 처음 발견된 이후 76년 만에 퇴출시킴으로써 태양계 행성수가 9개에서 8개로 줄어들게 됐다. 카론과 케레스, 2003UB313 등 새로 발견된 3

개 소행성 역시 행성의 지위가 부여되지 않았다. 명왕성과 케레스, 2003UB313은 '왜(矮)행성'으로, 카론은 현재처럼 명왕성의 위성으로 정리됐다. 2015년에 발견된 '울프 1061c(태양계에서 14광년 거리)'와 2016년에 발견된 '프록시마 b(태양계에서 4광년 거리)'는 생명체 거주가능 영역(habitable zone, HZ) 또는 '골디락스 존(Goldilocks zone)'으로 알려져 있다. 여기서 칠백세계의 '700'은 태양을 중심으로 돌고 있는 수성, 금성, 지구, 화성, 목성, 토성, 천왕성, 해왕성 8개의 행성(行星, Planet)과 그중 6개 행성들(지구, 화성, 목성, 토성, 천왕성, 해왕성) 주위를 돌고 있는 205개의 위성, 그리고 새롭게 발견되었거나 또는 발견을 기다리고 있는 다른 행성들 및 위성들과 거대 소행성을 포함한 숫자인 것으로 짐작된다. 다른 한편으로는 우리 태양계에서 지구 인류와 유사한 지성체知性體가 살고 있는 별의 숫자인 것으로 생각해 볼 수도 있다. 천문학자이며 갈릴레오 우주선의 행성 탐사 계획에 실험 연구관으로 참여했던 칼 세이건(Carl Edward Sagan)의 말처럼, 실로 이 광활한 우주에 지구에만 생명체가 존재한다는 것은 공간의 낭비일지도 모른다. 실제로 과학자들은 지상 관측과 우주탐사선이 전송한 관측데이터를 토대로 외계 생명체의 필수조건인 태양계의 바다, '오션 월드(ocean world)'를 계속해서 찾아내고 있다. 특히 목성의 위성 유로파와 토성의 위성 엔셀라두스는 지구에서 생명체가 탄생한 심해저深海底와 흡사한 환경이기 때문에 태양계에서 생명체가 존재할 가능성이 가장 큰 곳으로 지목되고 있다.

7) 爾地自大(이지자대) : 너희 땅이 스스로 큰 듯이 보일 것이라는 의미이다.

8) 一丸世界(일환세계) : 하나의 작은 알(丸)만한 세계라는 의미이다(丸 알 환). 지구를 알에 비유한 것은 작다는 의미와 더불어 지구의 둥근 형태를 나타낸 것이다.

9) 中火震盪(중화진탕) : 중화中火는 지구 중심의 불덩어리를 말함이고 지구 중심의 불덩어리가 진동하여 솟구치는 것을 의미한다 (震 흔들릴 진; 盪 움직일 탕).

10) 海幻陸遷(해환육천) : 바다로 변하고 육지가 되는 것을 뜻한다. 모건(W. J. Morgan)의 판구조론(板構造論, Plate Tectonics)에 따르면, 지구 표면에 떠있는 판板대륙이 맨틀 대류(mantle convection, 對流) 에 의해 상호 이동함으로써 지판의 경계부에서 지진이나 화산 폭발, 조산造山 운동 등의 지각 변동이 일어나게 된다고 한다. "중심의 불덩어리가 진동하여 솟구쳐서 바다로 변하고 육지가 되어 지금의 땅덩이 형상을 갖추게 된 것"이라고 한 것은 바로 판구조론에서 말하는 지각 변동의 내용과 일치하는 것으로, 1960년대 말에 와서야 공식화된 판구조론이 지금으로부터 수천 년 전에 이미 인식되고 있었던 셈이다.

11) 乃成見象(내성현상) : 이리하여 지금의 지구 형상을 갖추게 되었다는 것이다(乃 이에 내, '이리하여'; 見 현재 현).

12) 神呵氣包底(신가기포저) : 가기呵氣는 기운을 불어넣는 것이고 포저包底는 바닥을 감싸는 것이니, '하나'님이 기운을 불어넣어 바닥까지 감싸는 것을 의미한다. 여기서 "'하나'님이 기운을 불어넣어…"라고 한 것은 혼원일기(混元一氣, 至氣)인 '하나(一)'에서 우주만물이 비롯되는 것을 의인화된 표현으로 나타낸 것이다.

13) 煦日色熱(후일색열) : 햇빛과 열로 따뜻하게 하다는 뜻이다(煦 따뜻하게 할 후; 色 빛 색).

14) 行翥化游栽物 繁殖(행저화유재물 번식) : 걷고(行) 날고(翥) 탈바꿈하고(化) 헤엄치고(游) 심는(栽) 온갖 것들이 번식하게 되었다는 뜻이다.

삼일신고

제5장 인물人物

人物 同受三眞 曰性命精 人全之 物偏之
인 물　동 수 삼 진　왈 성 명 정　인 전 지　물 편 지

眞性 無善惡 上哲通 眞命無 淸濁 中哲知
진 성　무 선 악　상 철 통　진 명 무　청 탁　중 철 지

眞精 無厚薄 下哲保 返眞一神
진 정　무 후 박　하 철 보　반 진 일 신

惟 衆迷地 三妄着根 曰心氣身 心依性
유　중 미 지　삼 망 착 근　왈 심 기 신　심 의 성

有善惡 善福惡禍 氣依命 有淸濁
유 선 악　선 복 악 화　기 의 명　유 청 탁

淸壽濁夭 身依精 有厚薄 厚貴薄賤
청 수 탁 요　신 의 정　유 후 박　후 귀 박 천

眞妄對作三途 曰感息觸 轉成十八境
진 망 대 작 삼 도　왈 감 식 촉　전 성 십 팔 경

感 喜懼哀怒貪厭 息 芬爛寒熱震濕
감　희 구 애 로 탐 염　식　분 란 한 열 진 습

觸 聲色臭味淫抵
촉　성 색 취 미 음 저

衆 善惡淸濁厚薄相雜 從境途任走
중 선악청탁후박상잡 종경도임주

墮生長肖病歿苦 哲 止感調息禁觸
타생장소병몰고 철 지감조식금촉

一意化行 改妄卽眞 發大神機 性通功完 是
일의화행 개망즉진 발대신기 성통공완 시

번역 사람과 만물(人物)이 다 같이 세 가지 참됨(三眞)을 받으니, 가로대 성품(性)과 목숨(命)과 정기(精)라. 사람은 이 세 가지를 온전하게 받으나 만물은 치우치게 받는다. 참성품(眞性)은 선함도 악함도 없으니 으뜸 밝은이(上哲)로서 두루 통하고, 참목숨(眞命)은 맑음도 흐림도 없으니 중간 밝은이(中哲)로서 잘 알며, 참정기(眞精)는 두터움도 엷음도 없으니 아래 밝은이(下哲)로서 잘 보전하나니, 근본이 되는 삼진三眞으로 돌아가면 삼신 '하나'님과 하나가 된다.

뭇 사람들은 처지에 미혹하여 세 가지 망령됨(三妄)이 뿌리를 내리나니, 가로대 마음(心)과 기운(氣)과 몸(身)이라. 마음은 성품에 의지한 것으로 선악이 있으니 선하면 복이 되고 악하면 화가 되며, 기운은 목숨(命)에 의지한 것으로 청탁淸濁이 있으니 맑으면 오래 살고 흐리면 일찍 죽으며, 몸은 정기精氣에 의지한 것으로 후박厚薄이 있으니 두터우면 귀하고 엷으면 천하다.

삼진과 삼망이 서로 맞서 세 갈래 길(三途)을 지으니, 가로대 느낌(感)과 호흡(息)과 부딪침(觸)이라. 이 세 가지가 굴러 열여덟 경계를 이루나니, 느낌에는 기쁨·두려움·슬픔·성냄·탐냄·싫어함이 있고, 호흡에는 향기·썩은 기·한기·열기·마른 기·습기가 있으며, 부딪침에는 소리·빛·냄새·맛·음란·저촉抵觸이 있다.

뭇 사람들은 선악과 청탁과 후박을 뒤섞어 여러 경계(十八境)의 길을 따라 마음대로 달리다가 나고 자라고 늙고 병들고 죽는 고통에 떨어지고 말지만, 밝은이는 느낌을 그치고(止感), 호흡을 고르며(調息), 부딪침을 금하여(禁觸) 한 뜻으로 나아가 망령됨을 돌이켜 참됨에 이르고 마침내 크게 하늘기운을 펴나니, 성품(自性, 本性)이 열리고 공덕을 완수함(性通功完)이 바로 이것이다.

해설 「인물人物」편은 사람과 만물이 다 같이 근원적 일자一者인 '하나(一)'에서 나왔으며, 그 하나의 진성眞性을 셋으로 표현하여 성性·명命·정精이라고 하고, 사람은 이를 온전하게 받으나 만물은 치우치게 받는다고 하였다. 사람을 만물의 영장靈長이라고 하는 것은 이 때문이다. 「창세기(Genesis)」(1:27-28)에 "하나님의 형상대로 사람을 창조하시되…바다의 물고기와 공중의 새와 땅에 움직이는 모든 생물을 다스리라 하시니라…"[58] 라고 한 것은 사람이 '하나'님의 진성을 온전하게 받았으므로 만물의 영장이라는 의미가 내포되어 있다. '하나'님의 형상대로 인간이 창조되었다는 것은 물질적인 형상을 말하는 것이 아니라, 인간 존재 자체가 '영(靈, Spirit)'이신 '하나'님의 자기현현(self-manifestation)이라는 말이다. 인간은 '영(靈)'이신 '하나'님이 물질화된 것, 다시 말해 '물질화된 영(materialized Spirit)'이라는 점에서 '하나'님은 인간의 본질로서 내재해 있는 것이다. 인간의 본질로서 내재해 있는 '하나'님을 두고 '내면의 하늘' 또는 참본성이라 일컫는 것이니, 이것이 인간의 실체다. 만물 또한 '영(靈)'이신 '하나'님이 물질화된 것이다. 하지만 '사람은 '하나'님의 진성(眞性)을 온전

---

58 "Genesis" in *Bible*, 1:27-28 : "God created man in his own image…Rule over the fish of the sea and the birds of the air and over every living creature that moves on the ground."

하게 받으나 만물은 치우치게 받는다'고 하여 '전(全)'과 '편(偏)'의 의미를 대비시키고 있다. 인간은 음양오행의 수(秀)를 얻은 만물 중에서 가장 영묘(靈妙)하고 그 성(性)의 온전함을 지닌 존재로서 인식하는 힘과 도덕성을 갖추고 있다는 말이다. 그러나 동시에 인간은 정욕을 피하기 어렵기 때문에 인류의 규범이 세워진 것이다.

진성(眞性)은 선악善惡이 구분되기 이전의 참본성(참성품)[59]을 말하는 것으로 선함도 악함도 없으니 으뜸 밝은이(上哲)로서 막힘이 없이 두루 통하고, 진명眞命은 청탁淸濁이 구분되기 이전의 참목숨을 말하는 것으로 맑음도 흐림도 없으니 중간 밝은이(中哲)로서 미혹함이 없이 잘 알며, 진정眞精은 후박厚薄이 구분되기 이전의 참정기를 말하는 것으로 두터움도 엷음도 없으니 아래 밝은이(下哲)로서 잘 보전하나니, 근본이 되는 '하나(一)', 즉 삼진三眞으로 돌아가면 '일신('하나'님)'과 하나가 될 수 있다. '하나(一)'의 진성을 셋으로 표현하여 성 · 명 · 정이라고 한 것은 '하나(一)', 즉 하늘(天)을 천 · 지 · 인 셋으로 나누는 것과 같다. 따라서 '하나'님은 진성, 즉 참본성 그 자체이며 '진성'이 가장 근원적인 개념인 까닭에 '으뜸 밝은이'라고 한 것이다. '하나'님은 한 이치 기운으로서 자신의 화현인 우주만물의 중심에서 살아 숨 쉬며 하늘의 뜻이 땅에서도 이루어지게 하는 원천이다. 진성을 상철上哲, 진명을 중철中哲, 진정을 하철下哲로 구분한 것은, '하나(一)'에서 천 · 지 · 인 삼극이 일 · 이 · 삼의 순서로 갈라져 나오는 것과 같은 이치다. 진성인 상철은 하늘의 덕德에 부합하므로 두루 통하고(通), 진명인 중철은 밝은 지혜(慧)로 잘 알며(知), 진

---

59 cf. *Maitri Upanishad* in *The Upanishads*, p.103: "A quietness of mind overcomes good and evil works, and in quietness the soul is ONE: then one feels the joy of Eternity."

정인 하철은 힘(力)으로 잘 보전하나니(保), 선악과 청탁과 후박이 구분되기 전의 삼진, 즉 근본지根本智로 돌아가면 일신과 하나가 될 수 있다는 것이다.

사람이 처지에 미혹하여 성·명·정의 세 가지 참됨(三眞)을 지키지 못하고 세 가지 망령됨(三妄), 즉 심心·기氣·신身이 뿌리를 내리는 것에 대해 설명하고 있다. 마음(心)이 본성(性)에 의지하여 선악이 있고, 기氣가 목숨(命)에 의지하여 청탁이 있으며, 몸(身)이 정기精氣에 의지하여 후박厚薄이 있다는 것은 곧 분별지分別智가 작용함을 나타낸 것이다. 인간 마음의 본체는 시작도 끝도 없는 영원한 '하나(一)', 즉 '하나'님(根本智) 그 자체이다. 원죄原罪란 바로 이 영원한 '하나(一)'를 망각하는 데서 비롯된다. 선악과善惡果를 따 먹은 것이 원죄라고 한 것은 매우 적절한 비유이다. 선악과는 분별지分別智·부분지部分智를 나타냄이니, 선악과를 따 먹는 순간부터, 다시 말해서 선과 악이라는 '분별지'가 작용하는 순간부터 '나와 너', '이것과 저것'이 구분되고 대립하게 되어 죄악에 빠져들게 되었기 때문이다. 분별지가 작용하면서 인간은 낙원(根本智)에서 멀어지게 되고 드디어는 번뇌煩惱의 대해大海에 들게 되었다. 그리하여 다생多生에 걸쳐 카르마karma를 쌓게 된 것이다. "마음이 선하면 복이 되고 악하면 화가 되며, 기가 맑으면 오래 살고 흐리면 일찍 죽으며, 몸이 두터우면 귀하고 엷으면 천하다"라고 한 것은 '하나(一)'의 진성眞性인 성·명·정에 의지하여 일어나는 심·기·신 현상에 대한 설명과 더불어 선함과 맑음과 두터움을 갖출 것을 요망한 것이다. 선악과 청탁과 후박은 본래 그 체가 둘이 아니므로 지혜의 밝음이 드러나면 어리석음의 어두움은 저절로 사라질 것이기 때문이다. 전 우주는 자연법인 카르마의 지배하에 있는 까닭에 씨 뿌린 대로 거두게 되므로 선한 마음은 복이 되고 악한 마음은 화가 된다고 한 것이다. 기운이 맑으면 기통氣通이 잘 되어 건강하므로 장수하고, 흐리면 기통이 잘 안 되어 병이 나서 일찍 죽는 것이다. 끝으로, 사람이 몸에 정기가 충만하면 기운이 꽉 차서 몸과 마음이 활기차고 신령이 밝아지며 마음도 여유로워져서 기뻐하고 감사하고 용서하는 삶을 실천하게 되므로 두터우면 귀하다고 한 것이다.

삼진(三眞: 性·命·精)과 삼망(三妄: 心·氣·身)이 서로 맞서 세 갈래 길(三途)을 지으니 이를 감·식·촉이라고 하고, 이 세 가지가 굴러 열여덟 가지 경계를 이룬다고 하고 있다. 즉 느낌(感)에는 여섯 가지 마음의 작용이 있으니, 기쁨·두려움·슬픔·성냄·탐냄·싫어함이 그것이다. 호흡(息)에는 여섯 가지 기氣가 있으니, 향기·썩은 기·한기·열기·마른 기·습기가 그것이다. 부딪침(觸)에는 안眼·이耳·비鼻·설舌·신身·의意 육근六根의 인식 기관에 조응하는 색色·성聲·향香·미味·촉觸·법法의 육경六境이라는 인식의 대상이 있으니,[60] 소리·빛·냄새·맛·음란·저촉抵觸이 그것이다. 이 여섯 가지는 안식眼識·이식耳識·비식鼻識·설식舌識·신식身識·의식意識이라는 전前6식으로 총칭되는 표면의식의 인식 대상이 되는 것으로 신체의 다섯 감각 기관(眼·耳·鼻·舌·身)을 통한 부딪침(聲·色·臭·味·淫)과 의식(意, 마음)의 작용을 통한 부딪침(抵)을 포괄한 것이다. 붓다께서는 "모든 것은 눈과 빛, 귀와 소리, 코와 냄새, 혀와 맛, 몸과 촉감, 마음(意, 의식)과 법이라는 열두 가지 속에 있을 뿐"이라고

---

[60] 불교에서는 眼·耳·鼻·舌·身·意의 六根과 그 대상인 色·聲·香·味·觸·法의 六境을 12處라고 하고 있다. 신체의 다섯 감각 기관인 眼·耳·鼻·舌·身 五根에 의식(意)을 합하여 六根이라고 하고, 六根에 의해 인식되는 다섯 종류의 대상인 色·聲·香·味·觸 五境에다가 의식에 의해 인식되는 대상인 法을 합하여 六境이라고 한다. 즉 어떤 존재도 이 六根의 인식 기관과 六境이라는 인식의 대상을 떠나서는 있을 수 없다는 것으로 일체 만유가 이 12處로 들어간다는 것이다.

했다. 인간의 구성 요소는 물질 요소인 색色과 정신 요소인 수受·상想·행行·식識의 다섯 가지 요소가 모여 쌓인 것으로 불교에서는 이를 오온五蘊[61]이라고 부르는데, 모든 존재가 연기緣起에 의한 것일 뿐 실체가 없다는 것이다. 말하자면 우리 육신은 인연에 의해 오온이 잠정적으로 모여서 이루어진 것에 지나지 않기 때문에 집착할 만한 것이 못 된다는 것이다. 따라서 오온 그 자체가 '참나'가 아니라는 사실을 깨닫지 못하고 집착할 때 괴로움이 생기게 되는 것이다. 뭇 사람들은 감·식·촉이 굴러 이루어 놓은 열여덟 가지 경계에 빠져 선악과 청탁과 후박을 뒤섞어 여러 경계(十八境)의 길을 따라 마음대로 달리다가 생로병사의 고통에 떨어지고 말지만, 밝은 이는 느낌을 그치고(止感), 호흡을 고르며(調息), 부딪침을 금하여(禁觸) 한 뜻으로 나아가 망령됨을 돌이켜 참됨에 이르고 마침내 무위이화無爲而化의 덕과 그 기운과 하나가 되어 크게 하늘기운을 펴니, 본성이 열리고 공덕을 완수함(性通功完)이 바로 이것이다. 말하자면 귀일심원歸一心源이요 동귀일체同歸一體다. 이는 바로 삼일三一 원리의 실천성을 강조한 것이다. 붓다께서 녹야원鹿野苑에서 다섯 비구比丘에게 설한 최초의 설법(初轉法輪)인 고집멸도苦集滅道의 사성제四聖諦[62]

---

61 물질과 정신을 구성하는 色·受·想·行·識을 五蘊이라고 한다. 色은 물질을 가리키지만 여기서는 地·水·火·風의 四大로 구성된 육신을 뜻하고, 受는 감수 작용이며, 想은 지각 표상작용이고, 行은 의지작용이며, 識은 인식 판단의 작용이다. 말하자면 五蘊은 물질계와 정신계를 통틀어 일컫는 것이다. 그러나 지혜(般若)의 눈으로 보면 五蘊은 실로 없는 것이다.

62 四聖諦는 苦聖諦, 集聖諦, 滅聖諦, 道聖諦의 네 가지 진리로 이루어져 있다. 첫째 苦聖諦는 인생은 괴로움이라는 진리이다. 여기에는 生老病死의 四苦와, 愛別離苦(사랑하는 이와 헤어져야 하는 괴로움), 怨憎會苦(미워하는 이와 만나야 하는 괴로움), 求不得苦(구하고자 하나 얻지 못하는 괴로움), 그리고 五取蘊苦(이러한 괴로움의 근본인 五蘊에 집착하는 데서 오는 괴로움)의 四苦를 더하여 八苦라고 한다. 자연현상으로서의 생로병사가 괴로움이 아니라 자신에게 일어나는 생로병사가 괴로움인 것이다. 그럼에

에서 제시하고 있는 수행 방법인 정견正見 · 정사正思 · 정어正語 · 정업正業 · 정명正命 · 정정진正精進 · 정념正念 · 정정正定의 8정도八正道는 지감 · 조식 · 금촉의 수행 방법과 그 내용이 본질적으로 다르지 않다. 마음을 지키고 기운을 바르게 하는 동학의 수심정기守心正氣 또한 지감 · 조식 · 금촉의 수행 방법과 그 내용이 본질적으로 상통한다. 삼일 원리의 실천성이 동학에서도 강조되고 있음은 「시천주」 도덕의 요체가 수심정기에 있다는 점에서 분명히 드러난다. '시侍'의 세 가지 뜻 중에서 '각지불이各知不移'는 「시천주」 도덕의 실천적 측면과 연결된다. 즉 본래의 진여眞如한 마음을 지키고 기운을 바르게 하는 것이 '옮기지 않음'의 요체다. 진여한 마음이란 우주적 본성을 이름이요, 기운을 바르게 하는 것이란 공심公心의 발현을 이름이다. 따라서 수심정기란 우주적 본성의 자리를 지키는 것인 동시에 우주 '한생명'을 자각적으로 실천하는 것이다. 이렇듯 동학은 각 개인의 내면적 수양에 기초한 자각적 실천을 중시한 점에서 삼일三一 원리의 실천성을 강조한 삼일신고와 일맥상통한다.

이상에서와 같이, 「하늘」 「일신」 「천궁」 「세계」 「인물」에 대한 삼일신고의 가르침은 우주와 지구와 인간의 새로운 관계 정립이 요망되는 현 시점에서 진지眞知를 통하여 마음을 밝히고 세상을 밝

도 생로병사를 피할 수 없으니 그것이 괴로움인 것이다. 集聖諦는 괴로움의 원인을 밝힌 진리이다. 인생이 괴로운 것은 마음속 깊이 渴愛가 있기 때문이다. 渴愛에는 감각적 욕망인 慾愛, 생존의 영속을 바라는 욕망인 有愛, 생존의 단절을 바라는 욕망인 無有愛의 세 가지가 있다. 渴愛는 모든 욕망의 근저가 되는 것으로 채워지지 않는 욕망인 까닭에 번뇌와 괴로움의 원인이 되는 것이다. 滅聖諦는 괴로움은 없앨 수 있다는 진리이다. 괴로움의 원인이 소멸되면 해탈과 열반의 경지에 이르게 되는 것이다. 道聖諦는 苦와 集의 滅을 실현하는 길을 밝힌 진리이다. 수행 방법은 정견正見 · 정사正思 · 정어正語 · 정업正業 · 정명正命 · 정정진正精進 · 정념正念 · 정정正定의 8정도八正道이다.

히는 성통공완의 비밀을 드러내고 있다는 점에서 깊이 음미해 볼 필요가 있다.

주 해 1) 人物 同受三眞(인물 동수삼진) : 사람과 만물이 다 같이 세 가지 참됨(三眞: 性·命·精)을 받는다는 뜻이다.

2) 曰性命精(왈성명정) : 가로대 성품(性)과 목숨(命)과 정기(精)라. 여기서 '성性'은 성품, 본성, 자성의 의미이다.

3) 人全之 物偏之(인전지 물편지) : 사람은 (性·命·精 이 세 가지를) 온전하게 받으나 만물은 치우치게 받는다는 뜻이다. 그런 까닭에 사람을 만물의 영장靈長이라고 하는 것이다.

4) 眞性 無善惡 上哲通(진성 무선악 상철통) : 참성품(眞性)은 선함도 악함도 없으니 으뜸 밝은이(上哲)로서 두루 통한다는 뜻이다(哲 밝을 철, '밝은 사람'). 다시 말해서 진성眞性은 선악善惡이 구분되기 이전의 참 본성(참성품)을 말하는 것으로 선함도 악함도 없으니 으뜸 밝은이(上哲)로서 막힘이 없이 두루 통한다는 의미이다.

5) 眞命 無淸濁 中哲知(진명 무청탁 중철지) : 참목숨(眞命)은 맑음도 흐림도 없으니 중간 밝은이(中哲)로서 잘 안다는 뜻이다. 다시 말해서 진명眞命은 청탁淸濁이 구분되기 이전의 참목숨을 말하는 것으로 맑음도 흐림도 없으니 다음 가는 밝은이(中哲)로서 미혹함이 없이 잘 아는 것을 의미한다.

6) 眞精 無厚薄 下哲保(진정 무후박 하철보) : 참정기(眞精)는 두터움도 엷음도 없으니 아래 밝은이(下哲)로서 잘 보전하는 것을 뜻한다. 다시 말해서 진정眞精은 후박厚薄이 구분되기 이전의 참정기를 말하는 것으로 두터움도 엷음도 없으니 그 다음 가는 밝은이(下哲)로서 잘 보전하는 것을 의미한다.

7) 返眞一神(반진일신) : 근본이 되는 삼진(三眞)으로 돌아가면(返)

삼신 '하나'님과 하나가 된다. 다시 말해서 선악과 청탁과 후박이 구분되기 이전의 삼진三眞, 즉 근본지根本智로 돌아가면 삼신 '하나'님(根本智)과 하나가 된다는 의미이다.

8) 惟衆迷地 三妄着根(유중미지 삼망착근) : '미지迷地'는 처지에 미혹하다는 뜻이며 '착근着根'은 뿌리를 내리다는 뜻이니, 오직 뭇 사람들은 처지에 미혹하여 세 가지 망령됨(三妄: 心·氣·身)이 뿌리를 내리게 된다는 의미이다.

9) 曰心氣身(왈심기신) : 가로대 마음(心)과 기운(氣)과 몸(身)이라.

10) 心依性 有善惡 善福惡禍(심의성 유선악 선복악화) : 마음은 성품(性)에 의지한 것으로 선악이 있으니 선하면 복이 되고 악하면 화가 된다는 뜻이다.

11) 氣依命 有淸濁 淸壽濁夭(기의명 유청탁 청수탁요) : 기氣는 목숨(命)에 의지한 것으로 청탁이 있으니 맑으면 오래 살고 흐리면 일찍 죽는다는 뜻이다.

12) 身依精 有厚薄 厚貴薄賤(신의정 유후박 후귀박천) : 몸(身)은 정기精氣에 의지한 것으로 후박厚薄이 있으니 두터우면 귀하고 엷으면 천하다는 뜻이다.

13) 眞妄對作三途(진망대작삼도) : 삼진과 삼망이 서로 맞서 세 갈래 길(三途: 感·息·觸)을 짓는다는 뜻이다.

14) 曰感息觸(왈감식촉) : 가로대 느낌(感)과 호흡(息)과 부딪침(觸, 古字는 舺)이라.

15) 轉成十八境(전성십팔경) : (이 세 가지가) 굴러 열여덟 경계를 이룬다는 뜻이다.

16) 感 喜懼哀怒貪厭(감 희구애노탐염) : 느낌에는 기쁨, 두려움, 슬픔, 성냄, 탐냄, 싫어함이 있다.

17) 息 芬彌寒熱震濕(식 분란한열진습) : 호흡(息)에는 향기, 썩은 기,

한기, 열기, 마른 기, 습기가 있다.

18) 觸 聲色臭味淫抵(촉 성색취미음저) : 부딪침(觸)에는 소리, 빛, 냄새, 맛, 음란, 저촉(抵觸)이 있다. 이 여섯 가지는 안眼·이耳·비鼻·설舌·신身·의意 육근六根의 인식 기관에 조응하는 색色·성聲·향香·미味·촉觸·법法의 육경六境이라는 인식의 대상을 말한다. 말하자면 눈과 빛, 귀와 소리, 코와 냄새, 혀와 맛, 몸과 촉감, 마음(意, 의식)과 법의 관계로 조응하는 것이다. 여기서 '성색취미음聲色臭味淫(소리, 빛, 냄새, 맛, 음란)' 다섯 가지는 신체의 다섯 감각 기관인 안·이·비·설·신 오근(五根)에 의해 인식되는 것으로 색·성·향·미·촉에 해당하는 것이고, '저(抵, 저촉)'는 의식에 의해 인식되는 것으로 법法에 해당하는 것이다. '저抵'는 '맞닥뜨릴 저'로서 양자가 서로 모순됨을 뜻하는데 이는 곧 의식의 작용으로 일어나는 부딪침을 의미한다. 따라서 '성색취미음저聲色臭味淫抵'는 안식眼識·이식耳識·비식鼻識·설식舌識·신식身識·의식意識이라는 전前6식으로 총칭되는 표면의식의 인식 대상이 되는 것으로 신체의 다섯 감각 기관을 통한 부딪침과 의식의 작용을 통한 부딪침을 포괄한 것이다.

19) 衆 善惡淸濁厚薄相雜(중 선악청탁후박상잡) : 뭇 사람들은 선악과 청탁淸濁과 후박厚薄을 서로 뒤섞는다는 뜻이다.

20) 從境途任走(종경도임주) : 종從은 '따르다'는 뜻이고, 경境은 '감感·식息·촉觸이 굴러 이루어 놓은 열여덟 경계'를 뜻하고, 도途는 '길'이며 임任은 '마음대로 할 임'이고 주走는 '달릴 주'이니, 여러 경계(十八境)의 길을 따라 마음대로 달리는 것을 의미한다.

21) 墮生長肖病歿苦(타생장소병몰고) : 나고(生) 자라고(長) 늙고(肖) 병들고(病) 죽는(歿) 고통에 떨어지고 만다는 뜻이다(墮 떨어질 타).

22) 哲 止感調息禁觸(철 지감조식금촉) : 밝은이는 느낌을 그치고(止感), 호흡을 고르며(調息), 부딪침을 금하여(禁觸)라는 의미로 이 셋은

모두 유기적인 관계에 있다. 금촉禁觸, 즉 부딪침을 금한다는 것은 단순히 신체의 감각 기관을 통한 부딪침만이 아니라 의식의 작용을 통한 부딪침까지도 포괄하는 의미이다. 지감·조식·금촉의 가르침은 선禪 수행의 바탕이 되어 왔으며, 특히 상고시대로부터 백두산족 고유의 현묘지도玄妙之道인 조식법調息法은 생명의 근원인 호흡을 고르게 함으로써 본성을 통하고 공덕을 완수케 하는 단학수련법으로 오늘날에도 많은 사람들이 이러한 수련법을 따르고 있다.

23) 一意化行(일의화행) : 한 뜻으로 나아간다는 의미이다.

24) 改妄卽眞(개망즉진) : 개망改妄은 망령됨을 바로잡다는 뜻이고 망령됨을 돌이켜 참됨으로 나아가다는 뜻이다(卽 나아갈 즉; 眞 참 진).

25) 發大神機(발대신기) : 신기神機는 '하늘 기틀' 또는 하늘기운의 조화 작용을 말함이니, 이는 곧 크게 하늘기운을 펴는 것을 의미한다(發 필 발, 열 발).

26) 性通功完 是(성통공완 시) : 성품(自性, 本性)이 열리고 공덕을 완수함(性通功完)이 바로 이것이다.

제3편
참전계경

第1綱領 誠　　第1體 敬神　第2體 正心　第3體 不忘
　　　　　　　第4體 不息　第5體 至感　第6體 大孝

第2綱領 信　　第1團 義　第2團 約　第3團 忠　第4團 烈
　　　　　　　第5團 循

第3綱領 愛　　第1範 恕　第2範 容　第3範 施　第4範 育
　　　　　　　第5範 敎　第6範 待

第4綱領 濟　　第1規 時　第2規 地　第3規 序　第4規 智

第5綱領 禍　　第1條 欺　第2條 奪　第3條 淫　第4條 傷
　　　　　　　第5條 陰　第6條 逆

第6綱領 福　　第1門 仁　第2門 善　第3門 順　第4門 和
　　　　　　　第5門 寬　第6門 嚴

第7綱領 報　　第1階 積　第2階 重　第3階 刑　第4階 盈
　　　　　　　第5階 大　第6階 小

第8綱領 應　　第1果 積　第2果 重　第3果 淡　第4果 盈
　　　　　　　第5果 大　第6果 小

제5부 참전계경의 이해

제1장 참전계경의 전래

제2장 참전계경의 요체

제3장 참전계경의 구조

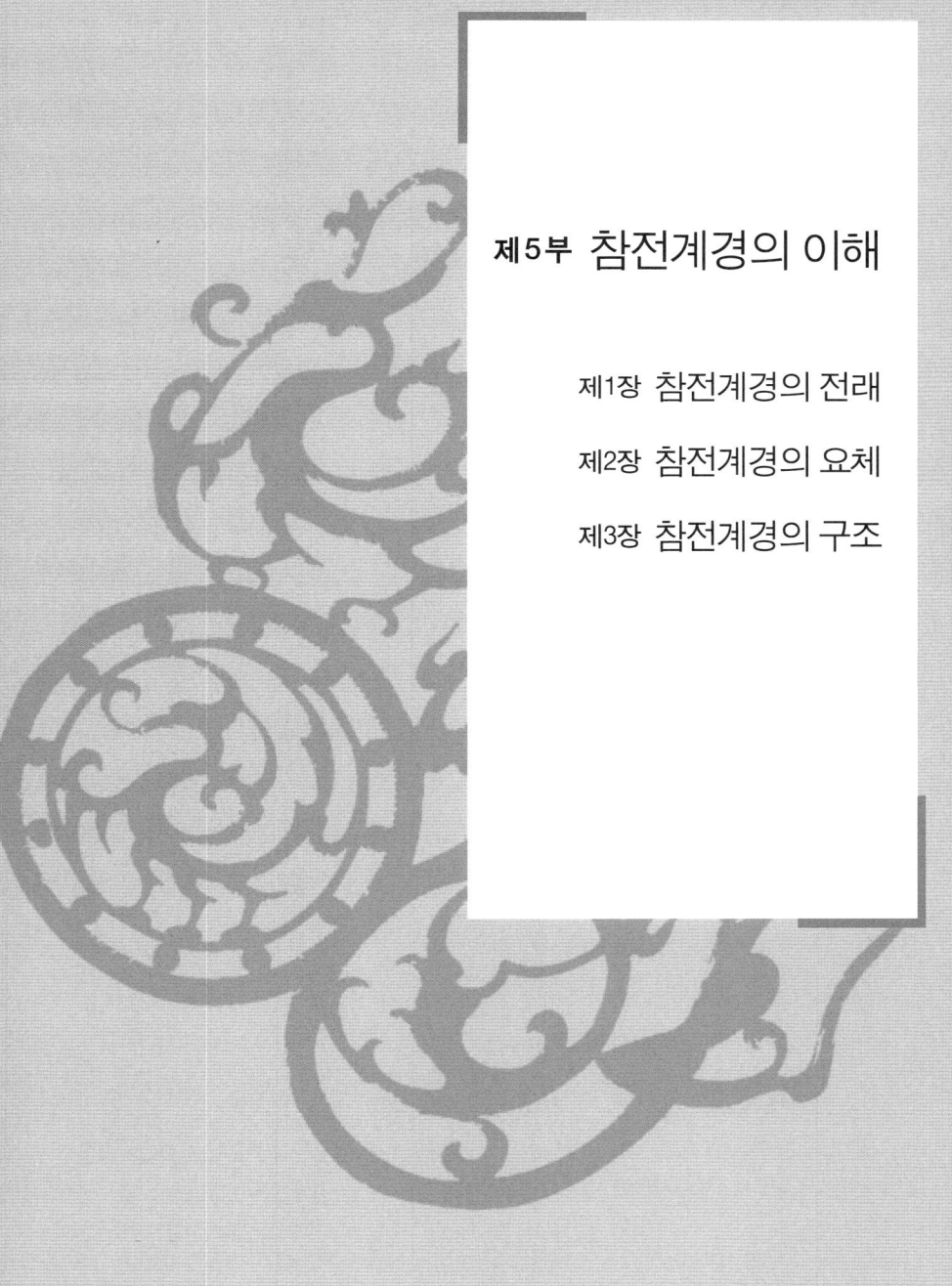

1장 참전계경의 전래

『참전계경參佺戒經』은 신시神市 배달국 시대에 환웅천황이 5사(穀·命·刑·病·善惡)와 8훈(誠·信·愛·濟·禍·福·報·應)[1]을 중심으로 삼백예순여섯 지혜로 백성들을 가르친 것을 신지神誌가 기록한 것인데, 오늘날 전해지는 것은 고구려의 국상國相 을파소乙巴素가 다시 정리하여 만든 것이다. 「태백일사太白逸史」 소도경전본훈蘇塗經典本訓에 "참전계경은 을파소 선생이 전해 준 것이라 세상에 전한다. 선생이 일찍이 백운산에 들어가 하늘에 기도하고 천서天書를 얻으니 그것이 곧 참전계경이다"[2]라고 나와 있다. 을파소가 적기를, "신시이화神市理化의 세상에 8훈을 날(經)로 삼고 5사를 씨(緯)로 삼아 교화가 널리 행해져서 홍익제물弘益濟物하였으니 참전參佺의 이룬 바가 아닌 것이 없다. 지금 사람들이 이 참전계를 통해 수양에 더욱 힘쓴다면 백성을 편안케 함에 어찌 어려움이 있겠는가"[3] 하였다. 실로 참전계경은 환웅천황 때부터 백성을 교화하는 기본 경전으로서 고구려에 이어 '해동성국海東盛國' 발해에 이르기까지 국운을 융성하

---

1 『桓檀古記』「太白逸史」 蘇塗經典本訓: "大始 哲人在上 主人間三百六十餘事 其綱領有八條 曰誠曰信曰愛曰濟曰禍曰福曰報曰應."
2 『桓檀古記』「太白逸史」 蘇塗經典本訓: "參佺戒經 世傳乙巴素先生所傳也 先生嘗入白雲山禱天 得天書 是爲參佺戒經."
3 『桓檀古記』「太白逸史」 蘇塗經典本訓: "神市理化之世 以八訓爲經 五事爲緯 教化大行 弘益濟物 莫非參佺之所成也 今人 因此佺戒 益加勉修已則 其安集百姓之功 何難之有哉."

게 하고 나라의 기상을 떨치게 한 원동력이 되었던 것이다. 참전계경은 천부경의 '인중천지일人中天地一', 삼일신고의 '성통공완性通功完'을 이루는 구체적인 방법을 366사事로써 제시하고 있다. 여덟 가지 이치에 따른 삼백예순여섯 지혜로 재세이화在世理化・홍익인간弘益人間 하는 방법을 제시한 것이라 하여 팔리훈八理訓, 366사事 또는 치화경治化經이라고 부르기도 한다.

일연의 『삼국유사』에는 환웅천황이 신시를 개천하고 인간의 360여 사를 주재하며 재세이화 한 것으로 나온다.[4] 북애자北崖子의 『규원사화揆園史話』에도 "신시씨(神市氏, 배달국 환웅천황)가 세상을 다스린 것이 더욱 오래지만 치우蚩尤・고시高矢・신지神誌・주인朱因 제씨諸氏가 어울리어 인간의 366사를 다스렸다"[5]고 나온다. 『환단고기』 내의 여러 기록들도 이러한 사실을 명징하게 보여 준다. 「삼성기전三聖紀全」 하편에서는 "환웅이 무리 3천을 거느리고 태백산 꼭대기 신단수 아래에 내려오니 그곳을 일러 신시라 하고, 그를 환웅천황이라 한다. 풍백風伯・우사雨師・운사雲師를 거느리고, 곡식・생명・질병・형・선악 등 무릇 인간의 360여 가지의 일을 주관하시어 재세이화・홍익인간 하였다"[6]라고 나와 있다. 「태백일사」 신시본기神市本紀[7]와 삼한관경본기三韓管境本紀 마한세가 상(馬韓世家 上)[8]에도 '범주인간삼백육십여사凡主人間三百六十餘事'라 하여 참전계경 366

---

4   『三國遺事』, 紀異 第1 古朝鮮 王儉朝鮮條: "凡主人間三百六十餘事 在世理化."

5   『揆園史話』「太始記」: "神市氏 御世愈遠而 蚩尤高矢 神誌朱因 諸氏幷治人間 三百六十六事."

6   『桓檀古記』「三聖紀全」下篇: "桓雄率衆三千 降于太白山頂神壇樹下 謂之神市 是謂桓雄天王也 將風伯雨師雲師 而主穀主命主刑主病主善惡 凡主人間三百六十餘事 在世理化 弘益人間."

7   『桓檀古記』「太白逸史」神市本紀.

8   『桓檀古記』「太白逸史」三韓管境本紀 馬韓世家 上.

사에 관한 똑같은 내용이 나온다. 「태백일사」 고구려국본기高句麗國本紀에는 "을파소가 국상이 되어 영준英俊한 이들을 뽑아서 선인과 도랑徒郎으로 삼았는데 교화를 맡은 이를 참전이라 하여 무리들 가운데서 뽑아 계를 지키도록 하며 삼신에게 고탁顧托했다"[9]고 나온다. 또한 고구려국본기에는 을파소의 후예인 "을밀선인乙密仙人이 일찍이 대臺에 머물며 오로지 삼신에게 제사 지내며 수련하는 것을 임무로 삼았는데 대개 선인의 수련법은 참전을 계戒로 삼은 것"[10]이라고 하고 있다. 「단군세기檀君世紀」 2세 단군 부루扶婁조에는 "신시 이래로 매년 하늘(三神)에 제사를 올릴 때면 나라 사람들이 많이 모여 일제히 노래를 부르고 덕을 기리며 화합하여 어아於阿를 풍악으로 삼고 감사함을 근본으로 삼았다. 이는 삼신과 사람이 화락和樂을 이루는 것이라 하여 사방에서 법식法式으로 삼으니 이것이 참전계參佺戒이다"[11]라고 하였다.

『참전계경』의 의미는 제331사에 나오는 종倧과 전佺에 관한 설명에서 명료하게 드러난다. 즉 "종(倧=倧訓)이 소중한 것은 나라의 근본이기 때문이며, 전(佺=佺戒)이 소중한 것은 백성을 가르치는 것이기 때문이다. 나라 다스리는 근본 원리가 모두 여기에서 나온 것이다." 여기서 종倧은 곧 '종훈倧訓'으로 천부경, 삼일신고와 같은 경전이라고 한다면, 전佺은 곧 '전계佺戒'로 종倧을 이루는 구체적인 실천 방법을 제시한 참전계경, 단군팔조교 등을 말하는 것으로 보인

---

9 『桓檀古記』「太白逸史」高句麗國本紀: "乙巴素爲國相 選年少英俊 爲仙人徒郎 掌敎化者曰參佺 衆選守戒 爲神顧托."

10 『桓檀古記』「太白逸史」高句麗國本紀: "乙密仙人 嘗居臺 專以祭天修鍊爲務 蓋仙人修鍊之法 參佺爲戒."

11 『桓檀古記』「檀君世紀」2世 檀君 扶婁條: "神市以來 每當祭天 國中大會 齊唱讚德諧和 於阿爲樂 感謝爲本."

다. 발해국(大震國) 문적원감文籍院監 임아상任雅相이 주해한 『삼일신고』「천궁」은 공완功完, 즉 재세이화·홍익인간을 구현하는 방법을 366사로써 제시하고 있다. "성통性通은 참본성을 통하는 것이요, 공완功完은 삼백예순여섯 가지 선행을 하고, 삼백예순여섯 가지 음덕을 쌓으며, 삼백예순여섯 가지 좋은 일을 짓는 것이다. 그리하면 나아가 '하나'님[一神, 唯一神]을 친견하고 영원히 쾌락을 얻으며, '하나'님과 함께 지락至樂을 누리리라."[12] 말하자면 366사는 정제된 행위의 길을 통해 궁극적으로는 영혼의 완성에 이르게 하는 구체적인 방법론임을 천명한 것이다. 「북부여기北夫餘紀」에서 해모수解慕漱 20년 신사辛巳에 '새 궁궐 366칸을 지어 천안궁이라 이름하였다'라는 대목은 366사로써 재세이화·홍익인간 하려는 의지를 나타낸 것으로 볼 수 있다. 366이란 숫자는 『삼일신고』 366자字인 동시에 『참전계경』 366사로서 천궁을 지상에 건설하려는 의지를 상징한 것이다.

「단군세기」 3세 단군 가륵嘉勒조에는 단군 가륵이 삼랑三郎 을보륵乙普勒을 불러 종倧과 전佺의 도를 묻는 대목이 나온다. 이에 을보륵이 답하여 말하기를, "종은 나라가 선택하는 것이고, 전은 백성이 기용하는 것입니다"[13]라고 했다. 「태백일사」 신시본기에서는 "소위 전이라 함은 "사람들이 스스로 온전해지는 길을 좇아서 능히 성품을 틔워 참됨을 이루는 것"[14]이라고 하고 있다. 이렇게 볼 때 '전계(佺戒=參佺戒)'가 366사만을 의미한다고 할 수는 없지만, 366사를

---

12 鄭寅洪 編, 『檀君敎復興經略』「任雅相 注, "三一神誥" "天宮"」(서울: 啓新堂, 1937) : "性通 通眞性也 功完 持三百六十六善行 積三百六十六陰德 做三百六十六好事 朝觀一神也 永得快樂 無等樂與天同享也."

13 『桓檀古記』「檀君世紀」3世 檀君 嘉勒條 : "倧者 國之所選也 佺者 民之所擧也."

14 『桓檀古記』「太白逸史」神市本紀 : "所謂佺 從人之所自全 能通性以成眞也."

경經의 위치에 설정하여 참전계경이라고 하고 있으니 366사, 즉 참전계경이 대표적인 '참전계'임은 확실하다.「삼성기전」하편에 밀기密記를 인용하여 "환웅이 삼신의 가르침을 베풀고, 전계佺戒를 업으로 삼게 하고, 무리 지어 맹세케 하였으며, 권선징악하는 법도를 세웠다"[15]라고 한 것이나,「태백일사」신시본기에 대변경大辯經을 인용하여 "신시씨가 전佺으로 계戒를 닦고, 사람들을 교화하고, 삼신께 제사 지냈다"[16]라고 한 것은 환웅이 인간의 366사를 주관하며 재세이화한 내용과 일치하는 것이다.

참전계는 천·지·인 삼재의 융화에 기초하여 경천숭조敬天崇祖하는 보본報本의 계戒이다. 보본은 '근본에 보답한다'는 뜻으로 효와 충을 기반으로 한 숭조崇祖사상은 제천祭天에 기반된 경천(敬天, 敬神)사상과 함께 한국 전통사상의 골간을 형성해 온 것이다. 우리 조상들은 박달나무 아래 제단을 만들고 소도라는 종교적 성지가 있어 그곳에서 하늘과 조상을 숭배하는 수두교(蘇塗敎, 神敎)를 펴고 법질서를 보호하며 살았다. 하늘에 제사 지내고 보본하는 소도의식을 통하여 천인합일天人合一·군민공락君民共樂을 이루어 국권을 세우고 정치적 결속력을 강화하며 국운의 번창을 기원했던 것으로 보인다. 발해국 반안군왕盤安郡王 대야발大野勃의 『단기고사檀奇古事』에는 환웅의 아들이며 환인의 손자인 단군왕검이 삼일신고를 천하에 널리 알리고, 366사의 신정神政으로 정성스럽게 훈교訓敎하여 그 교화를 받은 모든 백성들이 10월 3일에 환검을 임금으로 추대하니 그가

---

15 『桓檀古記』「三聖紀全」下篇: "桓雄 乃以三神設敎 以佺戒爲業 而聚衆作誓 有勸懲善惡之法."

16 『桓檀古記』「太白逸史」神市本紀: "神市氏 以佺修戒 敎人祭天."

제1세 단제檀帝라고 하였다.[17] 또한 『신사기神事記』 「치화기治化紀」에는 치화주治化主 환검이 세 선관(三僊: 虞官 元輔 彭虞, 史官 神誌, 農官 高矢)과 네 신령(四靈: 風伯持提, 雨師渥沮, 雷公肅愼, 雲師守己)에게 직분을 주어 인간의 삼백예순여섯 가지 일을 맡아 다스리게 한 것으로 나온다.[18] 이처럼 366사로써 재세이화·홍익인간 하는 치도治道는 환웅 신시시대로부터 단군시대에도 그대로 전승된 것으로 나타나고 있다.

이미 살펴 본 바와 같이 『천부경』과 『삼일신고』는 약 9,000년 전 환국으로부터 구전되다가 약 6,000년 전 환웅천황 때 녹도문자鹿圖文字로 기록되었으며, 여러 문헌상의 기록에서 나타나듯 이때부터 참전계경 366사가 백성들에게 가르쳐지기 시작했다. 우리 배달민족의 삼대경전의 가르침은 단군조선에도 그대로 이어져 이후 전서篆書로 전해지게 된다. 천부경과 삼일신고의 원문이 수록된 문헌과 자료에 대해서는 이미 살펴보았거니와, 앞서 설명한 참전계경 366사의 주요 관련 문헌[19]을 요약하면 대개 다음과 같다.

첫째, 이맥의 『태백일사』 「소도경전본훈」이다.

고구려의 국상 을파소가 백운산에 들어가 하늘에 기도하고 천서天書를 얻으니, 그것이 곧 참전계경이라고 나온다. 을파소가 적기를, 신시이화神市理化의 세상에 8훈을 날(經)로 삼고 5사를 씨(緯)로 삼아 홍익제물했듯이, 이 참전계를 통해 수양에 더욱 힘쓴다면 백성을 편안케 함에 어려움이 없을 것이라고 하였다.

둘째, 일연의 『삼국유사』이다.

---

17 『檀奇古史』 「前檀君朝鮮」 第1世 檀君王儉條.

18 『三一哲學譯解倧經合編』 「神事記」 治化紀(서울: 대종교출판사, 단기 4335), 92-100쪽.

19 『太白逸史』, 『三聖紀』, 『檀君世紀』, 『北夫餘紀』는 모두 『桓檀古記』에 수록되어 있다.

환웅이 신시를 개천하고 인간의 360여 사를 주재하며 재세이화 한 것으로 나온다.

셋째, 북애자北崖子의 『규원사화』이다.

신시씨가 치우·고시·신지·주인 제씨諸氏와 어울려 인간의 366사를 다스린 것으로 나와 있다.

넷째, 발해국 반안군왕 대야발의 『단기고사』이다.

단군왕검이 삼일신고를 천하에 널리 알리고, 366사의 신정神政으로 훈교訓教한 것이 나온다.

다섯째, 발해국 문적원감 임아상이 주해한 『삼일신고』「천궁」이다.

임아상은 '공완功完', 즉 재세이화·홍익인간을 구현하는 방법을 366사로써 제시하였다.

여섯째, 『신사기』「치화기」이다.

치화주 환검이 세 선관과 네 신령에게 직분을 주어 인간의 366사를 맡아 다스리게 한 것으로 나온다.

일곱째, 원동중元董仲의 『삼성기三聖紀』이다.

환웅이 풍백·우사·운사를 거느리고, 곡식·생명·질병·형·선악 등 무릇 인간의 360여 가지의 일을 주관하여 재세이화·홍익인간 한 것으로 나온다. 이는 뒤에 나오는 "환웅이 삼신의 가르침을 베풀고, 전계佺戒를 업으로 삼게 하고…권선징악하는 법도를 세웠다"라는 밀기密記를 인용한 내용과도 일치하는 것이다.

여덟째, 『태백일사』「신시본기」와「삼한관경본기」마한세가 상上이다.

「신시본기」와「삼한관경본기」 모두 '범주인간삼백육십여사凡主人間三百六十餘事'라 하여 참전계경 366사에 관한 내용이 나온다. 이는 「신시본기」에서 "신시씨가 전으로 계를 닦고, 사람들을 교화하고,

삼신께 제사지냈다"라는 대변경大辯經을 인용한 내용과도 일치하는 것이다.

아홉째, 『태백일사』「고구려국본기」이다.

을파소가 국상 당시 교화를 맡은 이를 참전參佺이라 하여 무리들 가운데서 뽑아 계를 지키도록 하며 삼신에게 고탁顧托했다는 내용이 나온다. 또한 을파소의 후예인 을밀선인이 삼신에게 제사 지내며 수련하는 것을 임무로 삼았는데 대개 선인의 수련법은 참전을 계로 삼은 것이라고 하고 있다.

열 번째, 행촌 이암의 『단군세기』이다.

2세 단군 부루扶婁조에 참전계參佺戒에 관한 설명이 나오고 있고, 3세 단군 가륵嘉勒조에 종倧과 전佺의 도에 관한 대목이 나온다.

열한 번째, 휴애거사 범장의 『북부여기』이다.

해모수解慕漱 20년 신사辛巳에 "새 궁궐 366칸을 지어 천안궁이라 이름하였다"는 대목은 366사로써 재세이화·홍익인간 하여 천궁을 지상에 건설하려는 의지를 상징하는 것이다.

이렇듯, 『참전계경』이 환웅 신시시대 때부터 실재하였음을 입증하는 문헌과 자료는 수없이 많다. 정확하게 말하자면 참전계경 366사를 배제하고는 재세이화·홍익인간을 논할 수가 없는 것이다. 다만 을파소 이후 참전계경 366사의 원문이 어떤 경로를 통해서 우리에게 전해지게 되었는지에 대해서는 정확하게 알려져 있지는 않다. 『대종교요감』에는 "『신사기』「치화기」에 인간의 366가지 일은 밝혀져 있으나 그 조항은 오랫동안 잊혀지고 있었는데 4422(1965)년에 공주 박노철朴魯哲이 『단군 예절교훈 팔리八理 366사』라는 이름으로 인쇄하였고, 4429(1972)년에는 단단학회(檀檀學會 李裕

尨)에서『참전계경』이라는 이름으로 인쇄하였다"[20]라고만 나와 있을 뿐이다. 현재 유통되고 있는 참전계경 원문이 내용상 큰 차이는 없다 할지라도 상이한 부분이 있는 만큼, 원문이 전하여 온 정확한 경로에 대해 향후 면밀히 연구해서 밝힐 필요가 있다. 대종교요감에는 366사로써 치화하는 치화경이 팔리훈八理訓이며 참전계경이라고 밝히고 있다. 참전계경 366사 전문이 수록되어 있는 최근 자료로는『대종교경전』속의「참전계경」, 단군교 소장본의『성경팔리聖經八理』, 한얼교 소장본의『팔리훈八理訓』,『개천경』(송호수, 1984) 속의「치화경」,『배달전서』(송원홍, 1987) 속의「치화경」등이 있다.

『천부경』·『삼일신고』와 마찬가지로『참전계경』의 요체는 한마디로 천·지·인 삼재의 조화이다. 경천숭조敬天崇祖하는 보본報本의 계戒는 366사로써 이러한 조화를 구현하기 위한 것이다. 규원사화에 의하면 고대의 임금은 반드시 먼저 하늘과 단군 삼신三神을 섬기는 것을 도道로 삼았다고 한다. 말하자면 당시로서는 하늘과 조상을 숭배하는 수두교(神敎)가 정치의 핵심사상이 되었던 것이다. 환인·환웅·단군(환검) 이래 전해진 천부경·삼일신고·참전계경 등의 가르침은 천신교天神敎·신교神敎·수두교(蘇塗敎)·대천교(代天敎, 부여)·경천교(敬天敎, 고구려)·진종교(眞倧敎, 발해)·숭천교(崇天敎·玄妙之道·風流, 신라)·왕검교(王儉敎, 고려)·배천교(拜天敎, 遼·金)·주신교(主神敎, 만주)[21] 등으로 불리며 여러 갈래로 퍼져 나갔다. 고구려의 조천석朝天石, 발해의 보본단報本壇, 고려의 성제사聖帝祠, 요遼의 삼신묘三神廟, 금金의 개천홍성제묘開天弘聖帝廟는 모두 단군의 묘이며, 근조선에 이르러서도 세종은 단군묘를 평양에 설치했고 세조 원년에는

---

20 『大倧敎了勘』(서울: 大倧敎總本司, 開川 4440), 33쪽.

21 『大倧敎了勘』, 373-376쪽.

위패를 「조선 시조 단군사당」이라 하였다고 한다. 그러나 북애자 北崖子는 사람들이 오직 단군만을 높일 줄 알고 그 이전에 신시씨가 개창한 것은 알지 못하고 있음을 안타깝게 여기고 있다.[22]

이렇듯 하늘과 조상을 숭배하는 수두교는 부여, 고구려, 신라, 발해, 고려와 요나라, 금나라, 청나라, 터키(突厥國)[23], 일본 등 세계 각지[24]에 널리 전파되어 세계 정신문화의 형성에 지대한 영향을 미

---

22 『揆園史話』「檀君記」.
23 발해국 반안군왕 대야발의 단기고사 서문에는 대야발이 발해국 高王 大祚榮의 명을 받들어 사해에 널려 있는 사서를 수집하고 石室에 있는 장서와 옛 비와 역사적 평론을 참고하다가 突厥國(터키)에까지 두 번 들어가 고적을 탐사하여 13년이 걸려 『단기고사』를 완성했음을 밝히고 있다.
24 『三國史記』, 中國 25史 등에 보면, 일본은 서기 671년에야 국호가 처음으로 생겼는데 이는 백제 멸망 후 백제 本朝의 잔여 대집단이 왜땅 東朝로 건너가서 처음 만든 것이다. 그 어원은 원래 백제를 일컫던 '구다라'에서 온 것으로 큰 해(大日)라는 뜻의 고대 한국말인데 이를 한자로 옮긴 것이다. 사실 천황의 이름인 메이지(明治)는 광개토대왕의 손자이자 장수왕의 아들인 21대 문자왕의 연호를 그대로 따온 것이다. 2001년 12월 23일 아키히도 일왕은 50대 일왕 간무(桓武, 781~806) 생모가 백제 무령왕의 후손임을 공식 언급했다. 이는 결국 일본 왕가가 한국 혈통에서 나온 것이라는 사실을 시인하는 것이다. 고대 우리 한인들이 일본에 미친 영향은 단순한 渡日이나 문화 교류의 정도를 넘어서 한반도가 일본 왕조의 발상지이며 일본 민족의 시원이라는 사실이 드러나고 있다. 이시와타리 신이치로(石渡信一郎)의 『백제에서 건너간 일본 천황』(2002)이나, 존 코벨(Joan C. Covell)의 『한국문화의 뿌리를 찾아』(1999)는 이러한 사실을 명징하게 보여 준다. 그리고 우리나라에서 가장 오래된 나라인 桓國의 역사적 실재에 대해서는 『三國遺事』 원본(中宗壬申刊本)이나 『桓檀古記』「三聖紀全」上篇에도 명기되어 있거니와, 「三聖紀全」下篇에서는 환국이 파미르고원(波奈留山, 天山崑崙)을 중심으로 유라시아의 광대한 영역에 걸친 12개의 분국으로 이루어진 나라인 것으로 나와 있다. 朴堤上의 『符都誌』에 의하면, 파미르고원의 麻姑城에서 시작한 우리 민족은 穹姬, 黃穹, 有因(有仁), 환인, 환웅, 단군에 이르는 동안 麻姑城에서 天山洲로 옮겨 유인씨의 시대를 보내고, 積石山의 환인 시대를 거쳐 太白山의 환웅 시대에 이르며, 倍達國의 14대 자오지慈烏支 환웅 때 靑邱를 거쳐 만주로 들어오게 되는데, 그 사이 지구상의 동서남북 사방으로 퍼져 나가 天符의 神敎 문화를 전 세계에 심어놓았다. 오늘날까지도 세계 각지의 신화, 전설, 종교, 철학, 정치제도, 易사상과 象數學,

쳤다. 당시 국가 지도자들은 사해四海를 널리 순행巡行했으며, 모든 종족과 믿음을 돈독히 하고 돌아와 부도符都를 세웠다. 훗날 화랑도의 '유오산천 무원부지(遊娛山川 無遠不至)'라는 수양 방식은 이러한 순행에서 비롯된 것이다. 부도지符都誌에는 "임검씨가…사해를 널리 돌아다니며 여러 종족들을 차례로 방문하니, 백 년 사이에 가지 않은 곳이 없었다. 천부에 비추어서 수신하고 미혹함을 풀고 근본으로 되돌아갈 것(解惑復本)을 맹세하며 부도符都 건설을 약속하니, 이는 지역이 멀고 소식은 끊어져서 종족들의 언어와 풍속이 점차 변하여 서로 달라졌기 때문에, 함께 모여 서로 돕고 화합하는 자리에서 천부의 이치를 익혀 분명히 알게 하기 위한 것이었다"[25]라고 나와 있다. 말하자면 상고시대 조선은 세계의 정치·종교의 중심지로서, 사해의 공도公都로서, 세계 문화의 산실産室 역할을 하였던 것이다. 진실로 근본이 하나임을 알게 하는 천부의 이치를 366사로써 구현하고자 했던 것이다.

曆法, 천문학, 기하학, 물리학, 언어학, 수학, 음악, 건축, 巨石, 細石器, 빗살무늬 토기 등에서 그 잔영을 찾아볼 수 있다.

25 朴堤上, 『符都誌』第12章 : "壬儉氏…遍踏四海 歷訪諸族 百年之間 無所不往 照證天符修身 盟解惑復本之誓 定符都建設之約 此 地遠身絶 諸族之地言語風俗 漸變相異故 欲講天符之理於會同協和之席而使明知也."

제2장 참전계경의 요체

『참전계경(治化經)』은 재세이화·홍익인간을 구현하는 방법을 366사로써 제시한 것이다. 천·지·인 혼원일기混元一氣[26]의 조화造化기운과 하나가 됨으로써 진실로 우주만물의 근본이 하나임을 아는 것, 바로 여기에 마음을 밝히고 세상을 밝히는 인중천지일人中天地一·성통공완性通功完의 비밀이 있으니, 거기에 이르는 구체적인 길을 366사로써 제시한 것이 참전계경이다. 참전계경의 가르침은 한마디로 참전계경 제345사에 나오는 '혈구지도絜矩之道'로 압축될 수 있다. 혈구지도란 남을 나와 같이 헤아리는 추기탁인推己度人의 도를 말한다. 남을 나와 같이 헤아린다는 것은 내 마음으로 미루어 남의 마음을 헤아리는 것이다. 이는 단군팔조교檀君八條敎 제2조[27]의 가르침과도 일치하는 것으로, 부여의 구서九誓 제2서에서는 우애와 화목과 어짊과 용서함(友睦仁恕)으로 나타나고,[28] 『대학大學』 「전문

---

26 천부경의 '하나(一)'는 삼일신고에서 天·神·一神으로 나타나고, 참전계경에서는 天·神·天神·聖靈·天靈·天心·天理·天命으로 나타난다. 이처럼 우주만물의 근본인 混元一氣, 즉 '하나(一)'는 세 경전을 관통하는 핵심 개념으로 그 무어라 명명할 수 없는 까닭에 다양한 이름으로 나타나고 있지만 그 의미는 같은 것이다.

27 檀君八條敎 第2條 : "하늘의 홍범은 언제나 하나이고 사람의 마음 또한 다 같게 마련이니 내 마음으로 미루어 남의 마음을 헤아리도록 하라. 사람의 마음은 오직 교화를 통해서만 하늘의 홍범과 합치되는 것이니 그리 해야 만방에 베풀어질 수 있는 것이다"(『桓檀古記』「檀君世紀」: "天範恒一 人心惟同 推己秉心 以及人心 人心惟化 亦合天範 乃用御于萬邦").

28 『桓檀古記』「太白逸史」蘇塗經典本訓.

傳文」 치국평천하治國平天下 18장에서는 군자가 지녀야 할 혈구지도를 효孝・제悌・자慈의 도道로 제시하였다. 제가齊家・치국・평천하함에 있어 근본적인 도는 이러한 세 가지 도에서 벗어나지 않으며, 사람마음의 근본 또한 서로 다를 것이 없다는 데 근거하여 혈구지도를 제시한 것이다. 이러한 혈구지도는 다름 아닌 환웅 신시시대로부터 비롯된 것으로 재세이화・홍익인간을 구현하는 요체인 것으로 나타난다.

제1강령 성誠, 즉 정성이란 마음속 깊은 곳에서 우러나오는 것으로 타고난 참본성을 지키는 것이다. 정성은 '하나'님을 공경하는 것(敬神)이고, 마음을 바르게 갖는 것(正心)이며, 잊지 아니하는 것(不忘)이고, 쉬지 않는 것(不息)이며, 지극한 감응에 이르는 것(至感)이고, 지극히 효도하는 것(大孝)이다. 없는 곳이 없이 우주만물에 편재遍在해 있는 하늘은 해・달・별과 바람・비・천둥・번개와 같이 형상 있는 하늘이 있는가 하면, 형체가 없어 보이지 않고 소리가 없어 들리지 않는 형상 없는 하늘이 있다. 형상 없는 하늘을 일컬어 하늘의 하늘, 즉 '하나'님[29]이라고 한다. 매순간 정성을 다하는 것이 타고난 참본성을 지키는 것이요, 인간의 중심에 내려와 계신 '하나'님을 경배하는 것이다. '하나'님을 높이 받드는 정성을 늘 마음에 새겨 잊지 아니하면 우주의 창조적 에너지인 '하나'님과 연결되는 직로가 뚫리어 다함이 없는 생명의 기운을 받게 되는 것이다. 경신

---

29 여기서 하나님이라고 하지 않고 '하나'님이라고 표기한 것은, 하나님이 본래 특정 종교의 유일신이 아니라 근원적 一者 또는 궁극적 실재로서의 '하나(一)' 즉 우주의 本源을 의인화하여 나타낸 것이라는 사실을 강조하기 위한 것이다. 근원적 一者 또는 궁극적 실재로서의 '하나(一)'는 하늘(天)・天主(하느님, 하나님, 創造主, 絶對者, 造物者, 唯一神, Allah, 一神, 天神, 한울, 한얼)・道・佛・太極(無極)・브라흐마(Brāhma: 梵, 創造神 / Atman)・우주의식(전체의식, 보편의식, 근원의식, 순수의식, 一心)・우주의 창조적 에너지(至氣, 混元一氣)・진리[실체, 眞如(suchness), 불멸] 등으로 다양하게 명명되고 있다.

敬神의 실천은 하늘의 화현인 우주만물에 대한 차별 없는 사랑을 통하여 이루어질 수 있다.[30] 이는 곧 자신의 의무를 성실하게 수행함으로써 참본성을 자각적으로 실천하는 것을 뜻한다. 하늘과 우주만물(人物)이 분리될 수 없는 것은 일체의 생명현상과 삼라만상의 천변만화千變萬化가 모두 혼원일기인 하늘의 이치와 기운의 조화 작용인 까닭이다. 사람이 하늘의 무궁한 조화에 눈을 떠서 무위이화의 덕과 그 기운과 하나가 되면 참본성이 곧 하늘이요 신神임을 깨닫게 된다. 그리하여 하늘의 기틀과 마음의 기틀, 땅의 형상과 몸의 형상, 그리고 사물의 주재함과 기氣의 주재함이 상호 조응하고 있음을 알게 되고, 천·지·인 삼신일체의 천도天道가 인간 존재 속에 구현되어 있음을 체득하게 되는 것이다. 무릇 바른 도란 중도中道이니, 이러한 중일中一의 법도를 잘 지켜 나가면 하늘의 도가 드러나게 된다. 중일은 우주만물의 중심에 내려와 있는 '하나(一)'인 혼원일기, 즉 '하나'님(하늘, 唯一神)을 뜻한다. 이러한 일신강충一神降衷의 의미를 잘 새겨서 천·지·인 삼신일체의 천도를 밝혀 드러내는 것이 중일의 법도이다.[31]

'하나'님은 우주만물의 중심에 내려와 계시므로 우주만물을 떠나 따로이 '하나'님을 경배할 수 있는 것이 아니다. '하나'님은 무시무종無始無終이요 무소부재無所不在이며 이 세상 그 어떤 것도 포괄하지 않음이 없는 근원적 일자(唯一神, 混元一氣)이다. 이 우주는 자기생성적 네트워크 체제로 이루어진 '참여하는 우주(participatory universe)'인

---

30 cf. 『天道教經典』「三敬」.
31 cf. 『中庸』「中庸論」: "仲尼曰「君子 中庸 小人 反中庸 君子之中庸也 君子而時中 小人之反中庸也 小人而無忌憚也」" '時中(中庸)'이란 어떤 상황에서도 항상 그 中에 처해 가는 것, 즉 止於至善의 의미이다. 공자의 道를 時中의 도라고 부르는 것은 어떤 상황에서도 그가 至善을 지향하는 경지에 이른 사람이라는 뜻이다.

까닭에 필연적인 자기법칙성에 따라 스스로 생성되고 스스로 변화하여 스스로 돌아가는 것이어서 누가 누구를 창조하는 것이 아니다. 우주만물이 다 하나인 혼원일기에서 나와 다시 하나인 혼원일기로 돌아가니, 그 다함이 없는 창조성이 하도 신령스러워 '님'자를 붙여 의인화된 표현으로 나타냈을 뿐이다. 우주만물이 혼원일기인 '하나(一)' 즉 유일신의 화현化現 아닌 것이 없으니, 우주만물과 유일신은 분리될 수 없다. 따라서 유일신의 실체를 직시하지 못하면 분별지分別智에 사로잡혀 '하나'님이 그토록 경계하는 우상숭배에 빠지게 된다. 또한 주체-객체 이분법이 폐기된 진정한 참여자의 위치에 있지 못하므로 참본성을 지킬 수가 없고, 따라서 인간의 자기실현은 불가능하게 된다. 주체-객체 이분법이 폐기되어 삶 그 자체가 명상이요 기도가 되는 것이 정성을 다하는 삶이다.

　제2강령 신信, 즉 믿음이란 하늘의 이치에 반드시 부합하는 것으로 사람의 일을 반드시 이루게 하는 것이다. 믿음이란 의로움(義)이고, 약속(約)이며, 충성(忠)이고, 정절(烈)이며, 순환(循)이다. 큰 믿음은 그에 부응하는 기운이 있으니 이를 의義라고 한다. 공명정대하게 일을 보면 좋고 싫음이 없으니 사람들이 그 의로움에 따르고, 정결한 마음으로 사물을 대하면 사리사욕이 생겨나지 않으니 사람들이 그 결백함을 믿게 된다. 신의가 없는 사람은 의리를 저버리고 자기 몸을 보전하지만, 신의가 돈독한 사람은 자기 몸을 버리고 의리를 지킨다. 의로운 사람은 스스로 중심을 바르게 잡아 마음을 결정하여 일에 나아가므로 길흉성패를 남에게 관련시키지 않으며, 남을 위하여 기꺼이 근심을 떠맡는다. 세상만사가 약속으로 이루어지는 까닭에 약속을 이행함에 믿음과 정성을 다하여 중도中道, 즉 중정中正의 도道를 지킬 줄 아는 것이 '지중知中'이다. 개인의 자유의지 차원에서 이룰 수 없는 큰 약속은 청천聽天, 즉 하늘의 명天命을 들어야 하고, 개인 차원의 작은 약속은 하늘에 고해야 한다. 하늘의 명을 듣는다는 것은 하늘의 명을 받들어 정성을 다할 뿐 일체를 하늘에 맡기고 감응을 바라지 않는 것이고, 하늘에 고한다는 것은 곧 하늘마음(天心)에 고하는 것이니 이는 곧 믿음을 잃지 않겠다는 '참나'와의 약속이다. 신의를 기반으로 하지 않은 이익이나 사랑은 결코 지속할 수 없다. 의로움이 국가 차원에 이르면 충忠으로 나타나고, 가정에서는 정절貞節로 나타난다. 한결같은 하늘의 운행과 같이 사람의 믿음도 추호의 어김이 없어야 한다. 음양동정陰陽動靜의 원리에 의해 음양이 교체되는 순환은 하늘이 사람에게 주는 믿음, 즉 추호도 어김이 없는 한결같은 하늘의 운행이다. 사람의 믿음이 하늘의 믿음과 같게 되려면 완덕完德의 실천이 수반되어야 한다. 사람이 믿음을 기르는 것 또한 무극無極의 원기元氣와 같아서, 추호라도 끊어짐이 용납되면 사람의 도리는 폐하여지고 만다.

　제3강령 애愛, 즉 사랑이란 자애로운 마음에서 자연히 우러나는 것으로서 어진 성품의 근본 바탕이다. 실로 사랑(誠敬)은 유·불·선을 포함한 전 세계 종교 경전의 중핵을 이루는 덕목이기도 하다. 사랑이란 용서하고(恕), 포용하며(容), 베풀고(施), 기르며(育), 가르치고(敎), 기다리는(待) 것이다. 용서란 남을 나와 같이 생각하는 것, 다시 말해서 '내가 어찌할 수 없으면 남도 역시 어찌할 수 없다'고 생각하는 것이다. 악의 원천을 막고 악의 뿌리를 제거하면 자연히 용서하게 되는 것은 자연에서 본받을 용서의 법칙이다. 바다가 넘치지 않고 높은 산이 무너지지 않는 것은 무위이화無爲而化의 덕德과 기운이 작용한 까닭이다. 인간도 이러한 대자연의 무위이화의 덕과 그 기운과 하나가 되면 완전한 포용이 이루어질 수 있다. 베푸는 데에도 올바른 방법을 쓰지 않으면 적절한 성과를 낼 수가 없다. 위급한 상황에 처해 있는 사람을 우선적으로 돕되, 완급緩急을 조절해가며 적정 수준으로 도와야 한다. 하늘이 비를 내릴 때 곡식에만 내리고 잡초에는 내리지 않을 리理가 없듯이, 베푸는 것도 고루 비에 젖는 것과 같이 균등해야 하며, 베푸는 대로 잊어버려서 스스로의 공덕으로 여기지 말아야 한다. 사람이 가르침을 받아 길러지는 것은 은혜로운 큰 비가 내리는 것과 같은 이치다. 천·지·인 삼신일체三神一體의 천도를 주된 가르침으로 하여 사람들을 보호하고 길러야 한다. 훌륭한 장인이라도 먹줄(繩墨)이 없이는 중심을 잡지 못하듯이, 사람이 가르침을 받지 못하면 사람의 도리를 다하지 못하게 된다. 그런 까닭에 우리 국조께서는 정치대전이자 삶의 교본으로 『천부경』·『삼일신고』·『참전계경』을 찬술하시어 가르침을 통하여 천심을 회복하고자 했던 것이다. 유·불·선이 중국에서 전래되기 이전부터 3교를 포괄하는 사상 내용이 담겨져 있어 교육의 원천이 되었던 우리 고유의 풍류風流 또한 그 주된 가르침이 천심을 지키는 데 있음을 쉽게 알 수 있다. 천심을 지키면 모두가 깨달음의 길 위에 있음을 알게 되므로 사람을 버리지 않고 가르치게 된다. 기다림이란 보이지도 들리지도 않는 사랑의 이치로 믿고 기다려주는 것이다. 그 믿음도 한정이 없고 기다림도 한정이 없는 것이기에 6범範 중 기다림이 가장 크다고 한 것이다. 이는 막연히 소극적으로 기다리는 것이 아니라 잘 될 수 있도록 적극적으로 전향적인 방도를 찾아야 한다는 의미가 내포되어 있다.

　제4강령 제濟, 즉 구제란 덕성德性이 갖추어진 선행으로 도에 힘입어 사람에게 그 힘이 미치게 되는 것이다. 구제는 때(時)에 맞게 하는 것이고, 땅(地)에 맞게 하는 것이고, 순서(序)에 맞게 하는 것이고, 지혜(智)로써 하는 것이다. 밝은이가 만물을 구제함에 반드시 먼저 교화를 행하는 것은 병의 뿌리인 마음을 고치어 새롭게 하면 마음으로 인해 생긴 병의 근원은 자연히 제거될 것이기 때문이다. 또한 밝은이는 덕으로써 만물을 구제함에 좋은 방도를 준비하여 어느 때나 제공한다. 물질이 지나치게 성盛하면 법도가 쇠해져서 오로지 물질에만 의존하는 고질병을 갖게 되어 진정한 행복과 이익이 떠나게 되므로 물질만능주의를 경계해야 한다. 구제는 땅에 맞게 하는 것이어야 하며, 땅의 이치와 구제의 바탕이 수레의 두 바퀴처럼 서로 맞아야 적절한 구제가 이루어지게 된다. 사람은 태어날 때부터 지기地氣를 받고 태어나고 또한 지기를 마시며 살아가는 관계로 땅의 성질(地性)은 당연히 사람 성품(人性)의 형성에 영향을 미치게 되는 것이다. 땅의 성질이 지나치게 유약하거나 억세면 교화나 덕화가 행하여지지 못하므로 비방秘方을 제시하고 있다. 하늘이 만물을 내리거나 구제함에 치우침이 없는 것은 하늘이 이쪽 땅의 산물을 저쪽 땅으로 옮기는 까닭이다. 구제는 순서에 맞게 하는 것이어야 하며, 적은 인원에게는 시혜施惠를 통한 구제의 방편을 쓰지만, 많은 인원에게는 모두 시혜가 미칠 수 없으므로 오히려 도덕을 펴서 지속적으로 자활할 수 있는 토대를 마련해 주어야 한다. 또한 노인은 물질적 시혜를 통하여 구제하고, 약한 사람은 재활교육이나 직업교육 등 다양한 방법을 통하여 구제한다. 오직 밝은이의 지혜라야 사람을 구제하는 데 쓰일 수 있으며, 남이 구제하기를 기다리지 말고 스스로 구제하고자 하면 구제의 지혜를 이루게 된다. 또한 지혜의 근본인 뜻을 세워야 하는 것은 뜻을 대동帶同한 지혜이면 구제하게 되고 뜻을 잃은 지혜이면 구제하지 못하게 되기 때문이다. 구제는 사전 예방조치이어야 하며 사후약방문이 되어서는 안 된다.

제5강령 화禍, 즉 앙화란 악惡하고 탁濁하고 박薄한 생각과 행동이 불러들이게 되는 것이다. 재앙으로 인한 화(殃禍)는 속이는(欺) 데서 오는 것이고, 빼앗는(奪) 데서 오는 것이며, 음란한(淫) 데서 오는 것이고, 해치는(傷) 데서 오는 것이며, 몰래 꾀하는(陰) 데서 오는 것이고, 거스르는(逆) 데서 오는 것이다. 하늘을 속이는 것을 아는 사람이 없을 것이라 여기는 것은 하늘이 거울처럼 밝게 비추어 보고 있음을 알지 못하기 때문이다. "물욕物慾이 영대(靈=靈臺)를 가리면 몸에 있는 아홉 구멍이 다 막히어 금수와 같아져서 단지 빼앗아 먹으려는 욕심만 있을 뿐 염치나 두려움은 없게 된다." 반면 집착을 포기한 사람은 '아홉 개의 문(九竅)이 있는 성城'인 육체 안에서 평온하게 머문다. 음란하면 반드시 몸을 망치고, 윤리를 혼탁하게 하며, 가정을 어지럽히게 된다. 남을 해친 만큼 가볍고 무거운 벌이 있게 되는 것은 사필귀정이다. 포수가 꿩의 울음 소리를 듣고 그 자취를 쫓아 꿩을 잡듯, 하늘 또한 남을 헐뜯고 비방하며 진실을 허물로 만드는 그 자취를 쫓아 그 숨은 꾀를 깨뜨려 버린다. 사람이 하는 모든 일은 순리를 따르면 성공하고 역행하면 실패한다. 하늘의 이치에 순응할 수 있기 위해서는 우리의 모든 행위가 신(神, 하늘)에게 바치는 번제의식(燔祭儀式, sacrifice)이 되어야 한다. 왜냐하면 이 우주에서 일어나는 일체의 물질현상과 정신현상 모두가 하늘기운(우주의식)의 조화 작용인 까닭이다. 하늘에 죄를 짓는 것이란 도리에 위배함으로써 스스로의 본성에서 멀어지는 것을 뜻한다.

제6강령 복福이란 착함으로 받게 되는 경사이다. 포괄적 의미의 덕목으로서의 착함이란 어질고, 선善하며, 순順하고, 화和하며, 너그럽고(寬), 엄嚴한 것을 말한다. 사람을 사랑함에 착한 사람도 사랑하고 악한 사람도 사랑하여 악을 버리고 선으로 나아가도록 권하며, 미혹한 사람은 인도하여 자기 스스로 터득하게 한다. 착한 사람은 옳다고 여기는 결단은 하고자 하면 반드시 하며, 베풀고자 하면 구차하지 않게 한다. 성품이 착하면 일을 판단함에 틀림이 없고, 그 결행이 분명하여 하늘의 이치와 사람의 일이 자연히 명백해진다. 복은 하늘의 이치와 사람의 도리에 순응해야 받는 것이다. 마음을 편안히 하여 마음이 동요되지 않고 기운을 안정시켜 기운이 어지럽지 않으면 성내지도 저주하지도 않게 되어 하늘의 덕에 순응하게 된다. 참전參佺의 8계를 지킴에 있어서도 정整과 결潔을 주로 하여 방종과 태만이 없게 하면, "사람이 화합함에 신神도 또한 화동和同하고, 신이 화동함에 하늘도 또한 화동하여 길吉하지 않음이 없게 된다." 이는 곧 인간의 내재적 본성인 신성이 발현되어 천리天理에 순응하는 삶을 살게 되는 것을 뜻한다. 그러한 순천順天의 삶을 살게 되면 하늘이 도와 길하지 않음이 없게 되는 것이다. 사람을 대할 때는 말을 온화하게 하고, 일을 할 때는 기운을 온화하게 하며, 재물을 대할 때는 의로움을 온화하게 해야 한다. 너그러움에는 인내·용서·사랑의 의미가 함축되어 있다. 인내·용서·사랑은 성통공완을 이루기 위한 필수 덕목이다. 성통, 즉 본성을 통한다는 것은 생명의 유기성과 상호관통을 깨닫는다는 것으로 이 우주가 '한생명'임을 체득하는 것이다. 성통이 이루어지지 않고서는 공완, 즉 재세이화·홍익인간은 실현될 수가 없는 것이다. 엄하되 은혜로움과 온화함이 있게 되면 강함과 부드러움의 양 극단을 넘어서게 된다. 기색이 씩씩하여 엄하면 가르치지 않아도 제자들이 스스로 훈도訓導되고, 자제가 능히 스스로 훈육訓育되며, 이웃이 능히 스스로 훈계訓戒된다.

제7강령 보報란 하늘이 악한 사람에게는 앙화殃禍로 갚고, 착한 사람에게는 복으로 갚는 것을 말한다. 보報는 쌓음(積)으로써 받는 것이고, 중重히 여김으로 받는 것이며, 시작함(刱)으로 받는 것이고, 채움(盈)으로써 받는 것이며, 큼(大)으로 받는 것이고, 작음(小)으로 받는 것이다. 덕을 닦고 선을 행하여 오랜 세월 쌓으면 신성神性이 발현되어 천리天理에 순응하는 삶을 살게 되므로 복을 받게 된다. 또한 여러 대에 걸쳐 적선을 행하면 가히 이어지는 복을 받게 된다. 실로 지혜로운 자는 순수하고도 헌신적인 행위의 길을 통해 '참나'에 이르게 된다. 이기적인 욕구 충족을 위해서가 아니라 영혼의 정화를 위해서 행위하는 까닭에, 마치 연꽃잎이 물에 젖지 않는 것과 같이 악에 더럽혀지지 않으므로 하늘의 복을 받게 되는 것이다. 종신토록 선을 행하여도 선은 오히려 부족하고, 단 하루를 악을 행하여도 악은 스스로 남음이 있다. 큰 허물과 큰 악은 지혜가 어두운 데서 생긴다. 작은 악도 또한 악을 짓는 것이니, 가히 그 앙화를 받게 된다. 악을 시험 삼아 행하고서 이익을 얻었다고 해서 좋은 방법으로 알고 짓는 것은 본래의 성품을 저버리는 것이다. 참된 지혜가 이기적인 욕망에 가려지면 자연히 그 앙화를 받게 된다.

제8강령 응應이란 악惡은 앙화로 응징 받고, 선善은 복으로 보응을 받는 것을 말한다. 응이란 쌓임(積)으로 오는 것이고, 중히 여김으로 오는 것이며, 맑음(淡)으로 오는 것이고, 가득함(盈)으로 오는 것이며, 큼(大)으로 오는 것이고, 작음(小)으로 오는 것이다. 이 우주는 자연법인 카르마(karma, 業)의 지배 하에 있으므로 각기 짓는 그 업業에 따라 다양한 형태의 화복禍福이 주어지는 것이다. 선업善業을 짓느냐 악업惡業을 짓느냐 하는 것은 모두 자신에게 달린 것으로 그에 따라 자연히 다양한 형태의 화복이 주어지는 것이다. 카르마의 목적이 단순한 징벌에 있는 것이 아니라, 영적靈的 교정의 의미와 함께 영적 진화를 위한 영성 계발에 있다는 사실을 자각한다면, 하늘이 내리는 앙화, 즉 시련의 교육적 의미를 감사하는 마음으로 깊이 새길 수 있을 것이다. 참전계경의 가르침에 따라 혈구지도를 지켜나간다면 편안한 생활을 할 수가 있다. '하늘의 그물(天羅)'은 넓고 넓으나 사소한 일 하나라도 놓치지 아니하므로 악을 행하면 반드시 재앙을 만나게 되어 하는 일마다 끝을 맺지 못한다. '땅의 그물(地網)'은 그 누구도 벗어날 수 없으므로 악을 행하면 반드시 흉한 곳만 찾아다니게 되어 하는 일마다 끝을 맺지 못한다. 작은 선善이라 하여 행하지 않고 크지 않은 악惡이라 하여 행한다면 악으로 된 산(惡山)을 이루어 그 앙화를 받게 될 것이다. 악이란 선의 결여이며, 이는 곧 남을 나와 같이 생각하는 마음이 결여된 데서 오는 것이다. 매순간 정성을 다하여 천·지·인 삼신일체(三神一體, 三位一體)의 천도天道를 실천한다면, 사람 가운데 천지가 하나(人中天地一)가 되므로 이루어지지 않는 일이 없게 된다.

이렇듯 여덟 강령은 각기 독립적으로 존재하는 것이 아니라, 상호의존·상호전화·상호관통하는 관계 속에 있으므로 참본성이 열리지 않고서는 세상을 밝힐 수 없는 것이다. 그런 까닭에 참전계경에서는 8강령에 따른 삼백예순여섯 지혜로 뭇 사람들을 가르침으로써 천인합일의 이치를 터득하게 하고 사람으로서의 도리를 깨우치게 하여 이른바 '무위이화無爲而化'의 세상을 열고자 했던 것이다. 말하자면 아무런 작위함이 없는 천지 운행의 이치를 본받아 명령하거나 시키지 않아도 저절로 따르는 재세이화의 세계를 구현하고자 했던 것이다. 이는 곧 '무위이화'의 덕과 그 기운과 하나가 되는 것이며, 이러한 우주의 조화 기운과 하나가 되면 소아小我의 유위有爲가 아닌 대아大我의 무위를 따르게 되어 동귀일체同歸一體가 이루어져 천덕天德은 현실 속에서 현현하게 되는 것이다.

제3장 참전계경의 구조

『참전계경』 366사는 여덟 가지 강령, 즉 성·신·애·제·화·복·보·응이 각각 성誠이 6체體 47용用, 신信이 5단團 35부部, 애愛가 6범範 43위圍, 제濟가 4규規 32모模, 화禍가 6조條 42목目, 복福이 6문門 45호戶, 보報가 6계階 30급級, 응應이 6과果 39형形으로 이루어져 있다. 8강령은 천부경·삼일신고와 마찬가지로 천·지·인 삼재에 기초하여 하늘과 사람과 만물을 하나로 관통하고 있음을 보여준다. 8강령의 논리 구조를 보면, 전前 4강령 성·신·애·제와 후後 4강령 화·복·보·응은 인과관계를 이루고 있다. 여기서 성·신·애·제 4인因과 화·복·보·응 4과果는 그 성性이 따로 있는 것이 아니고 오직 일심一心일 따름이다. 다만 제문諸門에 의지하여 일성一性을 나타낸 것일 뿐이다. 따라서 '4인·4과'는 단선적인 구조가 아니라 상호의존(interdependence)·상호전화(interchange)·상호관통(interpenetration)하는 원궤圓軌를 형성하고 있는 것이다. 시작도 끝도 없는 영원한 '하나(一)'의 조화 기운과 하나가 되는 것, 바로 여기에 마음을 밝히고 세상을 밝히는 '인중천지일'·'성통공완'의 비밀이 있다. 참전계경은 거기에 이르는 구체적인 길을 366사로써 제시한 것이다.

1. 제1강령 성誠 6체體 47용用

제1체 경신敬神 제2체 정심正心 제3체 불망不忘 제4체 불식不息
제5체 지감至感 제6체 대효大孝

2. 제2강령 신信 5단團 35부部

　제1단 의義 제2단 약約 제3단 충忠 제4단 열烈 제5단 순循

3. 제3강령 애愛 6범範 43위圍

　제1범 서恕 제2범 용容 제3범 시施 제4범 육育 제5범 교敎
　제6범 대待

4. 제4강령 제濟 4규規 32모模

　제1규 시時 제2규 지地 제3규 서序 제4규 지智

5. 제5강령 화禍 6조條 42목目

　제1조 기欺 제2조 탈奪 제3조 음淫 제4조 상傷 제5조 음陰
　제6조 역逆

6. 제6강령 복福 6문門 45호戶

　제1문 인仁 제2문 선善 제3문 순順 제4문 화和 제5문 관寬
　제6문 엄嚴

7. 제7강령 보報 6계階 30급級

　제1계 적積 제2계 중重 제3계 창刱 제4계 영盈 제5계 대大
　제6계 소小

8. 제8강령 응應 6과果 39형形

　제1과 적積 제2과 중重 제3과 담淡 제4과 영盈 제5과 대大
　제6과 소小

제6부 참전계경의 주해

제1강령 「성誠」
제2강령 「신信」
제3강령 「애愛」
제4강령 「제濟」
제5강령 「화禍」
제6강령 「복福」
제7강령 「보報」
제8강령 「응應」

제1강령 성誠 제1사

6체體 47용用

● **제1체 경신敬神 제2사**

　　제1용 존봉尊奉　제3사　　　제2용 숭덕崇德　제4사

　　제3용 도화導化　제5사　　　제4용 창도彰道　제6사

　　제5용 극례克禮　제7사　　　제6용 숙정肅靜　제8사

　　제7용 정실淨室　제9사　　　제8용 택재擇齋　제10사

　　제9용 회향懷香　제11사

● **제2체 정심正心 제12사**

　　제10용 의식意植　제13사　　제11용 입신立身　제14사

　　제12용 불혹不惑　제15사　　제13용 일엄溢嚴　제16사

　　제14용 허령虛靈　제17사　　제15용 치지致知　제18사

　　제16용 폐물閉物　제19사　　제17용 척정斥情　제20사

　　제18용 묵안默安　제21사

● **제3체 불망不忘 제22사**

　　제19용 자임自任　제23사　　제20용 자기自記　제24사

　　제21용 첩응貼膺　제25사　　제22용 재목在目　제26사

　　제23용 뇌허雷虛　제27사　　제24용 신취神聚　제28사

● 제4체 불식不息 제 29사

　제25용- 면강勉强　제30사　　제26용- 원전圓轉　제31사
　제27용- 휴산休算　제32사　　제28용- 실시失始　제33사
　제29용- 진산塵山　제34사　　제30용- 방운放運　제35사
　제31용- 만타慢他　제36사

● 제5체 지감至感 제37사

　제32용- 순천順天　제38사　　제33용- 응천應天　제39사
　제34용- 청천聽天　제40사　　제35용- 낙천樂天　제41사
　제36용- 대천待天　제42사　　제37용- 대천戴天　제43사
　제38용- 도천禱天　제44사　　제39용- 시천恃天　제45사
　제40용- 강천講天　제46사

● 제6체 대효大孝 제47사

　제41용- 안충安衷　제48사　　제42용- 쇄우鎖憂　제49사
　제43용- 순지順志　제50사　　제44용- 양체養體　제51사
　제45용- 양구養口　제52사　　제46용- 신명迅命　제53사
　제47용- 망형忘形　제54사

참전계경

제1강령 성誠

제1사 성誠

誠者 衷心之所發 血性之所守 有六體四十七用
성자 충심지소발 혈성지소수 유육체사십칠용

번역 성誠이란 마음속 깊은 곳에서 우러나오는 것으로, 타고난 참본성을 지키는 것이니, 여기에는 6체 47용이 있다.

주해 1) 誠者 衷心之所發 血性之所守(성자 충심지소발 혈성지소수) : 성誠, 즉 정성이란 마음속 깊은 곳에서(衷心之) 우러나오는 것(所發)으로, 타고난 참본성(血性)을 지키는 것(所守)을 말한다. 충심衷心은 마음속 깊은 곳에서 우러나오는 진심이다.

2) 有六體四十七用(유육체사십칠용) : 성에는 여섯 가지 본체(體)와 마흔 일곱 가지 작용(用)이 있다는 뜻이다.

해설 성誠, 즉 정성이란 마음속 깊은 곳에서 우러나오는 것으로 타고난 참본성을 지키는 것이다. 사람이 성誠을 다하면 하늘도 감동한다(至誠感天)는 말이 있다. 사람이 정성을 다하면 각覺, 즉 깨달음을 얻게 된다. 사람은 정성으로 깨달음을 얻으며, 정성은 신神에서 완성된다. 이는 곧 행위의 결과에 대한 집착을 포기함으로써 자유롭게 되는 것을 뜻한다.[32] 여기서 정성이란 순일純一하고 쉬지 않는 것[33]을 말한다. 정성은 '하나'님을 공경하는 것(敬神)이고,[34] 마음을 바르게 갖는 것(正心)이며, 잊지 아니하는 것(不忘)이고, 쉬지 않는 것(不息)이며, 지극한 감응에 이르는 것(至感)이고, 지극히 효도하는 것(大孝)이다. 우선 정성은 '하나'님을 공경하는 것이라고 「경신敬神」(誠 1體)에서는 말한다. 없는 곳이 없이 우주만물에 편재遍在해 있는 하늘은 해·달·별과 바람·비·천둥·번개와 같이 형상 있는 하늘이 있는가 하면, 형체가 없어 보이지 않고 소리가 없어 들리지 않는 형상 없는 하늘이 있다. 형상 없는 하늘을 일컬어 하늘의 하늘, 즉 '하나'님이라고 한다. 『도덕경』 14장에서는 "보려 해도 보이지 않으니 빛깔이 없는 것(夷)이라 하고, 들으려 해도 들리지 않으니 소리가 없는 것(希)이라 하며, 잡으려 해도 잡히지 않으니 형상이 없는 것(微)이라 한다. 이 셋은 어떠한 감각으로도 포착할 수 없는 고로 섞여서 하나가 된다…만물을 끊임없이 생성하여 무엇이라 이름할 수가 없다"[35]고 하였다. 사람은 오로지 일념으로 성을 다

---

32 cf. *The Bhagavad Gita*, translated from the Sanskrit with an introduction by Juan Mascaro(London: Penguin Books Ltd., 1962), 18. 12. : "When work is done for a reward, the work brings pleasure, or pain, or both, in its time; but when a man does work in Eternity, then Eternity is his reward."
33 『天道教經典』「守心正氣」, 304쪽.
34 cf. 『龍潭遺詞』「道修詞」: "誠敬二字 지켜내어 차차차차 닦아내면 無極大道 아닐런가 시호시호 그때 오면 道成立德 아닐런가"「道修詞」에서는 마음을 지키고 기운을 바르게 하는 守心正氣를 誠敬 두 자로 설명하고 있다. 誠敬 두 자만 지켜내면 하늘의 無極大道에 이르고 道成立德이 되는 것으로 보았다. 말하자면 道成立德이 소수 양반층의 전유물인 '萬卷詩書' 등 형식적·외면적 수양을 통해서가 아니라 守心正氣, 즉 내면화된 '誠敬二字의 자각적 실천에 있음을 간파한 것이다.
35 『道德經』14章 : "視之不見名曰夷 聽之不聞名曰希 搏之不得名曰微 此三者不可致詰故混而爲一……繩繩兮不可名."

할 때 자신의 성문(誠門)이 열리면서 스스로의 신성(참본성)과 마주치게 된다. 매순간 정성을 다하는 것이 타고난 참본성을 지키는 것이요, 인간의 중심에 내려와 계신 '하나'님(一神降衷)을 경배하는 것이다. 인간의 중심에 내려와 계신 '하나'님을 높이 받드는 정성을 늘 마음에 새겨 잊지 아니하면 우주의 창조적 에너지인 '하나'님과 연결되는 직로가 뚫리어 다함이 없는 생명의 기운을 받게 되는 것이다. '하나'님을 높이 받드는 정성을 늘 마음에 새겨 잊지 아니한다는 뜻은 우리의 참본성(神性)을 자각적으로 실천한다는 것이다. 매순간 자신의 의무를 성실하게 수행함으로써 우리의 육체적 자아(corporal self)가 고차원의 우주적 자아(cosmic self)로 향하게 하는 것이다. 그런 까닭에 『삼일신고』「일신一神」에서는 "자성(自性, 本性)에서 '하나'님의 씨를 구하라. 너희 머릿골에 내려와 계시니라"[36]고 한 것이다. 말하자면 참본성이 곧 하늘이요 신神이다. 그러나 일신강충一神降衷의 의미를 새기지 못한 채 정성이 없이 건성으로 받드는 시늉만 낸다면 참본성이 드러날 수 없으므로 하늘이 감응하지 않는 것은 당연한 이치이다. 이는 마치 풀과 나무가 비와 이슬과 서리와 눈을 맞지 못하는 것과 마찬가지로 생명력을 잃게 되는 것이다. 따라서 '하나'님을 정성껏 높이 받들어 모셔야 하며「尊奉」(誠 1體 1用)」, 하늘의 덕을 높여야 하고「崇德」(誠 1體 2用)」, 하늘의 조화造化를 계몽하고 교화함으로써 인도하며「導化」(誠 1體 3用)」, 하늘의 섭리를 밝혀 드러내고「彰道」(誠 1體 4用)」, '하나'님을 극진한 예로써 공경하며「克禮」(誠 1體 5用)」, 기운을 바르게 세우고 마음을 고요히 하며「肅靜」(誠 1體 6用)」, 정결한 곳에서 '하나'님을 높이 받들어 모시고「淨室」(誠 1體 7用)」, 반드시 날을 택하고 마음을 삼가서 재계齋戒하며「擇齊」(誠 1體 8用)」, 향로 하나를

---

36 『三一神誥』「一神」: "自性求子 降在爾腦."

올릴 때에도 지극히 공손한 마음을 가져야 한다「懷香」(誠 1體 9用)]. "잠시라도 하늘의 덕이 없으면 사람이 사람 될 수 없고, 만물이 만물 될 수 없는 까닭에 밝은이는 부지런히 힘써 하늘의 덕을 칭송한다." 사람이 사람 될 수 없고 만물이 만물 될 수 없다고 한 것은 일체의 생명현상이 하늘의 무위이화無爲而化의 덕德과 그 기운의 조화造化 작용인 까닭이다. 삼라만상의 천변만화千變萬化가 모두 혼원일기混元一氣인 하늘의 이치와 기운의 조화 작용인 까닭에 하늘과 우주만물(人物)은 분리될 수 없는 것이다. 하늘의 덕을 칭송한다는 것은 하늘의 화현인 우주만물을 차별 없이 사랑한다는 것이고, 이는 곧 자신의 의무를 성실하게 수행함으로써 참본성을 자각적으로 실천하는 것이다. "사람이 하늘의 조화를 알지 못하면 하늘과 사람의 이치에 어두워 자기가 타고난 성품을 어디서 받았는지, 또한 자신의 몸이 어디에서 왔는지 알지 못한다. 먼저 하늘의 조화를 깨닫지 못하면 나머지 깨닫는 바도 없게 되므로, 밝은이는 의당 하늘의 조화를 열어 보임으로써 뒷사람을 인도한다." 하늘의 조화를 열어 보인다는 것은 널리 계몽하고 교화한다는 뜻이다.

사람이 하늘의 무궁한 조화에 눈을 떠서 무위이화의 덕과 그 기운과 하나가 되면 천·지·인 삼재三才의 융화가 이루어져 참본성이 곧 하늘이요 신神임을 깨닫게 된다. 그리하여 하늘의 기틀과 마음의 기틀, 땅의 형상과 몸의 형상, 그리고 사물의 주재함과 기氣의 주재함이 상호 조응하고 있음을 알게 되고, 천·지·인 삼신일체의 천도가 인간 존재 속에 구현(人中天地一)되어 있음을 체득하게 되는 것이다. 사람이 바른 도(中道, 中一의 법도)로써 행하면 어두운 기운이 감히 범접하지 못한다. 무릇 바른 도란 중도中道이니, 이러한 중일中一의 법도를 잘 지켜나가면 하늘의 도가 드러나게 된다. '중일'은 우주만물의 중심에 내려와 있는 '하나(一)'인 혼원일기, 즉 "'하나'님[하늘, 唯一神]을 뜻하는 것으로, 이러한 일신강충의 의미를 잘 새겨서 천·지·인 삼신일체의 천도를 밝혀 드러내는 것이 중일의 법도이다. 기운을 바르게 세우고 마음을 고요히 하여 하늘과 우주만물이 둘이 아니라는 중일의 법도를 잘 지켜 나가면, 마침내 하늘의 이치가 저절로 밝아지게 된다. '경신'은 지극한 마음을 다하여 '하나'님[참본성]을 경배하는 것이다. 경敬은 덕을 세우는 전부이고 조화적 질서를 이루는 원천이다. '하나'님은 우주만물의 중심에 내려와 계시므로 우주만물을 떠나 따로이 '하나'님을 경배할 수 있는 것이 아니다. 경신의 실천은 우주만물에 대한 차별 없는 사랑을 통하여 이루어질 수 있는 것이다.[37] 그 비밀은 일심一心에 있다. 행위의 결과에 대한 집착을 버리고 모든 행위를 마치 신에게 바치는 번제의식燔祭儀式과도 같이 일념으로 정성을 다하게 되면 마침내 행위자는 사라지고 행위만 남는 지선至善의 경지에 이르게 되어 삶 자체가 명상이요 기도가 되는 것이다. 그러한 경지에 이르면 천·지·인 삼신일체의 천도를 체득하게 되므로 흔히 '하나'님이 임한다는 의인화된 표현을 쓰기도 한다. '하나'님은 근원성·포괄성·보편성을 띠는 까닭에 무시무종無始無終이요 무소부재無所不在이며 이 세상 그 어떤 것도 포괄하지 않음이 없는 근원적 일자(唯一神, 混元一氣)이다.[38] 우주는 자기생성적 네트워크체제로 이루어진 '참여하는 우주'[39]인 까닭에 필연적인 자기법칙성에 따라 스스로 생성되고 스스로 변화하여 스스로 돌아가는 것이어서 누가 누구를 창조하는 것이 아니다. 우주만물이 다 하나인 혼원일기에서 나와 다시 하나인

---

37 cf.『天道敎經典』「三敬」.

38 cf.『三一神誥』「하늘(天)」.

39 『天符經』각주) 121 참조.

혼원일기로 돌아가니, 그 다함이 없는 창조성이 하도 신령스러워 '님'자를 붙여 의인화한 표현으로 나타냈을 뿐이다. 우주만물이 혼원일기인 '하나(一)' 즉 유일신의 화현化現 아닌 것이 없으니, 우주만물과 유일신은 분리될 수 있는 것이 아니다. 따라서 종교와 종교 간의 갈등과 유일신 논쟁은 참진리가 가려진 데서 오는 것이다.

정성은 마음을 바르게 갖는 것이라고 「정심正心」(誠 2體)에서는 말한다. "정심이란 하늘마음을 바르게 하는 것이다. 마음에는 아홉 개의 구멍(九竅)이 있어 육감이 희롱하면 하늘의 이치를 구하고자 해도 가히 얻지 못하리니, 만일 한 마음(靈臺)이 우뚝 높이 서면 태양의 밝은 빛에 구름과 안개가 걷히고 큰 바다가 넘실거림에 티끌이 사라짐과 같다." 아홉 개의 구멍, 즉 구규九竅란 사람 몸에 있는 아홉 구멍 즉 눈·코·입·귀·요도·항문을 말하는데, 마음에도 아홉 구멍이 있다고 한 것은 몸과 마음이 조응관계에 있는 까닭이다. 다시 말해서 눈·코·입·귀·요도·항문은 통로일 뿐이고 기실은 모두 마음의 작용이니 마음에 아홉 구멍이 있다고 한 것이다. 육감六感은 희喜·구懼·애哀·노怒·탐貪·염厭, 즉 기쁨·두려움·슬픔·성냄·탐냄·싫어함의 여섯 가지 감정을 일컫는 것이다. "뜻이 천심을 따르지 않고 육체의 욕망에 끌려 망령되게 움직이면, 몸 전체가 하늘의 명을 거스르는 것이 되어 마침내 그 공功을 거두지 못하고 바람 타는 가지枝에 그 뿌리마저 흔들리는 격이 될 것이다. 천심을 바르게 하고자 한다면 먼저 마음의 밭을 고르게 갈아야 바르게 운용될 것이다."『금강삼매경론』에서는 '일체의 염정제법染淨諸法이 일심에 의거해 있는 까닭에 일심은 모든 법의 근본'[40]이라고 하였다. 따라서 바로 이 마음이 모든 법이 의거하는 주

---

40 『金剛三昧經論』, 153쪽;『大乘起信論別記』, 471, 474쪽.

主가 되기 때문에 법法과 아我가 본래 공空함을 알고 집착을 버리게 되면 환화幻化의 작용은 그치고 바로 본각本覺의 공적空寂한 마음을 얻게 되어 무쟁無諍에 처할 수 있게 되는 것이다.[41] 오는 것은 모두 그대로 비추지만 지나가버리면 아무런 흔적도 남기지 않는 거울과도 같이 개오開悟된 마음은 세상사에 일희일비一喜一悲하지 않는다. 따라서 마음을 바르게 갖기 위해서는 천심을 따를 수 있도록 뜻을 심어야 하고「意植」(誠 2體 10用)], 몸을 곧게 세워야 하며「立身」(誠 2體 11用)], 사물에 미혹되지 말고「不惑」(誠 2體 12用)], 공명정대한 기색이 넘치게 하며「溢嚴」(誠 2體 13用)], 텅 빈 신령한 마음을 지니고「虛靈」(誠 2體 14用)], 힘써 깨달아 알며「致知」(誠 2體 15用)], 사물에 끌려 다니지 말고「閉物」(誠 2體 16用)], 정욕을 물리치며「斥情」(誠 2體 17用)], 마음을 가라앉혀 맑고 고요하게 한다「默安」(誠 2體 18用)]. 마음이 바르지 않으면 자기도 모르는 사이에 고뇌와 번민이 번갈아 일어나 정기가 흩어지고 기운이 쇠약해지게 된다. 그러나 마음이 바르면 지혜가 밝아져서 자신의 분별지分別智가 작용하기 전에 근본지根本智로서 알게 되므로 사물에 미혹되지 않는다.[42] 사람이 바른 마음을 품으면 공명정대한 기색이 가득 넘쳐나게 된다. 가린 것 없이 맑고 영롱한 마음(虛靈)은 "빈 가운데에서 이치와 기운이 생겨 크게는 우주 전체에 두루 미치고 작게는 미세한 티끌 속까지 들어가니 그 이치와 기운은 텅 비어 있으면서 또한 신령하다." "바른 마음이 한결같으면 마음속 신神과 영靈이 각기 앎(知)과 깨달음(覺)을 맡아, 소리가 들어오면 신이 통하고 사물이 다가오면 영이 깨닫나니, 이미 지나간 일과 장차 올 일을 당시처럼 환하게 알게 된다." 밝은이는 사물에 대해

---

41 『金剛三昧經論』, 144-145쪽.
42 cf. 達磨大師, 『二入四行論』: "迷時人逐法 解時法逐人 迷時色攝識 解時識攝色."

마음을 닫으며(閉物) 열고 펴냄(開發)에 신중(愼)을 기한다. 말하자면 인人이 시時에 머물러 같이 가며 나아갈 때와 물러날 때를 알아 하늘을 거스르지 않는 것이다. 탐내어 집착하는 마음(情慾)을 물리치고, 마음을 깊게 가라앉혀 맑고 고요하게 하면 마음은 저절로 바르게 된다.

정성은 잊지 아니하는 것이라고 「불망不忘」(誠 3體)에서는 말한다. "불망이란 잊지 않고자 하는 것이 아니라 저절로 잊어지지 않는 것이다. 성이란 도道를 이루는 전부이고 일을 만드는 큰 근원이다. 한결같이 잊지 않고 품어 온 정성이라야 참된 정성이며, 한 번도 어김이 없는 것은 바로 그 다음이다." 잊지 아니하는 정성이란 다른 것에 말미암지 않고 오로지 자연적으로 우러난 것「自任」(誠 3體 19用)이며, 저절로 기억하는 것「自記」(誠 3體 20用)이고, 가슴에 서리어 떠나지 않는 것「貼膺」(誠 3體 21用)이며, 항상 눈에 어려 있는 것「在目」(誠 3體 22用)이고, 우뢰와 같은 하늘의 소리로 텅 비게 되는 것「雷虛」(誠 3體 23用)이며, 정신을 모으는 것「神聚」(誠 3體 24用)이다. 이러한 정성으로 행하면 구하지 아니하여도 자연히 일이 이루어진다. 자연적으로 우러난 정성, 즉 타고난 순수한 정성은 기억하고자 하지 않아도 저절로 기억하게 되므로 '자기自記'라고 한 것이고, 또한 잊지 않고자 하는 것이 아니라 저절로 잊어지지 않는 것이므로 '불망不忘'이라고 한 것이며, 정성이 가슴에 서리어 떠나지 않으므로 '첩응貼膺'이라고 한 것이고, 정성이 항상 눈에 어려 있으므로 '재목在目'이라고 한 것이다. 타고난 순수한 정성을 「첩응」(誠 3體 21用)에서 빛이 순색純色인 완전한 소(牛)[43]로 상징적으로 표현한 것은 순수한 정

---

43 인간의 본성을 찾아 깨달음의 세계에 이르는 심오한 禪宗의 사상을 담고 있는 尋牛圖에 보면, 禪의 수행 단계를 소와 동자에 비유하여 10단계로 도해하고 있다.

성이 도道를 이루는 전부임을 나타내기 위한 것이다. 정성이 지극한 경지에 이르면 행위자는 사라지고 행위만 남게 되므로 주관적 세계와 객관적 세계의 구분이 사라지고 주체-객체 이분법이 해체되어 '참여하는 우주'가 그 모습을 드러내게 된다. 따라서 그냥 눈으로 사물을 볼 때와는 달리, 정성어린 뜻이 눈에 담겨 있으면 일체의 사상事象을 관조觀照하는 눈으로 무심히 바라볼 수 있게 된다. "기억하고자 하는 것은 마음속에 구하는 것이 있기 때문이고, 저절로 기억하는 것은 마음속에 구하는 것이 없이도 스스로 잊지 않고 기억하는 것이다." 정성이 뇌리에 깊이 새겨져 있으면 의식하지 않아도 저절로 우러나오게 된다. 정성이 더욱 깊어져 우리 몸 세포 하나하나에 그것이 각인되는 단계에 이르면 호흡하고 생각하고 말하고 움직이는 존재의 전 과정이 정성의 발현인 것으로 나타나게 되어 가히 정성의 화신化身이고 할 수 있는 경지에 이르게 되는 것이다. 역사상 알려진 혹은 알려지지 않은 밝은이들(覺者)이 이에 속한다. 정성이 지극하면 마치 정성의 기운을 귀에 매단 것과 같아서 정성이 일어날 때에는 우뢰와 같은 하늘의 소리로 텅 비게 된다. 텅 빈다는 것은 '나'라는 에고(個我, ego)가 사라진다는 것이고, '나'가 사라지니 이 세상에 '나' 아닌 것이 없으므로 걸림이 없어져 자유롭게 되는 것이다. 정성이 지극하여 신명神明과 통하는 깊은 경지에 들어가면 하늘기운(全體意識, 宇宙意識, 純粹意識)과 하나가 되

즉 1) 심우(尋牛: 소를 찾아 나섬), 2) 견적(見跡: 소의 자취를 봄), 3) 견우(見牛: 소를 봄), 4) 득우(得牛: 소를 얻음), 5) 목우(牧牛: 소를 기름), 6) 기우귀가(騎牛歸家: 소를 타고 집으로 돌아감), 7) 망우존인(忘牛存人: 소는 잊고 사람만 남음), 8) 인우구망(人牛俱忘: 소와 사람, 둘 다 잊음), 9) 반본환원(返本還源: 근원으로 돌아감), 10) 입전수수(入纏垂手: 저자에 들어가 중생을 도움), 이상의 10단계이다. 여기서 빛이 순색인 완전한 소는 여섯 번째 '騎牛歸家' 즉 내가 내 마음을 타고 본성의 세계로 되돌아가는 단계를 나타낸 것이다. 자세한 내용은 第25事「貼膺」(誠 3體 21用) 참조.

므로 '나'라고 하는 듣는 주체도 사라지고, 주체가 사라지니 그 대상인 객관적 세계도 사라져 허허공공虛虛空空하게 되는 것이다. 말하자면 주체-객체 이분법이 폐기된 진정한 참여자의 위치에 있게 되는 것이다. 일심의 근원으로 되돌아가 거울이 모든 형상을 받아들이듯이 만물만상을 포용할 수 있게 되는 것이다. 한마디로 '나'를 잊고 '나'를 잃지 않는 경지이다. 우리의 몸과 마음이 정성의 기운으로 충만하게 될 때 비로소 걸림이 없는 의식에 이를 수 있는 까닭에 정성에 대한 가르침을 그토록 강조하고 있는 것이다. 정성을 다하지 못한다는 것은 하늘기운의 파장이 에고에 의해 왜곡되거나 차단됨으로써 순천順天의 삶을 살지 못하는 것을 의미한다. 『명심보감』에도 나와 있거니와,[44] 하늘의 이치에 순응하는 삶을 사는 자는 하늘이 도와 길함이 있게 되는 반면, 역행하는 삶을 살면 반드시 그에 대한 하늘의 갚음을 받게 되는 것이다. 정신수련을 하든, 세속적 삶을 살든, 정성을 다하지 않으면 이루어지는 일이 없다. 정신수련과 세속적 삶은 행위를 멈추고 내면을 들여다보는 '지행止行'과 사심 없는 행위를 하는 '관행觀行'[45]의 관계이며 수레의 양 바퀴와도 같은 것이어서 분리시킬 수 없다. 정확하게 말하자면, 삶 그 자체가 명상이요 기도가 되는 것이 정성을 다하는 삶이다.

정성은 쉬지 않는 것이라고 「불식不息」(誠 4體)에서는 말한다. "지극한 정성을 쉬지 않는 것과 쉼이 없이 그저 계속하는 것은 서로 다른 것이다. 그것은 도력道力이 힘써 모아지는 것과 사람의 욕심이 줄었다 늘어났다 하는 것의 차이이니, 가는 털 만한 간격도 나중에

44　『明心寶鑑』「天命」: "子曰 順天者 存 逆天者 亡."

45　『金剛三昧經論』, 145쪽.

는 천양지차天壤之差로 벌어진다." 지극 정성으로 계속하는 것과 하지 않을 수 없어 그저 계속하는 것은 하늘기운의 파장에 전적으로 동조하는 것과 그렇지 못한 것의 차이이다. 따라서 스스로 힘써 노력해야 하며「勉强」(誠 4體 25用)], 정성을 쉬지 않아야 하고「圓轉」(誠 4體 26用)], 정성을 시작한 해도 정성을 끝마치는 해도 계산하지 말아야 하며「(休算)」(誠 4體 27用)], 처음에 바라는 바를 잊어버려야 하고「失始」(誠 4體 28用)], 티끌 모아 태산 되듯 성산誠山을 이루며「塵山」(誠 4體 29用)], 정성된 뜻을 본받아서 쉬지 아니하고「放運」(誠 4體 30用)], 마음의 한결같은 생각이 정성에 있고 정성의 한결같은 생각이 쉬지 않음에 있어야 한다「慢他」(誠 4體 31用)]. "힘써 노력하면 정성의 근본이 깊고 견고해져 애쓰지 않아도 저절로 힘이 생기며, 머지않아 그 뜻을 이룰 수 있다." "정성을 쉬지 않는 것은 마치 둥근 물건이 평탄한 곳에서 저절로 구르는 것과 같아서, 멈추려 해도 안 되고, 늦추려 해도 안 되며, 빠르게 나아가려 해도 또한 되지 않으니, 몸체를 따라 쉬지 않고 굴러가는 것이다." 정성을 들이는 자가 날짜를 계산하거나 섣불리 어떤 감응을 기대하는 것은 정성이 없는 것과 같다. 결과에 대한 집착을 버리고 오직 사람이 할 바를 다하며 하늘의 명을 기다리는 '진인사대천명盡人事待天命'의 자세를 견지해야 하는 것이다. '진인사대천명' 속에는 자유의지와 필연의 조화가 함축되어 있다. "처음에 하고자 하는 바가 있어 정성을 들이기 시작하여 점점 깊은 경지에 들어가면, 하고자 하는 바는 점점 작아지고 정성을 다하고자 하는 바는 점점 커진다. 또한 점점 더욱 깊은 참 경지에 들어가면, 하고자 하는 바는 없어지고 다만 정성을 다하고자 하는 일만이 있을 뿐이다." "티끌이 바람에 날려 산기슭에 오랜 세월 쌓이기를 거듭하면 산 하나를 이루게 된다. 지극히 작은 티끌 먼지가 모여 지극히 큰 산을 이루는 것은 바람이 쉬지 않고 티끌을 몰고 오기 때문이다. 정성 또한 이와 같아서 쉬지 않고 정성을 다하면 정성의 산(誠山)을 가히 이룰 수 있다." 마음의 한결같은 생각이 정성에 있고 정성의 한결같은 생각이 쉬지 않음에 있으면, 생각 밖의 일이 싹터서 움직일 수 없으므로 "가난하거나 천하다고 해서 그 정성이 게을러지지 않으며, 부유하거나 귀하다고 해서 그 정성이 어지럽혀지지 않는다."

정성은 지극한 감응에 이르는 것이라고 「지감至感」(誠 5體)에서는 말한다. "감응이란 하늘이 사람에게 감동하여 응답하는 것이니, 사람이 감동할 만한 정성이 없으면 하늘이 어찌 감동할 것이며, 사람이 응답할 만한 정성이 없으면 하늘이 어찌 응답하리오! 정성이 지극하지 않으면 정성이 없는 것과 같고, 감동해도 응답이 없으면 감동하지 않은 것과 다름없다." 그러므로 천리天理에 순응하여 정성을 다해야 하며「順天」(誠 5體 32用)], 천리에 순응하여 정성을 길러야 하고「應天」(誠 5體 33用)], 천명天命을 들어야 하며「聽天」(誠 5體 34用)], 하늘의 뜻을 즐거워해야 하고「樂天」(誠 5體 35用)], 하늘의 감응을 마음속 깊이 기다려야 하며「待天」(誠 5體 36用)], 하늘 받들기를 머리에 무거운 물건을 인 것처럼 하고「戴天」(誠 5體 37用)], 하늘에 기도하며「禱天」(誠 5體 38用)], 하늘을 믿고 의지하고「恃天」(誠 5體 39用)],[46] 거듭 생각하여 천도天道를 강론해야 한다「講天」(誠 5體 40用)]. "하늘의 응답을 받는 사람은 하늘의 이치에 순응하여 거스르지도, 졸속하지도 않는다." "하늘이 근심과

---

46 cf. 「恃天」. 東學의 「侍天」, 즉 '하늘을 모심'은 인간의 신성과 생명의 유기성 및 상호 관통을 깨달아 順天의 삶을 지향하는 天人合一의 大公한 경계를 말하는 것으로 「恃天」과는 그 의미가 같은 것이다. 水雲은 '侍'를 세 가지 뜻으로 풀이하고 있다. '內有神靈 外有氣化 一世之人 各知不移'(『東經大全』「論學文」)가 그것이다. 안으로 神靈이 있고 밖으로 氣化가 있어 온 세상 사람이 각기 알아서 옮기지 아니한다는 뜻은 인간의 내재적 본성인 신성(靈性)과 混元一氣로 이루어진 생명의 유기성 및 상호관통을 깨달아 順天의 삶을 지향하는 것을 말한다.

어려움(患難)을 주더라도 달게 받아 정성을 어기지 아니하며, 하늘이 길하고 상서로운 것(吉祥)을 내리더라도 도리어 두려워하고 정성을 게을리 하지 않아야 한다." 하늘의 명을 듣는다는 것은 "하늘의 명(天命)을 받들되 정성을 다할 뿐 감응을 기대하지 않는 것"이다. 실로 결과에 대한 집착을 버려야 진정으로 하늘의 명을 받드는 청천(聽天)이라 할 수 있을 것이다. 기도 또한 하늘의 소리를 듣기 위한 것이다. 그럼에도 인간은 열심히 자기 말만 늘어놓으니 하늘을 듣는 청천이 아니라 오히려 하늘이 사람을 듣는 '청인聽人'이 되는 셈이다. 그렇게 해서는 하늘의 감응이 일어날 수가 없다. "하늘의 뜻은 사람에게 지극히 공평하여 사사로움이 없다. 나의 정성이 깊으면 하늘의 감응도 깊고, 나의 정성이 얕으면 하늘의 감응 또한 얕다. 스스로 하늘의 감응이 깊고 얕은 것을 아는 것은 나의 정성이 깊고 얕은 것을 알기 때문이다. 그러므로 정성을 더할수록 즐거움도 더해간다." 정성이 지극한 사람에게 반드시 하늘의 감응이 있으리라는 것을 알고 기다려야 한다. "하늘의 감응을 마음 속 깊이 기다리지 않는다는 것은 곧 하늘을 믿는 정성이 없는 것이니, 기다림도 끝이 없고 정성 또한 끝이 없어야 한다. 비록 감응이 지나갔다 하더라도 스스로 하늘을 믿는 정성을 그치지 않아야 한다." 실로 정성은 인내를 통하여 깊어지는 것이고, 그 인내는 우리의 의식意識이 시공時空의 속박에서 벗어나게 될 때 비로소 완성되는 것이다. 하늘을 받들어 공경함이 머리에 무거운 물건을 인 것처럼 하고, 일의 크고 작음이나 어렵고 쉬움 또는 환경의 변화에 따라 정성이 달라지지 않으며, 하늘을 믿고 의지하면 그 정성의 뜻이 능히 감응에 이를 것이다. "작은 정성은 하늘을 의심하고, 보통 정성은 하늘을 믿으며, 큰 정성은 하늘을 믿고 의지한다." 순천順天과 역천逆天을 알아 이치에 어긋남이 없도록 하늘의 도를 강론하며, 항상 두려워하고 삼가는 마음을 간직해야 한다.

정성은 지극히 효도하는 것이라고 「대효大孝」(誠 6體)에서는 말한다. "한 사람의 효도가 능히 한 나라의 사람들을 감동시키고 또한 천하의 사람들을 감동시킨다. 천하에 지극한 정성이 아니면 어찌 이에 이를 수 있으리오! 사람이 감동하면 하늘 또한 감동한다." 그러므로 정성을 다하여 화목해야 하고「安衷」(誠 6體 41用)], 근심스러운 일은 드러내지 않으며「鎖憂」(誠 6體 42用)], 부모의 뜻을 따라야 하고「順志」(誠 6體 43用)], 부모의 몸을 봉양하며「養體」(誠 6體 44用)], 부모의 입맛에 맞게 봉양하고「養口」(誠 6體 45)], 부모의 명을 빠르게 받들어 행하며「迅命」(誠 6體 46)], 부모를 섬김에 자기 몸을 아끼지 않아야 한다「忘形」(誠 6體 47)]. "사람의 자식이 되어 부모의 마음을 편안하게 하고, 부모의 마음을 기쁘게 하며, 부모의 마음을 안정되게 하고, 부모의 마음을 먼저 알아 행하면 상서로운 구름이 집안을 에워싸고 상서로운 기운이 하늘까지 뻗치게 된다." 부모가 근심이 있으면 마땅히 풀어 평안하게 해드리고, 애당초 근심될 말은 부모의 귀에 들리지 않도록 해야 한다. 자식을 향한 부모의 참뜻을 자식이 알지 못하면, 부모의 뜻과는 다른 방향으로 나아가게 되므로 부모는 그 뜻을 실현할 수 없게 되어 항상 평안치 못한 기운이 감돌게 된다. 그러므로 큰 효도를 하는 사람은 능히 부모의 뜻을 따라야 한다. 부모의 몸이 건강하더라도 봉양하는 것이 마땅하며, "잔병이 있으면 성한 몸같이 편안하게 해 드리고, 중병도 남김없이 치료해 드린 연후라야 가히 사람의 자식으로서 효도를 다하는 것이 된다." 또한 부모의 입맛에 맞게 손수 봉양해야 한다. "부유하여 진귀한 음식을 차려 올리더라도 남에게 맡기면 봉양하는 것이 아니며, 가난하더라도 물고기를 잡고 나물을 캐는 수고를 다해서 손수 차려 올리는 것이 참된 봉양이다." 큰 효도는 부모의 명을 남김없이 받들어 행하는 것이고, 부모를 섬김에 있어 자기 몸을 아끼지 않는 것이다. "큰 효도를 하는 사람은 부모가 살아 계실 때에는 제 몸을 완전히 잊고, 부모가 돌아가신 뒤에야 비로소 제 몸을 생각한다."

제1강령 성誠에는 여섯 가지 본체(6體) 즉 경신敬神, 정심正心, 불망不忘, 불식不息, 지감至感, 대효大孝와 마흔일곱 가지 작용(47用)이 있다.

제1체 경신敬神

제2사 경신(敬神: 誠 1體)

敬者 盡至心也 神 天神也 日月星辰 風雨雷霆
경 자 진 지 심 야 신 천 신 야 일 월 성 신 풍 우 뇌 정

是有形之天 無物不視 無聲不聽 是無形之天
시 유 형 지 천 무 물 불 시 무 성 불 청 시 무 형 지 천

無形之天 謂之天之天 天之天 卽天神也
무 형 지 천 위 지 천 지 천 천 지 천 즉 천 신 야

人不敬天 天不應人 如草木之不經雨露霜雪
인 불 경 천 천 불 응 인 여 초 목 지 불 경 우 로 상 설

번 역   경敬이란 지극한 마음을 다하는 것이고, 신은 천신 곧 '하나'님을 말한다. 해·달·별과 바람·비·천둥·번개는 형상이 있

는 하늘이요, 형체가 없어 보이지 않고 소리가 없어 들리지 않는 것은 형상이 없는 하늘이다. 형상이 없는 하늘을 일컬어 하늘의 하늘이라 하는데 이 하늘의 하늘이 바로 '하나'님이다. 사람이 하늘을 공경하지 않으면 하늘도 사람에게 감응(응답)하지 않으니, 이는 마치 풀과 나무가 비와 이슬과 서리와 눈을 맞지 못하는 것과 같이 생명력을 잃게 되는 것이다.

주 해 1) 敬者 盡至心也(경자 진지심야) : 경敬, 즉 공경이란 지극한 마음(至心)을 다한다(盡)는 뜻이다.

 2) 天神(천신) : 천신은 곧 우주의 근원적 일자(一者)인 '하나'님(混元一氣, 至氣)을 말한다.

 3) 日月星辰(일월성신) : 해, 달, 별을 말한다.

 4) 風雨雷霆(풍우뇌정) : 뢰雷는 '천둥', 정霆은 '천둥 소리, 번개'의 뜻이니 풍우뇌정은 바람, 비, 천둥, 번개를 말한다.

 5) 有形之天(유형지천) : 유형의 하늘, 즉 형상 있는 하늘을 뜻한다.

 6) 無物不視 無聲不聽(무물불시 무성불청) : 형체가 없어(無物) 보이지 않고(不視) 소리가 없어(無聲) 들리지 않는(不聽) 것을 의미한다. 이러한 형상이 없는 하늘('하나'님, 道)을 『도덕경』 14장에서는 도道란 보이지도 들리지도 잡히지도 않는 고로 우리의 감각기관으로서는 알 수가 없다고 하였다.

 7) 無形之天(무형지천) : 무형의 하늘, 즉 형상 없는 하늘을 뜻한다.

 8) 天之天(천지천) : 하늘의 하늘, 즉 '하나'님(天神)을 뜻한다.

 9) 人不敬天 天不應人(인불경천 천불응인) : 사람(人)이 하늘을 공경하지 않으면 하늘(天)도 사람에게 감응(응답)하지 않는다는 뜻이다.

 10) 如草木之不經雨露霜雪(여초목지불경우로설상) : '불경우로상설不

經雨露霜雪'은 비・이슬・서리・눈을 맞지 못하는 것을 의미하는 바, 전체적인 뜻은 마치 초목이 비・이슬・서리・눈을 맞지 못하는 것과 같이 생명력을 잃게 된다는 뜻이다(經 지날 경, 지낼 경, '통과함, 겪어 옴').

제3사 존봉(尊奉: 誠 1體 1用)

尊 崇拜也 奉 誠佩也 人而尊奉天神
존 숭배야 봉 성패야 인이존봉천신

天神 亦降精于人 如乳於赤喘 衣於凍體
천신 역강정우인 여유어적천 의어동체

若無誠而尊之 且聾 且盲 聽之無聞 視之無見
약무성이존지 차농 차맹 청지무문 시지무견

번역 존尊은 숭배하는 것이고, 봉奉은 정성을 마음에 새겨 잊지 않는 것이다. 사람이 '하나'님을 받드는 정성을 늘 마음에 새겨 잊지 아니하면 '하나'님 또한 사람에게 정기를 내려 주시나니, 이는 마치 갓난아이에게 젖을 먹이고 언 몸에 옷을 입혀주는 것과도 같은 것이다. 만약 정성이 없이 받들기만 한다면 귀머거리나 소경과 같아서 들으려 해도 들리지 않고 보려 해도 보이지 않는다.

주해 1) 尊 崇拜也 奉 誠佩也(존 숭배야 봉 성패야) : 존尊은 숭배하는 것이고, 봉奉은 정성을 마음에 새겨 잊지 않는 것을 말한다. 패佩는 '마음먹을 패'로 마음속에 간직하다는 뜻이니, 성패誠佩는 정성을 마음에 새겨 잊지 않는다는 의미이다. 따라서 존봉尊奉, 즉 '높이 받듦'이란 높이 받드는 정성을 늘 마음에 새겨 잊지 않는 것을 말한다.

    2) 人而尊奉天神(인이존봉천신) : 사람이 천신, 즉 '하나'님을 높이 받드는 정성을 늘 마음에 새겨 잊지 않는 것을 말한다.

    3) 天神 亦降精于人(천신 역강정우인) : '하나'님(天神) 또한(亦) 사람에게(于人) 정기를 내려주신다(降精)는 뜻이다. 천신天神은 '하나'님이다(亦 또한 역; 降 내릴 강; 精 정기 정).

    4) 如乳於赤喘 衣於凍體(여유어적천 의어동체) : 갓난아이에게(於赤喘) 젖을 먹이고(乳) 언 몸에(於凍體) 옷을 입혀주는(衣) 것과도 같다는 뜻이다. 적천赤喘은 갓난아이, 동체凍體는 언 몸이다(衣 입을 의, '옷을 입음').

    5) 若無誠而尊之(약무성이존지) : '만약(若) 정성이 없이(無誠而) 받들기만 한다면(尊之)'의 뜻이다. 무성無誠은 정성이 없다는 뜻이다(若 만일 약).

    6) 且聾 且盲(차농 차맹) : 또한(且) 귀머거리(聾)요 또한(且) 소경(盲)이란 뜻으로 이는 곧 귀머거리나 소경과 같다는 의미이다(且 또 차; 聾 귀머거리 롱; 盲 장님 맹).

    7) 聽之無聞 視之無見(청지무문 시지무견) : 들으려 해도(聽之) 들리지 않고(無聞) 보려 해도(視之) 보이지 않는다(無見)는 뜻이다. 말하자면 '하나'님(道)의 소리를 들으려 해도 들리지 않고 '하나'님의 모습을 보려 해도 보이지 않는다는 뜻이다. 우주만물이 '하나'님의 화현 아닌 것이 없을진대 우주만물의 중심에 내려와 계신 '하나'님을 떠나서 따로이 허공에서 '하나'님을 찾고 있으니, 귀머거리나 소경과도 같이 들으려 해도 들리지 않고 보려 해도 보이지 않는 것이다.

제4사 숭덕(崇德: 誠 1體 2用)

崇 尊之也 德 天德也 天德者 甘霖於旱土
숭 존지야 덕 천덕야 천덕자 감림어한토

陽春於陰谷之類也 造次之間 苟未有天德
양춘어음곡지류야 조차지간 구미유천덕

人而不爲人 物而不爲物 是以 哲人 孜孜 頌天德
인이불위인 물이불위물 시이 철인 자자 송천덕

번역 숭崇은 높임이고, 덕德은 하늘의 덕이다. 하늘의 덕은 가문 땅에 내리는 단비와도 같고, 그늘진 골짜기에 내리는 봄볕과도 같다. 잠시라도 진실로 하늘의 덕이 없으면 사람이 사람될 수 없고, 만물이 만물될 수 없다. 그러므로 밝은이는 부지런히 힘써 하늘의 덕을 칭송한다.

주해 1) 崇 尊之也 德 天德也(숭 존지야 덕 천덕야) : 숭崇은 높임이고, 덕德은 하늘의 덕이라는 뜻이다. 따라서 숭덕崇德, 즉 '덕을 숭상함'이란 하늘의 덕을 높이는 것을 말한다.

2) 天德(천덕) : 하늘의 덕을 말한다.

3) 甘霖於旱土(감림어한토) : 감림甘霖은 오랜 가뭄 뒤에 내리는 단비라는 뜻이고, 한토旱土는 가문 땅이라는 뜻으로, 여기서는 하늘의 덕을 가문 땅에(於旱土) 내리는 단비(甘霖)에 비유하고 있다.

4) 陽春於陰谷之類也(양춘어음곡지류야) : 양춘陽春은 봄볕, 음곡陰谷은 그늘진 골짜기라는 뜻으로, 여기서는 하늘의 덕을 그늘진 골짜기에 내리는 봄볕에 비유하고 있다.

5) 造次之間(조차지간) : '잠시라도, 잠깐 사이라도'의 뜻이다.

6) 苟未有天德(구미유천덕) : 미유未有는 '있지 않음'이니, (잠시라도) '진실로 하늘의 덕이 없으면'이라는 의미이다(苟 진실로 구).

7) 人而不爲人 物而不爲物(인이불위인 물이불위물) : 불위인不爲人은 사람이 되지 못함을, 불위물不爲物은 만물이 되지 못함을 뜻한다(爲 될 위). 따라서 (하늘의 덕이 없으면) 사람이 사람될 수 없고, 만물이 만물될 수 없다는 의미이다. 이는 일체의 생명현상이 하늘의 무위이화無爲而化의 덕德과 그 기운의 조화造化 작용인 까닭이다. 삼라만상의 천변만화가 모두 혼원일기인 하늘의 이치와 기운의 조화 작용인 까닭에 하늘과 우주만물(人物)은 분리될 수 없는 것이다.

8) 是以(시이) : '그러므로, 따라서'의 뜻이다.

9) 哲人(철인) : '밝은이, 군자'라는 뜻이다.

10) 孜孜(자자) : 자자孜孜는 부지런히 힘쓰는 것을 강조하여 나타낸 말이다(孜 부지런할 자, 힘쓸 자).

11) 頌天德(송천덕) : 송頌은 '기릴 송'으로 '칭송함'의 뜻이니, 하늘의 덕을 칭송하는 것이다. 하늘과 우주만물이 분리될 수 있는 것이 아니므로 밝은이는 부지런히 힘써 하늘의 덕을 칭송하는 것이다. 하늘의 덕을 칭송한다는 것은 하늘의 화현인 우주만물을 차별 없이 사랑한다는 것이고, 이는 곧 자신의 의무를 성실하게 수행함으로써 참본성을 자각적으로 실천하는 것을 말한다.

제5사 도화(導化: 誠 1體 3用)

導 指引也 化 天工造化也 人 不知有天工造化則
도 지인야 화 천공조화야 인 부지유천공조화즉

昧於天人之理 不知我賦性 從何而受矣
매 어 천 인 지 리　부 지 아 부 성　종 하 이 수 의

亦不知我身體 自何而來矣
역 부 지 아 신 체　자 하 이 래 의

覺不先此 無所餘覺 哲人 宜開 導後人
각 불 선 차　무 소 여 각　철 인　의 개　도 후 인

번역　도導는 가르쳐 이끄는 것이고, 화化는 하늘이 만드는 조화이다. 사람이 하늘의 조화를 알지 못하면 하늘과 사람의 이치에 어두워 자기가 타고난 성품을 어디서 받았는지, 또한 자신의 몸이 어디에서 왔는지 알지 못한다. 먼저 하늘의 조화를 깨닫지 못하면 나머지 깨닫는 바도 없게 되므로, 밝은이는 의당 하늘의 조화를 열어 보임으로써 뒷사람을 인도한다.

주해　1) 導 指引也 化 天工造化也(도 지인야 화 천공조화야) : 도導는 가르쳐 이끄는 것이고, 화化는 하늘이 만드는 조화(天工造化), 즉 하늘의 조화라는 뜻이다. 따라서 도화導化, 즉 '교화하여 인도함'이란 하늘의 조화를 가르쳐(指) 이끄는(引) 것을 말한다.

2) 不知有天工造化則 昧於天人之理(부지유천공조화즉 매어천인지리) : 하늘의 조화(天工造化)를 알지 못하면 하늘과 사람의 이치(天人之理)에 어둡게(昧) 된다는 뜻이다(昧 어두울 매).

3) 不知我賦性 從何而受矣(부지아부성 종하이수의) : 부성賦性은 타고난 성품이니, 자기가 타고난 성품을 어디서 받았는지 알지 못한다는 뜻이다(從 부터 종; 何 어느 하; 受 받을 수; 矣 어조사 의).

4) 亦不知我身體 自何而來矣(역부지아신체 자하이래의) : 또한 자신의 몸이 어디에서 왔는지 알지 못한다는 뜻이다(亦 또한 역; 自 부터 자; 來

5) 覺不先此 無所餘覺(각불선차 무소여각) : 차此는 '이 차'로 여기서는 하늘의 조화를 가리킨다. 먼저 이(하늘의 조화)를 깨닫지 못하면 나머지 깨닫는 바도 없게 된다는 뜻이다.

6) 哲人 宜開 導後人(철인 의개 도후인) : 의宜는 '마땅함, 의당'이니 의개宜開는 의당 연다는 뜻으로, 밝은이는 의당 (하늘의 조화를) 열어 보여서 뒷사람을 인도한다는 뜻이다. 열어 보인다(開)는 것은 널리 계몽하고 교화한다는 뜻이다. 사람이 하늘의 무궁한 조화에 눈을 떠서 무위이화無爲而化의 덕과 그 기운과 하나가 되면 천·지·인 삼재의 융화가 이루어져 참본성이 곧 하늘이요 신神임을 깨닫는다. 그리하여 하늘의 기틀과 마음의 기틀, 땅의 형상과 몸의 형상, 그리고 사물의 주재함과 기氣의 주재함이 상호 조응하고 있음을 알게 되고, 천·지·인 삼신일체의 천도天道가 인간 존재 속에 구현(人中天地一)되어 있음을 체득하게 되는 것이다. 따라서 먼저 하늘의 조화를 깨닫지 못하면 나머지 깨닫는 바도 없으므로, 밝은이는 의당 하늘의 조화를 널리 계몽하고 교화함으로써 뒷사람을 인도하는 것이다.

제6사 창도(彰道: 誠 1體 4用)

彰 贊也 道 天神正道也 人 以正道則妖怪
창 찬야 도 천신정도야 인 이정도즉요괴

不能顯其狀 邪魔 不能逞其奸 夫正道者 中道也
불능현기상 사마 불능령기간 부정도자 중도야

中一其規 天道乃彰
중 일 기 규   천 도 내 창

번역   창彰은 밝혀 드러내는 것이고, 도道는 '하나'님의 바른 도이다. 사람이 바른 도로써 행하면 요괴가 그 모습을 나타내지 못하고, 사특한 마귀 또한 간사함을 부리지 못한다. 무릇 바른 도란 중도中道이니, 이러한 중일中一의 법도를 잘 지켜 나가면 하늘의 도가 드러나게 된다.

주해   1) 彰 贊也 道 天神正道也(창 찬야 도 천신정도야) : 창彰은 밝혀 드러내는(贊) 것이고, 도道는 '하나'님(天神)의 바른 도(正道)라는 뜻이다. 따라서 창도彰道란 '하나'님의 바른 도를 밝혀 드러내는 것을 말한다(彰 드러낼 창; 贊 밝힐 찬).

2) 以正道則妖怪 不能顯其狀(이정도즉요괴 불능현기상) : 바른 도(正道)로써 행하면(以正道則) 요괴妖怪가 그 모습(其狀)을 나타내지 못한다(不能顯)는 뜻이다.

3) 邪魔 不能逞其奸(사마 불능령기간) : 사마邪魔는 사특한 마귀라는 뜻이고 '령逞'은 마음대로 하여 만족을 얻는다는 뜻이니, 사특한 마귀 또한 그 간사함을 부리지 못한다는 뜻이다.

4) 夫正道者 中道也(부정도자 중도야) : 무릇(夫) 바른 도(正道)란 중도中道라는 뜻이다(夫 대저 부, '무릇').

5) 中一其規 天道乃彰(중일기규 천도내창) : 중일中一은 우주만물의 중심에 내려와 있는 '하나(一)'인 혼원일기混元一氣, 즉 하늘('하나'님, 唯一神)을 뜻하는 것으로, 이러한 일신강충一神降衷의 의미를 잘 새겨서 천·지·인 삼신일체의 천도天道를 밝혀 드러내는 것이 중일의 법도이다. 중일기규中一其規란 "(中道는) '중일中一'의 법도"라는 의미이

다. 이는 곧 천·지·인 삼신일체의 천도가 인간 존재 속에 구현된 천부경의 '인중천지일人中天地一'을 축약한 것이기도 하다. 이러한 중일의 법도를 잘 지켜 나가면, 다시 말해서 천리天理에 순응하는 삶을 살게 되면, '천도내창天道乃彰', 즉 하늘의 도가 이에(乃) 드러나게 되는 것이다. 사람이 바른 도(中道, 中一의 법도)로써 행하면 어두운 기운이 감히 범접하지 못한다. 하늘과 우주만물이 둘이 아니라는 중일의 법도를 잘 지켜 우주 '한생명'의 삶을 실천해 나간다면, 마침내 하늘의 도가 드러나게 되는 것이다.

제7사 극례(克禮: 誠 1體 5用)

克 極也 禮 敬天神之禮也 無禮則不恭
극 극야 예 경천신지예야 무례즉불공

不恭則無誠 若盡禮盡敬 天神 穆臨于上
불공즉무성 약진례진경 천신 목림우상

번역 극克은 지극한 것이고, 예禮는 '하나'님을 공경하는 예이다. 예가 없으면 공손함이 없고 공손함이 없으면 정성이 없는 것이니, 만약 예를 다하고 공경을 다하면 '하나'님이 기쁘게 임하시리라.

주해 1) 克 極也 禮 敬天神之禮也(극 극야 예 경천신지예야) : 극克은 지극한(極) 것이고, 예禮는 '하나'님을 공경하는(敬天神) 예라는 뜻이다. 따라서 극례極禮, 즉 '극진한 예'란 지극히 '하나'님을 공경하는 예를 말한다.

2) 無禮則不恭 不恭則無誠(무례즉불공 불공즉무성) : 예가 없으면(無禮則) 공손함이 없고(不恭), 공손함이 없으면(不恭則) 정성이 없는(無誠) 것이라는 뜻이다(則 곧 즉).

3) 若盡禮盡敬(약진례진경) : '만약(若) 예를 다하고(盡禮) 공경을 다하면(盡敬)'의 뜻이다. 예를 다하고 공경을 다한다 함은, '하나'님은 우주만물의 중심에 내려와 계시므로 우주만물을 대할 때 하늘 대하듯 예를 다하고 공경을 다한다는 뜻이다(若 만일 약; 盡 다할 진).

4) 天神 穆臨于上(천신 목림우상) : '하나'님(天神)이 천상에서(于上) 기쁘게 임한다(穆臨)는 뜻이다(穆 기뻐할 목). 행위의 결과에 대한 집착을 버리고 모든 행위를 마치 신에게 바치는 번제의식과도 같이 정성을 다하면 마침내 행위자는 사라지고 행위만 남는 지선至善의 경지에 이르게 된다. 그러한 경지에 이르면 천·지·인 삼신일체의 천도를 체득하게 되므로 '하나'님이 임한다는 의인화된 표현을 쓴 것이다.

제8사 숙정(肅靜: 誠 1體 6用)

肅 立氣也 靜 定心也 立氣則物慾不作
숙 입기야 정 정심야 입기즉물욕부작

定心則天理自明 如日下掛鏡 陰暗映輝
정심즉천리자명 여일하괘경 음암영휘

以肅靜敬之 能覩在天之靈
이숙정경지 능도재천지령

번 역 숙肅은 기운을 바르게 세우는 것이고, 정靜은 마음을 고요히 하는 것이다. 기운을 바르게 세우면 물욕이 일어나지 않고, 마음을 고요히 하면 하늘의 이치가 저절로 밝아져 마치 햇빛 아래 거울을 걸어 놓은 것과도 같이 그늘지고 어두운 곳까지 밝게 비치게 된다. 기운을 바르게 세우고 마음을 고요히 하여 하늘의 이치를 공경하면 능히 하늘에 있는 신령을 볼 것이다.

주 해   1) 肅 立氣也 靜 定心也(숙 입기야 정 정심야) : 숙肅은 기운을 바르게 세우는(立氣) 것이고, 정靜은 마음을 고요히 하는(定心) 것을 말한다. 기운을 바르게 세우는 입기立氣는 기운을 바르게 하는 정기(正氣)와 같은 뜻이다. 따라서 숙정肅靜, 즉 '엄숙하고 고요함'이란 기운을 바르게 세우고 마음을 고요히 하는 것을 말한다.

2) 立氣則物慾不作(입기즉물욕부작) : 기운을 바르게 세우면(立氣則) 물욕이 일어나지 않는다(物慾不作)는 뜻이다. 부작不作은 일어나지 않는다는 뜻이다(作 일어날 작).

3) 定心則天理自明(정심즉천리자명) : 마음을 고요히 하면(定心則) 하늘의 이치가 저절로 밝아진다(天理自明)는 의미이다. 자명自明은 저절로 밝아진다는 뜻이다.

4) 如日下掛鏡 陰暗映輝(여일하괘경 음암영휘) : 괘경掛鏡은 거울을 걸어 놓은 것을 뜻하고, 음암陰暗은 그늘지고 어두운 곳, 영휘映輝는 밝게 비치는 것을 뜻하니, 햇빛 아래(日下) 거울을 걸어 놓은 것과도 같이(如) 그늘지고 어두운 곳까지 밝게 비친다는 뜻이다.

5) 以肅靜敬之 能覩在天之靈(이숙정경지 능도재천지령) : 기운을 바르게 세우고 마음을 고요히 하여(以肅靜) 하늘의 이치를 공경하면(敬之) 능히(能) 하늘에 있는 신령(在天之靈)을 볼(覩) 것이라는 뜻이다 (覩 볼 도).

제9사 정실(淨室: 誠 1體 7用)

淨室者 尊奉天神之處也 卜陟乾 禁葷穢 絶喧譁
정실자 존봉천신지처야 복척건 금훈예 절훤화

勿繁式 器具 不在重寶 質潔是要
물번식 기구 부재중보 질결시요

번 역 정실淨室이란 '하나'님을 높이 받드는 곳이다. 높고 마른 정결한 곳을 가려서 정하고, 나쁜 냄새와 더러움을 금하며, 소란함을 끊고, 번거로운 의식은 하지 말 것이며, 쓰는 기구는 보배로움이 중한 것이 아니라 그 바탕의 정결함이 요구된다.

주 해 1) 淨室者 尊奉天神之處也(정실자 존봉천신지처야) : 정실淨室, 즉 '정결한 곳'이란 '하나'님(天神)을 높이 받드는(尊奉) 곳(處)을 말한다.

2) 卜陟乾(복척건) : 복卜은 가려서 정하다는 뜻이고, 척건陟乾은 높고 마른 곳이란 뜻이니, 높고 마른 정결한 곳을 가려서 정하다는 의미이다.

3) 禁葷穢(금훈예) : 냄새(葷)와 더러움(穢)을 금한다(禁)는 뜻이다(葷 냄새날 훈; 穢 더러울 예).

4) 絶喧譁(절훤화) : 소란함(喧譁)을 차단한다(絶)는 의미이다(絶 끊을 절). 훤화喧譁는 '시끄러움, 소란함'의 뜻이다.

5) 勿繁式(물번식) : 번거로운 의식(繁式)은 하지 말라(勿)는 뜻이다(勿 없을 물, 말 물).

6) 不在重寶 質潔是要(부재중보 질결시요) : 부재중보不在重寶는 값비싼 보배로운 것이 중한 것이 아니라는 뜻이고, 질결시요質潔是要는 그 바탕의 정결함이 요구된다는 뜻이다.

제10사 택재(擇齋: 誠 1體 8用)

擇 至精之儀也 齋 靜戒之意也 雖有所禱
택 지정지의야 재 정계지의야 수유소도

以六感餘使 猝然求之 此 慢天神也
이육감여사 졸연구지 차 만천신야

必擇日戒心 一道誠線
필택일계심 일도성선

盤濚于胸次然後 乃行則 天神 俯瞰
반영우흉차연후 내행즉 대신 부감

번역 택擇은 지극한 정성으로 행하는 의식이고, 재는 고요히 삼가는 뜻이다. 비록 원하여 기도할 것이 있더라도 육감(六感: 喜·懼·哀·怒·貪·厭)에 좌우되어 성급하게 구하면 이는 '하나'님께 방자한 것이니, 반드시 날을 택하고 마음을 삼가서 한결같은 정성이 가슴 속에 돌아 서린 연후에 행하여야 '하나'님이 굽어보신다.

주해 1) 擇 至精之儀也 齋 靜戒之意也(택 지정지의야 재 정계지의야) : 택擇은 지극한 정성至精으로 행하는 의식儀이고, 재齋는 고요히 삼가는(靜戒) 뜻(意)을 말한다. 따라서 택재擇齋, 즉 '가려서(擇) 재계(齋=齋戒)함'이란 날을 가려서 심신을 깨끗이 하고 부정한 일을 멀리하는 것을 말한다(擇 가릴 택). 재齋는 곧 '재계齋戒'로 심신을 깨끗이 하고 부정한 일을 멀리하는 것이다.

2) 雖有所禱(수유소도) : '비록(雖) (원하여) 기도할 바(所禱)가 있다(有) 할지라도'의 뜻이다(雖 비록 수).

3) 以六感餘使 猝然求之(이육감여사 졸연구지) : 육감六感의 여세를

몰아 졸지에 구한다는 뜻으로 이는 곧 육감에 좌우되어 성급하게 구함을 나타낸 말이다. 육감은 삼일신고 제5장 「인물」에 나오는 감感・식息・촉觸의 '느낌(感)'에 해당하는 것이다. 느낌에는 희喜・구懼・애哀・노怒・탐貪・염厭, 즉 기쁨・두려움・슬픔・성냄・탐냄・싫어함의 육감六感이 있다(餘 남을 여; 使 하여금 사; 猝 갑작스러울 졸).

　　4) 此 慢天神也(차 만천신야) : 이(此)는 '하나'님(天神)께 방자한(慢) 것이라는 뜻이다(此 이 차; 慢 방자할 만).

　　5) 必擇日戒心(필택일계심) : 반드시 날을 택하고(必擇日) 마음을 삼간다(戒心)는 뜻이다. 계심戒心은 마음을 삼가는 것을 말한다.

　　6) 一道誠線 盤濚于胸次然後 乃行則(일도성선 반영우흉차연후 내행즉) : '한결같은 정성줄이 가슴 속에 돌아 서린 연후에'라는 뜻이다. 성선誠線은 '정성줄'이란 뜻으로, 한길(一道) 정성줄이란 '한결같은 정성'을 나타낸 것이다(盤 돌 반, 서릴 반; 濚 돌 영; 于 어조사 우; 胸 가슴 흉).

　　7) 天神 俯瞰(천신 부감) : 부감俯瞰은 '굽어봄'이니, '하나'님이 굽어 보신다는 뜻이다.

제11사 회향(懷香: 誠 1體 9用)

香詩 曰 欲供一爐奉 恭懷千里心 香煙 飛不散
향 시　왈　욕 공 일 로 봉　공 회 천 리 심　향 연　비 불 산

定向至誠深
정 향 지 성 심

번역　향시에 이르기를, "향로 하나를 받들어 올리고자 할 때 천리에 미치는 듯한 공손한 마음을 품으니 향 연기는 날아올라 흩

어지지 않고 '하나'님을 향한 지극한 정성은 더욱 깊어지도다."

주 해 1) 懷香(회향) : 회향懷香, 즉 '향을 품음'이란 뜻이다.

2) 欲供一爐奉 恭懷千里心(욕공일로봉 공회천리심) : 향로 하나를 받들어 올리고자 할 때 천리에 미치는 듯한 공손한 마음을 품는다는 뜻이다(欲 하고자할 욕, 供 받들 공, 懷 품을 회). 천리심千里心은 '천리에 미치는 듯한 마음'이다.

3) 香煙 飛不散(향연 비불산) : 향 연기(香煙)가 날아올라(飛) 흩어지지 않는다(不散)는 뜻이다.

4) 定向至誠深(정향지성심) : 마음의 방향(向)을 정하여(定) 지극한 정성(至誠)이 더욱 깊어진다(深)는 뜻으로 이는 곧 '하나'님을 향한 지극한 정성이 더욱 깊어진다는 의미이다.

제2체 정심正心

제12사 정심(正心: 誠 2體)

正心者 正天心也 心有九竅 六感 弄焉
정 심 자 정 천 심 야 심 유 구 규 육 감 농 언

求天理而不可得也 若一片靈臺 巍然獨立 太陽
구 천 리 이 불 가 득 야 약 일 편 영 대 외 연 독 립 태 양

光明 雲霧消滅之 大海汪洋 塵埃杜絶之
광 명 운 무 소 멸 지 대 해 왕 양 진 애 두 절 지

번 역 정심正心이란 하늘마음을 바르게 하는 것이다. 마음에는 아홉 개의 구멍(九竅)이 있어 육감이 희롱하면 하늘의 이치를 구하고자 해도 가히 얻지 못하리니, 만일 한 마음(靈臺)이 우뚝 높이 서면 태양의 밝은 빛에 구름과 안개가 걷히고 큰 바다가 넘실거림에 티끌이 사라짐과 같다.

주 해 1) 心有九竅(심유구규) : 구규九竅란 사람 몸에 있는 아홉 구멍 즉 눈·코·입·귀·요도·항문을 말하는데, 마음에도 아홉 구멍이 있다고 한 것은 몸과 마음이 조응관계에 있는 까닭이다. 다시 말해서 눈, 코, 입, 귀, 요도, 항문은 통로일 뿐이고 기실은 모두 마음의 작용이니 마음에 아홉 구멍이 있다고 한 것이다.

2) 六感 弄焉 求天理而不可得也(육감 농언 구천리이불가득야) : 육감六感이 희롱하면(弄焉) 하늘의 이치를 구하고자 해도(求天理而) 가히 얻지 못한다(不可得)는 뜻이다. '육감'은 희喜·구懼·애哀·노怒·탐貪·염厭, 즉 기쁨·두려움·슬픔·성냄·탐냄·싫어함을 일컫는다 (弄 희롱할 롱; 焉 이에 언, 어조사 언).

3) 若一片靈臺 巍然獨立(약일편영대 외연독립) : '만일(若) 한 마음(一片靈臺)이 우뚝 높이 서면(巍然獨立)'이라는 뜻이다. 일편一片은 '한 조각', 영대靈臺는 '마음, 정신', 외연독립巍然獨立은 '우뚝 높이 홀로 섬'을 말한다.

4) 太陽 光明 雲霧消滅之 大海汪洋 塵埃杜絶之(태양 광명 운무소멸지 대해왕양 진애두절지) : (만일 한 마음이 우뚝 높이 서면) 태양太陽의 밝은 빛(光明)에 구름과 안개(雲霧)가 걷히고(消滅) 넓고 넓은(汪洋) 바다(大海)에 티끌(塵埃)이 사라짐(杜絶)과 같다는 뜻이다. 운무雲霧는 '구름과 안개', 왕양汪洋은 '넓고 큰 모양', 진애塵埃는 '티끌', 두절杜絶은 '끊어지다'의 뜻이다.

제13사 의식(意植: 誠 2體 10用)

意 受命於心者也 植 株植而不移也
의 수명어심자야 식 주식이불이야

意不受命於天心 從人慾而妄動則 百體反命
의불수명어천심 종인욕이망동즉 백체반명

從不收功而風枝 遂搖根矣 欲正天心
종불수공이풍지 수요근의 욕정천심

先耕意田于衡 乃運
선경의전우형 내운

번역　의意는 천심天心을 따르는 것이고, 식植은 뿌리를 내려 움직이지 않는 것이다. 뜻이 천심을 따르지 않고 사람의 욕심을 좇아 망령되게 움직이면, 몸 전체가 하늘의 명을 거스르는 것이 되어 마침내 그 공功을 거두지 못하고 바람 타는 가지(枝)에 그 뿌리마저 흔들리는 격이 될 것이다. 천심을 바르게 하고자 한다면 먼저 마음의 밭을 고르게 갈아야 바르게 운용될 것이다.

주해　1) 意 受命於心者也 植 株植而不移也(의 수명어심자야 식 주식이불이야) : 의意는 마음(天心, 良心)에서 명命을 받는 것이고, 식植은 뿌리를 내려 움직이지 않는 것을 말한다. 마음에서 명을 받는 것이란 곧 천심을 따르는 것을 말한다. 따라서 의식意植, 즉 '뜻을 심음'이란 천심天心에 뿌리를 내려 움직이지 않는 것을 말한다(株 뿌리 주). 불이不移는 '움직이지 않음'을 뜻한다.

2) 意不受命於天心 從人慾而妄動則(의불수명어천심 종인욕이망동즉) : '뜻이 천심에서 명을 받지 않고(천심을 따르지 않고) 사람의 욕심을 좇아

망령되게 움직이면'의 뜻이다.

3) 百體反命(백체반명) : 백체百體는 몸 전체를 뜻하고 반명反命은 하늘의 명을 거스르는 것이니, 몸 전체가 하늘의 명을 거스른다는 뜻이다.

4) 從不收功而風枝 遂搖根矣(종불수공이풍지 수요근의) : 종래(從) 그 공功을 거두지 못하고(不收) 바람에 흔들리는 나뭇가지(風枝)를 따라(遂) 그 뿌리마저 흔들리는(搖根) 격이 된다는 의미이다. 불수공不收功은 공을 거두지 못하는 것을 말한다. 풍지風枝는 바람에 흔들리는 나뭇가지를 말함이며, 수요근遂搖根은 (흔들리는 나뭇가지를) 따라 그 뿌리마저 흔들리게 되는 것을 말한다(遂 따를 수; 搖 흔들릴 요; 根 뿌리 근).

5) 欲正天心(욕정천심) : '천심을 바르게 하고자 한다면'의 뜻이다 (欲 하고자할 욕).

6) 先耕意田于衡 乃運(선경의전우형 내운) : 먼저(先) 마음의 밭(意田)을 갈아(耕) 고르게 하여야(于衡) 이에(乃) 바르게 운용(運)된다는 뜻으로, 이는 곧 먼저 마음의 밭을 고르게 갈아야 바르게 운용된다는 의미이다(衡 평형이룰 형). 의전意田은 '마음 밭, 뜻 밭'을 의미한다.

제14사 입신(立身: 誠 2體 11用)

立 直也 身 躬也 無所愧於心然後 乃直躬
입 직야 신 궁야 무소괴어심연후 내직궁

立於世矣
입어세의

不正心則 隱微之間 惱懣 交至 精散而氣衰
부정심즉 은미지간 뇌만 교지 정산이기쇠

是故 哲人 粹潤 衆人 傴僂
시 고 철 인 수 윤 중 인 구 루

번 역 입立은 곧은 것이고, 신身은 몸이다. 마음에 부끄러운 것이 없어야 몸을 곧게 하여 세상에 떳떳이 설 수가 있다. 마음이 바르지 않으면 자기도 모르는 사이에 고뇌와 번민이 번갈아 일어나 정기가 흩어지고 기운이 쇠약해지나니, 이런 까닭으로 밝은이는 순수하여 윤택한 반면, 뭇 사람들은 굽실거리며 산다.

주 해 1) 立 直也 身 躬也(입 직야 신 궁야) : 입立은 곧은 것이고, 신身은 몸이라는 뜻이다. 따라서 입신立身, 즉 '몸을 세움'이란 몸을 곧게 하는 것을 말한다(躬 몸 궁).

2) 無所愧於心然後(무소괴어심연후) : '마음에(於心) 부끄러운 바가 없는(無所愧) 연후然後에'라는 뜻이다(愧 부끄러워할 괴).

3) 隱微之間(은미지간) : 은미隱微는 '작아서 보기 어려움'의 뜻이니, 은미지간隱微之間은 '자기도 모르는 사이에, 부지불식간'이라는 의미이다.

4) 惱懣 交至 精散而氣衰(뇌만 교지 정산이기쇠) : (자기도 모르는 사이에) 고뇌(惱)와 번민(懣)이 번갈아 일어나(交至) 정기가 흩어지고(精散) 기운이 쇠약해지는(氣衰) 것을 의미한다(惱 괴로워할 뇌, '고뇌'; 懣 번민할 만). 교지交至는 번갈아 일어나는 것이고, 정산精散은 정기가 흩어지는 것이며, 기쇠氣衰는 기운이 쇠약해지는 것이다.

5) 是故 哲人 粹潤 衆人 傴僂(시고 철인 수윤 중인 구루) : 시고是故는 '이런 고로, 이런 까닭으로'이다(粹 순수할 수; 潤 윤택할 윤). 구루傴僂는 '몸을 굽힘, 곱사등이'의 뜻이다. 이런 까닭으로 밝은이는 순수하여 윤택하다는 뜻은 마음에 부끄러운 것이 없어 세상에 떳떳이 설 수

가 있으니 그 삶이 뭇 사람들처럼 비천하지 않고 윤택하며 여유롭다는 뜻이다. 반면 뭇 사람들은 마음에 부끄러운 것이 많아 세상에 떳떳이 설 수가 없으니 굽실거리며 산다는 것이다.

제15사 불혹(不惑: 誠 2體 12用)

不惑者 不惑之於物也 心正則明 物照於明
불혹자 불혹지어물야 심정즉명 물조어명

自顯其醜姸精粗 不待我別之而物先知於明 何惑焉
자현기추연정조 부대아별지이물선지어명 하혹언

心不明則 如隔重簾 簾外走的飛的 不知是獸是禽
심불명즉 여격중렴 염외주적비적 부지시수시금

惑遂生焉
혹수생언

번역 불혹이란 만물에 미혹되지 않는 것이다. 마음이 바르면 지혜가 밝아져서 그 밝음으로 만물을 비추니 자연히 그 추함과 아름다움, 정밀함과 조잡함이 나타나게 된다. 자신이 분별하기 전에 먼저 밝은 지혜로 알게 되거늘, 어찌 미혹함이 있으리오! 마음이 밝지 못하면 겹겹이 발簾을 쳐서 막은 것과 같아서 발 밖에서 달아나고 나는 것이 짐승인지 새인지를 알지 못하는 것과 같게 되어 미혹함이 생기게 된다.

주해 1) 不惑者 不惑之於物也(불혹자 불혹지어물야) : 불혹不惑, 즉 '미혹하지 않음'이란 만물에 미혹되지 않는 것을 말한다.

2) 心正則明 物照於明(심정즉명 물조어명) : 마음이 바르면(心正則) 지혜가 밝아져서(明) 그 밝음으로(於明) 만물을 비춘다(物照)는 뜻이다.

3) 自顯其醜姸精粗(자현기추연정조) : 자연히(自) 그(其) 추함과 아름다움(醜姸), 정밀함과 조잡함(精粗)이 나타나게(顯) 된다는 뜻이다. 추연醜姸은 '추함과 아름다움', 정조精粗는 '정밀함과 조잡함'을 말한다.

4) 不待我別之而物先知於明(부대아별지이물선지어명) : 내 분별을 기다리지 않고도(不待我別之) 만물(物)이 먼저(先) 밝음에(於明) 알려진다(知)는 뜻으로, 이는 곧 자신이 분별하기 전에 먼저 밝은 지혜로 알게 된다는 의미이다. 말하자면 분별지分別智가 작용하기 전에 근본지根本智로서 알게 된다는 뜻이다.

5) 如隔重簾(여격중렴) : 겹겹이 발을 쳐서(重簾) 막은(隔) 것과 같다(如)는 뜻이다(如 같을 여, 隔 막을 격, 簾 발 렴).

제16사 일엄(溢嚴: 誠 2體 13用)

溢 水盈而過也 嚴 正大之氣色也 天含秋意
일 수영이과야 엄 정대지기색야 천함추의

肅氣溢于世界 人包正心 嚴氣一于動作 威如神龍
숙기일우세계 인포정심 엄기일우동작 위여신룡

形似喬嶽
형사교악

번역 일溢은 물이 가득하여 넘치는 것이고, 엄嚴은 공명정대한 기색이다. 하늘이 가을뜻을 머금으면 숙연한 기운이 세계에 넘치고, 사람이 바른 마음을 품으면 엄숙한 기운이 한결같이 일어난다.

그 위엄은 신령스러운 용과도 같고, 그 모습은 높은 산과도 같다.

주해 1) 溢 水盈而過也 嚴 正大之氣色也(일 수영이과야 엄 정대지기색야) : 일溢은 '물이 가득하여 넘치는 것'이고, 엄嚴은 '공명정대한 기색'이라는 뜻이다. 따라서 일엄溢嚴, 즉 엄숙함이 넘침이란 공명정대한 기색이 가득 넘치는 것을 말한다(溢 넘칠 일; 盈 가득찰 영; 嚴 엄숙할 엄).

2) 正大之氣色也(정대지기색야) : 바르고 큰 기색, 말하자면 공명정대한 기색이라는 뜻이다.

3) 天含秋意 肅氣溢于世界(천함추의 숙기일우세계) : 하늘(天)이 가을 뜻(秋意)을 머금으면(含) 숙연한 기운(肅氣)이 세계에 넘친다(溢于世界)는 뜻으로 하늘의 엄숙한 기운을 '추의秋意'로 비유적으로 나타내고 있다.

4) 人包正心 嚴氣一于動作(인포정심 엄기일우동작) : 사람이 바른 마음을 품으면(人包正心) 엄숙한 기운(嚴氣)이 한결같이 일어난다(一于動作)는 의미이다. 일우동작一于動作은 한결같이 일어난다는 뜻이다.

5) 威如神龍 形似喬嶽(위여신룡 형사교악) : 그 위엄(威)은 신령스러운 용(神龍)과도 같고(如) 그 모습(形)은 높은 산(喬嶽)과도 같다(似)는 뜻이다. 신룡神龍은 '신령스러운 용', 교악喬嶽은 '높은 산'을 말한다.

제17사 허령(虛靈: 誠 2體 14用)

虛 無物也 靈 心靈也
허 무 물 야   영 심 령 야

虛靈者 心無所蔽 犀色玲瓏
허 령 자 심 무 소 폐 서 색 영 롱

虛中生理氣 大周天界 細入微塵
허 중 생 이 기 대 주 천 계 세 입 미 진

其理氣也 且虛且靈
기 이 기 야 차 허 차 령

번역 허虛는 텅 비어 있는 것이고, 영靈은 심령이다. 허령虛靈이란 가린 것 없이 맑고 영롱한 마음이다. 빈 가운데에서 이치와 기운이 생겨 크게는 우주 전체에 두루 미치고 작게는 미세한 티끌 속까지 들어가나니, 그 이치와 기운은 텅 비어 있으면서 또한 신령하다.

주해 1) 虛 無物也 靈 心靈也(허 무물야 영 심령야) : 허虛는 '텅 비어 있는 것'이고, 영靈은 '심령'이라는 뜻이다.

2) 虛靈者 心無所蔽 犀色玲瓏(심무소폐 서색영롱) : 허령虛靈, 즉 '텅 비어 신령함'이란 가린 것 없이 박씨의 흰 빛처럼 맑고 영롱한 마음(心靈)을 말한다. 심무소폐心無所蔽는 마음이 가린 것이 없다는 뜻이고(蔽 가릴 폐), 서색영롱犀色玲瓏은 마음이 박씨의 흰 빛처럼 맑고 영롱하다는 뜻이다(犀 박씨 서).

3) 虛中生理氣(허중생이기) : 빈 가운데에서(虛中) 이치와 기운이 생겨나는(生理氣) 것을 뜻한다.

4) 大周天界 細入微塵(대주천계 세입미진) : 크게는(大) 우주 전체(天界)에 두루(周) 미치고 작게는(細) 미세한 티끌(微塵) 속까지 들어간다(入)는 의미이다(周 두루 주). 천계天界는 '우주 전체', 미진微塵은 '미세한 티끌'을 말한다.

5) 其理氣也 且虛且靈(기이기야 차허차령) : 그(其) 이치와 기운(理氣)이 텅 비어 있으면서 또한 신령스럽다(且虛且靈)는 뜻이다(且 또 차).

제18사 치지(致知: 誠 2體 15用)

致知者 知覺乎所不知也 正心而無間斷焉則
치 지 자　　지 각 호 소 부 지 야　　　정 심 이 무 간 단 언 즉

心神掌知 心靈掌覺 聲入而神通 物來而靈悟
심 신 장 지　　심 령 장 각　　　성 입 이 신 통　　　물 래 이 령 오

旣往將來 燎若當時
기 왕 장 래　　요 약 당 시

번역　치지致知란 알지 못하는 것을 알아 깨닫는 것이다. 바른 마음이 한결같으면 마음속 신神과 영靈이 각기 앎(知)과 깨달음(覺)을 맡아, 소리가 들어오면 신이 통하고 사물이 다가오면 영이 깨닫나니, 이미 지나간 일과 장차 올 일을 당시처럼 환하게 알게 된다.

주해　1) 致知者 知覺乎所不知也(치지자 지각호소부지야) : 치지致知, 즉 '깨달음에 이름'이란 알지 못하는 것을 깨닫는 것을 말한다.

2) 正心而無間斷焉則(정심이무간단언즉) : '바른 마음(正心)이 한결같으면(無間斷焉則)'이라는 의미이다. 무간단無間斷은 '끊김이 없음, 한결같음'의 뜻이다.

3) 心神掌知 心靈掌覺(심신장지 심령장각) : 마음속 신神과 영靈이 각기 앎(知)과 깨달음(覺)을 맡는(掌) 것을 말한다(掌 맡을 장, 관장할 장).

4) 聲入而神通 物來而靈悟(성입이신통 물래이영오) : 소리가 들어오면(聲入而) 신神이 통하고(通) 사물이 다가오면(物來) 영靈이 깨닫는다悟는 뜻으로, 마음속 신령神靈이 지각知覺을 관장하는 이치를 밝히고 있다.

5) 旣往將來 燎若當時(기왕장래 요약당시) : 이미 지나간(旣往) 일과 장차 올(將來) 일을 당시當時처럼 환하게 알게 된다(燎若)는 뜻이다. 기왕장래旣往將來는 '이미 지나간 일과 장차 올 일'이란 뜻이고, 요약燎若은 명약관화明若觀火의 '명약明若'과 같은 뜻으로 환하게 알게 된다는 뜻이다(燎 밝을 료).

제19사 폐물(閉物: 誠 2體 16用)

閉 不開也 物 事物也 心者 藏事之府庫 身者
폐 불개야 물 사물야 심자 장사지부고 신자

行事之樞機也 藏而不發 安得現做乎 開發
행 사 지 추 기 야 장 이 불 발 안 득 현 주 호 개 발

有時有地 開不以時 發不以地 天理昏暗
유 시 유 지 개 불 이 시 발 불 이 지 천 리 혼 암

人道顚覆 故 哲人 閉物而愼開發
인 도 전 복 고 철 인 폐 물 이 신 개 발

번 역 폐閉는 열지 않는 것이고, 물物은 사물이다. 마음이란 일을 간직해 둔 곳집이고, 몸이란 일을 행하는 근본 기틀이다. 간직만 하고 펴내지 않으면 어찌 일을 이룰 수 있으리오! 열어 펴냄에는 때와 장소가 있는 법이니, 때에 맞춰 열지 않고 장소에 맞춰 펴내지

않으면 하늘의 이치가 어지러워지고 어두워지며 사람의 도리가 뒤엎어진다. 그러므로 밝은이는 사물에 대해 마음을 닫으며 열고 펴냄에 신중을 기한다.

주 해 1) 閉 不開也 物 事物也(폐 불개야 물 사물야) : 폐閉는 열지 않는 것이고, 물物은 사물을 뜻한다. 따라서 폐물閉物, 즉 '만물을 닫음' 이란 사물을 열지 않는 것을 말한다.

2) 心者 藏事之府庫(심자 장사지부고) : 사람의 마음은 일을 간직해 둔 곳집(府庫)과도 같다는 뜻이다. 장藏은 '간직함, 저장함'의 뜻이고, 부고府庫는 궁정의 문서・재보財寶를 넣어두는 '곳집'이란 뜻이다.

3) 身者 行事之樞機也(신자 행사지추기야) : 몸이란 (身者) 일을 행하는 근본 기틀(行事之樞機)이란 뜻이다(樞 근본 추).

4) 藏而不發 安得現做乎(장이불발 안득현주호) : 장이불발藏而不發은 '간직만 하고 펴내지 않으면'의 뜻이다. 득현고得現做는 나타내 짓는 것을 뜻하니, '어찌 나타내 지을 수 있겠는가'라는 의미로서 (安 어찌 안) 이는 곧 '어찌 일을 이룰 수 있겠는가'라는 뜻이다.

5) 開發 有時有地(개발 유시유지) : 열어 펴냄에는 때와 장소가 있다는 뜻이다.

6) 開不以時 發不以地(개불이시 발불이지) : 때에 맞춰 열지 않고(開不以時) 장소에 맞춰 펴내지 않는(發不以地) 것을 뜻한다.

7) 天理昏暗 人道顚覆(천리혼암 인도전복) : 하늘의 이치(天理)가 어지러워지고 어두워지며(昏暗) 사람의 도리(人道)가 뒤엎어진다(顚覆)는 의미이다(昏 어지러울 혼; 暗 어두울 암). 전복顚覆은 '뒤엎어지다'의 뜻이다.

8) 故 哲人 閉物而愼開發(고 철인 폐물이신개발) : 폐물閉物이란 사물에 대해 마음을 열지 않는 것으로 이는 곧 사물에 끌려 다니지 않음을 뜻한다. 그러므로(故) 밝은이(哲人)는 사물에 대해 마음을 닫으

며(閉物) 열고 펴냄(開發)에 신중(愼)을 기한다는 뜻이다. 인人이 시時에 머물러 같이 가며 하늘을 거스르지 않는 것이 하늘의 이치에 순응하는 삶이다. 이로써 하늘이 도와 길吉함이 있으며 이롭지 않음이 없게 되는 것이다. 무릇 성인이란 나아갈 때와 물러날 때를 아는 사람이라고 한 것은 이를 두고 한 말이다.

제20사 척정(斥情: 誠 2體 17用)

斥 却也 情 情慾也 有喜怒則不得正心
척 각야 정 정욕야 유희노즉부득정심

有好惡則不得正心 求逸樂則不得正心
유호오즉부득정심 구일락즉부득정심

厭貧賤則不得正心 欲正心 先斥情慾
염빈천즉부득정심 욕정심 선척정욕

번역 척斥은 물리치는 것이고, 정情은 정욕情慾이다. 기쁨과 성냄이 있으면 바른 마음을 얻지 못하고, 좋아함과 미워함이 있어도 바른 마음을 얻지 못하며, 편안함과 즐거움만을 구하여도 바른 마음을 얻지 못하고, 가난함과 천함을 싫어해도 바른 마음을 얻지 못한다. 바른 마음을 얻고자 한다면 먼저 그러한 정욕을 물리쳐야 한다.

주해 1) 斥 却也 情 情慾也(척 각야 정 정욕야) : 척斥은 물리치는 것이고, 정情은 정욕情慾, 즉 탐내어 집착하는 마음을 일컫는 것이다. 따라서 척정斥情, 즉 '정욕을 물리침'이란 탐내어 집착하는 마음(情慾)

을 물리치는 것을 말한다(斥 물리칠 척; 却 물리칠 각).

   2) 有喜怒則不得正心 有好惡則不得正心(유희노즉부득정심 유호오즉부득정심) : 기쁨과 성냄이 있으면(有喜怒則) 바른 마음을 얻지 못하고(不得正心), 좋아함과 미워함이 있어도(有好惡則) 바른 마음을 얻지 못한다(不得正心)는 뜻이다. 희노喜怒는 '기쁨과 성냄'이고, 호악好惡는 '좋아함과 미워함'이다.

   3) 求逸樂則不得正心 厭貧賤則不得正心(구일락즉부득정심 염빈천즉부득정심) : 편안함과 즐거움만을 구하여도(求逸樂則) 바른 마음을 얻지 못하고(不得正心), 가난함과 천함을 싫어해도(厭貧賤則) 바른 마음을 얻지 못한다(不得正心)는 뜻이다. 구일락求逸樂은 편안함과 즐거움을 구하는 것이고, 염빈천厭貧賤은 가난함과 천함을 싫어하는 것이다.

   4) 欲正心 先斥情慾(욕정심 선척정욕) : 바른 마음을 얻고자 한다면(欲正心) 먼저(先) 그러한 정욕情慾을 물리쳐야(斥) 한다는 뜻이다(欲 하고자할 욕, 바랄 욕).

제21사 묵안(默安: 誠 2體 18用)

默 沈遠也 安 淡泊也 沈遠以戒心之亂近
묵   침원야   안   담박야   침원이계심지난근

淡泊以戒心之冗劇則 泥水漸清 重濁乃定 此
담박이계심지용극즉   이수점청   중탁내정   차

清心之源也 清心者 正心之基也
청심지원야   청심자   정심지기야

번 역 묵默은 마음이 깊게 가라앉은 것이고, 안安은 마음이 맑고 고요한 것이다. 깊게 가라앉아 마음이 어지러워지는 것을 경계하고, 맑고 고요하여 마음이 번잡해지는 것을 경계하면, 마치 흙탕물이 점점 맑아져 심한 흐림이 이내 가라앉는 것과 같게 된다. 이것이 마음을 맑게 하는 근원이며, 맑은 마음은 마음을 바르게 하는 기초가 된다.

주 해 1) 默 沈遠也 安 淡泊也(묵 침원야 안 담박야) : 묵默은 마음이 깊게 가라앉은 것이고, 안安은 마음이 맑고 고요한 것을 뜻한다. 따라서 묵안默安, 즉 '잠잠하여 편안함'이란 마음이 깊게 가라앉아 맑고 고요한 것을 말한다. 침원沈遠은 '침심沈深'과 같은 뜻으로 '마음이 깊게 가라앉음'의 뜻이다. 담淡은 '담박할 담'으로 욕심이 없이 맑은 것이고, 박泊은 '조용할 박'으로 마음이 고요하고 담담함을 뜻한다.

2) 沈遠以戒心之亂近 淡泊以戒心之冗劇則(침원이계심지난근 담박이계심지용극즉) : '깊게 가라앉아 마음이 어지러워지는 것을 경계하고, 맑고 고요하여 마음이 번잡해지는 것을 경계하면'이라는 의미이다. 이以는 '할 이'로 행위함을 뜻하니, 이계심지난근以戒心之亂近은 '마음의 어지러움이 접근함을 경계하면'이라는 의미로 이는 곧 '마음이 어지러워지는 것을 경계하면'이라는 뜻이다. 이계심지용극以戒心之冗劇은 '마음이 번잡해지는 것을 경계하면'이라는 뜻이다(冗 번거로울 용; 劇 바쁠 극).

3) 泥水漸淸 重濁乃定(이수점청 중탁내정) : 흙탕물(泥水)이 점차 맑아지고(漸淸) 심한 흐림(重濁)이 이내(乃) 가라앉는(定) 것과 같게 된다는 뜻이다. 이수泥水는 흙탕물을 말하고, 중탁重濁은 매우 흐린 것을 말한다(重 심히 중; 濁 흐릴 탁).

제3체 불망不忘

제22사 불망(不忘: 誠 3體)

不忘者 不是欲不忘 是天然 不忘也 誠者
불망자 불시욕불망 시천연 불망야 성자

成道之全體 作事之大源也 天然不忘
성도지전체 작사지대원야 천연불망

其所抱之誠則誠 一而無違者 直其次焉耳
기소포지성즉성 일이무위자 직기차언이

번 역　불망不忘이란 잊지 않고자 하는 것이 아니라 저절로 잊어지지 않는 것이다. 성誠이란 도道를 이루는 전부이고 일을 만드는 큰 근원이다. 한결같이 잊지 않고 품어 온 정성이라야 참된 정성이며, 한 번도 어김이 없는 것은 바로 그 다음이다.

주 해　1) 不忘者 不是欲不忘 是天然 不忘也(불망자 불시욕불망 시천연불망야) : 불망不忘, 즉 '잊지 아니함'이란 잊지 않고자 하는 것이 아니라 저절로 잊어지지 않는 것이라는 뜻이다. 저절로 잊어지지 않는다는 것은 곧 한결같이 잊지 않는다는 뜻이다. 욕불망欲不忘은 잊지 않고자 하는 것이고, 천연불망天然不忘은 저절로 잊어지지 않는 것을 말한다.

　2) 成道之全體 作事之大源也(성도지전체 작사지대원야) : 도道를 이루는 전부이고 일을 만드는 큰 근원이라는 뜻이다.

3) 天然不忘 其所抱之誠則誠(천연불망 기소포지성즉성) : 기소포지성즉성其所抱之誠則誠은 '그 품은 바 정성(其所抱之誠)이 곧(則) 참된 정성(誠)'이란 뜻이니 이를 천연불망天然不忘과 연결하면, 저절로 잊어지지 않음으로써 품어 온 정성이라야 참된 정성이라는 뜻이다. 다시 말해서 한결같이 잊지 않고 품어 온 정성이라야 참된 정성이라는 뜻이다.

4) 一而無違者 直其次焉耳(일이무위자 직기차언이) : 한 번도(一而) 어김이 없는 것(無違者)은 바로(直) 그 다음일 뿐(其次焉耳)이라는 의미이다(違 어길 위; 耳 뿐 이, '따름').

제23사 자임(自任: 誠 3體 19用)

自任者 不由他而專其自然之誠 不求而自至
자 임 자 불 유 타 이 전 기 자 연 지 성 불 구 이 자 지

如春秋之代序 日月之相替
여 춘 추 지 대 서 일 월 지 상 체

번역 자임自任이란 다른 것에 말미암지 않고 오로지 자연적으로 우러난 정성이다. 이러한 정성으로 행하면 구하지 아니하여도 자연히 일이 이루어진다. 이는 마치 봄과 가을이 번갈아 오고, 해와 달이 서로 바뀌는 것과도 같다.

주해 1) 自任者 不由他而專其自然之誠(자임자 불유타이전기자연지성) : 자임自任, 즉 '스스로 맡음'이란 다른 것에 말미암지 않고 오로지 자연적으로 우러난 정성을 말한다(專 오로지 전). 자연지성自然之誠은

자연적으로 우러난 정성을 뜻한다.

　　2) 不求而自至(불구이자지) : (이러한 정성으로 행하면) 구하지 아니하여도(不求而) 스스로 이르게(自至) 된다는 뜻이다. 말하자면 자연히 일이 이루어진다는 뜻이다(至 이를 지).

　　3) 如春秋之代序 日月之相替(여춘추지대서 일월지상체) : 봄과 가을이 번갈아 오고, 해와 달이 서로 바뀌는 것과도 같다는 뜻이다(如 같을 여). 춘추지대서春秋之代序는 봄과 가을이 번갈아 오는 것이고, 상체相替는 서로 바뀌는 것이다(代 번갈아들 대; 序 차례 서).

제24사　자기(自記: 誠 3體 20用)

自記者　不欲記而自記也　欲記者　是求之於心者也
자 기 자　불 욕 기 이 자 기 야　욕 기 자　시 구 지 어 심 자 야

自記者　不求之於心而自在者也
자 기 자　불 구 지 어 심 이 자 재 자 야

修道之士存誠於誠之理　己爲糝腦洽精故
수 도 지 사 존 성 어 성 지 리　기 위 삼 뇌 흡 정 고

雖萬想　交迭　斷斷一念　不外乎誠
수 만 상　교 질　단 단 일 념　불 외 호 성

번 역　자기自記란 기억하고자 하는 것이 아니라 저절로 기억하는 것이다. 기억하고자 하는 것은 마음속에 구하는 것이 있기 때문이고, 저절로 기억하는 것은 마음속에 구하는 것이 없이도 스스로 잊지 않고 기억하는 것이다. 수도하는 선비는 그 정성이 정성의 이치에 따른 것이어서 몸을 위하여 쌀가루만 먹고도 머릿골에 정기

가 두루 미치는 고로, 비록 만 가지 상념이 교차하여 일어도 한결같은 마음은 오로지 정성에만 있는 것이다.

주 해   1) 自記者 不欲記而自記也(자기자 불욕기이자기야) : 자기自記, 즉 '저절로 기억함'이란 기억하고자 하는 것이 아니라 저절로 기억하는 것을 뜻한다(記 기억할 기, '마음에 새기다').

2) 欲記者 是求之於心者也(욕기자 시구지어심자야) : 욕기자欲記者는 기억하고자 하는 것을 뜻한다. 따라서 기억하고자 하는 것은 마음 속에 구하는 것이 있다는 의미이다.

3) 不求之於心而自在者也(불구지어심이자재자야) : 마음에서 구하지 않아도 스스로 잊지 않고 기억하고 있다는 뜻은, 그 정성이 체화體化되어 한결같은 정성이 되었다는 의미이다.

4) 修道之士存誠於誠之理(수도지사존성어성지리) : 수도하는 선비는 그 정성이 정성의 이치에 따른 것이라는 뜻으로 이는 곧 '자연지성自然之誠, 천연지성天然之誠'을 의미하는 것이다. 말하자면 다른 것에 말미암지 않고 오로지 자연적으로 우러난 정성이요, 타고난 순수한 정성인 것이다. 이러한 정성은 기억하고자 하지 않아도 저절로 기억하게 되므로 '자기自記'라고 한 것이고, 또한 잊지 않고자 하는 것이 아니라 저절로 잊어지지 않는 것이므로 제22사에서는 '불망不忘'이라고 한 것이며, 정성이 가슴에 서리어 떠나지 않으므로 제25사에서는 '첩응貼膺'이라고 한 것이다.

5) 己爲糝腦洽精故(기위삼뇌흡정고) : '자기 몸을 위하여 쌀가루만 먹고도 머릿골에 정기가 두루 미치는 고로'라는 의미이다. '삼糝'은 '쌀가루를 섞어 끓인 국'이다(腦 머릿골 뇌, 洽 두루미칠 흡). 정精은 '정기'를 뜻한다.

6) 雖萬想 交迭 斷斷一念 不外乎誠(수만상 교질 단단일념 불외호성) : 비

록(錄) 만 가지 상념(萬想)이 교차하여 일어도(交迭) 한결같은 마음(斷斷一念)은 오로지 정성에만 있다는 의미이다. 정성이 뇌리에 깊이 새겨져 있으면 의식하지 않아도 저절로 우러나오게 되는 것이다. 정성이 더욱 깊어져 우리 몸 세포 하나하나에 그것이 각인되는 단계에 이르면 호흡하고 생각하고 말하고 움직이는 존재의 전 과정이 정성의 발현인 것으로 나타나게 되어 가히 정성의 화신化身이랄 수 있는 경지에 이르게 되는 것이다. 역사상 알려진, 혹은 알려지지 않은 밝은이들(覺者)이 이에 속한다. 만상교질萬想交迭은 만 가지 상념이 교차하여 이는 것이고, 단단일념斷斷一念은 한결같은 마음이며, 불외호성不外乎誠은 정성밖에 없다는 뜻이다.

제25사 첩응(貼膺: 誠 3體 21用)

貼膺者 貼乎膺而不離也 夫天然之誠 神 御之
첩응자 첩호응이불리야 부천연지성 신 어지

靈 包之 身 載之 牢牷於膺 體寒而膺熱
영 포지 신 재지 뇌전어응 체한이응열

번역 첩응貼膺이란 정성이 가슴에 서리어 떠나지 않는 것이다. 무릇 타고난 순수한 정성은 신神이 거느리고, 영靈이 감싸며, 몸에 실린다. 타고난 순수한 정성(牷)을 가슴에 간직하면 몸은 차가워도 가슴은 뜨겁다.

주해 1) 貼膺者 貼乎膺而不離也(첩응자 첩호응이불리야) : 첩응貼膺, 즉 '가슴에 달라붙음'이란 정성이 가슴에 서리어 떠나지 않는 것을 말한다(貼 붙을 첩, '달라붙음'; 膺 가슴응).

2) 夫天然之誠(부천연지성) : '천연지성天然之誠'은 타고난 순수한 정성, 즉 저절로 우러나는 정성을 말한다(夫 대저 부, '무릇').

3) 神御之靈包之身載之(신 어지 영 포지 신 재지) : 신神이 거느리고, 영靈이 감싸며, 몸(身)에 실린다는 뜻이다. 말하자면 타고난 순수한 정성은 안에 있는 신령神靈이 지도하고 보호하며 체화體化되어 나타난다는 뜻이다(御 거느릴 어, 包 쌀 포, 載 실을 재).

4) 牢牷於膺 體寒而膺熱(뇌전어응 체한이응열) : '뇌牢'는 '곳간 뢰'로 '간직하다'의 뜻이고, '전牷'은 '희생 전'으로 빛이 순색純色인 완전한 소(牛)를 말하는데, 여기서는 타고난 순수한 정성을 순색인 완전한 소로 상징적으로 나타내고 있다. 심우尋牛, 견적見跡, 견우見牛, 득우得牛, 목우牧牛, 기우귀가騎牛歸家, 망우존인忘牛存人, 인우구망人牛俱忘, 반본환원返本還源, 입전수수入纏垂手의 10단계로 된 심우도尋牛圖의 네 번째 '득우'는 견성見性의 단계를 나타낸 것으로 아직 탐貪·진瞋·치癡의 삼독(三毒)에 물든 거친 본성을 지니고 있다는 뜻에서 이때의 소의 모습은 검은색으로 표현된다. 다섯 번째 '목우(牧牛)'는 거친 소를 길들이는 단계, 즉 더욱 정진하고 공부에 힘쓰는 단계로서 이때의 소의 모습은 검은 색에서 흰색으로 변해가는 것으로 표현된다. 여섯 번째 '기우귀가'는 동자가 소를 타고 구멍 없는 피리를 불며 본래의 고향으로 돌아오는 단계, 즉 내가 내 마음을 타고 본성의 세계로 되돌아가는 단계로서 이때의 소의 모습은 완전히 흰색으로 표현된다. 이 단계에서는 소와 동자가 일체가 되어서 피안의 세계로 나아가게 되는 것이다. 이렇게 볼 때 타고난 순수한 정성을 순색인 완전한 소로 상징적으로 표현한 것은, 순수한 정성이 도道를 이루는 전부임을 나타내기 위한 것이다. 따라서 '뇌전어응 체한이응열(牢牷於膺 體寒而膺熱)'은 타고난 순수한 정성(牷)을

가슴에(於膺) 간직하면(牢), 몸은 차가워도(體寒而) 가슴은 뜨겁다(膺熱)는 뜻이다.

제26사 재목(在目: 誠 3體 22用)

在目者 不思誠之所在而常在於目也 目之於視物
재목자 불사성지소재이상재어목야 목지어시물

無物不見 但誠意在目則 近物不知名 遠物如畫圖
무물불견 단성의재목즉 근물부지명 원물여화도

번역 재목在目이란 정성의 소재를 생각지 않고 그것이 항상 눈에 어려 있는 것이다. 눈으로는 어떤 사물이든 볼 수 있으나, 정성어린 뜻이 눈에 담겨 있으면 가까이 있는 사물은 그 이름을 알지 못하고 멀리 있는 것은 그림같이 보이게 된다.

주해 1) 在目者 不思誠之所在而常在於目也(재목자 불사성지소재이상재어목야) : 재목在目, 즉 '눈에 있음'이란 어디에다 정성을 들일 것인지 정성의 소재(誠之所在)를 생각지 않고(不思) 그것이 항상 눈에 어려 있다(常在於目)는 뜻이다. 사람이 처음에는 바라는 바가 있어 거기에 정성을 들이게 되지만, 정성이 지극하여 깊은 경지에 들어가면 바라는 바는 사라지고 오직 정성을 다하고자 하는 일만이 남아 그 정성이 항상 눈에 어려 있게 되는 것이다. 그리하여 저절로 우러나는 한결같은 정성을 다하게 되는 것이다.

2) 目之於視物 無物不見(목지어시물 무물불견) : 눈으로 사물을 봄에 있어 보지 못하는 사물이 없다는 뜻으로, 이는 곧 눈으로는 어떤

사물이든 볼 수 있다는 의미이다.

　　3) 但誠意在目則(단성의재목즉) : '다만(但) 정성어린 뜻(誠意)이 눈에 담겨 있으면(在目則)'이라는 뜻이다(但 다만 단).

　　4) 近物不知名 遠物如畵圖(근물부지명 원물여화도) : 화도畵圖는 '그림'이니, 가까이 있는 사물(近物)은 그 이름을 알지 못하고(不知名), 멀리 있는 것(遠物)은 그림같이(如畵圖) 보이게 된다는 뜻이다. 말하자면 오직 정성을 다하고자 하는 일념밖에 없으므로 바깥 사물이 무심하게 다가온다는 뜻이다. 즉 가까이 있는 사물은 뚜렷이 보이기는 하지만 마음으로 보지 않으니 이름을 알 수가 없고, 멀리 있는 것은 마치 화폭 속의 그림처럼 무심하게 다가온다는 뜻이다. 정성이 지극한 경지에 이르면 행위자는 사라지고 행위만 남게 되므로 주관적 세계와 객관적 세계의 구분이 사라지고 주체-객체 이분법이 해체되어 '참여하는 우주(participatory universe)'가 그 모습을 드러내게 되는 것이다. 따라서 그냥 눈으로 사물을 볼 때와는 달리, 정성어린 뜻이 눈에 담겨 있으면 일체의 사상事象을 관조觀照하는 눈으로 무심히 바라볼 수 있게 된다는 의미이다.

제27사　뇌허(雷虛: 誠 3體 23用)

雷虛者　誠心　纏于耳聞　誠發之時　以雷聲之大
뇌 허 자　성 심　전 우 이 문　성 발 지 시　이 뇌 성 지 대

自虛而不聞也
자 허 이 불 문 야

[번역]　뇌허雷虛란 정성이 지극하면 마치 정성의 기운을 귀에

매단 것과 같아서 정성이 일어날 때에는 우뢰와 같은 큰 소리가 나므로 저절로 텅 비게 되어 바깥 소리는 일체 들리지 않게 되는 것이다.

주 해   1) 雷虛者 誠心 纏于耳聞(뇌허자 성심 전우이문) : 뇌허雷虛, 즉 '우뢰로 텅 빔'이란 정성스러운 마음(氣運)이 귀에(于耳聞) 매달려(纏) 있다는 뜻으로 이는 곧 정성이 지극하면 마치 정성의 기운을 귀에 매단 것과 같아서 정성이 일어날 때에는 우뢰와 같은 하늘의 소리로 텅 비게 되는 것을 말한다(纏 묶을전). 제25사는 첩응貼膺, 즉 정성이 가슴에 서리어 떠나지 않는 것에 대한 가르침이고, 제26사는 재목在目, 즉 정성이 항상 눈에 어려 있는 것에 대한 가르침이며, 제27사는 뇌허雷虛, 즉 우뢰와 같은 하늘의 소리로 텅 비게 되는 것에 대한 가르침이다. 텅 빈다는 것은 '나'라는 에고(個我, ego)가 사라진다는 것이고, '나'가 사라지니 이 세상에 '나' 아닌 것이 없으므로 걸림이 없어져 자유롭게 되는 것이다. 말하자면 주체-객체 이분법이 폐기된 진정한 참여자의 위치에 있게 되는 것이다. 일심一心의 근원으로 되돌아가 거울이 모든 형상을 받아들이듯이 만물만상을 포용할 수 있게 되는 것이다. 한마디로 '나'를 잊고 '나'를 잃지 않는 경지이다. 우리의 몸과 마음이 정성의 기운으로 충만하게 될 때 비로소 걸림이 없는 의식에 이를 수 있는 까닭에 정성에 대한 가르침을 그토록 강조하고 있는 것이다.

2) 誠發之時 以雷聲之大 自虛而不聞也(성발지시 이뇌성지대 자허이불문야) : 정성이 일어날 때에는 우뢰와 같은 큰 소리가 나므로 바깥 소리는 일체 들리지 않게 된다는 의미이다. 성발지시誠發之時는 '정성이 일어날 때'라는 뜻이다. '이뇌성지대 자허이불문야(以雷聲之大 自虛而不聞也)'는 우뢰와 같은 큰 소리가 나므로 저절로 텅 비게 되어

들리지 않게 된다는 뜻이다. 말하자면 정성이 지극하여 신명神明과 통하는 깊은 경지에 들어가면 하늘기운(全體意識, 宇宙意識, 純粹意識)과 하나가 되므로 '나'라고 하는 듣는 주체도 사라지고, 주체가 사라지니 그 대상인 객관적 세계도 사라져 허허공공虛虛空空하게 되는 것이다.

제28사 신취(神聚: 誠 3體 24用)

神 精神也 聚 合也 人之諸經部神 各守 肝役
신 정신야 취 합야 인지제경부신 각수 간역

肺不參 胃役 腎不參 但於誠役 諸神 聚合
폐불참 위역 신불참 단어성역 제신 취합

無一則不能成誠
무일즉불능성성

번역 신神은 정신이고, 취聚는 합하는 것이다. 사람 몸의 모든 경락은 부위 신경神經이 각기 지키나니, 간肝이 맡은 일에 폐肺가 참견하지 않으며, 위胃가 맡은 일에 콩팥(腎)이 참견하지 않는다. 다만 정성을 다함에 있어서는 모든 신경이 한데 모여 합하나니, 하나라도 없으면 그 정성은 이루어지지 못한다.

주해 1) 神 精神也 聚 合也(신 정신야 취 합야) : 신神은 정신이고, 취聚는 합하는 것을 뜻한다. 따라서 신취神聚, 즉 '정신을 모음'이란 정신을 한 곳에 모으는 것을 말한다(聚 모을 취, 모일 취).

2) 人之諸經部神 各守(인지제경부신 각수) : 사람 몸의 모든 경락(諸

經)은 부위(部) 신경(神=神經)이 각기 지키고(各守) 있다는 뜻이다.

　3) 肝役 肺不參(간역 폐불참) : 간肝이 맡은(役) 일에 폐肺가 참견하지 않는다(不參)는 뜻이다.

　4) 胃役 腎不參(위역 신불참) : 위胃가 맡은 일에 콩팥(腎)이 참견하지 않는다는 뜻이다(腎 신장 신).

　5) 但於誠役 諸神 聚合 無一則不能成誠(단어성역 제신 취합 무일즉불능성성) : 단어성역但於誠役은 '다만 정성이 맡은 일에는'의 뜻이다. 이는 곧 '다만 정성을 다함에 있어서는'이라는 의미로 해석될 수 있다. 제신취합諸神聚合은 모든 신경이 한데 모여 합한다는 것이고, 무일즉불능성성無一則不能成誠은 하나라도 없으면 능히 정성을 이룰 수가 없다는 것이다. 따라서 전체적인 뜻은 '다만 정성을 다함에 있어서는 모든 신경이 한데 모여 합하나니, 하나라도 없으면 그 정성은 이루어지지 못한다'는 의미이다. 정성을 다하지 못한다는 것은 하늘기운의 파장이 에고(ego)에 의해 왜곡되거나 차단됨으로써 순천順天의 삶을 살지 못하는 것을 의미한다. 명심보감에도 나와 있거니와, 하늘의 이치에 순응하는 삶을 사는 자는 하늘이 도와 길함이 있게 되는 반면, 역행하는 삶을 살면 반드시 그에 대한 하늘의 갚음을 받게 되는 것이다. 정신수련을 하든, 세속적 삶을 살든, 정성을 다하지 않으면 이루어지는 일이 없다. 정신수련과 세속적 삶은 행위를 멈추고 내면을 들여다보는 '지행止行'과 사심 없는 행위를 하는 '관행觀行'의 관계와 마찬가지로 수레의 양 바퀴와도 같은 것이어서 분리시킬 수 없다. 정확하게 말하자면, 삶 그 자체가 명상이요 기도가 되는 것이 정성을 다하는 삶이다.

제4체 불식不息

제29사 불식(不息: 誠 4體)

不息者 至誠不息也 不息及無息 各自有異
불식자 지성불식야 불식급무식 각자유이

其在道力之奮蹲 人慾之消長 纖毫之膈
기재도력지분준 인욕지소장 섬호지격

相去天壤也
상거천양야

번 역 불식不息이란 지극한 정성을 쉬지 않는 것이다. 지극한 정성을 쉬지 않는 것과 쉼이 없이 그저 계속하는 것은 서로 다른 것이다. 그것은 도력道力이 힘써 모아지는 것과 사람의 욕심이 줄었다 늘어났다 하는 것의 차이이니, 가는 털 만한 간격도 나중에는 천양지차天壤之差로 벌어진다.

주 해 1) 不息者 至誠不息也(불식자 지성불식야) : 불식不息, 즉 '쉬지 않음'이란 지극한 정성을 쉬지 않는 것을 말한다.

2) 不息及無息 各自有異(불식급무식 각자유이) : 지극한 정성을 쉬지 않는 것(不息)과 쉼이 없이 그저 계속하는 것(無息)은 서로 다르다는 뜻이다. 지극 정성으로 계속 하는 것과 하지 않을 수 없어 그저 계속하는 것은 하늘기운의 파장에 전적으로 동조하는 것과 그렇지 못한 것의 차이이다.

3) 其在道力之奮蹲 人慾之消長(기재도력지분준 인욕지소장) : (不息과 無息의 차이는) 도력이 힘써 모아지는 것과 사람의 욕심이 줄었다 늘어났다 하는 것의 차이라는 뜻이다(奮 떨칠 분, '분발하다, 힘을 다하다', 蹲 모을 준). 소장消長은 '줄고 늘음'이다.

4) 纖毫之膈 相去天壤也(섬호지격 상거천양야) : 가는 털만한 간격도 나중에는 하늘과 땅 사이와 같은 천양지차天壤之差로 벌어진다는 뜻이다. 섬호纖毫는 '가는 털', 상거相去는 '벌어지다', 천양天壤은 '천지天地'와 같은 뜻이다.

제30사 면강(勉强: 誠 4體 25用)

勉强者 勉自强也 自强者 克圖進向
면강자 면자강야 자강자 극도진향

無岐隅趑趄之端 畢竟困而得之也 勉强則
무기우자저지단 필경곤이득지야 면강즉

誠本深固 不治强而能强 無何而能成也
성본심고 불치강이능강 무하이능성야

번역 면강勉强이란 스스로 힘써 노력하는 것이다. 스스로 힘써 노력한다는 것은 능히 일을 도모하여 그 방향으로 나아가는 것이니, 갈림길이나 모퉁이에서도 전혀 머뭇거림이 없이 마침내 곤란을 다하고 목적한 바를 이루게 되는 것이다. 힘써 노력하면 정성의 근본이 깊고 견고해져 애쓰지 않아도 저절로 힘이 생기며, 머지않아 그 뜻을 이룰 수 있다.

주해

1) 勉强者 勉自强也(면강자 면자강야) : 면강勉强, 즉 '힘써 노력함'이란 스스로 힘써 노력하는 것을 말한다(勉 힘쓸 면; 强 힘쓸 강, 강할 강).

2) 克圖進向(극도진향) : 능히(克) 일을 도모하여(圖) 그 방향으로 나아가는(進向) 것을 말한다(克 능할 극; 圖 꾀할 도).

3) 無岐隅趑趄之端 畢竟困而得之也(무기우자저지단 필경곤이득지야) : 무기우자저지단無岐隅趑趄之端은 갈림길이나 모퉁이에서도 머뭇거리는 실마리조차 없다는 뜻으로 이는 곧 갈림길이나 모퉁이에서도 전혀 머뭇거림이 없다는 의미이다. 필경곤이득지야畢竟困而得之也는 마침내 곤란을 다하고 목적한 바를 이루게 된다는 뜻으로 '고진감래苦盡甘來'와 같은 의미이다. 기우岐隅는 '갈림길과 모퉁이', 자저趑趄는 '머뭇거림', 필경畢竟은 '마침내'의 뜻이다(得 얻을득, '이룸, 성취함'; 端 실마리 단).

4) 勉强則 誠本深固(면강즉 성본심고) : 힘써 노력하면(勉强則) 정성의 근본(誠本)이 깊고 견고해진다(深固)는 뜻이다.

5) 不治强而能强 無何而能成也(불치강이능강 무하이능성야) : 애쓰지 않아도(不治强而) 힘이 생기며(能强), 머지않아(無何) 그 뜻을 이룰 수 있다(能成)는 의미이다. 불치강이능강不治强而能强은 힘써 배워 익히지 않아도 능히 강하게 된다는 의미이다(治 익힐 치, '배워 익힘'). 말하자면 애쓰지 않아도 저절로 힘이 생기게 된다는 뜻이다. 무하無何는 '얼마 안 되어, 머지않아'의 뜻이니, 무하이능성야無何而能成也는 머지않아 능히 그 뜻을 이룰 수 있다는 의미이다.

제31사 원전(圓轉: 誠 4體 26用)

圓轉者 誠之不息 如圓物之自轉於平坦也
원전자 성지불식 여원물지자전어평탄야

欲止而不得 欲緩而不得 欲速而又不得
욕 지 이 부 득   욕 완 이 부 득   욕 속 이 우 부 득

隨體轉向而不息
수 체 전 향 이 불 식

번 역   원전圓轉이란 정성을 쉬지 않는 것으로 이는 마치 둥근 물건이 평탄한 곳에서 저절로 구르는 것과 같다. 멈추려 해도 안 되고, 늦추려 해도 안 되며, 빠르게 나아가려 해도 또한 되지 않으니, 몸체를 따라 쉬지 않고 굴러가는 것이다.

주 해   1) 圓轉者 誠之不息 如圓物之自轉於平坦也(원전자 성지불식 여원물지자전어평탄야) : 원전圓轉, 즉 '둥글게 구름'이란 정성(誠)을 쉬지 않는(不息) 것으로 이는 마치 둥근 물건(圓物)이 평탄한 곳에서(於平坦) 저절로 구르는(自轉) 것과 같다(如)는 뜻이다.

2) 欲止而不得 欲緩而不得 欲速而又不得(욕지이부득 욕완이부득 욕속이우부득) : 멈추려 해도(欲止而) 안 되고(不得), 늦추려 해도(欲緩而) 안 되며(不得), 빠르게 나아가려 해도(欲速而) 또한 되지 않는다(又不得)는 의미이다(欲 하고자할 욕, 바랄 욕).

3) 隨體轉向而不息(수체전향이불식) : 몸체를 따라 굴러가며 쉬지 않는다는 뜻이다. 말하자면 몸체를 따라 쉬지 않고 굴러간다는 의미이다(隨 따를 수).

제32사 휴산(休算: 誠 4體 27用)

休 歇也 算 計也 有欲而爲誠者 輒計自起日
휴 헐야 산 계야 유욕이위성자 첩계자기일

日迄于幾時 抑未有感歟 此 與不誠 同
왈 흘우기시 억미유감여 차 여불성 동

夫誠之不息者 不算誠之起年 又不算誠之終年
부성지불식자 불산성지기년 우불산성지종년

번역   휴休는 쉬는 것이고, 산算은 계산하는 것이다. 바라는 바가 있어 정성을 들이는 자가 문득 시작하는 날로부터 끝마치는 날까지를 계산하여 '얼마나 지났는가?'라고 하며 그동안에 어떤 감응이 있지 않을까 하고 생각하는 것은 정성이 없는 것과 같다. 무릇 정성을 쉬지 않는다는 것은 정성을 시작한 해도, 정성을 끝마치는 해도 계산하지 않는 것이다.

주해   1) 休 歇也 算 計也(휴 헐야 산 계야) : 휴休는 쉬는 것이고 산算은 계산하는 것이다. 따라서 휴산休算, 즉 '계산을 쉼'이란 계산하는 것을 쉬는 것으로 이는 곧 계산하지 않는 것을 말한다(歇 쉴 헐; 算 셈 산).

2) 有欲而爲誠者(유욕이위성자) : 바라는 바가 있어(有欲而) 정성을 들이는 자(爲誠者)라는 뜻이다.

3) 輒計自起日 日迄于幾時 抑未有感歟(첩계자기일 왈흘우기시 억미유감여) : '문득(輒) 시작하는 날로부터(自起日) (끝마치는 날까지를) 계산하여(計) '얼마나 지났는가?(迄于幾時)'라고 하며 (그동안에) 어떤 감응이 있지 않을까(未有感) 생각하는 것을 뜻한다. 기일起日은 '시작한 날'이다(輒

문득 첩; 自 부터 자; 迄 이를 흘; 幾 얼마 기; 抑 또한 억, 문득 억; 歟 그런가 여).

4) 此 與不誠 同(차 여불성 동) : 이(此)는 정성이 없는 것과(與不誠) 같다(同)는 뜻이다.

5) 夫誠之不息者 不算誠之起年 又不算誠之終年(부성지불식자 불산성지기년 우불산성지종년) : 무릇(夫) 정성(誠)을 쉬지 않는다는 것(不息者)은 정성을 시작한 해(誠之起年)도 계산하지 않고(不算), 또한(又) 정성을 끝마치는 해(誠之終年)도 계산하지 않는(不算) 것이라는 뜻이다. 말하자면 결과에 대한 집착을 버리고 오직 사람이 할 바를 다하며 하늘의 명을 기다리는 진인사대천명盡人事待天命의 자세를 견지해야 함을 나타낸 말이다. 진인사대천명 속에는 자유의지와 필연의 조화가 함축되어 있다.

제33사 실시(失始: 誠 4體 28用)

失 忘也 始 初也 初有所欲爲而始誠 漸入深境則
실 망야 시 초야 초유소욕위이시성 점입심경즉

所欲爲漸微 所欲誠漸大 又漸入眞境則
소욕위점미 소욕성점대 우점입진경즉

無所欲爲而 只有所欲誠而已
무소욕위이 지유소욕성이이

번역 실失은 잊는 것이고, 시始는 처음이다. 처음에 하고자 하는 바가 있어 정성을 들이기 시작하여 점점 깊은 경지에 들어가면, 하고자 하는 바는 점점 작아지고 정성을 다하고자 하는 바는 점점 커진다. 또한 점점 더욱 깊은 참 경지에 들어가면, 하고자 하는 바는 없어지고 다만 정성을 다하고자 하는 일만이 있을 뿐이다.

주 해 1) 失 忘也 始 初也(실 망야 시 초야) : 실失은 잊는 것이고, 시始는 처음이라는 뜻이다. 따라서 실시失始, 즉 '시작을 잊음'이란 처음을 잊는 것을 말한다.

2) 初有所欲爲而始誠 漸入深境則(초유소욕위이시성 점입심경즉) : 소욕위所欲爲는 '하고자 하는 바'이니, '초유소욕위이시성 初有所欲爲而始誠'은 처음에 하고자 하는 바가 있어 정성을 들이기 시작한다는 뜻이다. 즉則은 접속어 '곧 즉'으로 '…한 경우에는, …에 이르러서는'의 뜻이니, 점입심경즉漸入深境則은 '점점 깊은 경지에 들어가면'의 의미이다.

3) 所欲爲漸微 所欲誠漸大(소욕위점미 소욕성점대) : 하고자 하는 바(所欲爲)는 점점 작아지고(漸微), 정성을 다하고자 하는 바(所欲誠)는 점점 커진다(漸大)는 뜻이다. 말하자면 바라는 바는 점점 작아지고 정성은 점점 커진다는 뜻이다.

4) 又漸入眞境則(우점입진경즉) : '또한(又) 점점 (더욱 깊은) 참 경지에 들어가면(漸入眞境則)'의 뜻이다.

5) 無所欲爲而 只有所欲誠而已(무소욕위이 지유소욕성이이) : 하고자 하는 바는 없어지고 단지 정성을 다하고자 하는 일만이 있을 뿐이라는 뜻이다. 말하자면 바라는 바는 없어지고 정성을 다하고자 하는 일념만이 있을 뿐이라는 의미이다(只 다만 지, 단 지; 已 따름 이).

제34사 진산(塵山: 誠 4體 29用)

塵 塵埃也 塵埃隨風 積于山陽 年久 乃成一山
진 진애야 진애수풍 적우산양 연구 내성일산

以至微之土 成至大之丘者 是風之驅埃不息也
이지미지토 성지대지구자 시풍지구애불식야

誠亦如是 至不息則 誠山可成乎
성역여시 지불식즉 성산가성호

번역 진塵은 티끌이다. 티끌이 바람에 날려 산기슭에 오랜 세월 쌓이기를 거듭하면 산 하나를 이루게 된다. 지극히 작은 티끌 먼지가 모여 지극히 큰 산을 이루는 것은 바람이 쉬지 않고 티끌을 몰고 오기 때문이다. 정성 또한 이와 같아서 쉬지 않고 정성을 다하면 정성의 산(誠山)을 가히 이룰 수 있다.

주해 1) 塵 塵埃也(진 진애야) : 진塵은 티끌이다. 따라서 진산塵山, 즉 '티끌산'이란 티끌이 모여 산을 이루는 것을 말한다.

2) 塵埃隨風 積于山陽 年久 乃成一山(진애수풍 적우산양 연구 내성일산) : 진애수풍塵埃隨風은 '티끌이 바람을 따라'의 뜻으로 이는 곧 '티끌이 바람에 날려'의 뜻이다(隨 따를 수). 산양山陽은 '산기슭'을 말함이니, 적우산양연구積于山陽 年久는 산기슭에 오랜 세월 쌓이기를 거듭하는 것이다. 내성일산乃成一山은 이에 산 하나를 이루게 된다는 뜻이다.

3) 以至微之土 成至大之丘者 是風之驅埃不息也(이지미지토 성지대지구자 시풍지구애불식야) : 지미至微는 '지극히 작음', 토土는 '티끌 먼지'이니, 이지미지토以至微之土는 '지극히 작은 티끌 먼지로써'의 뜻이다. 성지대지구자成至大之丘者는 지극히 큰 산을 이루는 것이다(丘 산 구, 언

덕 구). 시풍지구애불식야是風之驅埃不息也는 바람이 쉬지 않고 티끌을 몰고 옴을 뜻한다(驅 몰 구). 따라서 전체로는 지극히 작은 티끌 먼지가 모여 지극히 큰 산을 이루는 것은 바람이 쉬지 않고 티끌을 몰고 오기 때문이라는 뜻이다.

4) 誠亦如是 至不息則 誠山可成乎(성역여시 지불식즉 성산가성호) : 성역여시誠亦如是는 정성 또한 이와 같다는 뜻이다. 지불식즉至不息則은 '쉬지 않음에 이르면'의 뜻으로 이는 곧 '쉬지 않고 정성을 다하면'의 의미이다. 성산가성호誠山可成乎는 정성의 산을 가히 이룰 수 있다는 뜻이다.

제35사 방운(放運: 誠 4體 30用)

放　放誠意也　運　運誠力也　放誠意而不息則
방　방성의야　운　운성력야　방성의이불식즉

黑夜生明月　運誠力而不息則　隻手擧萬鈞
흑야생명월　운성력이불식즉　척수거만균

雖誠有然　其或誠意浮沈　誠力柔强　不能識其果
수성유연　기혹성의부침　성력유강　불능식기과

번역　방放은 정성된 뜻을 본받는 것이고, 운運은 정성의 힘을 움직이는 것이다. 정성된 뜻을 본받아서 쉬지 아니하면 캄캄한 밤에 밝은 달이 뜨는 것과 같고, 정성의 힘을 움직여 쉬지 아니하면 한 손으로 30만 근을 들어 올릴 수 있는 것과 같다. 비록 정성이 그와 같을지라도 그 정성된 뜻이 혹 일어났다 스러졌다 하거나, 정성의 힘이 약해졌다 강해졌다 하면 그 결과를 알 수 없게 된다.

주 해 1) 放 放誠意也 運 運誠力也(방 방성의야 운 운성력야) : 방放은 정성된 뜻을 본받는 것이고, 운運은 정성의 힘을 움직이는 것이라는 뜻이다. 따라서 방운放運, 즉 '본받아 움직임'이란 정성된 뜻을 본받아 정성의 힘을 움직이는 것을 말한다(放 본받을 방; 運 움직일 운).

2) 放誠意而不息則 黑夜生明月(방성의이불식즉 흑야생명월) : 정성된 뜻을 본받아(放誠意而) 쉬지 아니하면(不息則) 캄캄한 밤(黑夜)에 밝은 달이 뜨는(生明月) 것과 같다는 뜻으로 비유한 것이다.

3) 運誠力而不息則 隻手擧萬鈞(운성력이불식즉 척수거만균) : 정성의 힘을 움직여(運誠力而) 쉬지 아니하면(不息則) 한 손(隻手)으로 30만 근(萬鈞)을 들어(擧) 올릴 수 있는 것과 같다는 뜻으로 비유적으로 나타낸 것이다. 척수隻手는 '한쪽 손', 만균萬鈞은 '삼십만 근'이다(擧 들 거, 鈞 서른근 균).

4) 雖誠有然(수성유연) : '비록 정성이 그와 같을지라도'라는 뜻이다.

5) 其或誠意浮沈 誠力柔强 不能識其果(기혹성의부침 성력유강 불능식기과) : 부침浮沈은 '뜸과 잠김'으로 정성된 뜻이 일어났다 스러졌다 하는 것을 나타낸 말이고, 유강柔强은 '약함과 강함'으로 정성의 힘이 약해졌다 강해졌다 하는 것을 나타낸 말이다. 불능식기과不能識其果는 그 결과를 알 수 없게 된다는 뜻이다. 말하자면 그(其) 정성된 뜻이(誠意) 혹(或) 일어났다 스러졌다(浮沈) 하거나, 정성의 힘(浮沈)이 약해졌다 강해졌다(柔强) 하면 그 결과(其果)를 알 수 없게(不能識) 된다는 뜻이다.

제36사 만타(慢他: 誠 4體 31用)

慢 不存乎心也 他 念外事也 心一念 在乎誠
만 부존호심야 타 염외사야 심일념 재호성

誠一念 在乎不息則 念外事 安能萌動乎 是以
성일념 재호불식즉 염외사 안능맹동호 시이

貧賤 不能捲其誠 富貴 不能亂其誠
빈천 불능권기성 부귀 불능난기성

번역 만慢은 마음에 두지 않는 것이고, 타他는 생각 밖의 일이다. 마음의 한결같은 생각이 정성에 있고 정성의 한결같은 생각이 쉬지 않음에 있으면, 생각 밖의 일이 어찌 능히 싹터서 움직일 수 있으리오. 그러므로 가난하거나 천하다고 해서 그 정성이 게을러지지 않으며, 부유하거나 귀하다고 해서 그 정성이 어지럽혀지지 않는다.

주해 1) 慢 不存乎心也 他 念外事也(만 부존호심야 타 염외사야) : 만慢은 마음에 두지 않는 것이고, 타他는 생각 밖의 일이라는 뜻이다. 따라서 만타慢他, 즉 '다른 것에 게으름'이란 생각 밖의 일을 마음에 두지 않는 것을 말한다(慢 게으를 만).

2) 心一念 在乎誠(심일념 재호성) : 일념一念은 한결같은 생각이니, 마음의 한결같은 생각이 정성에 있다(在乎誠)는 뜻이다.

3) 誠一念 在乎不息則(성일념 재호불식즉) : '정성(誠)의 한결같은 생각(一念)이 쉬지 않음에 있으면(在乎不息則)'의 뜻이다.

4) 念外事 安能萌動乎(염외사 안능맹동호) : 생각 밖의 일이 '어찌(安) 능히(能) 싹터서(萌) 움직일 수 있으리오(動乎)'의 뜻이다. 말하자면 한

결같은 정성이 쉬지 않으면 다른 생각은 싹틀 수 없으므로 끼어들어 방해할 수 없다는 뜻이다(安 어찌 안; 萌 싹틀 맹).

5) 是以(시이) : '이런 고로, 이런 까닭에, 그러므로'의 뜻이다.

6) 貧賤 不能倦其誠 富貴 不能亂其誠(빈천 불능권기성 부귀 불능난기성) : 빈천貧賤은 '가난함과 천함'이니 '빈천 불능권기성(貧賤 不能倦其誠)'은 가난하거나 천하다고 해서 그 정성이 게을러지지 않는다는 뜻이다(倦 게으를 권). 부귀富貴는 '부유함과 귀함', 난亂은 '어지러울 란, 어지럽힐 란'이니, 부유하거나 귀하다고 해서 그 정성이 어지럽혀지지 않는다는 뜻이다.

제5체 지감至感

제37사 지감(至感: 誠 5體)

至感者 以至誠 至於感應也 感應者
지감자 이지성 지어감응야 감응자

天感人而應之也 人無可感之誠 天何感之
천감인이응지야 인무가감지성 천하감지

人無可應之誠 天何應之哉 誠而不克 與無誠同
인무가응지성 천하응지재 성이불극 여무성동

感而不應 與不感無異
감이불응 여불감무이

번 역 지감至感이란 지극한 정성을 다함으로써 감응感應에 이르는 것이다. 감응이란 하늘이 사람에게 감동하여 응답하는 것이니, 사람이 감동할 만한 정성이 없으면 하늘이 어찌 감동할 것이며, 사람이 응답할 만한 정성이 없으면 하늘이 어찌 응답하리오! 정성이 지극하지 않으면 정성이 없는 것과 같고, 감동해도 응답이 없으면 감동하지 않은 것과 다름없다.

주 해 1) 至感者 以至誠 至於感應也(지감자 이지성 지어감응야) : 지감至感, 즉 '감응에 이름'이란 지극한 정성을 다함으로써 감응에 이르는 것을 말한다.

 2) 感應者 天感人而應之也(감응자 천감인이응지야) : 감응이란 하늘이 사람에게 감동하여 응답하는 것이라는 뜻이다.

 3) 人無可感之誠 天何感之(인무가감지성 천하감지) : '사람이 감동할 만한 정성이 없으면(人無可感之誠) 하늘이 어찌 감동할 것인가(天何感之)'라는 뜻이다.

 4) 人無可應之誠 天何應之哉(인무가응지성 천하응지재) : '사람이 응답할 만한 정성이 없으면(人無可應之誠) 하늘이 어찌 응답하리오!(天何應之哉)'라는 뜻이다. 재哉는 의문, 반문反問, 감탄 등을 나타내는 어조사이다.

 5) 誠而不克 與無誠同(성이불극 여무성동) : 정성이 지극하지 않으면(誠而不克) 정성이 없는 것과(與無誠) 같다(同)는 뜻이다. 불극不克은 지극하지 않은 것이다(與 더불 여; 克 능할 극, '충분히 할 수 있음').

 6) 感而不應 與不感無異(감이불응 여불감무이) : 감동해도(感而) 응답이 없으면(不應) 감동하지 않은 것과(與不感) 다름없다(無異)는 뜻이다.

제38사 순천(順天: 誠 5體 32用)

順天者 順天理而爲誠也 知天理而逆禱者 或有之
순천자 순천리이위성야 지천리이역도자 혹유지

難天理而速禱者 亦有之 此 皆止感而不受應也
난천리이속도자 역유지 차 개지감이불수응야

若受應者 順天理而不逆 順天理而不速
약수응자 순천리이불역 순천리이불속

번역 순천順天이란 하늘의 이치에 순응하여 정성을 다하는 것이다. 하늘의 이치를 알면서도 거스르게 비는 사람도 혹 있고, 하늘의 이치에 어두워 졸속하게 비는 사람도 또한 있다. 이는 모두 감동을 그치게 하여 응답을 받지 못하게 된다. 하늘의 응답을 받는 사람은 하늘의 이치에 순응하여 거스르지도, 졸속하지도 않는다.

주해 1) 順天者 順天理而爲誠也(순천자 순천리이위성야) : 순천順天, 즉 '천리天理에 따름'이란 하늘의 이치에 순응하여 정성을 다한다는 뜻이다(順 따를 순).

2) 知天理而逆禱者 或有之(지천리이역도자 혹유지) : 역도자逆禱者는 거스르게 비는 사람을 일컫는 것이니, 하늘의 이치(天理)를 알면서도 거스르게 비는 사람도 혹 있다는 뜻이다.

3) 難天理而速禱者 亦有之(난천리이속도자 역유지) : 난천리難天理는 하늘의 이치에 어두운 것을 뜻하고, 속도자速禱者는 졸속하게 비는 사람을 일컫는 것이다. 따라서 하늘의 이치에 어두워 졸속하게 비는 사람도 또한 있다는 뜻이다.

4) 此 皆止感而不受應也(차 개지감이불수응야) : 이(此)는 모두(皆) 감동

을 그치게 하여(止感而) 응답을 받지 못하게 된다(不受應)는 뜻이다. 불수응不受應은 응답을 받지 못한다는 뜻이다(此 이 차; 皆 모두 개).

5) 若受應者 順天理而不逆 順天理而不速(약수응자 순천리이불역 순천리이불속) : 순천리이불역順天理而不逆은 하늘의 이치에 순응하여 거스르지 않는다는 뜻이고, 순천리이불속順天理而不速은 하늘의 이치에 순응하여 졸속하지도 않는다는 뜻이다. 전체적으로는 만약 하늘의 응답을 받는 사람이라면 하늘의 이치에 순응하여 거스르지도, 졸속하지도 않는다는 뜻이다.

제39사 응천(應天: 誠 5體 33用)

應天者 應天理而養誠也 天授患難 甘受而誠不違
응 천 자 응 천 리 이 양 성 야 천 수 환 난 감 수 이 성 불 위

天遺吉祥 反懼而誠不怠 歸患難於無誠
천 유 길 상 반 구 이 성 불 태 귀 환 난 어 무 성

屬吉祥於非誠
속 길 상 어 비 성

번역 응천應天이란 하늘의 이치에 순응하여 정성을 기르는 것이다. 하늘이 근심과 어려움(患難)을 주더라도 달게 받아 정성을 어기지 아니하며, 하늘이 길하고 상서로운 것(吉祥)을 내리더라도 도리어 두려워하고 정성을 게을리 하지 않아야 한다. 근심과 어려움이 돌아오는 것은 정성이 없기 때문이요, 길함과 상서로움이 따르는 것은 정성을 다함에 어긋남이 없었기 때문이다.

주 해

1) 應天者 應天理而養誠也(응천자 응천리이양성야) : 응천應天, 즉 '천리天理에 응함'이란 하늘의 이치에 순응하여 정성을 기른다는 뜻이다.

2) 天授患難 甘受而誠不違(천수환난 감수이성불위) : 하늘이 근심과 어려움(患難)을 주더라도(授) 달게 받아(甘受而) 정성을 어기지 아니함(誠不違)을 뜻한다. 감수甘受는 달게 받는 것이고, 불위不違는 어기지 않는 것이다.

3) 天遺吉祥 反懼而誠不怠(천유길상 반구이성불태) : 하늘이 길하고 상서로운 것(吉祥)을 내리더라도(遺) 도리어(反) 두려워하고(懼) 정성을 게을리 하지 않아야(誠不怠) 한다는 뜻이다. 불태不怠는 '게을리 하지 않음'이다(遺 보낼 유; 反 도리어 반; 懼 두려워할 구).

4) 歸患難於無誠 屬吉祥於非誠(귀환난어무성 속길상어비성) : 귀환난어무성歸患難於無誠은 근심과 어려움이 돌아오는 것은 정성이 없기 때문이라는 뜻이다. 비성非誠은 정성을 들이지 않는 것이니, 속길상어비성屬吉祥於非誠은 '길하고 상서로운 것이 (어찌) 정성을 들이지 않고도 따를 수 있겠는가(屬 따를 속)'란 말로 근심과 어려움이 돌아오는 것은 정성이 없기 때문이요, 길함과 상서로움이 따르는 것은 정성을 다함에 어긋남이 없었기 때문이라는 뜻이다.

제40사 청천 (聽天: 誠 5體 34用)

聽天者 聽天命而不以誠待感應也 謂吾之誠
청 천 자 청 천 명 이 불 이 성 대 감 응 야 위 오 지 성

必不至於感矣 有何所應哉 愈久愈淡 愈勤愈寂
필 부 지 어 감 의 유 하 소 응 재 유 구 유 담 유 근 유 적

還不知誠在何邊
환 부 지 성 재 하 변

번역　청천聽天이란 하늘의 명天命을 받들되 정성을 다할 뿐 감응을 기대하지 않는 것이다. 나의 정성이 필시 감응함에 이르지 못하였거늘, 어찌 하늘의 응답이 있으리오! 하늘의 명을 받들어 정성을 다함에 있어 더욱 오래 하면 더욱 맑아지고, 더욱 부지런히 하면 더욱 고요해져서 오히려 정성이 어디에 있는지도 알지 못하게 된다.

주해　1) 聽天者 聽天命而不以誠待感應也(청천자 청천명이불이성대감응야) : 청천聽天, 즉 '천명天命을 들음'이란 하늘의 명을 받들되(聽天命而) 정성을 다할 뿐(以誠) 감응을 기대하지 않는(不待感應) 것을 말한다. 실로 결과에 대한 집착을 버려야 진정으로 하늘의 명을 받드는 청천이라 할 수 있을 것이다. 하늘의 명을 듣는다(聽天命)는 것은 곧 하늘의 명을 받든다는 것이다. 기도祈禱 또한 하늘의 소리를 듣기 위한 것이다. 그럼에도 인간은 열심히 자기 말만 늘어놓으니 하늘을 듣는 청천이 아니라 오히려 하늘이 사람을 듣는 '청인聽人'이 되는 셈이다. 그렇게 해서는 하늘의 감응이 일어날 수가 없다. 불이성대감응야不以誠待感應也는 정성으로써(以誠) 하늘의 감응을 기대하지 않는다는 뜻으로 이는 곧 정성을 다할 뿐 하늘의 감응을 기대하지 않는다는 뜻이다.

　2) 謂吾之誠 必不至於感矣 有何所應哉(위오지성 필부지어감의 유하소응재) : 위오지성 필부지어감의(謂吾之誠 必不至於感矣)는 나의 정성이 감응함에 이르지 않은 것이 틀림없다고 여기는 것이고, 하소응재(有何所應哉)는 어찌 하늘의 응답이 있겠는가라는 뜻이다. 말하자면 '나의

정성이 필시 감응함에 이르지 못하였거늘, 어찌 하늘의 응답이 있으리오!'라는 의미이다(謂 생각할 위, '여기다').

3) 愈久愈淡 愈勤愈寂(유구유담 유근유적) : 더욱 오래하면(愈久) 더욱 맑아지고(愈淡), 더욱 부지런히 하면(愈勤) 더욱 고요해진다(愈寂)는 뜻이다(愈 더욱 유; 淡 담박할 담, 맑을 담; 勤 근면할 근; 寂 고요할 적).

4) 還不知誠在何邊(환부지성재하변) : 오히려(還) 정성이 어디에 있는지도(誠在何邊) 알지 못하게(不知) 된다는 뜻이다(還 도리어 환; '오히려').

제41사 낙천(樂天: 誠 5體 35用)

樂天者 樂天之意也 天意於人 至公無私
낙천자 낙천지의야 천의어인 지공무사

我之誠深則天之感深 我之誠淺則天之感亦淺
아지성심즉천지감심 아지성천즉천지감역천

自知天感之深淺 知我誠之深淺 故 漸誠漸樂也
자지천감지심천 지아성지심천 고 점성점락야

번역 낙천樂天이란 하늘의 뜻을 즐거워하는 것이다. 하늘의 뜻은 사람에게 지극히 공평하여 사사로움이 없다. 나의 정성이 깊으면 하늘의 감응도 깊고, 나의 정성이 얕으면 하늘의 감응 또한 얕다. 스스로 하늘의 감응이 깊고 얕은 것을 아는 것은 나의 정성이 깊고 얕은 것을 알기 때문이다. 그러므로 정성을 더할수록 즐거움도 더해간다.

주 해 1) 樂天者 樂天之意也(낙천자 낙천지의야) : '천의天意를 즐거워함(樂天)'이란 하늘의 뜻을 즐거워한다는 뜻이다(樂 즐거워할 락).

2) 天意於人 至公無私(천의어인 지공무사) : 하늘의 뜻은 사람에게(天意於人) 지극히 공평하여(至公) 사사로움이 없다(無私)는 뜻이다.

3) 我之誠深則天之感深 我之誠淺則天之感亦淺(아지성심즉천지감심 아지성천즉천지감역천) : 나의 정성이 깊으면(我之誠深則) 하늘의 감응도 깊고(天之感深), 나의 정성이 얕으면(我之誠淺則) 하늘의 감응 또한 얕다(天之感亦淺)는 뜻이다.

4) 自知天感之深淺 知我誠之深淺(자지천감지심천 지아성지심천) : 스스로(自) 하늘의 감응이 깊고 얕은(天感之深淺) 것을 아는(知) 것은 나의 정성이 깊고 얕은(我誠之深淺) 것을 알기(知) 때문이라는 뜻이다. 심천深淺은 깊고 얕음이다.

5) 漸誠漸樂也(점성점락야) : 정성을 더할수록(漸誠) 즐거움도 더해 간다(漸樂)는 뜻이다(漸 차차 점).

제42사 대천(待天: 誠 5體 36用)

待天者 待天必有感應於至誠之人也
대 천 자 대 천 필 유 감 응 어 지 성 지 인 야

無待天之深則無信天之誠 待之無限而誠亦無限
무 대 천 지 심 즉 무 신 천 지 성   대 지 무 한 이 성 역 무 한

雖經感應 自不已信天之誠也
수 경 감 응 자 불 이 신 천 지 성 야

번 역 대천待天이란 정성이 지극한 사람에게 반드시 하늘의

감응이 있으리라는 것을 알고 기다리는 것이다. 하늘의 감응을 마음속 깊이 기다리지 않는다는 것은 곧 하늘을 믿는 정성이 없는 것이니, 기다림도 끝이 없고 정성 또한 끝이 없어야 한다. 비록 감응이 지나갔다 하더라도 스스로 하늘을 믿는 정성을 그치지 않아야 한다.

주 해   1) 待天者 待天必有感應於至誠之人也(대천자 대천필유감응어지성지인야) : 대천待天, 즉 '하늘의 감응을 기다림'이란 정성이 지극한 사람에게(於至誠之人) 반드시 하늘의 감응이 있으리라는 것을 알고 기다리는(待天必有感應) 것을 말한다.

2) 無待天之深則無信天之誠(무대천지심즉무신천지성) : 하늘의 감응을 마음 속 깊이 기다리지 않는다면(無待天之深則) (이는 곧) 하늘을 믿는 정성이 없다(無信天之誠)는 뜻이다.

3) 待之無限而誠亦無限(대지무한이성역무한) : 기다림도 한정이 없고 정성 또한 다함이 없어야 한다는 뜻이다.

4) 雖經感應 自不已信天之誠也(수경감응 자불이신천지성야) : 비록 감응이 지나갔다 하더라도(雖經感應) 스스로 하늘을 믿는 정성을 그치지 않아야 한다(自不已信天之誠)는 뜻이다. 실로 정성은 인내를 통해 깊어지는 것이고, 그 인내는 우리 의식이 시공時空의 속박에서 벗어나게 될 때 비로소 완성되는 것이다(雖 비록 수; 經 지날 경; 已 그칠 이).

제43사 대천(戴天: 誠 5體 37用)

戴天者 頭戴天也 有物在頭 豪重可覺 戴天
대 천 자 　두 대 천 야 　유 물 재 두 　호 중 가 각 　대 천

如戴重物 不敢斜頭而縱身 敬戴如此
여 대 중 물 　불 감 사 두 이 종 신 　경 대 여 차

其誠意能至於感應也
기 성 의 능 지 어 감 응 야

번 역　대천戴天은 머리에 하늘을 받들어 이고 있는 것이다. 머리 위에 물건이 있으면 터럭만한 무게라도 느낄 수가 있다. 하늘 받들기를 머리에 무거운 물건을 인 것처럼 한다면, 감히 머리를 기울이거나 몸을 제멋대로 하지 못할 것이다. 하늘을 받들어 공경함이 이와 같으면 그 정성의 뜻이 능히 감응에 이를 것이다.

주 해　1) 戴天者 頭戴天也(대천자 두대천야) : 대천戴天, 즉 '하늘을 받듦'이란 머리에 하늘을 받들어 이고 있는 것을 말한다(戴 머리에 일 대, 받들 대).

2) 有物在頭 豪重可覺(유물재두 호중가각) : 머리 위에 물건이 있으면(有物在頭) 터럭만한 무게라도 느낄 수가 있다(豪重可覺)는 뜻이다(豪 터럭 호; 覺 깨달을 각, '느낌').

3) 戴天 如戴重物(대천 여대중물) : '하늘 받들기를 무거운 물건을 인 것처럼 한다면'의 뜻이다.

4) 不敢斜頭而縱身(불감사두이종신) : 감히 머리를 기울이거나 몸을 제멋대로 하지 못한다는 뜻이다. '사斜'는 '기울이다', '종縱'은 '제멋대로'의 뜻이다.

5) 敬戴如此 其誠意能至於感應也(경대여차 기성의능지어감응야) : 하늘을 받들어 공경함(敬戴)이 이와 같으면(如此) 그 정성의 뜻(其誠意)이 능히 감응에 이르게 된다(能至於感應)는 의미이다.

제44사 도천(禱天: 誠 5體 38用)

禱天者 禱于天也 不知禱者 謂難者難禱
도 천 자   도 우 천 야   부 지 도 자   위 난 자 난 도

易者易禱 知禱者 不然 易者 知易禱故 誠不徹己
이 자 이 도   지 도 자   불 연   이 자   지 이 도 고   성 불 철 기

難者 知難禱故 誠能徹天
난 자   지 난 도 고   성 능 철 천

번 역   도천禱天이란 하늘에 기도하는 것이다. 기도하는 법을 모르는 사람은 어려운 것은 기도하기도 어렵고 쉬운 것은 기도하기도 쉽다고 생각하겠지만, 기도하는 법을 아는 사람은 그렇지 않다. 쉬운 것은 기도하기 쉬운 줄 알기에 정성이 자기도 꿰뚫지 못하고, 어려운 것은 기도하기 어려운 줄 알기에 정성이 능히 하늘에 통하게 된다.

주 해   1) 禱天者 禱于天也(도천자 도우천야) : 도천禱天, 즉 '하늘에 기도함'이란 하늘에(于天) 기도하는(禱) 것을 말한다.
2) 不知禱者 謂難者難禱 易者易禱(부지도자 위난자난도 이자이도) : 기도하는 법을 모르는 사람(不知禱者)은 어려운 것은 기도하기도 어렵고(難者難禱) 쉬운 것은 기도하기도 쉽다(易者易禱)고 생각한다는 뜻이

다. 부지도자不知禱者란 '기도를 모르는 사람', 즉 '기도하는 법을 모르는 사람'이란 뜻이다.

　　3) 知禱者 不然(지도자 불연) : 기도하는 법을 아는 사람(知禱者)은 그렇지 않다(不然)는 뜻이다. 말하자면 일의 크고 작음이나 어렵고 쉬움, 또는 환경의 변화에 따라 정성이 달라질 수 없으며, 아무런 계산 없이 다함이 없는 한결같은 정성이어야 함을 직시하는 자가 곧 기도하는 법을 아는 사람인 것이다.

　　4) 易者 知易禱故 誠不徹己(이자 지이도고 성불철기) : 쉬운 것(易者)은 기도하기 쉬운 줄 알기에(知易禱故) (정성을 다하지 않게 되므로) 정성이 자기도 꿰뚫지 못한다(誠不徹己)는 뜻이다(徹 뚫을 철, '꿰뚫다, 통하다').

　　5) 難者 知難禱故 誠能徹天(난자 지난도고 성능철천) : 어려운 것(難者)은 기도하기 어려운 줄 알기에(知難禱故) 정성이 능히 하늘에 통하게 된다(誠能徹天)는 뜻이다.

제45사 시천(恃天: 誠 5體 39用)

恃　依恃天也　下誠　疑天　中誠　信天　大誠　恃天
시　 의 시 천 야　 하 성　 의 천　 중 성　 신 천　 대 성　 시 천

以至誠接世　天必庇佑　自有所依
이 지 성 접 세　 천 필 비 우　 자 유 소 의

凡他行險索怪於至誠　何
범 타 행 험 색 괴 어 지 성　 하

　[번 역]　시恃는 하늘을 믿고 의지하는 것이다. 작은 정성은 하늘을 의심하고, 보통 정성은 하늘을 믿으며, 큰 정성은 하늘을 믿

고 의지한다. 지극한 정성으로 세상을 사노라면 하늘이 반드시 감싸고 도와 스스로 의지할 수 있게 되지만, 무릇 남다르게 위험한 일을 행하고 괴이한 것을 찾는데 지극한 정성을 쏟으니, 어찌 하리오!

주 해　1) 恃 依恃天也(시 의시천야) : 시恃는 하늘을 믿고(恃 믿을 시) 의지(依)하는 것이니, 시천恃天은 하늘을 믿고 의지한다는 뜻이다.

2) 下誠 疑天(하성 의천) : 하성下誠은 '아래 정성', 즉 작은 정성을 뜻하고, 의천疑天은 하늘을 의심한다는 뜻이다.

3) 中誠 信天(중성 신천) : 중성中誠은 '중간 정성', 즉 보통 정성을 뜻하고, 신천信天은 하늘을 믿는다는 뜻이다.

4) 大誠 恃天(대성 시천) : 대성大誠은 '큰 정성', 즉 지극한 정성을 뜻하고, 시천恃天은 하늘을 믿고 의지한다는 뜻이다. 말하자면 지극한 정성은 하늘을 믿고 모든 것을 하늘에 맡긴다는 의미이다.

5) 以至誠接世 天必庇佑 自有所依(이지성접세 천필비우 자유소의) : 이지성접세以至誠接世는 '지극한 정성으로써 세상을 접하면', 즉 '지극한 정성으로 세상을 사노라면'의 뜻이다. 천필비우天必庇佑는 하늘이 반드시 감싸고 도운다는 뜻이다(庇 감쌀 비; 佑 도울 우). 자유소의自有所依는 스스로 의지할 바가 있다는 뜻으로 이는 곧 스스로 의지할 수 있게 된다는 의미이다.

6) 凡他行險索怪於至誠 何(범타행험색괴어지성 하) : 무릇(凡) 남다르게(他) 위험한 일을 행하고(行險) 괴이한 것을 찾는데(索怪) 지극한 정성(至誠)을 쏟으니, 어찌 하겠는가(何, 凡 무릇 범; 他 다를 타; 何 어찌 하)!

제46사 강천(講天: 誠 5體 40用)

講天者 講天道也 人事順則天道和
강천자 강천도야 인사순즉천도화

人事逆則天道乖 知順知逆 乖之理者 念念講天
인사역즉천도괴 지순지역 괴지리자 염념강천

恐懼謹愼 不捨於心則 誠意乃至感天
공구근신 불사어심즉 성의내지감천

번역 강천講天이란 하늘의 도道를 강론하는 것이다. 사람의 일이 순리에 맞으면 하늘의 도와 화합하는 것이 되고, 사람의 일이 순리에 어긋나면 하늘의 도를 거스르는 것이 된다. 순리에 맞는 것과 역행하는 것을 알아서 이치에 어긋나는 것은 거듭 생각하여 하늘의 도를 강론하며, 항상 두려워하고 삼가는 마음을 간직하면 그 정성 어린 뜻이 하늘을 감동시키는 데에 이른다.

주해 1) 講天者 講天道也(강천자 강천도야) : 강천講天, 즉 '천도天道를 강론함'이란 하늘의 도道를 강론하는 것을 말한다.

2) 人事順則天道和(인사순즉천도화) : 사람의 일이 순리에 맞으면(人事順則) 하늘의 도와 화합한다(天道和)는 뜻이다.

3) 人事逆則天道乖(인사역즉천도괴) : 사람의 일이 순리에 어긋나면(人事逆則) 하늘의 도를 거스르는 것이 된다(天道乖)는 뜻이다. 역逆은 순리에 어긋나는(역행하는) 것을 말한다(乖 어그러질 괴, 거스를 괴).

4) 知順知逆 乖之理者 念念講天(지순지역 괴지리자 염념강천) : 순리에 맞는 것과 역행하는 것을 알아서(知順知逆) 이치에 어긋나는 것(乖之理者)은 거듭 생각하여(念念) 하늘의 도를 강론(講天)한다는 뜻이다. 염념念念

은 '거듭 생각함'이다.

　　5) 恐懼謹愼 不捨於心則 誠意乃至感天(공구근신 불사어심즉 성의내지감천) : 항상 두려워하고(恐懼) 삼가는(謹愼) 마음을 간직하면(不捨於心則) 그 정성어린 뜻(誠意)이 하늘을 감동시키는 데 이른다(至感天)는 뜻이다. 공구恐懼는 '두려워함', 근신謹愼은 '삼가다', 불사不捨는 '버리지 않음'(간직함)의 뜻이다(乃 이에 내).

제6체 대효大孝

제47사 대효(大孝: 誠 6體)

大孝者 至孝也 一人之孝 能感一國之人
대 효 자　지 효 야　일 인 지 효　능 감 일 국 지 인

又能感天下之人 非天下之至誠 焉能至此
우 능 감 천 하 지 인　비 천 하 지 지 성　언 능 지 차

人感則天亦感之
인 감 즉 천 역 감 지

번역　대효大孝란 지극한 효도이다. 한 사람의 효도가 능히 한 나라의 사람들을 감동시키고 또한 천하의 사람들을 감동시킨다. 천하에 지극한 정성이 아니면 어찌 이에 이를 수 있으리오! 사람이 감동하면 하늘 또한 감동한다.

주 해　1) 大孝者 至孝也(대효자 지효야) : 대효大孝, 즉 '큰 효도'란 지극한 효도를 말한다.

2) 一人之孝 能感一國之人 又能感天下之人(일인지효 능감일국지인 우능감천하지인) : 일국지인一國之人은 '한 나라 사람들', 천하지인天下之人은 '천하 사람들'이니, 한 사람의 효도가 능히 한 나라 사람들을 감동시키고 또한 천하 사람들을 감동시킨다는 뜻이다.

3) 非天下之至誠 焉能至此(비천하지지성 언능지차) : '천하에 지극한 정성이 아니면(非天下之至誠) 어찌 이에 이를 수 있으리오!(焉能至此)'의 뜻이다. 언능지차焉能至此는 '어찌 이에 이를 수 있으리오!' 즉 어찌 이런 일이 가능하겠는가의 뜻이다(焉 어찌 언; 此 이 차).

4) 人感則天亦感之(인감즉천역감지) : 사람이 감동하면(人感則) 하늘 또한 감동한다(天亦感之)는 뜻이다.

제48사 안충(安衷: 誠 6體 41用)

安 和之也 衷 心曲也 爲人子而安父母之心
안　화지야　충　심곡야　위인자이안부모지심

悅父母之心 定父母之心 先父母之心則 祥雲擁室
열부모지심　정부모지심　선부모지심즉　상운옹실

瑞氣亘霄
서기긍소

번 역　안安은 화평함이고, 충衷은 마음이 정성을 다하는 것이다. 사람의 자식이 되어 부모의 마음을 편안하게 하고, 부모의 마음을 기쁘게 하며, 부모의 마음을 안정되게 하고, 부모의 마음을 먼저 알아 행하면 상서로운 구름이 집안을 에워싸고 상서로운 기운이 하늘까지 뻗치게 된다.

주 해 1) 安 和之也 衷 心曲也(안 화지야 충 심곡야) : 안安은 화평함이고, 충衷은 마음이 정성을 다하는 것이라는 뜻이다. 따라서 안충安衷, 즉 '정성을 다하여 편안함'이란 마음이 정성을 다하여 화평함을 말한다. 심곡心曲은 마음이 정성을 다하는 것이다(曲 곡진할 곡, '정성을 다함').

2) 爲人子而安父母之心 悅父母之心 定父母之心 先父母之心則 (위인자이안부모지심 열부모지심 정부모지심 선부모지심즉) : 위인자爲人子는 사람의 자식이 되는 것을 말함이고(爲 될 위), 이而는 접속사로서 '그리하고, 그리하여'이며, 안부모지심安父母之心은 부모의 마음을 편안하게 하는 것이고, 열부모지심悅父母之心은 부모의 마음을 기쁘게 하는 것이며, 정부모지심定父母之心은 부모의 마음을 안정되게 하는 것이고, 선부모지심즉先父母之心則은 '부모의 마음을 먼저 알아 행하면'의 뜻이다. 전체적인 뜻은 '사람의 자식이 되어 부모의 마음을 편안하게 하고, 기쁘게 하며, 안정되게 하고, 또한 부모의 마음을 먼저 알아 행하면'의 의미이다.

3) 祥雲擁室 瑞氣亘霄(상운옹실 서기긍소) : 상서로운 구름(祥雲)이 집안을 에워싸고(擁室) 상서로운 기운(瑞氣)이 하늘까지 뻗치게 된다(亘霄)는 뜻이다. 상운祥雲은 '상서로운 구름'이고, 옹실擁室은 집안을 에워싸는 것이며, 서기瑞氣는 상서로운 기운이고, 긍소亘霄는 하늘까지 뻗치는 것을 말한다.

제49사 쇄우(鎖憂: 誠 6體 42用)

鎖 閉也 憂 不樂事也 父母有憂 子宜掃平
쇄 폐야 우 불락사야 부모유우 자의소평

與其憂有而後無 莫若不登乎父母之聆聞
여기우유이후무 막약부등호부모지영문

設有力不及 勢不追 惟至誠 得之
설유력불급 세불추 유지성 득지

번역 쇄鎖는 닫는 것이고, 우憂는 즐겁지 않은 일이다. 부모가 근심이 있으면 자식은 마땅히 그 근심을 풀어 평안하게 해드려야 한다. 근심을 끼친 뒤에 없애려 하는 것은 애당초 근심될 말이 부모의 귀에 들리지 않게 하는 것만 못하다. 설령 힘이 미치지 못하고 형편이 따르지 못하더라도 오직 정성을 다하여 이를 체득體得하도록 하여야 한다.

주해 1) 鎖 閉也 憂 不樂事也(쇄 폐야 우 불락사야) : 쇄鎖는 닫는 것이고, 우憂는 즐겁지 않은 일이니 쇄우鎖憂, 즉 '근심을 잠금'이란 근심스러운 일을 닫는다는 뜻으로 이는 곧 근심을 풀어 평안하게 하는 것을 말한다(鎖 잠글 쇄, 봉할 쇄; 憂 근심 우).

2) 父母有憂 子宜掃平(부모유우 자의소평) : 부모가 근심이 있으면(父母有憂) 자식은 마땅히 그 근심을 쓸어(풀어) 평안하게 해 드려야 한다(子宜掃平)는 뜻이다(宜 마땅할 의; 掃 쓸 소).

3) 與其憂有而後無(여기우유이후무) : 여기우與其憂는 근심을 주는(끼치는) 것이고(與 줄 여), 유이후무有而後無는 있은 뒤에 없게 하는 것이다. 말하자면 근심을 끼친 뒤에 없애려 한다는 의미이다.

4) 莫若不登乎父母之聆聞(막약부등호부모지영문) : (애당초 근심될 말이) 부모의 귀에 들리지 않게 하는 것만 못하다는 뜻이다. 부등不登은 '(귀에) 오르지 않음'이다(莫 없을 막; 若 같을 약; 聆 들을 령).

5) 設有力不及 勢不追(설유력불급 세불추) : '설령 힘이 미치지 못하고 형편이 따르지 못하더라도'의 뜻이다. 불급不及은 '미치지 못함'이다(設 설령 설; 勢 형세 세, '형편'; 追 좇을 추, '따름').

6) 惟至誠 得之(유지성 득지) : 오직 정성을 다하여 이를 체득(體得)하도록 하라는 뜻이다. 말하자면 부모가 근심이 있으면 마땅히 풀어 평안하게 해드리고, 애당초 근심될 말은 부모의 귀에 들리지 않도록 정성을 다해 온몸으로 이를 습득하라는 뜻이다.

제50사 순지(順志: 誠 6體 43用)

順 平也 志 志氣也 父母之志氣 各自不同
순 평야 지 지기야 부모지지기 각자부동

子不知父母之志氣則 父母不得志 雖窮身家之好娛
자부지부모지지기즉 부모부득지 수궁신가지호오

常有不平之氣 故 爲大孝者 能順父母之志
상유불평지기 고 위대효자 능순부모지지

[번역] 순順은 평안함이고, 지志는 지기(志氣, 참뜻)이다. 부모의 참뜻은 각자 같지 않다. 자식이 부모의 참뜻을 알지 못하면 부모는 뜻대로 펴지 못하게 된다. 비록 혼신을 다하여 집안의 좋고 즐거운 것을 해드려도 항상 평안치 못한 기운이 감돌게 된다. 그러므로 큰 효도를 하는 사람은 능히 부모의 뜻을 따라야 한다.

주 해　1) 順 平也 志 志氣也(순 평야 지 지기야) : 순順은 평안함이고, 지志는 지기志氣라는 뜻이다. 따라서 순지順志, 즉 '뜻에 따름'이란 뜻을 평안하게 하는 것을 말한다. 지기志氣는 '뜻 기운'으로 뜻에 내재된 기운을 말함이니 이는 곧 '참뜻'을 말한다.

　2) 父母之志氣 各自不同(부모지지기 각자부동) : 부모의 참뜻(父母之志氣)은 각자가 같지 않다(各自不同)는 뜻이다.

　3) 子不知父母之志氣則 父母不得志(자부지부모지지기즉 부모부득지) : 자식이 부모의 참뜻을 알지 못한즉, 부모는 뜻대로 펴지 못하게 된다는 뜻이다. 말하자면 자식을 향한 부모의 참뜻을 자식이 알지 못하면, 부모의 뜻과는 다른 방향으로 나가게 되므로 부모는 그 뜻을 실현할 수 없게 되는 것이다.

　4) 雖窮身家之好娛 常有不平之氣(수궁신가지호오 상유불평지기) : 비록(雖) 혼신을 다하여(窮身) 집안의 좋고 즐거운(家之好娛) 것을 해드려도 항상(常) 평안치 못한 기운이 감돌게 된다(有不平之氣)는 뜻이다. 궁신窮身은 '혼신을 다함'이다.

　5) 爲大孝者 能順父母之志(위대효자 능순부모지지) : 큰 효도를 하는 사람(爲大孝者)은 능히(能) 부모의 뜻을 따라야 한다(順父母之志)는 뜻이다(爲 할 위).

제51사 양체(養體: 誠 6體 44用)

養體者　養父母之體也　父母之肢體在健康
양 체 자　양 부 모 지 체 야　부 모 지 지 체 재 건 강

猶適宜奉養　況或有殘疾　或有重疴乎　使殘疾
유 적 의 봉 양　황 혹 유 잔 질　혹 유 중 아 호　사 잔 질

安如完體 重痾 無遺術然後 可盡人子之孝矣
안여완체 중아 무유술연후 가진인자지효의

번 역   양체養體란 부모의 몸을 봉양하는 것이다. 부모의 몸이 건강하더라도 오히려 봉양하는 것이 마땅하거늘, 하물며 혹 잔병殘病이 있거나 중병이 있음에랴! 잔병이 있으면 성한 몸같이 편안하게 해 드리며, 중병도 남김없이 치료해 드린 연후라야 가히 사람의 자식으로서 효도를 다하는 것이 된다.

주 해   1) 養體者 養父母之體也(양체자 양부모지체야) : 양체養體, 즉 '몸을 봉양함'이란 부모의 몸을 봉양하는 것을 말한다.

2) 父母之肢體在健康 猶適宜奉養(부모지지체재건강 유적의봉양) : 부모의 몸이 건강하더라도 오히려 봉양하는 것이 마땅하다는 뜻이다. 지체肢體는 팔다리와 몸, 곧 전신을 말한다(猶 오히려 유). 적의適宜는 '마땅히'의 뜻이다.

3) 況或有殘疾 或有重痾乎(황혹유잔질 혹유중아호) : '하물며(況) 혹(或) 잔병이 있거나(有殘疾) 혹(或) 중병이 있음에랴!(有重痾乎)'라는 뜻이다. 잔질殘疾은 '잔병殘病', 중아重痾는 '중병'이다(況 하물며 황).

4) 使殘疾 安如完體(사잔질 안여완체) : 완체完體는 '성한 몸'을 뜻하니, 잔병이 있으면 성한 몸같이 편안하게 해드린다는 의미이다.

5) 重痾 無遺術然後 可盡人子之孝矣(중아 무유술연후 가진인자지효의) : 중병(重痾)도 남김없이(無遺) 치료(術)해 드린 연후라야 가히(可) 사람의 자식으로서 효도를 다하는(盡人子之孝) 것이 된다는 뜻이다.

제52사 양구(養口: 誠 6體 45用)

養口者 養父母之甘毳也 富而供珍羞之味 任人
양구자 양부모지감취야 부이공진수지미 임인

非養也 貧而盡漁採之勞 自執養也
비양야 빈이진어채지로 자집양야

不養則不知父母之食性 捨其所嗜 違其所調和之變
불양즉부지부모지식성 사기소기 위기소조화지변

雖進水陸萬種 食猶不滿足也 大孝者 知養
수진수륙만종 식유불만족야 대효자 지양

五味隨性 四時 致非時物者 實天感之
오미수성 사시 치비시물자 실천감지

번역 양구養口란 부모의 입맛에 맞게 봉양하는 것이다. 부유하여 진귀한 음식을 차려 올리더라도 남에게 맡기면 봉양하는 것이 아니며, 가난하더라도 물고기를 잡고 나물을 캐는 수고를 다해서 손수 차려 올리는 것이 참된 봉양이다. 손수 봉양하지 않으면 부모의 식성을 알지 못하여 즐겨 드시는 바를 놓치게 되고, 식성에 맞게 음식을 만들지 못하므로 해서 비록 바다와 육지의 온갖 음식을 차려 올린다 해도 식사는 오히려 만족스럽지 못한 것이 되고 만다. 큰 효도를 하는 사람은 봉양할 줄을 알아서 다섯 가지 맛을 식성에 맞게 해드리고, 사철에 제철 아닌 음식도 올리는 극진함에 이르니 실로 하늘이 감동하는 것이다.

주해 1) 養口者 養父母之甘毳也(양구자 양부모지감취야) : 양구養口, 즉 '입맛에 맞게 봉양함'이란 부모의 입맛에 맞게 봉양하는 것을 말한다. 감취甘脆는 맛이 있고 연한 음식을 말하는데 여기서는 부모의 입맛에 맞게 봉양한다는 뜻이다.

2) 富而供珍羞之味 任人 非養也(부이공진수지미 임인 비양야) : 부유하여(富而) 진귀한 음식을 차려 올리더라도(供珍羞之味) 남에게 맡기면(任人) 봉양하는 것이 아니라(非養)는 뜻이다. 공供은 '올림, 드림', 진수지미珍羞之味는 '진귀한 맛의 음식', 임인任人은 '남에게 맡김'이다.

3) 貧而盡漁採之勞 自執養也(빈이진어채지로 자집양야) : 가난하더라도(貧而) 물고기를 잡고 나물을 캐는 수고를 다해서(盡漁採之勞) 손수 차려 올려야(自執) 봉양이라는 뜻이다. 자집自執은 손수 차려 올리는 것을 말한다.

4) 不養則不知父母之食性 捨其所嗜(불양즉부지부모지식성 사기소기) : (손수) 봉양하지 않으면(不養則) 부모의 식성을 알지 못하여(不知父母之食性) 즐겨 드시는 바를 놓치게 된다는 뜻이다(捨 버릴 사, '저버림, 놓침'; 嗜 즐길기).

5) 違其所調和之變 雖進水陸萬種 食猶不滿足也(위기소조화지변 수진수륙만종 식유불만족야) : 위기소조화지변違其所調和之變, 즉 조화의 변화를 어긴다는 말은 식성에 맞게 음식을 만들지 못한다는 뜻이다. 전체적인 의미는 식성에 맞게 음식을 만들지 못하여, 비록(雖) 바다와 육지의 온갖 음식(水陸萬種)을 차려 올린다(進) 해도 식사(食)는 오히려(猶) 만족스럽지 못한(不滿足) 것이 되고 만다는 것이다.

6) 知養 五味隨性(지양 오미수성) : 지양知養은 봉양할 줄을 안다는 뜻이고, 오미수성五味隨性는 다섯 가지 맛(五味)을 식성에 맞도록 따르는(隨性) 것이니(隨 따를수), 이는 곧 다섯 가지 맛을 식성에 맞게 해드린다는 뜻이다.

7) 四時 致非時物者 實天感之(사시 치비시물자 실천감지) : 사철에 제철 아닌 음식(非時物)도 올리는 극진함에 이르니(致) 실로(實) 하늘이

감동한다(天感)는 뜻이다. 치致는 '이를 치'로 '극진함에 이름'이고, 비시물非時物은 제철 아닌 음식을 말하는 것이다.

제53사 신명(迅命: 誠 6體 46用)

迅 速也 命 父母之命也 父母有命 子必奉行
신 속야 명 부모지명야 부모유명 자필봉행

然 父母之命 是慈愛之命故 嚴托督囑
연 부모지명 시자애지명고 엄탁독촉

未有於慈愛之間 若先後相左 緩急失當
미유어자애지간 약선후상좌 완급실당

口雖不言 意思則新 是以 大孝 隨命無遺
구수불언 의사즉신 시이 대효 수명무유

번역 신迅은 빠른 것이고, 명命은 부모의 명이다. 부모의 명이 있으면 자식은 반드시 받들어 행해야 한다. 그러나 부모의 명은 자애롭기 때문에 그 자애로움 속에 엄하게 분부하고 독촉함이 없어 보인다 하여 만약 자식이 일의 선후先後를 어기거나 완급緩急을 적당하게 하지 못하면, 비록 입으로는 말하지 않아도 부모는 자식이 그 의사를 따를 수 있도록 새로운 방법을 강구할 것이다. 그러므로 큰 효도는 부모의 명을 남김없이 받들어 행하는 것이다.

주 해 1) 迅 速也 命 父母之命也(신 속야 명 부모지명야) : 신迅은 빠른 것이고, 명命은 부모의 명을 뜻한다. 따라서 신명迅命, 즉 '명을 빠르게 행함'이란 부모의 명을 자식이 신속하게 받들어 행하는 것을 말한다(迅 빠를 신, '신속함').

2) 父母有命 子必奉行(부모유명 자필봉행) : 부모(父母)의 명이 있으면(有命) 자식은 반드시 받들어 행해야(子必奉行) 한다는 뜻이다.

3) 然 父母之命 是慈愛之命故(연 부모지명 시자애지명고) : '그러나 부모의 명은 자애로운 명(命)인 고로'의 뜻이다(然 그러나 연).

4) 嚴托督囑 未有於慈愛之間(엄탁독촉 미유어자애지간) : 엄탁독촉嚴托督囑은 '엄하게 분부하고 독촉함'이고 미유어자애지간未有於慈愛之間은 '자애로움 사이에 있지 않음'이니, 그 자애로움 속에 엄하게 분부하고 독촉함이 없어 보이는 것을 말한다.

5) 若先後相左 緩急失當(약선후상좌 완급실당) : 선후상좌先後相左는 일의 선후를 어기는 것을 말한다(左 그를 좌, '옳지 아니함'). 따라서 만약 (자식이 일의) 선후를 어기거나 완급(緩急, 느림과 급함)을 적당하게 하지 못하면(失當) 안 된다는 뜻이다.

6) 口雖不言 意思則新(구수불언 의사즉신) : 구수불언口雖不言은 '비록 입으로는 말하지 않아도', 의사즉신意思則新은 부모의 의사가 곧 새로워진다는 뜻이다. 부모의 생각은 자식이 잘 되기를 바라는 자애로움으로 가득 차 있어서, 분부해서 따르지 않아도 포기하지 않고 따를 수 있도록 새로운 방법을 강구한다는 뜻이다.

7) 是以 大孝 隨命無遺(시이 대효 수명무유) : 그러므로(是以) 큰 효도(大孝)는 부모의 명을 남김없이(無遺) 받들어 행하는(隨) 것이다.

제54사 망형(忘形: 誠 6體 47用)

忘形者 忘身形也 子事父母 不敢有其身者
망 형 자   망 신 형 야   자 사 부 모   불 감 유 기 신 자

重報父母之恩也　只認之　不敢有其身
중 보 부 모 지 은 야　지 인 지　불 감 유 기 신

無忘自己之身形者　還有其身也　大孝者　父母在世
무 망 자 기 지 신 형 자　환 유 기 신 야　대 효 자　부 모 재 세

頓忘其身　父母歿後　始覺有其身
돈 망 기 신　부 모 몰 후　시 각 유 기 신

번역　망형忘形이란 몸의 형상을 잊는 것이다. 자식이 부모를 섬김에 있어 자기 몸을 아끼지 않는 것이 부모의 은혜에 깊이 보답하는 것이다. 다만 자기 몸을 아껴서는 안 된다는 것을 알고 있으면서도 자기 몸의 형상을 잊지 못하는 사람은 도리어 자기 몸을 아끼는 것이 된다. 큰 효도를 하는 사람은 부모가 살아 계실 때에는 제 몸을 완전히 잊고, 부모가 돌아가신 뒤에야 비로소 제 몸을 생각한다.

주해　1) 忘形者 忘身形也(망형자 망신형야) : 망형忘形, 즉 '몸을 잊음'이란 몸의 형상(身形)을 잊는(忘) 것을 말한다.

2) 子事父母 不敢有其身者 重報父母之恩也(자사부모 불감유기신자 중보부모지은야) : 자사부모子事父母의 '사事'는 자식이 부모를 섬기는 일을 말하는 것이니, 그 뜻은 '자식이 부모를 섬김에 있어'라는 뜻이다. 불감유기신자不敢有其身者는 감히 그 몸이 있지 않음을 말하는 것이니, 이는 곧 자기 몸을 아끼지 않는 것을 말한다. 중보重報는 깊이 보답함을 말하는 것이니, 중보부모지은야重報父母之恩也는 부모의 은혜에 깊이 보답하는 것이라는 뜻이다.

3) 只認之 不敢有其身 無忘自己之身形者 還有其身也(지인지 불감유기신 무망자기지신형자 환유기신야) : 다만(只) 자기 몸을 아껴서는 안 된다(不敢有其身)는 것을 알고 있으면서도(認之) 자기 몸의 형상을 잊지 못

하는 사람(無忘自己之身形者)은 도리어(還) 자기 몸을 아끼는(有其身) 것이 된다는 뜻이다(只 다만 지, 단 지; 還 도리어 환). 한유기신야還有其身也는 그 몸이 있다는 뜻으로 이는 곧 도리어 그 몸을 아끼는 것이 된다는 의미이다.

4) 父母在世 頓忘其身 父母歿後 始覺有其身(부모재세 돈망기신 부모몰후 시각유기신) : 부모가 살아 계실 때에는(父母在世) 제 몸(其身)을 완전히 잊고(頓忘), 부모가 돌아가신 뒤에야(父母歿後) 비로소(始) 제 몸을 생각한다(覺有其身)는 뜻이다. 돈頓은 '조아릴 돈'으로 머리를 조아려 자기 몸을 잊는다는 것은 정성을 다하여 부모를 섬기는 것을 말한다. 시각유기신始覺有其身은 자신의 몸이 있음을 깨닫기 시작한다는 뜻으로 이는 곧 비로소 자기 몸을 생각한다는 의미이다.

제2강령 신信 제55사
5단團 35부部

● 제1단 의義 제56사
　제1부 정직正直　제57사　　제2부 공렴公廉　제58사
　제3부 석절惜節　제59사　　제4부 불이不貳　제60사
　제5부 무친無親　제61사　　제6부 사기捨己　제62사
　제7부 허광虛誑　제63사　　제8부 불우不尤　제64사
　제9부 체담替擔　제65사

● 제2단 약約 제66사
　제10부 천실踐實　제67사　　제11부 지중知中　제68사
　제12부 속단續斷　제69사　　제13부 배망排忙　제70사
　제14부 중시重視　제71사　　제15부 천패天敗　제72사
　제16부 재아在我　제73사　　제17부 촌적忖適　제74사
　제18부 하회何悔　제75사　　제19부 찰합拶合　제76사

● 제3단 충忠 제77사
　제20부 패정佩政　제78사　　제21부 담중擔重　제79사
　제22부 영명榮命　제80사　　제23부 안민安民　제81사
　제24부 망가忘家　제82사　　제25부 무신無身　제83사

● 제4단 열烈 제84사

　제26부 빈우賓遇 제85사　　제27부 육친育親 제86사

　제28부 사고嗣孤 제87사　　제29부 고정固貞 제88사

　제30부 일구昵仇 제89사　　제31부 멸신滅身 제90사

● 제5단 순循 제91사

　제32부 사시四時 제92사　　제33부 일월日月 제93사

　제34부 덕망德望 제94사　　제35부 무극無極 제95사

참전계경

제2강령 신信

제55사 신信

信者 天理之必合 人事之必成 有五團三十五部
신 자 천 리 지 필 합   인 사 지 필 성   유 오 단 삼 십 오 부

번역 신信이란 하늘의 이치에 반드시 부합하는 것이며, 사람의 일을 반드시 이루게 하는 것이니, 여기에는 5단團 35부部가 있다.

주해 1) 信者 天理之必合 人事之必成(신자 천리지필합 인사지필성) : 신信, 즉 '믿음'이란 하늘의 이치(天理)에 반드시 부합(必合)하는 것이며, 사람의 일(人事)을 반드시 이루게(必成) 하는 것이라는 뜻이다.

2) 有五團三十五部(유오단삼십오부) : 신信에는 다섯 가지 모임團과 서른다섯 가지 부문部이 있다는 뜻이다(團 모임 단, 모일 단).

해설 신信이란 하늘의 이치에 반드시 부합하는 것으로 사람의 일을 반드시 이루게 하는 것이다. 여기서 믿음이란 교조적인 의미의 믿음이 아닌 진리의 발현[47]과 그 맥을 같이 한다. 사람의 특성은 바로 그가 가지고 있는 믿음의 특성이다. 그 사람의 믿음이 그 사

---

47 cf.『大乘起信論疏』, 391-393쪽.

람의 존재 자체를 규정하는 것이다. 사람은 타고난 기질에 따라 나름대로 믿음을 가지고 살아간다. 『바가바드 기타 The Bhagavad Gita』에서는 사람이 가지고 있는 믿음을 타고난 기질에 따라 대개 세 가지 종류로 분류하고 있다. 즉 "밝은 기질에서 비롯되는 믿음, 격정적인 기질에서 비롯되는 믿음, 그리고 어두운 기질에서 비롯되는 믿음"이 그것이다.[48] 기질이 밝은 사람은 밝은 기운을 따르고, 기질이 격정적인 사람은 권력과 부를 따르며, 기질이 어두운 사람은 어두운 기운을 따른다.[49] 말하자면 밝은 기운은 밝은 기운끼리, 어두운 기운은 어두운 기운끼리 친화력을 갖게 되는 것이다. 기질이 밝은 사람은 삶 자체를 희생제(sacrifice)로 여겨 대가를 바라지 않고 순수한 마음으로 정성을 다하여 자신의 의무를 수행한다. 기질이 격정적인 사람은 결과에 집착하며 남에게 보이기 위한 것을 주요한 가치로 삼는다. 기질이 어두운 사람은 진리를 따르는 신심信心이 없는 까닭에 삶 자체가 어두움의 제전祭典이 된다. 실로 믿음이 없이 행해지는 모든 것은 이 세상에서나 저 세상에서나 아무런 쓸모가 없다. 진리를 따르는 신심 그 자체는 완덕完德의 실천이 수반될 때 비로소 완전해질 수 있다.[50] 바로 여기에 조신調身・조심調心・조식調息

---

48 *The Bhagavad Gita*, 17. 2. : "The faith of men, born of their nature, is of three kinds: of light, of fire and of darkness."

49 *The Bhagavad Gita*, 17. 4. : "Men of light worship the gods of Light; men of fire worship the gods of power and wealth; men of darkness worship ghosts and spirits of night."

50 cf. 『金剛經五家解』「大乘正宗分」: "…若菩薩 有我相 人相 衆生相 壽者相 卽非菩薩." 完德의 실천이 수반되기 위해서는 왜곡된 믿음에 의거한 四相이 사라져야 한다. 즉 자신의 능력을 믿고 다른 사람들을 업신여기는 我相, 자신이 알고 행한다고 믿고 그렇지 못한 사람을 업신여기는 人相, 좋은 일은 자기에게 돌리고 나쁜 일은 다른 사람에게 돌리는 衆生相, 모든 것에 집착하여 分別心을 내는 壽者相이 사라져야 한다.

하는 수행의 필요성이 생겨난다. 이를테면 보시(布施, charity)・지계(持戒, morality)・인욕(忍辱, patience)과 같은 여실수행如實修行의 필요성이 생기게 되는 것이다.[51] 예나 지금이나 신信은 인간 사회를 지탱해 주는 핵심적인 요소다. 『논어論語』 「안연顏淵」편에 공자와 그 제자 자공과의 문답은 우리에게 그 시사하는 바가 크다. 정치의 가장 주요한 과제에 대한 자공의 물음에 공자는 '식량의 충족, 군비軍備의 충실, 사회 속의 신信의 확립'이라고 답하였다. 그 셋 중 하나를 단념해야 한다면 어느 것이냐는 자공의 물음에 공자는 군비라고 답하고, 또 하나를 단념해야 한다면 그것은 식량이라고 답하면서 신의가 상실된다면 살아 있어도 죽은 것이나 다름없으니 그 보람이 없는 것이라고 하였다.[52]

신信은 곧 신의信義이다. 믿음이란 의로움(義)이고, 약속(約)이며, 충성(忠)이고, 정절(烈)이며, 순환(循)이다. 우선 믿음은 의로움이라고 「의義」(信: 1團)에서는 말한다. 큰 믿음은 그에 부응하는 기운이 있으니 이를 의라고 한다. "그 기운은 마음을 감동시켜 용기를 일으키게 하며, 용단을 내려 일에 임하게 하고, 마음을 굳게 다지게 하여 벼락이 내리쳐도 그 기운을 깨뜨리지 못 한다." 의로움은 바르고 곧은 것「正直」(信: 1團 1部)이며, 치우치지 않고 깨끗한 것「公廉」(信: 1團 2部)이고, 절개를 소중히 여기는 것「惜節」(信: 1團 3部)이며, 두 가지 마음을 갖지 않는 것「不貳」(信: 1團 4部)이고, 사사로이 친함이 없는 것「無親」(信: 1團 5部)이며, 스스로를 버리는 것「捨己」(信: 1團 6部)이고, 빈말로 속

---

51 cf. Ashvaghosha, *The Awakening of Faith*, trans. Teitaro Suzuki(Mineola, New York: Dover Publications, INC., 2003), PP. 128-134.
52 『論語』「顏淵」第七: "子貢問「政」子曰「食足兵 民信之矣」子貢曰「必不得已而去 於斯三者何先」曰「去兵」子貢曰「必不得已而去 於斯二者何先」曰「去食 自古皆有死 民無信不立」."

이지 않는 것[「虛訑」(信: 1團 7部)]이며, 남을 탓하지 않는 것[「不尤」(信: 1團 8部)]이며, 대신 떠맡는 것[「替擔」(信: 1團 9部)]이다. "무릇 의로움이란 뜻을 바르게 갖고 일을 곧게 처리하여 그 사이에 사사로움과 굽음이 없는 것이다. 그러므로 차라리 일을 이루지 못할지언정 남에게 믿음을 잃지는 않는다." 그런 까닭에 공자는 "마음이 곧은 인재를 등용하여 마음이 굽은 소인 위에 올리면 인민은 복종하고, 마음이 굽은 소인을 등용하여 마음이 곧은 인재 위에 올리면 인민은 심복心服하지 아니한다."라고 한 것이다.[53] 공명정대하게 일을 보면 좋고 싫음이 없으며, 정결한 마음으로 사물을 대하면 사리사욕이 생겨나지 않는다. 따라서 "좋고 싫음이 없으면 사람들이 그 의로움에 따르고, 사리사욕이 없으면 사람들이 그 결백함을 믿게 된다."

"사람이 절개를 소중히 여기는 것은 그 절개가 무너져 세상에서 믿음을 잃게 될까 두려워해서이다." 의로운 사람은 두 가지 마음을 갖지 않는 까닭에 한번 허락하면 다시 고치지 않는다. 의로움은 친함과 소원疎遠함을 분별하지 않는다. "의로우면 비록 소원하더라도 반드시 화합하며, 의롭지 못하면 비록 친하더라도 반드시 버리게 된다." 신의가 없는 사람은 의리를 저버리고 자기 몸을 보전하지만, 신의가 돈독한 사람은 자기 몸을 버리고 의리를 지킨다. 속이는 것이 아니더라도 치우친 말로써 일을 이루려 하는 것은 옳지 않으며, 작은 절개를 버리고 신의를 지키는 것은 결코 허물이 되지 않는다. 의로운 사람은 스스로 중심을 바르게 잡아 마음을 결정하여 일에 나아가므로 길흉성패를 남에게 관련시키지 않으며, 남을 위하여 기꺼이 근심을 떠맡는다.

---

53 『論語』「爲政」第十九 : "哀公 問曰「何爲則民服」孔子對曰「擧直錯諸枉則 民服 擧枉錯諸直則 民不服」."

믿음은 약속이라고 「약約」(信: 2團)에서는 말한다. 세상 만사가 약속으로 이루어지는 까닭에 "약속이란 믿음의 좋은 매개이고, 믿음의 엄한 스승이며, 믿음이 일어나는 근원이고, 믿음의 신령한 넋이다. 매개가 없으면 합하지 못하고, 스승이 아니면 꾸짖지 못하며, 근원이 없으면 흐르지 못하고, 넋이 아니면 생겨나지 못한다." 약속은 실제로 행하여야 하고「踐實」(信: 2團 10部)], 중도를 알아야 하며「知中」(信: 2團 11部)], 끊어지지 않도록 이어져야 하고「續斷」(信: 2團 12部)], 지키기 위해 바쁜 일도 물리쳐야 하며「排忙」(信: 2團 13部)], 신중하게 하고「重視」(信: 2團 14部)], 하늘이 약속을 파하는 경우도 있으며「天敗」(信: 2團 15部)], 나에게 달려 있음이고「在我」(信: 2團 16部)], 마땅한 것을 헤아리며「忖適」(信: 2團 17部)], 어기면 후회하게 되고「何悔」(信: 2團 18部)], 꼭 들어맞는 것이다「揆合」(信: 2團 19部)]. 약속을 이행함에 믿음과 정성을 다하여 중도中道, 즉 중정中正의 도道를 지킬 줄 아는 것이 '지중知中'이다. 공자는 중용(中庸: 時中의 道)을 행한 사람이라고 맹자가 말한 것[54]도 이와 다르지 않다. 이미 약속해 놓고 여러 가지 이유로 그치는 것은 모두 중도가 아니다. 사람이 신의로써 성품을 지키면 일에 질서가 있고 이치에 어긋남이 없으므로 바쁘다는 이유로 약속을 어기는 일이 없다. 개인의 자유의지 차원에서 이룰 수 없는 큰 약속 - 이를테면 남북통일이나 세계평화의 실현과 같은 - 은 청천聽天, 즉 하늘의 명(天命)을 들어야 하고, 개인적 차원의 작은 약속은 하늘에 고해야 한다. 하늘의 명을 듣는다는 것은 하늘의 명을 받들어 정성을 다

---

54 『孟子』「離婁章句下」第十 : "孟子曰「仲尼 不爲已甚者」." 孟子는 孔子의 時中의 道를 찬양하여 이렇게 말하였다. "벼슬을 할 때면 나가서 벼슬하고, 그만두어야 할 때면 그만두고, 오래 머물러 있을 때면 오래 머물러 있고, 빨리 떠날 때면 빨리 떠나는 것은 孔子였다"(『孟子』「公孫丑章句上」第二 : "可以仕則仕 可以止則止 可以久則久 可以速則速 孔子也").

할 뿐 일체를 하늘에 맡기고 감응을 기대하지 않는 것이다.[55] 하늘에 고한다는 것은 곧 하늘마음(天心)에 고하는 것이니 이는 곧 믿음을 잃지 않겠다는 '참나'와의 약속이다. 비록 차고 약하고 소원하고 가난할지라도, 덥고 강하고 친근하고 부유함을 능히 약속할 수 있는 것은 믿음과 정성을 다하여 양 극단을 조화시킬 수 있는 중정의 도를 알고 실천하는 데 있다. 신의에 기반되지 않은 이익이나 사랑은 결코 지속할 수 있는 것이 아니다. 이익을 쫓아서 약속을 어기고 사랑을 꾀하여 약속을 어기어 비록 일시적으로는 이익이나 사랑을 얻었다 하더라도, 믿음이 없는 이익이나 사랑은 지속할 수 없는 것이어서 장차 후회하게 되는 것이다. 하늘의 명을 듣는 큰 약속은 꼭 들어맞아서 한 방울의 물도 새 나가지 못하고 작은 티끌도 끼어들지 못한다. 그런 까닭에 '한 사람이 믿음을 숭상하면 한 나라가 믿음을 경모景慕하고, 한 사람이 믿음을 세우면 천하가 믿음으로 나아가는' 것이다.

믿음은 충성이라고 「충忠」(信: 3團)에서는 말한다. 의로움이 국가 차원에 이르면 충으로 나타난다. 충성이란 임금의 뜻을 받들어 신하가 성의를 다하고 하늘의 이치로써 임금을 섬기어 보답하는 것이다. 충성은 충심을 다해 정사를 맡는 것이고「佩政」(信: 3團 20部), 중요한 일을 맡는 것「擔重」(信: 3團 21部)이며, 군명君命을 빛내는 것「榮命」(信: 3團 22部)이고, 백성을 편안하게 하는 것「安民」(信: 3團 23部)이며, 가정에 얽매이지 않는 것「忘家」(信: 3團 24部)이고, 자기의 몸을 생각하지 않는 것「無身」(信: 3團 25部)이다. "신하는 임금을 대신하여 정사를 다스리되 현재賢才를 구해 천거하여 등용하고, 자기보다 현명한 사

---

55 *The Bhagavad Gita*, 2. 51. : "Seers in union with wisdom forsake the rewards of their work, and free from the bonds of birth they go to the abode of salvation."

람이 있으면 간절히 간諫하여 자리를 교체해야 한다." "나라에 큰 일이 있어서 자신이 담당하고 있는 직책이 나라의 안위에 관계되는 것이라면, 세상 돌아가는 기운과 운수運數를 잘 헤아려 순역順逆의 이치에 맞게 운용해야 한다." 임금의 명을 빛내고 국위를 선양하며, 백성이 편안하도록 아무 일도 없게 해야 한다. 나라 일을 함에 있어 사사로운 집안 일에 얽매이지 말고 공익을 우선시해야 한다. "현자賢者가 있으면 임금에게 천거하여 집에 머물러 있지 않게 하며, 재물이 있으면 공익에 보태어 사사로이 경영하지 말 것이며, 인재가 아니면 친척이라 해도 천거하지 말고 임금이 임무를 맡기더라도 받아서는 안 된다." 또한 나라 일에 힘쓰는 자는 자기 몸을 나라에 바쳐 그 몸이 사사로이 있지 않으므로 나라 일을 근심하는 한결같은 마음으로 가득 차 있어야 한다.[56]

믿음은 정절貞節이라고 「열烈」(信: 4團)에서는 말한다. 정절은 화목한 가정을 이루는 원동력이며, 부부간의 지순한 사랑을 꽃피우게 하는 묘약妙藥과도 같은 것이다. "부부는 서로에게 정절을 지키어 목숨을 이어가기도 하고 생명을 버리기도 한다. 초혼初婚이든 재혼再婚이든, 부부간의 도리는 신의이다." 신의가 있는 부부는 서로를 손님의 예로써 공경하며[「賓遇」(信: 4團 26部)], 자식 없는 어버이를 봉양하고[「育親」(信: 4團 27部)], 유복자를 잘 키워 집안을 잇게 하며[「嗣孤」(信: 4團 28部)], 정절을 굳게 지키고[「固貞」(信: 4團 29部)], 원한을 풀어 주고자 하며[「昵仇」(信: 4團 30部)], 배우자가 세상을 떠나면 영혼이 되어 뒤따르고자 한다[「滅身」(信: 4團 31部)]. 부부가 서로를 손님의 예로써 공경한다는 것은 "가난하고 비천卑賤하더라도 더욱 사랑하고, 늙어 갈수록 더욱 공손히 하며, 자녀가 집안에 가득하더라도 오히려 손

---

56 cf. 『論語』 「顔淵」 十七 : "子張問 政 子曰 『居之無倦 行之以忠』."

수 서로에게 음식을 베푸는 것이다." 자식 없는 어버이를 봉양한다는 것은 백년해로를 기약한 남편이나 아내가 죽으면 혼자 살고 싶지 않더라도 늙은 어버이를 봉양하기 위해서 죽은 배우자의 몸을 대신하여 살아야 하는 것이다. 유복자를 잘 키워 집안을 잇게 하는 것이 인륜과 믿음을 지켜나가는 것이며, 하늘 이치의 바른 법을 따르는 일이다. 정절을 굳게 지킨다는 것은 그 마음을 굳게 하여 흔들림이 없는 것이고, 그 절개를 곧게 하여 옮기지 않는 것이며, 한결같은 일념으로 배우자만을 믿는 것이다. 특히 「일구昵仇」에서는 남편이나 아내가 원한을 품고 세상을 떠나면 '마땅히 그 원한을 풀어주고자 구구한 방도를 내게 될 것이나, 밝은이는 이를 불쌍히 여긴다'라고 하여 전 우주가 자연법인 카르마(karma, 業)의 지배 하에 있다는 사실을 암시하고 있다. 밝은이가 불쌍히 여기는 까닭은, 첫째로는 전 우주가 자연법인 카르마의 지배 하에 있으므로 사람이 갚지 않아도 하늘이 갚는다는 사실을 알고 있기 때문이고, 둘째로는 인간이 무리하게 갚으면 또 다른 카르마를 만들게 된다는 사실 또한 알고 있기 때문이다. 하늘의 그물은 넓고 넓어서 보이지는 않으나 티끌 하나라도 새는 일이 없으며,[57] 아무리 미세한 카르마라 할지라도 언젠가는 반드시 보상하게 되어 있는 것이다. 따라서 이 육체가 '나'라는 착각 속에서 물형계의 허상을 쫓는 삶은 마치 불속으로 날아드는 부나비와도 같이 속절없는 삶이라고 보는 것이다. 원수는 외나무다리에서 만난다는 말처럼, 애써 찾아다니지 않아도 언젠가는 만나게 되어 있다. 내적 자아의 각성과 영적靈的인 힘의 계발을 위해 - 금생今生에서든 내생來生에서든 - 만나고 또 만나서 풀어야 할 과제가 있는 것이다. 원한을 갚고자 상대

---

57 cf. 『明心寶鑑』 「天命」: "種瓜得瓜 種豆得豆 天網 恢恢 疎而不漏."

방에게 또 다른 원한을 안겨 준다면 풀어야 할 과제는 배가倍加될 뿐이다. 원수를 내 몸과 같이 사랑할 수 있을 때 '다시는 돌아오지 않는 길'[58]을 발견하게 됨으로써 영적 진화를 위한 그 과제는 끝나게 되는 것이다. 인내하고 용서하고 사랑하는 마음이야말로 카르마의 법칙에 대한 유일한 용제溶劑이다. 「멸신滅身」에서는 속히 영혼이 되어 죽은 배우자의 영혼을 뒤따르고자 육신을 버리는 부부간의 지순한 사랑에 대한 가르침을 보여주고 있다.

믿음은 순환(循)이라고 「순循」(信: 5團)에서는 말한다. 한결같은 하늘의 운행과 같이 사람의 믿음도 추호의 어김이 없어야 한다. "순환은 (일월성신과 같은) 형상 있는 하늘의 윤회輪回이다. 형상 있는 하늘은 윤회에 일정한 도수度數가 있어 어김이 없으므로 사람은 하늘을 우러러보아 천재 이변을 살피고 믿지 않음을 스스로 경계해야 한다." 천시天時와 인사人事가 상합相合하므로 천리天理에 순응하는 삶을 살아야 함을 가르치고 있다. 사시(四時: 春夏秋冬)가 순환하고「四時」(信: 5團 32部)], 일월(日月)이 순환하며「日月」(信: 5團 33部)], 천덕天德을 우러르고「德望」(信: 5團 34部)], 다함이 없는 믿음을 가져야 한다「無極」(信: 5團 35部)]. "춘하추동 사계절의 기후가 바뀌면서 모든 생물은 생장(生長)하여 결실의 공(功)을 거두어들이고, 사람도 사계절의 순환에 대한 믿음으로 생업을 하여 바다와 육지를 통해 교역하면서 귀천빈부貴賤貧富와 이해득실利害得失이 생겨나게 된 것이다." 음양동정陰陽動靜의 원리에 의해 음양이 교체되는 순환은 하늘이 사람에게 주는 믿음, 즉 추호도 어김이 없는 한결같은 하늘의 운행을 말하는 것이

---

58 *The Bhagavad Gita*, 15. 4. : "…and with the strong sword of dispassion let him cut this strong-rooted tree, and seek that path wherefrom those who go never return." '다시는 돌아오지 않는 길'을 발견한다는 것은 곧 生死輪廻(samsara)에서 벗어나는 것을 말한다.

다. 사람의 믿음, 즉 사람이 사람에게 주는 믿음도 하늘의 운행과 같이 추호의 어김이 없어야 가히 밝은이의 믿음이라 할 수 있는 것이다. 사람의 믿음이 하늘의 믿음과 같게 되려면 완덕完德의 실천이 수반되어야 한다. "성스러운 덕은 소리는 없으나 그 덕이 미치는 곳마다 사람들이 우러러보게 되니, 이는 마치 하늘의 윤회가 소리는 없으나 다하는 곳마다 만물이 빛깔을 내는 것과 같다. 성스러운 덕은 모든 사람들이 우러러보게 되고, 하늘의 윤회는 일체 만물이 빛깔을 내게 하니, 이것이 바로 사람의 믿음이 하늘의 믿음과 같은 것이다." 『도덕경道德經』 38장에서는 '상덕무위이무불위上德無爲而無不爲'라고 하여 천덕天德은 함이 없으면서도 하지 않음이 없는 이른바 '무위이무불위' 그 자체이며, 무위이화無爲而化의 덕과 그 기운에 의해 만물을 생장生長시키는 것이라고 하고 있다. 하늘의 운행은 잠시라도 그치거나 쉬는 일이 없다. 만일 하늘기운이 그치거나 쉬는 일이 있으면 하늘의 이치가 멸한다. 그것은 돌아서 처음으로 되돌아오는 원기元氣, 즉 무극無極[59]이다. 천부경에서는 이를 시작도 끝도 없는 영원한 '하나(一)'로 나타내고 있다. 바로 이 '하나(一)'의 묘리妙理의 작용으로 삼라만상이 오고 가며 그 쓰임은 무수히 변하지만 그 근본은 변함도 다함도 없는 것이다. 또한 동학에서는 이를 '무극대도無極大道'라 하여 '무왕불복지리無往不復之理', 즉 '가고 돌아오지 않음이 없는 이법理法'으로 나타내고 있다. 사람이 믿음을 기르는 것 또한 무극의 원기와 같아서, 추호라도 끊어짐이

---

59 cf. 『道德經』40章: "反者道之動."; 『天符經』: "一妙衍萬往來用變不動本."; 『東經大全』「論學文」: "無往不復之理"; Mundaka Upanishad in The Upanishads, translated from the Sanskrit with an introduction by Juan Mascaro(London: Penguin Books Ltd., 1962), 2. 1. p.77: "As from a fire aflame thousands of sparks come forth, even so from the Creator an infinity of beings have life and to him return again."

용납되면 사람의 도리는 폐하여지고 만다.

　제2강령 신信에는 다섯 가지 모임(團), 즉 의義, 약約, 충忠, 열烈, 순循과 서른다섯 가지 부문(35部)이 있다.

제1단 의義

제56사 의(義: 信 1團)

義　粗信而孚應之氣也　其爲氣也　感發而起勇
의　조신이부응지기야　　기위기야　감발이기용

勇定而立事　牢鎖心關　霹靂莫破　堅剛乎金石
용정이입사　뇌쇄심관　벽력막파　견강호금석

決瀉乎江河
결사호강하

번역　의義는 큰 믿음에 부응하는 기운이다. 그 기운은 마음을 감동시켜 용기를 일으키게 하며, 용단勇斷을 내려 일에 임하게 하고, 마음을 굳게 다지게 하여 벼락이 내리쳐도 그 기운을 깨뜨리지 못한다. 그 기운은 금석金石보다 굳세고 단단하며, 큰 강물이 쏟아져 흐르는 것보다 더 생명력이 넘친다.

주해　1) 義 粗信而孚應之氣也(의 조신이부응지기야) : 의義는 큰 믿음에 부응하는 기운이라는 뜻이다. 큰 믿음이 있으면 이에 부응하는 기운이 따르기 마련인 것이다(粗 클 조). 부응지기야_{孚應之氣也}는 성실하게 응답하는(부응하는) 기운이라는 뜻이다(孚 미쁠 부, '성실함').

2) 其爲氣也 感發而起勇 勇定而立事(기위기야 감발이기용 용정이입사) : 기위기야_{其爲氣也}는 '그 기운이라는 것은, 그 기운은'의 뜻이고, 감발이기용_{感發而起勇}은 마음을 감동시켜 용기를 일으키게 한다는 뜻이며, 용정이입사_{勇定而立事}는 용단_{勇斷}을 내려(勇定而) 일에 임하게(立事) 하는 것을 말한다(立 설 립, '임함').

3) 牢鎖心關 霹靂莫破(뇌쇄심관 벽력막파) : 뇌쇄_{牢鎖}는 '굳게 잠기다', 심관_{心關}은 '마음의 관문'이니, 마음의 관문이 굳게 잠긴다는 뜻이다. 말하자면 마음이 굳게 다져진다는 의미이다. 벽력_{霹靂}은 '벼락이 침'이고 막_莫은 '없을 막'으로 '무_無'와 뜻이 같으니, 벽력막파_{霹靂莫破}는 벼락이 내리쳐도 그 기운을 깨뜨리지 못한다는 뜻이다.

4) 堅剛乎金石 決瀉乎江河(견강호금석 결사호강하) : 여기서 호_乎는 '…보다'의 뜻으로 견강호금석_{堅剛乎金石}은 (그 기운이) 금석보다 굳세고 단단하다는 뜻이다. 결사_{決瀉}는 쏟아져 흐르는 것을 나타낸 말이고 강하_{江河}는 '큰 강'이니, 결사호강하_{決瀉乎江河}는 큰 강물이 쏟아져 흐르는 것보다 더 생명력이 넘친다는 뜻이다.

제57사 정직(正直: 信 1團 1部)

正則無私 直則無曲也 夫義 以正秉志 以直處事
정 즉 무 사   직 즉 무 곡 야   부 의   이 정 병 지   이 직 처 사

無私曲於其間 故 寧事不成 未有失信於人
무 사 곡 어 기 간   고   영 사 불 성   미 유 실 신 어 인

번역 바르면 사사로움이 없고, 곧으면 굽음이 없다. 무릇 의로움이란 뜻을 바르게 갖고 일을 곧게 처리하여 그 사이에 사사로움과 굽음이 없는 것이다. 그러므로 차라리 일을 이루지 못할지언정 남에게 믿음을 잃지는 않는다.

주해 1) 正則無私 直則無曲也(정즉무사 직즉무곡야) : 바르면(正則) 사사로움이 없고(無私), 곧으면(直則) 굽음이 없다(無曲)는 뜻이다. 따라서 정직正直이란 사사로움이 없고 굽음이 없는 것을 말한다.

2) 夫義 以正秉志 以直處事 無私曲於其間(부의 이정병지 이직처사 무사곡어기간) : 부의夫義는 '무릇 의로움이란'의 뜻이다. 이정병지以正秉志는 바름으로써 뜻을 잡는다는 뜻으로 이는 곧 뜻을 바르게 갖는다는 뜻이다(秉 잡을 병). 마찬가지로 이직처사以直處事는 일을 곧게 처리한다는 뜻이다. 무사곡어기간無私曲於其間은 그 사이에 사사로움과 굽음이 없다는 뜻이다.

3) 寧事不成 未有失信於人(영사불성 미유실신어인) : 차라리 일을 이루지 못할지언정(寧事不成) 남에게(於人) 믿음을 잃지는 않는다(未有失信)는 뜻이다(寧 차라리 녕).

제58사 공렴(公廉: 信 1團 2部)

公 不偏也 廉 潔也 公而視事 無愛憎 廉而接物
공 불편야 염 결야 공이시사 무애증 염이접물

無利慾 無愛憎 人服其義 無利慾 人信其潔
무이욕 무애증 인복기의 무이욕 인신기결

번역 공公은 치우치지 않는 것이고, 염廉은 깨끗한 것이다. 치우치지 않게 일을 보면 좋고 싫음이 없으며, 깨끗한 마음으로 사물을 대하면 사리사욕도 없어진다. 좋고 싫음이 없으면 사람들이 그 의로움에 따르고, 사리사욕이 없으면 사람들이 그 결백함을 믿게 된다.

주해 1) 公 不偏也 廉 潔也(공 불편야 염 결야) : 공公은 치우치지 않는 것이고, 염廉은 깨끗한 것이라는 뜻이다. 따라서 공렴公廉, 즉 '공정하고 청렴함'이란 치우치지 않고 깨끗한 것을 말한다(偏 치우칠 편; 廉 깨끗할 렴; 潔 깨끗할 결).

2) 公而視事 無愛憎(공이시사 무애증) : 치우치지 않게(공정하게) 일을 보면(公而視事) 좋고 싫음이 없다(無愛憎)는 뜻이다. 공公은 치우치지 않는 것, 즉 공정한 것을 말한다.

3) 廉而接物 無利慾(염이접물 무이욕) : 깨끗한 마음으로 사물을 대하면(廉而接物) 사리사욕도 없어진다(無利慾)는 뜻이다. 염廉은 '깨끗함', 이욕利慾은 사리사욕을 말한다.

4) 無愛憎 人服其義(무애증 인복기의) : 좋고 싫음이 없으면(無愛憎) 사람들이 그 의로움에 따른다(人服其義)는 뜻이다. 복服은 '복종하다, 따르다'이다.

5) 無利慾 人信其潔(무이욕 인신기결) : 사리사욕이 없으면(無利慾) 사람들이 그 결백함을 믿게 된다(人信其潔)는 뜻이다.

제59사 석절(惜節; 信 1團 3部)

人之有義 猶竹之有節也 竹焚則節有聲
인 지 유 의 유 죽 지 유 절 야 죽 분 즉 절 유 성

身灰而節不灰 義何異哉 人之惜節者
신 회 이 절 불 회 의 하 이 재 인 지 석 절 자

恐其壞節而不取信於名界也
공 기 괴 절 이 불 취 신 어 명 계 야

번역 사람에게 의로움이 있는 것은 마치 대나무에 마디가 있는 것과 같다. 대나무가 불에 타면 마디에서 소리가 나고 대나무는 재가 되어도 마디는 재가 되지 않나니, 사람의 의로움이 어찌 이와 다르겠는가. 사람이 절개를 소중히 여기는 것은 그 절개가 무너져 세상에서 믿음을 잃게 될까 두려워해서이다.

주해 1) 惜節(석절) : 석절惜節, 즉 '절개를 아낌'이란 절개를 소중히 여기는 것을 말한다(惜 아낄 석; 節 절개 절).

2) 人之有義 猶竹之有節也(인지유의 유죽지유절야) : 사람에게 의로움이 있는(人之有義) 것은 마치 대나무에 마디가 있는(竹之有節) 것과 같다(猶)는 뜻이다(猶 같을 유).

3) 竹焚則節有聲 身灰而節不灰 義何異哉(죽분즉절유성 신회이절불회 의하이재) : 대나무가 불에 타면(竹焚則) 마디에서 소리가 나고(節有聲) 대나무는 재가 되어도(身灰而) 마디는 재가 되지 않는다(節不灰)는 뜻이다. 의하이재義何異哉는 '사람의 의로움(義)이 어찌(何) 이와 다르겠는가(異哉)'라는 뜻이다. 죽분竹焚은 대나무가 불에 타는 것이고, 신회身灰는 몸이 재가 되는 것으로 여기서 몸은 대나무를 말한다.

4) 人之惜節者 恐其壞節而不取信於名界也(인지석절자 공기괴절이불취신어명계야) : 사람이 절개를 소중히 여기는 것(人之惜節者)은 그(其) 절개(節)가 무너져(壞) 세상에서(於名界) 믿음을 잃게 될까(不取信) 두려워해서(恐)라는 뜻이다. 불취신不取信은 믿음을 잃는(얻지 못하는) 것이며, 명계名界는 이름세계를 말함이니 이는 곧 이 세상을 지칭하는 것이다(恐 두려워할 공).

제60사 불이(不貳: 信 1團 4部)

不貳者 不貳於人也 流水 一去而不返 義人
불 이 자   불 이 어 인 야   유 수   일 거 이 불 반   의 인

一諾而不改 故 不重其克終 重其有始
일 락 이 불 개   고   부 중 기 극 종   중 기 유 시

번역 불이不貳란 사람에게 두 가지 마음을 갖지 않는 것이다. 흐르는 물은 한번 가면 돌아오지 않으며, 의로운 사람은 한번 허락하면 다시 고치지 않는다. 그러므로 끝마무리를 잘 하는 것도 중요하지만 그 시작도 중요하다.

주해 1) 不貳者 不貳於人也(불이자 불이어인야) : 불이不貳, 즉 '둘이 아님'이란 사람에게 두 가지 마음을 갖지 않는 것을 말한다.

2) 一去而不返(일거이불반) : 한번 가면(一去而) 다시 돌아오지 않는다(不返)는 뜻이다.

3) 一諾而不改(일락이불개) : 한번 허락하면(一諾而) 다시 고치지 않는다(不改)는 뜻이다. 다시 고치지 않는다는 뜻은 마음을 바꾸지 않

는다는 것이다.

　　4) 不重其克終 重其有始(부중기극종 중기유시) : 부중不重은 반어법으로 쓰인 것으로 중요하지 않다는 뜻이 아니라 '중요하지 않으리오만'의 뜻이다. 극종克終은 능히 끝내는 것이니(克 능할 극), 이는 곧 끝마무리를 잘 하는 것을 말한다. 중기유시重其有始는 그 시작이 있음이 중요하다는 뜻이다. 따라서 전체적으로는 끝마무리를 잘 하는 것도 중요하지만 그 시작도 중요하다는 뜻이다.

제61사 무친(無親: 信 1團 5部)

親　親屬及親近也　義　無昵親斥疎　義則雖疎必合
친　친속급친근야　의　무닐친척소　의즉수소필합

不義則雖親必棄
불의즉수친필기

번역　　친親은 일가친척 또는 가까운 사람이다. 의로움은 친하다고 하여 가깝게 하고 소원疎遠하다고 하여 배척하지 않는다. 의로우면 비록 소원하더라도 반드시 화합하며, 의롭지 못하면 비록 친하더라도 반드시 버린다.

주해　　1) 無親(무친) : 무친無親, 즉 '친함이 없음'이란 친함과 친하지 않음을 분별하지 않는 것을 말한다.

　　2) 親 親屬及親近也(친 친속급친근야) : 친親, 즉 '일가'란 일가친척 및 가까운 사람을 말한다.

　　3) 義 無昵親斥疎(의 무닐친척소) : 의義, 즉 '의로움'은 친하다고 하

여 가깝게 하고(昵親) 소원(疎)하다고 하여 배척하지(斥) 않는다(無)는 뜻이다.

4) 義則雖疎必合 不義則雖親必棄(의즉수소필합 불의즉수친필기) : 의로우면(義則) 비록(雖) 소원(疎)하더라도 반드시 화합하며(必合), 의롭지 못하면(不義則) 비록 친하더라도(親) 반드시 버린다(必棄)는 뜻이다.

제62사 사기(捨己: 信 1團 6部)

捨己者 不分其身也 旣許心於人 仍蹈患難 身義
사 기 자 불 분 기 신 야 기 허 심 어 인 잉 도 환 난 신 의

不可俱全 衆人 捨義而全身 哲人 捨身而全義
불 가 구 전 중 인 사 의 이 전 신 철 인 사 신 이 전 의

번 역   사기捨己란 그 몸을 분별하지 않고 버리는 것이다. 이미 남에게 마음을 허락하고 그로 인하여 환난을 겪게 되면 몸과 의리를 함께 보전하지 못한다. 뭇 사람은 의리를 저버리고 자기 몸을 보전하지만, 밝은이는 자기 몸을 버리고 의리를 지킨다.

주 해   1) 捨己者 不分其身也(사기자 불분기신야) : 사기捨己, 즉 '자기를 버림'이란 그 몸을 분별하지 않고 버린다는 뜻이다. 말하자면 자기 몸을 버리고 의리를 지킨다는 의미가 함축되어 있다.

2) 旣許心於人 仍蹈患難(기허심어인 잉도환난) : 이미(旣) 남에게(於人) 마음을 허락하고(許心) 그로 인하여(仍) 환난患難을 겪게(蹈) 됨을 말한다(仍 인할 잉; 蹈 밟을 도, '겪다').

3) 身義 不可俱全(신의 불가구전) : 몸(身)과 의리(義)를 함께 보전하지

못한다(不可俱全)는 뜻이다(俱 함께 구, '모두').

    4) 捨義而全身(사의이전신) : 의리를 저버리고(捨義) 자기 몸을 보전한다(全身)는 뜻이다.

    5) 捨身而全義(사신이전의) : 자기 몸을 버리고(捨身) 의리를 지킨다(全義)는 뜻이다.

제63사 허광(虛誆 : 信 1團 7部)

虛誆者 虛言誆人也 正人信我 我亦信其人
허 광 자 허 언 광 인 야 정 인 신 아 아 역 신 기 인

正人義我 我亦義其人 正人有難 我當救之
정 인 의 아 아 역 의 기 인 정 인 유 난 아 당 구 지

非誆 不可用片言成之 棄小節而全信義者 哲人
비 광 불 가 용 편 언 성 지 기 소 절 이 전 신 의 자 철 인

不咎焉
불 구 언

번역 허광虛誆이란 빈말로 남을 속이는 것이다. 바른 사람이 나를 믿으니 나 또한 그 사람을 믿고, 바른 사람이 나를 의롭게 하니 나 또한 그 사람을 의롭게 하며, 바른 사람이 어려움에 처해 있으니 내가 마땅히 그를 구한다. 그러나 속이는 것이 아니더라도 치우친 말로써 일을 이루려 하는 것은 옳지 않다. 작은 절개를 버리고 신의를 지키는 것은 밝은이도 허물로 삼지 않는다.

주해 1) 虛誆者 虛言誆人也(허광자 허언광인야) : 허광虛誆, 즉 '빈말

로 속임'이란 빈말로 남을 속이는 것을 말한다. 허언虛言은 '빈말, 헛된 말'이다(訑 속일 광).

 2) 正人信我 我亦信其人(정인신아 아역신기인) : 바른 사람(正人)이 나를 믿으니(信我) 나(我) 또한(亦) 그 사람을 믿는다(信其人)는 뜻이다.

 3) 正人義我 我亦義其人(정인의아 아역의기인) : 바른 사람이 나를 의롭게(義我) 하니 나 또한 그 사람을 의롭게 한다(義其人)는 뜻이다.

 4) 正人有難 我當救之(정인유난 아당구지) : 바른 사람이 어려움에 처해 있으니(有難) 내가 마땅히(當) 그를 구한다(救之)는 뜻이다.

 5) 非訑 不可用片言成之(비광 불가용편언성지) : 비광非訑은 속이는 것이 아니라는 뜻이고, 편언片言은 '한쪽 말, 치우친 말'이다. 따라서 속이는 것이 아니더라도 치우친 말로써(用片言) 일을 이루려(成之) 함은 옳지 않다(不可)는 뜻이다. 말하자면 속이는 것이 아니더라도 사실과 다른 치우친 말을 하여 도우려 하는 것은 신의를 버리고 작은 절개를 지키는 것에 불과하다는 것이다.

 6) 棄小節而全信義者 哲人 不咎焉(기소절이전신의자 철인 불구언) : 작은 절개(小節)를 버리고(棄) 신의를 지키는 것(全信義者)은 밝은이(哲人)도 허물로 삼지 않는다(不咎焉)는 뜻이다. 말하자면 치우친 말을 해서라도 돕겠다는 작은 의리를 버리고 신의를 지키는 것이 정도(正道)라는 뜻이다. 기소절棄小節은 작은 절개를 버리는 것이고, 전신의자全信義者는 신의를 온전히 하는(지키는) 것이며, 이而는 '말이을 이'로 '그리하고' 뜻의 접속사다(咎 허물 구; 焉 어조사 언).

제64사 불우(不尤: 信 1團 8部)

不尤者 不尤人也 義者 自執中正 決心就事
불 우 자 불 우 인 아 의 자 자 집 중 정 결 심 취 사

伊吉伊凶 乃成乃敗 不關於人也 雖凶 不怨人
이길이흉 내성내패 불관어인야 수흉 불원인

雖敗 不尤人
수 패 불 우 인

번역 불우不尤란 남을 탓하지 않는 것이다. 의로운 사람은 스스로 중심을 바르게 잡아 마음을 결정하여 일에 나아가므로 길흉성패를 남에게 관련시키지 않는다. 비록 흉하다 해도 남을 원망하지 않으며, 비록 실패한다 해도 남을 탓하지 않는다.

주해 1) 不尤者 不尤人也(불우자 불우인야) : 불우不尤, 즉 '탓하지 않음'이란 남을 탓하지 않는 것을 말한다(尤 탓할 우).

2) 義者 自執中正 決心就事(의자 자집중정 결심취사) : 의로운 사람(義者)은 스스로 중심을 바르게 잡아(自執中正) 마음을 결정하여(決心) 일에 나아간다(就事는 뜻이다(就 나아갈 취).

3) 伊吉伊凶 乃成乃敗 不關於人也(이길이흉 내성내패) : 이伊와 내乃는 어세(語勢)를 고르게 하기 위하여 쓰는 어조사이다. 따라서 이 구절은 '길흉성패를 남에게 관련시키지 않는다'는 뜻이다.

4) 雖凶 不怨人(수흉 불원인) : 비록(雖) 흉하다(凶) 해도 남(人)을 원망하지 않는다(不怨)는 뜻이다.

5) 雖敗 不尤人(수패 불우인) : 비록 실패(敗)한다 해도 남을 탓하지 않는다(不尤)는 뜻이다.

제65사 체담(替擔: 信 1團 9部)

替擔者 爲人擔憂也 善人有寃 自不能伸
체담자 위인담우야 선인유원 자불능신

正人有急 自不能救 哲人 憫焉而擔憂者 義也
정인유급 자불능구 철인 민언이담우자 의야

번 역   체담替擔이란 남을 위하여 근심을 떠맡는 것이다. 착한 사람은 원통함이 있어도 스스로 풀지 못하고, 바른 사람은 급한 일에 처해도 스스로 구하지 못한다. 밝은이는 이를 딱하게 여겨 근심을 떠맡는 것이니, 이것이 의로움이다.

주 해   1) 替擔者 爲人擔憂也(체담자 위인담우야) : 체담替擔, 즉 '대신 떠맡음'이란 남을 위하여 근심을 떠맡는 것을 말한다.

2) 善人有寃 自不能伸(선인유원 자불능신) : 착한 사람(善人)은 원통함이 있어도(有寃) 스스로(自) 풀지 못한다(不能伸)는 뜻이다. 이는 남의 오점을 드러내기 꺼려하는 착한 마음 때문이다.

3) 正人有急 自不能救(정인유급 자불능구) : 바른 사람(正人)은 급한 일에 처해도(有急) 스스로(自) 구하지 못한다(不能救)는 뜻이다. 이는 남의 신세를 지기 꺼려하는 바른 마음 때문이다.

4) 憫焉而擔憂者 義也(민언이담우자 의야) : 딱하게 여겨(憫) 근심을 떠맡는 것(擔憂者)이 의로움(義)이라는 뜻이다(憫 불쌍히여길 민).

제2단 약約

제66사 약(約: 信 2團)

約者 信之良媒 信之嚴師 信之發源 信之靈魄也
약자 신지양매 신지엄사 신지발원 신지영백야

非媒不合 非師不責 非源不流 非魄不生
비매불합 비사불책 비원불류 비백불생

번역 약約이란 믿음의 좋은 매개이고, 믿음의 엄한 스승이며, 믿음이 일어나는 근원이고, 믿음의 신령한 넋이다. 매개가 없으면 합하지 못하고, 스승이 아니면 꾸짖지 못하며, 근원이 없으면 흐르지 못하고, 넋이 아니면 생겨나지 못한다.

주해 1) 約者 信之良媒 信之嚴師 信之發源 信之靈魄也(약자 신지양매 신지엄사 신지발원 신지영백야) : 약속(約)이란 믿음의 좋은 매개이고, 믿음의 엄한 스승이며, 믿음이 일어나는 근원이고, 믿음의 신령한 넋이라는 뜻이다(魄 넋 백).

  2) 非媒不合(비매불합) : 매개가 없으면 합하지 못한다는 뜻이다.

  3) 非師不責(비사불책) : 스승이 아니면 꾸짖지 못한다는 뜻이다.

  4) 非源不流(비원불류) : 근원이 없으면 흐르지 못한다는 뜻이다.

  5) 非魄不生(비백불생) : 넋이 아니면 생겨나지 못한다는 뜻이다.

제67사 천실(踐實: 信 2團 10部)

踐實者 如約也 合奔時日 完淸事物
천실자 여약야 합분시일 완청사물

無參差 無錯誤 無讒凶
무참차 무착오 무참흉

번역 천실踐實이란 약속과 같은 것이다. 때를 맞추어 일을 행하고 깨끗하게 완수하면 어긋남도 없고 착오도 없으며 참소讒訴하는 흉한 일도 없다.

주해 1) 踐實者 如約也(천실자 여약야) : 천실踐實, 즉 '실제로 이행함'이란 약속과 같다는 뜻으로 이는 곧 약속을 실천하는 것을 말한다(踐 밟을 천, '이행함').

2) 合奔時日 完淸事物(합분시일 완청사물) : 때를 맞추어 일을 행하고 깨끗하게 완수하는 것을 뜻한다. 합분시일合奔時日은 시일에 맞도록 서두르는 것이니, 이는 곧 약속한 때를 맞추는 것을 말한다(奔 달릴 분, 빠를 분).

3) 無參差 無錯誤 無讒凶(무참차 무착오 무참흉) : 무참차無參差는 어긋남이 없고, 무착오無錯誤는 착오도 없으며, 무참흉無讒凶은 참소하는 흉한 일도 없다는 뜻이다.

제68사 지중(知中: 信 2團 11部)

知中者 知就約有中道也 旣約而被間而止
지중자 지취약유중도야 기약이피간이지

厭苦而止 推移而止 聞虛信而止 皆非中道也
염고이지 추이이지 문허신이지 개비중도야

故 知者自戒
고 지자자계

번역 지중知中이란 약속을 이행함에 중도中道를 지킬 줄 아는 것이다. 이미 약속해 놓고 이간을 당해 그치거나, 고통스럽게 여겨 그치거나, 형편이 달라져 그치거나, 헛된 소식을 듣고 그치는 것은 모두 중도가 아니다. 그러므로 아는 자는 스스로를 경계한다.

주해 1) 知中者 知就約有中道也(지중자 지취약유중도야) : 지중知中, 즉 '중도를 앎'이란 약속을 이행함에 중도中道를 지킬 줄 아는 것을 말한다.

2) 旣約而被間而止(기약이피간이지) : 피간被間은 이간離間 당하는 것이니, 그 뜻은 이미 약속해 놓고 이간을 당해 그친다는 뜻이다.

3) 厭苦而止(염고이지) : 염고厭苦는 싫어하고 괴롭게 여기는 것이니, 그 뜻은 고통스럽게 여겨 그친다는 뜻이다.

4) 推移而止(추이이지) : (일의) 추이에 따라 그친다는 뜻으로 이는 곧 형편이 달라져 그친다는 말이다.

5) 聞虛信而止(문허신이지) : 여기서 신信은 '음신音信', 즉 소식을 말함이니, 헛된 소식(虛信)을 듣고 그친다는 뜻이다.

6) 皆非中道也(개비중도야) : 모두 중도가 아니라는 뜻이다(皆

모두 개).

제69사 속단(續斷: 信 2團 12部)

續斷者 續將斷之約也 正大成約 奸人 沮戲
속 단 자 속 장 단 지 약 야 정 대 성 약 간 인 저 희

偏方懷疑 將至斷約 哲人 誠信解諭 渾然復初
편 방 회 의 장 지 단 약 철 인 성 신 해 유 혼 연 복 초

번역 속단續斷이란 장차 끊어질 약속을 잇는 것이다. 공명정대하게 이루어진 약속을 간사한 사람이 저지하고 희롱하여 한쪽으로 치우쳐서 의심을 품게 되어 장차 그 약속이 끊어짐에 이르나니, 밝은이는 정성과 믿음으로 풀고 깨우쳐 혼연히 처음으로 돌아간다.

주해 1) 續斷者 續將斷之約也(속단자 속장단지약야) : 속단續斷, 즉 '끊어짐을 이음'이란 장차 끊어질 약속을 잇는다는 뜻이다.

2) 正大成約(정대성약) : 공명정대하게 이루어진 약속을 말한다.

3) 沮戲 偏方懷疑 將至斷約(저희 편방회의 장지단약) : 저지하고 희롱하여(沮戲) 한쪽으로 치우쳐서(偏方) 의심을 품게(懷疑) 되어 장차(將) 그 약속(約)이 끊어짐에 이른다(至斷)는 의미이다(沮 막을 저, 저지할 저; 戲 희롱할 희). 편방偏方은 한쪽으로 치우치는 것이며, 회의懷疑는 의심을 품는 것이다.

4) 誠信解諭 渾然復初(성신해유 혼연복초) : 정성과 믿음(誠信)으로 풀고(解) 깨우쳐(諭) 혼연히(渾然) 처음으로 돌아간다(復初)는 뜻이다 (諭 깨우칠 유).

제70사 배망(排忙: 信 2團 13部)

排忙者 排擱奔忙而超然趁約也 人 以信守性則
배망자 배각분망이초연진약야 인 이신수성즉

事有倫次 理無違背 自無由奔忙而失約
사유윤차 이무위배 자무유분망이실약

或想襮有障則 如月穿行雲 少信者 困後成之
혹상박유장즉 여월천행운 소신자 곤후성지

번역 배망排忙이란 바쁜 것을 물리치고 초연히 약속을 따르는 것이다. 사람이 믿음으로써 성품을 지키면 일에 질서가 있고 이치에 어긋남이 없으므로 자신이 바쁘다는 이유로 약속을 어기는 일이 없다. 혹 생각에 막힘이 있으면 달이 구름을 뚫고 지나가는 것과 같아서, 믿음이 적은 사람은 곤란을 겪은 뒤에야 약속을 지키게 된다.

주해 1) 排忙者 排擱奔忙而超然趁約也(배망자 배각분망이초연진약야) : 배망排忙, 즉 '바쁨을 물리침'이란 바쁜 것을 물리치고 초연히 약속을 따르는 것을 말한다. 배각排擱은 '물리치다', 분망奔忙은 '매우 부산하여 바쁨'의 뜻이다(趁 따를 진).

2) 以信守性則 事有倫次 理無違背(이신수성즉 사유윤차 이무위배) : 사람이 믿음으로써(以信) 성품을 지키면(守性則) 일에 질서가 있고(事有倫次) 이치에 어긋남이 없다(理無違背)는 뜻이다(倫 차례 륜, '순차').

3) 自無由奔忙而失約(자무유분망이실약) : 유분망由奔忙은 '바쁨으로 인하여, 바쁘다는 이유로', 실약失約은 약속을 어기는 것이니, 이 구절의 뜻은 자신이 바쁘다는 이유로 약속을 어기는 일이 없다는 의

미이다.

    4) 或想襮有障則 如月穿行雲(혹상박유장즉 여월천행운) : 혹 생각에 막힘이 있으면 달이 구름을 뚫고 지나가는 것과 같다는 의미이다(襮 드러낼 박; 障 막힐 장; 穿 뚫을 천).

    5) 少信者 困後成之(소신자 곤후성지) : 소신자少信者는 믿음이 적은 사람을 일컬음이고, 곤후성지困後成之는 (마치 달이 구름을 뚫고 나오듯) 곤란을 겪은 뒤에야 약속을 지키게 된다는 뜻이다.

제71사 중시(重視: 信 2團 14部)

重視者 視之又視也 視約 如玩重寶 察之又察
중시자 시지우시야 시약 여완중보 찰지우찰

將約 視之於靈 旣約 視之於心 臨期 視之於氣
장약 시지어령 기약 시지어심 임기 시지어기

번역 중시重視란 보고 또 보는 것이다. 약속을 보기를 귀중한 보배를 감상하듯 살피고 또 살펴야 한다. 장차의 약속은 영靈으로 보고, 이미 한 약속은 마음으로 보며, 기약期約이 임박하면 기운으로 본다.

주해 1) 重視者 視之又視也(중시자 시지우시야) : 중시重視, 즉 '중요하게 봄'이란 보고 또 보는 것을 말한다.

    2) 視約 如玩重寶 察之又察(시약 여완중보 찰지우찰) : 약속을 보기(視約)를 귀중한 보배를 감상하듯(如玩重寶) 살피고 또 살펴야(察之又察) 한다는 뜻이다.

3) 將約 視之於靈(장약 시지어령) : 장차의 약속(將約)은 영靈으로 본다는 뜻이다.

4) 旣約 視之於心(기약 시지어심) : 이미 한 약속(旣約)은 마음으로 본다(視之於心)는 뜻이다.

5) 臨期 視之於氣(임기 시지어기) : 기약이 임박하면(臨期) 기운으로 본다(視之於氣)는 뜻이다.

제72사 천패(天敗: 信 2團 15部)

天敗者 非人罷約 天敗約也 由之天敗 約旣不完
천 패 자　비 인 파 약　천 패 약 야　유 지 천 패　약 기 불 완

聽諸天而已乎 告諸天復乎 大約 聽天 小約 告天
청 제 천 이 이 호　고 제 천 부 호　대 약　청 천　소 약　고 천

번역　천패天敗란 사람이 약속을 파罷하는 것이 아니라 하늘이 약속을 깨뜨리는 것이다. 하늘이 약속을 깨뜨림으로 인하여 이미 한 약속을 지키지 못했다면, 이를 하늘에 맡길 따름인가? 하늘에 고하고 다시 할 것인가? 큰 약속은 하늘에 맡기고, 작은 약속은 하늘에 고해야 한다.

주해　1) 天敗者 非人罷約 天敗約也(천패자 비인파약 천패약야) : 천패天敗, 즉 '하늘이 깨뜨림'이란 사람이 약속을 파罷하는 것이 아니라 하늘이 약속을 깨뜨린다는 뜻이다(罷 파할 파; 敗 무너뜨릴 패, '깨뜨림').

2) 由之天敗 約旣不完(유지천패 약기불완) : 하늘이 약속을 깨뜨림으로 인하여(由之天敗) 이미 한 약속(約旣)을 지키지 못하는(不完) 것을 말한다.

3) 聽諸天而已乎 告諸天復乎(청제천이이호 고제천부호) : 청제천이이호聽諸天而已乎는 '하늘에 듣는(聽諸天) 것으로 그칠 것인가(已乎)?'의 뜻으로 이는 곧 '하늘에 맡길 따름인가?'라는 의미이다. 고제천복호告諸天復乎는 '하늘에 고하고(告諸天) 다시 할 것인가(復乎)?'의 뜻이다(已 그칠 이; 復 다시 부, '재차'; 諸 ~에 제).

4) 大約 聽天 小約 告天(대약 청천 소약 고천) : 큰 약속(大約)은 하늘에 듣고(聽天, 맡기고), 작은 약속(小約)은 하늘에 고한다(告天)는 뜻이다(聽 맡길 청).

제73사 재아(在我: 信 2團 16部)

約之成 在我 約之不成 在我也 豈須人勸而成
약 지 성   재 아   약 지 불 성   재 아 야   기 수 인 권 이 성

人讒而止哉 不被勸 在我 不信讒 亦在我 然後
인 참 이 지 재   불 피 권   재 아   불 신 참   역 재 아   연 후

知信力之大
지 신 력 지 대

번역 약속을 이루는 것도 나에게 있고, 약속을 이루지 못하는 것도 나에게 있다. 어찌 남이 권한다고 하여 이루며 남이 헐뜯는다고 해서 그칠 것인가. 권고를 받지 않는 것도 나에게 있고, 헐뜯는 것을 믿지 않는 것 또한 나에게 있으니, 그것을 안 연후에야 믿음의 힘이 크다는 것을 알게 된다.

주해 1) 約之成 在我 約之不成 在我也(약지성 재아 약지불성 재아야):

약속(約)을 이루는(成) 것도 나에게 있고(在我), 약속을 이루지 못하는(不成) 것도 나에게 있다는 뜻이다. 따라서 재아在我, 즉 '나에게 있음'이란 약속을 지키고 못 지키는 것이 모두 나에게 달려 있다는 뜻이다.

2) 豈須人勸而成 人讒而止哉(기수인권이성 인참이지재) : '어찌(豈) 모름지기(須) 남이 권한다고 하여(人勸而) 이루며(成) 남이 헐뜯는다고 해서(人讒而) 그칠 것인가(止哉)'라는 의미이다(豈 어찌 기; 須 모름지기 수; 讒 헐뜯을 참).

3) 不被勸 在我(불피권 재아) : 권고를 받지 않는(不被勸) 것도 나에게 있다(在我)는 뜻이다.

4) 不信讒 亦在我(불신참 역재아) : 헐뜯는(讒) 것을 믿지 않는(不信) 것 또한(亦) 나에게 있다는 것이다.

5) 然後 知信力之大(연후 지신력지대) : (그것을 안) 연후然後에야 믿음의 힘(信力)이 크다(大)는 것을 알게(知) 된다는 뜻이다.

제74사 촌적(忖適: 信 2團 17部)

忖 度也 適 宜也 寒不可以約熱 弱不可以約强
촌 탁야 적 의야 한불가이약열 약불가이약강

疎不可以約親 貧不可以約富 雖寒弱疎貧
소불가이약친 빈불가이약부 수한약소빈

能完約於熱强親富者 忖其信慤之相適也
능완약어열강친부자 촌기신각지상적야

번 역   촌忖은 헤아리는 것이고, 적適은 마땅한 것이다. 차가움으로 더움을 약속하지 못하고, 약함으로 강함을 약속하지 못하며, 소원疎遠함으로 친근함을 약속하지 못하고, 가난함으로 부유함을 약속하지 못한다. 비록 차고 약하고 소원하고 가난할지라도, 덥고 강하고 친근하고 부유함을 능히 약속할 수 있는 것은 그 믿음과 정성이 서로 마땅함을 헤아리기 때문이다.

주 해   1) 忖 度也 適 宜也(촌 탁야 적 의야) : 촌忖은 헤아리는(度) 것이고, 적適은 마땅한(宜) 것이라는 뜻이다. 따라서 촌적忖適, 즉 '알맞음을 헤아림'이란 마땅함을 헤아린다는 뜻이다(忖 헤아릴 촌; 度 헤아릴 탁; 適 맞을 적, '알맞음'; 宜 마땅할 의).

2) 寒不可以約熱(한불가이약열) : 차가움(寒)으로 더움(熱)을 약속하지 못한다(不可以約)는 뜻이다.

3) 弱不可以約强(약불가이약강) : 약함(弱)으로 강함(强)을 약속하지 못한다(不可以約)는 뜻이다.

4) 疎不可以約親(소불가이약친) : 소원(疎遠)함으로 친근함(親)을 약속하지 못한다(不可以約)는 뜻이다.

5) 貧不可以約富(빈불가이약부) : 가난함(貧)으로 부유함(富)을 약속하지 못한다(不可以約)는 뜻이다.

6) 雖寒弱疎貧 能完約於熱强親富者(수한약소빈 능완약어열강친부자) : 비록(雖) 차고(寒) 약하고(弱) 소원하고(疎) 가난할지라도(貧), 덥고(熱) 강하고(强) 친근하고(親) 부유함(富)을 능히(能) 약속할 수 있는(完約) 것을 말한다. 이는 양 극단을 조화시킬 수 있는 '중정中正의 도道'를 지킬 수 있을 때 가능한 것이다. 완약完約은 약속을 지키는(약속할 수 있는) 것을 말한다(完 : 지킬 완).

7) 忖其信愨之相適也(촌기신각지상적야) : 그(其) 믿음(信)과 정성(愨)이 서로 마땅함(相適)을 헤아리기(忖) 때문이라는 뜻이다. 마땅함을 헤아린다는 것은 곧 믿음과 정성을 다하여 중정中正의 도道를 알고 실천한다는 뜻이다(愨 성실할 각, '정성스러움').

제75사 하회(何悔: 信 2團 18部)

向利背約則雖利無信 模愛背約則雖愛無信
향 리 배 약 즉 수 리 무 신   모 애 배 약 즉 수 애 무 신

旣無信矣 利或不成 愛亦不得 將悔焉
기 무 신 의   이 혹 불 성   애 역 부 득   장 회 언

번역 이익을 좇아서 약속을 어기면 비록 이익은 있으나 믿음이 없으며, 사랑을 꾀하여 약속을 어기면 비록 사랑은 있어도 믿음이 없다. 이미 믿음이 없으면 이익도 이루지 못하고 사랑 또한 얻지 못하게 되니 장차 후회하게 된다.

주해 1) 何悔(하회) : '어찌 후회할 일을 하는가(何爲悔事乎)'라는 뜻이다(悔 뉘우칠 회, '후회함').

2) 向利背約則雖利無信(향리배약즉수리무신) : 이익을 좇아서(向利) 약속을 어기면(背約則) 비록 이익(利)은 있으나 믿음이 없다(無信)는 뜻이다(背 등질 배).

3) 模愛背約則雖愛無信(모애배약즉수애무신) : 사랑을 꾀하여(模愛) 약속을 어기면(背約則) 비록 사랑(愛)은 있어도 믿음이 없다(無信)는 뜻이다.

4) 旣無信矣 利或不成 愛亦不得 將悔焉(기무신의 이혹불성 애역부득 장회언) : 이미(旣) 믿음이 없으면(無信) 이익(利)도 이루지 못하고(不成) 사랑(愛) 또한(亦) 얻지 못하게(不得) 되니 장차(將) 후회하게(悔) 된다는 뜻이다. 말하자면 믿음이 없이는 이익이나 사랑이 지속할 수 없음을 나타낸 것이다. 약속을 어겨 이익이나 사랑이 일시 성사되더라도 믿음이 없이는 지속할 수 없는 것이기에 결국 후회하게 된다는 것

이다(矣 어조사 의; 悔 후회할 회).

제76사 찰합(拶合: 信 2團 19部)

拶合者 平木之具相合也 一人崇信 一國景信
찰합자 평목지구상합야 일인숭신 일국경신

一人立信 天下就信 大約 如拶合 點水不能渝
일인입신 천하취신 대약 여찰합 점수불능투

纖芥不能容
섬개불능용

번역 찰합拶合이란 평평한 나무로 만든 기구가 서로 꼭 들어맞는 것이다. 한 사람이 믿음을 숭상하면 한 나라가 믿음을 경모景慕하고, 한 사람이 믿음을 세우면 천하가 믿음으로 나아간다. 큰 약속은 찰합과 같아서 한 방울의 물도 새나가지 못하고 작은 티끌도 끼어들지 못한다.

주해 1) 拶合者 平木之具相合也(찰합자 평목지구상합야) : 찰합拶合, 즉 '꼭 들어 맞음'이란 평평한 나무로 만든 기구(平木之具)가 서로 꼭 들어맞는(相合) 것을 말한다.

2) 一人崇信 一國景信(일인숭신 일국경신) : 한 사람이(一人) 믿음을 숭상하면(崇信) 한 나라(一國)가 믿음(信)을 우러러 경모景慕하게 된다는 뜻이다.

3) 一人立信 天下就信(일인입신 천하취신) : 한 사람이 믿음을 세우면(立信) 천하天下가 믿음으로 나아가게(就信) 된다는 뜻이다.

4) 大約 如拶合 點水不能渝 纖芥不能容(대약 여찰합 점수불능투 섬개불능용) : 큰 약속(大約)은 찰합과 같아서(如拶合) 한 방울의 물(點水)도 새 나가지 못하고(不能渝) 작은 티끌(纖芥)도 끼어들지 못한다(不能容)는 뜻이다. 말하자면 큰 약속은 꼭 들어맞아서 한치의 어김도 없다는 뜻이다. 큰 약속은 오로지 믿음과 정성으로써 하늘에 맡기는 것이니 한 치의 오차도 있을 수 없음을 나타낸 것이다(渝 넘칠투, '넘쳐흐름'). 섬개纖芥는 '티끌, 먼지'이다.

제3단 충忠

제77사 충(忠: 信 3團)

忠者 感君知己之義 盡誠意 窮道學 以天理
충 자 감 군 지 기 지 의   진 성 의   궁 도 학   이 천 리

事君而報答也
사 군 이 보 답 야

번역 충忠이란 임금이 자기를 알아주는 뜻을 받들어 신하가 성의를 다하고 도학道學을 궁구窮究하여 하늘의 이치로써 임금을 섬기어 보답하는 것이다.

주해 1) 忠者 感君知己之義(충자 감군지기지의) : 충忠, 즉 '충성'이란 임금이 자기를 알아 주는 뜻을 받들어 (天理로써 임금을 섬기어) 보답

하는 것을 말한다. 여기서 감感은 (임금이 자기를 알아주는 뜻에) 감복한다는 의미로 이는 곧 감복하여 그 뜻을 받드는 것을 말한다.

    2) 盡誠意 窮道學(진성의 궁도학) : (신하가) 성의를 다하고(盡誠意) 도학道學을 궁구(窮究: 깊이 연구함)하는 것을 말한다.

    3) 以天理 事君而報答也(이천리 사군이보답야) : 하늘의 이치로써(以天理) 임금을 섬기어 보답하는(事君而報答) 것을 말한다. 사군事君은 임금을 섬기는 것을 뜻한다.

제78사 패정(佩政: 信 3團 20部)

佩政者 爲政也 君 信臣而任政 臣 代君而爲政
패 정 자 위 정 야 군 신 신 이 임 정 신 대 군 이 위 정

求俊乂而進用 有賢於己者則 苦諫而替任
구 준 예 이 진 용 유 현 어 기 자 즉 고 간 이 체 임

번 역   패정佩政이란 정사를 다스리는 것이다. 임금이 신하를 믿고 정사를 맡기면, 신하는 임금을 대신하여 정사를 다스리되 현재賢才를 구해 천거하여 등용하고, 자기보다 현명한 사람이 있으면 간절히 간諫하여 자리를 교체해야 한다.

주 해   1) 佩政者 爲政也(패정자 위정야) : 정사를 맡음(佩政)이란 정사를 다스리는 것을 말한다(佩 찰 패; 爲 다스릴 위).

    2) 君 信臣而任政(군 신신이임정) : 임금(君)이 신하를 믿고(信臣) 정사를 맡기는(任政) 것을 말한다.

    3) 臣 代君而爲政(신 대군이위정) : 신하가 임금을 대신하여 정사를

하는 것을 말한다.

　4) 求俊乂而進用(구준예이진용) : 준예俊乂는 '뛰어난 사람, 현재賢才', 진영進用은 '천거하여 등용함'이니, 현재賢才를 구해 천거하여 등용하는 것을 말한다.

　5) 有賢於己者則 苦諫而替任(유현어기자즉 고간이체임) : 고간苦諫은 '간절히 간함'이니, 자기보다 현명한 사람이 있으면 간절히 간諫하여 자리를 교체해야 한다는 뜻이다.

제79사 담중(擔重: 信 3團 21部)

擔重者 擔負重事也 國有大事 身在當職 安危攸係
담 중 자　담 부 중 사 야　국 유 대 사　신 재 당 직　안 위 유 계

籌算氣數 運順逆之理 殫竭才智 知盛衰之道
주 산 기 수　운 순 역 지 리　탄 갈 재 지　지 성 쇠 지 도

[번역] 담중擔重이란 중요한 일을 맡는 것이다. 나라에 큰 일이 있어서 자신이 담당하고 있는 직책이 나라의 안위에 관계되는 것이라면, 세상 돌아가는 기운과 운수運數를 잘 헤아려 순역順逆의 이치에 맞게 운용하며, 재주와 지혜를 다하여 성盛하고 쇠衰하는 도리를 알아야 한다.

[주해] 　1) 擔重者 擔負重事也(담중자 담부중사야) : 담중擔重, 즉 '중책을 맡음'이란 중요한 일을 맡는 것을 말한다.

　2) 國有大事 身在當職 安危攸係(국유대사 신재당직 안위유계) : 나라에 큰 일이 있어서(國有大事) 자신이 담당하고 있는 직책(身在當職)이 나라

의 안위에 관계되는 것(安危攸係)을 말한다(攸 어조사 바 유, 곳 유).

　　3) 籌算氣數주산기수 : 주산籌算은 주판으로 셈을 하듯 놓치지 않고 잘 헤아리는 것이니, (세상 돌아가는) 기운과 운수를 잘 헤아린다는 뜻이다.

　　4) 運順逆之理운순역지리 : (順理와 逆理를 잘 판단하여) 순역順逆의 이치에 맞게 운용한다는 뜻이다.

　　5) 殫竭才智 知盛衰之道(탄갈재지 지성쇠지도) : 재주와 지혜(才智)를 다하여(殫竭) 성盛하고 쇠衰하는 도리(道)를 알아야(知) 한다는 뜻이다. 말하자면 성쇠의 도리를 알아야 국난을 극복하고 나라를 반석 위에 올려놓을 수 있다는 의미이다. 탄갈殫竭은 '다하다'는 뜻이다.

제80사 영명(榮命: 信 3團 22部)

榮命者　榮君命也　迎賓懷柔　出境辨捍　丹心炳日
영명자　영군명야　영빈회유　출경변한　단심병일

氣如霜雪　使君命　振揚於瀛漠
기여상설　사군명　진양어영막

번 역　　영명榮命이란 임금의 명命을 빛내는 것이다. 국빈을 맞이할 때에는 편안하고 부드럽게 대하며, 외국에 나가서는 잘 판단하여 대응하고, 충성된 마음을 해처럼 빛나게 하여 눈서리 같은 기상으로 임금의 명을 사해에 떨쳐 드날리게 해야 한다.

주 해　　1) 榮命者 榮君命也(영명자 영군명야) : 영명榮命, 즉 '명을 빛냄'이란 임금의 명을 빛내는 것을 말한다.

2) 迎賓懷柔 出境辨捍(영빈회유 출경변한) : 국빈을 맞이할(迎賓) 때에는 편안하고(懷) 부드럽게(柔) 대하며, 외국에 나가서는(出境) 잘 판단하여 대응한다(辨捍)는 뜻이다(懷 편안할 회; 柔 부드러울 유). 변한辨捍은 '막을 한'으로 '분별있게 막다'이니 이는 곧 잘 판단하여 대응한다는 뜻이다(辨 분별할 변; 捍 막을 한).

3) 丹心炳日 氣如霜雪(단심병일 기여상설) : 단심丹心은 일편단심 즉 충성된 마음이고, 병일炳日은 해처럼 빛나는 것이며(炳 빛날 병), 기여상설氣如霜雪은 눈서리 같은(如霜雪) 기상氣像을 말한다.

4) 使君命 振揚於瀛漠(사군명 진양어영막) : 사군명使君命은 '임금의 명으로 하여금'이고, 진양振揚은 '떨쳐 날림'이며, 영막瀛漠은 사해四海를 가리킨다(瀛 바다 영; 漠 넓을 막). 따라서 임금의 명(君命)을 사해에(於瀛漠) 떨쳐 드날리게(振揚) 해야 한다는 뜻이다.

제81사 안민(安民: 信 3團 23部)

安民者 安國民無事也 守君信己之義 布道德於民
안 민 자 안 국 민 무 사 야 수 군 신 기 지 의 포 도 덕 어 민

行教化於民 勉業獎學 四境 晏然
행 교 화 어 민 면 업 장 학 사 경 안 연

번 역   안민安民이란 국민이 편안하도록 아무 일도 없게 하는 것이다. 임금이 자기를 믿어 주는 그 뜻을 지켜 백성들에게 도덕을 펴고 교화를 행하여 백성들로 하여금 일에 힘쓰고 배움을 장려하게 하면 온 나라가 편안하게 된다.

주 해   1) 安民者 安國民無事也(안민자 안국민무사야) : 안민安民, 즉 '백성을 편안하게 함'이란 국민이 편안하도록 아무 일도 없게 하는 것을 말한다.

2) 守君信己之義 布道德於民 行敎化於民(수군신기지의 포도덕어민 행교화어민) : 임금(君)이 자기를 믿어 주는 그 뜻(信己之義)을 지켜(守) 백성들에게(於民) 도덕道德을 펴고(布) 교화(敎化)를 행하는 것이다.

3) 勉業獎學(면업장학) : 일에 힘쓰고(勉業) 배움을 장려하는(獎學) 것을 말한다.

4) 四境 晏然(사경 안연) : 사경四境은 '사방의 국경'을 말함이니 이는 곧 온 나라를 뜻하고, 안연晏然은 편안한 것을 뜻하니, 온 나라가 편안하게 된다는 의미이다.

제82사 망가(忘家: 信 3團 24部)

有賢 薦君而不留家 有財 補公而不營私
유 현   천 군 이 불 류 가   유 재   보 공 이 불 영 사

非才 不擧親戚 君賜 不受
비 재   불 거 친 척   군 사   불 수

번 역   현자賢者가 있으면 임금에게 천거하여 집에 머물러 있지 않게 하며, 재물이 있으면 공익에 보태어 사사로이 경영하지 말 것이며, 인재가 아니면 친척이라 해도 천거하지 말고 임금이 임무를 맡기더라도 받아서는 안 된다.

주 해   1) 忘家(망가) : 집을 잊음(忘家)이란 나라 일을 함에 있어

사사로운 집안일에 얽매이지 않는 것을 말한다.

2) 薦君而不留家(천군이불류가) : 임금(君)에게 천거하여(薦) 집에 머물러 있지 않게(不留家) 한다는 뜻이다(薦 천거할 천; 留 머무를 류).

3) 補公而不營私(보공이불영사) : 공익(公)에 보태어(補) 사사로이 경영하지 않는(不營私) 것을 말한다(補 보탤 보).

4) 非才 不擧親戚(비재 불거친척) : 인재가 아니면(非才) 친척親戚이라 해도 천거하지 말라(不擧)는 뜻이다 (擧 올릴 거, '천거함, 기용함'; 戚 일가 척).

5) 君賜 不受(군사 불수) : 임금이 하사하더라도 (임무를 맡기더라도, 君賜) 받아서는 안 된다(不受)는 뜻이다.

제83사 무신(無身: 信 3團 25部)

無身者 許身於君 不知有其身也
무 신 자 허 신 어 군 부 지 유 기 신 야

君 有命則不辭辛苦 在安樂 亦不忘憂
군 유 명 즉 불 사 신 고 재 안 락 역 불 망 우

心壯 不知壯之漸衰 心不老 不知老之將至
심 장 부 지 장 지 점 쇠 심 불 로 부 지 노 지 장 지

번역 무신無身이란 자기 몸을 나라에 바쳐 그 몸이 사사로이 있지 않는 것이다. 임금의 명命이 있으면 괴로워도 기꺼이 행하며, 나라가 안정되고 평화로울지라도 또한 나라 일을 근심하는 한결같은 마음을 잊지 말아야 한다. 마음이 장壯하니 장함이 점차 쇠하는 것도 알지 못하고, 마음이 늙지 않으니 장차 늙음이 이를 것도 알지 못한다.

주해 1) 許身於君 不知有其身也(허신어군 부지유기신야) : 허신어군許身於君은 자기 몸을 임금에게 허락했다는 뜻으로 이는 곧 자기 몸을 나라에 바쳤다는 것이다. 참전계경에서 임금은 이상적인 왕도정치王道政治의 구현자로서 나타나고 있으므로 나라(國家)와 동일시해도 무방하다. 부지유기신야不知有其身也는 그 몸이 있음을 알지 못한다는 뜻으로 이는 곧 그 몸이 사사로이 있지 않음을 나타낸 것이다. 따라서 무신無身, 즉 '몸이 없음'이란 자기 몸을 나라에 바쳐 그 몸이 사사로이 있지 않는 것을 말한다.

2) 君 有命則不辭辛苦(군 유명즉불사신고) : 불사신고不辭辛苦는 괴로운 일을 견디며 기꺼이 행하는 것이니, 임금(君)의 명이 있으면(有命則) 괴로워도 기꺼이 행한다(不辭辛苦)는 뜻이다.

3) 在安樂 亦不忘憂(재안락 역불망우) : 나라가 안정되고 평화로울지라도 또한 나라 일을 근심하는 한결같은 마음을 잊지 말아야 한다는 뜻이다.

4) 心壯 不知壯之漸衰(심장 부지장지점쇠) : 마음이 장壯하니 장함(壯)이 점차 쇠하는(漸衰) 것도 알지 못한다(不知)는 뜻이다. 자기 몸을 나라에 바쳐 오로지 나라 일을 근심하는 장한 마음으로 꽉 차 있으니, 장함이 점차 쇠하는 것도 알지 못한다는 뜻이다.

5) 心不老 不知老之將至(심불로 부지노지장지) : 마음이 늙지 않으니(心不老) 장차(將) 늙음(老)이 이를(至) 것도 알지 못한다(不知)는 뜻이다. 나라 일을 근심하는 한결같은 마음은 조금도 늙지 않고 날로 새로워지니, 장차 늙음이 오게 될 것도 알지 못한다는 뜻이다. 이는 곧 자기 몸을 나라에 바쳐 우국충정憂國衷情으로만 가득 차 있을 뿐 그 몸이 사사로이 있지 않으므로 자신의 생로병사生老病死에는 무심하게 되는 것을 말한다. 한마디로 '무신無身'이다.

제4단 열烈

제84사 열(烈: 信 4團)

烈 烈夫婦也 烈夫婦 節于其夫婦 有延命者
열 열부부야 열부부 절우기부부 유연명자

有捐生者 或於初適 或於再嫁 其道 信也
유연생자 혹어초적 혹어재가 기도 신야

번역 열烈은 정절貞節을 굳게 지키는 부부이다. 열부부烈夫婦는 서로에게 절개를 지켜 목숨을 이어가기도 하고 생명을 버리기도 한다. 초혼初婚이든 재혼再婚이든, 그 도리는 믿음이다.

주해 1) 烈 烈夫婦也(열 열부부야) : 열烈, 즉 '절개 굳음'이란 정절貞節을 굳게 지키는 부부, 즉 열부부烈夫婦를 말한다.

2) 烈夫婦 節于其夫婦 有延命者 有捐生者(열부부 절우기부부 유연명자 유연생자) : 정절을 굳게 지키는 부부는 서로에게(于其夫婦) 절개(節)를 지켜 목숨을 이어가기도(延命) 하고 생명을 버리기도(捐生) 한다는 뜻이다. 유연명자有延命者는 목숨을 이어가는 자도 있다는 뜻이며, 유연생자有捐生者는 생명을 버리는 자도 있다는 뜻이다.

3) 或於初適 或於再嫁(혹어초적 혹어재가) : 초적初適은 초혼初婚을 뜻하고, 재가再嫁는 재혼再婚을 뜻한다. 따라서 그 뜻은 '초혼이든 재혼이든'이다.

4) 其道 信也(기도 신야) : 그 도리는 믿음에 있다는 뜻이다.

제85사 빈우(賓遇: 信 4團 26部)

賓遇者 婦敬夫以賓禮 貧賤而愈愛 老去而愈恭
빈 우 자 부 경 부 이 빈 례   빈 천 이 유 애   노 거 이 유 공

子女滿堂 猶親供其飲食
자 녀 만 당   유 친 공 기 음 식

번 역 빈우賓遇란 부부가 서로를 손님의 예로써 공경하는 것이다. 가난하고 비천卑賤하더라도 더욱 사랑하고, 늙어갈수록 더욱 공손히 하며, 자녀가 집안에 가득하더라도 음식을 손수 제공한다.

주 해 1) 賓遇 婦敬夫以賓禮(빈우 부경부이빈례): 빈우賓遇, 즉 '손님처럼 예우함'이란 부부가 서로를 손님을 대하는 예의로써(以賓禮) 공경(敬)하는 것을 말한다. 부부는 일심동체一心同體이므로 아내만 남편을 손님의 예의로써 공경하는 것이 아니라, 남편도 아내를 손님의 예의로써 공경하는 것으로 새기는 것이 합당하다.

2) 貧賤而愈愛(빈천이유애): 가난하고(貧) 비천卑賤하더라도 더욱 사랑한다(愈愛)는 뜻이다(愈 더욱 유).

3) 老去而愈恭(노거이유공): 노거老去는 늙어가는 것이니, 늙어갈수록(老去而) 더욱 공손히 한다(愈恭)는 뜻이다.

4) 子女滿堂 猶親供其飲食(자녀만당 유친공기음식): 자녀가 집안에 가득하더라도(子女滿堂) 오히려(猶) 손수(親) 음식 飲食을 베푼(供)다는 의미이다(猶 오히려 유).

제86사 육친(育親: 信 4團 27部)

育親者 養無子之親也 金石信約 夫歿 不欲獨存
육친자 양무자지친야 금석신약 부몰 불욕독존

爲養老至親 生代夫身
위양로지친 생대부신

번 역   육친育親이란 자식 없는 어버이를 봉양하는 것이다. 금석같이 믿고 백년해로를 기약한 남편(아내)이 죽으면 혼자 살고 싶지 않더라도 늙은 어버이를 봉양하기 위해서 남편(아내)의 몸을 대신하여 살아야 한다.

주 해   1) 育親者 養無子之親也(육친자 양무자지친야) : 육친育親, 즉 '어버이를 봉양함'이란 자식 없는 어버이를 봉양하는 것을 말한다.

   2) 金石信約 夫歿(금석신약 부몰) : '금석같이 믿고 (백년해로를) 기약한 남편(아내)이 죽다'는 뜻이다.

   3) 不欲獨存 爲養老至親 生代夫身(불욕독존 위양로지친 생대부신) : 혼자 살고 싶지 않아도(不欲獨存) 늙은 어버이(老至親)를 봉양하기 위해서(爲養) 남편(아내)의 몸을 대신하여(代夫身) 살아야(生) 한다는 뜻이다.

제87사 사고(嗣孤: 信 4團 28部)

嗣孤者 保遺胎 嗣夫後也 倫莫重於嗣後
사고자 보유태 사부후야 윤막중어사후

信莫大於保孤 故 捨人事之倫義 從天理之正經
신 막 대 어 보 고   고   사 이 사 지 윤 의   종 천 리 지 정 경

번역 사고嗣孤란 유복자遺腹子를 잘 키워 집안을 잇게 하는 것이다. 인륜은 뒤를 잇게 하는 것보다 더 중요한 것이 없고, 믿음은 유복자를 잘 키우는 것보다 더 큰 것이 없다. 그러므로 사람의 도리로서 인륜과 믿음을 지켜나가는 것이 곧 하늘 이치의 바른 법을 따르는 일이다.

주해 1) 嗣孤者 保遺胎 嗣夫後也(사고자 보유태 사부후야) : 사고嗣孤, 즉 '외롭게 이음'이란 유복자(遺腹子, 遺胎)를 잘 키워(保) 집안을 잇게(嗣夫後) 하는 것을 말한다(嗣 이을 사). 보保는 '기를 보'로 '보호하여 양육하다'는 뜻이고 유태遺胎는 '유복자'를 말함이니, 보유태保遺胎는 유복자를 잘 키우는 것을 말한다.

2) 倫莫重於嗣後 信莫大於保孤(윤막중어사후 신막대어보고) : 인륜(倫)은 뒤를 잇게 하는 것보다(於嗣後) 더 중요한 것이 없고(莫重), 믿음(信)은 유복자를 잘 키우는 것보다(於保孤) 더 큰 것이 없다(莫大)는 뜻이다(莫 없을막). 보고保孤는 '보고태保遺胎'와 마찬가지로 유복자를 잘 키우는 것을 말한다.

3) 捨人事之倫義 從天理之正經(사인사지윤의 종천리지정경) : 사람의 도리로서 인륜과 믿음(倫義)을 지켜나가는(捨) 것이 곧 하늘 이치(天理)의 바른 법(正經)을 따르는 일이라는 뜻이다(捨 베풀 사, '지키다'). '윤의倫義'는 인륜과 신의(믿음)를 말한다.

제88사 고정(固貞: 信 4團 29部)

固貞者 固其心 無轉回 貞其節 無移動 斷斷一念
고 정 자   고 기 심   무 전 회   정 기 절   무 이 동   단 단 일 념

信乎其夫 目不見産業 耳不聞子女
신 호 기 부   목 불 견 산 업   이 불 문 자 녀

[번역] 고정固貞이란 그 마음을 굳게 하여 흔들림이 없고, 그 절개를 곧게 하여 옮기지도 않으며, 한결같은 일념으로 남편(아내)만을 믿어, 쓸데없이 세상 일에 눈을 돌리지도 않고 자녀들의 말에 마음이 흔들리지도 않는 것이다.

[주해] 1) 固貞者 固其心 無轉回(고정자 고기심 무전회) : 고정固貞, 즉 '정절을 굳게 함'이란 그 마음을 굳게 지키는 것을 말한다(固 굳을 고; 貞 곧을 절). 전회轉回는 '회전함'이니, 그 마음을 굳게 하여 회전함이 없다는 것은 그 마음을 굳게 하여 흔들림이 없다는 뜻이다.

 2) 貞其節 無移動(정기절 무이동) : 그(其) 절개(節)를 곧게(貞) 하여 옮기지 않는다(無移動)는 뜻이다.

 3) 斷斷一念 信乎其夫(단단일념 신호기부) : 단단일념斷斷一念은 '한결같은 일념'이니, 한결같은 일념으로 남편(아내)만을 믿는다는 뜻이다.

 4) 目不見産業 耳不聞子女(목불견산업 이불문자녀) : 쓸데없이 세상일(産業)에 눈(目)을 돌리지도 않고(不見) 자녀子女들의 말에 마음이 흔들리지도 않는다는 뜻이다. 이불문자녀耳不聞子女는 자녀들의 말에 귀를 기울이지 않는다(耳不聞)는 뜻으로 이는 곧 자녀들의 말에 마음이 흔들리지 않는다는 의미이다.

제89사 일구(昵仇: 信 4團 30部)

昵仇者 夫帶寃而逝 婦宜報雪
일 구 자 부 대 원 이 서 부 의 보 설

仇人自來 其事不遠 區區成道 哲人 憐之
구 인 자 래 기 사 불 원 구 구 성 도 철 인 연 지

번역 일구昵仇란 남편(아내)이 원한을 품고 세상을 뜨면 아내(남편)가 마땅히 그 원한을 풀어주는 것이다. 원수가 스스로 찾아오니 그 일이 머지않아 구구한 방도를 내게 될 것이나, 밝은이는 이를 불쌍히 여긴다.

주해 1) 昵仇者 夫帶寃而逝 婦宜報雪(일구자 부대원이서 부의보설) : 일구昵仇, 즉 '원수를 가까이 함'이란 남편(아내)이 원한을 품고 세상을 뜨면(夫帶寃而逝) 아내(남편)가 마땅히(宜) 그 원한을 풀어주는(報雪) 것을 말한다. 보설報雪은 원한을 씻어 갚는 것을 말한다(報 갚을 보; 雪 씻을 설).

2) 仇人自來 其事不遠 區區成道(구인자래 기사불원 구구성도) : 구인仇人은 원수를 말함이니, 구인자래仇人自來는 원수가 스스로 찾아온다는 뜻이다. 원수는 외나무다리에서 만난다는 말처럼, 애써 찾아다니지 않아도 언젠가는 만나게 되어 있다. 내적 자아의 각성과 영적靈的인 힘의 계발을 위해 - 금생今生에서든 내생來生에서든 - 만나고 또 만나서 풀어야 할 과제가 있는 것이다. 원한을 갚고자 상대방에게 또 다른 원한을 안겨준다면 풀어야 할 과제는 배가倍加될 뿐이다. 원수를 내 몸과 같이 사랑할 수 있을 때 영적 진화를 위한 그 과제는 끝나게 되는 것이다. 기사불원 구구성도(其事不遠 區區成道)는 그

일이 머지않아 구구한 방도를 내게 된다는 뜻이다.

3) 哲人 憐之(철인 연지) : 밝은이(哲人)는 이를 불쌍히 여긴다(憐之)는 뜻이다. 그 이유는, 첫째로는 전 우주가 자연법인 카르마(karma, 業)의 지배 하에 있으므로 사람이 갚지 않아도 하늘이 갚는다는 사실을 알고 있기 때문이고, 둘째로는 인간이 무리하게 갚으면 또 다른 카르마를 만들게 된다는 사실 또한 알고 있기 때문이다. 하늘의 그물은 넓고 넓어서 보이지는 않으나 티끌 하나라도 새는 일이 없으며, 아무리 미세한 카르마라 할지라도 언젠가는 반드시 보상하게 되어 있는 것이다. 따라서 이 육체가 나라는 착각 속에서 물형계의 허상을 쫓는 삶은 마치 불속으로 날아드는 부나비와도 같이 속절없는 삶이라고 보는 것이다. 인내하고 용서하고 사랑하는 마음이야말로 카르마의 법칙에 대한 유일한 용제溶劑이다.

제90사 멸신(滅身: 信 4團 31部)

滅身者 晷刻之間 不存身於世也
멸 신 자 구 각 지 간 부 존 신 어 세 야

肉身 不可與靈魂 相接 靈魂 可與靈魂 成雙
육 신 불 가 여 영 혼 상 접 영 혼 가 여 영 혼 성 쌍

速做靈魂 願隨夫靈魂
속 주 영 혼 원 수 부 영 혼

번 역   멸신滅身이란 해그림자의 시간만큼도 육신이 세상에 머무르지 않는 것이다. 육신으로는 죽은 남편(아내)의 영혼과 서로 접할 수 없지만, 영혼으로는 가히 영혼과 짝을 이룰 수 있으므로 속히

영혼이 되어 남편(아내)의 영혼을 뒤따르기를 염원하는 것이다.

주해　1) 滅身(멸신) : 멸신滅身, 즉 '육신을 멸함'이란 속히 영혼이 되어 남편(아내)의 영혼을 뒤따르고자 하여 육신을 버리는 것을 말한다.

2) 晷刻之間 不存身於世也(구각지간 부존신어세야) : 구晷는 '해그림자 구'로, 구각지간晷刻之間은 해그림자의 시간만큼 짧은 시간을 말함이니, 전체적인 뜻은 해그림자의 시간만큼도 육신이 세상에 머무르지 않는 것을 말한다. 말하자면 남편(아내)이 세상을 떠난 후 홀로 세상에 머무르는 시간이 잠깐 동안이라는 의미로서, 속히 영혼이 되어 남편(아내)의 영혼을 뒤따르고자 하는 뜻이다.

3) 肉身 不可與靈魂 相接(육신 불가여영혼 상접) : 육신으로는 죽은 남편(아내)의 영혼과 서로 접할 수 없다는 뜻이다.

4) 靈魂 可與靈魂 成雙(영혼 가여영혼 성쌍) : 영혼과 영혼은 짝을 이룰 수 있다는 뜻이다.

5) 速做靈魂 願隨夫靈魂(속주영혼 원수부영혼) : 속주영혼速做靈魂은 '속히 영혼을 지어', 즉 '속히 영혼이 되어'라는 뜻이고(做 지을 주), 원수부영혼願隨夫靈魂은 남편(아내)의 영혼을 뒤따르기를 염원한다는 뜻이다(隨 따를 수). 따라서 전체적으로는 속히 영혼이 되어 남편(아내)의 영혼을 뒤따르기를 염원한다는 뜻으로 부부 간의 지순한 사랑에 대한 가르침이다.

제5단 순循

제91사 순(循: 信 5團)

循 有形之天之輪回也
순 유형지천지윤회야

有形之天 輪回有定數而無違
유형지천 윤회유정수이무위

故 人 瞻仰 察災異 自戒不信
고 인 첨앙 찰재이 자계불신

번역 순循은 형상 있는 하늘의 윤회輪回이다. 형상 있는 하늘은 윤회에 일정한 도수度數가 있어 어김이 없다. 그러므로 사람은 하늘을 우러러보아 천재 이변을 살피고 믿지 않음을 스스로 경계해야 한다.

주해 1) 循 有形之天之輪回也(순 유형지천지윤회야) : 순循, 즉 '순환'이란 형상 있는 하늘의 윤회(輪回, 循環)라는 뜻이다. 무형지천無形之天, 즉 형상 없는 하늘은 근원적 일자('하나'님, '하늘'님, 창조주, 天主, 唯一神) 또는 궁극적 실재(混元一氣, 우주의식, 전체의식, 순수의식, 一心)로 명명되는 것이다.

2) 有形之天 輪回有定數而無違(유형지천 윤회유정수이무위) : (일월성신과 같은) 유형의 하늘은 윤회에 일정(定)한 도수度數가 있어 어김이 없다(無違)는 뜻이다.

3) 人 瞻仰 察災異 自戒不信(인 첨앙 찰재이 자계불신) : 첨앙瞻仰은 '우

러러봄'이니, 사람은 하늘을 우러러보아 천재 이변(災異)을 살피고(察) 믿지 않음(不信)을 스스로 경계해야(自戒) 한다는 뜻이다. 천시天時와 인사人事가 상합相合하므로 천리天理에 순응하는 삶을 살아야 함을 가르치고 있다.

제92사 사시(四時: 信 5團 32部)

四時者 春夏秋冬也 春夏秋冬 次序有氣候
사 시 자 춘 하 추 동 야 춘 하 추 동 차 서 유 기 후

生物收功 信之爲業 海陸交易 貴賤利害
생 물 수 공 신 지 위 업 해 륙 교 역 귀 천 이 해

번역 사시四時란 봄, 여름, 가을, 겨울이다. 춘하추동 사계절의 기후가 바뀌면서 모든 생물은 생장生長하여 결실의 공功을 거두어들인다. 사람도 사계절의 순환에 대한 믿음으로 생업을 하여 바다와 육지를 통해 교역하면서 귀천빈부와 이해득실이 생겨나게 된 것이다.

주해 1) 四時者 春夏秋冬也(사시자 춘하추동야) : 사시四時, 즉 '네 계절'이란 봄, 여름, 가을, 겨울을 말한다.

2) 春夏秋冬 次序有氣候 生物收功(춘하추동 차서유기후 생물수공) : 차서次序는 '순서, 차례'이니, 차서유기후次序有氣候는 사계절의 순서에 따라 각각의 기후가 있다는 뜻으로 이는 곧 춘하추동 사계절의 기후가 바뀌는 것을 말한다. 생물수공生物收功은 모든 생물이 생장生長하여 결실의 공功을 거두어들인다(收)는 뜻으로 이는 곧 모든 생물

이 생장하여 결실을 맺는다는 의미이다.

　　3) 信之爲業(신지위업) : 사람이 (사계절의 순환에 대한) 믿음(信)으로 생업(業)을 하는(爲) 것을 말한다.

　　4) 海陸交易 貴賤利害(해륙교역 귀천이해) : 해륙교역海陸交易은 바다와 육지를 통해 교역하는 것을 말하고, '귀천이해貴賤利害'는 귀천빈부貴賤貧富와 이해득실利害得失이 생겨나게 되었다는 뜻이다.

제93사 일월(日月: 信 5團 33部)

日爲晝 月爲夜 陽去陰來 陰盡陽生 分毫不差
일 위 주　월 위 야　양 거 음 래　음 진 양 생　분 호 불 차

此天之信也 人之信 如天之信然後 可謂哲人之信也
차 천 지 신 야　인 지 신　여 천 지 신 연 후　가 위 철 인 지 신 야

번역　낮이 되면 해가 뜨고 밤이 되면 달이 뜨며, 양이 가면 음이 오고 음이 다하면 양이 생겨나는 것이 털끝만큼도 어김이 없다. 이것이 하늘의 믿음이다. 사람의 믿음도 하늘의 믿음과 같아야 가히 밝은이의 믿음이라 할 수 있다.

주해　1) 日月(일월) : 일월日月, 즉 '해와 달'은 한결같은 하늘의 운행과 같이 사람의 믿음도 추호의 어김이 없어야 함을 말한다.

　　2) 日爲晝 月爲夜(일위주 월위야) : 낮이 되면 해가 뜨고 밤이 되면 달이 뜨는 것을 말한다.

　　3) 陽去陰來 陰盡陽生(양거음래 음진양생) : 양이 가면 음이 오고 음이 다하면 양이 생겨나는 것을 말한다. 즉 음양동정陰陽動靜의 원리

에 의해 음양이 교체되는 순환이 일어나는 것을 뜻한다.

    4) 分毫不差(분호불차) : 털끝만큼도(추호도) 어김이 없다는 뜻이다.

    5) 此天之信也(차천지신야) : 이것이 하늘의 믿음이라는 뜻이다. 하늘의 믿음이란 하늘이 사람에게 주는 믿음, 즉 추호도 어김이 없는 한결같은 하늘의 운행을 말한다.

    6) 人之信 如天之信然後 可謂哲人之信也(인지신 여천지신연후 가위철인지신야) : 사람의 믿음(人之信)도 하늘의 믿음과 같은(如天之信) 연후然後에야 가히(可) 밝은이의 믿음(哲人之信)이라 할 수 있다는 뜻이다. 사람의 믿음이란 사람이 사람에게 주는 믿음을 말한다.

제94사 덕망(德望: 信 5團 34部)

德 聖德也 望 人望也 聖德 無聲而所及處 有人望
덕　성덕야　망　인망야　성덕　무성이소급처　유인망

如天之輪回 無聲而所盡處 有物色也
여천지윤회　무성이소진처　유물색야

德無不望 輪無不色 此 人之信 如天之信
덕무불망　윤무불색　차　인지신　여천지신

번 역　덕德은 성스러운 덕이고, 망望은 사람들이 우러러보는 것이다. 성스러운 덕은 소리는 없으나 그 덕이 미치는 곳마다 사람들이 우러러보게 되니, 이는 마치 하늘의 윤회가 소리는 없으나 다하는 곳마다 만물이 빛깔을 내는 것과 같다. 성스러운 덕은 모든 사람들이 우러러보게 되고, 하늘의 윤회는 일체 만물이 빛깔을 내게 하니, 이것이 바로 사람의 믿음이 하늘의 믿음과 같은 것이다.

주해 1) 德 聖德也 望 人望也(덕 성덕야 망 인망야) : 덕德은 성스러운 덕이고, 망望은 사람들이 우러러보는 것을 뜻한다. 따라서 덕망德望, 즉 '덕을 우러러봄'이란 성스러운 덕을 우러르는 것을 말한다.

2) 無聲而所及處 有人望(무성이소급처 유인망) : 소리는 없으나(無聲) (그 덕이) 미치는 곳마다(所及處) 사람들이 우러러보게 된다(有人望)는 뜻이다(及 미칠 급).

3) 如天之輪回 無聲而所盡處 有物色也(여천지윤회 무성이소진처 유물색야) : (이는) 마치 하늘의 윤회(天之輪回)가 소리는 없으나(無聲) 다하는 곳마다(所盡處) 만물이 빛깔을 내는(有物色) 것과 같다는 뜻이다. 이는 『도덕경』 38장에서 '상덕무위이무불위(無爲而無不爲)'라고 한 것과 그 맥을 같이 한다. 실로 천덕天德은 함이 없으면서도 하지 않음이 없는 이른바 '무위이무불위無爲而無不爲' 그 자체이며, 무위이화無爲而化의 덕과 그 기운에 의해 만물을 생장生長시키는 것이다.

4) 德無不望 輪無不色(덕무불망 윤무불색) : 덕무불망德無不望은 '성스러운 덕은 사람들이 우러러보지 않음이 없다'는 뜻으로 이는 곧 '성스러운 덕은 모든 사람들이 우러러보게 된다는 뜻이다. 윤무불색輪無不色의 윤輪은 '천지윤회天之輪回'를 말함이니, 하늘의 윤회는 일체 만물이 빛깔을 내게 한다는 뜻이다.

5) 人之信 如天之信(인지신 여천지신) : 사람의 믿음이 하늘의 믿음과 같은 것을 말한다.

제95사 무극(無極: 信 5團 35部)

無極者 周而復始之元氣也 如有止息 天理乃滅
무 극 자 주 이 복 시 지 원 기 야 여 유 지 식 천 리 내 멸

人之養信 亦如無極之元氣 斷若容髮 人道廢焉
인지양신 역여무극지원기 단약용발 인도폐언

번 역   무극無極이란 돌아서 처음으로 되돌아오는 원기이다. 만일 이 기운이 그치거나 쉬는 일이 있으면 하늘의 이치가 멸한다. 사람이 믿음을 기르는 것 또한 무극의 원기와 같아서, 털끝만큼이라도 끊어짐이 용납되면 사람의 도리는 폐하여지고 만다.

주 해   1) 無極者 周而復始之元氣也(주이복시지원기야) : 무극無極, 즉 '끝이 없음'이란 돌아서 처음으로 되돌아오는 원기를 말한다(周 돌 주). 천부경에서는 이를 시작도 끝도 없는 영원한 '하나(一)'로 나타내고 있다. 바로 이 '하나(一)'의 묘리妙理의 작용으로 삼라만상이 오고 가며 그 쓰임은 무수히 변하지만 그 근본은 변함도 다함도 없는 것이다. 또한 동학에서는 이를 '무극대도無極大道'라 하여 무왕불복지리無往不復之理, 즉 '가고 돌아오지 않음이 없는 이법理法'으로 나타내고 있다.

  2) 如有止息 天理乃滅(여유지식 천리내멸) : 만일(如) (이 기운이) 그치거나 쉬는(止息) 일이 있으면 하늘의 이치天理가 곧(乃) 멸하게(滅) 된다는 뜻이다.

  3) 人之養信 亦如無極之元氣(인지양신 역여무극지원기) : 사람(人)이 믿음을 기르는(養信) 것 또한(亦) 무극의 원기(無極之元氣)와 같다(如)는 뜻이다.

  4) 斷若容髮 人道廢焉(단약용발 인도폐언) : 만약(若) 털끝(髮)만큼이라도 끊어짐(斷)이 용납(容)되면 사람의 도리(人道)는 폐廢하여지고 만다는 뜻이다(斷 끊어질 단; 若 만약 약; 髮 머리털 발).

제3강령 애愛 제96사
6범範 43위圍

● **제1범 서恕 제97사**

　제1위　유아幼我　제98사　　제2위　사시似是　제99사

　제3위　기오旣誤　제100사　　제4위　장실將失　제101사

　제5위　심적心蹟　제102사　　제6위　유정由情　제103사

● **제2범 용容 제104사**

　제7위　고연固然　제105사　　제8위　정외情外　제106사

　제9위　면고免故　제107사　　제10위　전매全昧　제108사

　제11위　반정半程　제109사　　제12위　안념安念　제110사

　제13위　완급緩急　제111사

● **제3범 시施 제112사**

　제14위　원희原喜　제113사　　제15위　인간認懇　제114사

　제16위　긍발矜發　제115사　　제17위　공반公頒　제116사

　제18위　편허偏許　제117사　　제19위　균련均憐　제118사

　제20위　후박厚薄　제119사　　제21위　부혼付混　제120사

● 제4범 육育   제121사

　제22위 도업導業   제122사　　제23위 보산保産   제123사
　제24위 장권獎勸   제124사　　제25위 경타警墮   제125사
　제26위 정로定老   제126사　　제27위 배유培幼   제127사
　제28위 권섬勸贍   제128사　　제29위 관학灌涸   제129사

● 제5범 교敎   제130사

　제30위 고부顧賦   제131사　　제31위 양성養性   제132사
　제32위 수신修身   제133사　　제33위 주륜湊倫   제134사
　제34위 불기不棄   제135사　　제35위 물택勿擇   제136사
　제36위 달면達勉   제137사　　제37위 역수力收   제138사

● 제6범 대待   제139사

　제38위 미형未形   제140사　　제39위 생아生芽   제141사
　제40위 관수寬邃   제142사　　제41위 온양穩養   제143사
　제42위 극종克終   제144사　　제43위 전탁傳托   제145사

참전계경

제3강령 애愛

제96사 애愛

愛者 慈心之自然 仁性之本質 有六範四十三圍
애 자   자 심 지 자 연   인 성 지 본 질   유 육 범 사 십 삼 위

번역 애愛란 자애로운 마음에서 자연히 우러나는 것으로서 어진 성품의 근본 바탕이니, 여기에는 6범範 43위圍가 있다.

주해 1) 愛者 慈心之自然 仁性之本質(애자 자심지자연 인성지본질) : 애愛, 즉 '사랑'이란 자애로운 마음(慈心)에서 자연自然히 우러나는 것으로서 어진 성품(仁性)의 근본 바탕(本質)이라는 뜻이다.

2) 有六範四十三圍(유육범사십삼위) : 애愛에는 여섯 가지 본보기(範)와 마흔세 가지 둘레(圍)가 있다는 뜻이다.

해설 제3강령 사랑(愛)이란 자애로운 마음에서 자연히 우러나는 것으로서 어진 성품의 근본 바탕이다. 사랑은 특정 덕목을 지칭하기도 하지만 모든 덕목을 포괄하는 의미로도 사용된다. 우선 유·불·선 3교에 나타난 사랑의 의미에 대해 차례로 살펴보기로 하자. 공자 사상의 요체는 인仁이다. 공자가 그 제자인 번지樊遲와

의 문답에서 "인仁이란 남을 사랑하는 것이다"[60]라고 한 데서도 알 수 있듯이, 인을 실천한다는 것은 곧 남을 배려하는 마음을 갖는다는 것이다. 인의 실천 방법은 충서忠恕의 도道로 나타난다. 적극적인 면이 충忠으로 나타난다면, 소극적인 면은 서恕로 나타난다. 즉 "자기가 서려고 하면 남도 세워 주고, 자신이 어떤 목적을 이루고자 하면 남도 이루어지도록 해 주는 것"[61]이 인의 적극적 실천 방법인 '충'이라고 한다면, "자기가 하고 싶지 않은 일을 남에게 시키지 말라"[62]고 한 것은 소극적 실천 방법인 '서'이다. 인은 주체와 객체가 일체가 되는 대공大公한 경계이다. 사람이 인자하면 반드시 용기를 가지게 되고 지혜를 낳을 수 있는 까닭에 군자는 자기 몸을 죽여 인을 이룩한다. 따라서 공자는 진덕進德, 즉 덕을 진작振作시키는 것을 학문의 목표로 삼아 덕성아德性我 계발을 위주로 하였다. 맹자孟子의 성선설性善說은 사람이 인仁을 실천할 수 있는 근거를 사단四端으로써 논증하고 있다. 즉 사람은 누구나 남에게 차마 잔인하게 하지 못하는 마음, 다시 말해서 남의 고통을 보고 참지 못하는 불인지심不忍之心이 있으니, 그것이 바로 측은지심惻隱之心·수오지심羞惡之心·사양지심辭讓之心·시비지심是非之心이라는 것이다. "측은한 마음이 없으면 인간이 아니요, 부끄러워하고 미워하는 마음이 없으면 인간이 아니요, 사양하는 마음이 없으면 인간이 아니요, 시비를 가리는 마음이 없으면 인간이 아니다. 측은한 마음은 인仁의 단서端緖이요, 부끄러워하고 미워하는 마음은 의義의 단서이요, 사양하는 마음은 예禮의 단서이요, 시비를 가리는 마음은 지智

---

60 『論語』「顔淵」: "樊遲問仁 子曰 愛人."
61 『論語』「雍也」: "夫仁者 己欲立而立人 己欲達而達人."
62 『論語』「顔淵」: "仲弓問仁 子曰 …己所不欲 勿施於人."

의 단서이다. 사람이 이 사단四端을 가진 것은 마치 사지四肢를 가진 것과 같다. … 이 사단이 자기에게 있는 것을 알고서 확충해 나가면 마치 불씨가 처음 붙는 것과 같고 샘물이 처음 흘러나오는 것과 같다. 이러한 마음을 잘 확충시켜 나간다면 천하라도 보전할 수 있게 되지만, 확충시키지 못하면 부모조차 섬길 수 없게 된다."[63] 말하자면 유가儒家의 네 가지 덕목인 인의예지仁義禮智는 모든 사람의 본성인 이 사단四端을 충실하게 확충시켜 나가면 자연히 꽃피워 질 수 있다고 본 것이다. 맹자는 인간이 진실로 인간답게 되기 위해서는 교육을 통해 사단을 충실하게 확충시키는 길밖에 없는 것으로 보았다. 불교의 자비慈悲, 즉 사랑하고 가엾게 여김은 유교의 인仁과 다르지 않다. 자기의 행복을 소중하게 여기는 만큼 다른 사람의 행복도 소중하게 여길 줄 알아야 한다. 진정한 사랑이란 사랑하되 집착은 하지 않는 것이다. 사랑은 결코 소유의 다른 이름이 아니다. 비록 미물이라 할지라도 함부로 죽이지 않는 것 또한 자비심의 발로이다. 자비심의 결여란 우주 '한생명'의 나툼으로서의 영적 일체성(spiritual identity)이 결여된 것을 말한다. 영적 일체성이 결여되면 '나와 너', '이것과 저것'을 구분하게 됨으로써 카르마(karma, 業)가 생기게 되는 것이다. 사람의 마음이 자비심으로 충만하게 되면 분별심이 사라지고 근본지根本智로 되돌아가게 되므로 더 이상은 카르마가 생기지 않게 되어 윤회輪廻는 종식된다. 이분법적인 사유체계를 초월하여 하나(Oneness)의 진리가 드러날 때, 다시 말해서 완전한 사랑이 구현될 때 윤회는 종식되는 것이다. 그것의 비밀은 일심一

---

63 『孟子』「公孫丑上 6」: "無惻隱之心 非人也 無羞惡之心 非人也 無辭讓之心 非人也 無是非之心 非人也 惻隱之心 仁之端也 羞惡之心 義之端也 辭讓之心 禮之端也 是非之心 智之端也 人之有是四端也 猶其有四體也…凡 有四端於我者 知皆擴而充之矣 若火之始燃 泉之始達 苟能充之 足以保四海 苟不充之 不足以事父母."

心에 있다. 모든 것을 낳는 근원이 바로 우리 각자의 마음이기 때문이다. 하나인 마음 이외에 다른 실재가 있는 것이 아니다.[64] 우리 마음이 온전히 하나가 되지 못할 때 온전한 삶을 누릴 수 없는 것은 자명한 이치다. 온전히 하나가 된 진여眞如한 마음은 원융회통圓融會通의 주체요 화쟁和諍의 주체인 까닭에 일체 공덕의 근원이 되며 평화와 행복의 원천이 된다. 원효가 귀일심원歸一心源, 즉 하나의 마음뿌리로 돌아갈 것을 설파한 이유도 바로 여기에 있다.

천·지·인 삼재의 융화에 기초한 한국 상고시대의 선교(仙敎, 神敎) 또한 하늘과 사람과 만물을 하나로 관통하는 평등성지平等性智의 결정結晶이라는 점에서 유교의 인仁이나 불교의 자비와 마찬가지로 보편적 사랑이 그 요체가 되고 있다. 예로부터 조선이 신선의 나라로 알려진 것은 선교의 뿌리가 동방임을 시사하는 것이다. 환국으로부터 역易사상의 뿌리가 되는 천부경이 전수되어 온 것[65]이나, 배달국 제5대 태우의太虞儀 환웅 때 신선도 문화가 체계화된 것[66] 등이 이를 입증하는 것이다. 『삼국사기』에는 신라 효성왕 2년에 당나라 사신이 와서 노자의 『도덕경』을 바쳤다는 기록이 나오는데, 우리의 신선도문화는 그보다 수천 년 앞선 것으로 중국의 도교를 열게 하였으며 후에 그것이 다시 유입된 것이다.[67] 삼국사기에 3교의

---

64 『大乘起信論疏』, 397쪽.
65 『桓檀古記』「太白逸史」蘇塗經典本訓.
66 『桓檀古記』「太白逸史」神市本紀.
67 유교 또한 순수한 외래사상이라고 보기 어려운 것은 그 창시자인 요·순 황제가 동이인이었다는 점과 공자가 동이문화를 흠모하여 영원불멸의 군자국 구이(九夷)에 가서 살고 싶다는 견해를 피력한 것 등으로 미루어 알 수 있다. 불교는 본래 인도에서 중국으로 유입되었다가 우리나라에 전래된 것으로 보고 있으나 『삼국유사』에는 釋迦 이전 불교의 중심지가 우리나라였음을 시사하는 글을 인용하고 있다. 즉 "玉龍集과 慈藏傳 및 諸家傳紀에 이르되, 신라의 月城 동쪽, 龍宮 남쪽

전래 연대를 삼국시대라고 명기하고 있는 이상,[68] 우리 상고의 사상을 외래사상의 영향을 받은 것이라고 볼 수는 없을 것이다. 3교가 중국에서 전래되기 수천 년 전부터 우리나라에 3교를 포괄하는 고유하고도 심오한 사상적 기반이 있었기에 외래의 제사상을 받아들여서 토착문화와 융합하여 독창적인 형태로 발전시킬 수 있었던 것이다. 고조선의 개조 제1대 단군은 경천숭조敬天崇祖의 보본사상報本思想[69]을 이전의 신시시대로부터 이어받아 고유의 현묘지도(玄妙之道, 風流)를 기반으로 하는 조의국선皂衣國仙의 국풍國風을 열었고, 이는 부여의 9서(九誓, 孝·友愛·師友以信·忠誠·恭謙·明知·勇敢·淸廉·義)와 삼한의 5계(五戒, 孝·忠·信·勇·仁)와 후일 고구려의 조의국선의 정신 및 다물多勿의 이념과 신라 화랑도의 세속5계(世俗五戒, 事君以忠·事親以孝·交友以信·臨戰無退·殺生有擇)로 이어져서 그 이념이 구현되어 내려왔다. 우리 고유의 풍류 속에는 유·불·선이 중국에서 전래되기 이전부터 3교를 포괄하는 사상 내용이 담겨 있어 그 사상적 깊이와 폭을 짐작케 한다. 동양사상의 뿌리가 되는 유·불·선 3교의 내용

에 迦葉佛의 宴坐石이 있는데 그곳은 前佛시대의 가람 터이니 지금 皇龍寺의 지역은 7伽藍의 하나라 하였다"(『三國遺事』興法 第3 迦葉佛宴坐石 初頭)고 한 것이 그것이다.

68 『三國史記』高句麗本紀 第6 小獸林王 2년 6월 記事;『三國史記』新羅本紀 第8 神文王 2년 6월 記事;『三國史記』百濟本紀 第2 枕流王 元年 9월 記事;『三國史記』新羅本紀 第4 法興王 14년 記事;『三國史記』高句麗本紀 第8 建武(榮留)王 7년 2월 記事;『三國史記』高句麗本紀 第9 寶藏王 2년 3월 記事;『三國史記』新羅本紀 第4 眞平王 9년 7월 記事 등이 그것이다.

69 '報本'이라 함은 '근본에 보답한다'는 뜻으로 孝와 忠에 기반된 崇祖사상은 祭天에 기반된 敬天(敬神)사상과 함께 한국 전통사상의 골간을 형성해 왔다. 상고와 고대의 國中 대축제는 물론, 중세와 근세에도 제천 즉 천지의 주재자를 받들고 보본하는 예를 잊지 아니하였다. 이는 곧 우리의 전통사상이 천·지·인 삼재에 기초하여 하늘과 사람과 만물을 하나로 관통하고 있음을 보여 주는 것이다.

이 수천 년 전 우리 고유의 풍류 속에 담겨 있다는 사실은 우리 문화의 선진성을 말해 주는 것으로 당시 정치의 교육적 기능의 중요성에 비추어 볼 때 우리 교육의 원천이 되었던 풍류의 사상적 의미는 자못 크다 하겠다.[70]

유·불·선뿐만 아니라 기독교의 핵심 사상도 사랑이다. 인간이 의식하든 하지 못하든, 인간의 존재 이유는 영적 진화이다. 왜냐하면 인간은 영적 진화의 지향성을 갖는 우주의 불가분의 한 부분이기 때문이다. 진정으로 다른 사람을 잘되게 하겠다는 마음 그 자체가 영적 진화의 단초다. 그러나 다른 사람에게 보이기 위한 진실성이 없는 행위는 아무리 크게 베풀어도 영적 진화에는 전혀 도움이 되지 않는다. 문제는 행위의 크기가 아니라 진실성이다. 이웃을 내 몸과 같이 사랑하면 그만큼 영적 확장이 이루어지게 되고, 이는 국가와 인류, 나아가 우주자연에까지 확장될 수 있는 단초가 되기에 그토록 간절하게 "이웃을 네 몸과 같이 사랑하라"고 한 것이다. 그리고 동학의 「시천주侍天主」 도덕의 요체인 수심정기守心正氣를 '성경이자誠敬二字'[71]로 나타낸 것 또한 사랑의 다

---

70 통일신라 말기 3교의 說을 섭렵한 당대 최고의 지식인이었던 孤雲 崔致遠의 "鸞郞碑序"에는 신시시대와 고조선시대 이래 우리의 고유한 전통적 사상의 뿌리에 대한 암시가 나타나 있다. 그 내용은 다음과 같다. "나라에 玄妙한 道가 있으니, 이를 風流라고 한다. 그 敎의 기원은 先史에 상세히 실려 있거니와, 실로 이는 3교(儒·佛·仙)를 포함하며 중생을 교화한다. 이를테면 들어오면 집에서 효도하고 나가면 나라에 충성하는 것은 노사구(魯司寇: 孔子)의 主旨와 같은 것이고, 無爲에 처하고 不言의 교를 행함은 주주사(周柱史: 老子)의 宗旨와 같은 것이며, 모든 악한 일을 행하지 않고 착한 일을 받들어 행함은 축건태자(竺乾太子: 釋迦)의 교리와 같은 것이다"(『三國史記』新羅本紀 第4 眞興王 37년 봄 記事). 공자는 일찍이 노나라의 司寇(사법대신)라는 벼슬을 한 적이 있고, 노자는 周나라의 柱下史(柱史는 柱下史의 약칭)가 된 적이 있으며, 쓰乾은 인도의 별칭으로 석가의 淨飯王의 태자였다.

71 『龍潭遺詞』「道修詞」: "誠敬二字 지켜내어 차차차차 닦아내면 無極大道 아닐런가 시호시호 그때 오면 道成立德 아닐런가."

른 표현에 지나지 않는다. 실로 성誠과 경敬은 도道를 이루고 덕德을 세우는 전부이며, 일을 성사시키고 조화적 질서를 이루는 원천이다. 이는 곧 우주만물에 대한 차별 없는 사랑을 통하여 이루어진다. 즉 본래의 진여한 마음을 지키고 기운을 바르게 하는 것이 '옮기지 않음(各知不移)'의 요체다. 진여한 마음이란 분별지分別智가 나타나기 전의 근본지根本智를 이름이다. 기운을 바르게 하는 것이란 혼원일기混元一氣로 이루어진 생명의 유기성과 상호관통을 깨달아 더불어 사는 삶을 실천하는 공심公心의 발현을 이름이다. 따라서 수심정기란 우주적 본성의 자리를 지키는 것인 동시에 우주 '한생명'에 대한 자각적 실천[72]의 나타남이며, 그 비밀은 일심에 있다. 하나인 마음의 뿌리로 돌아가면 천・지・인 삼재의 융화가 이루어져 우주만물이 하늘(天)의 화현임을 자연히 알게 되므로 하늘을 공경하듯 우주만물을 공경하고 사랑하게 되는 것이다. 시작도 끝도 없는 영원한 '하나(一)', 즉 브라흐마(Brāhma)에 대한 공경과 사랑을 담고 있는 힌두교 경전 『우파니샤드』와 『바가바드 기타』 또한 모든 덕목을 포괄하는 의미로서의 사랑(愛: 誠敬)이 가르침의 중핵을 이루고 있다.

사랑이란 용서하고(恕), 포용하며(容), 베풀고(施), 기르며(育), 가르치고(敎), 기다리는(待) 것이다. 우선 사랑은 용서하는 것이라고「서恕」(愛 1範)에서는 말한다. "용서(恕)는 사랑에서 비롯되며, 자애로움

---

72 『東經大全』,「修德文」: "仁義禮智 先聖之所敎 修心正氣 惟我之更定.";『天道敎經典』,「守心正氣」, 300쪽 : "若非守心正氣則 仁義禮智之道 難以實踐也." 水雲이 "仁義禮智는 옛 성인의 가르친 바요, 守心正氣는 오직 내가 다시 정한 것이라"고 한 것이나, 海月이 "守心正氣가 아니면 仁義禮智의 道를 실천하기 어렵다"라고 한 것은 守心正氣가 각 개인의 자각적 실천을 중시한 점에서 실천과 유리된 당시의 형식적・외면적 윤리체계와는 다른 것임을 분명히 보여 준다.

에서 일어나고, 어진 마음에서 정해지며, 참지 못하는 것을 돌이켜 참게 하는 것이다." 용서란 남을 나와 같이 생각하는 것「幼我」(愛 1範 1圍)이고, 옳은 것 같으나 그르고 그른 것 같으나 옳은 것「似是」(愛 1範 2圍)이며, 그릇된 길을 가는 사람을 힘써 돌이키는 것「旣誤」(愛 1範 3圍)이고, 도리를 잃는 사람을 바르게 인도하는 것「將失」(愛 1範 4圍)이며, 악의 원천을 막고 악의 뿌리를 제거하는 것「心蹟」(愛 1範 5圍)이고, 가볍고 무거운(輕重) 것의 차이가 있는 것「由情」(愛 1範 6圍)이다. 남을 나와 같이 생각한다는 것은 '내가 어찌할 수 없으면 남도 역시 어찌할 수 없다'고 생각하는 것이다. 옳은 것 같으나 그르고 그른 것 같으나 옳은 것은, 사랑이 만물을 포용하여 저버림이 없는 것을 말한다. "사람들은 자신에게 가까운 것은 백 가지가 옳다고 하고, 먼 것은 오십 가지를 그르다 하니, 마땅히 가까운 것은 끌어당기고 먼 것은 멀어짐을 막아야 한다." 물형계物形界에서의 옳고 그름은 절대적인 기준이 있는 것이 아니라 자신에게 가까우면 대개 옳다고 하고, 멀면 대개 그르다 하는 식으로 어디까지나 상대적인 것에 지나지 않는다. 가까운 것은 끌어당기고 먼 것도 멀어짐을 막아 가깝게 되면 만물을 포용할 수 있게 되므로 저버림이 없게 되는 것이다. 그리하여 모두가 자신에게 가까우니 시비가 사라지게 되는 것이다. 잘못 알고 그릇된 길을 가는 사람을 힘써 돌이켜 바른 길로 가도록 하며, 지둔遲鈍한 사람은 깨우쳐 주고 내닫는 사람은 손짓하여 불러서 바르게 인도해야 한다. 악의 원천을 막고 악의 뿌리를 제거하면 자연히 용서하게 되는 것은 자연에서 본받을 용서의 법칙이다. 용서하는 데에 가볍고 무거운(輕重) 것의 차이가 있다는 뜻은 자신이 전혀 알지 못하는 사이에 그렇게 된 경우에는 심한 배신감을 느끼게 될 것이므로 용서하기 어렵고, 자신이 의식하는 상태에서 그렇게 된 경우에는 자신에게도 책임이 있으므로 용서하기가 덜 어렵다는 뜻이다.

사랑은 포용하는 것이라고 「용容」(愛 2範)에서는 말한다. "만리의 바다에는 만리의 물이 흘러가고, 천길 높은 산에는 천길 높이의 흙이 쌓여 있나니, 넘치는 것도 포용이 아니고 무너지는 것도 포용이 아니다." 바다가 넘치지 않고 높은 산이 무너지지 않는 것은 무위이화無爲而化의 덕德과 기운이 작용한 까닭이다. 인간도 이러한 대자연의 무위이화의 덕과 그 기운과 하나가 되면 완전한 포용이 이루어질 수 있다[73]는 뜻이다. 완전한 포용이란 '나'도 없고 '너'도 없는 완전한 조화의 상태를 말한다. 포용력이 없는 사람은 마치 물이 흘러 넘치고 높은 산의 흙이 무너지는 것과도 같이 스스로를 온전하게 보존하기 어렵게 된다. 그러므로 사람의 도리에 항상 충실해야 하며[「固然」(愛 2範 7圍)], 뜻하지 않은 일도 적극적으로 수용하고[「情外」(愛 2範 8圍)], 고의로 행하고 고의로 멈추는 것을 피해야 하며[「免故」(愛 2範 9圍)], 성품의 이치를 깨달아야 하고[「全昧」(愛 2範 10圍)],[74] 사물의 이치가 스스로 쇠하는 것을 경계하며[「半程」(愛 2範 11圍)],

---

[73] cf.『大乘起信論疏』, 395쪽: "眞如大海 永絶百非故." 眞如한 마음은 만물이 그 안에 포용되며, 德이란 德은 갖추지 않은 것이 없고, 像이란 像은 나타나지 않는 바가 없는 까닭에 元曉는 '眞如大海 永絶百非故' 즉 '마음의 큰 바다는 영원히 모든 오류를 여의었다'라고 한 것이다.

[74] cf.『六祖壇經』卷上, Ⅵ 悟法傳衣門, 9 : '自性自度.' '自性自度'란 자기 본성에 의하여 스스로 건너다(度=渡)는 뜻으로 이는 곧 타고난 성품의 이치를 깨달음으로써 生死의 苦海를 건너 涅槃의 彼岸에 이르는 것을 말한다. 중국 禪宗의 제5대 祖師 弘忍에게서 가사와 바리때를 전수받은 6祖 慧能은 5祖 큰스님의 전송을 받으며 남쪽 지방으로 향했다. 큰스님이 혜능을 배에 태우고 손수 노를 저어가자, 혜능은 '자기 본성에 의하여 스스로 건너야 한다'라고 하며 자신이 노를 저어 건너 남쪽으로 가서 후일 南宗禪의 개조가 되었다. "본래 아무것도 없는데, 어느 곳에 먼지나 티끌이 있을손가(本來無一物 何處有塵埃)"라고 설한 그의 게송은 남종선의 사상을 단적으로 나타낸 것으로 잘 알려져 있다. 천부경・삼일신고・참전계경의 주된 가르침도 바로 타고난 성품의 이치를 깨닫게 하기 위한 것이다.

안일한 생각을 버려야 하고「安念」(愛 2範 12圍)], 급하고 급하지 않음에 따라 용납할 수도 있고 못할 수도 있다「緩急」(愛 2範 13圍)]. 사람이 하늘의 이치에 따르지 않으면 하늘의 도를 바르게 실천할 수가 없다. 자벌레는 돌 위에 오르지 아니하고 꿩은 공중을 날지 않듯이, 하늘의 이치에 순응하여 자기 분수를 지키는 것[75]이 바로 포용의 시작이다. 그래서 사람의 도리에 항상 충실할 것을 가르치고 있는 것이다. 사람이 살면서 뜻하지 않은 일을 당하기도 하지만, 그런 때일수록 자포자기하지 말고 그러한 상황을 긍정적이고도 적극적으로 수용하면 활로를 찾게 된다. 그릇되게 인도하고 어긋나게 권하는 것은 진실을 알지 못하면서 스스로를 진실하다고 하는 사람이니, 큰 관용이 생겨나야 한다. 정욕을 자제하고 혼란한 마음을 가라앉혀 지극히 맑고 고요해지면, 사람의 신령한 성품은 하늘의 치를 포용하고 하늘의 이치는 사람의 도리를 포용하며 사람의 도리는 정욕을 감추고 있음을 스스로 깨닫게 된다. "착함과 착하지 않음의 가운데 서서 나아가지도 물러서지도 않는 사람은 능히 착한 것도 깨닫고 착하지 않은 것도 깨달아서, 사물의 이치(物理)는 포용할 수 있으나 선악을 초월한 성품의 이치(性理)까지는 포용하지 못한다. 그러나 사물의 이치가 스스로 쇠하는 것을 경계하면 성품의 이치는 스스로 성盛하나니, 포용은 경계함에 있다." 물리와 성리의 관계는 마치 그림자와 실체의 관계와도 같이 상호 조응하는 까닭에, 사물의 이치가 스스로 쇠하는 것을 경계하면 성품의 이치는 스스로 성한다고 한 것이다. 안일한 생각을 키우면 성품과 뜻이 다 멸하여 존망存亡을 분별하기 어렵게 되므로 용납을 바랄 수도 없고 용납할 자도 없다. "급한 지경의 재앙은 사람이 혹 용납

75　cf.『論語』「憲問」二十八 : "曾子曰「君子思不出其位」."

할 수 있으나, 느린 지경의 재앙은 사람이 용납하지 못한다." 예를 들면, 2005년 태국 푸껫 등지를 휩쓸고 지나간 지진해일(쓰나미)이나 캐슈미르 지진, 그리고 미국 뉴올리안주를 강타한 허리케인과 같은 것은 급한 지경의 재앙에 속하는 것으로 이는 인간의 자유의지 영역 밖의 불가항력적인 일이니 사람이 혹 용납할 수 있다는 뜻이다. 느린 지경(緩界)의 재앙(妖孼)이란 천재지변이나 불가항력적이 아닌 일로서 - 개인적 차원이든 사회적 차원이든 - 인간의 고의나 과실 또는 무능, 무책임, 판단력 부족, 부주의 등으로 인해 재앙이 초래된 경우를 말한다. 6·25 전쟁 전후 경북 문경군 등지에서 자행된 민간인 학살 사건은 그 대표적인 것이다. 1997년 말의 외환 위기 이후 한국 경제가 IMF 관리 체제 하에 들어간 것은 국가적 차원의 재앙이라 하겠다. 개인적 차원에서는 사기를 당해 패가망신하거나 뺑소니차에 치여 목숨을 잃은 경우 등이 이에 해당하는 것이다.

사랑은 베푸는 것이라고 「시施」(愛 3範)에서는 말한다. "시施는 물자를 베풀어 구제하는 것이며, 덕을 펴는 것이다. 물자로 구휼救恤하여 사람들을 궁핍에서 구하고 덕을 펴서 성품의 이치를 밝혀야 한다." 따라서 서로 사랑하고 베푸는 것을 기뻐하며「原喜」(愛 3範 14圍)], 남의 어려움을 자기가 당한 것같이 여겨야 하고「認艱」(愛 3範 15圍)], 가엾게 여기는 자애로운 마음이 일어나야 하며「矜發」(愛 3範 16圍)], 널리 천하에 베풀어야 하고「公頒」(愛 3範 17圍)], 위급하면 도와주고 넉넉하면 돕지 않으며「偏許」(愛 3範 18圍)], 균등하게 베풀고「均憐」(愛 3範 19圍)], 지나치지도 부족하지도 않아야 하며「厚薄」(愛 3範 20圍)], 베풀고도 그 보답은 바라지 않아야 한다「付混」(愛 3範 21圍)]. "사람이 하늘의 이치에 역행하여 사람을 사랑하지 않으면 외롭게 되고, 베푸는 것을 기뻐하지 않으면 천하게 된다." 남이 처한 급한 어려움의 해결 방도를 찾는 것은 "힘에 있는 것이 아니라 남을 자기처럼 사랑하는 데 있다." "자애로운 마음은 친함과 소원疎遠함, 선함과 악함을 구별하지 않고 단지 불쌍한 것을 보면 즉시 일어나는 것이다." "한번 착함을 펴면 천하가 착함으로 향하고, 한번 착하지 않음을 바로잡으면 천하가 허물을 고치니, 한 사람의 착하지 않음이 도가道家 전체의 허물이 된다." 여기서 '도가'란 천・지・인 삼신일체三神一體의 천도天道가 인간 존재 속에 구현되는 '중일中一'의 이상(홍익인간, 이화세계)을 실현하는 데 중추적 역할을 담당했던 우리 고대사회의 국가 엘리트집단을 총칭하는 것이다. 당시 이들의 도에 대한 인식은 성속일여聖俗一如・영육쌍전靈肉雙全의 도로서 정치의 도, 종교의 도, 학문의 도, 그리고 삶의 도를 모두 하나로 관통하고 있었다. 이는 "천하의 큰 근본이 내 마음의 중일에 있는 바, 사람이 중일을 잃으면 일을 이룰 수가 없고 사물이 중일을 잃으면 바탕이 기울어져 엎어지게 되니, 이렇게 되면 임금의 마음은 위태롭게 되고 백성들의 마음은 미약하게 될 것"[76]이라고 한 데서도 잘 나타난다. 베푸는 데에도 올바른 방법을 쓰지 않으면 적절한 성과를 낼 수가 없다. 위급한 상황에 처해 있는 사람을 우선적으로 돕되, 완급緩急을 조절해가며 적정 수준으로 도와야 한다. 하늘이 비를 내릴 때 곡식에만 내리고 잡초에는 내리지 않을 리理가 없듯이, 베푸는 것도 고루 비에 젖는 것과 같이 균등해야 한다. 이는 곧 평등성지平等性智의 나타남이다. '나'가 없기 때문에 '나' 아닌 것이 없고, 나 아닌 것이 없으므로 일체가 평등무차별하게 되는 것이다.[77] 다만 일심一心의 도道는 지극히

---

76 『桓檀古記』「太白逸史」三韓管境本紀 馬韓世家 上.
77 cf. 『金剛三昧經論』, 188-189쪽: "是時旣歸一心之源 八識諸浪 不更起動故 入智地者 諸識不生也." 이미 一心의 원천으로 되돌아가 八識의 모든 물결이 다시 起動

가까우면서도 또한 지극히 먼 것이어서, 찰나에 저절로 만나게 되는가 하면 억겁을 지나도 이르지 못한다. 그것의 비밀은 바로 의식의 깨어있음에 있다. 이는 곧 분별지를 버리고 근본지로 되돌아갈 것을 촉구하는 가르침이다. 오랜 가뭄 끝에 내리는 단비라 할지라도 지나치게 내려 홍수가 진다면 후厚하다고 할 수 없을 것이며, 어려운 처지에 있던 사람이 거액의 복권에 당첨되어 돈벼락을 맞고 패가망신한다면 역시 후하다고 할 수 없을 것이다. 사람에게 베푸는 것도 이와 같은 이치다. 베풀고도 그 보답은 바라지 않아야 한다는 것은 베푸는 대로 잊어버려서 스스로의 공덕으로 여기지 말아야 한다는 뜻이다. 인간이 본래의 공적空寂한 마음을 얻기 위하여서는 행위를 멈추고 내면을 들여다봄과 동시에 사심 없는 행위를 해야 하는 것이다. 예로부터 '수신제가치국평천하修身齊家治國平天下'라 하여 나라와 온 세상을 편안하게 다스리는 근본을 수신이라고 보았고, 공자의 호학적好學的 정신 또한 수학修學이 수신에 필요한 데서 기인하는 것이다. 그러나 몸과 마음을 닦아 각성(見性)을 이루는 수신만으로는 순수의식에 이를 수 없으며, 공동체에의 헌신적인 직접 참여를 통하여 우리의 영혼은 비로소 완성에 이를 수 있다. 헌신적인 직접 참여란 대가성에 기초한 것이 아니라 스스로 비료가 되는 자기 확대의 행위, 즉 봉사성에 기초한 참여를 말한다. 이 둘은 영적 진화 과정에서 동전의 양면과 같은 것이다. 즉 고요함 가운데 움직임이 있고 움직임 가운데 고요함이 있는 것이다(靜中動 動中靜). 수신과 직접 참여를 통해서 우리의 영혼은 더 맑고 밝고 확대되고 강화되게 된다. 이러한 수신과 직접참여의 방법을 『금강

하지 않기 때문에 지혜의 경지에 들어간 자에게는 모든 識이 생기지 않으므로 일체가 평등무차별하게 되는 것이다.

삼매경론』에서는 '지행止行'과 '관행觀行'으로 나타내고 있다. 즉 "진여문眞如門에 의하여 지행을 닦고 생멸문生滅門에 의하여 관행을 일으켜 지止와 관觀을 동시에 닦아 나가야 한다"[78]라고 한 것이 그것이다.

사랑은 기르는 것이라고 「육육育」(愛 4範)에서는 말한다. "육育이란 교화로써 사람을 기르는 것이다. 사람은 일정한 가르침이 없으면 그물에 벼리(綱)를 달지 않은 것과 같고, 옷에 깃을 달지 않은 것과 같아서, 제각기 자기주장만 세워 세상이 분망奔忙하고 복잡하게 된다. 이러한 까닭에 주된 가르침을 하나로 하여 사람들을 보호하고 길러야 한다." 그 하나인 주된 가르침이 바로 천부경·삼일신고·참전계경에 나타나 있는 천·지·인 삼신일체三神一體의 천도天道이다. 이 세 경전은 일즉삼一卽三·삼즉일三卽一의 원리가 인간 존재 속에 구현되는 천·지·인 삼신일체三神一體의 천도天道를 밝힘으로써 '천부중일天符中一'[79]의 이상을 명징하게 제시하고 있다. 천부중일天符中一의 이상이란 천·지·인 삼재三才의 융화가 인간 존재 속에 구현된 의미를 지닌 천부경의 '인중천지일人中天地一'을 축약한 '중일中一'과 천부경의 '천부天符'를 합성하여 만든 용어로 홍익인간·이화세계의 이상을 나타내는 의미로 사용된 것이다. 사람을 교화로써 기른다는 것은 생업을 인도하며[「導業」(愛 4範 22圍)], 산업을 보전하고[「保産」(愛 4範 23圍)], 부지런히 가르침(化育)에 힘쓰도록 권장하며[「獎勸」(愛 4範 24圍)], 뒤떨어지는 것을 경계하고[「警墮」(愛 4範 25圍)], 노인이 교화를 할 수 있도록 안정된 환경을 제공하며[「定老」(愛 4範 26圍)], 어린아이를 북돋아 기르고[「培幼」(愛 4範 27圍)], 너그러운 덕을 권

---

78 『金剛三昧經論』, 397쪽: "依眞如門遂止行 依生滅門而起觀行 止觀雙運."
79 『桓檀古記』「太白逸史」蘇塗經典本訓.

하며「勸贍」(愛 4範 28圍)」, 은혜로운 큰 비가 내리듯 사람을 가르쳐 기르는 것「灌潤」(愛 4範 29圍)이다. 사람이 성품의 이치는 비록 같다 해도 성품의 바탕과 그 기운은 같지 않다. 교화를 크게 행하여 성품의 바탕을 윤택하게 하고 성품의 기운을 편안하게 하면, 비록 물질적으로 궁핍하더라도 '빈곤 속의 풍요'를 누릴 수가 있다. 현대인이 물질적으로는 풍요로우면서도 '풍요 속의 빈곤'을 겪게 되는 것은 제대로 교화가 행해지지 못하여 성품의 바탕과 그 기운을 다스리는 법을 터득하지 못했기 때문이다. 마음을 굳게 하고 뜻을 단단히 하여 맡은 일에 전력투구함으로써 산업을 보전한다. 사람을 길러 사람다운 사람이 되게 하려면 "사람의 단점은 가리어 주고 장점은 높이 들어올리며, 착한 것은 열어 보이고 능력은 선양해야 한다." 교육에 있어 뒤떨어지지 않으려면 게으름을 경계해야 하며, 자기 계발을 향한 부단한 노력이 필요하다. "가다가 다시 돌아오고 깨었다가 다시 잠들더라도 오히려 가지 않고 깨지 않는 것보다 낫다." 지혜는 남이 대신 닦을 수 없으므로 시도조차 하지 않는 것보다는 시행착오를 거듭하더라도 시도하는 것이 낫다는 의미이다. 너그러운 덕을 권한다는 것은 "너그러운 덕이 있는 사람도 성품이 혹 뛰어난 것을 좋아하여 그 덕을 널리 펴기를 일삼지 않으며 스스로 그 어짊을 옳게 여기는 데 머물 수 있으므로 마땅히 너그러운 덕행을 권하여 나아가 이루도록 하는 것"이다. 사람이 가르침을 받아 길러지는 것은 은혜로운 큰 비가 내리는 것과 같은 이치다.

사랑은 가르치는 것이라고 「교敎」(愛 5範)에서는 말한다. "사람이 가르침을 받으면 모든 행실이 그 근본됨을 얻고, 가르침을 받지 못하면 비록 훌륭한 장인匠人이라도 먹줄(繩墨)이 없는 것과 같다." 훌륭한 장인이라도 먹줄이 없이는 중심을 잡지 못하듯이, 사람이 가르침을 받지 못하면 사람의 도리를 다하지 못하게 되는 것이다. 따라서 타고난 성품을 돌아보아야 하며「顧賦」(愛 5範 30圍)], 타고난 성품을 넓혀서 충실하게 하고「養性」(愛 5範 31圍)], 몸을 닦아야 하며「修身」(愛 5範 32圍)], 인륜에 부합하여야 하고「湊倫」(愛 5範 33圍)], 버리지 않고 가르쳐야 하며「不棄」(愛 5範 34圍)], 가리지 말고 가르쳐야 하고「勿擇」(愛 5範 35圍)], 가르침에 힘써서 통달하며「達勉」(愛 5範 36圍)], 힘써 거두어야 한다「力收」(愛 5範 37圍)]. "하늘이 사람에게 부여한 것은 이치이며 기운이다. 이치에 따르지 않고서 합당한 것이 없고, 기운에 부합하지 않고서 행하는 것은 없다. 그러므로 으뜸 밝은이는 타고난 품성을 마음대로 부리고, 중간 밝은이는 타고난 품성을 거느리며(轄), 아래 밝은이(下哲)는 타고난(賦) 품성을 돌아본다(顧)." 모든 일은 하늘의 이치에 따라 행하여야만 기운이 따라 주는 것이다. "타고난 천성天性은 원래 착하지 않음이 없으나, 다만 인성人性은 서로 섞여서 물욕이 일어나게 되므로 타고난 천성을 넓혀서 충실하게 하지 않으면 천성이 점점 닳고 사라져 그 근본을 잃을까 두려운 것이다." 말하자면 안일한 뜻과 방자한 기운을 따르면 근본 이치에서 멀어지게 되므로 타고난 천성을 넓혀서 충실하게 할 수 있도록 몸을 닦아야 하는 것이다.[80] 또한 "사람을 가르침에 있어서는 반드시 윤리를 앞세워 서로 사랑하는 이치를 바르게 해야 한다." 가르침이 아니면 천령天靈이 사람과 짝하지 않으므로 천령의 소리를 들을 수 없으니 천심을 지키지 못하게 되어 근본 이치에서 멀어지게 된다. 그런 까닭에 우리 국조께서는 정치대전이자 삶의 교본으로 천부경·삼일신고·참전계경을 찬술하시어 가르침을 통하여 천심을 회복하고자

---

80 cf.『孟子』「盡心章句上」: "孟子曰「盡其心者 知其性也 知其性則知天矣 存其心 養其性 所以事天也 夭壽 不貳 修身以俟之 所以立命也」."

했던 것이다. 유·불·선이 중국에서 전래되기 이전부터 3교를 포괄하는 사상 내용이 담겨져 있어 교육의 원천이 되었던 우리 고유의 풍류風流 또한 그 주된 가르침이 천심을 지키는 데 있음을 쉽게 알 수 있다. 천심을 지키지 않으면 평등성지平等性智가 나타나지 않으므로 가르치는 데 있어서도 분별심이 작용하여 지둔한 사람은 가르치지 않고자 하게 된다. 하늘이 비를 내릴 때 곡식에만 내리고 잡초에는 내리지 않는 것을 보았는가. 천심을 지키면 모두가 깨달음의 길 위에 있음을 알게 되므로 사람을 버리지 않고 가르치게 되는 것이다. 가르침이란 어리석음을 고쳐 어질도록 돌이키는 것이므로 어질고 어질지 못함을 가려서는 안 된다. "가르침에 통달하면 능히 사물을 사랑하는 이치를 알게 된다." 정신박약아나 정신지체아와 같이 선천적으로 우둔하고 우매한 사람은 힘써 거두어서 정상인과는 분리시켜 특수교육을 시킴으로써 이웃에 피해를 주는 일이 없도록 해야 한다.

　사랑은 기다리는 것이라고 「대待」(愛 6範)에서는 말한다. "사랑(愛)의 여러 부분(恕, 容, 施, 育, 敎, 待) 중 기다림(待)이 가장 큰 것은, 그 보이지도 들리지도 않는 사랑의 이치로 먼 장래에까지 무궁한 사랑을 쌓아가기 때문이다. 사랑을 쌓아가는 것뿐만 아니라 또한 방도가 있어야 한다." 기다림이란 보이지도 들리지도 않는 사랑의 이치로 믿고 기다려 주는 것이다. 그 믿음도 한정이 없고 기다림도 한정이 없는 것이기에 6범範 중 기다림이 가장 크다고 한 것이다. 이는 막연히 소극적으로 기다리지만 말고 잘 될 수 있도록 적극적으로 전향적인 방도를 찾아야 한다는 것이다. 기다림이란 아직 형체를 이루지 못한 것을 사랑의 이치로 믿고 기다려 주는 것「未形」(愛 6範 38圍)]이고, 만물이 생겨나는 처음부터 사랑하는 것「生芽」(愛 6範 39圍)]이며, 너그러울 때 일이 이루어짐을 본다는 것「寬遼」(愛 6範 40圍)]이고, 편안하게 기르는 것「穩養」(愛 6範 41圍)이며, 끝맺음을 잘 하는 것「克終」(愛 6範 42圍)이고, 사물을 전하여 맡기는 것「傳托」(愛 6範 43圍)이다. "아직 형체를 이루지 못한 것을 보고 이를 사랑하고, 형체가 나타나기를 기다리며 보호하는 것은 씨를 심어서 변화하게 하는 것과 같다." 타고난 천품을 제대로 꽃피울 수 있기 위해서는 어려서부터 보호·육성되어야 할 것임을 가르친 것이다. 무성한 열매를 맺으면 사랑하는 것이 아니라 싹이 나오는 처음부터 사랑하여 열매 맺기를 기다리며 보호하는 것은 외적 조건에 구애받지 않는 순수한 사랑이다. 식물이 열매를 맺으면 그 열매에 집착하지 않고 곧 씨앗으로 돌아가듯이, 온전한 사랑 또한 그 성공의 열매에 집착하지 않고 초심으로 돌아가 잘 되기를 바라는 마음으로 가득 차게 된다. 사랑이란 조건 없이 주는 것인 까닭이다. "처음만 사랑하고 끝까지 사랑하지 않으면 사물의 종국終局이 없는 것과 같으니, 이는 마치 늙은 누에가 뽕나무 가지에서 떨어지면 명주실을 얻을 수 없는 것과 같은 이치다." 처음부터 끝까지 초지일관初志一貫되게 나아가 유종의 미를 거두어야 함을 가르친 것이다. "밝은이의 사물 사랑은 반드시 시작부터 끝까지 지극하여 끝맺음이 어려운 것이 아니며, 때가 바로 적절하지 않아도 전하고 맡기어 나를 이어 능히 유종의 미를 거두게 하는 것이다."

제3강령 애愛에는 여섯 가지 본보기(範), 즉 서恕, 용容, 시施, 육育, 교敎, 대待와 마흔세 가지 둘레(43圍)가 있다.

제1범 서恕

제97사 서(恕: 愛 1範)

恕 由於愛 起於慈 定於仁 歸於不忍
서 유어애 기어자 정어인 귀어불인

번역 용서(恕)는 사랑에서 비롯되며, 자애로움에서 일어나고, 어진 마음에서 정해지며, 참지 못하는 것을 돌이켜 참게 하는 것이다.

주해 1) 恕 由於愛(서 유어애) : 서恕, 즉 용서는 사랑에서(於愛) 비롯된다(由)는 뜻이다(由 말미암을 유, 부터 유).

2) 起於慈(기어자) : 자애로움에서(於慈) 일어난다(起)는 뜻이다.

3) 定於仁(정어인) : 어진 마음에서(於仁) 정해진다(定)는 뜻이다.

4) 歸於不忍(귀어불인) : 참지 못하는(不忍) 것을 돌이켜(歸) 참게 하는 것이라는 뜻이다.

제98사 유아(幼我: 愛 1範 1圍)

幼我者 推人如我也 我寒熱 人亦寒熱 我飢餓
유아자 추인여아야 아한열 인역한열 아기아

人亦飢餓　我無奈　人亦無奈
인 역 기 아　아 무 내　인 역 무 내

번역　유아幼我란 남을 나와 같이 생각하는 것이다. 내가 춥고 더우면 남도 역시 춥고 더우며, 내가 배고프면 남도 역시 배고프며, 내가 어찌할 수 없으면 남도 역시 어찌할 수 없는 것이다.

주해　1) 幼我者 推人如我也(유아자 추인여아야) : 유아幼我, 즉 '나와 같이 사랑함'이란 남을 나와 같이 생각한다는 뜻이다(幼 사랑할 유).

　2) 我寒熱 人亦寒熱(아한열 인역한열) : 내(我)가 춥고 더우면(寒熱) 남(人)도 역시(亦) 춥고 덥다는 뜻이다.

　3) 我飢餓 人亦飢餓(아기아 인역기아) : 내가 배고프면(飢餓) 남도 역시 배고프다는 뜻이다.

　4) 我無奈 人亦無奈(아무내 인역무내) : 내가 어찌할 수 없으면(無奈) 남도 역시 어찌 할 수 없다는 뜻이다(奈 어찌 내).

제99사　사시(似是: 愛 1範 2圍)

似是者　似是而非　似非而是也　愛　包物　不吐物
사 시 자　사 시 이 비　사 비 이 시 야　애　포 물　불 토 물

近是一百　遠非五十　宜挽近而拒遠
근 시 일 백　원 비 오 십　의 만 근 이 거 원

번역　사시似是란 옳은 것 같으나 그르고, 그른 것 같으나 옳은 것이다. 사랑은 만물을 포용하여 저버림이 없다. 사람들은 자신에

게 가까운 것은 백 가지가 옳다고 하고, 먼 것은 오십 가지를 그르다 하니, 마땅히 가까운 것은 끌어당기고 먼 것은 멀어짐을 막아야 한다.

주 해   1) 似是者 似是而非 似非而是也(사시자 사시이비 사비이시야) : 사시似是, 즉 '옳은 것 같음'이란 옳은 것 같으나 그르고, 그른 것 같으나 옳은 것을 말한다. 물형계物形界에서의 시비是非, 즉 옳고 그름은 절대적인 기준이 있는 것이 아니라 자신에게 가까우면 대개 옳다고 하고, 멀면 대개 그르다 하는 식으로 어디까지나 상대적인 것에 지나지 않음을 말하여 준다(似 같을 사; 是 옳을 시).

2) 包物 不吐物(포물 불토물) : 만물을 포용하여(包物) 저버림이 없다(不吐)는 의미이다(吐 토할 토, '저버리다').

3) 近是一百 遠非五十(근시일백 원비오십) : (사람들은 자신에게) 가까운(近) 것은 백(一百) 가지가 옳다(是)고 하고, 먼(遠) 것은 오십五十 가지를 그르다(非) 한다는 뜻이다.

4) 宜挽近而拒遠(의만근이거원) : 마땅히(宜) 가까운(近) 것은 끌어당기고(挽) 먼(遠) 것은 멀어짐을 막아야(拒) 한다는 뜻이다. 가까운 것은 끌어당기고 먼 것도 멀어짐을 막아 가깝게 되면 만물을 포용할 수 있게 되므로 저버림이 없게 되는 것이다. 그리하여 모두가 자신에게 가까우니 시비가 사라지게 되는 것이다(宜 마땅할 의; 挽 당길 만; 拒 막을 거).

제100사 기오(既誤: 愛 1範 3圍)

既誤者 既誤解而誤程也 趲及勉返 正立於初則
기 오 자   기 오 해 이 오 정 야   찬 급 면 반   정 립 어 초 즉

其功 賢於泳海拯人
기 공   현 어 영 해 증 인

번역　기오既誤란 이미 잘못 알고 그릇된 길로 들어선 것을 말한다. 잘못 알고 그릇된 길을 가는 사람을 힘써 돌이켜 처음으로 돌아와 바른 길로 가도록 하면, 그 공은 바다에 빠진 사람을 헤엄쳐서 건지는 것보다 더 크다.

주해　1) 既誤者 既誤解而誤程也(기오자 기오해이오정야) : 기오既誤, 즉 '이미 그릇됨'이란 이미 잘못 알고 그릇된 길로 들어선 것을 말한다.

2) 趲及勉返 正立於初則(찬급면반 정립어초즉) : 찬급면반趲及勉返은 그릇된 길로 달아나는 사람을 뒤쫓아가 힘써 돌아오게 한다는 뜻이다(趲 달아날 찬; 及 미칠 급, '뒤쫓아가 따름'; 勉 힘쓸 면; 返 돌아올 반). 말하자면 잘못 알고 그릇된 길을 가는 사람을 힘써 돌이킨다는 뜻이다. 정립正立은 바르게 서는 것이니 이는 곧 바른 길로 가는 것을 말한다. 따라서 정립어초즉正立於初則은 '(힘써 돌이켜) 처음으로 돌아와 바른 길로 가도록 하면'의 뜻이다.

3) 其功 賢於泳海拯人(기공 현어영해증인) : 그 공은 바다에 빠진 사람을 헤엄쳐서 건지는 것보다 더 낫다(크다는 뜻이다(賢 나을 현; 泳 헤엄 영; 拯 건질 증).

제101사 장실(將失: 愛 1範 4圍)

將失者 將欲失理也 蹇者不及 謂不能則可
장실자 장욕실리야 건자불급 위불능즉가

走者過之 謂不能則不可 一失 雖同 蹇者 諭之
주자과지 위불능즉불가 일실 수동 건자 유지

走者 招之
주자 초지

번역 장실將失이란 장차 이치를 잃는 것이다. 지둔한 사람이 미치지 못하는 것은 능력이 없어서라고 할 수 있으나, 빨리 내닫는 사람이 지나친 것은 능력이 없어서라고 할 수 없다. 한번 실수한 것은 비록 같으나, 지둔한 사람은 깨우쳐 주고 내닫는 사람은 손짓하여 불러야 한다.

주해 1) 將失者 將欲失理也(장실자 장욕실리야) : 장실將失, 즉 '장차 잃음'이란 장차 이치를 잃는 것을 말한다(欲 하고자 할 욕).

2) 蹇者不及 謂不能則可(건자불급 위불능즉가) : 지둔遲鈍한 사람이 미치지 못하는 것은 능력이 없어서라고 할 수 있다는 뜻이다. 건蹇은 '굼뜰 건, 느릴 건'으로 '지둔함', 즉 '더디고 둔함'의 뜻이고, 불급不及은 '미치지 못함'을 말한다.

3) 走者過之 謂不能則不可(주자과지 위불능즉불가) : 주자走者는 빨리 내닫는 사람을 말함이니, 빨리 내닫는 사람이 지나친 것은 능력이 없어서라고 할 수 없다는 뜻이다.

4) 一失 雖同(일실 수동) : '한번 실수한 것은 비록 같으나'의 뜻이다.

5) 蹇者 諭之(건자 유지) : 지둔한 사람(蹇者)은 깨우쳐주어야 한다

는 뜻이다(諭 깨우칠 유, '깨닫도록 일러 줌').

    6) 走者 招之(주자 초지) : 내닫는 사람(走者)은 손짓하여 불러야 한다는 뜻이다. 초招 는 '손짓하여 부름'이다.

제102사 심적(心蹟: 愛 1範 5圍)

心蹟者 表善裡惡 未有顯隱而哲人 猶視之也
심 적 자 표 선 리 악 미 유 현 은 이 철 인 유 시 지 야

水塞源則過流 草去根則無葉 此恕之自然
수 색 원 즉 과 류 초 거 근 즉 무 엽 차 서 지 자 연

번역   심적心蹟이란 겉은 착하고 속은 악한 것이다. 숨긴 것을 드러내지 않으나 밝은이는 오히려 이를 알아본다. 물은 원천을 막으면 다른 곳으로 흐르고, 풀은 그 뿌리를 제거하면 잎이 없어지나니, 이것이 자연에서 본받을 용서의 법칙이다.

주해   1) 心蹟者 表善裡惡(심적자 표선리악) : 심적心蹟, 즉 '마음의 자취'란 겉은 착하고 속은 악한 것을 말한다. 말하자면 표리부동한 것이다.

    2) 未有顯隱而哲人 猶視之也(미유현은이철인 유시지야) : 숨긴(隱) 것을 드러내지 않으나(未有顯) 밝은이(哲人)는 오히려(猶) 이를 알아본다(視之)는 뜻이다.

    3) 水塞源則過流(수색원즉과류) : 물(水)은 원천을 막으면(塞源則) 다른 곳으로 흐른다(過流)는 뜻이다. 과류過流는 다른 곳으로 흐르는 것을 말한다(塞 막을 새; 過 지날 과, '건너감, 넘어감').

4) 草去根則無葉(초거근즉무엽) : 풀(草)은 그 뿌리를 제거하면(去根則) 잎이 없어진다(無葉)는 뜻이다.

   5) 此恕之自然(차서지자연) : 이것(此)이 자연(自然)에서 본받을 용서(恕)의 법칙이란 뜻이다. 말하자면 악의 원천을 막고 악의 뿌리를 제거하면 자연히 용서하게 된다는 뜻이다.

제103사 유정(由情: 愛 1範 6圍)

由情者 出諸情之無奈也 愕然是悔 悵然是鎭
유 정 자 출 제 정 지 무 내 야 악 연 시 회 창 연 시 진

不知然而知之 知然而知之者 恕之輕重也
부 지 연 이 지 지 지 연 이 지 지 자 서 지 경 중 야

번역   유정由情이란 여러 가지 정(七情)이 어찌할 수 없이 우러나는 것이다. 정에 따라 가다가 몹시 놀라고서 뉘우치게 되고, 몹시 한탄하고서 마음을 진정하게 되니, 알지 못하고 그렇게 된 것과 알고 그렇게 된 것은 용서하는 데 경중輕重의 차이가 있다.

주해   1) 由情者 出諸情之無奈也(유정자 출제정지무내야) : 유정由情, 즉 '정情에 말미암음'이란 여러 가지 정(七情)이 어찌할 수 없이 우러나는 것을 말한다. 내奈는 '어찌 내'이니, 여러 가지 정情으로 말미암아 어쩔 수 없이 나타나는 것을 말한다. 여러 가지 정이란 곧 칠정七情을 말한다. 칠정이란 일반적으로는 희로애락애오욕(喜·怒·哀·樂·愛·惡·慾)을 말하는데, 한의학에서는 희로우사비경공(喜·怒·憂·思·悲·驚·恐), 불교에서는 희로우구애증욕(喜·怒·憂·懼·愛·憎·欲)을

말한다.

　2) 愕然是悔 悵然是鎭(악연시회 창연시진) : 악연愕然은 몹시 놀라는 것을 말하고(愕 놀랄 악), 창연悵然은 실의失意에 빠져 몹시 한탄하는 것을 말한다(悵 한탄할 창). 따라서 (情에 따라 가다가) 몹시 놀라고서 뉘우치게 되고, 몹시 한탄하고서 마음을 진정하게 된다는 뜻이다.

　3) 知然而知之者(부지연이지지 지연이지지자) : 부지연이지지不知然而知之는 그런 줄 알지 못하다가 알게 된 것, 다시 말해서 알지 못하고 그렇게 된 것을 말한다. 지연이지지자知然而知之者는 그런 줄 알고서 다시 깨닫는 것, 다시 말해서 알고 그렇게 된 것을 말한다.

　4) 恕之輕重也(서지경중야) : 용서하는 경중輕重이 있다는 뜻으로, 이는 곧 용서하는 데 경중의 차이가 있다는 뜻이다. 말하자면 자신이 전혀 알지 못하는 사이에 그렇게 된 경우에는 심한 배신감을 느끼게 될 것이므로 용서하기 어렵고, 자신이 의식하는 상태에서 그렇게 된 경우에는 자신에게도 책임이 있으므로 용서하기가 덜 어렵다는 뜻이다.

제2범 용容

제104사　용(容: 愛 2範)

容　容物也　萬里之海　逝萬里之水　千仞之山
용　용물야　만리지해　서만리지수　천인지산

載千仞之土 濫之者 非容也 崩之者 非容也
재천인지토 남지자 비용야 붕지자 비용야

번역 용容은 만물을 포용하는 것이다. 만리의 바다에는 만리의 물이 흘러가고, 천길 높은 산에는 천길 높이의 흙이 쌓여 있나니, 넘치는 것도 포용이 아니고 무너지는 것도 포용이 아니다.

주해 1) 容 容物也(용 용물야) : 만물을 포용하는 것을 말한다.

2) 萬里之海 逝萬里之水(만리지해 서만리지수) : 만리의 바다(萬里之海)에는 만리의 물(萬里之水)이 흘러간다(逝)는 뜻이다(逝 갈 서).

3) 千仞之山 載千仞之土(천인지산 재천인지토) : 천길 높은 산(千仞之山)에는 천길 높이의 흙(千仞之土)이 쌓여 있다(載)는 뜻이다.(仞 높을인; 載 실을 재)

4) 濫之者 非容也(남지자 비용야) : (물이 흘러) 넘치는 것도 포용이 아니라는 뜻이다.

5) 崩之者 非容也(붕지자 비용야) : (높은 산의 흙이) 무너지는 것도 포용이 아니라는 뜻이다. 바다가 넘치지 않고 높은 산이 무너지지 않는 것은 무위이화의 덕과 기운이 작용한 까닭이다. 인간도 이러한 대자연의 무위이화의 덕과 그 기운과 하나가 되면 완전한 포용이 이루어질 수 있다는 뜻이다. 완전한 포용이란 '나'도 없고 '너'도 없는 완전한 조화의 상태를 말한다. 포용력이 없는 사람은 마치 물이 흘러넘치고 높은 산의 흙이 무너지는 것과도 같이 스스로를 온전하게 보존하기 어렵게 된다.

제105사 고연(固然: 愛 2範 7圍)

固然者 人理之常然也 於天理 失運 於天道
고 연 자 인 리 지 상 연 야   어 천 리   실 운   어 천 도

失正 然 尺蠖 不上石 山鷄 不戾空 此 容之始也
실 정 연 척 확 불 상 석 산 계 불 려 공 차 용 지 시 야

번역　고연固然이란 사람의 도리에 항상 충실한 것을 말한다. 사람이 하늘의 이치에 따르지 않으면 하늘의 도를 바르게 실천할 수가 없다. 그러나 자벌레는 돌 위에 오르지 아니하고 꿩은 공중을 날지 않나니, 이것이 바로 포용의 시작이다.

주해　1) 人理之常然也(인리지상연야) : '사람의 도리에 항상 그러함'이란 곧 사람의 도리에 항상 충실한 것을 말한다.

2) 於天理 失運(어천리 실운) : (사람이) 하늘 이치의 운행을 잃는다는 뜻으로 이는 사람이 하늘의 이치에 따르지 않는 것을 말한다.

3) 於天道 失正(어천도 실정) : 하늘의 도를 바르게 실천할 수가 없다는 뜻이다.

4) 然 尺蠖 不上石(연 척확 불상석) : 척확尺蠖은 자벌레이니, 그러나 자벌레는 돌 위에 오르지 아니한다는 뜻이다(然 그러나 연).

5) 山鷄 不戾空(산계 불려공) : 산계山鷄는 '꿩'으로 꿩은 공중에 이르지 않는다는 뜻이니(戾 이를 려), 이는 곧 꿩이 공중을 날지 않는다는 뜻이다. 이렇듯 미물도 하늘의 이치에 순응하여 자기 분수를 지키거늘, 하물며 사람이 하늘의 이치에 역행하여 자기 분수를 알지 못하고 하늘의 도를 거스른다면 어찌 만물의 영장이라 할 수 있으리오! 자기 분수를 아는 것이 바로 포용의 시작이다. 그래서 사람

의 도리에 항상 충실할 것을 가르치고 있는 것이다.

  6) 此 容之始也(차 용지시야) : 이것이 바로 포용의 시작이라는 뜻이다.

제106사 정외(情外: 愛 2範 8圍)

情外者 非眞情也 扁舟遇颶 孰不析順
정외자 비진정야 편주우구 숙불석순

重樓失火 孰不跳下 遇颶失火 是情外也
중루실화 숙불도하 우구실화 시정외야

析順跳下 是容機也
석순도하 시용기야

번역 정외情外란 참으로 뜻하지 않은 것이다. 조각배가 회오리바람을 만나면 그 누가 판자조각을 붙들지 않을 것이며, 높은 누각에 불이 나면 그 누가 뛰어내리지 않겠는가. 회오리바람을 만나고 불이 나는 것은 뜻밖의 일이지만, 판자 조각을 붙들고 뛰어내리는 것은 기회를 수용하는 것이다.

주 해 1) 情外者 非眞情也(정외자 비진정야) : 정외情外, 즉 '뜻밖'이란 참으로 뜻하지 않은 것을 말한다.

  2) 扁舟遇颶 孰不析順(편주우구 숙불석순) : 편주扁舟는 '조각배', 우구遇는 회오리바람을 만나는 것이고, 석析은 '쪼갤 석'으로 '조각이 나게 함'이니 여기서는 판자조각을 가리키고, 순順은 '좇을 순'으로 여기서는 '붙들다, 매달리다'의 뜻이다. 따라서 조각배(扁舟)가 회오

리바람(颶)을 만나면(遇) 그 누(孰)가 판자조각(柝)을 붙들지(順) 않을 것인가라는 뜻이다(颶 회오리바람 구; 孰 누구 숙).

　3) 重樓失火 孰不跳下(중루실화 숙불도하) : 높은 누각(重樓)에 불이 나면 그 누가 뛰어내리지 않겠는가라는 뜻이다. 중루重樓는 '2층 이상으로 된 누각'이다(跳 뛸 도).

　4) 遇颶失火 是情外也(우구실화 시정외야) : 회오리바람(颶)을 만나고(遇) 불이 나는 것은 뜻밖(情外)의 일이라는 뜻이다.

　5) 柝順跳下 是容機也(석순도하 시용기야) : 판자조각(柝)을 붙들고(順) 뛰어내리는(跳下) 것은 (죽지 않을) 기회를 수용하는 것이라는 뜻이다. 사람이 살면서 뜻하지 않은 일을 당하기도 하지만, 그런 때일수록 자포자기하지 말고 그러한 상황을 긍정적이고도 적극적으로 수용하면 활로(活路)를 찾게 된다는 가르침이다.

제107사 면고(免故: 愛 2範 9圍)

免故者　免乎故行故止也　導誤勸錯　升斗沒量
면 고 자　면 호 고 행 고 지 야　도 오 권 착　승 두 몰 량

性偏小　性虛誕　性輕燥　不知所及眞而謂之自眞者
성 편 소　성 허 탄　성 경 조　부 지 소 급 진 이 위 지 자 진 자

大容　生焉
대 용　생 언

번 역　면고免故란 고의로 행하고 고의로 멈추는 것을 벗어나는 것이다. 그릇되게 인도하고 어긋나게 권하는 것은 되(升)와 말(斗)의 양量을 분간치 못하는 것과 같다. 성품이 편협하여 작고, 허황되어

거짓되며, 경솔하고 조급하여 진실을 알지 못하면서 스스로를 진실하다고 하는 사람은 큰 관용이 생겨나야 한다.

주해 1) 免故者 免乎故行故止也(면고자 면호고행고지야) : 면고免故, 즉 '고의를 벗어남'이란 고의로 행하고(故行) 고의로 멈추는(故止) 것을 벗어나는(免) 것을 말한다.

2) 導誤勸錯 升斗沒量(도오권착 승두몰량) : 그릇되게(誤) 인도하고(導) 어긋나게(錯) 권하는(勸) 것은 되와 말의 양을 분간치 못하는 것과 같다는 뜻이다. 승두몰량升斗沒量은 되와 말의 표준이 없다는 뜻으로, 이는 곧 되와 말의 양을 분간치 못하는 것을 말한다(升 되 승; 斗 말 두; 沒 없을 몰).

3) 性偏小 性虛誕 性輕燥(성편소 성허탄 성경조) : 성편소性偏小는 성품이 편협하여 작은 것을 뜻하고, 성허탄性虛誕은 성품이 허황되어 거짓된 것을 뜻하며(誕 거짓 탄), 성경조性輕燥는 성품이 경솔하고 조급한 것을 뜻한다.

4) 不知所及眞而謂之自眞者(부지소급진이위지자진자) : 진실을 알지 못하면서 스스로를 진실하다고 하는 사람을 말한다.

5) 大容 生焉(대용 생언) : 큰 관용이 생겨나야 한다는 뜻이다.

제108사 전매(全昧: 愛 2範 10圍)

全昧者 全沒覺性理也 靈性 包天理 天理 包人道
전매자 전몰각성리야 영성 포천리 천리 포인도

人道 藏情慾 故 情慾甚者 人道廢 天理沈 靈性壞
인도 장정욕 고 정욕심자 인도폐 천리침 영성괴

闢安閉混則 已容自覺
벽 안 폐 혼 즉   이 용 자 각

번역   전매全昧란 성품의 이치를 전혀 깨닫지 못하는 것이다. 사람의 신령한 성품은 하늘의 이치를 포용하고, 하늘의 이치는 사람의 도리를 포용하며, 사람의 도리는 정욕情慾을 감추고 있다. 그러므로 정욕이 심한 사람은 사람의 도리를 폐하고, 하늘의 이치를 잠기게 하며, 신령한 성품을 무너지게 한다. 혼란한 마음을 가라앉혀 편안해지면 이미 본래 성품이 포용하고 있는 이치를 스스로 깨닫게 된다.

주해   1) 全昧者 全沒覺性理也(전매자 전몰각성리야) : 전매全昧, 즉 '전적으로 우매함'이란 성품의 이치(性理)를 전혀(全) 깨닫지 못하는(沒覺) 것을 말한다.

2) 靈性 包天理(영성 포천리) : 사람의 신령한 성품(靈性)은 하늘의 이치(天理)를 포용(包)하고 있다는 뜻이다.

3) 天理 包人道(천리 포인도) : 하늘의 이치(天理)는 사람의 도리(人道)를 포용하고 있다는 뜻이다.

4) 人道 藏情慾(인도 장정욕) : 사람의 도리는 정욕情慾을 감추고 있다는 뜻이다(藏 감출 장).

5) 情慾甚者 人道廢 天理沈 靈性壞(정욕심자 인도폐 천리침 영성괴) : 정욕이 심한 사람(情慾甚者)은 사람의 도리를 폐하고(人道廢), 하늘의 이치(天理)를 잠기게(沈) 하며, 신령한 성품(靈性)을 무너지게(壞) 한다는 뜻이다. 실로 사람의 정욕이 도를 넘으면 사람의 도리를 다하지 못하게 되고 하늘의 이치에 역행하여 본래의 신령한 성품을 저버리게 되는 것이다(壞 무너질 괴).

6) 關安閉混則 已容自覺(벽안폐혼즉 이용자각) : 벽안폐혼즉關安閉混則은 '편안함을 열고 혼란함을 닫으면'의 뜻으로, 이는 곧 '혼란한 마음을 가라앉혀 편안해지면'의 뜻이다. 이용자각已容自覺은 '이미 (본래 성품이) 포용하고 있는 이치를 스스로 깨닫게 된다'는 뜻이다. 말하자면 정욕을 자제하고 혼란한 마음을 가라앉혀 지극히 맑고 고요해지면, 사람의 신령한 성품은 하늘의 이치를 포용하고 하늘의 이치는 사람의 도리를 포용하며 사람의 도리는 정욕을 감추고 있음을 스스로 깨닫게 되는 것이다(關 열 벽).

제109사 반정(半程: 愛 2範 11圍)

半程者 止於中程也 間於善否 中立而無進退者
반 정 자 지 어 중 정 야   간 어 선 부   중 립 이 무 진 퇴 자

能悟善而悟不善也 可容物理 不可容性理
능 오 선 이 오 불 선 야   가 용 물 리   불 가 용 성 리

然 戒物理自衰則性理自盛 容在乎戒
연   계 물 리 자 쇠 즉 성 리 자 성   용 재 호 계

번역   반정半程이란 중도에서 그치는 것이다. 착함과 착하지 않음의 가운데 서서 나아가지도 물러서지도 않는 사람은 능히 착한 것도 깨닫고 착하지 않은 것도 깨달아서, 사물의 이치(物理)는 포용할 수 있으나 선악을 초월한 성품의 이치(性理)까지는 포용하지 못한다. 그러나 사물의 이치가 스스로 쇠하는 것을 경계하면 성품의 이치는 스스로 성盛하나니, 포용은 경계함에 있다.

주 해　1) 半程者 止於中程也(반정자 지어중정야) : 반정半程, 즉 '절반 정도'란 중도에서 그치는 것을 말한다.

　2) 間於善否 中立而無進退者(간어선부 중립이무진퇴자) : 착함과 착하지 않음의 사이(間於善否)에 중립하여 나아가지도 물러서지도 않는 사람을 말한다.

　3) 能悟善而悟不善也 可容物理 不可容性理(능오선이오불선야 가용물리 불가용성리) : 능히(能) 착한(善) 것도 깨닫고(悟) 착하지 않은(不善) 것도 깨달아서 사물의 이치(物理)는 포용할 수(可容) 있으나 선악을 초월한 성품의 이치(性理)까지는 포용하지 못한다(不可容) 는 뜻이다.

　4) 然 戒物理自衰則性理自盛 容在乎戒(연 계물리자쇠즉성리자성 용재호계) : 그러나(然) 사물의 이치가 스스로(自) 쇠하는(衰) 것을 경계(戒)하면 성품의 이치는 스스로 성(盛)하나니, 포용(容)은 경계함에 있다(在乎戒)는 뜻이다(然 그러나 연). 여기서 물리物理와 성리性理는 물질과 정신, 작용과 본체, 필변과 불변(가없는 변화와 그 변화에 응답하는 원궤의 중심축)의 상호의존적인 관계이다. 유·불·선에서 '물리'는 각각 기氣·색色·유有로 나타나고, '성리'는 이理·공空·무無로 나타난다. 물리와 성리의 관계는 마치 그림자와 실체의 관계와도 같이 상호 조응하는 까닭에, 사물의 이치가 스스로 쇠하는 것을 경계하면 성품의 이치는 스스로 성한다고 한 것이다.

제110사 안념(安念: 愛 2範 12圍)

安念者 大可滅性 小能滅志
　안 념 자　대 가 멸 성　소 능 멸 지

性與志俱滅 存亡 難辨
성 여 지 구 멸　 존 망　 난 변

遂而人覺　火焰燒身　猶望容乎　其容者　誰
수 이 인 각　 화 염 소 신　 유 망 용 호　 기 용 자　 수

번역　안일한 생각安念이 크면 가히 성품을 멸하게 되고, 작으면 능히 뜻을 멸하게 된다. 성품과 뜻이 다 멸하면 존망存亡을 분별하기 어렵게 된다. 마침내 사람들이 이를 깨달았음에도 안일의 불꽃으로 몸을 태우고 있으니, 오히려 용납을 바라겠는가? 그것을 용납할 자 누구인가?

주해　1) 安念者 大可滅性 小能滅志(안념자 대가멸성 소능멸지) : 안념安念, 즉 '안일한 생각'이 크면(大) 가히(可) 성품(性)을 멸하게(滅) 되고 작으면(小) 능히(能) 뜻(志)을 멸하게 된다는 뜻이다.

2) 性與志俱滅 存亡 難辨(성여지구멸 존망 난변) : 성품(性)과 더불어(與) 뜻(志)이 다(俱) 멸하면 존망存亡을 분별하기 어렵게(難辨) 된다는 뜻이다(辨 분별 변). 존망을 분별하기 어렵다는 것은 살았는지 죽었는지조차 분별하기 어렵게 된다는 의미이다.

3) 遂而人覺 火焰燒身(수이인각 화염소신) : 마침내(遂) 사람들(人)이 이를 깨달았음에도(覺) 안일의 불꽃(火焰)으로 몸(身)을 태우고(燒) 있음을 말한다(遂 드디어 수, '마침내').

4) 猶望容乎 其容者 誰(유망용호 기용자 수) : 오히려(猶) 용납을 바라겠는가(望容乎)? 그것을 용납할 자(其容者) 누구(誰)인가?

제111사 완급(緩急: 愛 2範 13圍)

緩 緩界也 急 急界也 急界妖孼 人或可容
완 완계야 급 급계야 급계요얼 인혹가용

緩界妖孼 人不可容也
완계요얼 인불가용야

번역 완緩은 느린 지경을 말하고, 급急은 급한 지경을 말한다. 급한 지경의 재앙은 사람이 혹 용납할 수 있으나, 느린 지경의 재앙은 사람이 용납하지 못한다.

주해 1) 緩 緩界也 急 急界也(완 완계야 급 급계야) : 완緩은 느린 지경(경우, 상황)을 말하고, 급急은 급한 지경을 말한다. 따라서 완급緩急, 즉 '느림과 급함'이란 느린 지경과 급한 지경을 말한다. 완緩은 '느릴 완'으로, 완계緩界는 '느린 지경(地境, 境遇)'을 말하고, 급계急界는 '급한 지경'을 말한다(急 급할 급).

2) 急界妖孼 人或可容(급계요얼 인혹가용) : 요얼妖孼은 '재앙'이니 급계요얼急界妖孼은 급한 지경의 재앙을 말하고, 인혹가용人或可容은 사람이 혹 용납할 수 있다는 뜻이다. 예를 들면, 2005년 태국 푸껫 등지를 휩쓸고 지나간 지진해일(쓰나미)이나 캐슈미르 지진, 그리고 미국 뉴올리안주를 강타한 허리케인과 같은 것은 급한 지경의 재앙에 속하는 것으로 이는 인간의 자유의지 영역 밖의 불가항력적인 일이니, 사람이 혹 용납할 수 있다는 뜻이다.

3) 緩界妖孼 人不可容也(완계요얼 인불가용야) : 느린 지경(緩界)의 재앙(妖孼)은 사람(人)이 용납하지 못한다(不可容)는 뜻이다. 급하지 않은 상황의 재앙이란 천재지변이나 불가항력적이 아닌 일로서 - 개인

적 차원이든 사회적 차원이든 - 인간의 고의나 과실 또는 무능, 무책임, 판단력 부족, 부주의 등으로 인해 재앙이 초래된 경우를 말한다. 6·25 전쟁 전후 경북 문경군 등지에서 자행된 민간인학살 사건은 그 대표적인 것이다. 1997년 말의 외환위기 이후 한국경제가 IMF 관리 체제 하에 들어간 것은 국가적 차원의 재앙이라 하겠다. 개인적 차원에서는 사기를 당해 패가망신하거나 뺑소니차에 치여 목숨을 잃은 경우 등이 이에 해당하는 것이다.

제3범 시施

제112사 시(施: 愛 3範)

施 賑物也 布德也 賑物 以救艱乏 布德 以明性理
시 진물야 포덕야 진물 이구간핍 포덕 이명성리

번역 시施는 물자를 베풀어 구제하는 것이며, 덕을 펴는 것이다. 물자로 구휼救恤하여 사람들을 궁핍에서 구하고 덕을 펴서 성품의 이치를 밝혀야 한다.

주해 1) 施 賑物也 布德也(시 진물야 포덕야) : 시施는 물자를 베풀어 구제하는(賑物) 것이며, 덕을 펴는(布德) 것을 말한다. 진賑은 '구휼할 진'으로 베풀어 구제하는 것이다.

2) 賑物 以救艱乏(진물 이구간핍) : 간핍艱乏은 곧 궁핍이니, 물자로

구휼救恤하여 (사람들을) 궁핍(窮乏)에서 구한다(救)는 뜻이다.

　　3) 布德 以明性理(포덕 이명성리) : 덕을 펴서(布德) 성품의 이치(性理)를 밝힌다(明)는 뜻이다.

제113사　원희(原喜: 愛 3範 14圍)

原喜者　人之天性　原來愛人喜施也　人反天理
원 희 자　인 지 천 성　원 래 애 인 희 시 야　인 반 천 리

不愛人則孤　不喜施則賤
불 애 인 즉 고　불 희 시 즉 천

번역　　원희原喜란 사람의 천성이 원래 사람을 사랑하고 베푸는 것을 기뻐하는 것이다. 사람이 하늘의 이치에 역행하여 사람을 사랑하지 않으면 외롭게 되고, 베푸는 것을 기뻐하지 않으면 천하게 된다.

주해　　1) 原喜者 人之天性 原來愛人喜施也(원희자 인지천성 원래애인희시야) : 원희原喜, 즉 '원래의 기쁨'이란 사람의 천성이 원래 사람을 사랑하고 베푸는 것을 기뻐한다는 뜻이다(施 베풀 시).

　　2) 人反天理 不愛人則孤(인반천리 불애인즉고) : 사람(人)이 하늘의 이치(天理)에 역행하여(反) 사람을 사랑하지 않으면(不愛人則) 외롭게(孤) 된다는 뜻이다. 반反은 '역행하다, 거스르다'이다.

　　3) 不喜施則賤(불희시즉천) : 베푸는 것을 기뻐하지 않으면(不喜施則) 천하게(賤) 된다는 뜻이다.

제114사 인간(認懇: 愛 3範 15圍)

認懇者 人之艱難 認若己當也 人有急難 懇求方略
인간자　인지간난　인약기당야　인유급난　간구방략

不在乎力 在乎愛人如己
부재호력　재호애인여기

번 역　인간認懇이란 남의 어려움을 자기가 당한 것같이 생각하는 것이다. 남에게 급한 어려움이 있으면 간절하게 해결 방도를 찾아야 한다. 그 방도를 찾는 것은 힘에 있는 것이 아니라 남을 자기처럼 사랑하는 데 있다.

주 해　1) 認懇者 人之艱難 認若己當也(인간자 인지간난 인약기당야) : 인간認懇, 즉 '간절함을 앎'이란 남의 고생을 자기가 당한 것같이 생각하는 것을 말한다. 간난艱難은 '어려움, 고생'이다.

2) 人有急難 懇求方略(인유급난 간구방략) : 남에게 급한 어려움이 있으면(人有急難) 간절하게 해결 방도를 찾아야(求해야) 한다(懇求方略)는 뜻이다.

3) 不在乎力 在乎愛人如己(부재호력 재호애인여기) : (그 방도를 찾는 것은) 힘에 있는 것이 아니라(不在乎力) 남(人)을 자기처럼(如己) 사랑하는 데 있다(在乎愛)는 뜻이다.

제115사 긍발(矜發: 愛 3範 16圍)

矜發者 慈心 無親疎 又無善惡 但見矜則發 是以
긍발자 자심 무친소 우무선악 단견긍즉발 시이

猛獸依人 猶且救之
맹수의인 유차구지

번역 긍발矜發이란 자애로운 마음이 친함과 소원疎遠함, 선함과 악함을 구별하지 않고 단지 불쌍한 것을 보면 즉시 일어나는 것이니, 사나운 짐승이라도 사람에게 의지해오면 오히려 이를 구하여 주는 것이다.

주해 1) 矜發者 慈心 無親疎 又無善惡 但見矜則發(긍발자 자심 무친소 우무선악 단견긍즉발) : 긍발矜發, 즉 '불쌍히 여김'이란 자애로운 마음(慈心)이 친함(親)과 소원함(疎), 선함(善)과 악함(惡)을 구별하지 않고(無) 단지(但) 불쌍한 것을 보면(見矜則) 즉시(則) 일어나는(發) 것을 말한다(矜 불쌍히여길 긍).

2) 猛獸依人 猶且救之(맹수의인 유차구지) : 사나운 짐승(猛獸)이라도 사람(人)에게 의지(依)해오면 (피하지 않고) 오히려(猶) 이를 구하여 준다(救之)는 뜻이다(猶 오히려 유; 且 장차 차, '장차 …하려 함').

제116사 공반(公頒: 愛 3範 17圍)

公頒者 普施天下也 布一善 天下向善
공반자 보시천하야 포일선 천하향선

矯一不善 天下改過 一夫之不善 道家之過也
교 일 불 선 천 하 개 과   일 부 지 불 선   도 가 지 과 야

번역 공반公頒이란 널리 천하에 베푸는 것이다. 한번 착함을 펴면 천하가 착함으로 향하고, 한번 착하지 않음을 바로잡으면 천하가 허물을 고치니, 한 사람의 착하지 않음이 도가道家 전체의 허물이 된다.

주해 1) 公頒者 普施天下也(공반자 보시천하야) : 공반公頒, 즉 '공평하게 나눔'이란 널리(普) 천하天下에 베푸는(施) 것을 말한다(頒 나눌 반; 普 넓을 보; 施 베풀 시).

2) 布一善 天下向善(포일선 천하향선) : 한번 착함을 펴면(布一善) 천하가 착함으로 향한다(天下向善)는 뜻이다.

3) 矯一不善 天下改過(교일불선 천하개과) : 개과改過는 허물을 고치는 것이니(矯 바로잡을 교), 한번(一) 착하지 않음(不善)을 바로잡으면(矯) 천하(天下)가 허물(過)을 고친다(改)는 뜻이다.

4) 一夫之不善 道家之過也(일부지불선 도가지과야) : 한 사람(一夫)의 착하지 않음(不善)이 도가道家 전체의 허물(過)이 된다는 뜻이다. 여기서 '도가道家'란 천·지·인 삼신일체三神一體의 천도天道가 인간 존재 속에 구현되는 중일中一의 이상(홍익인간, 이화세계)을 실현하는 데 중추적 역할을 담당했던 우리 고대사회의 국가 엘리트 집단을 총칭하는 것이다. 당시 이들의 도道에 대한 인식은 성속일여聖俗一如·영육쌍전靈肉雙全의 도道로서 정치의 도, 종교의 도, 학문의 도, 그리고 삶의 도를 모두 하나로 관통하고 있었다. 이는『환단고기』「태백일사」삼한관경본기 마한세가 상上에서 "천하의 큰 근본이 내 마음의 중일中一에 있는 바, 사람이 중일을 잃으면 일을 이룰 수가 없고 사

물이 중일을 잃으면 바탕이 기울어져 엎어지게 되니, 이렇게 되면 임금의 마음은 위태롭게 되고 백성들의 마음은 미약하게 될 것"이라고 한 데서도 잘 나타난다.

제117사 편허(偏許: 愛 3範 18圍)

偏許者 援急 不助贍也 施亦兼術 愛中有愛
편허자 원급 부조섬야 시역겸술 애중유애

慈中有慈 仁中有仁 博以其通 施無不合
자중유자 인중유인 박이기통 시무불합

번역 편허偏許란 위급하면 도와주고, 넉넉하면 돕지 않는 것이다. 베푸는 데에도 또한 방법을 겸해야 하니, 사랑하는 데에도 사랑하는 방법이 있고, 자애로운 가운데에도 자애로움을 베푸는 방법이 있으며, 어진 가운데에도 어질게 행하는 방법이 있어서, 이를 넓게 통하면 베푸는 데에 두루 합당하게 된다.

주해 1) 偏許者 援急 不助贍也(편허자 원급 부조섬야) : 편허偏許, 즉 '한쪽을 허락함'이란 위급하면 도와주고, 넉넉하면 돕지 않는 것을 말한다(偏 한쪽 편; 援 도움 원; 贍 넉넉할 섬).

2) 施亦兼術 愛中有愛 慈中有慈 仁中有仁(시역겸술 애중유애 자중유자 인중유인) : 베푸는(施) 데에도 또한(亦) 방법(術)을 겸兼해야 하니, 사랑하는 데에도 사랑하는 방법이 있고(愛中有愛), 자애로운 가운데에도 자애로움을 베푸는 방법이 있으며(慈中有慈), 어진 가운데에도 어질게 행하는 방법이 있다(仁中有仁)는 뜻이다. 술術은 방법이다. 애중

유애愛中有愛는 사랑하는 가운데 사랑이 있다는 뜻으로 이는 곧 사랑하는 데에도 사랑하는 방법이 있다는 뜻이다. 자중유자慈中有慈는 자애로운 가운데에 자애로움이 있다는 뜻으로 이는 곧 자애로운 가운데에도 자애로움을 베푸는 방법이 있다는 뜻이다. 인중유인仁中有仁은 어진 가운데 어짊이 있다는 뜻으로 이는 곧 어진 가운데에도 어질게 행하는 방법이 있다는 뜻이다. 다시 말해서 베푸는 데에도 올바른 방법을 쓰지 않으면 적절한 성과를 낼 수가 없다는 뜻이다. 위급한 상황에 처해 있는 사람을 우선적으로 돕되, 완급緩急을 조절해 가며 적정 수준으로 도와야 하는 것이다.

  3) 博以其通 施無不合(박이기통 시무불합) : 박이기통博以其通은 (베푸는 방법에) 넓게 통하는 것을 말하고, 시무불합施無不合은 베푸는 데에 합당치 않음이 없다는 뜻으로 이는 곧 베푸는 데에 두루 합당하게 된다는 뜻이다.

제118사 균련(均憐: 愛 3範 19圍)

均憐者 聞遠艱 如目睹 非犍困 如殘傾也
균 련 자 문 원 간 여 목 도 비 건 곤 여 잔 경 야

天有雨稂 不雨莠之理乎 施之均 如雨之霑
천 유 우 랑 불 우 유 지 리 호 시 지 균 여 우 지 점

번 역   균련均憐이란 멀리 있는 남의 어려움을 듣고서도 눈으로 보는 것처럼 여기고, 모진 곤경이 아니더라도 쇠잔하여 기우는 것처럼 여기는 것이다. 하늘이 비를 내릴 때 곡식에만 내리고 잡초에는 내리지 않을 리理가 있겠는가. 마찬가지로 베푸는 것도 고루 비

에 젖는 것과 같이 균등해야 한다.

주 해   1) 均憐者 聞遠艱 如目睹 非犍困 如殘傾也(균련자 문원간 여목도 비건곤 여잔경야) : 균련均憐, 즉 '고루 불쌍히 여김'이란 멀리 있는 남의 어려움을 듣고서도 눈으로 직접 보는 것처럼 여기고, 모진 곤경이 아니더라도 쇠잔하여 기우는 것처럼 여기는 것을 말한다 (均 고를 균; 憐 불쌍히 여길 련; 艱 어려울 간; 睹 볼 도). 건곤犍困은 거세한 소의 지친 상태를 뜻하는데 이는 곧 '모진 곤경'을 의미하며(犍 불깐소 건), 잔경殘傾은 쇠잔하여 기우는 것을 말한다.

2) 天有雨稂 不雨莠之理乎(천유우랑 불우유지리호) : 낭稂은 '가라지 랑'으로 논밭에 난 강아지풀이고, '유莠'는 '가라지 유'로 밭에 난 강아지풀을 말하는데 '낭유稂莠'는 논에 자생하여 벼에 해가 되는 잡초를 통칭한 것이다. 따라서 하늘이 비를 내릴 때 잡초에도 내리는 것은 잡초라고 해서 비를 내리지 않을 이치가 없기 때문이라는 뜻이다. 다시 말해서 '하늘이 비를 내릴 때 곡식에만 내리고 잡초에는 내리지 않을 리理가 있겠는가'라는 뜻이다.

3) 施之均 如雨之霑(시지균 여우지점) : 베푸는 것도 고루 비에 젖는 것과 같이 균등해야 한다는 뜻이다(霑 젖을 점). 곡식과 잡초가 고루 비에 젖는 것과 같이 고루 베푸는 것은 평등성지平等性智의 나타남이다. '나'가 없기 때문에 '나' 아닌 것이 없고, 나 아닌 것이 없으므로 일체가 평등무차별하게 되는 것이다. 다만 일심一心의 도道는 지극히 가까우면서도 또한 지극히 먼 것이어서, 찰나에 저절로 만나게 되는가 하면 억겁을 지나도 이르지 못한다. 그것의 비밀은 바로 의식의 깨어있음에 있다. 이는 곧 분별지分別智를 버리고 근본지根本智로 되돌아갈 것을 촉구하는 가르침이다.

제119사 후박(厚薄: 愛 3範 20圍)

厚 非過也 薄 非不足也 施不適量
후 비과야 박 비부족야   시부적량

勺水解渴不可斥 當準必準 當略必略
작 수 해 갈 불 가 척   당 준 필 준   당 략 필 략

번 역　후厚는 지나치지 않은 것이고, 박薄은 부족하지 않은 것이다. 베푸는 것이 적당량이 아니어서 한 모금 물로 해갈하게 하는 것과 같은 것일지라도 가히 이를 물리치지 못하나니, 고르게 하는 것이 마땅하면 반드시 고르게 하고, 간략하게 하는 것이 마땅하면 반드시 간략하게 해야 한다.

주 해　1) 厚 非過也 薄 非不足也(후 비과야 박 비부족야) : 후厚는 지나치지 않은 것이고, 박薄은 부족하지 않은 것을 말한다. 따라서 후박厚薄, 즉 '두터움과 엷음'이란 지나치지도 부족하지도 않은 것을 말한다. 오랜 가뭄 끝에 내리는 단비라 할지라도 지나치게 내려 홍수가 진다면 후厚하다고 할 수 없을 것이며, 어려운 처지에 있던 사람이 거액의 복권에 당첨되어 돈벼락을 맞고 패가망신한다면 역시 후하다고 할 수 없을 것이다. 사람에게 베푸는 것도 이와 같은 이치다.

　　2) 施不適量 勺水解渴不可斥(시부적량 작수해갈불가척) : 시부적량施不適量은 베푸는(施) 것이 적량適量이 아니라(不)는 뜻이다. 작勺은 용량의 단위로 1홉의 10분의 1로서, 작수勺水는 '한 모금의 물'이란 뜻이니, 작수해갈불가척勺水解渴不可斥은 (베푸는 것이 적당량이 아니어서) 한 모금 물로 해갈하게 하는 것과 같은 것일지라도 가히 이를 물리치지 못하는 것을 말한다. 예컨대, 오랜 가뭄 끝에 비가 땅도 젖지 않을 만

큼 내렸다 하여 박薄하다고 물리치지 못하는 것과 같은 이치다.

　　3) 當準必準 當略必略(당준필준 당략필략) : 당준필준當準必準은 고르게 하는 것이 마땅하면 반드시 고르게 하라는 뜻이다(準 고를 준). 당략필략當略必略은 간략하게 하는 것이 마땅하면 반드시 간략하게 해야 한다는 뜻이다(略 간략히 할 략).

제120사 부혼(付混: 愛 3範 21圍)

付混者 施之而不望報也 愛心而動 慈心而發
부 혼 자　시 지 이 불 망 보 야　애 심 이 동　자 심 이 발

仁心而決 故 隨施隨忘 無自德之意
인 심 이 결　고　수 시 수 망　무 자 덕 지 의

번역　부혼付混이란 베풀고도 그 보답은 바라지 않는 것이다. 사랑하는 마음에서 움직이고, 자애로운 마음에서 일어나며, 어진 마음에서 결정하는 것이니, 베푸는 대로 잊어버려서 스스로의 공덕으로 여기지 말아야 한다.

주해　1) 付混者 施之而不望報也(부혼자 시지이불망보야) : 부혼付混, 즉 '구별되지 않게 줌'이란 베풀고도 그 보답은 바라지 않는 것을 말한다. 딱히 베푼다는 생각이 없으므로 그 보답 또한 바라지 않게 된다는 뜻이다. 여기서 '구별되지 않게 줌'이라고 한 뜻은 아무런 대가성에 기초하지 않고 시혜자施惠者와 수혜자受惠者의 구별이 없이 무조건적으로 주는 것을 말한다(付 줄 부). 혼混은 '덩어리질 혼'으로 '나누어지지 않고 한데 엉기어 있음, 구별되지 않음'의 뜻이다.

2) 愛心而動 慈心而發 仁心而決(애심이동 자심이발 인심이결) : 사랑하는 마음(愛心)에서 움직이고(動), 자애로운 마음(慈心)에서 일어나며(發), 어진 마음(仁心)에서 결정한다(決)는 뜻이다.

3) 隨施隨忘 無自德之意(수시수망 무자덕지의) : 수시수망隨施隨忘은 베푸는 대로 잊어버리는 것을 말한다. 무자덕지의無自德之意는 스스로의 덕이라는 뜻이 없어야 한다는 것으로 이는 곧 스스로의 공덕으로 여기지 말아야 한다는 뜻이다. 말하자면 행위자는 사라지고 행위 그 자체만이 남게 되어야 한다는 뜻이다. 인간이 본래의 공적空寂한 마음을 얻기 위하여서는 행위를 멈추고 내면을 들여다봄과 동시에 사심 없는 행위를 해야 하는 것이다. 예로부터 수신제가치국평천하라 하여 나라와 온 세상을 편안하게 다스리는 근본을 수신이라고 보았고, 공자의 호학적好學的 정신 또한 수학修學이 수신에 필요한 데서 기인하는 것이다. 그러나 몸과 마음을 닦아 각성見性을 이루는 수신만으로는 순수의식에 이를 수 없으며, 공동체에의 헌신적인 직접 참여를 통하여 우리의 영혼은 비로소 완성에 이를 수 있다. 헌신적인 직접참여란 대가성에 기초한 것이 아니라 스스로 비료가 되는 자기 확대의 행위, 즉 봉사성에 기초한 참여를 말한다. 이 둘은 영적 진화 과정에서 동전의 양면과 같은 것이다. 즉 고요함 가운데 움직임이 있고 움직임 가운데 고요함이 있는 것이다(靜中動 動中靜). 수신과 직접 참여를 통해서 우리의 영혼은 더 맑고 밝고 확대되고 강화되게 된다. 이러한 수신과 직접참여의 방법을 『금강삼매경론』에서는 '지행止行'과 '관행觀行'으로 나타내고 있다. 즉 "진여문眞如門에 의하여 '지행'을 닦고 생멸문生滅門에 의하여 '관행'을 일으키어 지止와 관觀을 동시에 닦아 나가야 한다"(『金剛三昧經論』 397쪽 : "依眞如門遂止行 依生滅門而起觀行 止觀雙運)고 한 것이 그것이다.

제4범 육育

제121사 육(育: 愛 4範)

育 以敎化育人也 人無定敎則 罟不綱 衣不領
육　이 교 화 육 인 야　인 무 정 교 즉　고 불 강　의 불 령

各自樹門 奔雜成焉 因此一其主敎 保育人衆
각 자 수 문　분 잡 성 언　인 차 일 기 주 교　보 육 인 중

번역　육育이란 교화로써 사람을 기르는 것이다. 사람은 일정한 가르침이 없으면 그물에 벼리(綱)를 달지 않은 것과 같고, 옷에 깃을 달지 않은 것과 같아서, 제각기 자기주장만 세워 세상이 분망奔忙하고 복잡하게 된다. 이러한 까닭에 주된 가르침을 하나로 하여 사람들을 보호하고 길러야 한다.

주해　1) 育 以敎化育人也(육 이교화육인야) : 육育, 즉 '기름'이란 교화로써 사람을 기르는 것을 말한다.

2) 人無定敎則 罟不綱 衣不領(인무정교즉 고불강 의불령) : 인무정교즉人無定敎則은 '사람은 일정한 가르침이 없으면'의 뜻이다. 고불강罟不綱은 그물에 벼리를 달지 않은 것과 같다는 뜻이다(罟 그물 고; 綱 벼리 강). '벼리'는 그물의 위쪽 코를 꿴 굵은 줄을 말한다. 의불령衣不領은 옷에 깃을 달지 않은 것과 같다는 뜻이다(領 옷깃 령). 따라서 사람은 일정한 가르침이 없으면 그물에 벼리(綱)를 달지 않은 것과 같고, 옷에 깃을 달지 않은 것과 같아서, 아무 쓸모가 없게 된다는 뜻이다.

3) 各自樹門 奔雜成焉(각자수문 분잡성언) : 각자수문各自樹門은 제각기 자기 문을 세운다는 뜻으로 이는 곧 제각기 자기 주장만 세우는 것을 말한다(樹 세울 수). 분잡성언奔雜成焉은 (세상이) 분망奔忙하고 복잡하게 된다는 뜻이다.

4) 因此一其主教 保育人衆(인차일기주교 보육인중) : 인차因此는 '이러한 까닭에'이다. 이러한 까닭에 주된 가르침을 하나로 하여 사람들을 보호하고 길러야 한다는 뜻이다. 그 하나인 주된 가르침이 바로 천부경·삼일신고·참전계경에 나타나 있는 천·지·인 삼신일체의 천도이다. 이 세 경전은 일즉삼·삼즉일의 원리가 인간 존재 속에 구현되는 천·지·인 삼신일체의 천도天道를 밝힘으로써 천부중일天符中一의 이상을 명징하게 제시하고 있다. '천부중일'의 이상이란 천·지·인 삼재三才의 융화가 인간 존재 속에 구현된 의미를 지닌 천부경의 인중천지일人中天地一을 축약한 '중일中一'과 천부경의 '천부天符'를 합성하여 만든 용어로 홍익인간·이화세계의 이상을 나타내는 의미로 사용된 것이다.

제122사 도업(導業: 愛 4範 22圍)

業 生計也 人之性理 雖同 性質及性氣 不同
업 생계야 인지성리 수동 성질급성기 부동

剛柔强弱 行路各殊 敎化大行 潤性質而安性氣則
강유강약 행로각수 교화대행 윤성질이안성기즉

穴處巢居 自榮其業
혈처소거 자영기업

번역 업業은 생계이다. 사람이 성품의 이치는 비록 같다 해도 성품의 바탕과 성품의 기운은 같지 않아서 억세고 유연하며, 강하고 약한 것이 그 가는 길이 각각 다르다. 교화를 크게 행하여 성품의 바탕을 윤택하게 하고 성품의 기운을 편안하게 하면, 비록 동굴에 거처하고 둥지에 산다 해도 스스로 그 생업이 영화롭게 된다.

주해 1) 業 生計也(업 생계야) : 업業은 생계라는 뜻이다. 따라서 도업導業, 즉 '생업을 인도함'이란 생계를 꾸려 나가는 것을 말한다.

2) 人之性理 雖同(인지성리 수동) : '사람(人)이 성품의 이치(性理)는 비록(雖) 같다(同) 해도'의 뜻이다.

3) 性質及性氣 不同(성질급성기 부동) : 성질性質은 성품의 바탕이고 성기性氣는 성품의 기운이니, 성품의 바탕과 성품의 기운은 같지 않다는 뜻이다.

4) 剛柔强弱 行路各殊(강유강약 행로각수) : 억세고 유연하며(剛柔), 강하고 약한(强弱) 것이 그 가는 길(行路)이 각각 다르다(各殊)는 뜻이다.

5) 敎化大行 潤性質而安性氣則(교화대행 윤성질이안성기즉) : '교화를 크게 행하여(敎化大行) 성품의 바탕(性質)을 윤택하게(潤) 하고 성품의 기운(性氣)을 편안하게(安) 하면'의 뜻이다.

6) 穴處巢居 自榮其業(혈처소거 자영기업) : 혈처穴處는 동굴에 거처하는 것이고 소거巢居는 둥지에 사는 것이니, 비록 동굴에 거처하고 둥지에 산다 해도 스스로(自) 그(其) 생업(業)이 영화롭게(榮) 된다는 뜻이다. 사람이 성품의 바탕과 성품의 기운만 제대로 다스릴 수 있다면, 비록 물질적으로 궁핍하더라도 '빈곤 속의 풍요'를 누릴 수가 있다는 가르침이다. 현대인이 물질적으로는 풍요로우면서도 '풍요 속의 빈곤'을 겪게 되는 것은 제대로 교화가 행해지지 못하여 성품의 바탕과 성품의 기운을 다스리는 법을 터득하지 못

했기 때문이다.

제123사 보산(保産: 愛 4範 23圍)

保産者 不失産業也 心固志硬 放肆不售
보 산 자   불 실 산 업 야   심 고 지 경   방 사 불 수

業久則通 有振無縮 能保其産
업 구 즉 통   유 진 무 축   능 보 기 산

번역　보산保産이란 산업을 보전하는 것이다. 마음을 굳게 하고 뜻을 단단히 하여 방자함이 행하여져서는 안 되며 그 산업에 전력투구하여야 한다. 일을 오래하면 그 일에 통달通達하여 널리 이름을 떨치고 위축됨이 없이 번창하게 되어 능히 그 산업을 보전하게 된다.

주해　1) 保産者 不失産業也(보산자 불실산업야) : 보산保産, 즉 '산업을 보전함'이란 산업을 잃지 않는다는 뜻으로 이는 곧 산업을 보전하는 것을 말한다.

2) 心固志硬 放肆不售(심고지경 방사불수) : 심고지경心固志硬은 마음을 굳게 하고 뜻을 단단히 하는 것을 말한다. 방사放肆는 '방자放恣'와 같은 뜻으로 꺼리는 것이 없이 제멋대로 구는 것을 말한다. 불수不售는 행하여져서는 안 된다는 의미이다(售 팔릴 수, '행하여짐'). 따라서 방사불수放肆不售는 방자함이 행하여져서는 안 된다는 뜻으로 이는 곧 그 산업에 전력투구해야 한다는 뜻이다.

3) 業久則通 有振無縮(업구즉통 유진무축) : 통通은 '통달함, 달통함'

이니 업구즉통業久則通은 일을 오래하면 그 일에 통달(通達)하게 된다는 뜻이고, 유진무축有振無縮은 널리 이름을 떨치고 위축됨이 없이 번창하게 된다는 뜻이다(振 떨칠 진).

　　4) 能保其産(능보기산) : 능히 그 산업을 보전하게 된다는 뜻이다.

제124사 장권(獎勸: 愛 4範 24圍)

獎勸者　獎人之勸化育也　育人而人化　春物　漸滋
장권자　　장인지권화육야　　육인이인화　춘물　점자

塵鏡　轉明　掩短揭長　開善揚能
진경　전명　엄단게장　개선양능

번 역　　장권獎勸이란 사람이 부지런히 가르침(化育)에 힘쓰도록 권장하는 것이다. 사람을 길러 사람다운 사람이 되게 하는 것은, 마치 봄철에 만물이 싹터서 점점 자라나고 먼지 낀 거울을 닦으면 명경明鏡으로 바뀌는 것과 같다. 따라서 사람의 단점은 가리어주고 장점은 높이 들어올리며, 착한 것은 열어 보이고 능력은 선양해야 한다.

주 해　　1) 獎勸者 獎人之勸化育也(장권자 장인지권화육야) : 장권獎勸, 즉 '힘써 권장함'이란 사람이 부지런히 가르침(化育)에 힘쓰도록 권장하는 것을 말한다(獎 권면할 장,'권장함'; 勸 힘쓸 권).

　　2) 育人而人化 春物 漸滋 塵鏡 轉明(육인이인화 춘물 점자 진경 전명) : 육인이인화育人而人化는 사람을 길러(育人) 사람다운 사람이 되게 하는(人化) 것을 말한다. 춘물 점자(春物 漸滋)는 봄철에 만물이 싹터서

점점 자라나는 것을 말하고(滋 자랄 자, '생장함'), 진경 전명(塵鏡 轉明)은 먼지 낀 거울(塵鏡)을 닦으면 명경明鏡으로 바뀌는(轉) 것을 말한다. 따라서 전체적으로는 사람을 길러 사람다운 사람이 되게 하는 것은, 마치 봄철에 만물이 싹터서 점점 자라나고 먼지 낀 거울을 닦으면 명경明鏡으로 바뀌는 것과 같다는 뜻이다.

　　3) 掩短揭長 開善揚能(엄단게장 개선양능) : 엄단게장掩短揭長은 사람의 단점(短)은 가리어 주고(掩) 장점(長)은 높이 들어 올리는(揭) 것을 말한다(揭 들 게, '높이 들어 올리는 것'; 掩 가릴 엄). 개선양능開善揚能은 착한 것은 열어 보이고 능력은 선양해야 한다는 뜻이다.

제125사 경타(警墮: 愛 4範 25圍)

警墮者　警之墮敎育也　行而復回　醒而復睡
경 타 자　경 지 타 교 육 야　행 이 부 회　성 이 부 수

猶勝乎不行不醒矣　明之以理　長洲黑夜　遠電　閃閃
유 승 호 불 행 불 성 의　명 지 이 리　장 주 흑 야　원 전　섬 섬

번 역　　경타警墮란 교육에서 뒤떨어지는 것을 경계하는 것이다. 가다가 다시 돌아오고 깨었다가 다시 잠들더라도 오히려 가지 않고 깨지 않는 것보다 낫다. 이러한 이치로써 밝히면 긴 모래톱의 칠흙같은 밤에도 먼 곳의 번갯불이 번쩍이는 것과 같이 될 것이다.

주 해　　1) 警墮者 警之墮敎育也(경타자 경지타교육야) : 경타警墮, 즉 '뒤떨어짐을 경계함'이란 교육에서 뒤떨어지는 것을 경계한다는 뜻

이다(警 경계할 경; 墮 떨어질 타).

  2) 行而復回 醒而復睡(행이부회 성이부수) : '가다가 다시 돌아오고 깨었다가 다시 잠들더라도'의 뜻이다.

  3) 猶勝乎不行不醒矣(유승호불행불성의) : 오히려(猶) 가지 않고(不行) 깨지 않는(不醒) 것보다 낫다(勝)는 뜻이다. 지혜는 남이 대신 닦을 수 없으므로 시도조차 하지 않는 것보다는 시행착오를 거듭하더라도 시도하는 것이 낫다는 의미이다.

  4) 明之以理 長洲黑夜 遠電 閃閃(명지이리 장주흑야 원전 섬섬) : 명지이리明之以理는 '이러한 이치로써 밝히면'의 뜻이고, 장주長洲는 장사주長沙洲, 즉 '긴 모래톱'이니 장주흑야長洲黑夜는 '긴 모래톱의 칠흑같은 밤'을 말하며, 원전 섬섬(遠電 閃閃)은 먼(遠) 곳의 번갯불(電)이 번쩍 번쩍하는(閃閃) 것과 같이 된다는 뜻이다. 말하자면 이러한 이치로써 밝히어 어리석음의 어두움을 없애면 먼 곳의 번갯불이 번쩍이는 것과 같이 지혜의 밝음은 저절로 그 모습을 드러내게 될 것이라는 뜻이다.

제126사 정로(定老: 愛 4範 26圍)

定老者 定老人之敎化也 賢老 爲師 傳布敎化
정 로 자   정 노 인 지 교 화 야   현 로   위 사   전 포 교 화

自育其德 篤老 爲翁 誠守敎化 自育其安
자 육 기 덕   독 로   위 옹   성 수 교 화   자 육 기 안

번역 정로定老란 노인이 교화를 할 수 있도록 안정된 환경을 제공하는 것이다. 어진 노인은 스승으로 모시어 교화를 널리 펴서

스스로 그 덕을 기르게 하고, 독실篤實(誠實)한 노인은 웃어른으로 모시어 교화를 정성으로 지켜서 스스로 그 편안함을 기르게 해야 한다.

주 해 1) 定老者 定老人之敎化也(정로자 정로인지교화야) : 정로定老, 즉 '노인을 안정시킴'이란 노인이 교화를 할 수 있도록 안정된 환경을 제공하는 것을 말한다(定 정할 정, '안정시킴').

2) 賢老 爲師 傳布敎化 自育其德(현로 위사 전포교화 자육기덕) : 어진 노인(賢老)은 스승으로 모시어(爲師) 교화敎化를 널리 펴서(傳布) 스스로(自) 그(其) 덕德을 기르게(育) 한다는 뜻이다(爲 삼을 위).

3) 篤老 爲翁 誠守敎化 自育其安(독로 위옹 성수교화 자육기안) : 독실篤實(誠實)한 노인은 웃어른으로 모시어(爲翁) 교화를 정성으로 지켜서(誠守) 스스로(自) 그(其) 편안함(安)을 기르게(育) 해야 한다는 뜻이다. '옹翁'은 노인의 존칭이다.

제127사 배유(培幼: 愛 4範 27圍)

培幼者 培養幼稚也 萌不霑露 雖莖必萎
배 유 자 배 양 유 치 야 맹 부 점 로 수 경 필 위

童不服育 雖長必頑 培而植之 養而成之
동 불 복 육 수 장 필 완 배 이 식 지 양 이 성 지

敎化 與枝葉相繁
교 화 여 지 엽 상 번

번 역 배유培幼란 어린아이를 북돋아 기르는 것이다. 싹이 이슬

에 젖지 않으면 비록 줄기가 있더라도 반드시 시들게 되듯이, 어린 아이도 교육을 받지 못하면 자라더라도 반드시 어리석게 된다. 그러므로 초목은 흙을 북돋아 심고, 사람은 배양해서 성장시켜야 한다. 그리하면 가지와 잎이 서로 번성하듯이 교화가 이루어지게 된다.

주 해

1) 培幼者 培養幼稚也(배유자 배양유치야) : 배유培幼, 즉 '어린이를 북돋움'이란 어린 아이를 북돋아 기르는 것을 말한다. 배양培養은 북돋아 기르는 것이고 유치幼稚는 '어린아이'이다.

2) 萌不霑露 雖莖必萎(맹부점로 수경필위) : 맹부점로萌不霑露는 '싹이 이슬에 젖지 않으면'의 뜻이고(萌 싹 맹; 霑 젖을 점), 수경필위雖莖必萎는 비록 줄기가 있더라도 반드시 시들게 된다는 뜻이다(莖 줄기 경; 萎 시들 위).

3) 童不服育 雖長必頑(동불복육 수장필완) : 어린아이도 교육을 받지 못하면(童不服育) 비록(雖) 자라더라도(長) 반드시(必) 어리석게(頑) 된다는 뜻이다(頑 완고할 완, '어리석음').

4) 培而植之 養而成之(배이식지 양이성지) : (초목은 흙을) 북돋아(培) 심고(植), (사람은) 배양(養=培養)해서 성장(成)시켜야 한다는 뜻이다.

5) 敎化 與枝葉相繁(교화 여지엽상번) : 가지(枝)와 잎(葉)이 서로(相) 번성(繁)하듯이 교화敎化가 이루어지게 된다는 뜻이다.

제128사 권섬(勸贍: 愛 4範 28圍)

勸贍者 勸裕德也 有裕德者 性或好勝 不事流育
권섬자 권유덕야 유유덕자 성혹호승 불사유육

自善其賢 宜勸而進就
자선기현 의권이진취

번역 권섬勸贍이란 너그러운 덕을 권하는 것이다. 너그러운 덕이 있는 사람도 성품이 혹 뛰어난 것을 좋아하여 그 덕을 널리 펴기를 일삼지 않으며 스스로 그 어짊을 옳게 여기는 데 머무나니, 마땅히 너그러운 덕행을 권하여 나아가 이루도록 해야 한다.

주해 1) 勸贍者 勸裕德也(권섬자 권유덕자) : 권섬勸贍, 즉 '너그러움을 권함'이란 너그러운 덕을 권하는 것을 말한다(贍 넉넉할 섬; 裕 너그러울 유, 넉넉할 유).

2) 有裕德者 性或好勝(유유덕자 성혹호승) : 너그러운 덕이 있는 사람(有裕德者)도 성품(性)이 혹或 뛰어난(勝) 것을 좋아한다(好)는 뜻이다(勝 나을 승, '뛰어난 것, 뛰어난 사람').

3) 不事流育 自善其賢(불사유육 자선기현) : 불사유육不事流育은 그 덕을 널리 펴기를 일삼지 않는다는 뜻이고(流 펼 류), 자선기현自善其賢은 스스로 그 어짊을 옳게 여긴다는 뜻이다(善 옳게 여길 선).

4) 宜勸而進就(의권이진취) : 마땅히(宜) (너그러운 덕행을) 권하여(勸) 나아가(進) 이루도록(就) 해야 한다는 뜻이다.

제129사 관학(灌涸 : 愛 4範 29圍)

灌涸者 灌洪波於涸川也 川涸 産物 靡殘
관학자 관홍파어학천야 천학 산물 미잔

不得生成之理 惠霈降之 如人受育
부득생성지리 혜패강지 여인수육

번역 관학灌涸이란 마른 내(川)에 큰물을 대는 것이다. 냇물이 마르면 산물産物이 없어지거나 쇠잔하여져서 생성의 이치를 얻지 못하나니, 은혜로운 큰 비가 내리는 것은 사람이 가르침을 받아 길러지는 것과 같은 이치다.

주해   1) 灌涸者 灌洪波於涸川也(관학자 관홍파어학천야) : 관학灌涸, 즉 '마른 데 물댐'이란 마른 내(川)에 큰물을 대는 것이다(灌 물댈 관). 홍파洪波는 '큰 물결', 학천涸川은 '마른 내'이다(涸 마를 학).

2) 川涸 産物 靡殘 不得生成之理(천학 산물 미잔 부득생성지리) : 냇물이 마르면(川涸) 산물産物이 없어지거나 쇠잔하여져서(靡殘) 생성生成의 이치(理)를 얻지 못하게(不得) 된다는 뜻이다. 미잔靡殘은 없어지거나 쇠잔하여지는 것을 말한다(靡 없을 미).

3) 惠霈降之 如人受育(혜패강지 여인수육) : 은혜로운(惠) 큰 비가 내리는(霈降) 것은 사람(人)이 (가르침을 받아) 길러지는(受育) 것과 같은 이치라는 뜻이다. 인수육人受育은 사람이 길러지는 것이다(霈 비쏟아질 패, '큰 비').

제5범 교教

제130사 교(教: 愛 5範)

教 教人以倫常道學也 人 有教則百行得體
교 교인이윤상도학야   인   유교즉백행득체

無敎則雖良工無繩墨
무 교 즉 수 양 공 무 승 묵

번역 교教는 인륜과 도학으로 사람을 가르치는 것이다. 사람이 가르침을 받으면 모든 행실이 그 근본됨을 얻고, 가르침을 받지 못하면 비록 훌륭한 장인匠人이라도 먹줄(繩墨)이 없는 것과 같다.

주해 1) 敎 敎人以倫常道學也(교 교인이윤상도학야) : 교教, 즉 '가르침'이란 인륜(倫常)과 도학道學으로 사람(人)을 가르치는(敎) 것을 말한다. 윤상倫常은 '윤기倫紀'로 이는 곧 인륜이다.

2) 有敎則百行得體(유교즉백행득체) : 가르침을 받으면(有敎則) 모든 행실(百行)이 그 근본됨을 얻는다(得體)는 뜻이다. 백행百行은 '백 가지 행실', 즉 모든 행실을 말하고, 득체得體는 그 근본됨을 얻는 것이다.

3) 無敎則雖良工無繩墨(무교즉수양공무승묵) : 가르침을 받지 못하면(無敎則) 비록(雖) 훌륭한 장인(良工)이라도 먹줄(繩墨)이 없는(無) 것과 같다는 뜻이다. 말하자면 훌륭한 장인이라도 먹줄이 없이는 중심을 잡지 못하듯이, 사람이 가르침을 받지 못하면 사람의 도리를 다하지 못하게 된다는 뜻이다. 양공良工은 '훌륭한 장인匠人'이고, 승묵繩墨은 먹줄이다.

제131사 고부(顧賦: 愛 5範 30圍)

顧賦者 顧稟賦也 天之賦與以人者 理也 氣也
고 부 자 고 품 부 야 천 지 부 여 이 인 자 이 야 기 야

未有不依諸理而合之者 不付諸氣而行之者
미유불의제리이합지자 불부제기이행지자

故 上哲 命賦 中哲 轄賦 下哲 顧賦
고 상철 명부 중철 할부 하철 고부

번역 고부顧賦란 타고난 품성을 돌아보는 것이다. 하늘이 사람에게 부여한 것은 이치이며 기운이다. 이치에 따르지 않고서 합당한 것이 없고, 기운에 부합하지 않고서 행하는 것은 없다. 그러므로 으뜸 밝은이는 타고난 품성을 마음대로 부리고, 중간 밝은이는 타고난 품성을 거느리며, 아래 밝은이는 타고난 품성을 돌아본다.

주해 1) 顧賦者 顧稟賦也(고부자 고품부야) : 고부顧賦, 즉 '타고남을 돌아봄'이란 타고난 품성을 돌아보는 것을 말한다. 품부稟賦는 타고난 품성을 가리킨다(顧 돌아볼 고; 賦 받을 부, '타고남').

2) 天之賦與以人者 理也 氣也(천지부여이인자 이야 기야) : 하늘(天)이 사람(人)에게 부여賦與한 것은 이치(理)이며 기운(氣)이라는 뜻이다.

3) 未有不依諸理而合之者 不付諸氣而行之者(미유불의제리이합지자 불부제기이행지자) : 이치에 따르지 않고서(不依) 합당(合)한 것(者)이 없고(未有), 기운(氣)에 부합하지 않고서(不付) 행하는(行) 것(者)은 없다(未有)는 뜻이다. 미유未有는 '없음'이고 불의不依는 따르지 않는 것이며, 불부不付는 부합하지 않는 것이다. 말하자면 모든 일은 하늘의 이치에 따라 행하여야만 기운이 따라 주는 것이다.

4) 上哲 命賦(상철 명부) : 부賦는 품부稟賦, 즉 '타고난 품성'이니, 으뜸 밝은이(上哲)는 타고난(賦) 품성을 마음대로 부린다(命)는 뜻으로 이는 곧 걸림이 없이 자유자재한 경지를 말한다.

5) 中哲 轄賦(중철 할부) : 할轄은 '주관하다, 거느리다'이니, 중간 밝은이(中哲)는 타고난(賦) 품성을 거느린다(轄)는 뜻으로 이는 곧 타고난 품성대로 사는 것을 말한다.

6) 下哲 顧賦(하철 고부) : 아래 밝은이(下哲)는 타고난(賦) 품성을 돌아보며(顧) 지켜 나가야 한다는 뜻이다.

제132사 양성(養性: 愛 5範 31圍)

養性者 擴充天性也 天性 元無不善 但人性 相雜
양성자 확충천성야 천성 원무불선 단인성 상잡

物慾 乘釁 苟不擴充 天性 漸磨漸消 恐失其本
물욕 승흔 구불확충 천성 점마점소 공실기본

번 역 양성養性이란 타고난 천성天性을 넓혀서 충실하게 하는 것이다. 타고난 천성은 원래 착하지 않음이 없으나, 다만 인성人性은 서로 섞여서 물욕이 일어나게 된다. 따라서 사람은 진실로 타고난 천성을 넓혀서 충실하게 하지 않으면 천성이 점점 닳고 사라져 그 근본을 잃을까 두려운 것이다.

주 해 1) 養性者 擴充天性也(양성자 확충천성야) : 양성養性, 즉 '성품을 기름'이란 타고난 천성天性을 넓혀서(擴) 충실하게(充) 하는 것을 말한다.

2) 天性 元無不善(천성 원무불선) : 타고난 천성은 원래(元) 착하지 않음(不善)이 없다(無)는 뜻이다.

3) 但人性 相雜 物慾 乘釁(단인성 상잡 물욕 승흔) : 다만(但) 인성人性

은 서로 섞여서(相雜) 물욕物慾이 일어나게 된다(乘釁)는 뜻이다. 물욕 승흔(物慾乘釁)은 물욕이 기회를 틈타는 것으로 이는 곧 물욕이 일어나게 되는 것을 말한다(乘 탈 승, '기회를 탐'; 釁 틈 흔, '이용할 수 있는 기회').

　4) 苟不擴充 天性(구불확충 천성) : 구苟는 '진실로'이니, '진실로(苟) 타고난 천성天性을 넓혀서 충실하게(擴充) 하지 않으면(不)'의 뜻이다.

　5) 漸磨漸消 恐失其本(점마점소 공실기본) : (천성이) 점점(漸) 닳고(磨) 사라져(消) 그(其) 근본(本)을 잃을까 두렵다(恐失)는 뜻이다.

제133사 수신(修身: 愛 5範 32圍)

身 靈之居宅也 心之所使也
신 영지거택야 심지소사야

不由諸心而由於安意肆氣 輒行不善 反害元理
불유제심이유어안의사기 첩행불선 반해원리

故 修身而失天性者 未之有也
고 수신이실천성자 미지유야

번역　몸(身)은 영靈이 사는 집이며, 마음이 부리는 바이다. 모든 일을 행함에 있어 본성의 마음을 따르지 않고 안일한 뜻과 방자한 기운을 따라 함부로 행하다가 잘못을 저지르게 되면 근본 이치에서 멀어지게 된다. 그러므로 그 몸을 잘 닦고도 천성을 잃은 사람은 아직 없다.

주해　1) 身 靈之居宅也 心之所使也(신 영지거택야 심지소사야) : 신身

은 영靈이 사는 집이며, 마음이 부리는 바라는 뜻이다. 사람의 마음이 몸을 조종하여 일을 하니 '마음이 부리는 바'라고 한 것이다. 따라서 수신修身, 즉 '몸을 닦음'이란 영靈이 사는 집이자 마음이 부리는 바인 몸을 닦는 것을 말한다(使 부릴 사).

2) 不由諸心而由於安意肆氣(불유제심이유어안의사기) : 모든(諸) 일을 행함에 있어 본성의 마음(心)에서 말미암지 않고(不由) 안일한 뜻(安意)과 방자한 기운(肆氣)에서(於) 말미암는(由) 것을 말한다. 말하자면 본성의 마음을 따르지 않고 안일한 뜻과 방자한 기운을 따른다는 뜻이다(肆 방자할 사).

3) 輒行不善 反害元理(첩행불선 반해원리) : 함부로(輒) 행行하다가 잘못(不善)을 저지르게 되면 근본 이치(元理)를 거슬러(反) 해치게(害) 된다는 뜻으로 이는 곧 근본 이치에서 멀어지게 됨을 뜻한다.(輒 문득 첩, '함부로'; 反 거스를 반)

4) 修身而失天性者 未之有也(수신이실천성자 미지유야) : 그 몸을 잘 닦고도 천성을 잃은 사람은 아직 없다는 뜻이다.

제134사 주륜(湊倫: 愛 5範 33圍)

湊倫者 合於倫常也 倫 人之大義也 無倫 與蓄生
주륜자 합어윤상야 윤 인지대의야 무륜 여축생

相近 故 敎人 必先倫理 以正相愛之理
상근 고 교인 필선윤리 이정상애지리

[번 역] 주륜湊倫이란 인륜에 부합하는 것이다. 인륜은 사람의 대의大義이니, 인륜이 없으면 짐승에 가깝게 될 것이다. 그러므로

사람을 가르침에 있어서는 반드시 윤리를 앞세워 서로 사랑하는 이치를 바르게 해야 한다.

주 해

1) 湊倫者 合於倫常也(주륜자 합어윤상야) : 주륜湊倫, 즉 '윤리에 합함'이란 인륜에 부합하는 것을 말한다. 윤상倫常은 '윤기倫紀'로 이는 곧 인륜이다.

2) 倫 人之大義也(윤 인지대의야) : 인륜은 사람의 대의大義라는 뜻이다.

3) 無倫 與畜生 相近(무륜 여축생 상근) : 인륜이 없으면(無倫) 짐승(畜生)과 더불어(與) 서로 가깝게(相近) 된다는 뜻이니 이는 곧 짐승에 가깝게 된다는 뜻이다.

4) 敎人 必先倫理 以正相愛之理(교인 필선윤리 이정상애지리) : 사람을 가르침(敎人)에 있어서는 반드시(必) 윤리倫理를 앞세워(先) 서로 사랑하는(相愛) 이치(理)를 바르게(正) 해야 한다는 뜻이다.

제135사 불기(不棄: 愛 5範 34圍)

不棄者 敎不棄人也 非敎 靈不配人 無敎
불기자 교불기인야 비교 영불배인 무교

心不合人 不聽天靈 不守天心者 不知不棄之理
심불합인 불청천령 불수천심자 부지불기지리

번 역 불기不棄란 사람을 버리지 않고 가르치는 것이다. 가르침이 아니면 영靈이 사람과 짝하지 아니하고, 가르침이 없으면 마음이 사람과 합하지 못한다. 천령天靈의 소리를 듣지 못하고 천심을 지키지 않는 사람은 불기의 이치를 알지 못한다.

주 해 1) 不棄者 敎不棄人也(불기자 교불기인야) : 불기不棄, 즉 '버리지 않음'이란 사람(人)을 버리지 않고(不棄) 가르치는(敎) 것을 말한다.

2) 非敎 靈不配人(비교 영불배인) : 가르침이 아니면(非敎) 영靈이 사람(人)과 짝하지 아니한다(不配)는 뜻이다. 가르침이 아니면 천령天靈이 사람과 짝하지 않으므로 천령의 소리를 들을 수 없으니 천심을 지키지 못하게 되어 근본 이치에서 멀어지게 된다. 그런 까닭에 우리 국조께서는 정치대전이자 삶의 교본으로 천부경·삼일신고·참전계경을 찬술하셨던 것이다(配 짝지을 배).

3) 無敎 心不合人(무교 심불합인) : 가르침이 없으면(無敎) 마음(心)이 사람(人)과 합하지 못한다(不合)는 뜻이다. 마음이 사람과 합할 수 있기 위해서는 가르침을 통하여 천심을 회복해야 한다. 그런 까닭에 공자는 진덕進德, 즉 덕을 진작 시키는 것을 학문의 목표로 삼아 덕성아德性我 계발을 위주로 하였고, 맹자孟子 또한 사단四端(惻隱之心, 羞惡之心, 辭讓之心, 是非之心)으로서 성선性善을 논하고 있으나 단端은 단지 시점始點일 뿐 덕성이 원만하게 피어나려면 반드시 자각적 노력이 필요한 것으로 보았다. 유·불·선이 중국에서 전래되기 이전부터 3교를 포괄하는 사상 내용이 담겨져 있어 교육의 원천이 되었던 우리 고유의 풍류風流 또한 그 주된 가르침이 천심을 지키는 데 있음을 쉽게 알 수 있다.

4) 不聽天靈 不守天心者(불청천령 불수천심자) : 천령天靈의 소리를 듣지 못하고(不聽) 천심天心을 지키지 않는(不守) 사람(者)을 말한다.

5) 不知不棄之理(부지불기지리) : 불기不棄의 이치(理), 즉 사람을 버리지 않고 가르치는 이치를 알지 못한다(不知)는 뜻이다. 천심을 지키지 않으면 평등성지平等性智가 나타나지 않으므로 가르치는 데

있어서도 분별심이 작용하여 지둔遲鈍한 사람은 가르치지 않고자 하게 되는 것이다. 하늘이 비를 내릴 때 곡식에만 내리고 잡초에는 내리지 않는 것을 보았는가. 천심을 지키면 모두가 깨달음의 길 위에 있음을 알게 되므로 사람을 버리지 않고 가르치게 되는 것이다.

제136사 물택(勿擇: 愛 5範 35圍)

勿擇者 不拘碍也 敎化之流行 如日影隨物
물 택 자 불 구 애 야 교 화 지 유 행 여 일 영 수 물

無物不照 何擇賢者而敎之 不賢者而不敎
무 물 부 조 하 택 현 자 이 교 지 불 현 자 이 불 교

故 敎者 改愚而返賢也
고 교 자 개 우 이 반 현 야

번역 물택勿擇이란 가리지 않는 것이다. 교화가 널리 퍼지는 것은 마치 해 그림자가 물체를 따라다니는 것처럼 어떤 물체에도 비쳐지지 않는 곳이 없는 것과 같으니, 어찌 어진 사람만 가려 가르치고 어질지 못한 사람이라 하여 가르치지 않으리오. 그러므로 가르침이란 어리석음을 고쳐 어질도록 돌이키는 것이다.

주해 1) 勿擇者 不拘碍也(물택자 불구애야) : 물택勿擇, 즉 '가리지 않음'이란 구애받지 않는 것을 말한다. 어진 사람이든 어질지 못한 사람이든 가리지 않고 가르치는 것을 뜻한다.
  2) 敎化之流行 如日影隨物 無物不照(교화지유행 여일영수물 무물부조)

: 교화敎化가 널리 퍼지는(流行) 것은 마치 해그림자(日影)가 물체(物)를 따라다니는(隨) 것처럼 어떤 물체에도 비쳐지지 않는 곳이 없는(無物不照) 것과 같다는 뜻이다.

3) 何擇賢者而敎之 不賢者而不敎(하택현자이교지 불현자이불교) : '어찌(何) 어진 사람(賢者)만 가려(擇) 가르치고(敎) 어질지 못한 사람(不賢者)이라 하여 가르치지 않겠는가(不敎)'라는 뜻이다(擇 가릴 택).

4) 敎者 改愚而返賢也(교자 개우이반현야) : 가르침(敎)이란 어리석음을 고쳐(改愚) 어질도록 돌이키는(返賢) 것을 말한다.

제137사 달면(達勉: 愛 5範 36圍)

達勉者 勉敎而達敎也 行敎 難於知敎 勉敎
달 면 자   면 교 이 달 교 야   행 교   난 어 지 교   면 교

難於行敎 達敎 難於勉敎 達敎則能知愛物之理
난 어 행 교   달 교   난 어 면 교   달 교 즉 능 지 애 물 지 리

번 역 달면達勉이란 가르침에 힘써서 가르침에 통달하는 것이다. 가르침을 행하는 것은 가르침을 아는 것보다 어렵고, 가르침에 힘쓰는 것은 가르침을 행하는 것보다 어려우며, 가르침에 통달하는 것은 가르침에 힘쓰는 것보다 어렵다. 가르침에 통달하면 능히 사물을 사랑하는 이치를 알게 된다.

주 해 1) 達勉者 勉敎而達敎也(달면자 면교이달교야) : 달면達勉, 즉 '힘써 통달함'이란 가르침에 힘써서(勉敎) 가르침에 통달하는(達敎) 것을 말한다.

2) 行敎 難於知敎(행교 난어지교) : 가르침을 행하는(行敎) 것은 가르침을 아는(知敎) 것보다(於) 어렵다(難)는 뜻이다.

3) 勉敎 難於行敎(면교 난어행교) : 가르침에 힘쓰는(勉敎) 것은 가르침을 행하는(行敎) 것보다 어렵다(難)는 뜻이다.

4) 達敎 難於勉敎(달교 난어면교) : 가르침에 통달하는(達敎) 것은 가르침에 힘쓰는(勉敎) 것보다 어렵다(難)는 뜻이다.

5) 達敎則能知愛物之理(달교즉능지애물지리) : 가르침에 통달하면(達敎則) 능히 사물을 사랑하는(愛物) 이치를 알게(知) 된다는 뜻이다.

제138사 역수(力收: 愛 5範 37圍)

力收者 專力而收功也 磅石 不能琢 樗木 不能直
역 수 자 전 력 이 수 공 야 방 석 불 능 탁 저 목 불 능 직

獃愚 不能化 必用力收 勿染漬於隣
애 우 불 능 화 필 용 역 수 물 염 지 어 린

번역 역수力收란 힘을 한곳에 쏟아서 공을 거두는 것이다. 높은 곳에서 굴러 떨어진 돌은 곱게 다듬어질 수 없고, 가죽나무(樗木)는 능히 곧게 하지 못하며, 우둔하고 우매한 사람은 교화시키지 못한다. 반드시 힘써 거두어서 이웃이 물들지 않도록 해야 한다.

주해 1) 力收者 專力而收功也(역수자 전력이수공야) : 역수力收, 즉 '힘써 거둠'이란 힘을 한곳에 쏟아서 공을 거두는 것을 말한다. 전력專力은 힘을 한곳에 쏟는 것이다.

2) 磅石 不能琢(방석 불능탁) : 방석磅石은 높은 곳에서 굴러 떨어진

돌을 말하며, 불능탁不能琢은 곱게 다듬어질 수 없다는 뜻이다. 탁琢은 '새기다, 다듬다'의 뜻이다.

　　3) 樗木 不能直(저목 불능직) : 저목樗木은 가죽나무이고, 불능직不能直은 능히 곧게 하지 못한다는 뜻이다.

　　4) 獃愚 不能化(애우 불능화) : 애우獃愚는 우둔하고 우매함을 말하고, 불능화不能化는 교화시키지 못한다는 뜻이다(獃 어리석을 애, '우둔함'; 愚 어리석을 우, '우매함').

　　5) 必用力收 勿染漬於隣(필용역수 물염지어린) : 반드시(必) 힘써(用力) 거두어서(收) 이웃(隣)이 물들지(染漬) 않도록(勿) 해야 한다는 뜻이다. 이를테면 정신박약아나 정신지체아와 같이 선천적으로 우둔하고 우매한 사람은 힘써 거두어서 정상인과는 분리시켜 특수교육을 시킴으로써 이웃에 피해를 주는 일이 없도록 해야 한다는 뜻이다. 물勿은 '말 물'로 금지사禁止辭다(染 물들일 염; 漬 물들일 지).

제6범 대待

제139사 대(待: 愛 6範)

愛之諸部 待最大焉者 以其不見不聞
애 지 제 부　대 최 대 언 자　이 기 불 견 불 문

蘊愛於將來之無窮也 非徒蘊愛 亦有方焉
온 애 어 장 래 지 무 궁 야　비 도 온 애　역 유 방 언

번역 사랑(愛)의 여러 부분(恕, 容, 施, 育, 敎, 待) 중 기다림(待)이 가장 큰 것은, 그 보이지도 들리지도 않는 사랑의 이치로 먼 장래에까지 무궁한 사랑을 쌓아가기 때문이다. 사랑을 쌓아가는 것뿐만 아니라 또한 방도가 있어야 한다.

주해 1) 愛之諸部 待最大焉者(애지제부 대최대언자) : 애지제부愛之諸部는 사랑(愛)의 여러 부분, 즉 6범範(恕, 容, 施, 育, 敎, 待)을 말하고, 대최대언자待最大焉者는 (그 중) 기다림(待)이 가장 크다는 뜻이다.

2) 以其不見不聞 蘊愛於將來之無窮也(이기불견불문 온애어장래지무궁야) : 그(其) 보이지도 들리지도 않는(不見不聞) 사랑의 이치로 먼 장래에까지 무궁한 사랑(愛)을 쌓아가기(蘊) 때문이라는 뜻이다. 다시 말해서 기다림이란 보이지도 들리지도 않는 사랑의 이치로 믿고 기다려 주는 것이다. 그 믿음도 한정이 없고 기다림도 한정이 없는 것이기에 6범 중 기다림이 가장 크다고 한 것이다(蘊 쌓을 온).

3) 非徒蘊愛 亦有方焉(비도온애 역유방언) : 다만(徒) 사랑(愛)을 쌓아가는(蘊) 것뿐만 아니라(非) 또한(亦) 방도(方)가 있어야(有) 한다는 뜻이다. 이는 막연히 소극적으로 기다리지만 말고 잘 될 수 있도록 적극적으로 전향적인 방도를 찾아야 한다는 의미이다(徒 다만 도).

제140사 미형(未形: 愛 6範 38圍)

未形者 事物之未形也
미 형 자 사 물 지 미 형 야

見未形而愛之 待現形而護之 若種仁而變之
견 미 형 이 애 지 대 현 형 이 호 지 약 종 인 이 변 지

번역 미형未形이란 사물이 아직 형체를 이루지 못한 것이다. 아직 형체를 이루지 못한 것을 보고 이를 사랑하고, 형체가 나타나기를 기다리며 보호하는 것은 씨를 심어서 변화하게 하는 것과 같다.

주해 1) 未形者 事物之未形也(미형자 사물지미형야) : 미형未形, 즉 '아직 형상이 못됨'이란 사물事物이 아직 형상을 이루지 못한(未形) 것을 말한다.

2) 見未形而愛之 待現形而護之(견미형이애지 대현형이호지) : 아직 형체를 이루지 못한(未形) 것을 보고(見) 이를 사랑하고(愛之), 형체(形)가 나타나기를 기다리며(待現) 이를 보호하는(護之) 것을 말한다. 한 송이 국화꽃을 피우기 위해 봄부터 소쩍새가 그렇게 울고 천둥은 먹구름 속에서 또 그렇게 울었듯이, 사람 또한 타고난 천품을 제대로 꽃피울 수 있기 위해서는 어려서부터 보호 육성되어야 할 것임을 가르치고 있다.

3) 若種仁而變之(약종인이변지) : 씨(仁)를 심어서(種) 변화하게(變) 하는 것과 같다(若)는 뜻이다(若 같을 약; 種 심을 종; 仁 씨 인).

제141사 생아(生芽: 愛 6範 39圍)

生芽者 物之始也 凡愛物者 愛物之始 慮有中廢
생 아 자 물 지 시 야 범 애 물 자 애 물 지 시 려 유 중 폐

克待晚榮 結果則反之
극 대 만 영 결 과 즉 반 지

번 역　생아生芽란 만물의 시작이다. 무릇 만물을 사랑한다는 것은 만물이 생겨나 처음부터 사랑하여 중도에서 잘못될까 염려하고 나중에 번영하기를 몹시 기다리다가 열매를 맺으면 곧 초심初心으로 돌아가는 것이다.

주 해　1) 生芽者 物之始也(생아자 물지시야) : 생아生芽, 즉 '싹이 나옴'이란 만물의 시작이란 뜻이다(芽 싹 아).

2) 凡愛物者 愛物之始(범애물자 애물지시) : 무릇(凡) 만물(物)을 사랑한다는(愛) 것(者)은 만물(物)이 생겨나는 처음(始)부터 사랑한다는 뜻이다(凡 무릇 범). 무성한 열매를 맺으면 사랑하는 것이 아니라 싹이 나오는 처음부터 사랑하여 열매 맺기를 기다리며 보호하는 것으로, 곧 외적 조건에 구애받지 않는 순수한 사랑을 말한다.

3) 慮有中廢 克待晚榮(여유중폐 극대만영) : 여유중폐慮有中廢는 중도에서 잘못될까 염려하는 것을 말하고, 극대만영克待晚榮은 나중에 번영하기를 몹시 기다린다는 뜻이다.

4) 結果則反之(결과즉반지) : 결과結果는 열매를 맺는 것을 뜻하고 반反은 돌아오는 것이니, 열매를 맺으면 곧 (初心으로) 돌아온다는 뜻이다. 식물이 열매를 맺으면 그 열매에 집착하지 않고 곧 씨앗으로 돌아가듯이, 온전한 사랑 또한 그 성공의 열매에 집착하지 않고 초심으로 돌아가 잘 되기를 바라는 마음으로 가득 차게 되는 것이다. 사랑이란 조건 없이 주는 것인 까닭이다.

제142사 관수(寬邃: 愛 6範 40圍)

寬邃者 寬時而睹邃也
관 수 자 관 시 이 도 수 야

人 有我寬則樂 不寬則憂者
인 유 아 관 즉 락 불 관 즉 우 자

不寬益我 寬妨我者 我寬時 睹其樂邃
불 관 익 아 관 방 아 자 아 관 시 도 기 락 수

번역 관수寬邃란 너그러울 때 이루어짐을 본다는 것이다. 사람들이 내가 너그러우면 즐거워하고 너그럽지 못하면 근심하는 것은, 너그러우면 자기에게 유익함이 있고 너그럽지 않으면 자기에게 해로움이 있을 것이라 여기기 때문이다. 내가 너그러울 때에 즐겁게 일이 이루어짐을 보게 된다.

주해 1) 寬邃者 寬時而睹邃也(관수자 관시이도수야) : 관수寬邃, 즉 '너그럽게 이룸'이란 너그러울 때 이루어짐을 본다는 뜻이다(寬 너그러울 관, '관용'; 邃 이룰 수, '성취함, 마침'; 睹 볼 도).

2) 人 有我寬則樂 不寬則憂者(인 유아관즉락 불관즉우자) : 사람들(人)이 내(我)가 너그러움(寬)이 있으면(有) 즐거워(樂)하고 너그럽지 못하면(不寬則) 근심하는(憂) 것(者)을 말한다.

3) 不寬益我 寬妨我者(불관익아 관방아자) : 너그럽지 않으면 나에게 이익이 되고, 너그러우면 나에게 해로울 것이라 여긴다는 뜻이다. 다시 말해서 너그러우면 자기에게 이익이 되고, 너그럽지 않으면 자기에게 해로울 것이라 여긴다는 뜻이다(妨 상할 방, '해침').

4) 我寬時 睹其樂邃(아관시 도기락수) : 내가 너그러울 때(寬時)에 그

(其) 즐거운(樂) 이루어짐(遂)을 보게(睹) 된다는 뜻이다. 그 즐거운 이루어짐을 보게 된다는 뜻은 곧 즐겁게 일이 이루어짐을 보게 되는 것을 말한다.

제143사 온양(穩養: 愛 6範 41圍)

穩養者 安以養之也 有物無依 孤危且患
온양자 안이양지야 유물무의 고위차환

收而養之 安其成長 養之有地 相質就業
수이양지 안기성장 양지유지 상질취업

번 역 온양穩養이란 편안하게 기르는 것이다. 생물이 의지할 곳이 없어서 외롭고 위태로우며 또한 우환이 있으면 거두어 길러서 그 자라는 것을 편안하게 해주고, 기르기에 적당한 곳을 마련해 주며, 바탕을 보아 일에 나아가게 해야 한다.

주 해 1) 穩養者 安以養之也(온양자 안이양지야) : 온양穩養, 즉 '평온하게 기름'이란 편안하게 기르는 것을 말한다(穩 안온할 온, '평온함, 편안함').

2) 有物無依 孤危且患(유물무의 고위차환) : '생물(物)이 의지할 곳이 없어서(無依) 외롭고(孤) 위태로우며(危) 또한(且) 우환(患)이 있으면'의 뜻이다(患 근심 환, 재앙 환, '憂患').

3) 收而養之 安其成長(수이양지 안기성장) : 거두어(收) 길러서(養) 그(其) 자라는(成長) 것을 편안하게(安) 해 준다는 뜻이다.

4) 養之有地 相質就業(양지유지 상질취업) : 기르기에 적당한 곳을

마련해주며, 바탕(質)을 보아(相) 일(業)에 나아가게(就) 해야 한다는 뜻이다(相 볼 상, '관찰함'; 就 나아갈 취).

제144사 극종(克終: 愛 6範 42圍)

克終者 善其終也 愛始不愛終 物無終局
극 종 자 선 기 종 야 애 시 불 애 종 물 무 종 국

老蠶落枝 尺絲 何得 故 愛物 必克終
노 잠 락 지 척 사 하 득 고 애 물 필 극 종

번역 극종克終이란 일의 끝맺음을 잘 하는 것이다. 처음만 사랑하고 끝까지 사랑하지 않으면 사물의 종국終局이 없는 것과 같으니, 이는 마치 늙은 누에가 뽕나무 가지에서 떨어지면 명주실을 얻을 수 없는 것과 같은 이치다. 그러므로 사물을 사랑함에 있어서는 반드시 능히 유종有終의 미를 거두어야 한다.

주해 1) 克終者 善其終也(극종자 선기종야) : 극종克終, 즉 '능히 끝맺음'이란 능히 유종有終의 미를 거두는 것(끝까지 잘 하는 것)이니, 이는 곧 일의 끝맺음을 잘 하는 것을 말한다(克 능할 극).

2) 愛始不愛終 物無終局(애시불애종 물무종국) : 처음(始)만 사랑하고(愛) 끝(終)까지 사랑하지 않으면(不愛) 사물(物)의 종국終局이 없는(無) 것과 같다는 뜻이다.

3) 老蠶落枝 尺絲 何得(노잠락지 척사 하득) : 노잠락지老蠶落枝는 늙은 누에가 (뽕나무) 가지에서 떨어지는 것을 말하고, 척사 하득(尺絲 何得)은 '어찌 한 자의 실이라도 얻을 수 있겠는가'의 뜻이다. 말하자

면 (처음만 사랑하고 끝까지 사랑하지 않으면 사물의 종국終局이 없는 것과 같으니) 이는 곧 늙은 누에가 뽕나무 가지에서 떨어지면 명주실을 얻을 수 없는 것과 같은 이치라는 뜻이다.

　4) 愛物 必克終(애물 필극종) : 사물을 사랑함(愛物)에 있어서는 반드시(必) 그 끝맺음을 잘 해야(克終) 한다(끝까지 잘 해야 한다)는 뜻이다. 말하자면 처음부터 끝까지 초지일관初志一貫되게 나아가 유종有終의 미를 거두어야 함을 가르치고 있다.

제145사 전탁(傳托: 愛 6範 43圍)

傳托者 傳物而托也
전 탁 자　전 물 이 탁 야

哲人愛物 必克始終 終之非難
철 인 애 물　필 극 시 종　종 지 비 난

時正不適 傳之托之 續我克終
시 정 부 적　전 지 탁 지　속 아 극 종

번 역　전탁傳托이란 사물을 전하여 맡기는 것이다. 밝은이의 사물 사랑은 반드시 시작부터 끝까지 지극하여 끝맺음이 어려운 것이 아니며, 때가 바로 적절하지 않아도 전하고 맡기어 나를 이어 능히 유종의 미를 거두게 하는 것이다.

주 해　1) 傳托者 傳物而托也(전탁자 전물이탁야) : 전탁傳托, 즉 '전하여 맡김'이란 사물을 전하여 맡기는 것을 말한다.

　2) 哲人愛物 必克始終 終之非難(철인애물 필극시종 종지비난) : 밝은이

(哲人)의 사물 사랑(愛物)은 반드시(必) 시작(始)부터 끝(終)까지 지극(克)하여 끝맺음(終)이 어려운 것이 아니라(非難)는 뜻이다.

3) 時正不適 傳之托之 續我克終(시정부적 전지탁지 속아극종) : 때(時)가 바로(正) 적절하지 않아도(不適) 전(傳)하고 맡기어(托) 나(我)를 이어(續) 능히 유종의 미를 거두게(克終) 한다는 뜻이다.

제4강령 제濟 제146사
4규規 32模

● **제1규 시時 제147사**
　　제1모 농재農災 제148사　　제2모 양괴凉怪 제149사
　　제3모 열염熱染 제150사　　제4모 동표凍莩 제151사
　　제5모 무시無時 제152사　　제6모 왕시往時 제153사
　　제7모 장지將至 제154사

● **제2규 지地 제155사**
　　제8모 무유撫柔 제156사　　제9모 해강解剛 제157사
　　제10모 비감肥甘 제158사　　제11모 조습燥濕 제159사
　　제12모 이물移物 제160사　　제13모 역종易種 제161사
　　제14모 척벽拓闢 제162사　　제15모 수산水山 제163사

● **제3규 서序 제164사**
　　제16모 선원先遠 제165사　　제17모 수빈首濱 제166사
　　제18모 경중輕重 제167사　　제19모 중과衆寡 제168사
　　제20모 합동合同 제169사　　제21모 노약老弱 제170사
　　제22모 장건壯健 제171사

● 제4규 지智 제172사

　　제23모 설비設備　제173사　　제24모 금벽禁癖　제174사
　　제25모 요검要儉　제175사　　제26모 정식精食　제176사
　　제27모 윤자潤資　제177사　　제28모 개속改俗　제178사
　　제29모 입본立本　제179사　　제30모 수식收殖　제180사
　　제31모 조기造器　제181사　　제32모 예제預劑　제182사

참전계경

제4강령 제濟

제146사 제濟

濟者 德之兼善 道之賴及 有四規三十二模
제 자 덕 지 겸 선   도 지 뢰 급   유 사 규 삼 십 이 모

번역 제濟란 덕德을 갖춘 선善으로 도道에 힘입어 사람에게 그 힘이 미치게 되는 것이니, 여기에는 4규規와 32모模가 있다.

주해 1) 濟者 德之兼善 道之賴及(제자 덕지겸선 도지뢰급) : 구제救濟란 덕德을 갖춘 선善으로 도道에 힘입어(賴) 사람에게 그 힘이 미치게(及) 되는 것을 말한다(賴 힘입을뢰, '의지함'; 及 미칠 급). 제救는 곧 '구제救濟'를 말한다.

2) 有四規三十二模(유사규삼십이모) : 제濟에는 네 가지 법도規와 서른 두 가지 본보기(模)가 있다는 뜻이다.

해설 구제란 덕성德性이 갖추어진 선행으로 도道에 힘입어 사람에게 그 힘이 미치게 되는 것이다. 구제는 때(時)에 맞게 하는 것이고, 땅(地)에 맞게 하는 것이고, 순서(序)에 맞게 하는 것이고, 지혜(智)로써 하는 것이다. 우선 구제는 때에 맞게 하는 것이어야 한다고 「시時」(濟 1規)에서는 말한다. "시時는 만물을 구제하는 때이다. 구제함이 때에 맞지 않는 것은 마치 봄의 제비와 가을의 기러기가 서로

찾아오는 때가 어긋나고, 물과 산이 서로 멀며, 털난 짐승과 껍질 있는 갑각류甲殼類가 서로 다른 것과 같다." 농사에 재앙을 막으며「農災」(濟1規 1模)], 가을바람의 숙살기운(肅殺之氣)을 막고「凉怪」(濟1規 2模)], 더위 먹는 것을 막으며「熱染」(濟1規 3模)], 얼어서 굶어죽는 것을 막고「凍莩」(濟1規 4模)], 항상 행하며「無時」(濟1規 5模)], 때를 놓치지 말고「往時」(濟1規 6模)], 장차 올 것을 막아야 한다「將至」(濟1規 7模)]. 특히 농사는 때를 놓치지 말아야 한다. "농사는 천하의 큰 근본이고 네 가지 직업(農·學·商·工) 중에 으뜸이다. 교화가 널리 크게 퍼지면 사람이 한가하거나 게으름이 없어 건강한 사람은 농사를 짓고, 총명한 사람은 학문을 하며, 민첩한 사람은 장사를 하고, 기술적인 재능이 있는 사람은 공업을 한다. 공업은 이치를 잘 궁구해야 하고, 상업은 탐욕을 일삼지 말아야 하며, 학문은 도에 통달해야 하고, 농업은 때를 잃지 않아야 한다. 농사에 때를 잃지 않으면 사람에게 재앙이 없다." "마음을 바르게 하여 사특함이 없고, 기운을 맑게 하여 움직임이 없으며, 뜻을 바로잡아 어지러움이 없으면" 가을바람의 숙살 기운도 사람을 해치지 못한다. 「열염熱染」에는 여름철 건강 관리에 관한 내용도 나온다. 즉 머리로는 더운 기운이 오르고 손발로는 찬 기운이 엉기는 삼복三伏에는 삿된 기운에 감염되어[83] 건강을 해치기 쉬우므로 "마음을 맑게 하고 처소를 정결하게 하여 가을 기운(金

---

83 『熱染』(濟1規 3模)에는 "六丁의 한여름 더위에 하늘이 솥 끓듯 하고, 三庚의 더위가 땅 위에 엎드리니, 위로는 더운 기운이 느껴지나 아래로는 찬 기운이 엉기어 그 사이에서 요사한 것이 생겨난다"라고 나와 있다. '六丁'은 天干이 丁이 되는 여섯 정일(六丁日: 丁丑·丁卯·丁巳·丁未·丁酉·丁亥)로서 夏至 후 60일 간의 한여름을 말한다. '三庚'은 天干이 庚字가 드는 세 번의 경일(三庚日)로서 夏至 후 三伏(初伏·中伏·末伏)을 말한다. 三伏(三庚)은 節侯上 陰氣가 새로 생기기 시작하는 때이므로 손발로는 찬 기운이 엉긴다고 한 것이다.

氣)으로 호흡을 고르고(調息), 과식하지도 굶주리지도 않으면 요사한 것이 감히 생겨나지 못한다"라고 한 것이 그것이다. 밝은이가 만물을 구제함에 반드시 먼저 교화를 행하는 것은 병의 뿌리인 마음을 고치어 새롭게 하면 마음으로 인해 생긴 병의 근원은 자연히 제거될 것이기 때문이다. 또한 밝은이는 덕으로써 만물을 구제함에 좋은 방도를 준비하여 어느 때나 제공한다. 물질이 지나치게 성盛하면 법도가 쇠해져서 오로지 물질에만 의존하는 고질병을 갖게 되어 진정한 행복과 이익이 떠나게 되므로 물질만능주의를 경계해야 한다.

구제는 땅에 맞게 하는 것이어야 한다고 「지地」(濟 2규)에서는 말한다. 즉 "구제가 땅의 이치에 부합하고 땅은 구제의 바탕이 될 만한 연후라야 구제하게 되는 것이다." 말하자면 땅의 이치와 구제의 바탕이 수레의 두 바퀴처럼 서로 맞아야 적절한 구제가 이루어지게 된다는 뜻이다. 사람은 태어날 때부터 지기地氣를 받고 태어나고 또한 지기를 마시며 살아가므로 땅의 성질(地性)은 당연히 사람 성품(人性)의 형성에 영향을 미치는 것이다. 사람이 땅의 성질의 영향을 받는다는 사실은 『용담유사』 「몽중노소문답가」에서 "인걸人傑은 지령地靈이라"[84]고 하여 걸출한 인물이 나오려면 반드시 땅의 신령한 기운을 받아야 한다고 한 데서도 분명히 드러난다. 따라서 땅의 성질이 유약한 것을 어루만져서 황폐하지 않게 하며「撫柔」(濟 2규 8모)], 땅의 성질이 억센 것을 풀어 온화한 기운이 돌게 하고「解剛」(濟 2규 9모)], 지질地質이 비옥肥沃하고 땅의 맛을 달게 하며「肥甘」(濟 2규 10모)], 지질이 건조하거나 습한 것을 막고「燥濕」(濟 2규 11모)], 하늘이 이

---

84 『龍潭遺詞』「夢中老少問答歌」: "人傑은 地靈이라 勝地에 살아보세."

쪽 땅의 산물을 저쪽 땅으로 옮기어 치우침이 없게 구제하며「移物」(濟 2規 12模)], 하늘이 산물의 종자를 바꾸어 구제하고「易種」(濟 2規 13模)], 후미지고 거친 땅을 개척해서 열며「拓闢」(濟 2規 14模)], 땅이 음양陰陽의 바다와 육지로 이루어져 서로 구제「水山」(濟 2規 15模)]한다. 땅의 성질이 지나치게 유약하거나 억세면 교화나 덕화가 행하여지지 못하므로 비방秘方을 제시하고 있다. 즉 "땅의 성질이 지나치게 유약하면 사람의 마음 또한 굳지 못하고 변덕스러워져 교화가 행해지지 않으므로 물을 끌어 정원에 대며 대나무를 심고 깊은 우물물을 마시도록 할 것"이며, "땅의 성질이 억세면 사람의 성질도 강하고 사나워져서 사사로이 싸우거나 잔인하게 해치는 일이 많아서 덕화德化가 행하여지지 못하므로 흐르는 물을 마시며 버드나무를 심도록 해야 한다." 반면 지질이 비옥하고 땅의 맛이 달면 인심이 순후하고 화락하여 덕을 펴고 가르침을 베풀어 그 타고난 하늘성품을 이루게 된다. 또한 '지질이 건조하거나 습하여도 인심이 박악薄惡하여 의로움을 좇지 않고 덕을 알지 못한다'고 하고, 이런 경우에는 "너그러이 가르쳐 성품을 가라앉히고, 마음을 순順하고 평온하게 하여 박악한 마음을 돌이켜 안정을 되찾게 해주어야 한다"고 하였다. 하늘이 만물을 내리거나 구제함에 치우침이 없는 것은 하늘이 이쪽 땅의 산물을 저쪽 땅으로 옮기는 까닭이다. "동쪽에 풍년 들고 서쪽에 흉년 들며, 남쪽에 장마 지고 북쪽에 가무는 것은 치우침이 아니라 돌아서 방향이 바뀌는 것이다." 하늘이 만물을 구제함에 극히 귀하고 극히 성盛함이 없으며, 극히 천하고 극히 쇠衰함도 없는 것은 하늘이 산물의 종자를 바꾸는 까닭이다. "이에 따라 사람의 성품도 바꾸어 사람의 지혜를 통달케 하는 것이다." 땅이 바다와 육지로 이루어져 서로 구제한다는 것은 "하늘이 바다를 구제함에 육지로써 하고 육지를 구제함에 바다로써 하는 것을 말한다. 육지로부터 바다에 이르기까지 널리 교화시키고 널리 덕화가 미치게 하면 구제의 공功이 밝아지고 드날리게 되는 것이다."

구제는 순서에 맞게 해야 한다고 「서序」(濟 3規)에서는 말한다. "서는 만물을 구제하는 도道에 순서가 없을 수 없다는 것이다. 형세를 살펴 베풀고 마땅함을 헤아려 결정하면 다시 계산함이 없으니, 이는 마치 어금니가 있고 뺨이 있는 것과 같다." 따라서 먼 곳에 있는 사람을 먼저 구제하고[「先遠」(濟 3規 16模)], 위급한 사람부터 구제하며[「首濱」(濟 3規 17模)], 곤액(困厄: 困難과 災厄)의 경중輕重에 따라 중한 것부터 구제하고[「輕重」(濟 3規 18模)], 구제 대상의 중과衆寡에 따라 많은 인원의 곤란함은 덕으로써, 적은 인원의 곤란함은 베풂으로써 구제하며[「衆寡」(濟 3規 19模)], 도덕의 뜻과 만물의 이치를 서로 숭상하여 때를 짐작하고[「合同」(濟 3規 20模)], 노인은 은혜를 베풀어 구제하며 약한 자는 방법을 찾아 구제하고[「老弱」(濟 3規 21模)], 젊어서 교만함을 경계해야 한다[「壯健」(濟 3規 22模)]. "밝은이가 만물을 구제하고 교화함에 먼 구석진 곳을 먼저 하니, 어리석은 사람은 스스로 변하여 명철하게 되고 완고한 사람은 스스로 깨달아 예절이 있게 된다." 구제 대상의 중과에 따라 구제의 방편을 달리 한다는 것은 적은 인원에게는 시혜施惠를 통한 구제의 방편을 쓰지만, 많은 인원에게는 모두 시혜가 미칠 수 없으므로 오히려 도덕을 펴서 자활할 수 있는 토대를 마련하게 하는 구제의 방편을 써야 한다는 것이다. 온 세상이 도덕의 뜻만을 숭상하면 만물의 이치를 알지 못하게 되고, 온 세상이 만물의 이치만을 숭상하면 도덕의 뜻을 알지 못하게 되므로 사람을 구제함에는 도덕의 뜻과 만물의 이치를 서로 숭상하여 때를 짐작한다고 한 것이다. 또한 노인은 물질적 시혜로 구제하고, 약한 사람은 재활교육이나 직업교육 등 다양한 방법으로 구제한다. 노약자를 실천적으로 구제하지 못하는 경우라도 은혜로써 구제하는 마음을 바꾸지 못하며 무궁한 방법이 있음을 알아야 한다. 젊어서 교만함을 경계하지 않으면 천패天敗를 만나 벼랑 끝에 서게 되는 구제불능의 신세가 되므로 그 잘못을 경계하여 참된 길로 돌이켜야 한다.

구제는 지혜로써 하는 것이어야 한다고 「지智」(濟 4規)에서는 말한다. "지혜(智)란 앎의 스승이며, 재주의 스승이고, 덕의 벗이다. 앎은 능히 통달하고, 재주는 능히 분석 판단하며, 덕은 능히 감화시킨다." 오직 밝은이의 지혜라야 사람을 구제하는 데 쓰일 수 있다는 것이다.[85] 따라서 갖추고 준비하며[「設備」(濟 4規 23模)], 나쁜 버릇을 금하고[「禁癖」(濟 4規 24模)], 검소해야 하며[「要儉」(濟 4規 25模)], 좋은 음식을 지나치게 구하지 말고[「精食」(濟 4規 26模)], 자산을 윤택하게 하며[「潤資」(濟 4規 27模)], 속된 것을 고치고[「改俗」(濟 4規 28模)], 지혜의 근본인 뜻을 세우며[「立本」(濟 4規 29模)], 인망人望을 얻고 재물을 베풀어 쓰며[「收殖」(濟 4規 30模)], 시련을 통하여 갈고 연마해야 하며[「造器」(濟 4規 31模)], 일이 일어나기 전에 구제해야 한다[「預劑」(濟 4規 32模)]. "하늘의 이치를 밝히고 하늘의 도를 찬술撰述한 것은 사람의 욕심을 제어하기 위해 미리 갖추는 것이다. 계명戒命을 엮고 마음에 새길 것을 편찬하는 것은 사람의 수신修身을 위한 준비이다. 따라서 하늘을 대신하여 갖추고 준비하는 것은 세세토록 만물을 구제하는 귀감이 되게 하기 위한 것이다." 고질痼疾과 나쁜 버릇을 금하기 위해서는 "규범을 정하

---

85 밝은이의 지혜는 마치 한 덩어리의 점토를 앎으로써 점토로 빚은 모든 그릇에 대해 알 수 있는 것과 같다(cf. *Chandogya Upanishad* in *The Upanishads*, 6. 1. p.117: "Just as by knowing a lump of clay, my son, all that is clay can be known, since any differences are only words and the reality is clay;…). 우주만물의 명칭과 모양은 제각기 다르지만 이들을 관통하고 있는 그 '하나(一)'를 알고 있는 까닭에 하늘이 사람을 구제하듯 평등무차별한 구제를 할 수 있는 것이다.

여 경계하여야 하며, 또한 못하게 막는 범위를 획정劃定하는 것이 가장 좋은 약이 된다." 어긋난 일을 행하는 것도 사치하는 데서 생기며 음란한 것도 사치하는 데서 생기므로 종신토록 먼저 깨달아야 하는 것이 검소함이다. 호랑이가 고기를 먹으려다 함정에 빠지고 물고기가 미끼를 먹으려다 낚싯줄에 걸리는 것과 마찬가지로, 그 탐하는 입 때문에 사람이 몸을 잃게 되면 영혼이 거처할 곳이 없게 되므로 이를 구제하는 것이 정식精食이라고 하고 있다. 장주는 "즐기고 탐하는 마음의 샘이 깊은 곳에 하늘의 샘은 말라만 간다"[86]고 했다. 미식美食이 몸의 기능을 퇴화시키듯이 환락은 영혼의 샘을 마르게 한다. "사람은 소유한 자산이 있으면 구차하게 바라는 것이 없고 자비로운 마음이 자라나게 된다. 자산은 부지런함으로 이루어지고 의로우면 지킬 수 있으며 어질면 불어난다." 남이 구제하기를 기다리지 말고 스스로 구제하고자 하면 구제의 지혜를 이루게 된다. 또한 지혜의 근본인 뜻을 세워야 하는 것은 뜻을 대동帶同한 지혜이면 구제하게 되고 뜻을 잃은 지혜이면 구제하지 못하게 되기 때문이다. "사람을 구제하는 지혜를 이루고자 하면 인망을 귀하게 여기고 재물 쓰는 것을 가볍게 여겨야 한다." 사람됨의 그릇은 하늘이 만드는 것이다. 하늘이 모든 사람을 한결같은 형상으로 만들고 한결같은 성품으로 만들지만, 사람됨의 그릇을 만듦에 있어 "여덟 가지가 서로 다르고(八異) 아홉 가지가 특수하게 다른(九殊) 것은 구제할 바탕이 서로 다르기 때문이다" 여덟 가지가 서로 다르다는 것은 소위 말하는 팔자(八字: 年干, 月干, 日干, 時干, 年支, 月支, 日支, 時支)가 서로 다른 것이다. 여기에 나오는 간干과 지支, 즉 간지는 십간(十

---

86 『莊子』「大宗師」: "其嗜欲深者 其天機淺."

干: 甲, 乙, 丙, 丁, 戊, 己, 庚, 辛, 壬, 癸)과 십이지(十二支: 子, 丑, 寅, 卯, 辰, 巳, 午, 未, 申, 酉, 戌, 亥)를 말하는 것으로 십간은 하늘의 기운을, 십이지는 땅의 기운을 나타낸다. 사람 팔자가 다른 것은 누구나 천지 기운을 받고 태어나지만 간지가 서로 다르기 때문이다. 십간과 십이지가 만나 육십갑자六十甲子의 조합을 이루고 이것으로 사주(四柱: 年柱, 月柱, 日柱, 時柱)를 나타내게 되는 것이다. 다음으로 아홉 가지가 특수하게 다르다는 것은 구규九竅가 두드러지게 차이가 나는 것을 말한다. '구규'란 사람 몸에 있는 아홉 구멍 즉 눈, 코, 입, 귀, 요도, 항문과 이에 조응하는 마음의 아홉 구멍을 통칭한 것이다. 몸과 마음은 조응 관계에 있는 까닭에 몸뿐만 아니라 마음에도 아홉 구멍이 있는 것이다. 다시 말해서 눈, 코, 입, 귀, 요도, 항문은 통로일 뿐이고 기실은 모두 마음의 작용이니 마음에 아홉 구멍이 있다고 한 것이다. 마음의 작용이 다르다는 것은 곧 기운이 다른 것을 의미한다. 마치 질그릇(陶)을 불에 달구어 연마하여 완성하듯이, 사람도 본래의 성품을 이루기 위해서는 시련을 통하여 갈고 연마해야 한다. 끝으로 구제는 사후약방문이 되어서는 안 되며 병이 나기 전에 미리 약을 다려 먹는 것과 같은 것이어야 한다.

제4강령 제濟에는 네 가지 법도(規), 즉 시時, 지地, 서序, 지智와 서른두 가지 본보기(32模)가 있다.

제1규 시時

제147사 시(時: 濟 1規)

時 濟物之時也 濟不以時 燕鴻相違 水與山遠
시 제 물 지 시 야 제 불 이 시 연 홍 상 위 수 여 산 원

毛甲不同
모 갑 부 동

번역 시時는 만물을 구제하는 때이다. 구제함이 때에 맞지 않는 것은 마치 봄의 제비와 가을의 기러기가 서로 찾아오는 때가 어긋나고, 물과 산이 서로 멀며, 털난 짐승과 껍질 있는 갑각류甲殼類가 서로 다른 것과 같다.

주해 1) 時 濟物之時也(시 제물지시야) : 때(時)는 만물을 구제하는 때를 말한다. 만물을 구제함에는 적당한 때가 있다는 말이다.

2) 濟不以時 燕鴻相違 水與山遠 毛甲不同(제불이시 연홍상위 수여산원 모갑부동) : 제불이시濟不以時는 구제함(濟)이 때에 맞지 않는 것이고, 연홍상위燕鴻相違는 봄의 제비(燕)와 가을의 기러기(鴻)가 서로(相) 찾아오는 때가 어긋나는(違) 것이며, 수여산원水與山遠은 물(水)과 산山이 서로 먼(遠) 것이고, 모갑부동毛甲不同은 털난 짐승(毛)과 껍질 있는 갑각류甲殼類가 같지 않다는 것이다. 따라서 구제함이 때에 맞지 않는 것은 마치 봄의 제비와 가을의 기러기가 서로 찾아오는 때가 어긋나고, 물과 산이 서로 멀며, 털난 짐승과 껍질 있는 갑각류가 서로

다른 것과 같다는 뜻이다.

제148사 농재(農災: 濟 1規 1模)

農災者 不勤農而遭災也 農者 天下之大本
농 재 자 불 근 농 이 조 재 야 농 자 천 하 지 대 본

四業之首也 敎化隆洽 人無閒慵 健者農 聰者學
사 업 지 수 야 교 화 융 흡 인 무 한 용 건 자 농 총 자 학

敏者商 巧者工 工能窮理 商不徑貪 學能達道
민 자 상 교 자 공 공 능 궁 리 상 불 경 탐 학 능 달 도

農不失時 農不失時則無人災
농 불 실 시 농 불 실 시 즉 무 인 재

번역 농재農災란 농사에 부지런하지 않아서 재앙을 만나는 것이다. 농사는 천하의 큰 근본이고 네 가지 직업(農·學·商·工) 중에 으뜸이다. 교화가 널리 크게 퍼지면 사람이 한가하거나 게으름이 없어 건강한 사람은 농사를 짓고, 총명한 사람은 학문을 하며, 민첩한 사람은 장사를 하고, 기술적인 재능이 있는 사람은 공업을 한다. 공업은 이치를 잘 궁구해야 하고, 상업은 탐욕을 일삼지 말아야 하며, 학문은 도에 통달해야 하고, 농업은 때를 잃지 않아야 한다. 농사에 때를 잃지 않으면 사람에게 재앙이 없다.

주해 1) 農災者 不勤農而遭災也(농재자 불근농이조재야): 농재農災, 즉 '농사의 재앙'이란 농사에 부지런하지 않아서 재앙을 만나는 것을 말한다.

2) 農者 天下之大本 四業之首也(농자 천하지대본 사업지수야) : 농사는 천하의 큰 근본이고 네 가지 직업(農·學·商·工) 중에 으뜸이라는 뜻이다. 본문에서 네 가지 직업인 農농·학學·상商·공工에 대해 설명한 뒤 다시 공工·상商·학學·농農으로 순서를 뒤바꾸어 표기한 것은 직업에 귀천이 없음을 나타내기 위한 것으로 보인다.

3) 敎化隆洽 人無閑慵(교화융흡 인무한용) : 교화敎化가 널리 크게 퍼지면(隆洽) 사람(人)이 한가하거나 게으름(閑慵)이 없게 된다는 뜻이다. 융흡隆洽은 '성하게 전파됨'이고, 한용閑慵은 '한가하고 게으름'이다.

4) 健者農 聰者學 敏者商 巧者工(건자농 총자학 민자상 교자공) : 건강한 사람은 농사를 짓고(健者農), 총명한 사람은 학문을 하며(聰者學), 민첩한 사람은 장사를 하고(敏者商), 기술적인 재능이 있는 사람은 공업을 한다(巧者工)는 뜻이다.

5) 工能窮理 商不徑貪 學能達道 農不失時(공능궁리 상불경탐 학능달도 농불실시) : 공능궁리工能窮理는 공업은 이치를 잘 궁구해야 하고, 상불경탐商不徑貪은 상업은 지름길(徑)을 탐하지 말아야 하며(탐욕을 일삼지 말아야하며), 학능달도學能達道는 학문은 도에 통달해야 하고, 농불실시農不失時는 농업은 때를 잃지 않아야 한다는 뜻이다.

6) 農不失時則無人災(농불실시즉무인재) : 농사에 때를 잃지 않으면(農不失時則) 사람에게 재앙이 없다(無人災)는 뜻이다.

제149사 양괴(凉怪: 濟 1規 2模)

凉怪者 秋風肅氣 妖怪害人也 正心而無邪
양괴자 추풍숙기 요괴해인야 정심이무사

氣淸而無動 意定而無亂則 妖怪不敢近
기 청 이 무 동   의 정 이 무 난 즉   요 괴 불 감 근

번역   양괴涼怪란 가을바람의 숙살기운(肅殺之氣)에 요괴妖怪가 사람을 해치는 것이다. 마음을 바르게 하여 사특함이 없고, 기운을 맑게 하여 움직임이 없으며, 뜻을 바로잡아 어지러움이 없으면 요괴가 감히 가까이 하지 못한다.

주해   1) 凉怪者 秋風肅氣 妖怪害人也(양괴자 추풍숙기 요괴해인야) : 양괴凉怪, 즉 '서늘한 기운의 요괴'란 가을바람의 숙살기운(肅殺之氣)에 요괴妖怪가 사람을 해치는 것을 말한다. 숙기肅氣는 곧 '숙살지기肅殺之氣'로서 쌀쌀한 가을 기운, 즉 된서리 기운을 말한다.

2) 正心而無邪 氣淸而無動 意定而無亂則(정심이무사 기청이무동 의정이무난즉) : 정심이무사正心而無邪는 마음(心)을 바르게(正) 하여 사특함이 없음(無邪)을 말하고, 기청이무동氣淸而無動은 기운(氣)을 맑게(淸) 하여 움직임이 없음(無動)을 말하며, 의정이무난즉意定而無亂則은 '뜻(意)을 바로잡아(定) 어지러움이 없으면(無亂則)'의 뜻이다.

3) 妖怪不敢近(요괴불감근) : 요괴妖怪, 즉 삿된 기운이 감히 가까이 하지 못한다(不敢近)는 뜻이다.

제150사 열염(熱染: 濟 1規 3模)

熱染者 酷暑蒸炎 妖魔害人也 六丁 鑱天 三庚
열 염 자   혹 서 증 염   요 마 해 인 야   육 정   오 천   삼 경

伏地　上感下凝　妖生其間　淸心淨處　哈吹金氣
복 지　상 감 하 응　요 생 기 간　청 심 정 처　합 취 금 기

不飽不飢則 妖魔不敢生
불 포 불 기 즉　요 마 불 감 생

번역　열염(熱染)이란 찌는 듯한 심한 더위에 요사한 마귀(妖魔)가 사람을 해치는 것이다. 육정(六丁: 夏至 후 60일간)의 한여름 더위에 하늘이 솥 끓듯 하고, 삼경(三庚: 初伏·中伏·末伏의 三伏)의 더위가 땅 위에 엎드리니, 위로는 더운 기운이 느껴지나 아래로는 찬 기운이 엉기어 그 사이에서 요사한 것이 생겨난다. 마음을 맑게 하고 처소를 정결하게 하여 가을 기운(金氣)으로 호흡을 고르고(調息), 과식하지도 굶주리지도 않으면 요사한 것이 감히 생겨나지 못한다.

주해　1) 熱染者 酷署蒸炎 妖魔害人也(열염자 혹서증염 요마해인야) : 열염(熱染)은 더위가 사람에게 옮는다는 뜻이니 흔히 '더위 먹었다'고 하는 것이 이것이다(熱 더위 열; 染 옮을 염). 혹서(酷署)는 심한 더위, 증염(蒸炎)은 찌는 더위이니, 혹서증염(酷署蒸炎)은 찌는 듯한 심한 더위를 말한다. 요마해인야(妖魔害人也)는 요사한 마귀, 즉 삿된 기운이 사람을 해치는 것을 말한다. 따라서 열염(熱染), 즉 '더위 먹음'이란 찌는 듯한 심한 더위에 삿된 기운이 사람을 해치는 것을 말한다.

2) 六丁 鏊天(육정 오천) : 육정(六丁)은 천간(天干)이 정(丁)이 되는 여섯 정일(六丁日: 丁丑·丁卯·丁巳·丁未·丁酉·丁亥)로서 하지(夏至) 후 60일간의 한여름을 말한다. 오천(鏊天)은 하늘을 솥으로 끓인다는 뜻이니 한여름 더위에 하늘이 솥 끓듯 하는 것이다(鏊 솥 오, '끓이다').

3) 三庚 伏地(삼경 복지) : 삼경(三庚)은 천간(天干)이 경자(庚字)가 드는 세 번의 경일(三庚日)로서 하지(夏至) 후 삼복(三伏: 初伏·中伏·末伏)을 말한다.

삼경일三庚日은 하지 후 셋째 경일庚日인 초복, 넷째 경일庚日인 중복, 입추立秋 후 첫 경일庚日인 말복을 일컫는 것이다. 복지伏地는 땅 위에 엎드리는 것이다.

4) 上感下凝 妖生其間(상감하응 요생기간) : 상감하응上感下凝은 위로는 (더운 기운이) 느껴지나 아래로는 (찬 기운이) 엉기는 것을 말한다. 한여름 더위에 더운 기운이 위로 올라가 하늘이 솥 끓듯 하니 위로는 더운 기운이 느껴지는 것이요, 삼복(三伏, 三庚)은 절후상 음기가 새로 생기기 시작하는 때이니 아래로는 찬 기운이 엉긴다고 한 것이다. 요생기간妖生其間은 그 사이에서 요사한 것이 생겨난다는 말로, 머리로는 더운 기운이 오르고 손발로는 찬 기운이 엉기는 삼복에는 삿된 기운에 감염되어 건강을 해치기 쉽다는 뜻이다.

5) 淸心淨處 哈吹金氣 不飽不飢則(청심정처 합취금기 불포불기즉) : 청심정처淸心淨處는 마음을 맑게(淸心) 하고 처소를 정결하게(淨處) 하는 것을 말하고, 합취哈吹는 호흡하는 것이고(哈 마실 합, 吹 불 취), 금기金氣는 가을 기운(秋氣)이니, 합취금기哈吹金氣는 가을 기운을 호흡하는 것, 다시 말해서 가을 기운으로 호흡을 고르는 것(調息)을 말한다. 불포불기즉不飽不飢則은 '과식하지도 굶주리지도 않으면'의 뜻이다.

6) 妖魔不敢生(요마불감생) : 요사한 것(妖魔)이 감히 생겨나지 못한다(不敢生)는 뜻이다.

제151사 동표(凍莩: 濟 1規 4模)

凍莩者 凍餓死也 四業之家 有不霑敎化者
동 표 자 동 아 사 야 사 업 지 가 유 불 점 교 화 자

擔賴無業 嗜逸訪閑 尊衣尙食 其謀不長
담 뢰 무 업　기 일 방 한　존 의 상 식　기 모 부 장

竟至凍莩 故 哲人 濟物 必先于此
경 지 동 표　고　철 인　제 물　필 선 우 차

번 역　동표凍莩란 추운 겨울에 얼어 굶어죽는 것이다. 4업(農·學·商·工)을 하는 집에 교화를 입지 못한 사람이 있어서 맡은 직업도 없이 안일함을 즐기고 한가함을 찾아 잘 입고 잘 먹는 것만 일삼으면, 그 꾀로는 오래가지 못하고 마침내 얼어서 굶어죽게 될 것이다. 그러므로 밝은이는 만물을 구제함에 있어 반드시 먼저 교화를 행한다.

주 해　1) 凍莩者 凍餓死也(동표자 동아사야) : 동표凍莩는 얼어서 굶어죽는 것이다(凍 얼 동; 莩 굶어죽을 표).

2) 四業之家 有不霑敎化者(사업지가 유불점교화자) : 사업지가四業之家는 4업(農·學·商·工)을 하는 집이고, 유불점교화자有不霑敎化者는 교화를 입지 못한 사람이 있음을 말한다(霑 젖을 점, '은혜를 입음').

3) 擔賴無業 嗜逸訪閑(담뢰무업 기일방한) : 담뢰무업擔賴無業은 맡아서 의지할 직업이 없다는 뜻이고(擔 맡을 담; 賴 의뢰할 뢰, '의지함'), 기일방한嗜逸訪閑은 안일함을 즐기고(嗜逸) 한가함을 찾는다(訪閑)는 뜻이다(嗜 즐길 기).

4) 尊衣尙食 其謀不長 竟至凍莩(존의상식 기모부장 경지동표) : 존의상식尊衣尙食은 입는 것을 높이고 먹는 것을 숭상하는 것이니 이는 곧 잘 입고 잘 먹는 것만 일삼는다는 뜻이고, 기모부장其謀不長은 그 꾀가 오래가지 못한다는 뜻이며, 경지동표竟至凍莩는 마침내 얼어서 굶어죽게 될 것이라는 뜻이다.

5) 濟物 必先于此(제물 필선우차) : 만물을 구제함에 반드시 먼저 이 것(교화)을 한다는 뜻이다(于 할 우). 차此는 교화를 지칭한다.

제152사 무시(無時: 濟 1規 5模)

無時者 常時也 哲人 以德濟物 準備良道
무 시 자 상 시 야 철 인 이 덕 제 물 준 비 양 도

爲供不時 薰若春暖 殘氷 自消
위 공 불 시 훈 약 춘 난 잔 빙 자 소

번역   무시無時란 항상 행하는 것이다. 밝은이는 덕으로써 만물을 구제함에 좋은 방도를 준비하여 어느 때나 제공하니, 그 훈훈함이 따뜻한 봄볕과도 같아서 남은 얼음이 저절로 녹아내리듯 한다.

주해   1) 無時者 常時也(무시자 상시야) : 무시無時, 즉 '때가 없음'이란 '상시常時'를 말한다. 다시 말해서 일정한 때가 없다는 것은 항상 때(常時)라는 뜻으로, 이는 곧 항상 행하는 것을 말한다.

2) 以德濟物 準備良道 爲供不時(이덕제물 준비양도 위공불시) : 이덕제물以德濟物은 덕으로써 만물을 구제하는 것이고, 양도良道는 좋은 방도이니, 준비양도準備良道는 좋은 방도를 준비하는 것이며, 위홍불시爲供不時는 어느 때나 제공한다는 뜻이다.

3) 薰若春暖 殘氷 自消(훈약춘난 잔빙 자소) : 훈약춘난薰若春暖은 그 훈훈함이 따뜻한 봄볕과도 같다는 뜻이고, 잔빙 자소(殘氷 自消)는 남은 얼음이 저절로 녹아내린다는 뜻이다. 따라서 그 뜻은 그 훈훈함

(薰)이 따뜻한 봄볕(春暖)에 남은 얼음(殘氷)이 저절로 녹아내리는(自消) 것과 같다(若)는 뜻이다. 이는 곧 그 훈훈함이 따뜻한 봄볕과도 같아서 남은 얼음이 저절로 녹아내리듯 한다는 의미이다.

제153사 왕시(往時: 濟 1規 6模)

往時者 過去時也 有病諸過時 不能蘇新氣
왕 시 자   과 거 시 야   유 병 제 과 시   불 능 소 신 기

未展以正道 革其邪根 邪根 則除
미 전 이 정 도   혁 기 사 근   사 근   즉 제

번역 왕시往時란 이미 지나간 때이다. 병이 들어 때를 놓쳐버리면 새로운 기운을 다시 살려내지 못하고 바른 도道를 펴지 못하게 된다. 그러나 병의 뿌리인 마음을 고치어 새롭게 하면, 마음으로 인해 생긴 병의 근원은 자연히 제거될 것이다.

주해 1) 往時者 過去時也(왕시자 과거시야) : 왕시往時, 즉 '지나간 때'란 이미 지나간 때(過去時)를 말한다.

2) 有病諸過時 不能蘇新氣 未展以正道(유병제과시 불능소신기 미전이정도) : 유병제과시有病諸過時는 병이 들어 때를 놓치는 것이고, '불능소신기不能蘇新氣'는 새로운 기운을 다시 살려내지 못하는 것이며, 미전이정도未展以正道는 바른 도道를 펴지 못하는 것이다.

3) 革其邪根 邪根 則除(혁기사근 사근 즉제) : 기사근其邪根, 즉 그 삿된 뿌리란 병의 뿌리인 마음을 일컫는 것이니, 혁기사근革其邪根은 '병의 뿌리인 마음을 고치어 새롭게 하면'의 뜻이다. 사근즉제邪根則

除은 삿된 근원이 자연히 제거된다는 뜻으로 이는 곧 마음으로 인해 생긴 병의 근원이 자연히 제거된다는 뜻이다.

제154사 장지(將至: 濟 1規 7模)

將至者 將來也 哲人大道爲萬世人規
장지자 장래야 철인대도위만세인규

然 物盛則規衰 趁痼未完 袪爲福利
연 물성즉규쇠 진고미완 거위복리

번역 장지將至란 장차 오는 것이다. 밝은이의 큰 도는 만세 사람들의 법도가 된다. 그러나 물질이 지나치게 성盛하면 법도가 쇠해져서 오로지 물질에만 의존하는 고질병을 갖게 되어 완치가 안 되니, 진정한 행복과 이익이 떠나게 된다.

주해 1) 將至者 將來也(장지자 장래야) : 장지將至, 즉 '장차 이름'이란 장차(將) 오는(來) 것을 말한다.

2) 哲人大道爲萬世人規(철인대도위만세인규) : 밝은이의 큰 도는 만세萬歲 사람들의 법도(規)가 된다는 뜻이다.

3) 然 物盛則規衰 趁痼未完(연 물성즉규쇠 진고미완) : 물성즉규쇠物盛則規衰는 물질이 지나치게 성하면(物盛則) 법도가 쇠해진다(規衰)는 뜻이다(然 그러나 연). 진고미완趁痼未完은 (오로지 물질에만 의존하는) 고질병을 갖게 되어 완치가 안 되는 것을 말한다(趁 쫓을 진; 痼 고질 고).

4) 袪爲福利(거위복리) : 진정한 행복과 이익은 떠나게 된다는 뜻이다(袪 떠날 거).

제2규 지地

제155사 지(地: 濟 2規)

地者 濟物之地也 濟合於地理 地宜於濟質然後 濟
지자 제물지지야 제합어지리 지의어제질연후 제

理質 若不應巨輪 行有曲岐
이질 약불응거륜 행유곡기

번역 지地란 만물을 구제하는 땅이다. 구제가 땅의 이치에 부합하고 땅은 구제의 바탕이 될 만한 연후라야 구제하게 되는 것이다. 땅의 이치와 구제의 바탕이 만약 큰 수레바퀴처럼 양쪽이 서로 응하지 않으면, 구제를 행함에 많은 장애와 어려움이 따르게 된다.

주해 1) 地者 濟物之地也(지자 제물지지야) : 지地, 즉 '땅'이란 만물을 구제하는 땅이라는 뜻이다.

2) 濟合於地理 地宜於濟質然後 濟(제합어지리 지의어제질연후 제) : 구제(濟)가 땅의 이치(地理)에 부합(合)하고, 땅(地)이 구제의 바탕(濟質)에 마땅한(宜, 구제의 바탕이 될 만한) 연후라야 구제하게 되는 것이다.

3) 理質 若不應巨輪 行有曲岐(이질 약불응거륜 행유곡기) : 이질理質은 (땅의) 이치와 (구제의) 바탕을 말하고, 약불응거륜若不應巨輪은 '만약 큰 수레바퀴(巨輪)처럼 서로 응하지 않으면'의 뜻이며, 행유곡기行有曲岐는 구제를 행함에 굽음(曲)과 갈라짐(岐)이 있게 된다는 뜻으로 이는 곧 구제를 행함에 많은 장애와 어려움이 따르게 된다는 뜻이다. 다

시 말해서 땅의 이치와 구제의 바탕이 수레의 두 바퀴처럼 서로 맞아야 적절한 구제가 이루어진다는 의미이다.

제156사 무유(撫柔: 濟 2規 8模)

撫柔者 撫地性之柔 挽回不廢也
무 유 자　무 지 성 지 유　만 회 불 폐 야

地性柔則 人心反覆 教化不行
지 성 유 즉　인 심 반 복　교 화 불 행

導水灌園 種竹樹 飮深井
도 수 관 원　종 죽 수　음 심 정

번역　무유撫柔란 땅의 성질이 유약柔弱한 것을 어루만져서 황폐하지 않도록 바로잡아 돌이키는 것이다. 땅의 성질이 유약하면 사람의 마음이 변덕스러워서 교화가 행해지지 않으니, 물을 끌어 정원에 대며, 대나무를 심고 깊은 우물물을 마시도록 한다.

주해　1) 撫柔者 撫地性之柔 挽回不廢也(무유자 무지성지유 만회불폐야) : 무유撫柔, 즉 '유柔한 것을 어루만짐(撫)'이란 땅의 성질이 유약柔弱한 것을 어루만져서 황폐하지 않도록 돌이키는 것(挽回)이다.

2) 地性柔則 人心反覆 教化不行(지성유즉 인심반복 교화불행) : 땅의 성질(地性)이 유약하면(柔則) 사람의 마음(人心)이 (굳지 못하고) 변덕스러워서(反覆) 교화教化가 행해지지 않는다(不行)는 뜻이다.

3) 導水灌園 種竹樹 飮深井(도수관원 종죽수 음심정) : 도수관원導水灌園은 물을 끌어(導) 정원에 대는(灌) 것이고, 종죽수種竹樹는 대나무를

심는 것이며, 음심정飮深井은 깊은 우물물을 마신다는 뜻이다. 사람은 태어날 때부터 지기地氣를 받고 태어나고 또한 지기를 마시며 살아가는 관계로 땅의 성질(地性)은 당연히 사람 성품(人性)의 형성에 영향을 미치게 되는 것이다. 여기서는 땅의 성질이 지나치게 유약하면 사람의 마음 또한 굳지 못하고 변덕스러워져 교화가 행해지지 않으므로 거기에 대한 비방秘方을 제시한 것이다. 사람이 땅의 성질의 영향을 받는다는 사실은 『용담유사』「몽중노소문답가」에서 "인걸人傑은 지령地靈이라"고 하여 걸출한 인물이 나오려면 반드시 땅의 신령한 기운을 받아야 한다고 한 데서도 분명히 드러난다.

제157사 해강(解剛: 濟 2規 9模)

解剛者 解地性之剛 輓回和氣也 地性剛則
해 강 자   해 지 성 지 강   만 회 화 기 야   지 성 강 즉

人質强暴 私鬪多殘害 德化淹滯 飮流水 種楊柳
인 질 강 포   사 투 다 잔 해   덕 화 엄 체   음 류 수   종 양 유

번역 해강解剛이란 땅의 성질이 억센 것을 풀어 온화한 기운이 돌게 하는 것이다. 땅의 성질이 억세면 사람의 성질도 강하고 사나워져서 사사로이 싸우거나 잔인하게 해치는 일이 많아서 덕화德化가 행하여지지 못하니, 흐르는 물을 마시며 버드나무를 심도록 해야 한다.

주해 1) 解剛者 解地性之剛 輓回和氣也(해강자 해지성지강 만회화기야) : 해강解剛, 즉 '억셈(剛)을 풂'이란 땅의 성질(地性)이 억센(剛) 것을

풀어(解) 온화한 기운(和氣)으로 되돌리는(輓回) 것을 말한다. 만회輓回는 '만회挽回'와 동자同字로, 바로잡아 돌이킨다는 뜻이다.

    2) 地性剛則 人質强暴 私鬪多殘害(지성강즉 인질강포 사투다잔해) : 땅의 성질(地性)이 억세면(剛則) 사람의 성질(人質)도 강하고 사나워져서(强暴) 사사로이 싸우거나(私鬪) 잔인하게 해치는(殘害) 일이 많아진다(多)는 뜻이다.

    3) 德化淹滯(덕화엄체) : 엄체淹滯는 '오래 머무름'이니, 덕화가 널리 퍼지지 못하고 오래 지체된다는 뜻으로 이는 곧 덕화가 행하여지지 못하는 것을 말한다.

    4) 飮流水 種楊柳(음류수 종양유) : 흐르는 물을 마시며 버드나무(楊柳)를 심도록 해야 한다는 뜻이다. 땅의 성질이 억세면 사람의 성질도 강하고 사나워져서 덕화德化가 행하여지지 못하므로 거기에 대한 비방을 제시한 것이다.

제158사 비감(肥甘: 濟 2規 10模)

肥甘者 地質 肥 地味甘也 地質肥味甘則
비 감 자 　 지 질 　 비 　 지 미 감 야 　 지 질 비 미 감 즉

人性淳厚和樂 布德施敎 如風過健草 成其天性
인 성 순 후 화 락 　 포 덕 시 교 　 여 풍 과 건 초 　 성 기 천 성

養其天心 波及附近
양 기 천 심 　 파 급 부 근

번 역　　비감肥甘이란 지질이 비옥하고 땅의 맛이 단 것이다. 지질이 비옥하고 땅의 맛이 달면 사람의 성품도 순박하고 인정이 두

터우며 화평하고 즐거우니, 덕을 펴고 가르침을 베푸는 것이 마치 바람이 싱싱한 풀을 스쳐 지나는 것과 같아서, 그 타고난 천성을 이루고 그 타고난 천심을 길러서 부근에까지 영향이 미치게 된다.

주해 1) 肥甘者 地質 肥 地味甘也(비감자 지질 비 지미감야) : 비감肥甘, 즉 '비옥肥沃하고 달다(甘)'는 것은 지질地質이 비옥하고 땅의 맛이 단 것을 말한다.

2) 地質肥味甘則 人性淳厚和樂(지질비미감즉 인성순후화락) : 지질이 비옥(肥)하고 맛이 달면(味甘則) 사람의 성품(人性)도 순박하고(淳) 인정이 두터우며(厚) 화평하고(和) 즐겁게(樂) 된다는 뜻이다.

3) 布德施敎 如風過健草(포덕시교 여풍과건초) : 포덕시교布德施敎는 덕을 펴고(布德) 가르침을 베푸는(施敎) 것이고, 여풍과건초如風過健草는 바람같이(如風) 싱싱한 풀(健草)을 스쳐 지난다(過)는 뜻이다.

4) 成其天性 養其天心 波及附近(성기천성 양기천심 파급부근) : 그 타고난 천성天性을 이루고(成) 그 타고난 천심天心을 길러서(養) 부근에까지 영향이 미치게(波及) 된다는 뜻이다.

제159사 조습(燥濕: 濟 2規 11模)

燥濕者 地質 有燥有濕也 地質燥濕則 人心薄惡
조 습 자 지 질 유 조 유 습 야 지 질 조 습 즉 인 심 박 악

謀利而不向義 縱慾而不知德 寬敎沈性 順和平心
모 리 이 불 향 의 종 욕 이 부 지 덕 관 교 침 성 순 화 평 심

安以回之
안 이 회 지

번 역 조습燥濕이란 지질이 건조하거나 습한 것이다. 지질이 건조하거나 습하면 인심이 박악薄惡하여 자신의 이익만 도모하고 의로움을 좇지 않으며, 욕심을 따르고 덕을 알지 못한다. 따라서 너그러이 가르쳐 성품을 가라앉히고, 마음을 순順하고 평온하게 하여 박악한 마음을 돌이켜 안정을 되찾게 해 주어야 한다.

주 해 1) 燥濕者 地質有燥有濕也(조습자 지질유조유습야) : 조습燥濕, 즉 '건조하고(燥) 습함(濕)'이란 지질이 건조하거나 습한 것이다.

2) 地質燥濕則 人心薄惡(지질조습즉 인심박악) : 지질이 건조하거나 습하면(燥濕則) 인심이 박악(薄惡: 刻薄하고 邪惡함)하게 된다는 뜻이다.

3) 謀利而不向義 縱慾而不知德(모리이불향의 종욕이부지덕) : 자신의 이익(利)만 도모(謀)하고 의로움(義)을 좇지 않으며(不向), 욕심(慾)을 따르고(縱) 덕德을 알지 못하는(不知) 것을 말한다.

4) 寬敎沈性 順和平心 安以回之(관교침성 순화평심 안이회지) : 너그러이 가르쳐(寬敎) 성품을 가라앉히고(沈性), 마음(心)을 순하고 평온하게(平) 하여, 박악한 마음을 돌이켜(回) 안정(安)을 되찾게 해 주어야 한다는 뜻이다. 회지回之는 박악한 마음을 돌이키는 것이다.

제160사 이물(移物: 濟 2規 12模)

移物者 天 移此地物於彼地也 天 濟物 無偏濟
이물자 천 이차지물어피지야 천 제물 무편제

下物 無偏下 東豊西歉 南霖北旱者 非偏 乃轉也
하물 무편하 동풍서겸 남림북한자 비편 내전야

如人之氣血 通或不通 身體 健或不健
여인지기혈 통혹불통 신체 건혹불건

번역 이물移物이란 하늘이 이쪽 땅의 산물을 저쪽 땅으로 옮기는 것이다. 하늘이 만물을 구제함에 있어 치우치게 구제함이 없으며, 만물을 내림에 있어서도 치우치게 내림이 없다. 동쪽에 풍년 들고 서쪽에 흉년 들며, 남쪽에 장마 지고 북쪽에 가무는 것은 치우친 것이 아니라 돌아가는(廻) 것이다. 이는 마치 사람의 기혈氣血이 잘 통하기도 하고 혹 통하지 않기도 하며, 신체가 건강하기도 하고 혹 건강하지 않기도 한 것과 같은 것이다.

주해 1) 移物者 天 移此地物於彼地也(이물자 천 이차지물어피지야) : 이물移物, 즉 '만물을 옮김'이란 하늘이 이쪽 땅의 산물을 저쪽 땅으로 옮기는 것을 말한다.

2) 濟物 無偏濟(제물 무편제) : 만물을 구제함(濟物)에 있어 치우치게 구제함(偏濟)이 없다(無)는 뜻이다.

3) 下物 無偏下(하물 무편하) : 만물을 내림(下物)에 있어서도 치우치게 내림(偏下)이 없다(無)는 뜻이다.

4) 東豊西歉 南霖北旱者 非偏 乃轉也(동풍서겸 남림북한자 비편 내전야) : 동풍서겸東豊西歉은 동쪽에 풍년 들고(豊) 서쪽에 흉년 들며(歉), 남쪽에 장마(霖) 지고 북쪽에 가무는(旱) 것은 치우친 것이 아니라(非偏) (하늘의 造化로) 돌아가는(廻) 것이라는 뜻이다(豊 풍년들 풍; 歉 흉년들 겸; 霖 장마 림, 旱 가물 한).

5) 如人之氣血 通或不通 身體 健或不健(여인지기혈 통혹불통 신체 건혹불건) : 마치 사람(人)의 기혈氣血이 잘 통通하기도 하고 혹或 통하지 않기도(不通) 하며, 신체身體가 건강(健)하기도 하고 혹 건강하지 않기도

(不健)한 것과 같은 것이라는 의미이다.

제161사 역종(易種: 濟 2規 13模)

易種者 天 易所産物種也 天 濟物 無極貴極盛
역종자 천 역소산물종야 천 제물 무극귀극성

無極賤極衰 凡物 貴盛 必賤衰 賤衰 必貴盛者
무극천극쇠 범물 귀성 필천쇠 천쇠 필귀성자

天 易此産於彼 易彼産於此 換人性 達人知
천 역차산어피 역피산어차 환인성 달인지

번 역   역종易種이란 하늘이 산물의 종자를 바꾸는 것이다. 하늘이 만물을 구제함에 극히 귀하고 극히 성盛함이 없으며, 극히 천하고 극히 쇠衰함도 없다. 무릇 만물이 귀하고 성하면 반드시 천하고 쇠하게 되며 천하고 쇠하면 반드시 귀하고 성하게 되는 것은, 하늘이 이쪽 산물을 저쪽으로 바꾸고 저쪽 산물을 이쪽으로 바꾸는 까닭이니, 이에 따라 사람의 성품도 바꾸어 사람의 지혜를 통달케 하는 것이다.

주 해   1) 易種者 天 易所産物種也(역종자 천 역소산물종야) : 역종易種, 즉 '종자를 바꿈'이란 하늘(天)이 산물産物의 종자(種)를 바꾸는(易) 것을 말한다(易 바꿀 역).

  2) 天 濟物 無極貴極盛 無極賤極衰(천 제물 무극귀극성 무극천극쇠) : 하늘(天)이 만물을 구제함(濟物)에 극히 귀하고(極貴) 극히 성함(極盛)이 없으며(無), 극히 천하고(極賤) 극히 쇠함(極衰)도 없다는 뜻이다.

3) 凡物 貴盛 必賤衰(범물 귀성 필천쇠) : 무릇(凡) 만물(物)이 귀貴하고 성盛하면 반드시(必) 천賤하고 쇠衰하게 된다는 뜻이다.

4) 賤衰 必貴盛者(천쇠 필귀성자) : 천하고 쇠하면 반드시(必) 귀貴하고 성盛하게 되는 것을 말한다.

5) 天 易此産於彼 易彼産於此(천 역차산어피 역피산어차) : 하늘이 이쪽 산물(此産)을 저쪽으로 바꾸고 저쪽 산물(彼産)을 이쪽으로 바꾸는(易) 것을 말한다.

6) 換人性 達人知(환인성 달인지) : 환인성換人性은 사람의 성품을 바꾸는 것이고, 달인지達人知는 사람의 지혜를 통달케 한다는 뜻이다.

제162사 척벽(拓闢: 濟 2規 14模)

拓闢者 拓闢僻荒也 天 濟人 先開物
척벽자 척벽벽황야 천 제인 선개물

故 爲僻地無人 荒地無物
고 위벽지무인 황지무물

古以神聖而始 賢知而補 愚昧而繼 敎化而終
고 이 신 성 이 시 현 지 이 보 우 매 이 계 교 화 이 종

번역 척벽拓闢이란 벽지(僻地: 후미진 땅)와 황지(荒地: 거친 땅)를 개척하여 여는 것이다. 하늘이 사람을 구제함에 있어 먼저 만물을 여는 고로 벽지에는 사람이 없게 하고 황지에는 만물이 없게 한다. 태고에 신성한 이로 하여금 개척을 시작하게 하고, 어질고 지혜로운 이로 하여금 보완하게 하며, 우매한 이로 하여금 이어가게 하여 그 교화가 끝이 난다.

주 해　1) 拓闢者 拓闢僻荒也(척벽자 척벽벽황야) : 척벽拓闢, 즉 '개척하여 여는 것'이란 벽지(僻地: 후미진 땅)와 황지(荒地: 거친 땅)를 개척하여 여는 것을 말한다. 척拓은 개척함이고 벽闢은 '열 벽'으로 새로운 전답을 만드는 것을 말한다.

　2) 天 濟人 先開物(천 제인 선개물) : 하늘(天)이 사람을 구제함(濟人)에 있어 먼저(先) 만물을 연다(開物)는 뜻이다.

　3) 爲僻地無人 荒地無物(위벽지무인 황지무물) : 벽지僻地에는 사람이 없게(無人) 하고 황지荒地에는 만물이 없게(無物) 한다는 뜻이다.

　4) 古以神聖而始 賢知而補(고이신성이시 현지이보) : 태고(古)에 신성神聖한 이로 하여금 개척을 시작(始)하게 하고, 어질고 지혜로운(賢知) 이로 하여금 보완하게(補) 한다는 뜻이다.

　5) 愚昧而繼 敎化而終(우매이계 교화이종) : 우매愚昧한 이로 하여금 이어가게(繼) 하여 그 교화敎化가 끝이 난다(終)는 뜻이다.

제163사 수산(水山: 濟 2規 15模)

水山者 海陸也 天 濟海以陸 濟陸以海
수 산 자　해 륙 야　천　제 해 이 륙　제 륙 이 해

敎自陸而化于海 道自陸而德于海 敎化立則濟功明
교 자 륙 이 화 우 해　도 자 륙 이 덕 우 해　교 화 립 즉 제 공 명

道德成則濟功揚
도 덕 성 즉 제 공 양

번 역　수산水山이란 바다와 육지이다. 하늘이 바다를 구제함에 육지로써 하고 육지를 구제함에 바다로써 하나니, 교敎는 육지로부

터 바다에 이르기까지 널리 교화시키고, 도道는 육지로부터 바다에 이르기까지 널리 덕화德化가 미치게 한다. 교화가 세워지면 구제의 공功이 밝아지고 도덕이 이루어지면 구제의 공이 드날리게 된다.

주해 1) 水山者 海陸也(수산자 해륙야) : 수산水山, 즉 '물과 산'이란 바다와 육지를 말한다.

2) 天 濟海以陸 濟陸以海(천 제해이륙 제륙이해) : 하늘(天)이 바다를 구제함(濟海)에 육지로써(以陸) 하고 육지를 구제함(濟陸)에 바다로써(以海) 한다는 뜻이다. 이는 곧 땅(地)이 음양陰陽의 바다와 육지로 이루어져 서로 구제하는 원리를 밝히고 있으며, 음양 양극간의 역동적인 상호작용으로 땅의 운행이 이루어짐을 나타낸 것이다.

3) 教自陸而化于海 道自陸而德于海(교자륙이화우해 도자륙이덕우해) : 자自는 '…로부터'이니 교자륙이화우해教自陸而化于海는 교教가 육지로부터 바다에 이르기까지 널리 교화시키는 것을 말하고, 도자륙이덕우해道自陸而德于海는 도道가 육지로부터 바다에 이르기까지 널리 덕화德化가 미치게 하는 것을 말한다.

4) 教化立則濟功明 道德成則濟功揚(교화입즉제공명 도덕성즉제공양) : 교화가 세워지면(教化立則) 구제의 공(濟功)이 밝아지고(明) 도덕이 이루어지면(道德成則) 구제의 공(濟功)이 드날리게(揚) 된다는 뜻이다.

제3규 서序

제164사 서(序: 濟 3規)

序 濟物之道 非無次序也 審勢而施 量宜而決
서 제물지도 비무차서야 심세이시 양의이결

無再算 如有牙有頰
무재산 여유아유협

번역 서序는 만물을 구제하는 도道에 순서가 없을 수 없다는 것이다. 형세를 살펴 베풀고 마땅함을 헤아려 결정하면 다시 계산함이 없으니, 이는 마치 어금니가 있고 뺨이 있는 것과 같다.

주해 1) 序 濟物之道 非無次序也(서 제물지도 비무차서야) : 서序, 즉 '순서'란 만물을 구제하는 도道에 순서가 없을 수 없음을 말한다.

2) 審勢而施 量宜而決 無再算(심세이시 양의이결 무재산) : 형세(勢)를 살펴(審) 베풀고(施) 마땅함(宜)을 헤아려(量) 결정하면(決) 다시 계산함이 없다(無再算)는 뜻이다.

3) 如有牙有頰(여유아유협) : 마치 어금니(牙)가 있고 뺨(頰)이 있는 것과 같다(如)는 뜻이다. 이는 어금니가 있고 그 어금니를 뺨이 감싸고 있는 것과 같다는 뜻으로 구제에도 순서가 있다는 뜻이다.

제165사 선원(先遠: 濟 3規 16模)

先遠者 先于遠人也 哲人 濟物教化 先于遐陬
선원자 선우원인야 철인 제물교화 선우하추

愚胎 自變爲明哲 頑骨 自覺有禮節
우태 자변위명철 완골 자각유예절

번역 선원先遠이란 먼 곳에 있는 사람을 먼저 구제하는 것이다. 밝은이가 만물을 구제하고 교화함에 먼 구석진 곳을 먼저 하니, 어리석은 사람은 스스로 변하여 명철하게 되고 완고한 사람은 스스로 깨달아 예절이 있게 된다.

주해 1) 先遠者 先于遠人也(선원자 선우원인야) : 선원先遠, 즉 '먼 곳을 먼저 함'이란 먼 곳에 있는 사람을 먼저 구제하는 것을 말한다.

2) 濟物教化 先于遐陬(제물교화 선우하추) : 만물을 구제하고 교화함에 먼 구석진 곳을 먼저 한다는 뜻이다(遐 멀 하; 陬 구석 추).

3) 愚胎 自變爲明哲(우태 자변위명철) : 어리석은 사람(愚胎)은 스스로 변하여(自變) 명철(明哲)하게 된다(爲)는 뜻이다.

4) 頑骨 自覺有禮節(완골 자각유예절) : 완고한 사람(頑骨)은 스스로 깨달아(自覺) 예절(禮節)이 있게(有) 된다는 뜻이다.

제166사 수빈(首濱: 濟 3規 17模)

首濱者 首先濟濱危之人也 濟有先後 倒懸雖急
수 빈 자　수 선 제 빈 위 지 인 야　　제 유 선 후　　도 현 수 급

溺水有矣 溺水雖急 焚火有矣
익 수 유 의　익 수 수 급　분 화 유 의

번역　수빈首濱이란 제일 먼저 죽음에 임박한(濱死) 위급한 사람을 구제하는 것이다. 구제함에 있어서도 선후가 있으니, 거꾸로 매달린 사람이 비록 급하나 물에 빠진 사람이 있고, 물에 빠진 사람이 비록 급하나 불에 타는 사람이 있다.

주해　1) 首濱者 首先濟濱危之人也(수빈자 수선제빈위지인야) : 수빈首濱, 즉 '임박함을 먼저 함'이란 제일 먼저 죽음에 임박한(濱死) 위급한 사람을 구제하는 것을 말한다(濱 임박할 빈).

2) 濟有先後 倒懸雖急 溺水有矣(제유선후 도현수급 익수유의) : 제유선후濟有先後는 구제함에 있어서도 선후가 있다는 뜻이다. 도현수급倒懸雖急은 '거꾸로 매달린 사람이 비록 급하나'의 뜻이고(倒 거꾸로 할 도; 懸 매달릴 현), 익수유의溺水有矣는 물에 빠진 사람이 있다는 뜻이다.

3) 溺水雖急 焚火有矣(익수수급 분화유의) : 물에 빠진 사람이 비록 급하나(溺水雖急) 불에 타는 사람이 있다(焚火有矣)는 뜻이다.

제167사 경중(輕重: 濟 3規 18模)

人之困厄 有重有輕 必欲濟之 宜知重知輕
인 지 곤 액　유 중 유 경　필 욕 제 지　의 지 중 지 경

重固時矣 輕固日矣 不時不日 無重無輕
중 고 시 의　경 고 일 의　불 시 불 일　무 중 무 경

번 역　사람의 곤란(困)과 재액(厄)에는 경중輕重이 있다. 반드시 구제하고자 하면 마땅히 심한 것과 덜 심한 것을 알아야 한다. 심한 것은 실로 시간을 다투고 덜 심한 것은 실로 날을 다툰다. 시간도 날도 다투지 아니하면 심한 것도 덜 심한 것도 아니다.

주 해　1) 人之困厄 有重有輕(인지곤액 유중유경) : 사람의 곤란과 재액에는 중重한 것과 경輕한 것, 즉 경중輕重이 있다는 뜻이다. 말하자면 심한 것과 덜 심한 것이 있다는 뜻이다.

2) 必欲濟之 宜知重知輕(필욕제지 의지중지경) : 반드시 구제하고자 하면(必欲濟之) 마땅히(宜) 심한(重) 것을 알고(知) 덜 심한(輕) 것을 알아야(知) 한다는 뜻이다.

3) 重固時矣 輕固日矣(중고시의 경고일의) : 심한 것은 실로 시간(時)을 다투고 가벼운 것은 실로 날(日)을 다툰다는 뜻이다.

4) 不時不日 無重無輕(불시불일 무중무경) : 시간도 날도 다투지 않는(不時不日) 것은 심한 것도 덜 심한 것도 아니다(無重無輕)는 뜻이다. 말하자면 시간을 다투는 일은 즉시 구제하고, 날을 다투는 것은 그 다음으로 구제하며, 시간도 날도 다투지 않는 일은 다급하지 않으니 찬찬히 계획을 세워 구제해야 한다는 가르침이다.

제168사 중과(衆寡: 濟 3규 19모)

千人 八分其困 百人 十分其困 其困而衆困勝寡困
천인 팔분기곤 백인 십분기곤 기곤이중곤승과곤

十分 多八分 其雙成者 濟衆以德 濟寡以惠
십분 다팔분 기쌍성자 제중이덕 제과이혜

번역 천 사람 중에 그 천분지 팔(天分之八)이 곤란하고 백 사람 중에 그 백분지 십(百分之十)이 곤란하다면, 그 곤란함은 많은 수의 곤란함이 적은 수의 곤란함보다 우선하며 백분지 십의 곤란한 사람 수가 천분지 팔의 곤란한 사람 수보다 많다. 이러한 두 가지 경우의 곤란함을 구제함에 있어 많은 인원의 곤란함은 덕으로써 구제하고, 적은 인원의 곤란함은 베풂으로써 구제한다.

주해 1) 千人 八分其困 百人 十分其困(천인 팔분기곤 백인 십분기곤) : 천 사람 중에 그 천분지 팔이 곤란하고 백 사람 중에 그 백분지 십이 곤란한 것을 말한다.

2) 其困而衆困勝寡困(기곤이중곤승과곤) : 그(其) 곤란함(困)은 많은 수의 곤란함(衆困)이 적은 수의 곤란함(寡困)보다 우선한다(勝)는 뜻이다.

3) 十分 多八分(십분 다팔분) : 백분지 십(十分)의 곤란한 사람 수가 천분지 팔(八分)의 곤란한 사람 수보다 많다는 뜻이다.

4) 其雙成者 濟衆以德 濟寡以惠(기쌍성자 제중이덕 제과이혜) : 이러한 두 가지 경우의 곤란함을 구제함에 있어(其雙成者) 많은 인원의 곤란함은 덕으로 구제하고(濟衆以德), 적은 인원의 곤란함은 베풂으로 구제한다(濟寡以惠)는 뜻이다. 말하자면 적은 인원은 시혜施惠를 통해 구제하지만, 많은 인원에게는 모두 시혜가 미칠 수 없으므로 이런

경우에는 오히려 도덕을 펴서 지속적으로 자활할 수 있는 토대를 마련하게 하는 구제의 방편을 써야 한다는 것이다.

제169사 합동(合同: 濟 3規 20模)

合同者 擧世也 擧世尙德意 無物理 擧世尙物理
합동자 거세야 거세상덕의 무물리 거세상물리

無德意 是以 哲人 濟人 相德物斟時
무덕의 시이 철인 제인 상덕물짐시

번역 합동合同이란 온 세상이다. 온 세상이 도덕의 뜻만을 숭상하면 만물의 이치를 알지 못하게 되고, 온 세상이 만물의 이치만을 숭상하면 도덕의 뜻을 알지 못하게 된다. 그러므로 밝은이가 사람을 구제함에 있어서는 도덕의 뜻과 만물의 이치를 서로 숭상하여 때를 짐작한다.

주해 1) 合同者 擧世也(합동자 거세야) : 합동合同, 즉 '모여서 함께 함'이란 합하여 하나로 만드는 것이니, 이는 곧 온 세상(擧世)을 말하는 것이다.

2) 擧世尙德意 無物理(거세상덕의 무물리) : 온 세상이 도덕의 뜻(德意)만을 숭상(尙)하면 만물의 이치(物理)가 없어진다는 뜻이니, 이는 곧 만물의 이치를 알지 못하게 된다는 의미이다.

3) 擧世尙物理 無德意(거세상물리 무덕의) : 온 세상이 만물의 이치(物理)만을 숭상(尙)하면 도덕의 뜻(德意)이 없어진다는 뜻이니, 이는 곧 도덕의 뜻을 알지 못하게 된다는 의미이다.

4) 是以 哲人 濟人 相德物斟時(시이 철인 제인 상덕물짐시) : 그러므로(是以) 밝은이(哲人)가 사람을 구제함(濟人)에 있어서는 도덕의 뜻(德意)과 만물의 이치(物理)를 서로(相) 숭상하여 때를 짐작(斟時)한다는 뜻이다(斟 짐작할 짐).

제170사 노약(老弱: 濟 3規 21模)

濟老以恩 濟弱以方 恩不可易 方可無窮
제 로 이 은   제 약 이 방   은 불 가 역   방 가 무 궁

寧爲不恩不方 不可無不易無窮
영 위 불 은 불 방   불 가 무 불 역 무 궁

번역 노인은 은혜로써 구제하고 약한 사람은 방법으로써 구제한다. 은혜는 가히 바꾸지 못하는 것이고, 방법은 가히 무궁한 것이다. 차라리 은혜로 못하고 방법으로 못하더라도 노인에 대하여는 은혜로써 구제하는 마음을 바꾸지 못하며, 약한 사람을 구제함에는 무궁한 방법이 있음을 알아야 한다.

주해 1) 濟老以恩 濟弱以方(제노이은 제약이방) : 노인(老)은 은혜로(以恩) 구제하고 약한 사람(弱)은 방법으로(以方) 구제한다는 뜻이다. 말하자면 노인은 물질적 시혜施惠로 구제하고, 약한 사람은 재활교육이나 직업교육 등 다양한 방법으로 구제하는 것을 말한다.

2) 恩不可易 方可無窮(은불가역 방가무궁) : 은혜(恩)는 가히 바꾸지 못하는(不可易) 것이고, 방법(方)은 가히 무궁하다(可無窮)는 뜻이다.

3) 寧爲不恩不方 不可無不易無窮(영위불은불방 불가무불역무궁) : 영위

불은불방寧爲不恩不方은 '차라리(寧) 은혜로 못하고 방법으로 못하더라도'의 뜻이고, 불가무불역무궁不可無不易無窮은 '불가不可'와 무無는 이중부정이므로 (노인에 대하여는 은혜로써 구제하는 마음을) 바꾸지 못하며 (不易), (약한 사람을 구제함에는) 무궁한 방법이 있음을 알아야 한다는 뜻이다. 말하자면 노약자를 실천적으로 구제하지는 못하더라도 은혜로써 구제하는 마음을 바꾸지 못하며 무궁한 방법이 있음을 알아야 한다는 뜻이다.

제171사 장건(壯健: 濟 3規 22模)

壯健者 遭天敗 立絶地 雖欲筋力井匏
장 건 자 조 천 패 입 절 지 수 욕 근 력 정 포

無繩濟之單恩 可警其復 不警 復非恩
무 승 제 지 단 은 가 경 기 복 불 경 복 비 은

번역 씩씩하고 튼튼한(壯健) 사람이라 해도 하늘의 벌을 받으면 벼랑 끝에 서게 된다. 비록 힘들여 우물물을 바가지로 마시고자 해도 두레박줄을 건지는 정도의 은혜도 입지 못하니, 그 잘못을 경계하여 참된 길로 돌이켜야 한다. 경계하지 않으면 은혜가 아닌 길로 돌아가게 된다.

주해 1) 壯健者 遭天敗 立絶地(장건자 조천패 입절지) : 씩씩하고 튼튼한 사람(壯健者)이라 해도 하늘의 벌(天敗)을 받으면(遭) 벼랑 끝(絶地)에 서게(立) 되는 것을 말한다(遭 만날 조, '일을 당함').

2) 雖欲筋力井匏 無繩濟之單恩 可警其復(수욕근력정포 무승제지단은

가경기복) : 비록(雖) 힘들여(筋力) 우물(井)물을 바가지(匏)로 마시고자 해도(欲) 두레박 줄(繩)을 건지는(濟) 정도의 은혜(單恩)도 입지 못하니, 그 잘못을 경계하여(警) 참된 길로 돌이켜야(復) 한다는 뜻이다. 말하자면 내가 은혜를 베풀지 않으면 남도 나에게 은혜를 베풀지 않는다는 것을 깨달아 참된 길로 돌이켜야 한다는 의미이다(匏 바가지 포; 繩 줄 승).

3) 不警 復非恩(불경 복비은) : 경계하지 않으면(不警) 은혜가 아닌(非恩) 길로 돌아가게(復) 된다는 뜻이다. 은혜가 아닌 길로 돌아가게 된다는 것은 두레박줄을 건지는 정도의 은혜도 입지 못하게 된다는 의미이다.

제4규 지(智)

제172사 지(智: 濟 4規)

智者 知之師也 才之師也 德之友也 知能通達
지자 지지사야 재지사야 덕지우야 지능통달

才能剖判 德能感化 惟哲人之智 用濟人
재능부판 덕능감화 유철인지지 용제인

번역 지혜(智)란 앎의 스승이며, 재주의 스승이고, 덕의 벗이다. 앎은 능히 통달하고, 재주는 능히 분석 판단하며, 덕은 능히 감화시킨다. 오직 밝은이의 지혜라야 사람을 구제하는 데 쓰인다.

> **주 해** 1) 智者 知之師也 才之師也 德之友也(지자 지지사야 재지사야 덕지우야) : 지智, 즉 지혜란 앎의 스승(知之師)이며, 재주의 스승(才之師)이고, 덕의 벗(德之友)이라는 뜻이다.
>
> 2) 知能通達 才能剖判 德能感化(지능통달 재능부판 덕능감화) : 앎(知)은 능히(能) 통달通達하고, 재주(才)는 능히 분석 판단하며(剖判), 덕德은 능히 감화感化시킨다는 뜻이다.
>
> 3) 惟哲人之智 用濟人(유철인지지 용제인) : 오직(惟) 밝은이(哲人)의 지혜(智)라야 사람을 구제(濟人)하는데 쓰인다(用)는 뜻이다.

제173사 설비(設備: 濟 4規 23模)

明天理 述天道者 制人慾之預設也
명 천 리 술 천 도 자   제 인 욕 지 예 설 야

編戒命 纂心銘者 修人身之準備也
편 계 명 찬 심 명 자   수 인 신 지 준 비 야

代天設備 爲萬世濟物之鑑
대 천 설 비   위 만 세 제 물 지 감

> **번 역** 하늘의 이치를 밝히고 하늘의 도를 찬술撰述한 것은 사람의 욕심을 제어하기 위해 미리 갖추는 것이다. 계명戒命을 엮고 마음에 새길 것을 편찬하는 것은 사람의 수신修身을 위한 준비이다. 따라서 하늘을 대신하여 갖추고 준비하는 것은 세세토록 만물을 구제하는 귀감이 되게 하기 위한 것이다.

> **주 해** 1) 明天理 述天道者 制人慾之預設也(명천리 술천도자 제인욕지

예설야) : 하늘의 이치(天理)를 밝히고(明) 하늘의 도(天道)를 찬술撰述한 것(者)은 사람의 욕심(人慾)을 제어하기(制) 위해 미리 갖추는(預設) 것이라는 뜻이다.

2) 編戒命 纂心銘者 修人身之準備也(편계명 찬심명자 수인신지준비야) : 계명戒命을 엮고(編) 마음에 새긴(心銘) 것(者)을 편찬하는(纂) 것은 사람의 수신(修人身)을 위한 준비라는 뜻이다.

3) 代天設備 爲萬世濟物之鑑(대천설비 위만세제물지감) : 하늘을 대신하여(代天) 갖추고 준비하는(設備) 것은 세세토록(萬世) 만물을 구제하는(濟物) 귀감(鑑)이 되게 하기 위한(爲) 것이라는 뜻이다. 설비設備란 갖추고 준비하는 것을 말한다.

제174사 금벽(禁癖: 濟 4規 24模)

禁癖者 禁人之痼癖也 驕橫殘虐 人之痼也
금벽자 금인지고벽야 교횡잔학 인지고야

諛讒譎謊 人之癖也 定規箴 劃防閑 是爲藥石
유참휼황 인지벽야 정규잠 획방한 시위약석

번역　금벽禁癖이란 사람의 고질痼疾과 나쁜 버릇을 금하는 것이다. 교만하고 방자하며 잔인하고 포악한 것은 사람의 고질이고, 아첨하고 중상모략하며 속이고 기만하는 것은 사람의 나쁜 버릇이다. 따라서 규범을 정하여 경계하여야 하며, 또한 못 하게 막는 범위를 획정劃定하는 것이 가장 좋은 약이 된다.

주해　1) 禁癖者 禁人之痼癖也(금벽자 금인지고벽야) : 금벽禁癖이란 사람의 고질痼疾과 나쁜 버릇을 금하는 것을 말한다.

2) 驕橫殘虐 人之痼也(교횡잔학 인지고야) : 교만하고(驕) 방자하며(橫) 잔인하고(殘) 포악한(虐) 것은 사람의 고질(痼)이라는 뜻이다.

3) 諛譖謠詭 人之癖也(유참효황 인지벽야) : 아첨하고(諛) 중상모략하며(譖) 속이고(謠) 기만하는(詭) 것은 사람의 나쁜 버릇(癖)이라는 뜻이다.

4) 定規箴 劃防閑 是爲藥石(정규잠 획방한 시위약석) : 규범(規)을 정하여(定) 경계하여야(箴) 하며, 또한 못하게 막는(防閑) 범위를 획정하는(劃) 것이 가장 좋은 약(藥石: 藥과 鍼)이 된다는 뜻이다(箴 경계할 잠; 防 막을 방; 閑 막을 한).

제175사 요검(要儉: 濟 4規 25模)

要儉者 爲務儉也 行乖生於奢 淫亂生於奢
요검자 위무검야 행괴생어사 음란생어사

未有務儉而爲行乖淫亂者也 儉則無求
미유무검이위행괴음란자야 검즉무구

儉爲終身之先覺
검위종신지선각

번역 요검要儉이란 검소하도록 힘쓰는 것이다. 어긋난 일을 행하는 것도 사치하는 데서 생기며 음란한 것도 사치하는 데서 생긴다. 검소함에 힘쓰면서 어긋난 일을 행하거나 음란한 사람은 아직 없다. 검소하면 구할 것이 없으니, 종신토록 먼저 깨달아야 하는 것이 검소함이다.

주 해 1) 要儉者 爲務儉也(요검자 위무검야) : 요검要儉, 즉 '검소함을 요要함'이란 검소하도록 힘쓰는 것을 말한다.

2) 行乖生於奢 淫亂生於奢(행괴생어사 음란생어사) : 어긋난 일을 행하는(行乖) 것도 사치하는(奢) 데서 생기며(生), 음란한(淫亂) 것도 사치하는(奢) 데서 생긴다(生)는 뜻이다(乖 어그러질 괴).

3) 未有務儉而爲行乖淫亂者也(미유무검이위행괴음란자야) : 검소함에 힘쓰면서(務儉) 어긋난 일을 행하거나(行乖) 음란한(淫亂) 사람(者)은 아직 없다(未有)는 뜻이다.

4) 儉則無求 儉爲終身之先覺(검즉무구 검위종신지선각) : 검소하면(儉則) 구할 것이 없으니(無求), 종신토록(終身) 먼저 깨달아야(先覺) 하는(爲) 것이 검소함(儉)이라는 뜻이다.

제176사 정식(精食: 濟 4規 26模)

精食者 不求重食也 虎陷肉穽 魚懸餌綸者 貪口也
정식자 불구중식야 호함육정 어현이륜자 탐구야

身失於口 靈無所寄 其濟之者 精食乎
신실어구 영무소기 기제지자 정식호

번 역 정식精食이란 좋은 음식을 지나치게 구하지 않는 것이다. 호랑이가 고기를 먹으려다 함정에 빠지고 물고기가 미끼를 먹으려다 낚싯줄에 걸리는 것은 모두 그 탐하는 입 때문이다. 입 때문에 몸을 잃으면 영혼이 거처할 곳이 없게 되니 이를 구제하는 것이 정식精食이다.

주해 1) 精食者 不求重食也(정식자 불구중식야) : 정식精食이란 평소에 먹는 잡곡밥이나 나물과 같은 소박하고 정결精潔한 음식으로 이는 곧 맛있고 좋은 음식(重食)을 지나치게 구하지 않는 것을 말한다. 장주는 "즐기고 탐하는 마음의 샘이 깊은 곳에 하늘의 샘은 말라만 간다"(『莊子』「大宗師」 "其嗜欲深者 其天機淺")라고 했다. 미식美食이 몸의 기능을 퇴화시키듯이 환락은 영혼의 샘을 마르게 한다.

2) 虎陷肉穽 魚懸餌綸者 貪口也(호함육정 어현이륜자 탐구야) : 호함육정虎陷肉穽은 호랑이가 고기를 먹으려다 함정에 빠진다는 뜻이다(陷 빠질 함; 穽 함정 정). 어현이륜자魚懸餌綸者는 물고기가 미끼를 먹으려다 낚싯줄에 걸리는 것을 말한다(懸 매달릴 현; 餌 먹이 이; 綸 낚싯줄 륜). 탐구야貪口也는 모두 그 탐하는 입 때문이라는 뜻이다.

3) 身失於口 靈無所寄(신실어구 영무소기) : 입 때문에 몸을 잃으면(身失於口) 영혼이 거처할 곳이 없게 된다(無所寄)는 뜻이다. 기寄는 '거처함, 의지함'의 뜻이다.

4) 其濟之者 精食乎(기제지자 정식호) : 그러한 것을 구제하는 것(其濟之者)이 정식精食이라는 뜻이다

제177사 윤자(潤資: 濟 4規 27模)

潤資者 潤其資有也 人有資有則無苟願 長慈心
윤 자 자　윤 기 자 유 야　인 유 자 유 즉 무 구 원　장 자 심

資有 成之於勤 失之於怠 義則守 仁則潤
자 유　성 지 어 근　실 지 어 태　의 즉 수　인 즉 윤

번역 윤자潤資란 그 소유한 자산이 윤택하게 불어나는 것이

다. 사람은 소유한 자산이 있으면 구차하게 바라는 것이 없고 자비로운 마음이 자라나게 된다. 자산은 부지런함으로 이루어지고 게으르게 되면 잃게 된다. 의로우면 지킬 수 있고, 어질면 불어난다.

주해 1) 潤資者 潤其資有也(윤자자 윤기자유야) : 윤자潤資, 즉 '자산을 윤택하게 함'이란 그 소유한 자산이 윤택하게 불어나는 것을 말한다.

2) 人有資有則無苟願 長慈心(인유자유즉무구원 장자심) : 사람은 소유한 자산이 있으면(人有資有則) 구차하게 바라는 것이 없고(無苟願) 자비로운 마음이 자라나게 된다(長慈心)는 뜻이다(苟 구차할 구).

3) 資有 成之於勤 失之於怠(자유 성지어근 실지어태) : 자산이 있음(資有)은 부지런함(勤)으로 이루어지고(成), 게으르게(怠) 되면 잃게 된다(失)는 뜻이다.

4) 義則守 仁則潤(의즉수 인즉윤) : 의로우면(義則) 지킬 수(守) 있고, 어질면(仁則) 불어난다(潤)는 뜻이다.

제178사 개속(改俗: 濟 4規 28模)

改 去也 俗 野也 自濟完 人濟散 自濟時 人濟遲
개 거야 속 야야 자제완 인제산 자제시 인제지

完與時 在我 散與遲 在人 是以 待人濟者 野也
완여시 재아 산여지 재인 시이 대인제자 야야

欲自濟者 文也 去野而就文 濟之智成
욕자제자 문야 거야이취문 제지지성

번 역   개改는 버리는 것이며, 속俗은 야만野蠻이다. 스스로 구제하면 완전하고 남이 구제하면 산만하며, 스스로 구제하면 제때에 하고 남이 구제하면 더디어진다. 완전함과 적당한 때는 나에게 있고, 산만함과 더딤은 남에게 있다. 그러므로 남이 구제하기를 기다리는 것은 야만(野)이고, 스스로 구제하고자 하는 것은 문명됨(文)이다. 야만을 버리고 문명됨으로 나아가면 구제의 지혜를 이루게 된다.

주 해   1) 改 去也 俗 野也(개 거야 속 야야) : 개改는 버리는 것(去)이며, 속俗은 야만(野=野蠻)이라는 뜻이다. 따라서 개속改俗, 즉 '속된 것을 고침'이란 야만을 버리고 문명으로 나아가는 것을 말한다.

2) 自濟完 人濟散(자제완 인제산) : 스스로 구제하면(自濟) 완전하고(完) 남이 구제하면(人濟) 산만하다(散)는 뜻이다.

3) 自濟時 人濟遲(자제시 인제지) : 스스로 구제하면(自濟) 제때(時)에 하고 남이 구제하면(人濟) 더디어진다(遲)는 뜻이다(遲 더딜 지).

4) 完與時 在我(완여시 재아) : 완전함(完)과 적당한 때(時)는 나에게 있다(在我)는 뜻이다.

5) 散與遲 在人(산여지 재인) : 산만함(散)과 더딤(遲)은 남에게 있다(在人)는 뜻이다.

6) 是以 待人濟者 野也(시이 대인제자 야야) : 그러므로(是以) 남이 구제하기를 기다리는(待人濟) 것(者)은 야만(野=野蠻)이라는 뜻이다.

7) 欲自濟者 文也(욕자제자 문야) : 스스로 구제하고자 하는(欲自濟) 것(者)은 문명(文=文明)됨이라는 뜻이다.

8) 去野而就文 濟之智成(거야이취문 제지지성) : 야만을 버리고(去野) 문명됨으로 나아가면(就文) 구제(濟)의 지혜(智)를 이루게(成) 된다는 뜻이다.

제179사 입본(立本: 濟 4規 29模)

立本者 立智本也 智之本 志也 帶志而智則濟
입본자 입지본야　지지본　지야　대지이지즉제

失志而智則不濟 無自濟之智 欠濟人之智
실지이지즉부제　무자제지지　흠제인지지

번역　입본立本이란 지혜의 근본을 세우는 것이다. 지혜의 근본은 뜻이니, 뜻을 대동帶同한 지혜이면 구제하게 되고 뜻을 잃은 지혜이면 구제하지 못하게 된다. 자신을 구제할 지혜가 없으면 남을 구제할 지혜도 결여된 것이다.

주해　1) 立本者 立智本也(입본자 입지본야) : 입본立本, 즉 '근본을 세움'이란 지혜의 근본을 세우는 것을 말한다.

2) 智之本 志也(지지본 지야) : 지혜의 근본(智之本)은 뜻(志)이라는 의미이다.

3) 帶志而智則濟 失志而智則不濟(대지이지즉제 실지이지즉부제) : 뜻을 대동帶同한 지혜이면(帶志而智則) 구제하게(濟) 되고 뜻을 잃은 지혜이면(失志而智則) 구제하지 못하게(不濟) 된다는 뜻이다.

4) 無自濟之智 欠濟人之智(무자제지지 흠제인지지) : 자신을 구제할 지혜(自濟之智)가 없으면(無) 남을 구제할 지혜(濟人之智)도 결여된(欠) 것이다.

제180사 수식(收殖: 濟 4規 30模)

收 收人望也 殖 殖財用也 濟之以德 非人望 不達
수 수인망야 식 식재용야 제지이덕 비인망 부달

濟之以惠 非財用 不信 欲遂濟人之智者
제지이혜 비재용 불신 욕수제인지지자

貴人望而賤財用
귀인망이천재용

번역 수收는 인망人望을 얻는 것이고, 식殖은 재물을 베풀어 쓰는 것이다. 덕으로써 구제하는 것은 인망을 얻지 못하면 이루지 못하고, 은혜로써 구제하는 것은 재물을 베풀어 쓰지 않으면 믿지 않는다. 사람을 구제하는 지혜를 이루고자 하면, 인망을 귀하게 여기고 재물 쓰는 것을 가볍게 여겨야 한다.

주해 1) 收 收人望也 殖 殖財用也(수 수인망야 식 식재용야) : 수收는 인망人望을 얻는 것收이고, 식殖은 재물을 베풀어 쓰는 것(財用)이다. 따라서 수식收殖, 즉 '거두고 늘림'이란 인망을 얻고 재물을 베풀어 쓰는 것을 말한다.

2) 濟之以德 非人望 不達(제지이덕 비인망 부달) : 덕으로써(以德) 구제하는(濟) 것은 인망을 얻지 못하면(非人望) 이루지 못한다(不達)는 뜻이다.

3) 濟之以惠 非財用 不信(제지이혜 비재용 불신) : 은혜로써(以惠) 구제하는(濟) 것은 재물을 베풀어 쓰지 않으면(非財用) 믿지 않는다(不信)는 뜻이다.

4) 欲遂濟人之智者 貴人望而賤財用(욕수제인지지자 귀인망이천재용)

: 사람을 구제하는 지혜(濟人之智)를 이루려면(欲遂) 인망人望을 귀貴히 여기고 재물 쓰는(財用) 것을 가볍게(賤) 여겨야 한다는 뜻이다.

제181사 조기(造器: 濟 4規 31模)

造器者 天 爲造人器也 造萬人一像 造萬性一品
조 기 자 천 위 조 인 기 야 조 만 인 일 상 조 만 성 일 품

但造八異而九殊者 濟質 互相不同
단 조 팔 이 이 구 수 자 제 질 호 상 부 동

必陶鎔磨鍊而成
필 도 용 마 련 이 성

번 역   조기造器란 하늘이 사람됨의 그릇을 만드는 것이다. 모든 사람을 한결같은 형상으로 만들고, 모든 사람의 성품을 한결같은 품격品格으로 만든다. 다만 사람됨의 그릇을 만듦에 있어 여덟 가지(八字: 年干, 月干, 日干, 時干, 年支, 月支, 日支, 時支)가 서로 다르고 아홉 가지가 특수하게 다른 것은 구제할 바탕이 서로 다르기 때문이다. 마치 질그릇(陶)을 불에 달구어 연마하여 완성하듯이, 사람도 본래의 성품을 이루기 위해서는 시련을 통하여 갈고 연마해야 한다.

주 해   1) 造器者 天 爲造人器也(조기자 천 위조인기야) : 조기造器, 즉 '그릇을 만듦'이란 하늘이 사람됨의 그릇을 만드는 것을 말한다.

2) 造萬人一像 造萬性一品(조만인일상 조만성일품) : 모든 사람(萬人)을 한결같은 형상(一像)으로 만들고(造), 모든 사람의 성품(萬性)을 한결같은 품격(一品)으로 만든다는 뜻이다.

3) 但造八異而九殊者(단조팔이이구수자) : 다만(但) (사람됨의 그릇을) 만듦(造)에 있어 여덟 가지가 서로 다르고(八異) 아홉 가지가 특수하게 다른(九殊) 것을 말한다. 여덟 가지가 서로 다르다는 것은 소위 말하는 팔자(八字: 年干, 月干, 日干, 時干, 年支, 月支, 日支, 時支)가 서로 다른 것이다. 여기에 나오는 간干과 지支, 즉 간지는 십간(十干: 甲, 乙, 丙, 丁, 戊, 己, 庚, 辛, 壬, 癸)과 십이지(十二支: 子, 丑, 寅, 卯, 辰, 巳, 午, 未, 申, 酉, 戌, 亥)를 말하는 것으로 십간은 하늘의 기운을, 십이지는 땅의 기운을 나타낸다. 누구나 천지기운을 받고 태어나지만 간지가 다르므로 사람 팔자가 다른 것이다. 십간과 십이지가 만나 육십갑자六十甲子의 조합을 이루고 이것으로 사주(四柱: 年柱, 月柱, 日柱, 時柱)를 나타내게 되는 것이다. 다음으로 아홉 가지가 특수하게 다르다는 것은 구규九竅가 두드러지게 차이가 나는 것을 말한다. '구규'란 사람 몸에 있는 아홉 구멍, 즉 눈·코·입·귀·요도·항문과 이에 조응하는 마음의 아홉 구멍을 통칭한 것이다. 몸뿐만 아니라 마음에도 아홉 구멍이 있는 것은 몸과 마음이 조응관계에 있는 까닭이다. 다시 말해서 눈, 코, 입, 귀, 요도, 항문은 통로일 뿐이고 기실은 모두 마음의 작용이니 마음에 아홉 구멍이 있다고 한 것이다. 마음의 작용이 다르다는 것은 곧 기운이 다른 것을 의미한다.

4) 濟質 互相不同(제질 호상부동) : 구제할 바탕(濟質)이 서로(互相) 다르다(不同)는 뜻이다.

5) 必陶鎔磨鍊而成(필도용마련이성) : 마치 질그릇(陶)을 불에 달구어(鎔) 연마하여(磨鍊) 완성(成)하듯이, 사람도 본래의 성품을 이루기 위해서는 시련을 통하여 갈고 연마해야 한다는 뜻이다.

제182사 예제(預劑: 濟 4規 32模)

預劑者 病前煎藥也 埴壑而後扶 醉倒而後灌 是
예제자 병전전약야 치학이후부 취도이후관 시

見物而濟之 智不如微物乎 地氣將濕 蟻螻封穴
견물이제지 지불여미물호 지기장습 의루봉혈

번역 예제預劑란 병이 나기 전에 미리 약을 다려서 먹는 것이다. 진흙 구덩이에 빠진 뒤에 붙잡고, 취해서 쓰러진 뒤에 물을 끼얹는 것은 일이 일어난 것을 보고서야 구제하는 것이니 그 지혜가 미물微物만도 못한 것이다. 땅 기운을 보고 장차 비가 올 것을 미리 감지하여 개미와 땅강아지는 자기 집 구멍을 막는다.

주해 1) 預劑者 病前煎藥也(예제자 병전전약야) : 미리 약을 지음(預劑)이란 병이 나기 전에 미리 약을 다려서 먹는 것을 말한다.

2) 埴壑而後扶 醉倒而後灌(치학이후부 취도이후관) : 진흙(埴) 구덩이(壑)에 빠진 뒤(後)에 붙잡고(扶), 취해서(醉) 쓰러진(倒) 뒤에 물을 끼얹는 것(灌)이다(埴 진흙 식; 壑 구덩이 학; 扶 붙들 부; 灌 물 댈 관, 끼얹을 관).

3) 見物而濟之 智不如微物乎(견물이제지 지불여미물호) : 견물이제지見物而濟之는 일이 일어난 것을 보고서야 구제하는 것이고, 지불여미물호智不如微物乎는 지혜가 미물微物만도 못하다는 뜻이다.

4) 地氣將濕 蟻螻封穴(지기장습 의루봉혈) : 땅 기운(地氣)을 보고 장차(將) 비가 올 것(濕해질 것)을 미리 감지感知하여 개미(蟻)와 땅강아지(螻)는 자기 집 구멍(穴)을 막는다(封)는 뜻이다.

제5강령 화禍 제183사
6조條 42목目

● **제1조 기欺   제184사**

    제1목 익심匿心   제185사   제2목 만천慢天   제186사

    제3목 신독信獨   제187사   제4목 멸친蔑親   제188사

    제5목 구운驅殞   제189사   제6목 척경踢傾   제190사

    제7목 가장假章   제191사   제8목 무종無終   제192사

    제9목 호은怙恩   제193사   제10목 시총恃寵   제194사

● **제2조 탈奪   제195사**

    제11목 멸산滅産   제196사   제12목 역사易祀   제197사

    제13목 노금擄金   제198사   제14목 모권謀權   제199사

    제15목 투권偸卷   제200사   제16목 취인取人   제201사

● **제3조 음淫   제202사**

    제17목 황사荒邪   제203사   제18목 장본戕本   제204사

    제19목 장자藏子   제205사   제20목 유태流胎   제206사

    제21목 강륵强勒   제207사   제22목 절종絶種   제208사

● 제4조 상傷 제209사

　제23목 흉기凶器 제210사　　제24목 짐독鴆毒 제211사
　제25목 간계奸計 제212사　　제26목 최잔摧殘 제213사
　제27목 필도必圖 제214사　　제28목 위사委唆 제215사
　제29목 흉모兇謀 제216사

● 제5조 음陰 제217사

　제30목 흑전黑箭 제218사　　제31목 귀염鬼焰 제219사
　제32목 투현妬賢 제220사　　제33목 질능嫉能 제221사
　제34목 간륜間倫 제222사　　제35목 투질投質 제223사
　제36목 송절送絶 제224사　　제37목 비산誹訕 제225사

● 제6조 역逆 제226사

　제38목 설신褻神 제227사　　제39목 독례瀆禮 제228사
　제40목 패리敗理 제229사　　제41목 범상犯上 제230사
　제42목 역구逆訽 제231사

제5강령 화禍

제183사 화(禍)

禍者 惡之所召 有六條四十二目
화 자 악 지 소 소 유 육 조 사 십 이 목

번역 화禍란 악惡이 부르는 바이니, 여기에는 6조條 42목目이 있다.

주해 1) 禍者 惡之所召(화자 악지소소) : 화禍란 악惡이 부르는(召) 바(所)라는 뜻이다. 이는 곧 선善하고 깨끗하고(淸) 후(厚)한 것이 아닌, 악惡하고 탁濁하고 박薄한 생각과 행동의 결과로 화禍를 불러들이게 된다는 뜻이다.

2) 有六條四十二目(유육조사십이목) : 화禍에는 여섯 가지 조항(條)과 마흔두 가지 항목(目)이 있다는 뜻이다.

해설 악惡하고 탁濁하고 박薄한 생각과 행동은 반드시 화를 불러들이게 된다.[87] 재앙으로 인한 화(殃禍)는 속이는(欺) 데서 오는 것

---

87 cf. *Maitri Upanishad* in *The Upanishads*, 6. 24. p.103: "Samsara, the transmigration of life, takes place in one's own mind. Let one therefore keep the mind pure, for what a man thinks that he becomes: this is a mystery of Eternity."; 『明心寶鑑』「繼善」: "子曰 爲善者 天 報之以福 爲不善者 天 報之以禍."

이고, 빼앗는(奪) 데서 오는 것이며, 음란한(淫) 데서 오는 것이고, 해치는(傷) 데서 오는 것이며, 몰래 꾀하는(陰) 데서 오는 것이고, 거스르는(逆) 데서 오는 것이다. 우선 앙화殃禍는 속이는 데서 오는 것이라고 「기欺」(禍 1條)에서는 말한다. "사람의 허물과 죄는 모두 속이는 데서 비롯된다. 속이는 것은 성품(본성)을 태우는 화로와도 같고, 몸을 베는 도끼와도 같다. 스스로 속이는 것을 깨달으면 다시 하지 않게 되므로 속이는 것을 비록 경계할 수는 있겠지만 그 허물을 씻을 수는 없다." 따라서 마음을 감추지 말고「匿心」(禍 1條 1目)], 하늘을 두려워해야 하며「慢天」(禍 1條 2目)], 홀로 믿지도 말고「信獨」(禍 1條 3目)], 골육지친骨肉之親을 속이지도 말며「蔑親」(禍 1條 4目)], 남을 궁지에 몰아넣지도 말고「驅殉」(禍 1條 5目)], 차서 쓰러지게 하지도 말며「踢傾」(禍 1條 6目)], 문장을 거짓으로 꾸며 속이지도 말고「假章」(禍 1條 7目)], 처음부터 마치지 않을 생각을 품고 속이지도 말며「無終」(禍 1條 8目)], 은인을 등져서도 안 되고「怗恩」(禍 1條 9目)], 총애하는 사람을 속이거나 해쳐서도 안 된다「恃寵」(禍 1條 10目)]. 하늘을 속이는 것을 아는 사람이 없을 것이라 여기는 것은 하늘이 거울처럼 밝게 비추어 보고 있음을 알지 못하기 때문이다. 그러나 "자신의 영靈이 이미 마음에 알리고, 마음은 이미 하늘에 알리고, 하늘은 이미 신명계神明界에 명하여 신이 이미 임하여 비추니, 일월과 같은 밝음으로 속이는 자의 속마음을 그 위에서 훤히 비추어 보고 있는 것이다." 그런 까닭에 "착한 일을 행하여 이루는 것도 하늘의 힘이요, 악한 일을 행하여 실패하는 것도 하늘의 힘이요, 험한 일을 행하다 중지하는 것도 하늘의 힘이다. 따라서 어리석은 사람이라도 착한 일을 행하면 하늘의 힘으로 이루게 되고, 지혜로운 사람이라도 악한 일을 행하면 하늘의 힘으로 실패하게 되며, 재주 있는 사람도 험한 일을 행하면 하늘이 시험

해 보고 그 힘을 거두어들인다."[88] 강한 자가 약한 자를 능멸하고 모사꾼이 어리석은 자를 희롱하여 큰 속임을 행하면, 하늘은 약한 자와 어리석은 자가 다시 당하지 않도록 하기 위해 뇌성(聲=雷聲)으로 경계한다. 남의 글을 자기 의도대로 윤색(潤色)하여 거기에 의탁해서 속이는 것을 하늘은 결코 용납하지 않는다. 남이 자기에게 은혜를 베풀면 마땅히 그 은혜를 갚을 생각은 하지 않고 은혜를 베푼 그 마음을 도리어 가볍게 여기거나, 은인의 은혜가 줄어들었다 하여 은인을 저버리고 방해까지 하는 것은 옳지 않다.

앙화는 빼앗는 데서 오는 것이라고 「탈탈」(禍 2條)에서는 말한다. 즉 "물욕(物慾)이 영대(靈=靈臺)를 가리면 몸에 있는 아홉 구멍이 다 막히어 금수(禽獸)와 같아져서 단지 빼앗아 먹으려는 욕심만 있을 뿐 염치나 두려움은 없게 된다"는 것이다. 반면 집착을 포기한 사람은 '아홉 개의 문이 있는 성(城)(九竅)'인 육체 안에서 평온하게 머문다.[89] 남의 산업을 망하게 해서는 안 되며[「滅産」(禍 2條 11目)], 남의 집 제사를 바꾸어 지내게 하지도 말고[「易祀」(禍 2條 12目)], 남의 돈을 노략질하지도 말며[「攄金」(禍 2條 13目)], 남의 권리를 빼앗으려고 하지도 말고[「謀權」(禍 2條 14目)], 남의 문권(文卷)을 위조하지도 말며[「偸卷」(禍 2條 15目)], 남의 이름을 도둑질하지도 말아야 한다[「取人」(禍 2條 16目)]. 남의 재산을 꾀를 부려 빼앗고, 남의 종손을 바꾸어 몰래 그 제사를 바꿔 지내어 인륜을 어지럽히게 되면 그 인과응보로 어두운 세상을 살게 된다. 땀 흘려 일하지도 않고 협잡하여 남의 돈을 빼앗는 것은 스스로 인간임을 포기한 것이다. 남의 정당한 권리를 구차한 욕심으로

---

88 cf. 『天道敎經典』, 「三敬」: "敬天은 모든 眞理의 中樞를 把持함이니라."
89 The Bhagavad Gita, 5. 13. : "The ruler of his soul surrenders in mind all work, and rests in the joy of quietness in the castle of nine gates of his body."

빼앗으려 꾀하는 것은 "마치 돌 위에 뿌린 씨앗이 뿌리를 내리지 못하는 것과 마찬가지로 결국에는 성공하지 못하게 된다." 실지 물건을 훔치기 위해 문서를 거짓으로 꾸미는 것은 마치 "소(牛)에 용무늬(龍文)를 그리고, 개(犬)가 호랑이 가죽을 쓴 것과 같다. 백 걸음 안에 소는 넘어지고 개는 뒤집어진다." 아무리 소에 용무늬를 그리고 개가 호랑이 가죽을 쓴다고 해도, 백 걸음도 못 가서 소가 넘어지니 용이 아니라는 것이 판명되고, 개가 뒤집어지니 호랑이가 아니라는 것이 판명된다는 뜻으로 이는 곧 머지않아 남의 문권을 모방(위조)했음이 밝혀지게 된다는 의미이다. 남의 이름을 도둑질하는 것은 "남의 공을 자기 공功으로 삼고, 남이 베푼 은혜를 자기가 베푼 은혜인 것처럼 하는 것"으로 이는 곧 "이로움을 훔치고 명예를 도둑질하는 일이니, 그 공이 헛되어 이로움이 될 것이 없고 은혜가 헛되어 명예가 될 것이 없는 것이다."

앙화는 음란함에서 오는 것이라고 「음淫」(禍 3條)에서는 말한다. 즉 "음은 몸을 망치는 시작이고, 윤리를 혼탁하게 하는 근원이며, 가정을 어지럽히는 근본이다. 돼지는 성정性情이 음탕하고, 개는 색정色情이 음탕하며, 양은 기운이 음란하다. 그래서 음란한 사람을 일러 삼축三畜이라 하는 것이다." 음란한 것을 즐기거나 음란한 것에 빠지지 말고「荒邪」(禍 3條 17目)」, 그 아내를 간음하고 그 남편을 해쳐서는 안 되며「戕本」(禍 3條 18目)」, 음란한 잉태를 숨기지도 말고「藏子」(禍 3條 19目), 약으로 지우지도 말며「流胎」(禍 3條 20目), 남의 처첩妻妾을 강제로 간음하지도 말고「强勒」(禍 3條 21目), 남의 집 씨를 끊게 해서도 안 된다「絶種」(禍 3條 22目). "음란함을 즐겨 몸을 잊으면 사람의 도리가 뒤엎어지고, 음란함을 보고 목숨을 잊으면 환난이 연이어 뒤따르게 된다." "바람이 불면 풀이 움직여 그 소리와 빛이 저절로 나타나듯이, 그 아내를 간음하고 그 남편을 해치는 자는 스스로 그 형색을 나타낸다." 음란함에는 반드시 그 씨가 있는 법이다. 비록 음란한 잉태라 할지라도 약을 써서 유산시켜서는 안 된다. 하늘이 악한 종자를 떨어뜨려도 땅은 반드시 받아 낳고, 비와 이슬이 이를 자라게 한다. "향香내 나는 풀 곁에 악취 나는 풀이 있는 것이다." 비록 사람이 하늘의 이치를 어기더라도 반드시 이치대로 돌아가게 되어 있다. 남의 처첩을 강제로 간음해서도 안 된다. 서로 눈이 맞아 하는 화간(和姦, 和濃)도 하늘이 용서치 않거늘, 도둑질하듯이 하는 강간(强姦, 强勒)을 용서하겠는가! 이는 마치 "날아드는 불나비가 등불을 쳐서 그 불꽃에 제 몸을 태워버리는 것과 같은 것"이라고 하고 있다. 과부를 간음하여 그 집안 대를 이어갈 후손을 끊어서도 안 된다. "이미 그 어미와 통정通情하며 즐기니 어찌 그 뱃속의 아이에게 차마 못할 짓을 하려는가! 적막한 어두운 방이라도 하늘은 다 지켜보고 계신다"라고 한 뜻은 유복자를 가진 과부와 통정하며 즐기니 어찌 뱃속의 아이가 떨어지지 않을 것이며, 또한 하늘이 용서하겠는가! 라는 의미이다.

앙화는 사람을 해치는 데서 오는 것이라고「상傷」(禍 4條)에서는 말한다. "하늘은 악한 자가 남을 해치는 것을 노여워하여 우뢰로 경계하고 벼락으로 위협한다…남을 해친 만큼 가볍고 무거운 벌이 있게 되는 것이다."[90] 흉기를 쓰지 말 것이며「凶器」(禍 4條 23目)], 짐새의 독을 맞는 일이 없도록 하고「鴆毒」(禍 4條 24目)], 간사한 계략으로 사람을 해쳐서는 안 되며「奸計」(禍 4條 25目)], 상대방을 잔인하게 꺾어서도 안 되고「摧殘」(禍 4條 26目)], 남을 모함하려는 생각을 마음에 새겨

---

90   cf.『明心寶鑑』「天命」: "子曰 順天者 存 逆天者 亡";『明心寶鑑』「天命」: "益智書云 惡? 若滿 天必誅之";『明心寶鑑』「天命」: "玄帝垂訓 曰 人間私語 天聽 若雷 暗室欺心 神目 如電."

서도 안 되며[「必圖」(禍 4條 27目)], 남에게 청탁을 해서도 안 되고[「委唆」(禍 4條 28目)], 흉악한 꾀를 써서도 안 된다[「兇謀」(禍 4條 29目)]. 짐새의 독을 맞는 일이 없도록 해야 한다는 것은 짐새의 독이 흉기(鐵毒)보다 더 독하여 쇠붙이로 상해를 입은 사람은 혹 목숨을 보전할 수 있지만, 짐새의 독물을 마신 사람은 살아남을 수가 없기 때문이다. 짐독鴆毒이란 짐새(중국 廣東省에 서식하는 毒鳥)에게서 나온 독약을 말한다. 부모에게 효도하는 사람은 그 부모가 짐새의 독을 맞지 않고 그 몸을 온전히 보전하여 돌아가는 것을 기뻐하리니, "효자는 짐새의 독을 하늘로부터 받는 일이 없다." 독사가 천 년을 묵으면 화하여 짐새가 되고, 그 짐새가 날라갈 때에 그림자가 비친 물을 사람이 마시면 반드시 죽게 되므로, 효자는 하늘로부터 오는 짐새의 독을 피하기 위해 부모님께 올리는 음식은 정성을 다하여 뚜껑이나 상보床褓를 덮는 까닭에 하늘로부터 짐새의 독을 받는 일이 없다고 한 것이다. 간사한 계략으로 사람을 해치려 하지만 그러한 계략은 마치 "눈(雪) 위에 붉고 푸른 단청丹靑을 입히는 격이니, 햇살이 비치면 눈이 녹아 단청이 사라지듯이 곧 사라지고 말 것이다." 어진 마음이 있으면 비록 혐의嫌疑와 원한이 있어도 차마 잔인하게 하지 못한다. "만약 썩은 나뭇가지 꺾듯이 쉽게, 그리고 순간에 상대방을 무너뜨린다 해도, 이듬해 봄이 되면 그 뿌리에서 다시 가지가 뻗어나듯 혐의와 원한이 또다시 싹트게 될 것이니 어진 마음으로 살아가야 한다." 일이 잘 돌아가지 않을 때 남의 도움을 청하거나, 신용을 지키기 어려울 때 남의 협력을 구하는 것은 응당한 일이지만, 사사로운 원한을 갚고자 남에게 부탁하거나 남의 원한을 풀어주고자 떳떳하지 못한 청탁을 받는 것은 어질지도 지혜롭지도 못한 것이다. "부탁한 사람은 위태롭고 부탁받는 사람은 망하게 된다." 사물의 이치를 비방하며 묵살하고, 하늘의 도를 완악頑惡하게 멸하려는 사람에게는 "앙화가 당장 몰아치지는 않더라도 긴 밤에 비로 땅이 질펀해지는 것과 같이 오래도록 작은 재앙이 끊이지 않을 것이다."

앙화는 몰래 꾀하는 데서 오는 것이라고 「음陰」(禍 5條)에서는 말한다. "의로움이 궁하면 음모로 돌아가고, 술책이 다하면 음모가 생겨나며, 욕심이 지나치면 음모를 꾸미게 된다. 음모로 이루어지는 것은 앙화殃禍뿐이다." 그러므로 어두운 곳에서 사람을 쏘지 말것이며「黑箭」(禍 5條 30目)], 사후약방문死後藥方文을 내는 식이 되지 않도록 평소에 삼가고 경계해야 하며「鬼焰」(禍 5條 31目)], 어짊을 질투하지도 말고「妬賢」(禍 5條 32目)], 능능함을 시기하지도 말며「嫉能」(禍 5條 33目)], 인륜을 이간하지도 말고「間倫」(禍 5條 34目)], 남의 좋은 바탕을 낮게 깎아내리지도 말며「投質」(禍 5條 35目)], 표리부동하지도 말고「送絶」(禍 5條 36目)], 남을 비방하지도 말아야 한다「誹訕」(禍 5條 37目)]. 짐승도 잠자는 짐승은 죽이지 않는 법인데, 어두운 곳에서 몰래 사람을 쏘는 것은 어질지 못한 탓이다. "사람이 어질지 못하면 사람의 도리를 잃게 되고, 사람의 도리를 잃으면 그 앙화殃禍가 높이 불을 뿜듯하게 된다." 큰일을 당하고서 후회하는 일이 없도록 평소에 삼가고 경계해야 한다. "불이 일어나는 것은 만물의 자연적인 이치이며, 술에 취하여 혼미해지는 것은 사람의 자연적인 이치이다. 이 자연적인 이치가 만물을 어지럽히기도 하고, 자연적인 이치가 사람을 해치기도 한다." 이러한 사실을 큰 불이 나고서야 돌이켜 깨닫는 것은 사후약방문死後藥方文이나 다름없다. 어짊을 질투하면 "마치 새의 날개에 거미줄이 망가지면 거미의 앙화殃禍인 것처럼, 소인배가 얽어놓은 질투의 그물에 오히려 스스로 다치게 된다." 덕이 없는 사람이 덕이 있는 사람을 방해하며, 재주가 없는 사람이 재주가 있는 사람을 헐뜯어서는 안 된다. "덕과 재주가 있는 사람을 음해하는 자는 인류의 큰 도적이다. 도적이 능히 그물을 벗어날 수는 있어도 오래가지는 못한다." 자기 욕심을 채우기 위하여 인류을 이간해서는 안 된다. "겨울이 따뜻한 것을 보고 기뻐하는 사람은 어리석고, 봄이 추운 것을 보고 두려워하는 사람도 또한 어리석다. 그 따뜻함이 얼마나 오래 갈 것이며 그 추위가 얼마나 오래 갈 것인가?…겨울이 따뜻하다가 다시 추워지고 봄이 춥다가 다시 따뜻해지듯, 이간질한 사람에게 앙화가 되돌아옴은 하늘의 이치이다." 꿩이 우는 소리를 듣고 그 자취를 아는 것과도 같이 "남의 진실을 허물로 만들고 바탕과 재물을 잃게 하여 살 길을 막는 사람은 하늘이 그 숨은 꾀를 깨뜨려버릴 것이다." 말하자면 포수가 꿩의 울음소리를 듣고 그 자취를 쫓아 꿩을 잡듯, 하늘 또한 남을 질책하며 진실을 허물로 만드는 그 자취를 쫓아 그 숨은 꾀를 깨뜨려버린다는 뜻이다. 겉으로는 은혜롭게 생각하지만 속으로는 원수로 여기어 그 모해謀害함이 깊어지게 되면 반드시 남의 집안을 어지럽히게 되나 그 잘못은 백일하에 드러나게 된다. 따라서 표리부동해서는 안 된다. 또한 남을 헐뜯고 비방해서도 안 된다. "소인배가 남을 헐뜯고 비방하는 데 마음을 다 쓰면 악질보다 더 독하여 사람의 부드러운 호흡을 곤란하게 하고 보이지 않는 칼로 사람을 베는 것이나 다름없게 된다."

앙화는 거스르는 데서 오는 것이라고 「역逆」(禍 6條)에서는 말한다. 사람이 하는 모든 일은 순리를 따르면 성공하고 역행하면 실패한다. 하늘의 이치에 순응할 수 있기 위해서는 우리의 모든 행위가 신(神, 하늘)에게 바치는 번제의식(燔祭儀式, sacrifice)이 되어야 한다. 왜냐하면 이 우주에서 일어나는 일체의 물질 현상과 정신 현상 모두가 하늘기운(우주의식)의 조화 작용인 까닭이다.[91] "순리에 역행하여 큰 복과 큰 이익을 구하는 것은 마치 입구가 하나인 굴속에 있는 토끼가 그 안에서 잡혀 죽을 줄 모르는 것과 같다." 따라서 불경스러운 언어로 '하나'님(天神)을 욕되게 하지도 말고「褻神」(禍 6條 38目)], 예절을 모독하지도 말며「瀆禮」(禍 6條 39目)], 하늘의 이치를 무너뜨려 어지럽히지도 말고「敗道」(禍 6條 40目)], 도리道理에 위배하여 하늘에 죄를 짓지도 말며「犯上」(禍 6條 41目)], 인륜을 손상시키거나 위계질서를 뒤바꾸지도 말 것이다「逆詁」(禍 6條 42目)]. "하늘의 도를 아는 사람은 하늘을 능멸하지 않으며, 하늘의 이치를 아는 사람은 하늘을 원망하지 않는다. 따라서 하늘을 욕되게 하는 자는 도道도 모르고 이치도 모르는 자이다." 예절을 모독해서는 안 되는 것은, 사람에게 예禮는 몸의 손발과 같고 집의 문과 같기 때문이다. "손발을 움직이지 않고 몸을 옮긴 사람은 없고, 문을 통하지 않고 방에 들어간 사람은 없다. 그러므로 예의범절을 모두 없애 버리고 구구하게 나쁜 풍속을 이루려는 자는 그 부류部類들 중 패악悖惡의 우두머리가 될 것이다." 악한 짓을 하면서 도리어 선한 사람을 치고, 사악함에 젖어 도리어 올바름을 깎아내리며 하늘의 이치를 무너뜨리고 어지럽히면 반드시 앙화를 받게 된다. "자식이 부모에게 효도하지 않고, 신하가 직분을 다하지 않으며, 제자가 도리어 훈계하고, 형제가 화목하지 않으며, 부부가 주색酒色에 빠져 불화한 것은 모두 도리에 위배하여 하늘에 죄를 짓는 것이다. 모든 앙화殃禍의 근원이 여기에 있다." 하늘은 곧 사람의

---

91 cf. *Mundaka Upanishad* in *The Upanishads*, 2. 2. p.78: "Radiant in his light, yet invisible in the secret place of the heart, the Spirit is the supreme abode wherein dwells all that moves and breathes and sees. Know him as all that is, and all that is not, the end of love-longing beyond understanding, the highest in all beings."

마음속에 있다.[92] 사람의 본성이 곧 하늘이다. 하늘에 죄를 짓는 것이란 도리에 위배함으로써 스스로의 본성에서 멀어지는 것을 뜻한다. 끝으로 도리를 벗어나 인륜을 손상시키고 위계질서를 뒤바꾸는 것은 마치 나나니벌이 배추벌레 몸속에 자신의 알을 낳아 그 애벌레가 배추벌레의 피와 살을 파먹고 자라나는 것처럼, 자식과 형제를 배추벌레가 되게 하는 나나니벌(螟蛉之賊)과도 같은 도적이다. 말하자면 인륜을 손상시키고 위계질서를 뒤바꾸는 식의 부정한 의식이 자식과 형제들의 정신을 파먹는 것이니, 배추벌레의 피와 살을 파먹는 나나니벌과도 같은 도적이라고 한 것이다.

제5강령 화(禍)에는 여섯 가지 조항(條), 즉 기欺, 탈奪, 음淫, 상傷, 음陰, 역逆과 마흔두 가지 항목(42目)이 있다.

제1조 기欺

제184사 기(欺: 禍 1條)

人之過戾 無不由欺 欺者 燒性之爐 伐身之斧也
인 지 과 려　무 불 유 기　기 자　소 성 지 로　벌 신 지 부 야

92　cf. *The Bhagavad Gita*, 4. 36-38. : "And even if thou wert the greatest of sinners, with the help of the bark of wisdom thou shalt cross the sea of evil. Even as a burning fire burns all fuel into ashes, the fire of eternal wisdom burns into ashes all works. Because there is nothing like wisdom which can make us pure on this earth. The man who lives in self-harmony finds this truth in his soul."; 『明心寶鑑』 「天命」: "康節邵先生曰 天聽 寂無音 蒼蒼何處尋 非高亦非遠 都只在人心"

自行欺 覺則不再 故 行欺 雖警 無滌
자 행 기   각 즉 부 재   고   행 기   수 경   무 척

번 역   사람의 허물과 죄는 모두 속이는 데서 비롯된다. 속이는 것은 성품(본성)을 태우는 화로와도 같고, 몸을 베는 도끼와도 같다. 스스로 속이는 것을 깨달으면 다시 하지 않게 되므로 속이는 것을 비록 경계할 수는 있겠지만 그 허물을 씻을 수는 없다.

주 해   1) 人之過戾 無不由欺(인지과려 무불유기) : 사람의 허물(過)과 죄(戾)는 모두 속이는(欺) 데서 비롯된다(無不由)는 뜻이다. 무불유無不由는 비롯되지(말미암지) 않음이 없다는 뜻으로 이중부정이니 이는 곧 비롯됨을 강조하여 나타낸 것이다. 기欺는 '속임, 거짓, 기만'의 뜻이다.

  2) 欺者 燒性之爐 伐身之斧也(기자 소성지로 벌신지부야) : 속이는 것(欺者)은 성품(性, 참본성)을 태우는(燒) 화로(爐)와도 같고, 몸(身)을 베는(伐) 도끼(斧)와도 같다는 뜻이다(伐 칠 벌, 벨 벌; 斧 도끼 부).

  3) 自行欺 覺則不再(자행기 각즉부재) : 스스로(自) 속임(欺)을 행(行)하는 것을 깨달으면(覺則) 다시 하지 않게 된다(不再)는 뜻이다.

  4) 故 行欺 雖警 無滌(고 행기 수경 무척) : 그러므로(故) 속임(欺)을 행行하는 것을 비록 경계할 수는 있겠지만 (그 허물을) 씻을 수는 없다(無滌)는 뜻이다.

제185사 익심(匿心: 禍 1條 1目)

匿 藏也 藏心於心 欺心於心 心已空矣 止則土木
익 장야 장심어심 기심어심 심이공의 지즉토목

行則肉尸 土木而能論事 肉尸而能追人乎
행즉육시 토목이능론사 육시이능추인호

번역   익匿은 감추는 것이다. 마음에 마음을 감추고 마음으로 마음을 속이면, 마음은 이미 빈 껍데기와 같은 것이다. 감추고 속이는 것을 그치면 흙에 뿌리내린 나무와 같고, 계속 행하면 시체와 다름없게 된다. 흙에 뿌리내린 나무처럼 중심이 있는 사람이라면 능히 일을 논의할 수 있지만, 시체와 다름없는 사람이라면 능히 사람을 따를 수가 없으니 더불어 논의할 수가 없다.

주해   1) 匿 藏也(익 장야) : 익匿, 즉 '숨김'이란 감추는(藏) 것이다. 따라서 익심匿心이란 마음을 감추는 것을 말한다.

2) 藏心於心 欺心於心 心已空矣(장심어심 기심어심 심이공의) : 마음에(於心) 마음을 감추고(藏心) 마음으로 마음을 속이면(欺心), 마음은 이미(已) 빈 껍데기(空)와 같다는 뜻이다.

3) 止則土木 行則肉尸(지즉토목 행즉육시) : (감추고 속이는 것을) 그치면(止則) 흙에 뿌리내린 나무(土木)와 같고, 계속 행하면(行則) 시체(肉尸)와 다름없게 된다는 뜻이다.

4) 土木而能論事 肉尸而能追人乎(토목이능론사 육시이능추인호) : 토목이능론사土木而能論事는 흙에 뿌리내린 나무(土木)처럼 중심이 있는 사람이라면 능히(能) 일(事)을 논의(論)할 수 있다는 뜻이다. 육시이능추인호肉尸而能追人乎의 호乎는 의문의 반어反語로 '시체가 능히 사람을

따를 수 있으리오'의 뜻이니, 그 의미는 시체와 다름없는 사람이라면 능히 사람(人)을 따를(追) 수가 없으니 더불어 논의할 수가 없다는 뜻이다.

제186사 만천(慢天: 禍 1條 2目)

慢天者 不知有天之鑑也 行善而成 亦天力也
만천자 부지유천지감야 행선이성 역천력야

行惡而敗 亦天力也 行險而中 亦天力也
행악이패 역천력야 행험이중 역천력야

濛者 行善 天力成之 智者 行惡 天力敗之
몽자 행선 천력성지 지자 행악 천력패지

巧者行險 天縱試而力收之
교자행험 천종시이역수지

번역 만천慢天이란 하늘이 거울처럼 밝게 비추어 보고 있음을 알지 못하는 것이다. 착한 일을 행하여 이루는 것도 또한 하늘의 힘이며, 악한 일을 행하여 실패하는 것도 또한 하늘의 힘이고, 험한 일을 행하다 중지하는 것도 또한 하늘의 힘이다. 어리석은 사람이라도 착한 일을 행하면 하늘의 힘으로 이루게 되고, 지혜로운 사람이라도 악한 일을 행하면 하늘의 힘으로 실패하게 되며, 재주 있는 사람도 험한 일을 행하면 하늘이 시험해 보고 그 힘을 거두어들인다.

주해 1) 慢天者 不知有天之鑑也(만천자 부지유천지감야) : 만천慢天,

즉 '하늘을 두려워하지 않음(업신여김)'이란 하늘이 거울처럼 밝게 비추어 보고 있음을 알지 못하는 것을 말한다.

2) 行善而成 亦天力也(행선이성 역천력야) : 착한(善) 일을 행行하여 이루는(成) 것도 또한 하늘의 힘이라는 뜻이다.

3) 行惡而敗 亦天力也(행악이패 역천력야) : 악한(惡) 일을 행하여 실패(敗)하는 것도 또한(亦) 하늘의 힘(天力)이라는 뜻이다.

4) 行險而中 亦天力也(행험이중 역천력야) : 험한(險) 일을 행하다 중지(中)하는 것도 또한 하늘의 힘이라는 뜻이다.

5) 濛者 行善 天力成之(몽자 행선 천력성지) : 어리석은 사람(濛者)이라도 선善을 행하면 하늘의 힘으로 이루게 된다는 뜻이다.

6) 智者 行惡 天力敗之(지자 행악 천력패지) : 지혜로운 사람(智者)이라도 악惡을 행하면 하늘의 힘으로 실패(敗)하게 된다는 뜻이다.

7) 巧者行險 天縱試而力收之(교자행험 천종시이역수지) : 재주 있는 사람(巧者)도 험한(險) 일을 행하면 하늘이 시험해 보고(縱試) 그 힘(力)을 거두어들인다(收)는 뜻이다.

제187사 신독(信獨: 禍 1條 3目)

信獨者 謂無人知覺也 獨自做欺 雖謂無知者
신 독 자 위 무 인 지 각 야 독 자 주 기 수 위 무 지 자

靈已告心 心已告天 天已命神 神已照臨 日月
영 이 고 심 심 이 고 천 천 이 명 신 신 이 조 림 일 월

燭其上
촉 기 상

번 역 신독信獨이란 아는 사람이 없다고 여기는 것이다. 혼자 스스로 속임수를 지어내어 아는 사람이 없을 것이라 여기겠지만, 자신의 영靈이 이미 마음에 알리고, 마음은 이미 하늘에 알리고, 하늘은 이미 신명계神明界에 명하여 신이 이미 임하여 비추니, 일월日月과 같은 밝음으로 속이는 자의 속마음을 그 위에서 훤히 비추어 보고 있는 것이다.

주 해 1) 信獨者 謂無人知覺也(신독자 위무인지각야) : 홀로 믿음(信獨)이란 아는 사람이 없다고 혼자서 그렇게 믿는 것을 말한다.

2) 獨自做欺 雖謂無知者(독자주기 수위무지자) : '혼자(獨) 스스로(自) 속임수(欺)를 지어내어(做) 비록(雖) 아는 사람(知者)이 없을(無) 것이라 이를(謂)지라도'의 뜻이다.

3) 靈已告心 心已告天 天已命神 神已照臨(영이고심 심이고천 천이명신 신이조림) : 자신의 영靈이 이미(已) 마음에 알리고(告心), 마음은 이미 하늘에 알리고(告天), 하늘은 이미 신명계神明界에 명命하여 신이 이미 임하여(臨) 비추는(照) 것을 말한다.

4) 日月 燭其上(일월 촉기상) : 일월日月과 같은 밝음으로 (속이는 자의 속마음을) 그 위(其上)에서 훤히 비추어(燭) 보고 있다는 뜻이다.

제188사 멸친(蔑親: 禍 1條 4目)

蔑親者 欺骨肉之親也 以骨肉 欺骨肉者
멸친자 기골육지친야 이골육 기골육자

其爭利歟 鬪義歟 若謀心不合 上禁止下
기쟁이여 투의여 약모심불합 상금지하

下諫諍上而已 欺骨肉而成私者 其家必亂
하 간 쟁 상 이 이   기 골 육 이 성 사 자   기 가 필 란

번 역 멸친蔑親이란 골육지친骨肉之親을 속이는 것이다. 골육으로서 골육을 속이는 것은 이익 다툼인가, 의리 싸움인가? 만약 도모하는 일에 마음이 서로 합치되지 않아 위에서 못하게 하면 아랫사람은 윗사람에게 간곡하게 간諫할 뿐이다. 골육을 속여서 사사로움을 이루려 한다면 그 집안은 반드시 어지럽게 된다.

주 해 1) 蔑親者 欺骨肉之親也(멸친자 기골육지친야) : 멸친蔑親, 즉 '육친을 속임'이란 골육지친(骨肉之親: 부모, 자식, 형제, 자매 등의 가까운 혈족)을 속이는 것을 말한다.

2) 以骨肉 欺骨肉者 其爭利歟 鬪義歟(이골육 기골육자 기쟁이여 투의여) : '골육으로서(以骨肉) 골육을 속이는 것(欺骨肉者)은 이익 다툼인가(爭利歟) 의리 싸움인가?(鬪義歟)'의 뜻이다(歟 그런가 여, '의문사').

3) 若謀心不合 上禁止下 下諫諍上而已(약모심불합 상금지하 하간쟁상이이) : 만약 도모하는(謀) 일에 마음(心)이 서로 합치되지 않아(不合) 위(上)에서 못하게 하면(禁止) 아랫사람(下)은 윗사람(上)에게 간곡하게 간諫할 뿐(已)이라는 뜻이다(已 따름 이, '…뿐'; 諫 간할 간; 諍 간할 쟁).

4) 欺骨肉而成私者 其家必亂(기골육이성사자 기가필란) : 골육骨肉을 속여서(欺) 사사로움(私)을 이루려(成) 한다면 그 집안(其家)은 반드시(必) 어지럽게(亂) 된다는 뜻이다.

제189사 구운(驅殞: 禍 1條 5目)

驅殞者 驅人於絶地也 强者 凌弱 謀者 弄痴
구운자 구인어절지야 강자 능약 모자 농치

或所求不至 所言不從 暗驅網穽 羽肉 狼藉
혹소구부지 소언부종 암구망정 우육 낭자

天不復弱痴者 聲其大欺也
천불부약치자 성기대기야

번역　구운驅殞이란 남을 궁지에 몰아넣는 것이다. 강한 자가 약한 자를 능멸하며, 모사꾼이 어리석은 자를 희롱하고, 혹 구하는 바에 이르지 못하거나 말하는 바를 좇지 않는다 하여 몰래 그물함 정에 몰아넣어 마치 새나 짐승이 그물함정에 걸리어 깃털과 살점 이 어지럽게 흩어지듯 큰 상처를 입힌다면, 하늘은 약한 자와 어리 석은 자가 다시 당하지 않도록 하기 위해 그 큰 속임을 뇌성(聲=雷聲) 으로 경계한다.

주해　1) 驅殞者 驅人於絶地也(구운자 구인어절지야) : 구운驅殞, 즉 '몰아 떨어뜨림'이란 남을 궁지에 몰아넣는 것을 말한다.

2) 强者 凌弱 謀者 弄痴(강자 능약 모자 농치) : 강한 자(强者)가 약한(弱) 자를 능멸(凌)하며, 모사꾼(謀者)이 어리석은(痴) 자를 희롱(弄)한다는 뜻이다.

3) 或所求不至 所言不從(혹소구부지 소언부종) : 혹或 구하는 바(所求) 에 이르지 못하거나(不至) 말하는 바(所言)를 좇지 않는(不從) 것이다.

4) 暗驅網穽 羽肉 狼藉(암구망정 우육 낭자) : 몰래(暗) 그물함정(網穽) 에 몰아넣어(驅) (마치 새나 짐승이 그물함정에 걸리어) 깃털과 살점(羽肉)이 어

지럽게 흩어지는(狼藉) 것처럼 큰 상처를 입히는 것을 뜻한다.

　　5) 天不復弱痴者 聲其大欺也(천불부약치자 성기대기야) : 하늘(天)은 약한 자와 어리석은 자(弱痴者)가 다시 당하지 않도록(不復) 하기 위해 그 큰 속임(其大欺)을 뇌성(聲=雷聲)으로 경계한다는 뜻이다. 성기대기야聲其大欺也는 그 큰 속임을 소리친다는 뜻으로 여기서 '소리'는 하늘이 치는 것이니 이는 곧 뇌성으로 경계한다는 의미이다.

제190사 척경(踢傾: 禍 1條 6目)

踢傾者　踢傾人也　和健　同謀　踢下　傾殘　所欲者
척 경 자　척 경 인 야　화 건　동 모　척 하　경 잔　소 욕 자

阿附也　爲東人而?西人　東人　反疑之　西人　刻痛之
아 부 야　위 동 인 이 척 서 인　동 인　반 의 지　서 인　각 통 지

崎哉　欺也　竟使東人　踢相傾者
기 재　기 야　경 사 동 인　척 상 경 자

[번역]　척경踢傾이란 사람을 차서 쓰러지게 하는 것이다. 굳세게 화합하는 척하며 같이 공모하여 아랫사람을 발로 차듯 잔인하게 쓰러뜨리고자 하는 마음을 품는 것은 아부하는 것이다. 동인이 되어 서인을 차면, 동인은 도리어 의심하고 서인은 아픔을 새기게 된다. 험하다, 속임의 길이여! 하늘은 마침내 동인으로 하여금 서로 걸어차서 쓰러지게 한다.

[주 해]　1) 踢傾者 踢傾人也(척경자 척경인야) : 척경踢傾, 즉 '차서 쓰러뜨림'이란 사람을 차서 쓰러지게 하는 것을 말한다.

2) 和健同謀 踢下傾殘(화건동모 척하경잔) : 굳세게 화합(和健)하는 척하며 같이 공모(同謀)하여 아랫사람을 발로 차듯 잔인하게 쓰러뜨리는(踢下傾殘) 것을 말한다.

3) 所欲者 阿附也(소욕자 아부야) : (잔인하게 쓰러뜨리고자) 하는 마음(所欲)을 품는 것은 아부하는 것이라는 뜻이다.

4) 爲東人而踢西人 東人 反疑之 西人 刻痛之(위동인이척서인 동인 반의지 서인 각통지) : 동인이 되어(爲東人) 서인을 차면(踢西人), 동인은 도리어(反) 의심(疑)하고 서인은 아픔(痛)을 새기게(刻) 된다는 뜻이다.

5) 崎哉 欺也(기재 기야) : '험하다, 속임의 길이여!'라는 뜻이다(崎 험할 기).

6) 竟使東人 踢相傾者(경사동인 척상경자) : 하늘은 마침내(竟) 동인으로 하여금(使東人) 서로 차서 넘어지게 한다(踢相傾)는 뜻이다.

제191사 가장(假章: 禍 1條 7目)

假章者 假托文章而欺也 秉筆者 弄文換墨
가장자 가탁문장이기야 병필자 농문환묵

捏陷賢良 慫慂凶獰 善惡 顚倒 吉凶 易地
날함현량 종용흉녕 선악 전도 길흉 역지

欺一人 欺一世 天必不容 況于斯哉
기일인 기일세 천필불용 황우사재

번역 가장假章이란 문장을 거짓으로 꾸며 속이는 것이다. 붓을 잡은 사람이 남의 글을 희롱하고 글씨를 바꾸어 어질고 착한 사람을 터무니없는 사실로 모함하고, 흉하고 모진 것을 종용하여 선악善惡이 뒤집히고 길흉吉凶이 자리를 바꾸게 된다. 이는 한 사람을 속이고 한 세상을 속이는 것으로 하늘이 반드시 용납하지 않을진대, 하물며 이를 행하리오!

주 해 1) 假章者 假托文章而欺也(가장자 가탁문장이기야) : 가장假章, 즉 '거짓 문장'이란 문장을 거짓으로 꾸며 속이는 것이다. 말하자면 남의 글을 자기 의도대로 윤색潤色하여 거기에 의탁해서 속이는 것을 말한다.

2) 秉筆者 弄文換墨(병필자 농문환묵) : 붓을 잡은 자(秉筆者)가 남의 글을 희롱(弄文)하고 글씨를 바꾸는(換墨) 것을 말한다(秉 잡을 병; 弄 희롱할 롱).

3) 捏陷賢良 慫慂凶獰(날함현량 종용흉녕) : 어질고 착한(賢良) 사람을 터무니없는 사실로 모함(捏陷)하고, 흉하고 모진(凶獰) 것을 종용慫慂하는 것을 말한다. 날함捏陷은 터무니없는 사실로 모함하는 것이다(獰 모질 녕).

4) 善惡顚倒 吉凶易地(선악전도 길흉역지) : 선악善惡이 뒤집히고(顚倒) 길흉吉凶이 자리를 바꾸는(易地) 것을 말한다.

5) 欺一人 欺一世 天必不容 況于斯哉(기일인 기일세 천필불용 황우사재) : 이는 한 사람을 속이고(欺一人) 한 세상을 속이는(欺一世) 것으로 하늘이 반드시 용납하지 않을진대(天必不容), 하물며(況) 이(斯)를 행하겠는가(于哉)의 뜻이다(于 할 우; 斯 이 사). 재哉는 의문, 반문反問, 감탄 등을 나타내는 어조사이다.

제192사 무종(無終: 禍 1條 8目)

無終者 始懷無終而欺也 人於處事 有克始無終者
무종자   시회무종이기야   인어처사   유극시무종자

有善始善終者 有無奈半程者 皆行後知之
유선시선종자   유무내반정자   개행후지지

惟此無終 始誘也 遠理 謂之近理 歹做 謂之好做
유차무종 시유야 원리 위지근리 대주 위지호주

極其私慾則必反之
극기사욕즉필반지

번 역　무종無終이란 시작할 때부터 마치지 않을 생각을 품고 속이는 것이다. 사람이 일을 처리함에 있어 시작은 잘 하고 마침이 없는 사람도 있고, 잘 시작하여 잘 마치는 사람도 있으며, 어찌 할 수 없이 절반 정도에서 멈추는 사람도 있는데, 이 모두는 행한 뒤에 알게 된다. 오직 이 무종만은 처음부터 꾀한 것이니, 먼 이치를 가까운 이치라 이르고 좋지 않은 지음을 좋은 지음이라고 이르지만, 그 사사로운 욕심이 극에 달하면 반드시 뒤집어진다.

주 해　1) 無終者 始懷無終而欺也(무종자 시회무종이기야) : 무종無終, 즉 '끝이 없음'이란 시작할(始) 때부터 마치지 않을 생각을 품고(懷無終) 속이는(欺) 것을 말한다.

2) 人於處事 有克始無終者 有善始善終者(인어처사 유극시무종자 유선시선종자) : 사람이 일을 처리함에 있어(人於處事) 시작은 잘 하고(有克始) 마침이 없는 사람(無終者)도 있고, 잘 시작하여(有善始) 잘 마치는 사람(善終者)도 있다는 뜻이다(克 능할 극).

3) 有無奈半程者 皆行後知之(유무내반정자 개행후지지) : 어찌 할 수 없이(無奈) 절반 정도(半程)에서 멈추는 사람도 있는데, 이 모두(皆)는 행한 뒤(行後)에 알(知)게 된다는 뜻이다(奈 어찌 내). 개皆는 '모두, 다'의 뜻이다.

  4) 惟此無終 始誘也(유차무종 시유야) : 오직(惟) 이(此) 무종無終만은 처음부터 꾀한(始誘) 것이라는 뜻이다. 말하자면 시작할 때부터 마치지 않을 생각을 품고 있었다는 뜻이다.

  5) 遠理 謂之近理 歹做 謂之好做(원리 위지근리 대주 위지호주) : 먼 이치(遠理)를 가까운 이치(近理)라 이르고(謂) 좋지 않은 지음(歹做)을 좋은 지음(好做)이라고 이르는(謂) 것을 말한다(歹 좋지않을 대; 做 지을 주).

  6) 極其私慾則必反之(극기사욕즉필반지) : 그(其) 사사로운 욕심(私慾)이 극極에 달하면 반드시 뒤집어진다(必反)는 뜻이다.

제193사 호은(怙恩: 禍 1條 9目)

怙 倚也 人 恩己 宜思報恩 恩己之心 反輕之
호   의야 인 은기   의사보은   은기지심   반경지

恩人恩衰 又負之 又妨之 其可乎
은인은쇠   우부지   우방지   기가호

번역 호怙는 의지하는 것이다. 남이 자기에게 은혜를 베풀면 마땅히 그 은혜를 갚을 생각을 해야 한다. 자기에게 은혜를 베푼 그 마음을 도리어 가볍게 여기거나, 은인의 은혜가 줄어들었다 하여 은인을 저버리고 방해까지 한다면, 그것을 옳다 하겠는가?

주 해　1) 怙倚也(호 의야) : 호怙, 즉 '믿음'이란 의지하는 것이다. 따라서 호은怙恩, 즉 '은혜를 믿음'이란 은혜를 믿고 의지하는 것이다(倚 기댈 의, '의지함').

　2) 人 恩己 宜思報恩(인 은기 의사보은) : 남(人)이 자기(己)에게 은혜(恩)를 베풀면 마땅히(宜) 그 은혜를 갚을(報恩) 생각(思)을 해야 한다는 뜻이다.

　3) 恩己之心 反輕之(은기지심 반경지) : 자기에게 은혜를 베푼 그 마음(恩己之心)을 도리어(反) 가볍게(輕) 여긴다는 뜻이다.

　4) 恩人恩衰 又負之 又妨之(은인은쇠 우부지 우방지) : 은인은쇠恩人恩衰는 은인의 은혜가 줄어드는 것을 말하고, 우부지 우방지(又負之 又妨之)는 (은인을) 저버리고 방해까지 하는 것을 말한다(負 저버릴 부).

　5) 其可乎(기가호) : '그것(其)을 가可하다 하겠는가'의 뜻이니 이는 곧 '그것을 옳다 하겠는가?'라는 의미이다.

제194사 시총(恃寵: 禍 1條 10目)

恃　賴也　蒙人存寵　殘葉　靑秀　敢懷恣肆
시　뇌야　몽인존총　잔엽　청수　감회자사

專用瞞害　蠹於中心　存寵者　冷　自去之
전용만해　두어중심　존총자　냉　자거지

번 역　시恃는 신뢰하는 것이다. 몽매한 사람이 총애를 입으면 마치 쇠잔한 잎이 빼어나게 푸르게 되는 것과 같으니, 감히 방자한 생각을 품겠는가. 오로지 속이고 해치려는 마음을 써서 마음 가운데에 좀이 슬면, 총애하던 사람의 마음이 차가워져서 자연히 멀어지게 된다.

주 해   1) 恃 賴也(시 뇌야) : 시恃, 즉 '믿음'은 신뢰하는 것이다. 따라서 '시총恃寵'은 총애를 믿는(신뢰하는) 것을 말한다.

2) 蒙人存寵 殘葉 靑秀 敢懷恣肆(몽인존총 잔엽 청수 감회자사) : 몽매한 사람(蒙人)이 총애를 입으면(存寵) 마치 쇠잔한 잎(殘葉)이 빼어나게(秀) 푸르게(靑) 되는 것과 같거늘, 감히(敢) 방자(恣肆)한 생각을 품겠는가(懷)의 뜻이다(蒙 몽매할 몽; 恣 방자할 자; 肆 방자할 사).

3) 專用瞞害 蠹於中心(전용만해 두어중심) : 오로지(專) 속이고(瞞) 해치려는(害) 마음을 써서(用) 마음 가운데에(於中心) 좀(蠹)이 스는 것을 말한다(瞞 속일 만; 蠹 좀 두).

4) 存寵者 冷 自去之(존총자 냉 자거지) : 총애하던 사람(存寵者)의 마음이 차가워져서(冷) 자연히(自) 멀어지게(去) 된다는 뜻이다.

제2조 탈奪

제195사 탈(奪: 禍 2條)

物慾 蔽靈 竅塞 九竅 盡塞 與禽獸相似
물욕 폐령 규색 구규 진색 여금수상사

只有食奪之慾而已 未有廉恥及畏怯
지유식탈지욕이이 미유염치급외겁

번역　물욕物慾이 영대(靈=靈臺)를 가리면 구멍이 막히나니, 몸에 있는 아홉 구멍이 다 막히면 금수禽獸와 같아져서 단지 빼앗아 먹으려는 욕심만 있을 뿐 염치나 두려움은 없게 된다.

주해　1) 物慾 蔽靈 竅塞(물욕 폐령 규색) : 물욕物慾이 영대(靈=靈臺)를 가리면(蔽) 구멍(竅)이 막힌다(塞)는 뜻이다(蔽 가릴 폐; 竅 구멍 규; 塞 막힐 색).

2) 九竅盡塞 與禽獸相似 只有食奪之慾而已(구규진색 여금수상사 지유식탈지욕이이) : 몸에 있는 아홉 구멍(九竅: 눈, 코, 입, 귀, 요도, 항문)이 다(盡) 막히면(塞) 금수禽獸와 더불어(與) 서로 같아져서(相似) 단지(只) 빼앗아 먹으려는 욕심(食奪之慾)만 있을 뿐(已)이라는 뜻이다(奪 빼앗을 탈).

3) 未有廉恥及畏怵(미유염치급외겁) : 염치廉恥나 두려움(畏怵)은 없게(未有) 된다는 뜻이다(畏 두려울 외; 怵 겁낼 겁).

제196사　멸산(滅産: 禍 2條 11目)

滅産者　滅人之産業也　滅人産業　爲己所有
멸 산 자　멸 인 지 산 업 야　멸 인 산 업　위 기 소 유

能安乎　能長久乎　天奪其魄　與之懟頭
능 안 호　능 장 구 호　천 탈 기 백　여 지 대 두

번역　멸산滅産이란 남의 산업을 망하게 하는 것이다. 남의 산업을 망하게 하여 자기 소유로 하면 능히 편안하고 오래 가겠는가! 하늘이 그 넋을 빼앗아 자신의 허물을 원망하며 살게 할 것이다.

주해 1) 滅産者 滅人之産業也(멸산자 멸인지산업야) : 멸산滅産, 즉 '산업을 망하게 함'이란 남의 산업을 망하게 하는 것을 말한다.

  2) 滅人産業 爲己所有 能安乎 能長久乎(멸인산업 위기소유 능안호 능장구호) : '남의 산업을 망하게 하여(滅人産業) 자기 소유로 하면(爲己所有) 능能히 편안하고(安) 오래(長久) 가겠는가!'라는 뜻이다.

  3) 天奪其魄 與之懟頭(천탈기백 여지대두) : 천탈기백天奪其魄은 하늘이 그 넋(魄)을 빼앗는다(奪)는 뜻이다. 여지대두與之懟頭는 원망의 머리를 준다는 뜻으로 이는 곧 자신의 허물을 원망하며 살게 할 것이라는 뜻이다(與 줄 여; 懟 원망할 대).

제197사 역사(易祀: 禍 2條 12目)

易祀者 換人家祀也 謀奪人財 換人宗子 陰易其祀
역 사 자 환 인 가 사 야 모 탈 인 재 환 인 종 자 음 역 기 사

倫理轉矣 自有冥冥
윤 리 전 의 자 유 명 명

번역 역사易祀란 남의 집 제사를 바꾸어 지내는 것이다. 남의 재산을 꾀를 부려 빼앗고, 남의 종손을 바꾸어 몰래 그 제사를 바꿔 지내면 윤리가 전도轉倒되어 스스로 어둡고 어두워짐이 있게 된다.

주해 1) 易祀者 換人家祀也(역사자 환인가사야) : 역사易, 즉 '제사를 바꿈'이란 남의 집 제사를 바꾸어 지내는 것을 말한다.

  2) 謀奪人財 換人宗子 陰易其祀(모탈인재 환인종자 음역기사) : 꾀를 부려(謀) 남의 재산(人財)을 빼앗고(奪), 남(人)의 종손(宗子)을 바꾸어(換) 몰

래(陰) 그(其) 제사(祀)를 바꿔(易) 지내는 것을 말한다.

   3) 倫理轉矣 自有冥冥(윤리전의 자유명명) : 윤리가 전도轉倒되어 스스로(自) 어둡고 어두워짐(冥冥)이 있게(有) 된다는 뜻이다. 말하자면 인륜을 어지럽히게 되면 그 인과응보로 어두운 세상을 살게 된다는 뜻이다.

제198사 노금(擄金: 禍 2條 13日)

擄金者 劫人之金也 農有歲金 學有晦金
노 금 자 겁 인 지 금 야 농 유 세 금 학 유 회 금

商有暮金 工有朝金 役有時金 何事擄而後 取金
상 유 모 금 공 유 조 금 역 유 시 금 하 사 노 이 후 취 금

擄之力 重於農 勞於學 强於商 猛於工 苦於役
노 지 력 중 어 농 노 어 학 강 어 상 맹 어 공 고 어 역

重勞强猛苦 且不得金 無身而有
중 로 강 맹 고 차 부 득 금 무 신 이 유

번역   노금擄金이란 남의 돈을 빼앗는 것이다. 농사는 일 년(歲) 단위로 돈이 있고, 학자는 그믐에 월 수입의 돈이 있으며, 장사는 저녁에 수금收金이 되고, 공인은 아침부터 돈이 생기며, 일꾼은 시간에 따라 돈이 생긴다. 무슨 일로 노략질하여 돈을 취하려 하는가. 노략질에 드는 힘은 농사일보다 무겁고, 학문보다 수고로우며, 장사보다 힘들고, 공업보다 맹렬하며, 노역勞役보다 괴롭다. 무겁고 수고롭고 힘들고 맹렬하고 괴로움이 있어도 또한 돈을 얻지 못하기도 하거늘, 몸을 움직여 일하지도 않고 돈을 얻으리오!

주 해

1) 擄金者 劫人之金也(노금자 겁인지금야) : 노금擄金, 즉 '돈을 노략질함'이란 남의 돈을 빼앗는(겁탈하는)것을 말한다.

2) 農有歲金 學有晦金 商有暮金 工有朝金 役有時金 (농유세금 학유회금 상유모금 공유조금 역유시금) : 농사는 일 년(歲) 단위로 돈이 있고, 학자는 그믐(晦)에 (월 수입의) 돈이 있으며, 장사는 저녁(暮)에 수금收金이 되고, 공인은 아침(朝)부터 돈이 생기며, 일꾼(役)은 시간(時)에 따라 돈이 생긴다는 뜻이다.

3) 何事擄而後 取金(하사노이후 취금) : 무슨 일(何事)로 노략질하여(擄而後) 돈을 취하려 하는가(取金)의 뜻이다(擄 노략질할 로).

4) 擄之力 重於農 勞於學 强於商 猛於工 苦於役(노지력 중어농 노어학 강어상 맹어공 고어역) : 노략질에 드는 힘(擄之力)은 농사일보다(於農) 무겁고(重), 학문보다(於學) 수고로우며(勞), 장사보다(於商) 힘들고(强), 공업보다(於工) 맹렬하며(猛), 노역보다(於勞役) 괴롭다(苦)는 뜻이다 (强 힘쓸 강; 役 일 역, 일꾼 역).

5) 重勞强猛苦 且不得金 無身而有(중로강맹고 차부득금 무신이유) : 무겁고(重) 수고롭고(勞) 힘들고(强) 맹렬(猛)하고 괴로움(苦)이 있어도 또한(且) 돈을 얻지 못하기도 하거늘(不得金), 몸을 움직여 일하지도 않고(無身) 돈이 생기겠는가(有)라는 뜻이다. 여기서 무신無身은 몸을 움직여 일하지 않는다는 뜻이다. 다시 말해서 몸을 움직여 열심히 일해도 돈을 벌기 어려운데 하물며 일하지도 않고 돈을 얻겠는가라는 뜻이다. 따라서 땀 흘려 일하지도 않고 협잡하여 남의 돈을 빼앗는 것은 스스로 인간임을 포기한 것이라 하겠다.

제199사 모권(謀權: 禍 2條 14目)

謀權者 謀奪人之權也 人之應權 苟慾謀奪
모권자 모탈인지권야 인지응권 구욕모탈

石上種苗 不可托根 雖成 峽人駕舟 島人御馬
석상종묘 불가탁근 수성 협인가주 도인어마

번역 모권謀權이란 남의 권리를 모략謀略으로 빼앗는 것이다. 남의 정당한 권리를 구차한 욕심으로 모략을 사용하여 빼앗으려는 것은 마치 돌 위에 뿌린 씨앗이 뿌리를 내리지 못하는 것과 마찬가지로 결국에는 성공하지 못한다. 비록 성공한다 해도 그것은 산골 사람이 협곡峽谷에서 배를 타고 섬사람이 작은 섬에서 말을 모는 격이 될 것이다.

주해 1) 謀權者 謀奪人之權也(모권자 모탈인지권야) : 모권謀權, 즉 '권리를 도모함'이란 남의 권리를 모략謀略으로 빼앗는 것이다.

2) 人之應權 苟慾謀奪(인지응권 구욕모탈) : 남의 정당(應當)한 권리(權)를 구차한 욕심(苟慾)으로 모략을 사용하여 빼앗는(謀奪) 것을 말한다.

3) 石上種苗 不可托根(석상종묘 불가탁근) : 마치 돌 위에 뿌린 씨앗(石上種苗)이 뿌리를 내리지 못하는(不可托根) 것과 마찬가지로 결국에는 성공하지 못한다는 뜻이다. 종묘種苗는 묘목이 될 씨를 뿌리는 것을 말하고, 탁근托根은 '뿌리를 의지함(의탁함)'이니 불가탁근不可托根은 (돌에) 뿌리를 의지하지 못한다는 뜻으로 이는 곧 (돌에) 뿌리를 내리지 못한다는 의미이다.

4) 雖成 峽人駕舟 島人御馬(수성 협인가주 도인어마) : 비록 성공한다

해도(雖成) 그것은 산골사람(峽人)이 협곡峽谷에서 배를 타고(駕舟) 섬사람(島人)이 작은 섬에서 말을 모는(御馬) 격이 될 것이다(駕 탈가; 御 말부릴 어).

제200사 투권(偸卷: 禍 2條 15日)

偸卷者 倣人之卷也 欲偸實 有粧之假質
투권자 방인지권야 욕투실 유장지가질

牛畵龍文 犬冒虎皮 百步之內 牛顚犬仰
우화용문 견모호피 백보지내 우전견앙

번역 투권偸卷이란 남의 문권文卷을 모방(위조)하는 것이다. 실물을 훔치고자 거짓 질권質權으로 꾸미는 것은 소에 용무늬를 그리고(畵), 개가 호랑이 가죽을 쓴 것과 같다. 백 걸음 안에 소는 넘어지고, 개는 뒤집어진다.

주해 1) 偸卷者 倣人之卷也(투권자 방인지권야) : 투권偸卷, 즉 '문권을 훔침'이란 남의 문권文卷을 모방하는 것이다. 말하자면 남의 문서를 위조하는 것을 말한다. 문권文券이란 땅·집 등의 권리를 나타낸 문서이다(偸 훔칠 투; 卷 책 권; 倣 모방할 방).

2) 欲偸實 有粧之假質(욕투실 유장지가질) : 실물(實)을 훔치고자(欲偸) 거짓(假) 질권質權으로 꾸미는(粧) 것이다. 다시 말해서 실지 물건(物件)을 훔치기 위해 문서를 거짓으로 꾸미는 것을 말한다. 질권이란 담보 물권物權의 하나이다. 채권자가 그 채권의 담보로 채무자·제3자로부터 취득한 물건을 채무 변제가 있을 때까지 유치할 수 있고

변제가 없을 때에는 그 담보 목적물로 우선 변제辨濟를 받는 권리를 말한다.

3) 牛畵龍文 犬冒虎皮(우화용문 견모호피) : 소(牛)에 용무늬(龍文)를 그리고(畵), 개(犬)가 호랑이 가죽(虎皮)을 쓴(冒) 것과 같다는 뜻이다 (畵 그릴 화; 冒 쓸 모).

4) 百步之內 牛顚犬仰(백보지내 우전견앙) : 백 걸음 안에(百步之內) 소는 넘어지고(牛顚) 개는 뒤집어진다(犬仰는 뜻이다. 앙仰은 '우러러볼 앙'으로 고개를 쳐들고 (하늘을) 본다는 뜻이니, 견앙犬仰은 개가 뒤집어진다는 뜻이다. 아무리 소에 용무늬를 그리고(畵) 개가 호랑이 가죽을 쓴다고 해도, 백 걸음도 못가서 소가 넘어지니 용이 아니라는 것이 판명되고, 개가 뒤집어지니 호랑이가 아니라는 것이 판명된다는 뜻으로 이는 곧 머지않아 남의 문권을 모방(위조)했음이 밝혀지게 된다는 의미이다.

제201사 취인(取人: 禍 2條 16目)

取人者 竊人之名也 人功 爲己之功 人惠
취 인 자 절 인 지 명 야 인 공 위 기 지 공 인 혜

爲己之惠者 非師之 又非媚之 乃偸利竊譽也
위 기 지 혜 자 비 사 지 우 비 모 지 내 투 리 절 예 야

虛功沒利 虛惠無譽
허 공 몰 리 허 혜 무 예

번 역 취인取人이란 남의 이름을 도둑질하는 것이다. 남의 공을 자기 공功으로 삼고, 남이 베푼 은혜를 자기가 베푼 은혜인 것처

럼 하는 것은 본받을 것도 못 되고, 또 투기할 것도 못 된다. 이는 곧 이로움을 훔치고 명예를 도둑질하는 일이니, 그 공이 헛되어 이로움이 될 것이 없고 은혜가 헛되어 명예가 될 것이 없다.

주 해 1) 取人者 竊人之名也(취인자 절인지명야) : 취인取人, 즉 '남의 것을 절취함'이란 남의 이름을 도둑질하는 것이다(竊 도둑 절).

 2) 人功 爲己之功(인공 위기지공) : 남의 공(人功)을 자기 공(己之功)으로 삼는(爲) 것을 말한다(爲 삼을 위).

 3) 人惠 爲己之惠者(인혜 위기지혜자) : 남(人)이 베푼 은혜(惠)를 자기(己)가 베푼 은혜(惠)인 것처럼 하는 것(者)을 말한다.

 4) 非師之 又非媢之 乃偸利竊譽也(비사지 우비모지 내투리절예야) : 비사지 우비모지非師之 又非媢之는 본받을 것도 못되고(非師之), 또 투기할 것도 못된다(又非之)는 뜻이다. 사師는 '본받음, 모범으로 삼음', 모媢는 '시기하다, 질투하다'이다. 내투리절예야乃偸利竊譽也는 (이는) 곧(乃) 이로움(利)을 훔치고(偸) 명예(譽)를 도둑질하는(竊) 것이라는 뜻이다.

 5) 虛功沒利 虛惠無譽(허공몰리 허혜무예) : 그 공이 헛되어(虛功) 이로움이 될 것이 없고(沒利) 은혜가 헛되어(虛惠) 명예가 될 것이 없다(無譽)는 뜻이다.

제3조 음淫

제202사 음(淫: 禍 3條)

淫 敗身之始 混倫之源 亂家之本也 猪也性淫
음 패신지시 혼륜지원 난가지본야 저야성음

狗也色淫 羊也氣淫 故 淫人 謂之三畜
구야색음 양야기음 고 음인 위지삼축

번 역 음淫은 몸을 망치는 시작이고, 윤리를 혼탁하게 하는 근원이며, 가정을 어지럽히는 근본이다. 돼지는 성정性情이 음탕하고, 개는 색정色情이 음탕하며, 양은 기운이 음란하다. 그래서 음란한 사람을 일러 삼축三畜이라 하는 것이다.

주 해 1) 淫 敗身之始 混倫之源 亂家之本也(음 패신지시 혼륜지원 난가지본야) : 음란함(淫)은 몸을 망치는 시작(敗身之始)이고, 윤리를 혼탁하게 하는 근원(混倫之源)이며, 가정을 어지럽히는 근본(亂家之本)이라는 뜻이다.

2) 猪也性淫 狗也色淫 羊也氣淫(저야성음 구야색음 양야기음) : 돼지(猪)는 성정性情이 음란(淫)하고, 개(狗)는 색정色情이 음란하며, 양羊은 기운(氣)이 음란하다는 뜻이다.

3) 淫人 謂之三畜(음인 위지삼축) : 음란한 사람(淫人)을 일러(謂) 삼축三畜이라 한다는 뜻이다.

제203사 황사(荒邪: 禍 3條 17目)

荒 樂淫而忘身也 邪 見淫而忘命也 樂淫而忘身
황 요음이망신야 사 견음이망명야 요음이망신

道理顚覆 見淫而忘命 患難 接踵
도리전복 견음이망명 환난 접종

번역 황荒은 음란함을 즐겨 몸을 잊는 것이고, 사邪는 음란함을 보고 목숨을 잊는 것이다. 음란함을 즐겨 몸을 잊으면 사람의 도리가 뒤엎어지고, 음란함을 보고 목숨을 잊으면 환난이 연이어 뒤따르게 된다.

주해 1) 荒 樂淫而忘身也(황 요음이망신야) : 황荒은 음란함을 즐겨(樂淫) 몸을 잊는(忘身) 것을 말한다. 말하자면 몸도 돌보지 않고 음란한 행위를 즐기는 것이다.

2) 邪 見淫而忘命也(사 견음이망명야) : 사邪는 음란함을 보고(見淫) 목숨을 잊는 것(忘命)을 말한다. 말하자면 목숨도 생각지 않고 음란한 것을 보는 것이다(荒 빠질 황; 邪 간사할 사, '不正'). 따라서 '황사荒邪', 즉 '부정에 빠짐'이란 몸도 돌보지 않고 음란한 행위를 즐기고, 목숨도 생각지 않고 음란한 것을 보는 것을 말한다.

3) 樂淫而忘身 道理顚覆(요음이망신 도리전복) : 음란함을 즐겨(樂淫) 몸을 잊으면(忘身) 사람의 도리道理가 뒤엎어진다(顚覆)는 뜻이다.

4) 見淫而忘命 患難 接踵(견음이망명 환난 접종) : 음란함을 보고(見淫) 목숨을 잊으면(忘命) 환난患難이 연이어 뒤따르게 된다(接踵)는 뜻이다. 접종接踵은 사물이 연連하여 일어나는 것을 말한다.

제204사 장본(戕本: 禍 3條 18目)

戕本者 淫其婦而害其夫也 淫無智愚 智戕也 鬼神
장본자 음기부이해기부야 음무지우 지장야 귀신

質其謀 愚戕也 日月 質其頑 風吹草動 聲色 自顯
질기모 우장야 일월 질기완 풍취초동 성색 자현

번역 장본戕本이란 그 아내를 간음하고 그 남편을 해치는 것이다. 음란함에는 지혜롭고 어리석음이 따로 없다. 지혜로 해침은 귀신같이 아무도 모르게 그 꾀함을 이루는 것이고, 어리석음으로 해침은 일월과 같이 훤히 드러내 놓고 그 완악頑惡함을 이루는 것이다. 바람이 불면 풀이 움직여 그 소리와 빛이 저절로 나타나듯이, 그 아내를 간음하고 그 남편을 해치는 자는 스스로 그 형색을 나타낸다.

주해 1) 戕本者 淫其婦而害其夫也(장본자 음기부이해기부야) : 장본戕本, 즉 '근본을 상하게 함(해침)'이란 그 아내를 간음하고 그 남편을 해치는 것을 말한다(戕 상할 장, 죽일 장).

2) 淫無智愚(음무지우) : 음란함(淫)에는 지혜롭고(智) 어리석음(愚)이 따로 없다(無)는 뜻이다.

3) 智戕也 鬼神 質其謀(지장야 귀신 질기모) : 지혜로 해침(智戕)은 귀신鬼神같이 (아무도 모르게) 그 꾀함(其謀)을 이루는(質) 것을 말한다(質 이룰 질, '성취함').

4) 愚戕也 日月 質其頑(우장야 일월 질기완) : 어리석음으로 해침(愚戕)은 일월日月과 같이 (훤히) 그 완악頑惡함을 이루는 것을 말한다.

5) 風吹草動 聲色 自顯(풍취초동 성색 자현) : 바람이 불면(風吹) 풀이

움직여(草動) 그 소리와 빛(聲色)이 저절로 나타나듯이(自顯), 그 아내를 간음하고 그 남편을 해치는 자는 스스로 그 형색을 나타낸다는 뜻이다(吹 불 취).

제205사 장자(藏子: 禍 3條 19目)

藏子者 匿淫胎也 淫産藏夜 名雖避 難避 愛雖絶
장 자 자   익 음 태 야   음 산 장 야   명 수 피   난 피   애 수 절

不絶 猶望他救 豈期幸也 淫必有種
부 절   유 망 타 구   기 기 행 야   음 필 유 종

번 역   장자藏子란 음란한 잉태를 숨기는 것이다. 음란하여 낳은 아이를 몰래 감추어서 자신의 성씨인 것을 피하려 하나 피하기 어렵고, 사랑을 끊으려 하나 끊지 못하여 오히려 남의 구원을 바라게 되니, 어찌 다행할 것을 기약하리오! 음란함에는 반드시 그 씨가 있다.

주 해   1) 藏子者 匿淫胎也(장자자 익음태야) : 장자藏子, 즉 '자식을 감춤'이란 음란한 잉태를 숨기는 것을 말한다.
  2) 淫産藏夜(음산장야) : 음란하여 낳은(淫産) 아이를 몰래 감추는(藏夜) 것을 말한다.
  3) 名雖避 難避(명수피 난피) : 비록(雖) 자신의 성씨(名)인 것을 피하려(避) 하나 피하기 어렵다(難避)는 뜻이다.
  4) 愛雖絶 不絶 猶望他救(애수절 부절 유망타구) : 비록(雖) 사랑을 끊으려(愛絶) 하나 끊지 못하여(不絶) 오히려(猶) 남의 구원(他救)을 바라게

(望) 된다는 뜻이다.

5) 豈期幸也 淫必有種(기기행야 음필유종) : 기기행야豈期幸也는 '어찌(豈) 다행할(幸) 것을 기약(期)하리오!'의 뜻이고, '음필유종淫必有種'은 음란함에는 반드시 그 씨가 있다는 뜻이다.

제206사 유태(流胎: 禍 3條 20日)

流胎者 藥於淫孕也 天落惡種 地必受生 雨露長之
유 태 자 약 어 음 잉 야 천 락 악 종 지 필 수 생 우 로 장 지

猶以薰傍 若違天理 理有所歸
유 이 훈 방 약 위 천 리 이 유 소 귀

번역 유태流胎란 음란한 잉태에 약을 써서 유산시키는 것이다. 하늘이 악한 종자를 떨어뜨려도 땅은 반드시 받아 낳고, 비와 이슬이 이를 자라게 한다. 향薰내 나는 풀 곁에 악취 나는 풀이 있는 것이다. 만약 하늘의 이치를 어기더라도 반드시 이치대로 돌아간다.

주해 1) 流胎者 藥於淫孕也(유태자 약어음잉야) : 유태流胎, 즉 '태아를 유산시킴'이란 음란함으로 생긴 잉태에 약을 써서 유산시키는 것을 말한다.

2) 天落惡種 地必受生 雨露長之(천락악종 지필수생 우로장지) : 하늘(天)이 악한 종자(惡種)를 떨어뜨려도(落) 땅(地)은 반드시(必) 받아 낳고(受生), 비와 이슬(雨露)이 이를 자라게(長之) 한다는 뜻이다.

3) 猶以薰傍(유이훈방) : 유훈猶薰은 악취 나는 풀과 향내 나는 풀

을 말하는 것으로 선악善惡의 뜻으로 쓰인다. 방傍은 '곁 방'이다. 따라서 향내 나는 풀 곁에 악취 나는 풀이 있다는 뜻이다(猶 누린내풀 유; 薰 향기로운풀 훈; 傍 곁 방).

　　4) 若違天理 理有所歸(약위천리 이유소귀) : 만약(若) 하늘의 이치(天理)를 어기면(違) 이치(理)는 돌아갈(歸) 데(所)가 있다(有)는 뜻이다. 말하자면 만약 하늘의 이치를 어기더라도 반드시 이치대로 돌아간다는 의미이다.

제207사 강륵(强勒: 禍 3條 21目)

强勒 欲淫人之妻妾 强之勒之也 和濃 淫之奸也
강 륵　욕 음 인 지 처 첩　강 지 륵 지 야　화 농　음 지 간 야

强勒 淫之賊也 和濃 天且不赦 强勒 赦乎
강 륵　음 지 적 야　화 농　천 차 불 사　강 륵　사 호

飛蛾撲燈 有焰燒身
비 아 박 등　유 염 소 신

[번역] 강륵强勒은 남의 처첩妻妾을 강제로 간음하는 것이다. 화간(和姦, 和濃)은 서로 눈이 맞아 간사하게 음란한 행위를 하는 것이고, 강간(强姦, 强勒)은 도둑질하듯이 음란한 행위를 하는 것이다. 화간도 하늘이 또한 용서치 않거늘, 강간을 용서하겠는가! 이는 날아드는 불나비가 등불을 쳐서 그 불꽃에 제 몸을 태워버리는 것과 같다.

[주해] 1) 强勒 欲淫人之妻妾 强之勒之也(강륵 욕음인지처첩 강지륵지야) : 강륵强勒, 즉 '강제로 욕보임'이란 남의 처첩妻妾을 간음하고자

하여 강제로 욕보이는 것을 말한다. 말하자면 남의 처첩을 강제로 간음한다는 뜻이다.

2) 和濃 淫之奸也(화농 음지간야) : 화간(和姦, 和濃)은 (서로 눈이 맞아) 간사하게 음란한 행위를 하는 것을 말한다.

3) 强勒 淫之賊也(강륵 음지적야) : 강간(强姦, 强勒)은 도둑질하듯이 음란한 행위를 하는 것을 말한다.

4) 和濃 天且不赦 强勒 赦乎(화농 천차불사 강륵 사호) : 화간(和濃)도 하늘(天)이 또한(且) 용서치 않거늘(不赦), 강간(强勒)을 용서하겠는가(赦乎)라는 뜻이다.

5) 飛蛾撲燈 有焰燒身(비아박등 유염소신) : 날아드는(飛) 불나비(蛾)가 등불(燈)을 쳐서(撲) 그 불꽃(焰)에 제 몸을 태워버리는(燒身) 것과 같다는 뜻이다(蛾 나방 아; 撲 칠 박; 焰 불꽃 염; 燒 불사를 소).

제208사 절종(絶種: 禍 3條 22目)

絶種者 淫人寡女而絶其嗣也 稚子近井 人必遠徙
절 종 자 　음 인 과 녀 이 절 기 사 야 　치 자 근 정 　인 필 원 사

筍芽始生 人必不踏 旣歡其母 寧忍其子
순 아 시 생 　인 필 부 답 　기 환 기 모 　영 인 기 자

寂寞暗室 天眼 如輪
적 막 암 실 　천 안 　여 수

번역 　절종絶種이란 남의 집 과부를 간음하여 그 집안 대를 이어갈 후손을 끊는 것이다. 어린아이가 우물에 가까이 가면 반드시 멀리 옮겨 주고, 죽순이 싹트면 반드시 밟지 않는 법인데, 이미 그

어미와 통정通情하며 즐기니 어찌 그 뱃속의 아이에게 차마 못할 짓을 하려는가! 적막한 어두운 방이라도 하늘은 다 지켜보고 계신다.

주 해

1) 絶種者 淫人寡女而絶其嗣也(절종자 음인과녀이절기사야) : 절종絶種, 즉 '씨를 끊음'이란 남의 집 과부를 간음하여 그 집안 대를 이어갈 후손을 끊는 것을 말한다.

2) 稚子近井 人必遠徙(치자근정 인필원사) : 어린 아이(稚子)가 우물에 가까이(近井) 가면 어른(人)이 반드시(必) 멀리 옮겨 주는(遠徙) 것을 뜻한다.

3) 筍芽始生 人必不踏(순아시생 인필부답) : 죽순(筍)이 싹트면(芽始生) 사람이 반드시 밟지 않는(不踏) 것을 말한다.

4) 旣歡其母 寧忍其子(기환기모 영인기자) : '이미(旣) 그 어미(其母)와 통정通情하며 즐기니(歡) 어찌(寧) 그(其) 뱃속의 아이(子)에게 차마 못할(忍) 짓을 하려는가!'라는 뜻이다. 말하자면 '유복자를 가진 과부와 통정하며 즐기니 어찌 뱃속의 아이가 떨어지지 않겠는가!'라는 의미이다(忍 차마못할 인).

5) 寂寞暗室 天眼 如輸(적막암실 천안 여수) : 적막암실寂寞暗室은 '적막한 어두운 방이라도'의 뜻이고, 천안 여수(天眼 如輸)는 하늘이 눈길(眼)을 보내는(輸) 것과 같다(如)는 뜻이니 이는 곧 하늘이 다 지켜보고 계신다는 뜻이다(輸 보낼 수).

제4조 상傷

제209사 상(傷: 禍 4條)

傷 傷人也 天 怒惡人傷人 雷霆警之 霹靂威之
상 상인야 천 노악인상인 뇌정경지 벽력위지

惡之不回頭於利嫌界 行不仁手段 其陽傷陰傷
악지불회두어이혐계 행불인수단 기양상음상

罰有輕重
벌유경중

번역 상傷은 사람을 해치는 것이다. 하늘은 악한 자가 남을 해치는 것을 노여워하여 우레로 경계하고 벼락으로 위협한다. 악한 자가 이욕利慾과 혐오嫌惡의 세계에서 머리를 돌리지 못하고 어질지 못한 수단으로 계속 악한 행위를 하면, 그 양으로(드러나게)음으로(드러나지 않게)남을 해친 만큼 가볍고 무거운 벌이 있게 된다.

주해 1) 傷 傷人也(상 상인야) : 상傷, 즉 '해침'이란 남을 해치는 것을 말한다.

2) 天 怒惡人傷人(천 노악인상인) : 하늘(天)은 악한 자(惡人)가 남을 해치는(傷人) 것을 노여워한다(怒)는 뜻이다.

3) 雷霆警之 霹靂威之(뇌정경지 벽력위지) : 뇌정雷霆은 '격렬한 천둥'이고, 벽력霹靂은 '벼락'이니, 우레(雷霆)로 경계(警)하고 벼락(霹靂)으로 위협(威)한다는 뜻이다.

4) 惡之不回頭於利嫌界(악지불회두어이혐계) : 악한 자가 이욕利慾과 혐오嫌惡의 세계에서 머리를 돌리지 못하는(不回頭) 것을 말한다.

5) 行不仁手段 其陽傷陰傷 罰有輕重(행불인수단 기양상음상 벌유경중) : 어질지 못한 수단(不仁手段)으로 계속 악한 행위(行)를 하면, 그(其) 양陽으로(드러나게) 음陰으로(드러나지 않게)남을 해친(傷) 만큼 가볍고 무거운(輕重) 벌(罰)이 있게(有) 된다는 뜻이다.

제210사 흉기(凶器: 禍 4條 23日)

凶器者 金鐵之屬也 以金鐵 敢傷人乎
흉기자 금철지속야 이금철 감상인호

傷人者 人也 被傷者 亦人也
상인자 인야 피상자 역인야

人之身體 受於父母 育於父母 傷人者 獨無父母乎
인지신체 수어부모 육어부모 상인자 독무부모호

번 역   흉기凶器란 쇠붙이로 만든 기구이다. 쇠붙이로 감히 사람을 해치려 하는가! 사람을 해치는 자도 사람이고, 상처를 입는 자도 또한 사람이다. 사람의 신체는 부모에게서 받은 것이고 부모가 길러준 것인데, 사람을 해치는 자는 부모도 없이 홀로 생겨나서 홀로 자라났단 말인가!

주 해   1) 凶器者 金鐵之屬也(흉기자 금철지속야) : 흉기凶器란 쇠붙이로 만든 기구 등속等屬을 말한다.

2) 以金鐵 敢傷人乎(이금철 감상인호) : 쇠붙이로(以金鐵) 감히(敢) 사람

을 해치겠는가(傷人乎)의 뜻이다.

　　3) 傷人者 人也 被傷者 亦人也(상인자 인야 피상자 역인야) : 사람을 해치는 자(傷人者)도 사람이고, 상처를 입는 자(被傷者)도 또한(亦) 사람이라는 뜻이다.

　　4) 人之身體 受於父母 育於父母(인지신체 수어부모 육어부모) : 사람의 신체身體는 부모에게서 받은(受於父母) 것이고 부모가 길러준(育於父母) 것이라는 뜻이다.

　　5) 傷人者 獨無父母乎(상인자 독무부모호) : '사람을 해치는 자(傷人者)는 부모도 없이(無父母) 홀로(獨) 생겨나서 홀로 자라났단 말인가!'의 뜻이다.

제211사　짐독(鴆毒: 禍 4條 24目)

鴆毒者　鴆藥也　鴆毒　毒於器　金鐵加人　或有可保
짐독자　짐약야　짐독　독어기　금철가인　혹유가보

鴆水灌人　合無餘命　孝於父母者　喜其全歸歟
짐수관인　합무여명　효어부모자　희기전귀여

孝子　無受鴆之天
효자　무수짐지천

번역　　짐독鴆毒이란 짐새(중국 광동성廣東省에 서식하는 毒鳥)에게서 나온 독약이다. 짐새의 독은 흉기(鐵毒)보다 더 독하여 쇠붙이로 상해를 입은 사람은 혹 목숨을 보전할 수 있지만, 짐새의 독물을 마신 사람은 살아남을 수가 없다. 부모에게 효도하는 사람은 그 부모가 몸을 온전히 하여 돌아가는 것을 기뻐하리니, 효자는 짐새의 독을 하늘로부터 받는 일이 없다.

주해 1) 鴆毒者 鴆藥也(짐독자 짐약야) : 짐독鴆毒, 즉 '짐새의 독'이란 짐새에게서 나온 독약을 말한다. 뱀을 잡아먹으며 중국 광동성廣東省에 서식하는 이 독조毒鳥의 깃을 담근 술을 마시면 반드시 죽게 된다고 한다.

2) 鴆毒 毒於器(짐독 독어기) : 짐새의 독은 쇠붙이로 만든 흉기(器)의 철독鐵毒보다 더 독하다는 뜻이다.

3) 金鐵加人 或有可保(금철가인 혹유가보) : 쇠붙이로 상해를 입은 사람(金鐵加人)은 혹 목숨을 보전할 수 있다(或有可保)는 뜻이다.

4) 鴆水灌人 合無餘命(짐수관인 합무여명) : 짐새의 독물(鴆水)을 마신 사람(灌人)은 남은 목숨이 없는(無餘命) 것과 같다는 뜻이니 이는 곧 살아남을 수가 없다는 의미이다.

5) 孝於父母者 喜其全歸歟(효어부모자 희기전귀여) : 부모에게 효도하는 사람(孝於父母者)은 그 부모가 몸을 온전히 하여 돌아가는(全歸) 것이 기쁘지(喜) 않겠는가(歟)라는 뜻이다. 다시 말해 그 부모가 짐새의 독을 맞지 않고 그 몸을 온전히 보전하여 돌아가는 것을 효자는 기뻐한다는 뜻이다.

6) 孝子 無受鴆之天(효자 무수짐지천) : 효자는 짐새의 독을 하늘로부터 받는 일이 없다는 뜻이다. 독사가 천 년을 묵으면 화하여 짐새가 되고, 그 짐새가 날아갈 때에 그림자가 비친 물을 사람이 마시면 반드시 죽게 되므로, 효자는 하늘로부터 오는 짐새의 독을 피하기 위해 부모님께 올리는 음식은 정성을 다하여 뚜껑이나 상보床褓를 덮어 하늘로부터 짐새의 독을 받는 일이 없다고 한 것이다.

제212사 간계(奸計: 禍 4條 25目)

奸計者 奸計傷人也 奸 妖邪之技能也 奸於事
간계자 간계상인야 간 요사지기능야 간어사

未有不患者 奸於物 未有不敗者 況以奸傷
미유불환자 간어물 미유불패자 황이간상

其計能丹靑於雪而不消乎
기계능단청어설이불소호

번역 간계奸計란 간사한 계략으로 사람을 해치는 것이다. 간사하다는 것은 요사스러운 재주와 능력이니, 일에 간사하면 항상 근심이 뒤따르고, 만물에 간사하면 망쳐지지 않는 것이 없거늘, 하물며 간사한 계략으로 남을 해치겠다는 것인가? 그러한 계략은 마치 눈(雪) 위에 붉고 푸른 단청丹靑을 입히는 격이니, 햇살이 비치면 눈이 녹아 단청이 사라지듯이 곧 사라지고 말 것이다.

주해 1) 奸計者 奸計傷人也(간계자 간계상인야) : 간계奸計, 즉 '간사한 계략'이란 간사한 계략으로 사람을 해치는 것을 말한다.

2) 奸 妖邪之技能也(간 요사지기능야) : 간사하다는 것은 요사妖邪스러운 재주(技)와 능력(能)을 말하는 것이다.

3) 奸於事 未有不患者(간어사 미유불환자) : 일에 간사하면(奸於事) 근심하지 않음(不患)이 없다(未有)는 뜻이니 이는 곧 항상 근심이 뒤따른다는 의미이다.

4) 奸於物 未有不敗者(간어물 미유불패자) : 만물에 간사하면(奸於物) 패하지 않음(不敗)이 없다(未有)는 뜻이니, 이는 곧 망쳐지지 않는 것이 없다는 의미이다.

5) 況以奸傷(황이간상) : 하물며(況) 간사한 계략으로(以奸) 남을 해치겠다는(傷) 것인가?

6) 其計能丹靑於雪而不消乎(기계능단청어설이불소호) : 그러한 계략(其計)은 마치 눈 위(於雪)에 붉고 푸른 단청丹靑을 입히는 격이니, 능히 사라지지 않게(不消) 할 수 있겠는가의 뜻이니, 이는 곧 햇살이 비치면 눈이 녹아 단청이 사라지듯이 곧 사라지고 말 것이라는 의미이다.

제213사 최잔(摧殘: 禍 4條 26日)

摧殘者 拉朽枝也 雖有嫌怨 不忍於殘者 仁界也
최 잔 자 납 후 지 야 수 유 혐 원 불 인 어 잔 자 인 계 야

蹈仁界則 嫌怨自解 福利自至 若以拉朽之易
도 인 계 즉 혐 원 자 해 복 리 자 지 약 이 랍 후 지 이

翻然下抉之 未年 春根 復至
번 연 하 결 지 미 년 춘 근 부 지

번 역 최잔摧殘이란 썩은 나뭇가지를 꺾는 것이다. 비록 혐의嫌疑와 원한이 있어도 차마 잔인하게 하지 못하는 것은 어진 마음이 있기 때문이다. 어진 마음으로 살아가면 혐의와 원한이 저절로 풀리고 행복과 이로움이 자연히 이를 것이다. 만약 썩은 나뭇가지 꺾듯이 쉽게, 그리고 순간에 상대방을 무너뜨린다 해도, 이듬해 봄이 되면 그 뿌리에서 다시 가지가 뻗어나듯 혐의와 원한이 또다시 싹트게 될 것이니 어진 마음으로 살아가야 한다.

주해 1) 摧殘者 拉朽枝也(최잔자 납후지야) : 최잔摧殘, 즉 '꺾음'과 '해침'은 썩은 나뭇가지 꺾듯이 사람을 해치는 것을 말한다. 이를 은유적으로 표현하여 납후지야拉朽枝也, 즉 썩은 나뭇가지를 꺾는 것이라고 한 것이다.

2) 雖有嫌怨 不忍於殘者 仁界也(수유혐원 불인어잔자 인계야) : 비록(雖) 밉고(嫌) 원망(怨)스러워도 차마 잔인하게 하지 못하는 것(不忍於殘者)은 어진 마음이 있기 때문이라는 뜻이다. 인계仁界, 즉 '어진 경계'란 어진 마음의 경계를 일컫는 것이다.

3) 蹈仁界則 嫌怨自解 福利自至(도인계즉 혐원자해 복리자지) : 어진 마음으로 살아가면(어진 경계를 밟으면, 蹈仁界則) 혐의(嫌)와 원한(怨)이 저절로 풀리고(自解) 행복과 이로움(福利)이 자연히 이를(自至) 것이라는 뜻이다.

4) 若以拉朽之易 翻然下抉之(약이랍후지이 번연하결지) : '만약(若) 썩은 나뭇가지 꺾듯이 쉽게(以拉朽之易), 그리고 순간에 상대방을 무너뜨린다 해도'의 뜻이다.

5) 未年 春根 復至(미년 춘근 부지) : 미년未年은 아직 오지 않은 해이니 춘근春根과 연결시키면 '이듬해 봄이 되면'의 뜻이다. 그 뿌리(根)에서 다시(復) 가지가 뻗어나듯(至), 혐의와 원한이 또다시 싹트게 될 것이니 어진 마음으로 살아가야 한다는 뜻이다.

제214사 필도(必圖: 禍 4條 27目)

必圖者 刻意圖之也 於誠 有必守 於信 有必踐
필 도 자   각 의 도 지 야   어 성   유 필 수   어 신   유 필 천

於愛 有必恕 於濟 有必智 此 人之天性也 反此
어애 유필서 어제 유필지 차 인지천성야 반차

於微嫌 有必圖傷人之心 覓謀尋險 不傷不忘
어미혐 유필도상인지심 멱모심험 불상불망

天性 滅矣 開戶視之 黑雲滿天
천성 멸의 개호시지 흑운만천

> **번역** 필도必圖란 도모하는 뜻을 마음에 새기는 것이다. 정성에는 반드시 지킴이 있고, 믿음에는 반드시 실천이 있으며, 사랑에는 반드시 용서가 있고, 구제에는 반드시 지혜가 있으니, 이는 사람의 천성天性이다. 이에 반하여 작은 혐의에도 반드시 사람을 해치려는 마음을 갖고서 꾀를 찾고 험악한 방법을 찾는다면 해치지도 못하고 잊지도 못하게 되어 결국 천성이 멸할 것이다. 이는 마치 문을 열고 보면 검은 구름이 하늘에 가득한 것과 같아서 타고난 천성이 가리어 없어지게 되는 것이다.

> **주해**
> 1) 必圖者 刻意圖之也(필도자 각의도지야) : 필도必圖, 즉 '반드시 도모함'이란 도모하는 뜻을 마음에 새기는 것이다(刻意圖之也).
>
> 2) 於誠 有必守(어성 유필수) : 정성(誠)에는 반드시 지킴(必守)이 있다는 뜻이다.
>
> 3) 於信 有必踐(어신 유필천) : 믿음(信)에는 반드시 실천(必踐)이 있다는 뜻이다.
>
> 4) 於愛 有必恕(어애 유필서) : 사랑(愛)에는 반드시 용서(必恕)가 있다는 뜻이다.
>
> 5) 於濟 有必智(어제 유필지) : 구제(濟)에는 반드시 지혜(必智)가 있다는 뜻이다.

6) 此 人之天性也(차 인지천성야) : 이(此)는 사람의 천성天性이라는 뜻이다.

7) 反此 於微嫌 有必圖傷人之心 覓謀尋險(반차 어미혐 유필도상인지심 멱모심험) : 이(此)에 반反하여 작은 혐의(微嫌)에도 반드시 사람을 해치려는 마음(傷人之心)을 갖고서 꾀(謀)를 찾고(覓) 험악險惡한 방법을 찾는(尋) 것을 말한다(覓 찾을 멱; 尋 찾을 심).

8) 不傷不忘 天性 滅矣(불상불망 천성 멸의) : 해치지도 못하고(不傷) 잊지도 못하게(不忘) 되어 결국 천성天性이 멸滅하게 된다는 뜻이다.

9) 開戶視之 黑雲滿天(개호시지 흑운만천) : 문(戶)을 열고(開) 보니(視) 검은 구름(黑雲)이 하늘에 가득하다(滿天)는 뜻으로 이는 곧 타고난 천성이 가리어 없어지게 된다는 뜻이다.

제215사 위사(委唆: 禍 4條 28目)

委唆者 托囑於人也 事輪不轉 請人助力 誠也
위 사 자　탁 촉 어 인 야　사 륜 부 전　청 인 조 력　성 야

信河難挽 求人扶翼 義也 欲報私怨 托於人
신 하 난 만　구 인 부 익　의 야　욕 보 사 원　탁 어 인

不仁之甚 欲爲人解怨 受非常之囑 不智也
불 인 지 심　욕 위 인 해 원　수 비 상 지 촉　부 지 야

指者 危 領者 亡
지 자　위　영 자　망

번역　위사委唆란 남에게 부탁하여 맡기는 것이다. 일이 잘 돌아가지 않을 때 남의 도움을 청하는 것은 정성이며, 신용을 지키기

어려울 때 남의 협력을 구하는 것은 의로움이다. 사사로운 원한을 갚고자 남에게 부탁하는 것은 심히 어질지 못한 것이며, 남의 원한을 풀어주고자 떳떳하지 못한 청탁을 받는 것도 지혜롭지 못한 것이다. 부탁한 사람은 위태롭고 부탁받는 사람은 망하게 된다.

주해   1) 委唆者 托囑於人也(위사자 탁촉어인야) : 위사委唆, 즉 '교사敎唆하여 맡김'이란 남에게 부탁하여 맡기는 것이다(委 맡길 위; 唆 꾈 사, 부추길 사, '교사함'; 托 맡길 탁; 囑 부탁할 촉). 탁촉托囑은 '촉탁囑托(囑託)과 같은 뜻으로 부탁하여 맡기는 것을 말한다.

2) 事輪不轉 請人助力 誠也(사륜부전 청인조력 성야) : 사륜부전事輪不轉은 바퀴가 잘 돌아가지 않듯이 일이 잘 돌아가지 않는 것을 말한다. 따라서 일이 잘 돌아가지 않을 때 남의 도움을 청하는(請人助力) 것은 정성(誠)이라는 뜻이다.

3) 信河難挽 求人扶翼 義也(신하난만 구인부익 의야) : 신하난만信河難挽은 물을 끌기 어렵듯이 신용을 지키기 어렵다는 뜻이다. 따라서 신용을 지키기 어려울 때 남의 협력을 구하는(求人扶翼) 것은 의로움(義)이라는 뜻이다(挽 끌 만). 부익扶翼은 '협력'이다(扶 도울 부; 翼 날개 익).

4) 欲報私怨 托於人 不仁之甚(욕보사원 탁어인 불인지심) : 사사로운 원한(私怨)을 갚고자(慾報) 남에게 부탁하는(托於人) 것은 심甚히 어질지 못한(不仁) 것이라는 뜻이다.

5) 欲爲人解怨 受非常之囑 不智也(욕위인해원 수비상지촉 부지야) : 남의 원한을 풀어주고자(欲爲人解怨) 떳떳하지 못한 청탁(非常之囑)을 받는(受) 것도 지혜롭지 못한(不智) 것이라는 뜻이다(常 떳떳할 상).

6) 指者 危 領者 亡(지자 위 영자 망) : 부탁한 사람(指者)은 위태롭고(危) 부탁받는 사람(領者)은 망(亡)하게 된다는 뜻이다. 지자指者는 '지시한 자', 즉 부탁한 사람을 말하고 영자領者는 '받아들인 자', 즉 부

탁받는 사람을 말한다.

제216사 흉모(兇謀: 禍 4條 29目)

兇謀者 蠻行也 人有蠻行則 怒善人 咬義人
흉모자 만행야 인유만행즉 노선인 교의인

無何而惡戮物理 無何而頑滅天道 禍不驟
무하이오륙물리 무하이완멸천도 화불취

乃長夜雨漫
내장야우만

번역 흉모兇謀란 야만스러운 행위이다. 사람이 야만스러운 행위를 계속하게 되면, 착한 사람을 노하게 하고 의로운 사람을 헐뜯게 된다. 아무런 이유 없이 사물의 이치를 비방하며 묵살하고, 아무런 이유 없이 하늘의 도를 완악頑惡하게 멸하려는 사람에게는 앙화殃禍가 당장 몰아치지는 않더라도 긴 밤에 비로 땅이 질펀해지는 것과 같이 오래도록 작은 재앙이 끊이지 않을 것이다.

주해 1) 兇謀者 蠻行也(흉모자 만행야) : 흉모兇謀, 즉 '흉악한 모략'이란 야만스러운 행위(蠻行)를 말한다.

2) 人有蠻行則 怒善人 咬義人(인유만행즉 노선인 교의인) : 사람이 야만스러운 행위를 계속 하게 되면(人有蠻行則), 착한 사람(善人)을 노怒하게 하고 의로운 사람(義人)을 헐뜯게(咬) 된다는 뜻이다(咬 씹을 교).

3) 無何而惡戮物理 無何而頑滅天道(무하이오륙물리 무하이완멸천도) : 아무런 이유 없이(無何) 사물의 이치(物理)를 비방하며(惡) 묵살하고(戮)

이고 戮), 아무런 이유 없이(無何) 천도天道를 완악頑惡하게 멸滅하는 것을 말한다. 무하無何는 '아무런 이유 없이'이다(惡 헐뜯을 오, '비방함'; 戮 죽일 류).

　　4) 禍不驟 乃長夜雨漫(화불취 내장야우만) : (이런 사람에게는) 앙화殃禍가 당장 몰아치지는 않더라도(禍不驟) 곧(乃) 긴 밤(長夜)에 비로 땅이 질펀해지는(雨漫) 것과 같이 오래도록 작은 재앙이 끊이지 않을 것이라는 뜻이다(驟 갑작스러울 취; 漫 질펀할 만).

제5조 음陰

제217사　음(陰: 禍 5條)

陰　陰謀也　義窮　歸陰謀　術盡　生陰謀　慾極
음　음모야　의궁　귀음모　술진　생음모　욕극

立陰謀　陰謀而成者　禍也
입음모　음모이성자　화야

번역　음陰은 남모르게 꾀하는 것이다. 의로움이 궁하면 음모로 돌아가고, 술책이 다하면 음모가 생겨나며, 욕심이 지나치면 음모를 꾸미게 된다. 음모로 이루어지는 것은 앙화殃禍뿐이다.

주해　1) 陰 陰謀也(음 음모야) : 음陰이란 '음모陰謀', 즉 남모르게 꾀하는 것을 말한다.

2) 義窮 歸陰謀(의궁 귀음모) : 의로움(義)이 궁하면(窮) 음모陰謀로 돌아간다(歸)는 뜻이다.

3) 術盡 生陰謀(술진 생음모) : 술책(術)이 다하면(盡) 음모가 생겨난다(生)는 뜻이다.

4) 慾極 立陰謀(욕극 입음모) : 욕심(慾)이 지나치면(極) 음모를 꾸민다(立)는 뜻이다.

5) 陰謀而成者 禍也(음모이성자 화야) : 음모로 이루어지는(成) 것(者)은 앙화殃禍뿐이라는 뜻이다.

제218사 흑전(黑箭: 禍 5條 30目)

黑箭者 暗地射人也 智箭 或兼人 謀箭 必由己
흑전자 암지사인야 지전 혹겸인 모전 필유기

寧可智 不可謀 獵不殺宿 仁也 人而不仁 貶人道
영가지 불가모 엽불살숙 인야 인이불인 폄인도

貶人道者 其禍仰噴
폄인도자 기화앙분

번역 흑전黑箭이란 어두운 곳에서 사람을 쏘는 것이다. 지혜의 화살을 쏘는 것은 혹 남과 같이 하지만, 음모의 화살을 쏘는 것은 반드시 자기 혼자서 한다. 차라리 지혜로 할지언정 음모로 해서는 안 된다. 사냥을 하면서 잠자는 짐승을 죽이지 않는 것이 어진 마음이다. 사람이 어질지 못하면 사람의 도리를 잃게 되고, 사람의 도리를 잃으면 그 앙화殃禍가 높이 불을 뿜 듯하게 된다.

주해 1) 黑箭者 暗地射人也(흑전자 암지사인야) : 흑전黑箭, 즉 '검은 화살'이란 어두운 곳에서 사람을 쏘는 것을 말한다.

2) 智箭 或兼人(지전 혹겸인) : 지혜의 화살(智箭)을 쏘는 것은 혹或 남과 같이(兼人) 한다는 뜻이다.

3) 謀箭 必由己(모전 필유기) : 음모의 화살(謀箭)을 쏘는 것은 반드시(必) 자기로 말미암는다는 뜻으로 이는 곧 자기 혼자서 한다는 의미이다.

4) 寧可智 不可謀(영가지 불가모) : 차라리(寧) 지혜(智)로 할지언정 음모(謀)로 해서는 안 된다(不可)는 뜻이다.

5) 獵不殺宿 仁也(엽불살숙 인야) : 사냥(獵)을 하면서 잠자는(宿) 짐승을 죽이지 않는(不殺) 것이 어진(仁) 마음이라는 뜻이다.

6) 人而不仁 貶人道(인이불인 폄인도) : 사람(人)이 어질지 못하면(不仁) 사람의 도리가 떨어진다(貶人道)는 뜻이니 이는 곧 사람의 도리를 잃게 된다는 뜻이다.

7) 貶人道者 其禍仰噴(폄인도자 기화앙분) : 사람의 도리(人道)가 떨어지면(貶), 다시 말해서 사람의 도리를 잃으면 그(其) 앙화가 높이(仰) 불을 뿜(噴)듯 하게 된다는 뜻이다(貶 떨어질 폄, 떨어뜨릴 폄; 仰 높을 앙; 噴 뿜을 분).

제219사 귀염(鬼焰: 禍 5條 31日)

鬼焰者　放火於醉人之家也　火之發
귀 염 자　　방 화 어 취 인 지 가 야　　화 지 발

物之自然之理也　醉之昏　人之自然之理也
물 지 자 연 지 리 야　　취 지 혼　　인 지 자 연 지 리 야

縱自然之物 害自然之人 大火 反及於醒
종 자 연 지 물   해 자 연 지 인   대 화   반 급 어 성

번역 귀염鬼焰이란 술에 취하여 남의 집에 불을 지르는 것이다. 불이 일어나는 것은 만물의 자연적인 이치이며, 술에 취하여 혼미해지는 것은 사람의 자연적인 이치이다. 이 자연적인 이치가 만물을 어지럽히기도 하고 사람을 해치기도 한다는 것을, 큰 불이 나고서야 돌이켜 깨닫게 된다.

주해 1) 鬼焰者 放火於醉人之家也(귀염자 방화어취인지가야) : 귀염鬼焰, 즉 '귀신 불꽃'이란 술에 취하여(醉) 남(人)의 집(家)에 불을 지르는(放火) 것을 말한다(焰 불꽃 염).

2) 火之發 物之自然之理也(화지발 물지자연지리야) : 불(火)이 일어나는(發) 것은 만물(物)의 자연적인 이치(自然之理)라는 뜻이다.

3) 醉之昏 人之自然之理也(취지혼 인지자연지리야) : 술에 취醉하여 혼미해지는(昏) 것은 사람(人)의 자연적인 이치(自然之理)라는 뜻이다.

4) 縱自然之物 害自然之人(종자연지물 해자연지인) : 이 자연自然적인 이치가 만물(物)을 어지럽히기도(縱)하고, 자연自然적인 이치가 사람(人)을 해치기도 한다는 뜻이다(縱 어지럽힐 종, '放火').

5) 大火 反及於醒(대화 반급어성) :큰 불(大火)이 나고서야 돌이켜(反) 깨닫게(醒) 된다는 뜻이다. 말하자면 큰 일을 당하고서 후회하며 애쓰는 것은 사후약방문死後藥方文이나 다름없다는 의미이다. 따라서 평소에 삼가고 경계해야 한다는뜻이다(醒 깰 성).

제220사 투현(妬賢: 禍 5條 32日)

妬賢者 小人 惡賢人 如女妬女也 將己短 妬人長
투 현 자 소 인 오 현 인 여 여 투 녀 야 장 기 단 투 인 장

短能距長否 翼殘蛛網者 蛛之禍也
단 능 거 장 부 　 익 잔 주 망 자 　 주 지 화 야

번역 　투현妬賢이란 소인배가 어진 사람을 미워하는 것이 마치 여자가 여자를 질투하는 것과 같은 것이다. 자기의 단점으로 남의 장점을 질투하니, 단점이 능히 장점과 겨룰 수 있겠는가? 이는 마치 새의 날개에 거미줄이 망가지면 거미의 앙화인 것처럼, 소인배가 얽어놓은 질투의 그물에 오히려 스스로 다치게 될 것이다.

주해 　1) 妬賢者 小人 惡賢人 如女妬女也(투현자 소인 오현인 여여투녀야) : 투현妬賢, 즉 '어진 사람을 질투함'이란 소인배小人輩가 어진 사람(賢人)을 미워하는(惡) 것이 마치 여자가 여자를 질투하는(女妬女) 것과 같은(如) 것을 말한다(妬 질투할 투; 惡 미워할 오).

　2) 將己短 妬人長 短能距長否(장기단 투인장 단능거장부) : '자기의 단점으로(將己短) 남의 장점(人長)을 질투(妬)하니, 단점(短)이 능히(能) 장점(長)과 겨룰(距) 수 있겠는가?'의 뜻이다(將 가질 장, 거느릴 장; 距 겨룰 거).

　3) 翼殘蛛網者 蛛之禍也(익잔주망자 주지화야) : 마치 새의 날개(翼)에 거미줄(蛛網)이 망가지면(殘) 거미(蛛)의 앙화殃禍인 것처럼, 소인배가 얽어놓은 질투의 그물에 오히려 스스로 다치게 될 것이라는 뜻이다(翼 날개 익; 殘 해칠 잔; 蛛 거미 주; 網 그물 망).

제221사 질능(嫉能: 禍 5條 33目)

嫉能者 無德 妨有德 無才 毁有才也 旣不如 可讓
질 능 자 무 덕 방 유 덕 무 재 훼 유 재 야 기 불 여 가 양

旣不讓 可後 不知讓 不知後 獨欲先陰害德才者
기 불 양 가 후 부 지 양 부 지 후 독 욕 선 음 해 덕 재 자

人族之大盜也 盜能脫羅 無餘世
인 족 지 대 도 야 도 능 탈 라 무 여 세

번역 질능嫉能이란 덕이 없는 사람이 덕이 있는 사람을 방해하며, 재주가 없는 사람이 재주가 있는 사람을 헐뜯는 것이다. 이미 덕과 재주가 상대방 같지 아니하면 양보하는 것이 옳고, 이미 양보하지 않았으면 뒤에라도 하는 것이 옳다. 양보하는 것도 모르고 뒤에라도 양보할 줄 모르면서, 홀로 앞서고자 덕과 재주가 있는 사람을 음해하는 자는 인류의 큰 도적이다. 도적이 능히 그물을 벗어날 수는 있어도 오래 가지는 못한다.

주해 1) 嫉能者 無德 妨有德 無才 毁有才也(질능자 무덕 방유덕 무재 훼유재야) : 질능嫉能이란 능한 사람을 투기하는 것이다. 즉 덕이 없는(無德) 사람이 덕이 있는(有德) 사람을 방해하며(妨), 재주가 없는(無才) 사람이 재주가 있는(有才) 사람을 헐뜯는(毁) 것이다(嫉 투기할 질; 毁 헐 훼, '헐뜯음').

2) 旣不如 可讓(기불여 가양) : 이미(旣) (덕과 재능이) 상대방 같지 아니하면(不如) 양보(讓)하는 것이 옳다(可)는 뜻이다(可 옳을 가; 讓 양보할 양).

3) 旣不讓 可後(기불양 가후) : 이미(旣) 양보하지 않았으면(不讓) 뒤(後)에라도 함이 옳다(可)는 뜻이다.

4) 不知讓 不知後(부지양 부지후) : 양보(讓)하는 것도 모르고(不知) 뒤(後)에라도 양보할 줄 모르는(不知) 것을 뜻한다.

5) 獨欲先陰害德才者 人族之大盜也(독욕선음해덕재자 인족지대도야) : 홀로(獨) 앞서고자(欲先) 덕과 재주(德才)가 있는 사람을 음해陰害하는 자는 인류의 큰 도적(人族之大盜)이라는 뜻이다.

6) 盜能脫羅 無餘世(도능탈라 무여세) : 도적(盜)이 능히能 그물(羅)을 벗어날(脫) 수는 있어도 그 밖의 세상(餘世)이 없다(無, 몸둘 곳이 없다)는 뜻이니 이는 오래가지는 못한다는 의미이다(脫 벗어날 탈; 羅 그물 라).

제222사 간륜(間倫: 禍 5條 34目)

間倫者 離間人倫也 見冬煖而喜者 愚
간 륜 자 이 간 인 륜 야 견 동 난 이 희 자 우

見春寒而畏者 亦愚 爲己贅慾 謀絶人倫則
견 춘 한 이 외 자 역 우 위 기 췌 욕 모 절 인 륜 즉

冬長煖乎 春長寒乎 聽間者 冬煖也 受間者 春寒也
동 장 난 호 춘 장 한 호 청 간 자 동 난 야 수 간 자 춘 한 야

冬煖 更寒 春寒 更煖 禍旋至者 此 天理也
동 난 갱 한 춘 한 갱 난 화 선 지 자 차 천 리 야

번 역 　간륜間倫이란 인류를 이간시키는 것이다. 겨울이 따뜻한 것을 보고 기뻐하는 사람은 어리석고, 봄이 추운 것을 보고 두려워하는 사람도 또한 어리석다. 자기의 욕심을 얻기 위하여 인류를 끊고자 꾀하지만, 겨울날의 따뜻함이 얼마나 오래 갈 것이며 봄날의 추위가 얼마나 오래 갈 것인가? 이간질하는 사람은 겨울날의 따뜻

함과 같고, 이간질당하는 사람은 봄날의 추위와 같다. 겨울이 따뜻하다가 다시 추워지고 봄이 춥다가 다시 따뜻해지듯, 이간질한 사람에게 앙화가 되돌아옴은 하늘의 이치이다.

주 해   1) 間倫者 離間人倫也(간륜자 이간인륜야) : 간륜間倫, 즉 '인륜을 이간함'이란 인륜을 이간질하는 것을 말한다.

2) 見冬煖而喜者 愚(견동난이희자 우) : 겨울이 따뜻한(冬煖) 것을 보고(見) 기뻐하는(喜) 사람(者)은 어리석다(愚)는 뜻이다(煖 따뜻할 난).

3) 見春寒而畏者 亦愚(견춘한이외자 역우) : 봄이 추운(春寒) 것을 보고(見) 두려워하는(畏) 사람도 또한(亦) 어리석다(愚)는 뜻이다(畏 두려워할 외).

4) 爲己贅慾 謀絶人倫則(위기췌욕 모절인륜즉) : 자기(己)의 욕심(慾)을 얻기(贅) 위하여(爲) 인륜人倫을 끊고자(絶) 꾀하는(謀) 것을 말한다(贅 얻을 췌).

5) 冬長煖乎 春長寒乎(동장난호 춘장한호) : '겨울날(冬)의 따뜻함(煖)이 얼마나 오래(長) 갈 것이며 봄날(春)의 추위(寒)가 얼마나 오래(長) 갈 것인가?'의 뜻이다.

6) 聽間者 冬煖也(청간자 동난야) : 이간질하는 사람(聽間者)은 겨울날의 따뜻함(冬煖)과 같다는 뜻이다. 여기서 청聽은 '좇음'의 뜻이니 '청간자聽間者'는 이간질하는 사람을 말한다.

7) 受間者 春寒也(수간자 춘한야) : 이간질당하는 사람(受間者)은 봄날의 추위(春寒)와 같다는 뜻이다.

8) 冬煖 更寒 春寒 更煖(동난 갱한 춘한 갱난) : 겨울이 따뜻하다가 다시 추워지고(冬煖 更寒) 봄이 춥다가 다시 따뜻해지는(春寒 更煖) 것을 말한다(更 다시 갱).

9) 禍旋至者 此 天理也(화선지자 차 천리야) : (이간질한 사람에게) 앙화殃

禍가 돌아서(旋) 이르니(至) 이(此)는 하늘의 이치(天理)라는 뜻이다. 사시사철이 순환하듯 이간질한 사람에게 앙화가 되돌아옴은 하늘의 이치라는 의미이다(旋 돌 선, 돌아올 선).

제223사 투질(投質: 禍 5條 35日)

投質者 投下可質也 爲呵嫌嚨 謀人實過
투 질 자 투 하 가 질 야 위 가 혐 롱 모 인 실 과

投之質物 堡其活路者 天破其隱 鳴得雉跡
투 지 질 물 보 기 활 로 자 천 파 기 은 명 득 치 적

번역 투질投質이란 좋은 바탕을 낮게 깎아내리는 것이다. 불만에 찬 목소리로 남을 질책하며 남의 진실을 허물로 만들고 바탕과 재물을 잃게 하여 살 길을 막는 사람은 하늘이 그 숨은 꾀를 깨뜨려 버릴 것이니, 이는 마치 꿩이 우는 소리를 듣고 그 자취를 아는 것과 같다.

주해 1) 投質者 投下可質也(투질자 투하가질야) : 투질投質, 즉 '바탕을 떨어뜨림'이란 좋은 바탕(可質)을 낮게 깎아내리는(投下) 것을 말한다.

2) 爲呵嫌嚨 謀人實過(위가혐롱 모인실과) : 불만에 찬 목소리(嫌嚨)로 남을 질책(呵)하며 남의 진실(實)을 허물(過)로 만든다(모략한다)는 뜻이다(呵 꾸짖을 가, '질책함'; 嫌 싫어할 혐, '불만스럽게 여김'; 嚨 목구멍 롱).

3) 投之質物 堡其活路者(투지질물 보기활로자) : 바탕(質)과 재물(物)을 잃게(投) 하여 그(其) 살 길(活路)을 막는(堡) 사람(者)을 말한다. 보堡는

'보루堡壘'의 뜻으로 '막다'는 의미이다.

  4) 天破其隱 鳴得雉跡(천파기은 명득치적) : 하늘이 그 숨은(隱) 꾀를 깨뜨려 버릴(破) 것이니, 이는 마치 꿩(雉)이 우는(鳴) 소리를 듣고 그 자취(跡)를 아는(得) 것과 같다는 뜻이다. 말하자면 포수가 꿩의 울음소리를 듣고 그 자취를 쫓아 꿩을 잡듯, 하늘 또한 남을 질책하며 진실을 허물로 만드는 그 자취를 쫓아 그 숨은 꾀를 깨뜨려버린다는 뜻이다(鳴 울 명; 得 알 득; 雉 꿩 치; 跡 자취 적).

제224사 송절(送絶: 禍 5條 36目)

送絶者 陽惠陰仇也 惠不仇 仇不惠 人理也
송 절 자 양 혜 음 구 야 혜 불 구 구 불 혜 인 리 야

非有所欲 乍爲惠而謀害深 其所欲爲必亂人家
비 유 소 욕 사 위 혜 이 모 해 심 기 소 욕 위 필 란 인 가

血痕未乾 隣鷄迭唱
혈 흔 미 건 인 계 질 창

번역 송절送絶이란 겉으로는 은혜롭게 생각하지만 속으로는 원수로 여기는 것이다. 은혜를 원수로 여기지 않고 원수를 은혜로 여기지 않는 것이 사람의 이치이다. 무엇을 하고자 하면서 이러한 이치가 없으면 잠깐 은혜롭게 하다가 모해謀害함이 깊어져 그 하고자 하는 바가 반드시 남의 집안을 어지럽히게 된다. 그러나 간밤의 핏자국이 마르기도 전에 이웃집 닭들이 번갈아 우는 새벽이 오는 것과도 같이 그 잘못은 백일하에 드러나게 된다.

주 해

1) 送絶者 陽惠陰仇也(송절자 양혜음구야) : 송절送絶, 즉 '거절하여 보냄'이란 겉으로는(陽) 은혜롭게(惠) 생각하지만 속으로는(陰) 원수(仇)로 여기는 것을 말한다. 말하자면 표리부동表裏不同한 것이다(仇 원수 구).

2) 惠不仇 仇不惠 人理也(혜불구 구불혜 인리야) : 은혜를 원수로 여기지 않고(惠不仇) 원수를 은혜로 여기지 않는(仇不惠) 것이 사람의 이치(人理)라는 뜻이다.

3) 非有所欲 咋爲惠而謀害深(비유소욕 사위혜이모해심) : 무엇을 하고자(所欲) 하면서 사람의 이치가 없으면(非有, 표리부동하면) 잠깐(咋) 은혜롭게 하다가(爲惠) 모해謀害함이 깊어진다(深)는 뜻이다. 사咋는 '잠깐, 잠시'의 뜻이다.

4) 其所欲爲必亂人家(기소욕위필란인가) : 그(其) 하고자 하는 바(所欲)가 반드시(必) 남의 집안(人家)을 어지럽히게(亂) 된다는 뜻이다.

5) 血痕未乾 隣鷄迭唱(혈흔미건 인계질창) : 그러나 (간밤의) 핏자국(血痕)이 마르기도 전(未乾)에 이웃집 닭(隣鷄)들이 번갈아(迭) 우는(唱) 새벽이 오는 것과도 같이 그 잘못은 백일하에 드러나게 된다는 의미이다(迭 번갈아 질; 唱 부를 창, 노래 창).

제225사 비산(誹訕: 禍 5條 37目)

誹訕者 小人之善口也 全心則毒于惡疾
비 산 자 소 인 지 선 구 야 전 심 즉 독 우 악 질

困人軟呼吸 割人不見刀 其刀 利柄奸鞘
곤 인 연 호 흡 할 인 불 견 도 기 도 이 병 간 초

번역 비산誹訕이란 소인배가 입으로만 착한 것이다. 소인배가 남을 헐뜯고 비방하는 데 마음을 다 쓰면 악질보다 더 독하여 사람의 부드러운 호흡을 곤란하게 하고 보이지 않는 칼로 사람을 베는 것이나 다름없으니, 그 칼날 같은 혀의 칼자루는 날카롭고 칼집은 간악하다.

주해 1) 誹訕者 小人之善口也(비산자 소인지선구야) : 비산誹訕, 즉 '헐뜯고 비방함'이란 소인배가 입으로만 착한(小人之善口) 것이다. (誹 헐뜯을 비, '비방함'; 訕 헐뜯을 산, '비방함')

2) 全心則毒于惡疾 困人軟呼吸 割人不見刀(전심즉독우악질 곤인연호흡 할인불견도) : (소인배가 남을 헐뜯고 비방하는 데) 마음을 다 쓰면(全心則) 악질惡疾보다 더 독하여(毒) 사람(人)의 부드러운 호흡(軟呼吸)을 곤란하게(困) 하고 보이지 않는 칼(不見刀)로 사람을 베는(割人) 것이나 다름없다는 뜻이다.

3) 其刀 利柄奸鞘(기도 이병간초) : 그(其) 칼(刀)날 같은 혀의 칼자루(柄)는 날카롭고(利) 칼집(鞘)은 간악하다(奸)는 뜻이다. 즉 남을 헐뜯고 비방하는 그 혀는 예리한 칼날과도 같아서 사람을 해치고, 그러한 혀를 가진 사람은 간악하다는 의미이다(利 날카로울 리; 柄 자루 병; 奸 간악할 간; 鞘 칼집 초).

제6조 역逆

제226사 역(逆: 禍 6條)

逆 不順之極也 人之百行 成于順 失于逆
역 불 순 지 극 야 인 지 백 행 성 우 순 실 우 역

逆而求大福大利者 兎止一窟
역 이 구 대 복 대 리 자 토 지 일 굴

번역 역逆은 순리順理를 극도로 거스르는 것이다. 사람이 하는 모든 일은 순리를 따르면 성공하고 역행하면 실패한다. 순리에 역행하여 큰 복과 큰 이익을 구하는 것은 마치 입구가 하나인 굴속에 있는 토끼가 그 안에서 잡혀 죽을 줄 모르는 것과 같다.

주해 1) 逆 不順之極也(역 불순지극야) : 역逆, 즉 '거스름'이란 순리順理를 극도로 거스르는 것을 말한다.

2) 人之百行 成于順 失于逆(인지백행 성우순 실우역) : 사람이 하는 모든 일이 순리를 따르는 데서(于順) 성공하고(成) 역행하는 데서(于逆) 실패한다(失)는 뜻이다. 즉 사람이 하는 모든 일은 순리에 따르면 성공하고 역행하면 실패한다는 의미이다.

3) 逆而求大福大利者 兎止一窟(역이구대복대리자 토지일굴) : 순리에 역행(逆)하여 큰 복(大福)과 큰 이익(大利)을 구하는(求) 것(者)은 마치 입구가 하나인 굴속(一窟)에 있는(止) 토끼(兎)가 그 안에서 잡혀 죽을 줄 모르는 것과 같다는 뜻이다.

제227사 설신(褻神: 禍 6條 38目)

褻神者 以不敬言語 褻天神也 知天道者 不凌天
설 신 자 이 불 경 언 어   설 천 신 야   지 천 도 자 불 릉 천

知天理者 不怨天 是以 褻天者 無道無理
지 천 리 자 불 원 천 시 이 설 천 자 무 도 무 리

번역 설신褻神이란 불경스러운 언어로 '하나'님(天神)을 욕되게 하는 것이다. 하늘의 도를 아는 사람은 하늘을 능멸하지 않으며, 하늘의 이치를 아는 사람은 하늘을 원망하지 않는다. 따라서 하늘을 욕되게 하는 자는 도道도 모르고 이치도 모르는 자이다.

주해 1) 褻神者 以不敬言語 褻天神也(설신자 이불경언어 설천신야) : 설신褻神, 즉 '하나님을 욕되게 함'이란 불경스러운 언어로 '하나'님(天神)을 욕되게 하는 것을 말한다(褻 더럽힐 설, '욕되게 함').

2) 知天道者 不凌天(지천도자 불릉천) : 하늘의 도(天道)를 아는(知) 사람은 하늘을 능멸하지 않는다(不凌天)는 뜻이다(凌 업신여길 릉, '능멸함').

3) 知天理者 不怨天(지천리자 불원천) : 하늘의 이치(天理)를 아는(知) 사람은 하늘을 원망하지 않는다(不怨天)는 뜻이다.

4) 是以 褻天者 無道無理(시이 설천자 무도무리) : 따라서(是以) 하늘을 욕되게 하는 자(褻天者)는 도道도 모르고(無) 이치(理)도 모르는(無) 사람이라는 뜻이다.

제228사 독례(瀆禮: 禍 6條 39目)

瀆禮者 撲滅禮行也 禮於人
독 례 자 박 멸 예 행 야   예 어 인

如體之手脚 室之門戶 不動手脚而運體者未有也
여 체 지 수 각   실 지 문 호   부 동 수 각 이 운 체 자 미 유 야

不由門戶而達室者未有也 撲滅禮行 區成惡俗者
불 유 문 호 이 달 실 자 미 유 야   박 멸 예 행   구 성 악 속 자

其比類之首悖乎
기 비 류 지 수 패 호

번 역 독례瀆禮란 예의범절을 모조리 없애버리는 것이다. 사람에게 예禮는 몸의 손발과 같고 집의 문과 같다. 손발을 움직이지 않고 몸을 옮긴 사람은 없고, 문을 통하지 않고 방에 들어간 사람은 없다. 그러므로 예의범절을 모두 없애버리고 구구하게 나쁜 풍속을 이루려는 자는 그 부류部類들 중 패악悖惡의 우두머리가 될 것이다.

주 해 1) 瀆禮者 撲滅禮行也(독례자 박멸예행야) : 독례瀆禮, 즉 '예의를 모독함'이란 예의범절(禮行)을 모조리 없애버리는(撲滅) 것을 말한다(瀆 더럽힐 독).

2) 禮於人 如體之手脚 室之門戶(예어인 여체지수각 실지문호) : 사람에게(於人) 예禮는 몸(體)의 손발(手脚)과 같고(如) 집(室)의 문(門戶)과 같다는 뜻이다. 수각手脚은 '손발'이다.

3) 不動手脚而運體者未有也(부동수각이운체자미유야) : 손발(手脚)을 움직이지 않고(不動) 몸(體)을 옮긴(運) 사람(者)은 아직 없다(未有)는 뜻

이다. 이는 곧 손발을 움직이지 않고는 몸을 옮길 수 없다는 뜻이다.

4) 不由門戶而達室者未有也(불유문호이달실자미유야) : 문(門戶)을 통하지 않고(不由) 방에 들어간 사람(達室者)은 아직 없다(未有)는 뜻이다.

5) 撲滅禮行 區成惡俗者 其比類之首悖乎(박멸예행 구성악속자 기비류지수패호) : 예의범절(禮行)을 모두 없애버리고(撲滅) 구구하게(區) 나쁜 풍속(惡俗)을 이루려는(成) 자는 그 부류(部類, 比類)들 중 패악悖惡의 우두머리(首)가 될 것이라는 뜻이다(區 구구할 구). 비류比類는 '비슷한 종류, 부류', 패悖는 '패악悖惡'의 뜻이다.

제229사 패리(敗理: 禍 6條 40目)

敗理者 壞亂天理也 捨善而做惡 棄正而行邪
패 리 자 괴 란 천 리 야 사 선 이 주 악 기 정 이 행 사

違天理也 做惡而反伐善 邪而反貶正 敗天理也
위 천 리 야 주 악 이 반 벌 선 사 이 반 폄 정 패 천 리 야

번역 패리敗理란 하늘의 이치를 무너뜨려 어지럽히는 것이다. 선善을 버리고 악惡을 지으며, 올바름을 버리고 사악함을 행하는 것은 하늘의 이치에 위배되는 것이다. 악한 짓을 하면서 도리어 선한 사람을 치고, 사악함에 젖어 도리어 올바름을 깎아내리는 것은 하늘의 이치를 무너뜨리는 것이다.

주해 1) 敗理者 壞亂天理也(패리자 괴란천리야) : 패리敗理, 즉 '천리天理를 무너뜨림'이란 하늘의 이치를 무너뜨려(壞) 어지럽히는(亂) 것

을 말한다(敗 무너뜨릴 패; 壞 무너뜨릴 괴).

　　2) 捨善而做惡 棄正而行邪 違天理也(사선이주악 기정이행사 위천리야)
: 선善을 버리고(捨) 악惡을 지으며(做), 올바름(正)을 버리고(棄) 사악함(邪)을 행하는(行) 것은 하늘의 이치에 위배되는(違) 것이라는 뜻이다(捨 버릴 사; 做 지을 주; 棄 버릴 기; 違 어길 위).

　　3) 做惡而反伐善 邪而反貶正 敗天理也(주악이반벌선 사이반폄정 패천리야) : 악한(惡) 짓을 하면서(做) 도리어(反) 선한(善) 사람을 치고(伐), 사악함(邪)에 젖어 도리어(反) 올바름(正)을 깎아내리는(貶) 것은 하늘의 이치(天理)를 무너뜨리는(敗) 것이라는 뜻이다(伐 칠 벌). 폄貶은 '깎아내리다'의 뜻이다.

제230사 범상(犯上: 禍 6條 41目)

犯上者 犯上科過戾也 子而不孝 臣而不職
범 상 자　범 상 과 과 려 야　자 이 불 효　신 이 부 직

弟而反訓 兄弟而不睦 夫婦而荒亂不和
제 이 반 훈　형 제 이 불 목　부 부 이 황 란 불 화

皆上科過戾 百禍根於玆
개 상 과 과 려　백 화 근 어 자

번역　범상犯上이란 도리에 위배하여 하늘에 죄를 짓는 것이다. 자식이 부모에게 효도하지 않고, 신하가 직분을 다하지 않으며, 제자가 도리어 훈계하고, 형제가 화목하지 않으며, 부부가 주색酒色에 빠져 불화한 것은 모두 도리에 위배하여 하늘에 죄를 짓는 것이다. 모든 앙화殃禍의 근원이 여기에 있다.

주 해 1) 犯上者 犯上科過戾也(범상자 범상과과려야) : 범상犯上, 즉 '위를 범함'이란 도리道理에 위배하여 하늘(上)에 죄(科)를 짓는(犯) 것을 말한다(科 죄 과; 戾 어그러질 려).

2) 子而不孝 臣而不職 弟而反訓 兄弟而不睦 夫婦而荒亂不和(자이불효 신이부직 제이반훈 형제이불목) : 자식(子)이 부모에게 효도하지 않고(不孝), 신하(臣)가 직분을 다하지 않으며(不職), 제자(弟)가 도리어(反) 훈계하고(訓), 형제兄弟가 화목하지 않으며(不睦), 부부夫婦가 주색酒色에 빠져(荒亂) 불화不和한 것을 말한다(睦 화목할 목; 荒 빠질 황).

3) 皆上科過戾 百禍根於玆(개상과과려 백화근어자) : 개상과과려皆上科過戾는 모두(皆) 도리에 위배하여(過戾) 하늘(上)에 죄(科)를 짓는 것이라는 뜻이다. 하늘은 사람을 떠나 따로이 있는 것이 아니고 바로 사람의 마음속에 있다. 사람의 본성本性이 곧 하늘이다. 하늘에 죄를 짓는 것이란 도리에 위배함으로써 스스로의 본성에서 멀어지는 것을 뜻한다. 백화근어자百禍根於玆는 모든(百) 앙화의 근원(根)이 여기에(於玆) 있다는 뜻이다(皆 모두 개; 玆 이 자, 이곳 자).

제231사 역구(逆詬: 禍 6條 42目)

逆詬者 以逆理 叱官德老長 傷倫革次
역 구 자 이 역 리 질 관 덕 노 장 상 륜 혁 차

爲子弟螟蛉之賊
위 자 제 명 령 지 적

번 역 역구逆詬란 도리를 벗어나 덕德 있는 관리와 웃어른을 질책하며 인륜을 손상시키고 위계질서를 뒤바꾸는 것이다. 이는 마

치 나나니벌이 배추벌레 몸속에 자신의 알을 낳아 그 애벌레가 배추벌레의 피와 살을 파먹고 자라나는 것처럼, 자식과 형제를 배추벌레가 되게 하는 나나니벌(螟蛉之賊)과도 같은 도적이다.

주 해 1) 逆訽者 以逆理 叱官德老長 傷倫革次(역구자 이역리 질관덕노장 상륜혁차) : 역구逆訽, 즉 '도리를 벗어나 꾸짖음'이란 도리(理)를 벗어나(逆) 덕德 있는 관리(官)와 웃어른(老長)을 질책하며(叱) 인륜(倫)을 손상시키고(傷) 위계질서(次)를 뒤바꾸는(革) 것을 말한다(訽 꾸짖을 구; 叱 꾸짖을 질; 革 바꿀 혁).

2) 爲子弟螟蛉之賊(위자제명령지적) : 이는 마치 나나니벌이 배추벌레 몸속에 자신의 알을 낳아 그 애벌레가 배추벌레의 피와 살을 파먹고 자라나는 것처럼, 자식과 형제(子弟)를 배추벌레(螟蛉)로 만드는(爲) 나나니벌(螟蛉之賊)과도 같은 도적이라는 뜻이다. 말하자면 인륜을 손상시키고 위계질서를 뒤바꾸는 식의 부정한 의식이 자식과 형제들의 정신을 파먹는 것이니, 배추벌레의 피와 살을 파먹는 나나니벌과도 같은 도적이라고 한 것이다(爲 만들 위). 명령螟蛉은 배추벌레이다. 명령지적螟蛉之賊, 즉 배추벌레의 적(賊)은 나나니벌을 가리키는데 이는 나나니벌이 배추벌레를 자기가 살고 있는 곳으로 잡아와서 배추벌레 몸속에 자신의 알을 낳아 그 애벌레가 배추벌레의 피와 살을 파먹고 자라나는 데서 붙여진 이름이다. 이러한 배추벌레와 나나니벌의 생태에 비추어 양자養子를 명령자螟蛉子라고 하기도 한다.

제6강령 복福 제232사
6문門 45호戶

● 제1문 인仁   제233사

　제1호 애인愛人   제234사　　제2호 호물護物   제235사
　제3호 체측替惻   제236사　　제4호 희구喜救   제237사
　제5호 불교不驕   제238사　　제6호 자겸自謙   제239사
　제7호 양열讓劣   제240사

● 제2문 선善   제241사

　제8호 강개慷慨   제242사　　제9호 불구不苟   제243사
　제10호 원혐遠嫌   제244사　　제11호 명백明白   제245사
　제12호 계물繼物   제246사　　제13호 존물存物   제247사
　제14호 공아空我   제248사　　제15호 양능揚能   제249사
　제16호 은건隱愆   제250사

● 제3문 순順   제251사

　제17호 안정安定   제252사　　제18호 정묵靜默   제253사
　제19호 예모禮貌   제254사　　제20호 주공主恭   제255사
　제21호 지념持念   제256사　　제22호 지분知分   제257사

● 제4문 화和 제258사

　제23호 수교修教   제259사　　제24호 준계遵戒   제260사
　제25호 온지溫至   제261사　　제26호 물의勿疑   제262사
　제27호 생사省事   제263사　　제28호 진노鎭怒   제264사
　제29호 자취自就   제265사　　제30호 불모不謀   제266사

● 제5문 관寬 제 267 사

　제31호 홍량弘量   제268사　　제32호 불린不吝   제269사
　제33호 위비慰悲   제270사　　제34호 보궁保窮   제271사
　제35호 용부勇赴   제272사　　제36호 정선正旋   제273사
　제37호 능인能忍   제274사　　제38호 장가藏訶   제275사

● 제6문 엄嚴 제276사

　제39호 병사屛邪   제277사　　제40호 특절特節   제278사
　제41호 명찰明察   제279사　　제42호 강유剛柔   제280사
　제43호 색장色莊   제281사　　제44호 능훈能訓   제282사
　제45호 급거急袪   제283사

참전계경

제6강령 복福

제232사 복福

福者 善之餘慶 有六門四十五戶
복 자 선 지 여 경　유 육 문 사 십 오 호

번 역　복福이란 착함으로 받게 되는 경사이니, 여기에는 6문門 45호戶가 있다.

주 해　1) 福者 善之餘慶(복자 선지여경) : 복福이란 착함으로 받게 되는 경사라는 뜻이다.
　2) 有六門四十五戶(유육문사십오호) : 복福에 이르는 여섯 개의 큰 문門과 마흔다섯 개의 작은 문(戶)이 있다는 뜻이다.

해 설　복福은 착함으로 받게 되는 경사이다. 포괄적 의미의 덕목으로서의 착함이란 어질고, 선善하며, 순順하고, 화和하며, 너그럽고(寬), 엄嚴한 것을 말한다. 우선 복은 어질어야 받는 것이라고 「인仁」(福 1門)에서는 말한다. 어짊은 온화한 봄기운과 같아서 만물이 피어나게 하는 까닭이다. "인仁이란 사랑의 저울추이다. 사랑은 무엇이든 사랑하지 않음이 없으므로 혹 편애하거나 사사로운 감정으로 사랑할 수도 있으나, 어질지 못하면 능히 그 중심을 잡을 수가 없다."⁹³ 따라서 착한 사람도 악한 사람도 모두 사랑하고「愛人」(福 1門 1戶)], 만물을 사랑하고 보호하며「護物」(福 1門 2戶)], 남의 근심과 곤란을 대신하고「替惻」(福 1門 3戶)], 위급한 어려움에 처한 사람을 기꺼이 구하며「喜救」(福 1門 4戶)], 교만하지 말고「不驕」(福 1門 5戶)], 스스로 겸손하며「自謙」(福 1門 6戶)], 나은 사람이 못한 사람에게 양보해야 한다「讓劣」(福 1門 7戶)]. 사람을 사랑함에 착한 사람도 사랑하고 악한 사람도 사랑하여 악을 버리고 선으로 나아가도록 권하며, 미혹한 사람은 인도하

---

93 仁은 偏別心을 갖지 않는 大公한 경계이다. 이 세상에는 오직 깨인 자와 덜 깨인 자만이 있을 뿐, 善과 惡은 그 본체가 있는 것이 아니다. 깨인 자가 '나'를 잊고 '나'를 잃지 않는 사람이라면, 덜 깨인 자는 소아에 집착하여 '나'를 강조하며 '나'를 잃어버리고 사는 사람이다. 깨인 자는 우주만물을 '한생명'으로 보는 전체의식 속에서 살기 때문에 善과 惡의 피안에서 장벽을 만들지 않으므로 갈등의 씨앗을 배태하지 않는다. 반면 덜 깨인 자는 오로지 나 자신만을, 내 가족만을, 내 민족과 국가만을, 내 종교만을 내세우며 다른 것들은 근절되어야 할 惡으로 간주하는 부분의식에 사로잡혀 있다. 한마디로 靈的 一體性이 결여되어 있는 것이다. 따라서 선과 악의 파도를 타며 대립과 갈등을 유발하고, 결국 파멸로 치닫게 된다. 밝은이(哲人)는 偏別心을 갖지 않으므로 착한 사람도 악한 사람도 모두 사랑하는 것이다. 우리의 眞如한 마음의 본바탕은 맑고 깨끗하며 고요하여 覺이라고도 불린다. 본래 근본으로 있는 것이라는 관점에서 그 각은 本覺이라고 불리기도 하고, 또 그것은 無明의 習氣 때문에 가려져 드러나지 않을 때에는 不覺이라고 불리기도 하지만, 일단 어느 계기에 그 본바탕이 드러나기 시작할 경우에는 始覺이라고 불린다. 따라서 이 시각은 본각과 같은 것이다(『大乘起信論疏』, 415쪽). 시각의 뜻이 본각에 의거하므로 불각이 있게 되고, 불각에 의거하기 때문에 시각이 있게 된다고 설명할 수 있다. 말하자면 시각은 불각과 상관관계에 있고, 불각은 본각과 상관관계에 있으며, 본각은 시각과 상관관계에 있는 것이다(『大乘起信論疏』, 415-419쪽). 元曉는 그의 『大乘起信論別記』에서 "불각이 시각에 영향을 미쳐 모든 染法(惡)을 낳게 하고, 본각本覺이 不覺에 영향을 미쳐 모든 淨法(善)을 낳게 한다"(『大乘起信論別記』, 474쪽: "由不覺熏本覺故 生諸染法 由本覺熏不覺故 生諸淨法")고 하고, 이와 같이 전개되어 가는 과정은 상호적인 관계에 있으므로 "非無而非有 非有而非無也"(『大乘起信論別記』, 477쪽)라고 하였다. 따라서 染・淨(善・惡)의 성품에 집착함은 모두 망상이며, 그것을 떠나게 될 때 모든 공덕을 이룩하게 되는 것이다. 말하자면 大乘倫理가 발휘되게 되는 것이다.

여 자기 스스로 터득하게 한다. 사람과 만물은 따로 존재할 수 없으므로 만물을 사랑하고 보호하되, "남이 소유한 것을 내가 소유한 것 같이 하며, 남이 잃은 것을 내가 잃은 것과 같이 한다." 남의 불쌍하고도 가련한 처지를 보고 자기 일처럼 걱정해 주고 딱하게 여김은 이타심利他心의 발현[94]이다. 이러한 이타심의 발현은 성통공완性通功完으로 나아가게 한다는 점에서 "불쌍히 여김에 결실이 있고 가련하게 여김에 참됨에 이른다"고 한 것이다. 남의 위급함을 들으면 공명심功名心이나 마지못해서가 아니라 무조건 기꺼이 구해 주고 즐거이 베풀어 주어야 한다. 어진 사람은 결코 교만하지 않으며, 비록 재주와 덕이 있어도 스스로 자랑하지 않는다. 실로 "건실한 사람의 재주는 물속에 잠겨 있어도 헤엄치지 아니함과 같고 그 덕은 뜨거워도 불꽃이 일지 않는 것과 같아서 밖으로 드러나는 법이 없다." 공功이 있어도 공이 없는 사람에게 양보하고, 상 받을 일이 있어도 상을 받지 못한 사람에게 양보하는 것은, '명예를 구하는 것 자체가 비루鄙陋하여 도리어 명예를 훼손시키고, 이름을 탐내어 구하는 것 자체가 도리어 그 이름을 손상시키는' 까닭이다.

복은 착해야 받는 것이라고 「선善」(福 2門)에서는 말한다. "선善은 사랑의 한 갈래이며 어짊의 어린아이다. 그러므로 사랑을 심으면 일어나는 마음이 반드시 착하며, 어짊을 배우면 그 행하는 일이 반드시 착하다." 마땅히 선의善意의 의분義憤을 지녀야 하고「慷慨」(福 2門 8戶)], 옳다고 여겨 결단하면 구차하지 않게 하며「不苟」(福 2門 9戶)], 서

---

94 cf. Ashvaghosha, *The Awakening of Faith*, p.149: "I have now finished elucidating the deepest and greatest significance [of the Dharma]. May its merit be distributed among all creatures, And make them understand the Doctrine of Suchness."

로 싫어서 생기는 틈이 없게 하고[「遠嫌」(福 2門 10戶)], 판단과 결행決行을 분명히 하며[「明白」(福 2門 11戶)], 남을 불쌍히 여겨 물자物資가 이어지게 잘 보살펴 주고[「繼物」(福 2門 12戶)], 만물을 살리는 것을 기뻐하고 죽이는 것을 싫어하며[「存物」(福 2門 13戶)], 나를 비우고[「空我」(福 2門 14戶)], 남의 능한 바를 드날리게 하며[「揚能」(福 2門 15戶)], 남이 지은 허물을 숨겨 주어야 한다[「隱愆」(福 2門 16戶)]. 사람들은 자기에게 정녕 무엇이 이롭고 해로운 것인지를 분간할 줄 모르기 때문에 선의의 의분을 갖지 못하는 것이다. 착한 사람은 옳다고 여기는 결단은 하고자 하면 반드시 하며, 베풀고자 하면 구차하지 않게 한다. 차라리 지혜는 성기고 짧을지언정 정성이 부족함이 없게 하고, 차라리 말은 어눌할지언정 마음에 속임과 거짓이 없게 하면 싫은 것도 없고 틈도 없다. 성품이 착하면 일을 판단함에 틀림이 없고, 그 결행이 분명하여 하늘의 이치와 사람의 일이 자연히 명백해진다. 그물에 잡힌 새를 놓아주고 사냥하는 것을 보면 슬퍼하는 것은 만물을 살리는 것을 기뻐하고 죽이는 것을 싫어하는 까닭이다. 나를 비운다는 것은 남을 편안하게 하고 자신은 수고롭게 하며, 남에게는 후하게 하고 자신에게는 박하게 하며, 더불어 근심하되 홀로 당한 것같이 하는 것이다. 남의 능한 바를 드러내어 칭찬함으로써 능력 있는 사람으로 하여금 능함에 더욱 힘쓰게 하고, 능력 없는 사람으로 하여금 본받게 해야 한다. 또한 남의 허물을 들으면 스스로 부끄러워하고 경계하며 다른 사람에게 관련되지 않도록 바로 숨겨 새지 않게 해야 한다.

 복은 하늘의 이치와 사람의 도리에 순응해야 받는 것이라고 「순順」(福 3門)에서는 말한다. "순順은 법도를 거스르지 않는 것이다. 가난해도 억지로 취하려 하지 않고, 곤궁해도 억지로 모면하려 하지 않는 것은 하늘의 이치에 순응하는 것이다. 은혜에 보답함에 아첨하지 않으며, 왜곡된 위세에 굴하지 않는 것은 사람의 도리에 순응하는 것이다." 우주 섭리의 작용과 인류 역사의 전개 과정이 긴밀히 연계되어 있다는 것은 우주만물의 생성·변화·소멸 자체가 모두 하늘의 조화造化의 자취이며, 우주만물이 다 지기至氣인 하늘의 화현化現이라는 점에서 분명히 드러난다. 세상 사람들이 우주 섭리와 인사人事의 연계성을 인식하지 못하는 것은 천지의 형체만을 알 뿐 그 천지의 주재자인 하늘은 알지 못하는 데서 오는 것이다.[95] 자연 현상에서부터 인체 현상, 사회와 국가 현상, 그리고 천체 현상에 이르기까지 그 어느 것 하나도 하늘의 이치에서 벗어나 있는 것은 없다. 한마디로 천지 운행 그 자체가 하늘의 이치이다. 따라서 마음과 기운을 안정시키고「安定」(福 3門 17戶)」, 고요하고 잠잠하며「靜默」(福 3門 18戶)」, 행동에 예모禮貌를 갖추고「禮貌」(福 3門 19戶)」, 공순恭順함을 위주로 삼으며「主恭」(福 3門 20戶)」, 마음의 지표를 가지고 사고하고「持念」(福 3門 21戶)」, 분수를 알아야 한다「知分」(福 3門 22戶)」. 마음을 편안히 하여 마음이 동요되지 않고 기운을 안정시켜 기운이 어지럽지 않으면 성내지도 저주하지도 않게 되어 하늘의 덕에 순응하게 된다. "하늘의 덕이 안으로 서면, 사람의 덕이 밖으로 이루어진다."[96] "성품이 참되면 고요하고, 지식을 이루면 잠잠해진다. 고요하면 능히 통달할 수 있고, 잠잠하면 능히 어지러움을 진정시킬 수 있으니, 이것이 곧 인지人智를 따르는 것이다." 행동에 예모를 갖추

---

95 cf.『東經大全』「論學文」: "曰吾心卽汝心也 人何知之 知天地而無知鬼神 貴臣者吾也."

96 cf.『天道敎經典』,「天地人·鬼神·陰陽」, 268쪽: "人是天 天是人 人外無天 天外無人." 海月이 "사람이 바로 하늘이요 하늘이 바로 사람이니 사람 밖에 하늘이 없고 하늘 밖에 사람이 없다"라고 했듯이, 하늘과 사람은 둘이 아니므로 "하늘의 덕이 안으로 서면 사람의 덕이 밖으로 이루어진다"고 한 것이다.

는 것이 사람의 일에 순응하는 것이다. "사람이 예모가 있으면 말하지 않아도 가히 분란을 해결하게 되어 완악하거나 도리에서 벗어나 감히 방자하지 못하며, 어질고 착한 이들이 스스로 멀리서 찾아온다." 공순함을 위주로 삼아 삼가고 조심스럽게 믿음의 덕을 이루고 나아가 인망人望을 거두어 명예의 덕을 이루어야 한다. 마음의 지표를 가지고 사고하면 마음이 안정되고 기운이 순해져서 "이치를 찾고 도를 구하는 데에 쉽게 통달하고 덕에 순응하여 아름다운 행실을 이루게 된다." 마땅히 해야 할 것과 하지 않아야 할 것을 안다는 것은 "하늘의 도를 알아 사람의 일과 서로 합치시키고, 만물의 이치를 알아 사람의 이치와 서로 짝을 이루게 하는 것이다. 분수를 알면 모든 이치가 순하고 모든 일이 화합하여 마치 밤바다에 달이 떠오르는 것처럼 훤해져서 만사가 형통하게 되는 것이다."

복은 화합하여야 받는 것이라고 「화和」(福 4門)에서는 말한다. "해의 조화와 바람의 조화는 하늘의 조화이며, 기운의 조화와 소리의 조화는 사람의 조화이다. 해가 고르고 바람이 고르면 상서로운 기운이 때맞추어 내리어 그 해의 공(農功)을 이루며, 기운과 소리가 고르면 신령이 훤히 통하여 밝은 덕이 나타나게 된다" 스스로도 닦고 남도 닦아주며「修敎」(福 4門 23戶)], 참전參佺의 8계(八戒: 誠‧信‧愛‧濟‧禍‧福‧報‧應)를 지키고「遵戒」(福 4門 24戶)], 온화해야 하며「溫至」(福 4門 25戶)], 의심하지 말고「勿疑」(福 4門 26戶)], 일을 간략하게 하며「省事」(福 4門 27戶)], 성낸 여파가 몸에 미치지 않게 하고「鎭怒」(福 4門 28戶)], 자연스럽게 성취하며「自就」(福 4門 29戶)], 꾀하지 말고 화합해야 한다「不謀」(福 4門 30戶)]. 스스로 닦는 것도 수도修道요, 남을 닦아 주는 것 또한 수도이니,[97]

---

[97] cf. Ashvaghosha, *The Awakening of Faith*, pp.128-129: "How should people practise charity?…If they have people who come to them desiring instruction in

"미혹한 사람을 가르쳐서 밝은 도리를 보게 하며, 악한 사람을 가르쳐서 착한 도리로 돌아가게 하고, 착한 사람을 가르쳐서 사람의 도리를 실천에 옮기게 한다면, 그 공덕은 가뭄에 내리는 단비보다 더 낫다." 참전參佺의 8계를 지킴에 있어서도 정整과 결潔을 주로 하여 방종과 태만이 없게 하면, "사람이 화합함에 신神도 또한 화동和同하고, 신이 화동함에 하늘도 또한 화동하여 길吉하지 않음이 없게 된다." 인화人和→신화神和→천화天和가 이루어진다는 것은 인간의 내재적 본성인 신성神性이 발현되어 천리天理에 순응하는 삶을 살게 되는 것을 말한다. 그러한 순천順天의 삶을 살게 되면 하늘이 도와 길하지 않음이 없게 되는 것이다. 사람을 대할 때는 말을 온화하게 하고, 일을 할 때는 기운을 온화하게 하며, 재물을 대할 때는 의로움을 온화하게 해야 한다. 그렇게 하면 "마치 봄날의 따뜻함이 내리는 곳에 사람들이 그 따뜻함을 떠나려 하지 않는 것처럼 온화한 사람을 떠나려 하지 않게 되는 것이다." 내가 치우침이 없는 바른 마음 즉 중화(中和, 中庸의 德)로써 남을 대하면, 남도 또한 중화로써 나를 대할 것이므로 온화한 기운이 엉겨서 흩어지지 않는다. "온화한 덕을 지니면 마치 화롯불이 방 안에 있어서 불을 때지 않아도 불씨가 저절로 타는 것처럼 자연히 모든 일이 이루어진다." 하늘의 상서로운 구름이 저절로 펼쳐지고 합쳐져서 머무름도 걸림도 없는 것처럼, 밝은이는 남과 화합하지 못함이 없기 때문에 꾀하지 않고도 화합한다.

　　복은 너그러워야 받는 것이라고 「관관寬」(幅 5門)에서는 말한다. 꽃나무를 심고 가꾸며 때를 기다려 꽃을 보고, 오시午時가 되어서야

---

the Doctrine, they should, so far as they are acquainted with it, and, according to their own discretion, deliver speeches on religious discipline."

해가 중천에 떠올라 온 세상을 비추듯, 너그럽게 기다릴 줄 아는 도리를 가르친 것이다. 도량을 넓게 하고[「弘量」(福 5門 31戶)], 인색하지 말며[「不吝」(福 5門 32戶)], 남의 슬픔을 위로하고[「慰悲」(福 5門 33戶)], 어려움을 도우며[「保窮」(福 5門 34戶)],[98] 선한 일에 용감히 나아가고[「勇赴」(福 5門 35戶)], 어짊에 머물고 중심이 너그러워야 하며[「正旋」(福 5門 36戶)], 능히 참아야 하고[「能忍」(福 5門 37戶)], 꾸짖을 일을 감추어 숨겨 주어야 한다[「藏呵」(福 5門 38戶)]. "부드러운 가운데 강함이 있으면 그 강함이 보이지 않고, 온화한 가운데 굳셈이 있으면 그 굳셈이 보이지 않는다. 부드러운 것 같으면서도 부드럽지 않고, 온화한 것 같으면서도 온화하지 않아서 끝과 굴곡이 없으니 그 넓은 도량으로 많은 사람을 포용할 수 있다." 말하자면 부드러움과 강함, 온화함과 굳셈을 잘 조화시키고 있어 어느 한 극단으로 달리거나 한 쪽으로 굽어지는 일이 없으니 그 넓은 도량으로 많은 사람을 포용할 수 있는 것이다. 너그럽지 못하면 자신의 어려움도 도울 수 없고, 또한 남의 어려움도 도울 수 없다. 너그러움에는 인내·용서·사랑의 의미가 함축되어 있다. 인내·용서·사랑은 성통공완을 이루기 위한 필수 덕목이다. 성통, 즉 본성을 통한다는 것은 생명의 유기성과 상호 관통을 깨닫는다는 것으로 이 우주가 '한생명'임을 체득하는 것이다. 성통이 이루어지지 않고서는 공완, 즉 재세이화·홍익인간은 실현될 수 없는 것이다. 선한 일에 용감히 나아간다는 것은 마치 목마른 자가 물을 보고 서둘러 달려가 해갈解渴을 하게 되는 것

---

[98] cf. Ashvaghosha, *The Awakening of Faith*, pp.128-129: "How should people practise charity?···If persons come and ask them for something, they should, as far as their means allow, supply it ungrudgingly and make them rejoice in it. If they see people threatened with danger, they should try every means of rescuing them and impart to them a feeling of fearlessness."

⁹⁹과도 같이 큰 만족을 얻게 된다는 것이다. 어짊에 머물고 중심이 너그러우면 법규에 맞지 않는 바가 없으며, 주체적 결단으로 능히 참을 수 있다. 사람들로 하여금 스스로 삼가고 복종하게 하는 것은 오직 꾸짖을 일을 감추는 너그러움이다.

　복은 엄嚴해야 받는 것이라고「엄嚴」(福 6門)에서는 말한다. "온화하면서 단정하고 엄숙하면서 고요한 것은 기운이 엄한 것이며, 사사로움을 돌보지 않고 재물을 사사로이 하지 않는 것은 의리가 엄한 것이고, 정직을 주장하고 청렴결백을 주장하는 것은 말이 엄한 것이다." 간사함을 버려야 하고「屛邪」(福 6門 39戶)], 높은 절개를 지녀야 하며「特節」(福 6門 40戶)], 밝게 살피고「明察」(福 6門 41戶)], 엄하되 은혜롭고 온화하게 하며「剛柔」(福 6門 42戶)], 기색(氣色, 顔色)을 씩씩하게 하고「色莊」(福 6門 43戶)], 가르치지 않아도 능히 스스로 배우게 하며「能訓」(福 6門 44戶)], 불선不善·불신不信·불의不義를 보면 급히 물리쳐야 한다「急祛」(福 6門 45戶)]. "기운이 엄하면 간사한 기운이 생겨나지 못하고, 의리가 엄하면 간사한 꾀가 들리지 않으며, 말이 엄하면 간사한 말이 입에 담기지 않는다." 밝게 살핀다는 것은 "엄하되 시끄럽게 따져서 밝히지 않으며, 엄하되 여기저기 산란散亂하게 살피지 않는 것"을 말한다. 밝게 살피면 남과 시끄러운 일이 없으며, 남과 헤어지고 흩어지는 일이 없다. 엄하되 은혜로움과 온화함이 있게 되면 강함과 부드러움의 양 극단을 넘어서게 된다. "기운이 엄하여도 기색이 씩씩하지 않으면 성내는 것에 가깝고, 의리가 엄하여도 기색이 씩씩하지 않으면 부탁하는 것에 가까우며, 말이 엄하여도 기색이 씩씩하지 않으면 변론에 가깝다." 기색이 씩씩함은 엄한 것이

99　cf.『明心寶鑑』「繼善」: "太公曰 見善如渴 聞惡如聾 又曰 善事 必貪 惡事 莫樂."

일어나는 기틀이고, 엄함은 용기의 근원이다. 기색이 씩씩하여 엄하면 가르치지 않아도 제자들이 스스로 훈도訓導되고, 자제가 능히 스스로 훈육訓育되며, 이웃이 능히 스스로 훈계訓戒된다. 성품이 엄하면 용기가 있어 착하지 못한 것이나, 신의가 없는 것이나, 의롭지 못한 것을 보면 급히 물리친다.

제6강령 복福에 이르는 데는 여섯 개의 큰 문門, 즉 인仁, 선善, 순順, 화和, 관寬, 엄嚴과 마흔다섯 개의 작은 문(45戶)이 있다.

제1문 인仁

제233사 인(仁: 福 1門)

仁者 愛之鎚也 愛無不愛故 或有偏愛私愛 非仁
인 자 애 지 추 야 애 무 불 애 고 혹 유 편 애 사 애 비 인

莫能執中 仁 如春氣溫和 物物 發生
막 능 집 중 인 여 춘 기 온 화 물 물 발 생

번역　인仁이란 사랑의 저울추이다. 사랑은 무엇이든 사랑하지 않음이 없으므로 혹 편애하거나 사사로운 감정으로 사랑할 수도 있으나, 어질지 못하면 능히 그 중심을 잡을 수가 없다. 어짊은 온화한 봄기운과 같아서 만물이 생겨나게 하는 것이다.

주해　1) 仁者 愛之鎚也(인자 애지추야) : 인仁, 즉 '어짊'이란 사랑

의 저울추(鎚)라는 뜻이다(鎚 저울 추).

2) 愛無不愛故 或有偏愛私愛(애무불애고 혹유편애사애) : 사랑(愛)은 무엇이든 사랑하지 않음이 없으므로(無不愛故) 혹 편애하거나(或有偏愛) 사사로운 감정으로 사랑할(私愛) 수도 있다는 뜻이다.

3) 非仁 莫能執中(비인 막능집중) : 어질지 못하면(非仁) 능히(能) 그 중심(中)을 잡을(執) 수가 없다(莫)는 뜻이다(莫 없을 막).

4) 仁 如春氣溫和 物物 發生(인 여춘기온화 물물 발생) : 어짊(仁)은 온화(溫和)한 봄기운(春氣)과 같아서(如) 만물(物物)이 생겨나게(發生) 한다는 뜻이다.

제234사 애인(愛人: 福 1門 1戶)

哲人之愛人 愛善人 亦愛惡人 勸去惡就善
철인지애인 애선인 역애악인 권거악취선

平人慍 勿結嫌於人 決人惑 勿轉致於人
평인온 물결혐어인 결인혹 물전치어인

導人之迷 自得於己
도인지미 자득어기

번역 밝은이가 사람을 사랑함은 착한 사람도 사랑하고 악한 사람도 사랑하여 악을 버리고 선으로 나아가도록 권한다. 남의 노여움을 가라앉혀 다른 사람과 혐의를 맺지 않게 하며, 남의 의혹을 해결하여 의혹이 사람들 사이에 돌지 않게 하고, 미혹한 사람을 인도하여 자기 스스로 터득하게 한다.

주 해 1) 哲人之愛人 愛善人 亦愛惡人(철인지애인 애선인 역애악인) : 밝은이(哲人)가 사람을 사랑함(愛人)은 착한 사람(善人)도 사랑하고(愛) 악한 사람(惡人)도 사랑(愛)한다는 뜻이다.

2) 勸去惡就善(권거악취선) : 악을 버리고(去惡) 선으로 나아가도록(就善) 권한다(勸)는 뜻이다.

3) 平人慍勿結嫌於人(평인온 물결혐어인) : 남의 노여움(人慍)을 가라앉혀(平) 다른 사람과(於人) 혐의(嫌)를 맺지 않게 하는(勿結) 것을 말한다(慍 성낼 온; 勿 하지말 물).

4) 決人惑 勿轉致於人(결인혹 물전치어인) : 남의 의혹(人惑)을 해결하여(決) 의혹이 사람들에게(於人) 돌아 이르지 않게(勿轉致) 한다는 뜻으로, 이는 곧 의혹이 사람들 사이에 돌지 않게 하는 것을 말한다. 전치轉致는 돌아 이르는 것을 말한다.

5) 導人之迷 自得於己(도인지미 자득어기) : 미혹한(迷) 사람을 인도하여(導) 자기(己) 스스로 터득하게(自得) 한다는 뜻이다.

제235사 호물(護物: 福 1門 2戶)

護物者 愛物而護也 凡於天地間 人固自人
호 물 자 애 물 이 호 야 범 어 천 지 간 인 고 자 인

物固自物 必無人無物 哲人 包萬物 獨有之心
물 고 자 물 필 무 인 무 물 철 인 포 만 물 독 유 지 심

人之所有 若我所有 人之有失 若我有失
인 지 소 유 약 아 소 유 인 지 유 실 약 아 유 실

번 역 호물護物이란 만물을 사랑하고 보호하는 것이다. 무릇

천지간에 사람이 스스로 자기들만을 고집하고 만물이 스스로 자기들만을 고집하여 사람과 만물이 따로 존재한다면, 반드시 사람도 만물도 존재하지 못하게 될 것이다. 밝은이는 만물을 포용하는 남다른 마음으로 남이 소유한 것을 내가 소유한 것같이 하며, 남이 잃은 것을 내가 잃은 것과 같이 한다.

주 해 1) 護物者 愛物而護也(호물자 애물이호야) : 호물護物, 즉 '만물을 보호함'이란 만물을 사랑하고 보호하는 것을 말한다.

2) 凡於天地間 人固自人 物固自物 必無人無物(범어천지간 인고자인 물고자물 필무인무물) : 무릇(凡) 천지간에(於天地間) 사람이 스스로(自) 자기들만을 고집하고 만물이 스스로 자기들(物)만을 고집하여(사람과 만물이 따로 존재한다면), 반드시(必) 사람도 존재하지 못하고(無人) 만물도 존재하지 못하게(無物) 될 것이라는 뜻이다(凡 무릇 범; 固 우길 고, 고집함).

3) 哲人 包萬物 獨有之心(철인 포만물 독유지심) : 밝은이(哲人)가 만물萬物을 포용하는(包) 남다른(獨有) 마음(心)을 갖고 있음을 말한다.

4) 人之所有 若我所有 人之有失 若我有失(인지소유 약아소유 인지유실 약아유실) : 남(人)이 소유所有한 것을 내(我)가 소유한 것 같이(若) 하며, 남이 잃은(有失) 것을 내가 잃은 것과 같이 한다는 뜻이다(若 같을 약 = 如).

제236사 체측(替惻: 福 1門 3戶)

替惻者 人於當憫人之憂 不憫 惟哲人 憫之
체 측 자 인 어 당 민 인 지 우 불 민 유 철 인 민 지

人於當憐人之困 不憐 惟哲人 憐之 憫之有實
인 어 당 연 인 지 곤 불 련 유 철 인 연 지 민 지 유 실

憐之致眞
연 지 치 진

번 역   체측憯惻이란 사람들이 남의 근심을 불쌍히 여겨야 마땅하나 불쌍히 여기지 않고 오직 밝은이만이 불쌍히 여기고, 사람들이 남의 곤란을 가련하게 여겨야 마땅하나 가련하게 여기지 않고 오직 밝은이만이 가련하게 여기는 것이다. 불쌍히 여김에 결실이 있고 가련하게 여김에 참됨에 이른다.

주 해   1) 憯惻(체측) : 남의 근심과 곤란을 대신하는 것을 말한다.

2) 人於當憫人之憂 不憫 惟哲人 憫之(인어당민인지우 불민 유철인 민지) : 사람들이 남(人)의 근심(憂)을 불쌍히 여겨야 마땅하나(當憫) 불쌍히 여기지 않고(不憫) 오직(惟) 밝은이(哲人)만이 불쌍히 여기는것을 말한다(憫 불쌍히여길 민).

3) 人於當憐人之困 不憐 惟哲人 憐之(인어당연인지곤 불련 유철인 연지) : 사람들이 남(人)의 곤란(困)을 가련하게 여겨야 마땅하나(當憐) 가련하게 여기지 않고(不憐) 오직 밝은이만이 가련하게 여기는 것을 말한다. 련憐은 '가련하게 여김'의 뜻이다.

4) 憫之有實 憐之致眞(민지유실 연지치진) : 불쌍히 여김에 결실(實)이 있고(有) 가련하게 여김에 참됨(眞)에 이른다(致)는 뜻이다. 남의 불쌍하고도 가련한 처지를 보고 자기 일처럼 걱정해 주고 딱하게 여김은 이타심利他心의 발현이다. 이러한 이타심의 발현은 성통공완(性通功完: 본성을 통하고 공적을 완수함)으로 나아가게 한다는 점에서 '불쌍히 여김에 결실이 있고 가련하게 여김에 참됨에 이른다'고 한 것이다.

제237사 희구(喜救: 福 1門 4戶)

喜救者 好救人之急難也 救人之急難 或有功救焉
희구자 호구인지급난야 구인지급난 혹유공구언

或緣難辭焉 惟哲人 無功救 無難辭
혹연난사언 유철인 무공구 무난사

聞人之急 輒喜救之 見物之困 輒喜施之
문인지급 첩희구지 견물지곤 첩희시지

力殘則思 程遠則望
역잔즉사 정원즉망

번역 희구喜救란 위급한 어려움에 처한 사람을 기꺼이 구하는 것이다. 남의 위급한 어려움을 구함에 혹 공명심功名心으로 하기도 하고, 혹 사양하기 어려운 인연 때문에 하기도 한다. 오직 밝은이만이 공이 없이도 구하며 사양하기 어려워서도 아니다. 남의 위급함을 들으면 무조건 기꺼이 구해 주고, 물질이 곤궁한 것을 보면 무조건 즐거이 베풀어 준다. 구하는 힘이 부족하다면 마음으로라도 하고, 구하는 길이 멀면 잘되기를 빌어주기라도 한다.

주해 1) 喜救者 好救人之急難也(희구자 호구인지급난야) : 희구喜救, 즉 '기쁘게 구함'이란 위급한 어려움(急難)에 처한 사람(人)을 기꺼이 구하는(好救) 것을 말한다.

2) 救人之急難 或有功救焉 或緣難辭焉(구인지급난 혹유공구언 혹연난사언) : 남(人)의 위급한 어려움(急難)을 구함(救)에 혹或 공명심(功=功名心)으로 하기도 하고, 혹 사양하기 어려운(難辭) 인연(緣) 때문에 하기도 한다는 뜻이다.

3) 惟哲人 無功救 無難辭(유철인 무공구 무난사) : 오직(惟) 밝은이(哲人)만이 공(功)이 없어도(無) 구하며(救) 사양하기 어려운(難辭) 인연 때문도 아니라(無)는 뜻이다.

4) 聞人之急 輒喜救之(문인지급 첩희구지) : 남(人)의 위급함(急)을 들으면(聞) 무조건(輒) 기꺼이 구해주는(喜救) 것을 말한다. 첩(輒)은 '문득 첩, 번번이 첩'으로 '아무런 조건 없이 무슨 일이 있을 때마다'의 뜻이다.

5) 見物之困 輒喜施之(견물지곤 첩희시지) : 물질(物)이 곤궁한(困) 것을 보면(見) 무조건 즐거이 베풀어(喜施) 준다는 뜻이다.

6) 力殘則思 程遠則望(역잔즉사 정원즉망) : 구하는 힘이 부족하다면(力殘則) 마음(思)으로라도 하고, 구하는 길이 멀면(程遠則) 잘되기를 바라기라도(望, 빌어주기라도)한다는 뜻이다.

제238사 불교(不驕: 福 1門 5戶)

仁者 德不驕愚 富不驕貧 尊不驕卑 慮人自迷
인 자 덕 불 교 우 부 불 교 빈 존 불 교 비 여 인 자 미

色近而和 言正而溫
색 근 이 화 언 정 이 온

번 역 어진 사람은 덕이 있어도 어리석은 사람에게 교만하지 않고, 부유하더라도 가난한 사람에게 교만하지 않으며, 존귀해도 비천한 사람에게 교만하지 않는다. 또한 사람들이 스스로 어려워할까 염려하여 안색은 친근하고 온화하게 하며, 말은 바르고 따뜻하게 한다.

주 해 1) 不驕(불교) : 교만하지 않는 것을 말한다.

2) 仁者 德不驕愚 富不驕貧 尊不驕卑(인자 덕불교우 부불교빈 존불교비) : 어진 사람(仁者)은 덕(德)이 있어도 어리석은(愚) 사람에게 교만하지 않고(不驕), 부유(富)하더라도 가난한(貧) 사람에게 교만하지 않으며, 존귀(尊)해도 비천한(卑) 사람에게 교만하지 않는다는 뜻이다.

3) 慮人自迷 色近而和 言正而溫(여인자미 색근이화 언정이온) : 사람들(人)이 스스로(自) 어려워할까(迷) 염려하여(慮) 안색(色)은 친근하고(近) 온화하게(和) 하며, 말(言)은 바르고(正) 따뜻하게(溫) 한다는 뜻이다. 미(迷)는 '좇아할 바를 몰라 괴로워함'의 뜻이다.

제239사 자겸(自謙: 福 1門 6戶)

自謙者 雖有才德 不自長也 衆人 有微才薄德
자겸자 수유재덕 부자장야 중인 유미재박덕

自色焉 唆揚焉 惟恐單晷不徹宇內 健者之才
자색언 사양언 유공단구불철우내 건자지재

潛而不泳 健者之德 熱而不炎
잠이불영 건자지덕 열이불염

번 역 자겸(自謙)이란 비록 재주와 덕이 있어도 스스로 자랑하지 않는 것이다. 뭇 사람들은 미미한 재주와 얄팍한 덕만 있어도 스스로 얼굴빛으로 나타내고 부추겨 드러낸다. 그리하여 오직 한 줄기 해그림자로 우주를 두루 비추지 못할까 봐 두려워하는 것처럼, 미미한 재주와 얄팍한 덕이 세상에 널리 알려지지 않을까 봐 염려한다. 그러나 건실한 사람의 재주는 물속에 잠겨 있어도 헤엄치지 아니함과 같고 그 덕은 뜨거워도 불꽃이 일지 않는 것과 같아서 밖으로 드러나는 법이 없다.

주 해   1) 自謙者 雖有才德 不自長也(자겸자 수유재덕 부자장야) : 자겸自謙, 즉 '스스로 겸손함'이란 비록(雖) 재주와 덕이 있어도(有才德) 스스로 자랑하지 않는(不自長) 것을 말한다(謙 겸손할 겸; 長 나을장, '남보다 우수함').

2) 衆人 有微才薄德 自色焉 唆揚焉(중인 유미재박덕 자색언 사양언) : 뭇 사람들(衆人)은 미미한 재주(微才)와 얄팍한 덕(薄德)만 있어도(有) 스스로(自) 얼굴빛(色)으로 나타내고 부추겨(唆) 드러낸다(揚)는 뜻이다(唆 부추길 사; 揚 날릴 양, '드러냄').

3) 惟恐單晷不徹宇內(유공단구불철우내) : 오직(惟) 한줄기(單) 해그림자(晷)로 우주(宇)를 두루 비추지(통하지, 徹) 못할까봐 두려워하는(恐) 것처럼, 미미한 재주와 얄팍한 덕이 세상에 널리 알려지지 않을까 봐 염려한다는 뜻이다. 단구單晷는 '한줄기 해그림자'라는 뜻이다(單 홑 단; 晷 해그림자 구; 徹 통할 철)

4) 健者之才 潛而不泳(건자지재 잠이불영) : 건실한 사람(健者)의 재주(才)는 물속에 잠겨(潛)있어도 헤엄치지 아니함(不泳)과 같다는 뜻이다.

5) 健者之德 熱而不炎(건자지덕 열이불염) : 건실한 사람의 덕德은 뜨거워도(熱) 불꽃이 일지 않는(不炎) 것과 같다는 뜻이다. 즉 건실한 사람의 재덕才德은 안으로 감추어져 있어 밖으로 드러나지 않는다는 뜻이다.

제240사 양열(讓劣: 福 1門 7戶)

讓劣者 優讓於劣也 求譽 陋而反損譽 釣名
양열자 우양어열야 구예 누이반손예 조명

譁而反傷名 是以 哲人 有可功 讓於無功 有可賞
화이반상명 시이 철인 유가공 양어무공 유가상

讓於不賞
양어불상

번역 양열讓劣이란 뛰어난 사람이 용렬庸劣한 사람에게 양보하는 것이다. 명예를 구하는 것은 비루鄙陋하여 도리어 명예를 훼손시키고, 이름을 탐내어 구하는 것은 시끄러워 도리어 그 이름을 손상시킨다. 그러므로 밝은이는 공功이 있어도 공이 없는 사람에게 양보하고, 상 받을 일이 있어도 상을 받지 못한 사람에게 양보한다.

주해 1) 讓劣者 優讓於劣也(양열자 우양어열야) : 양열讓劣, 즉 '용렬한 이에게 양보함'이란 뛰어난(優) 사람이 용렬庸劣한 사람에게 양보하는(讓) 것을 말한다.

2) 求譽 陋而反損譽(구예 누이반손예) : 명예를 구하는(求譽) 것은 비루鄙陋하여 도리어(反) 명예를 훼손시킨다(損譽)는 뜻이다(陋 추할루, '비천함, 鄙陋함').

3) 釣名 譁而反傷名(조명 화이반상명) : 이름을 탐내어 구하는(釣名) 것은 시끄러워(譁) 도리어 그 이름을 손상시킨다(傷名)는 뜻이다. 조釣는 '탐내어 구함'이다(譁 떠들썩할 화).

4) 有可功 讓於無功(유가공 양어무공) : 가히(可) 공功이 있어도(有) 공이 없는(無功) 사람에게 양보한다(讓)는 뜻이다(讓 양보할 양).

5) 有可賞 讓於不賞(유가상 양어불상) : 가히 상賞 받을 일이 있어도 상을 받지 못한(不賞) 사람에게 양보한다는 뜻이다.

제2문 선善

제241사 선(善: 福 2門)

善 愛之派流也 仁之童稚也 種於愛故 發心 必善
선 애지파류야 인지동치야 종어애고 발심 필선

學於仁故 行事必善
학어인고 행사필선

번역 선善은 사랑의 한 갈래이며 어짊의 어린아이다. 그러므로 사랑을 심으면 일어나는 마음이 반드시 착하며, 어짊을 배우면 그 행하는 일이 반드시 착하다.

주해 1) 善 愛之派流也 仁之童稚也(선 애지파류야 인지동치야) : 선善, 즉 '착함'은 사랑(愛)의 한 갈래(派流)이며 어짊(仁)의 어린아이(童稚)라는 뜻이다(派 갈래 파; 流 갈래 류).

2) 種於愛故 發心 必善(종어애고 발심 필선) : 사랑(愛)을 심으면(種) 일어나는 마음(發心)이 반드시 착하다(必善)는 뜻이다.

3) 學於仁故 行事必善(학어인고 행사필선) : 어짊(仁)을 배우면(學) 그 행하는 일(行事)이 반드시 착하다(必善)는 뜻이다.

제242사 강개(慷慨: 福 2門 8戶)

慷慨者 善之義也 瀑布之湍 落之便流 百鍊之鐵
강개자 선지의야 폭포지단 낙지편류 백련지철

臨物便切 其尙且快 人所不快 不擇在己利害
임물편절 기상차쾌 인소불쾌 불택재기이해

번역 강개慷慨란 선의善意의 의분義憤이다. 폭포의 여울이 평지에 떨어지면 잔잔히 흐르고 백번 단련된 쇠칼이 물건에 닿으면 쉽게 베이듯이, 선의의 의분도 이처럼 높일 만하고 상쾌한 것이다. 그럼에도 사람들이 상쾌하게 여기지 않는 것은 자기에게 정녕 무엇이 이롭고 해로운 것인지를 분간할 줄 모르기 때문이다.

주해 1) 慷慨者 善之義也(강개자 선지의야): 강개慷慨, 즉 '비분悲憤하여 개탄함'이란 선의善意의 의분義憤을 말한다.

2) 瀑布之湍 落之便流(폭포지단 낙지편류): 폭포瀑布의 여울(湍)이 평지에 떨어지면(落) 잔잔히 흐르는(便流) 것을 말한다. 단湍은 '여울 단'으로 소용돌이치는 급류를 말한다.

3) 百鍊之鐵 臨物便切(백련지철 임물편절): 백번 단련된(百鍊) 쇠칼(鐵)이 물건에 닿으면(臨物) 쉽게 베이는(便切) 것을 말한다.

4) 其尙且快(기상차쾌): (선의의 의분도 이처럼) 높일 만하고(尙) 또 상쾌한(快) 것이라는 뜻이다(尙 높일 상; 且 또 차).

5) 人所不快 不擇在己利害(인소불쾌 불택재기이해): 사람들이 상쾌하게 여기지 않는(不快) 것은 자기(己)에게 정녕 무엇이 이롭고 해로운(利害) 것인지를 가릴 줄 모르기(不擇) 때문이라는 뜻이다(擇 가릴 택).

제243사 불구(不苟: 福 2門 9戶)

不苟者 善有決而不苟且也 性善者 無決則柔
불구자 선유결이불구차야 성선자 무결즉유

穎斷 遂滯 善之決 欲行必行 欲施 無所苟且
영 단 수 체 선 지 결 욱 행 필 행 욱 시 무 소 구 차

번 역 불구不苟란 옳다고 여겨 결단하여 구차하지 않은 것이다. 성품이 착한 사람이 결단을 내리지 못했을 때에는 우유부단하여 영단穎斷을 내리는데 머뭇거리는 것 같으나, 옳다고 여기는 결단은 하고자 하면 반드시 하며 베풀고자 하면 구차하지 않게 한다.

주 해 1) 不苟者 善有決而不苟且也(불구자 선유결이불구차야): 불구 不苟, 즉 '구차하지 않음'이란 옳다고 여겨(善) 결단하여(有決) 구차하지 않은(不苟且) 것을 말한다(善 옳게여길 선; 苟 구차할 구).

2) 性善者 無決則柔 穎斷 遂滯(성선자 무결즉유 영단 수체): 성품이 착한 사람(性善者)이 결단을 내리지 못했을 때에는(無決則) 우유부단하여(柔) 영단穎斷을 내리는 데 지체하는(遂滯) 듯 보인다는 뜻이다. 영단穎斷은 '빼어난 결단'이다(遂 망설일 수; 滯 지체할 체).

3) 善之決 欲行必行(선지결 욱행필행): 옳다고 여기는 결단(善之決)은 하고자 하면(欲行) 반드시 한다(必行)는 뜻이다.

4) 欲施 無所苟且(욱시 무소구차): 베풀고자 하면(欲施) 구차하지 않게(無所苟且) 한다는 뜻이다(施 베풀 시; 且 구차스러울 차).

제244사 원혐(遠嫌: 福 2門 10戶)

遠嫌者 無嫌隙也 哲人接物 寧智疎短 誠無不足
원혐자 무혐극야 철인접물 영지소단 성무부족

寧言訥焉 心無詐僞故 無嫌無隙 不知其善者
영언눌언 심무사위고 무혐무극 부지기선자

反不善
반 불 선

번역 원혐遠嫌이란 서로 싫어서 생기는 틈이 없는 것이다. 밝은이는 사물을 접할 때 차라리 지혜는 성기고 짧을지언정 정성은 부족함이 없으며, 차라리 말은 어눌할지언정 마음에는 속임과 거짓이 없으므로 싫은 것도 없고 틈도 없다. 그 착함을 알지 못하는 사람은 도리어 착하지 못한 것이다.

주해 1) 遠嫌者 無嫌隙也(원혐자 무혐극야) : 원혐遠嫌, 즉 '싫어함을 멀리함(물리침)'이란 서로 싫어서 생기는 틈(嫌隙)이 없는(無) 것을 말한다(遠 멀리할 원, '물리침'; 嫌 싫어할 혐; 隙 틈 극).

2) 哲人接物 寧智疎短 誠無不足(철인접물 영지소단 성무부족) : 밝은이(哲人)는 사물(物)을 접할(接) 때, 차라리(寧) 지혜(智)는 성기고(疎) 짧을지언정(短) 정성(誠)은 부족함이 없다(無不足)는 뜻이다(寧 차라리 녕; 疎 성길 소).

3) 寧言訥焉 心無詐僞故 無嫌無隙(영언눌언 심무사위고 무혐무극) : 차라리 말(言)은 어눌할지언정(訥) 마음(心)에는 속임(詐)과 거짓(僞)이 없으므로(無) 싫은 것도 없고(無嫌) 틈도 없다(無隙)는 뜻이다.(訥 어눌할 눌; 詐 속일 사; 僞 거짓 위)

4) 不知其善者 反不善(부지기선자 반불선) : 그(其) 착함(善)을 알지 못하는(不知) 사람(者)은 도리어(反) 착하지 못한(不善) 것이라는 뜻이다.

제245사 명백(明白: 福 2門 11戶)

性善則剖截丁寧　行決的歷　無猶豫進退
성 선 즉 부 절 정 녕　행 결 적 력　무 유 예 진 퇴

無疑似左右　天理人事　明白乎自然之間
무 의 사 좌 우　천 리 인 사　명 백 호 자 연 지 간

번 역　성품이 착하면 일을 판단함에 틀림이 없고, 그 결행決行이 분명하여 나아감과 물러남에 있어 머뭇거림이 없으며, 좌左니 우右니 하는 것과 같은 의심이 없어서 하늘의 이치와 사람의 일이 자연히 명백해진다.

주 해　1) 明白(명백) : 명백明白, 즉 '분명함'이란 착한 사람의 판단과 결행決行이 분명한 것을 말한다.

2) 性善則剖截丁寧 行決的歷(성선즉부절정녕 행결적력) : 성품이 착하면(性善則) 일을 판단함(剖截)에 틀림이 없고(丁寧), 그 결행決行이 분명(歷)하다는 뜻이다. 정녕丁寧은 '틀림없이, 정녕코'의 뜻이다(剖 가를 부, '판단함'; 截 끊을 절; 歷 분명할 력).

3) 無猶豫進退 無疑似左右(무유예진퇴 무의사좌우) : 나아감과 물러남(進退)에 있어 머뭇거림(猶豫)이 없으며(無), 좌左니 우右니 하는 것과 같은(似) 의심(疑)이 없다(無)는 뜻이다. 유예猶豫는 '망설임, 머뭇거림'이다(似 같을 사).

4) 天理人事 明白乎自然之間(천리인사 명백호자연지간) : 하늘의 이치(天理)와 사람의 일(人事)이 자연히(自然之間) 명백해진다는 뜻이다.

제246사 계물(繼物: 福 2門 12戶)

善 善於恤人繼物 人事將廢 安人父母妻子之倫
선 선어휼인계물 인사장폐 안인부모처자지륜

定人背井離廚之蹤
정인배정이주지종

번역 착함(善)은 남을 불쌍히 여겨 물자物資가 이어지게 잘 보살펴주는 것이다. 남이 하는 일이 장차 패망하려 하면 그 부모처자 간에 불화가 없도록 윤기(倫紀: 人倫, 倫常)를 편안하게 해주며, 자기 집을 떠나는 그 식구들의 행방을 정하여 준다.

주해 1) 繼物(계물) : 계물繼物, 즉 '물자를 이어 줌'이란 남을 불쌍히 여겨 물자物資가 끊어지지 안게해 주는 것을 말한다.

2) 善 善於恤人繼物(선 선어휼인계물) : 착함(善)은 남을 불쌍히 여겨(恤人) 물자가 이어지게(繼) 잘 보살펴주는(善) 것을 말한다(恤 근심할 휼, '불쌍히 여김'; 善 잘할 선).

3) 人事將廢 安人父母妻子之倫 定人背井離廚之蹤(인사장폐 안인부모처자지륜 정인배정이주지종) : 남이 하는 일(人事)이 장차(將) 패망(廢)하려 하면 그 부모처자父母妻子 간에 불화가 없도록 윤기(倫紀: 人倫, 倫常)를 편안하게 해주며, 자기 집을 떠나는(背井離廚, 우물을 등지고 부엌을 떠남) 그 식구들의 행방(蹤)을 정하여(定) 준다는 뜻이다. (將 장차 장; 背 등 배; 廚

부엌 주; 踪 자취 종, '행방')

제247사 존물(存物: 福 2門 13戶)

善 喜物存而惡物亡 羅而放之 獵而悲之 放之者
선 희물존이오물망 나이방지 엽이비지 방지자

見其拂翼于雲霄 悲之者 不見其展脚于丘陵
견기불익우운소 비지자 불견기전각우구릉

번역 착함은 만물을 살리는 것을 기뻐하고 죽이는 것을 싫어함이다. 그래서 그물에 잡힌 새는 놓아주고 사냥하는 것을 보면 슬퍼한다. 놓아준다는 것은 그 새가 구름을 헤치며 자유로이 하늘에 날개를 떨치는 것을 보고 기뻐한다는 것이고, 슬퍼한다는 것은 사냥당한 짐승이 언덕에서 그 다리 펴는 것을 보지 못함을 가슴 아프게 여긴다는 것이다.

주해 1) 存物(존물) : 존물存物, 즉 '만물을 보존함'이란 만물을 살리는 것을 기뻐하고 죽이는 것을 싫어하는 것을 말한다.

2) 善 喜物存而惡物亡(선 희물존이오물망) : 착함(善)은 만물(物)이 생존하는(存) 것을 기뻐하고(喜) 죽는(亡) 것을 싫어한다(惡)는 뜻으로, 이는 곧 만물을 살리는 것을 기뻐하고 죽이는 것을 싫어하는 것이다.

3) 羅而放之 獵而悲之(나이방지 엽이비지) : 그물(羅)에 잡힌 새는 놓아주고(放) 사냥하는(獵) 것을 보면 슬퍼한다(悲)는 뜻이다(羅 그물 라, '새 잡는 그물'; 獵 사냥할 렵).

4) 放之者 見其拂翼于雲霄(방지자 견기불익우운소) : 놓아준다(放)는

것(者)은 그(其) (새가) 구름(雲)을 헤치며 자유로이 하늘(霄)에 날개를 떨치는(拂翼) 것을 보고(見) 기뻐하는 것이다(拂 떨칠 불; 霄 하늘 소).

 5) 悲之者 不見其展脚于丘陵(비지자 불견기전각우구릉) : 슬퍼한다(悲)는 것(者)은 (사냥당한 짐승이) 언덕에서(于丘陵) 그(其) 다리(脚) 펴는(展) 것을 보지 못함(不見)을 가슴 아프게 여긴다는 것이다(展 펼 전; 脚 다리 각; 丘 언덕 구; 陵 언덕 릉).

제248사 공아(空我: 福 2門 14戶)

空我者 我不念我也 哲人 處衆 逸衆而勞我 分衆
공아자 아불념아야 철인 처중 일중이노아 분중

厚衆而薄我 同憂以衆 有若獨當
후중이박아 동우이중 유약독당

번역 공아空我란 내가 나를 생각하지 않는 것이다. 밝은이가 뭇 사람과 함께 있을 때에는 다른 사람들을 편안하게 하고 자신을 수고롭게 하며, 뭇 사람과 따로 떨어져 있을 때에도 다른 사람에게는 후하게 하고 자신에게는 박하게 하며, 뭇 사람과 함께 근심하되 홀로 당한 것같이 한다.

주해 1) 空我者 我不念我也(공아자 아불념아야) : 공아空我, 즉 '나를 비움'이란 내가 나를 생각하지 않는(我不念我) 것을 말한다.

 2) 哲人 處衆 逸衆而勞我(철인 처중 일중이노아) : 밝은이(哲人)가 뭇 사람(衆)과 함께 있을(處) 때에는 다른 사람들을 편안하게(逸) 하고 자신(我)을 수고롭게(勞) 한다는 뜻이다(處 머무를 처; 逸 편안할 일).

3) 分衆 厚衆而薄我(분중 후중이박아) : 뭇 사람(衆)과 따로 떨어져(分) 있을 때에도 다른 사람(衆)에게는 후하게(厚) 하고 자신(我)에게는 박하게(薄) 한다는 뜻이다(分 나누일 분, '따로 떨어짐').

4) 同憂以衆 有若獨當(동우이중 유약독당) : 뭇 사람(衆)과 함께(同) 근심하되(憂) 홀로 당한(獨當) 것같이 한다(有若)는 뜻이다.

제249사 양능(揚能: 福 2門 15戶)

揚能者 揚能人之所能也 哲人 見人之能
양 능 자 양 능 인 지 소 능 야 철 인 견 인 지 능

心先喜悅 說輒揚言者 使能者 勉能 不能者 效則
심 선 희 열 설 첩 양 언 자 사 능 자 면 능 불 능 자 효 칙

번역 양능揚能이란 남의 능한 바를 능하다고 드러내어 칭찬하는 것이다. 밝은이가 다른 사람의 능력을 발견하면 마음으로부터 먼저 기뻐하여 문득 드러내는 말로 칭찬하는 것은, 능력 있는 사람으로 하여금 능함에 더욱 힘쓰게 하고 능력 없는 사람으로 하여금 본받게 하기 위한 것이다.

주해 1) 揚能者 揚能人之所能也(양능자 양능인지소능야) : 양능揚能, 즉 '능력을 드러내어 칭찬함'이란 남의 능한 바(人之所能)를 능能하다고 드러내어 칭찬하는(揚) 것을 말한다.

2) 見人之能 心先喜悅 說輒揚言者(견인지능 심선희열 설첩양언자) : 다른 사람(人)의 능력(能)을 발견(見)하면 마음(心)으로부터 먼저(先) 기뻐하여(喜悅) 문득(輒) 드러내는 말로 칭찬하는(說揚言) 것을 말한다. (揚 나

타낼 양, 칭찬할 양; 輒 문득 첩)

3) 使能者 勉能 不能者 效則(사능자 면능 불능자 효칙) : 능력 있는 사람으로 하여금(使能者) 능함(能)에 더욱 힘쓰게(勉) 하고 능력 없는 사람(不能者)은 이를 본받아 배우게(效則) 하기 위한 것이라는 뜻이다 (勉 힘쓸 면; 效 본받을 효, '본받아 배움'; 則 본받을 칙, '본보기로 삼음').

제250사 은건(隱愆: 福 2門 16戶)

隱愆者 隱人之做愆也 哲人 聞人之愆
은 건 자 은 인 지 주 건 야 철 인 문 인 지 건

直隱而不泄者 先自愧焉 先自警焉 又恐聯於人
직 은 이 불 설 자 선 자 괴 언 선 자 경 언 우 공 련 어 인

失一人 如失天下之人
실 일 인 여 실 천 하 지 인

번 역   은건隱愆이란 남이 지은 허물을 숨기는 것이다. 밝은이가 남의 허물을 들으면 바로 숨겨 새지 않게 하는 것은 먼저 스스로 부끄러워하고, 먼저 스스로 경계하며, 또한 다른 사람에게 관련될까 두려워함이니, 한 사람 잃는 것을 천하 사람 잃는 것같이 하는 것이다.

주 해   1) 隱愆者 隱人之做愆也(은건자 은인지주건야) : 은건隱愆, 즉 '허물을 숨김'이란 남(人)이 지은 허물(做愆)을 숨기는(隱) 것을 말한다 (隱 숨길 은; 愆 허물 건; 做 지을 주).

2) 聞人之愆 直隱而不泄者(문인지건 직은이불설자) : 남(人)의 허물(愆)을

들으면(聞) 바로(直) 숨겨(隱) 새지 않게(不洩) 하는 것을 말한다(洩 샐 설).

3) 先自愧焉 先自警焉 又恐聯於人(선자괴언 선자경언 우공련어인) : 먼저(先) 스스로(自) 부끄러워하고(愧), 먼저 스스로 경계하며(警), 또한(又) 다른 사람에게(於人) 관련(聯)될까 두려워함(恐)을 말한다(愧 부끄러워할 괴; 警 경계할 경; 恐 두려워할 공).

4) 失一人 如失天下之人(실일인 여실천하지인) : 한 사람(一人) 잃는(失) 것을 천하사람(天下之人) 잃는(失) 것같이(如) 한다는 뜻이다.

제3문 순順

제251사 순(順: 福 3門)

順 不逆度也 貧不强取 困不强免 順天理也 答恩
순 불역도야 빈불강취 곤불강면 순천리야 답은

不之諛 枉威 不之屈 順人理也
부지유 왕위 부지굴 순인리야

[번역] 순順은 법도를 거스르지 않는 것이다. 가난해도 억지로 취하려 하지 않고, 곤궁해도 억지로 모면하려 하지 않는 것은 하늘의 이치에 순응하는 것이다. 은혜에 보답함에 아첨하지 않으며, 왜곡된 위세에 굴하지 않는 것은 사람의 도리에 순응하는 것이다.

[주해] 1) 順 不逆度也(순 불역도야) : 순順, 즉 '도리에 따름'은 법도

度를 거스르지 않는(不逆) 것을 말한다(順 따를 순; 逆 거스를역; 度 법도 도).

2) 貧不強取 困不強免(빈불강취 곤불강면) : 가난해도(貧) 억지로 취하려 하지 않고(不強取), 곤궁해도(困) 억지로 모면하려 하지 않는(不強免) 것을 말한다(免 면할 면, 벗어날 면).

3) 順天理也(순천리야) : 하늘의 이치(天理)에 순응하는(順) 것이라는 뜻이다.

4) 答恩 不之諛 枉威 不之屈(답은 부지유 왕위 부지굴) : 은혜에 보답함(答恩)에 아첨하지 않으며(不之諛), 왜곡된 위세(枉威)에 굴하지(屈) 않는 것을 말한다(諛 아첨할 유; 枉 굽을 왕). 왕위枉威는 왜곡된 위세를 의미한다.

5) 順人理也(순인리야) : 사람의 도리(人理)에 순응하는(順) 것이라는 뜻이다.

제252사 안정(安定: 福 3門 17戶)

安心而心不動 受訨毀而不慍 定氣而氣不亂
안 심 이 심 부 동   수 저 훼 이 불 온   정 기 이 기 불 란

逢忿激而不作者 順天德也 天德內立則 人德外成
봉 분 격 이 부 저 자   순 천 덕 야   천 덕 내 립 즉   인 덕 외 성

번 역   마음을 편안히 하여 마음이 동요되지 않아서 남이 흉을 보거나 험담을 하여도 성내지 않고, 기운을 안정시켜 기운이 어지럽지 않아서 격분할 일을 당하여도 저주하지 않는 것이 하늘의 덕에 순응하는 것이다. 하늘의 덕이 안으로 서면, 사람의 덕이 밖으로 이루어진다.

주해 1) 安心而心不動 受詆毁而不慍(안심이심부동 수저훼이불온) : 마음을 편안히 하여(安心) 동요되지 않아서(心不動) 남이 흉을 보거나(詆) 험담을 하여도(毁) 성내지 않는다는 뜻이다(詆 흉볼 저; 毁 헐 훼; 慍 성낼 온).

2) 定氣而氣不亂 逢忿激而不作者 順天德也(정기이기불란 봉분격이부저자 순천덕야) : 기운을 안정시켜(定氣) 어지럽지 않아서(氣不亂) 격분할 일을 당하여도(逢忿激) 저주하지 않는(不作) 것(者)이 하늘의 덕(天德)에 순응하는(順) 것이라는 뜻이다(逢 만날 봉). 분격忿激은 곧 '격분激忿'이다(作 저주할 저='詛').

3) 天德內立則 人德外成(천덕내립즉 인덕외성) : 하늘의 덕(天德)이 안으로 서면(內立則), 사람의 덕(人德)이 밖으로 이루어진다(外成)는 뜻이다.

제253사 정묵(靜默: 福 3門 18戶)

性眞則靜 知遂則默 靜能成達 默能鎭紊 此
성 진 즉 정   지 수 즉 묵   정 능 성 달   묵 능 진 문   차

順人智也 人智定則 心靈貫通 可爲人師
순 인 지 야   인 지 정 즉   심 령 관 통   가 위 인 사

번역 성품이 참되면 고요하고, 지식을 이루면 잠잠해진다. 고요하면 능히 통달할 수 있고, 잠잠하면 능히 어지러움을 진정시킬 수 있다. 이것이 곧 인지人智를 따르는 것이다. 사람의 지혜가 안정되면 심령心靈이 관통하여 가히 다른 사람의 스승이 될 수 있다.

주해 1) 性眞則靜 知遂則默(성진즉정 지수즉묵) : 성품이 참되면(性

眞則) 고요하고(靜), 지식을 이루면(知逢則) 잠잠해진다(默)는 뜻이다.

2) 靜能成達 默能鎭紊(정능성달 묵능진문) : 고요하면(靜) 능히(能) 통달할(成達) 수 있고, 잠잠하면(默) 능히 어지러움(紊)을 진정시킬(鎭) 수 있다는 뜻이다(鎭 진정할 진; 紊 어지러울 문).

3) 此 順人智也(차 순인지야) : 이것(此)이 인지人智를 따르는(順) 것이라는 뜻이다.

4) 人智定則 心靈貫通 可爲人師(인지정즉 심령관통 가위인사) : 사람의 지혜(人智)가 안정되면(定則) 심령心靈이 관통貫通하여 가히(可) 다른 사람(人)의 스승(師)이 될(爲) 수 있다는 뜻이다.

제254사 예모(禮貌: 福 3門 19戶)

動有禮貌者 順人事也 人有禮貌則 不言而可解紛
동 유 예 모 자   순 인 사 야   인 유 예 모 즉   불 언 이 가 해 분

頑悖不敢肆 賢良 自遠至
완 패 불 감 사   현 량   자 원 지

번역 행동에 예모禮貌를 갖추는 것이 사람의 일에 순응하는 것이다. 사람이 예모가 있으면 말하지 않아도 가히 분란을 해결하게 되어 완악하거나 도리에서 벗어나 감히 방자하지 못하며, 어질고 착한 이들이 스스로 멀리서 찾아온다.

주해 1) 動有禮貌者 順人事也(동유예모자 순인사야) : 행동(動)에 예모禮貌를 갖추는(有) 것(者)이 사람의 일(人事)에 순응(順)하는 것이라는 뜻이다. 예모禮貌란 예의바른 모습 또는 예절에 맞는 태도를

말한다.

  2) 人有禮貌則 不言而可解紛(인유예모즉 불언이가해분) : 사람(人)이 예모禮貌가 있으면 말하지 않아도(不言) 가히(可) 분란을 해결하게(解紛) 된다는 뜻이다(紛 어지러울 분).

  3) 頑悖不敢肆 賢良 自遠至(완패불감사 현량 자원지) : 완악하거나(頑) 도리에서 벗어나(悖) 감히 방자하지 못하며(不敢肆), 어질고(賢) 착한(良) 이들이 스스로 멀리서 찾아온다(自遠至)는 뜻이다. 완頑은 완악頑惡함이고, 패悖는 패악悖惡함 즉 도리에 벗어나는 것이다(肆 방자할 사).

제255사 주공(主恭: 福 3門 20戶)

主恭者 主恭順也 一動一靜 必主恭順
주 공 자　주 공 순 야　일 동 일 정　필 주 공 순

視事如擧溢 接人如佩重 謹愼成信德 就收成譽德
시 사 여 거 일　접 인 여 패 중　근 신 성 신 덕　취 수 성 예 덕

번역　주공主恭이란 공순함을 위주로 삼는 것이다. 한번 움직이고 한번 머무를 때에도 반드시 공순함을 위주로 하여, 일을 맡아볼 때는 넘치는 물그릇을 드는 것같이 하며, 사람을 대할 때는 귀중한 것을 몸에 차고 있는 것같이 한다. 이렇듯 삼가고 조심스럽게 믿음의 덕을 이루고, 인망人望을 거두어 나아가면 명예의 덕을 이루게 된다.

주해　1) 主恭者 主恭順也(주공자 주공순야) : 주공主恭, 즉 '공손을 위주로 함'이란 공순恭順함을 위주(主)로 삼는 것을 말한다. 공순恭順

은 공손하고 온순함의 뜻이다.

　　2) 一動一靜 必主恭順(일동일정 필주공순) : 한번 움직이고(一動) 한번 머무를(一靜) 때에도 반드시(必) 공순함을 위주(主)로 한다는 뜻이다.

　　3) 視事如擧溢 接人如佩重(시사여거일 접인여패중) : 일을 맡아 볼(視事) 때는 넘치는(溢) 물그릇을 드는(擧) 것같이(如) 하며, 사람을 대할(接人) 때는 귀중한(重) 것을 몸에 차고 있는(佩) 것같이 한다는 뜻이다(擧 들 거; 溢 넘칠 일; 佩 찰 패, '몸에 참').

　　4) 謹愼成信德 就收成譽德(근신성신덕 취수성예덕) : 삼가고 조심스럽게(謹愼) 믿음의 덕(信德)을 이루고(成), (人望을) 거두어(收) 나아가면(就) 명예의 덕(譽德)을 이루게(成) 된다는 뜻이다(謹 삼갈 근; 愼 삼갈 신, '조심함').

제256사 지념(持念: 福 3門 21戶)

持念者　持念標而有所思也
지 념 자　지 념 표 이 유 소 사 야

夫人　心不定　氣亦不順　心定氣順則　自有所思
부 인　심 부 정　기 역 불 순　심 정 기 순 즉　자 유 소 사

於尋理覓道　容易達通　順德成美
어 심 리 멱 도　용 이 달 통　용 이 달 통

[번역]　지념持念이란 마음의 지표를 가지고 사고하는 바가 있는 것이다. 무릇 사람은 마음이 안정되지 못하면 기운 또한 순하지 않고, 마음이 안정되어 기운이 순하면 스스로 사고하는 바가 있어 이치를 찾고 도를 구하는 데에 쉽게 통달하고 덕에 순응하여 아름다운 행실을 이루게 된다.

주 해 1) 持念者 持念標而有所思也(지념자 지념표이유소사야) : 지념 持念, 즉 '마음을 가짐'이란 마음의 지표(念標)를 가지고(持) 사고하는 바(所思)가 있음(有)을 말한다. 말하자면 천부경·삼일신고·참전계경의 가르침을 마음의 지표로 삼게 되면 마음이 안정되어 기운이 순해지므로 도리에 통달할 수 있게 되는 것이다(持 가질 지). 염표念標는 '마음의 지표指標'이다.

2) 夫人 心不定 氣亦不順(부인 심부정 기역불순) : 무릇(夫) 사람(人)은 마음(心)이 안정되지 못하면(不定) 기운(氣) 또한(亦) 순하지 않다(不順)는 뜻이다.

3) 心定氣順則 自有所思(심정기순즉 자유소사) : 마음이 안정되어(心定) 기운이 순하면(氣順則) 스스로(自) 사고하는 바(所思)가 있게(有) 된다는 뜻이다.

4) 於尋理覓道 容易達通 順德成美(어심리멱도 용이달통 순덕성미) : 이치(理)를 찾고(尋) 도道를 구하는(覓) 데에 쉽게(容易) 통달하고(達通) 덕에 순응하여(順德) 아름다운(美) 행실을 이루게(成) 된다는 뜻이다(尋 찾을 심; 覓 구할 멱).

제257사 지분(知分: 福 3門 22戶)

知分者 知當爲者 知不當爲者
지 분 자　지 당 위 자　지 부 당 위 자

知天道 與人事相合 知物理 與人理相對也
지 천 도　여 인 사 상 합　지 물 리　여 인 리 상 대 야

知分則 萬理順 百事和 如夜海月上
지 분 즉　만 리 순　백 사 화　여 야 해 월 상

번역 지분知分이란 마땅히 해야 할 것과 하지 않아야 할 것을 아는 것이다. 하늘의 도를 알아 사람의 일과 서로 합치시키고, 만물의 이치를 알아 사람의 이치와 서로 짝을 이루게 하는 것이다. 분수를 알면 모든 이치가 순하고 모든 일이 화합하여 마치 밤바다에 달이 떠오르는 것처럼 훤해져서 만사가 형통하게 되는 것이다.

주 해 1) 知分者 知當爲者 知不當爲者(지분자 지당위자 지부당위자) : 지분知分, 즉 '분수를 앎'이란 마땅히 해야 할 것(當爲者)을 알고(知), 마땅히 하지 않아야 할 것(不當爲者)을 아는(知) 것으로 이는 곧 마땅히 해야 할 것과 하지 않아야 할 것을 아는 것을 말한다.

2) 知天道 與人事相合(지천도 여인사상합) : 하늘의 도(天道)를 알아(知) 사람의 일(人事)과 더불어(與) 서로 합치시키는(相合) 것으로 이는 곧 하늘의 도를 알아 사람의 일을 행하는 것을 말한다.

3) 知物理 與人理相對也(지물리 여인리상대야) : 만물의 이치(物理)를 알아(知) 사람의 이치(人理)와 더불어(與) 서로 짝을 이루게 하는(相對) 것으로 이는 곧 만물의 이치를 알아 사람의 도리를 다하는 것을 말한다. 상대相對는 '짝을 이룸'의 뜻이다.

4) 知分則 萬理順 百事和(지분즉 만리순 백사화) : 분수를 알면(知分則) 모든 이치(萬理)가 순하고(順) 모든 일(百事)이 화합하게(和) 된다는 뜻이다. 만리萬理, 즉 '만 가지 이치'는 모든 이치를 말하며, 백사百事, 즉 '백 가지 일'은 모든 일을 말하는 것이다.

5) 如夜海月上(여야해월상) : 마치 밤바다(夜海)에 달이 떠오르는(月上) 것처럼(如) 훤해져 만사가 형통하게 된다는 뜻이다.

제4문 화和

제258사 화(和: 福 4門)

日之和 風之和 天和也 氣之和 聲之和 人和也
일 지 화　풍 지 화　천 화 야　기 지 화　성 지 화　인 화 야

日和風和則 禎祥時降 歲功遂 氣和聲和則
일 화 풍 화 즉　정 상 시 강　세 공 수　기 화 성 화 즉

靈神精暢 昭德著
영 신 정 창　소 덕 저

번역　해의 조화와 바람의 조화는 하늘의 조화이며, 기운의 조화와 소리의 조화는 사람의 조화이다. 해가 고르고 바람이 고르면 상서로운 기운이 때맞추어 내리어 그 해의 공(農功)을 이루며, 기운과 소리가 고르면 신령이 훤히 통하여 밝은 덕이 나타나게 된다.

주해　1) 日之和 風之和 天和也(일지화 풍지화 천화야) : 해의 조화(日之和)와 바람의 조화(風之和)는 하늘의 조화(天和)라는 뜻이다.

2) 氣之和 聲之和 人和也(기지화 성지화 인화야) : 기운의 조화(氣之和)와 소리의 조화(聲之和)는 사람의 조화(人和)라는 뜻이다.

3) 日和風和則 禎祥時降 歲功遂(일화풍화즉 정상시강 세공수) : 해가 고르고(日和) 바람이 고르면(風和則) 상서로운 기운(禎祥)이 때맞추어 내리어(時降) 그 해의 공(歲功)을 이루게(遂) 된다는 뜻이다. 정상禎祥은 서기瑞氣나 상분祥氛과 같은 뜻으로 상서로운 기운을 의미한다(禎 상

서 정; 祥 상서 상). 여기서 공功은 곧 '농공農功'을 의미한다.

    4) 氣和聲和則 靈神精暢 昭德著(기화성화즉 영신정창 소덕저) : 기운과 소리가 고르면(氣和聲和則) 신령(靈神)이 훤히 통하여(精暢) 밝은 덕(昭德)이 나타나게(著) 된다는 뜻이다(精 밝을 정, '훤함'; 暢 통할 창; 昭 밝을 소; 著 나타날 저).

제259사 수교(修教: 福 4門 23戶)

修者 自修 修也 修人 亦修也
수 자 자수 수야 수인 역수야

修天道之道者 教昏人 見明道 教惡人 歸善道
수 천 도 지 도 자 교 혼 인 견 명 도 교 악 인 귀 선 도

教善人 遷人道則 功過於甘霈
교 선 인 천 인 도 즉 공 과 어 감 패

번역 수修란 스스로 닦는 것도 수도修道요, 남을 닦아 주는 것 또한 수도이다. 하늘의 도를 닦는 수도자가 미혹한 사람을 가르쳐서 밝은 도리를 보게 하며, 악한 사람을 가르쳐서 착한 도리로 돌아가게 하고, 착한 사람을 가르쳐서 사람의 도리를 실천에 옮기게 한다면, 그 공덕은 가뭄에 내리는 단비보다 더 낫다.

주해 1) 修者 自修 修也 修人 亦修也(수자 자수 수야 수인 역수야) : 수修, 즉 '닦음'이란 스스로 닦는(自修) 것도 수도(修)요, 남을 닦아 주는(修人) 것 또한(亦) 수도라는 뜻이다. 따라서 수교修教란 가르침을 닦는 것을 말한다.

2) 修天道之道者 敎昏人 見明道(수천도지도자 교혼인 견명도) : 하늘의 도(天道)를 닦는(修) 수도자(道者)가 미혹한 사람(昏人)을 가르쳐서(敎) 밝은 도리(明道)를 보게(見) 하는 것을 말한다(昏 어두울 혼, '미혹함').

3) 敎惡人 歸善道(교악인 귀선도) : 악한 사람(惡人)을 가르쳐서(敎) 착한 도리(善道)로 돌아가게(歸) 하는 것을 말한다.

4) 敎善人 遷人道則 功過於甘霈(교선인 천인도즉 공과어감패) : 착한 사람(善人)을 가르쳐서(敎) 사람의 도리(人道)를 (실천에) 옮기게(遷) 한다면, 그 공덕(功)은 (가뭄에 내리는) 단비보다(於甘霈) 더 낫다(過)는 뜻이다 (遷 옮길 천; 過 지날 과, '낫다'). 감패甘霈는 '단비'를 말한다(霈 비쏟아질 패).

제260사 준계(遵戒: 福 4門 24戶)

遵 守也 戒 參佺八戒也 新衣者 主整 惟恐襤褸
준 수야 계 참전팔계야 신의자 주정 유공남루

新浴者 主潔 惟恐汚穢 遵戒 如主整主潔
신욕자 주결 유공오예 준계 여주정주결

顧勤而無放怠 人和 神亦和 神和 天亦和
고근이무방태 인화 신역화 신화 천역화

번역 준遵은 지키는 것이고, 계戒는 참전參佺의 8계(八戒: 誠·信·愛·濟·禍·福·報·應)이다. 새 옷을 입은 사람은 단정함을 주로 하여 오직 옷이 남루해지지 않을까 염려하고, 새로 목욕을 한 사람은 깨끗함을 주로 하여 오직 몸이 더러워지지 않을까 염려한다. 계를 지킴에 있어서도 정整과 결潔을 주로 하는 것과 같이 하여, 부지런히 돌아보며 방종과 태만이 없게 하면, 사람이 화합함에 신도 또한 화동和同하고, 신이 화동함에 하늘도 또한 화동하여 길吉하지 않음이 없게 된다.

주 해 1) 遵 守也 戒 參佺八戒也(준 수야 계 참전팔계야) : 준遵은 지키는 것이고, 계戒는 참전參佺의 8계(八戒: 誠・信・愛・濟・禍・福・報・應)를 말한다. 따라서 준계遵戒란 계율을 지키는 것을 말한다(遵 좇을 준, '지킴').

2) 新衣者 主整 惟恐襤褸(신의자 주정 유공남루) : 새 옷을 입은 사람(新衣者)은 단정함(整)을 주主로 하여 오직(惟) 옷이 남루해지지(襤褸) 않을까 염려한다(恐)는 뜻이다(整 가지런할 정, '단정함'; 恐 두려워할 공, '염려함'; 襤 헌누더기 람; 褸 해진 옷 루).

3) 新浴者 主潔 惟恐汚穢(신욕자 주결 유공오예) : 새로 목욕을 한 사람(新浴者)은 깨끗함(潔)을 주主로 하여 오직(惟) 몸이 더러워지지(汚穢) 않을까 염려한다(恐)는 뜻이다(汚 더러울 오; 穢 더러울 예).

4) 遵戒 如主整主潔 顧勤而無放怠(준계 여주정주결 고근이무방태) : 계를 지킴(遵戒)에 있어서도 정整과 결潔을 주主로 하는 것과 같이(如) 하여, 부지런히 돌아보며(顧勤) 방종(放)과 태만(怠)이 없게 하는 것을 말한다(顧 돌아볼 고; 放 방자할 방, '방종함'; 怠 게으를 태).

5) 人和 神亦和 神和 天亦和(인화 신역화 신화 천역화) : 사람이 화합함(人和)에 신神도 또한(亦) 화동和同하고, 신이 화동함에 하늘(天)도 또한 화동한다는 뜻이다. 인화人和→신화神和→천화天和가 이루어진다는 것은 인간의 내재적 본성인 신성神性이 발현되어 천리天理에 순응하는 삶을 살게 되는 것을 말한다. 그러한 순천順天의 삶을 살게 되면 하늘이 도와 길吉하지 않음이 없게 되는 것이다.

제261사 온지(溫至: 福 4門 25戶)

溫 溫和也 至 臨也 夫哲人 和人語溫 和事氣溫
온 온화야 지 임야 부철인 화인어온 화사기온

和財義溫 若春日之溫臨而人不離溫也
화재의온 약춘일지온림이인불리온야

번역 온溫은 온화함이며, 지至는 다다름이다. 무릇 밝은이는 사람을 대할 때는 말을 온화하게 하고, 일을 할 때는 기운을 온화하게 하며, 재물을 대할 때는 의로움을 온화하게 한다. 그렇게 하면 마치 봄날의 따뜻함이 내리는 곳에 사람들이 그 따뜻함을 떠나려 하지 않는 것처럼 온화한 사람을 떠나려 하지 않게 되는 것이다.

주해 1) 溫 溫和也 至 臨也(온 온화야 지 임야) : 온溫은 온화溫和함이며, 지至는 다다름(臨)을 말한다. 따라서 온지溫至, 즉 '온화함에 이름'이란 온화한 기운이 사람들에게 다다르는 것을 말한다(溫 따뜻할 온; 臨 임할 림).

2) 夫哲人 和人語溫 和事氣溫 和財義溫(부철인 화인어온 화사기온 화재의온) : 무릇(夫) 밝은이(哲人)는 사람을 대할 때(和人)는 말을 온화하게(語溫) 하고, 일을 할 때(和事)는 기운을 온화하게(氣溫) 하며, 재물을 대할 때(和財)는 의로움을 온화하게(義溫) 한다는 뜻이다(和 응할 화).

3) 若春日之溫臨而人不離溫也(약춘일지온림이인불리온야) : 마치 봄날(春日)의 따뜻함(溫)이 내리는(臨) 곳에 사람들(人)이 그 따뜻함(溫)을 떠나려 하지 않는(不離) 것처럼 온화한 사람을 떠나려 하지 않게 되는 것이다.

제262사 물의(勿疑: 福 4門 26戶)

勿疑者 勿我疑人 勿人疑我也 我以中和 接人
물 의 자 물 아 의 인 물 인 의 아 야 아 이 중 화 접 인

人亦以中和 遇我 此誠彼信 彼誠此信
인 역 이 중 화 우 아 차 성 피 신 피 성 차 신

和氣凝而不散
화 기 응 이 불 산

번역 　물의勿疑란 내가 남을 의심하지 않으면 남도 나를 의심하지 않는 것이다. 내가 치우침이 없는 바른 마음, 즉 중화中和로써 남을 대하면, 남도 또한 중화로써 나를 대한다. 이쪽의 정성을 저쪽에서 믿어주고 저쪽의 정성을 이쪽에서 믿어 주면, 온화한 기운이 엉겨서 흩어지지 않는다.

주 해 　1) 勿疑者 勿我疑人 勿人疑我也(물의자 물아의인 물인의아야) : 물의勿疑, 즉 '의심하지 않음'이란 내(我)가 남(人)을 의심하지(疑) 않으면(勿) 남도 나를 의심하지 않는다는 뜻이다(勿 하지 말 물).

　2) 我以中和 接人 人亦以中和 遇我(아이중화 접인 인역이중화 우아) : 내가 치우침이 없는 바른 마음 즉 중화로써(以中和) 남을 대하면(接人), 남(人)도 또한(亦) 중화로써 나를 대한다(遇我)는 뜻이다. 중화中和란 치우침이 없는 바른 마음, 즉 중용中庸의 덕을 일컫는 것으로 삼일신고에 나오는 선善 · 청淸 · 후厚와 조응하는 것이다(遇 만날 우).

　3) 此誠彼信 彼誠此信 和氣凝而不散(차성피신 피성차신 화기응이불산) : 이쪽의 정성(此誠)을 저쪽에서 믿어 주고(彼信) 저쪽의 정성(彼誠)을 이쪽에서 믿어 주면(此信), 온화한 기운(和氣)이 엉겨서(凝) 흩어지지 않

는다(不散)는 뜻이다(凝 엉길 응).

제263사 생사(省事: 福 4門 27戶)

省事者 事之劇 自去也 衆人 曲路多岐 險路多石
생사자 사지극 자거야 중인 곡로다기 험로다석

雖窮術 不能省事 惟哲人 執事 如太陽臨殘雪
수궁술 불능생사 유철인 집사 여태양임잔설

不見其消而自消
불견기소이자소

번역 생사省事란 일의 어려움이 저절로 사라지는 것이다. 뭇 사람이 하는 일은 마치 굽은 길에 갈래가 많고, 험한 길에 돌이 많은 것과 같아서, 비록 재주를 다해도 그 일을 제대로 해내지 못한다. 오직 밝은이가 일을 집행함은 태양이 잔설殘雪에 내리비치는 것과도 같이 녹아 없어지는 것이 보이지는 않으나 저절로 녹아 없어지듯, 어려움과 장애물이 저절로 사라져 그 일이 순조롭게 된다.

주해 1) 省事者 事之劇 自去也(생사자 사지극 자거야) : 생사省事, 즉 '일을 간략히 함'이란 일(事)의 어려움(劇)이 저절로 사라지는(自去) 것을 말한다(省 덜 생, '간략히 함'; 劇 어려울 극).

2) 衆人 曲路多岐 險路多石(중인 곡로다기 험로다석) : 뭇 사람(衆人)이 하는 일은 마치 굽은 길(曲路)에 갈래가 많고(多岐), 험한 길(險路)에 돌이 많은(多石) 것과 같다는 뜻이다. 다시 말해서 뭇 사람이 하는 일은 주로 배타적 욕망이 투영된 까닭에 어려움과 장애물이 많다는

뜻이다(岐 갈래질 기).

3) 雖窮術 不能省事(수궁술 불능생사) : 비록(雖) 재주를 다한다(窮術) 해도 능히 일을 덜지 못한다는 뜻으로, 이는 곧 재주를 다해도 그 일을 제대로 해내지 못한다는 뜻이다. 말하자면 잔꾀를 부리는 소인배는 삿된 욕심으로 일을 더욱 복잡하게 얽어갈 뿐이니 일을 제대로 해낼 수가 없다는 의미이다.

4) 惟哲人 執事 如太陽臨殘雪 不見其消而自消(유철인 집사 여태양임 잔설 불견기소이자소) : 오직(惟) 밝은이(哲人)가 일을 집행함(執事)은 태양이 잔설殘雪에 내리비치는(臨) 것과도 같이(如) 그(其) 녹아 없어지는(消) 것이 보이지는 않으나(不見) 저절로 녹아 없어지듯(自消) (어려움과 장애물이) 저절로 사라져 그 일이 순조롭게 된다는 의미이다. 말하자면 태양에 눈이 녹듯이, 밝은이의 덕에 어려움과 장애물이 저절로 녹아 없어진다는 의미이다. 이는 밝은이가 순천順天의 삶을 지향하여 삿된 욕심이 없이 중용의 덕으로 사람과 만물을 대하는 까닭이다(消 사라질 소, '녹아 없어짐').

제264사 진노(鎭怒: 福 4門 28戶)

鎭怒者 嗔怪不及於己也 有不善不信 人必責己
진 노 자 진 괴 불 급 어 기 야 유 불 선 불 신 인 필 책 기

或無不善不信 錯怒有至 有和德則 無不善不信
혹 무 불 선 불 신 착 노 유 지 유 화 덕 즉 무 불 선 불 신

人且信之 錯怒亦不至
인 차 신 지 착 노 역 부 지

번역 진노鎭怒란 성낸 여파가 몸에 미치지 않게 하는 것이다. 착하지도 않고 신의도 없으면 남이 반드시 나를 책망하고, 혹 착하고 신의가 있어도 잘못 노하는 경우가 있다. 그러나 온화한 덕이 있으면 착하지 않음이 없고 미덥지 않음이 없게 되어 남도 또한 나를 믿어 주고 잘못 노하는 일 또한 없게 된다.

주해 1) 鎭怒者 嗔怪不及於己也(진노자 진괴불급어기야) : 진노鎭怒, 즉 '노여움을 진정함'이란 성내는(嗔) 괴이함(怪)이 몸에(於己) 미치지 않게(不及) 하는 것을 말한다. 다시 말해서 성낸 여파가 몸에 미치지 않게 하는 것이다(鎭 진정할 진; 怒 노할 노; 嗔 성낼 진; 怪 괴이할 괴).

2) 有不善不信 人必責己(유불선불신 인필책기) : 착하지도 않고(不善) 신의도 없으면(不信) 남(人)이 반드시(必) 나를 책망한다(責己)는 뜻이다.

3) 或無不善不信 錯怒有至(혹무불선불신 착노유지) : 혹或 착하고 신의가 있어도(無不善不信) 착각으로(잘못) 노하는(錯怒) 경우가 있다(有)는 뜻이다(錯 그릇할 착; 至 이를 지).

4) 有和德則 無不善不信(유화덕즉 무불선불신) : 온화한 덕(和德)이 있으면 착하지 않음이 없고 미덥지 않음이 없게(無不善不信) 된다는 뜻이다.

5) 人且信之 錯怒亦不至(인차신지 착노역부지) : 남(人)도 또한(且) 나를 믿어주고(信之) 착각으로 노하는(錯怒) 일 또한 없게 된다(不至)는 뜻이다.

제265사 자취(自就: 福 4門 29戶)

自就者 自然成就也 人有所欲 必奔忙 人有所求
자취자 자연성취야 인유소욕 필분망 인유소구

必哀憐 奔忙而不得 不如無欲 哀憐而不得
필애련 분망이부득 불여무욕 애련이부득

不如無求 有和德則 如烘爐在室 不爨而自薰
불여무구 유화덕즉 여홍로재실 불찬이자훈

번역 자취自就란 자연히 성취되는 것이다. 사람이 욕심을 내게 되면 반드시 몹시 부산하여 바쁘고, 사람이 욕구하는 바가 있으면 반드시 애처롭고 가련하게 된다. 분망해도 얻지 못하면 욕심을 내지 않은 것만 같지 못하고, 애련하게 애써도 얻지 못하면 욕구함이 없는 것만 같지 못하다. 온화한 덕을 지니면 마치 화로불이 방안에 있어서 불을 때지 않아도 불씨가 저절로 타는 것처럼 자연히 모든 일이 이루어진다.

주해 1) 自就者 自然成就也(자취자 자연성취야) : 자취自就, 즉 '저절로 이루어짐'이란 자연自然히 성취成就되는 것을 말한다.

2) 人有所欲 必奔忙(인유소욕 필분망) : 사람(人)이 하고자 하는 바(所欲)가 있으면(有) 반드시(必) 몹시 부산하여 바쁘다(奔忙)는 뜻이다. 욕欲은 칠정七情의 하나로 '욕심'이다. 불교에서는 욕심이 많은 세계인 욕계欲界를 색계色界·무색계無色界와 합하여 삼계三界라 한다. 분망奔忙은 몹시 부산하여 바쁜 것을 말한다. 따라서 사람이 욕심을 내게 되면 반드시 몹시 부산하여 바쁘게 된다는 뜻이다.

3) 人有所求 必哀憐(인유소구 필애련) : 사람(人)이 구하는 바(所求)가

있으면(有) 반드시(必) 애처롭고 가련하게 된다(哀憐)는 뜻이다. 여기서 소구(所求)는 욕구하는 바를 말하고, 애련(哀憐)은 애처롭고 가련하게 되는 것을 말한다. 따라서 사람이 욕구하는 바가 있으면 반드시 애처롭고 가련하게 된다는 의미이다.

　　4) 奔忙而不得 不如無欲(분망이부득 불여무욕) : 분망(奔忙)해도 얻지 못하면(不得) 욕심을 내지 않은(無欲) 것만 같지 못하다(不如)는 뜻이다.

　　5) 哀憐而不得 不如無求(애련이부득 불여무구) : 애련(哀憐)하게 애써도 얻지 못하면(不得) 욕구함이 없는(無求) 것만 같지 못하다(不如)는 뜻이다.

　　6) 有和德則 如烘爐在室 不爨而自薰(유화덕즉 여홍로재실 불찬이자훈) : 온화한 덕(和德)을 지니면(有則) 마치 화롯불(烘爐)이 방안에 있어서(在室) 불을 때지 않아도(不爨) (불씨가) 저절로 타는(自薰) 것처럼 자연히 모든 일이 이루어진다는 뜻이다(烘 탈 홍; 爐 화로 로; 爨 불땔 찬; 薰 태울 훈).

제266사 불모(不謀: 福 4門 30戶)

不謀者 不謀和於人也 瑞雲在霄 自舒自合
불 모 자　불 모 화 어 인 야　서 운 재 소　자 서 자 합

無滯無礙者 哲人之處己也 於人 無不和故
무 체 무 애 자　철 인 지 처 기 야　어 인　무 불 화 고

不謀而和
불 모 이 화

번 역　불모(不謀)란 꾀하지 않고도 남과 화합하는 것이다. 하늘

의 상서로운 구름이 저절로 펼쳐지고 합쳐져서 머무름도 걸림도 없는 것은 밝은이의 처신과 같다. 밝은이는 남과 화합하지 못함이 없기 때문에 꾀하지 않고도 화합하는 것이다.

주 해 1) 不謀者 不謀和於人也(불모자 불모화어인야) : 불모不謀, 즉 '꾀하지 않음'이란 꾀하지 않고도(不謀) 남과 화합하는(和於人) 것을 말한다.

2) 瑞雲在霄 自舒自合(서운재소 자서자합) : 상서로운 구름(瑞雲)이 하늘에 있어(在霄) 저절로 펼쳐지고(自舒) 저절로 합쳐진다(自合)는 뜻으로 이는 곧 하늘의 상서로운 구름이 저절로 펼쳐지고 합쳐지는 것을 말한다(瑞 상서로울 서; 霄 하늘 소; 舒 펼 서).

3) 無滯無礙者 哲人之處己也(무체무애자 철인지처기야) : 머무름도 없고(無滯) 걸림도 없는(無礙) 것(者)은 밝은이(哲人)가 자기(己) 몸을 처신(處)하는 것과 같다는 뜻이다. 말하자면 머무름도 걸림도 없는 것은 밝은이의 처신과 같다는 의미이다(滯 머무를 체; 礙 거리낄 애).

4) 於人 無不和故 不謀而和(어인 무불화고 불모이화) : (밝은이는) 남에게(於人) 화합하지 못함이 없는(無不和) 고故로 꾀하지 않고도 화합한다는 뜻이다. 말하자면 밝은이는 남과 화합하지 못함이 없기 때문에 꾀하지 않고도 화합한다는 의미이다.

제5문 관寬

제267사 관(寬: 福 5門)

栽培春花 迅于見花者 寬之理也 日在中天
재 배 춘 화 신 우 견 화 자 관 지 리 야 일 재 중 천

四海通明者 寬之形也 理形 俱成 哲人之道近焉
사 해 통 명 자 관 지 형 야 이 형 구 성 철 인 지 도 근 언

번역 봄에 꽃나무를 심고 가꾸어 빨리 그 꽃을 보고자 하는 것은 너그러움의 이치요, 해가 중천中天에 있어 온 세상이 밝은 것은 너그러움의 형상이다. 이치와 형상이 함께 이루어지면 밝은이의 도리에 가깝다.

주해 1) 栽培春花 迅于見花者 寬之理也(재배춘화 신우견화자 관지리야) : 봄(春)에 꽃나무(花)를 심고(栽) 가꾸어(培) 빨리(迅) 그 꽃을 보고자 하는(于見) 것은 너그러움(寬)의 이치(理)라는 뜻이다(栽 심을 재; 培 북돋을 배, '가꿈'; 迅 빠를 신; 于 할 우).

2) 日在中天 四海通明者 寬之形也(일재중천 사해통명자 관지형야) : 해(日)가 중천中天에 있어(在) 온(通) 세상(四海)이 밝은(明) 것(者)은 너그러움(寬)의 형상(形)이라는 뜻이다. 사해四海는 '세상'의 뜻이다(通 온통 통, '전체').

3) 理形 俱成 哲人之道近焉(이형 구성 철인지도근언) : 이치(理)와 형상(形)이 함께(俱) 이루어지면(成) 밝은이(哲人)의 도리(道)에 가깝다(近)는

뜻이다(俱 함께 구). 꽃나무를 심고 가꾸며 때를 기다려 꽃을 보고, 오시午時가 되어서야 해가 중천에 떠올라 온 세상을 비추듯, 너그럽게 기다릴 줄 아는 도리를 가르친 것이다.

제268사 홍량(弘量: 福 5門 31戶)

弘量者 性用之大度也 柔中有剛而不見剛
홍 량 자 성 용 지 대 도 야 유 중 유 강 이 불 견 강

和中有毅而不見毅 測之柔 不似柔 測之和
화 중 유 의 이 불 견 의 측 지 유 불 사 유 측 지 화

不似和 無際涯屈曲
불 사 화 무 제 애 굴 곡

번역 홍량弘量이란 성품을 쓰는 법도가 큰 것이다. 부드러운 가운데 강함이 있으면 그 강함이 보이지 않고, 온화한 가운데 굳셈이 있으면 그 굳셈이 보이지 않는다. 부드러운 것 같으면서도 부드럽지 않고, 온화한 것 같으면서도 온화하지 않아서 끝과 굴곡이 없으니 그 넓은 도량으로 많은 사람을 포용할 수 있다.

주해 1) 弘量者 性用之大度也(홍량자 성용지대도야) : 홍량弘量, 즉 '도량이 넓음'이란 성품을 쓰는(性用) 법도(度)가 큰(大) 것을 말한다(弘 넓을 홍; 度 법도 도).

2) 柔中有剛而不見剛 和中有毅而不見毅(유중유강이불견강 화중유의이불견의) : 부드러운 가운데(柔中) 강함이 있으면(有剛) 그 강함이 보이지 않고(不見剛), 온화한 가운데(和中) 굳셈이 있으면(有毅) 그 굳셈이 보이

지 않는다(不見毅)는 뜻이다(毅 굳셀 의).

　　3) 測之柔 不似柔 測之和 不似和(측지유 불사유 측지화 불사화) : 부드러움(柔)을 헤아림(測)에 부드러운 것 같지 않으며(不似柔), 온화함(和)을 헤아림(測)에 온화한 것 같지 않다(不似和)는 뜻이다. 말하자면 부드러운 것 같으면서도 부드럽지 않고, 온화한 것 같으면서도 온화하지 않다는 의미이다(測 잴 측, '헤아림'; 似 같을 사).

　　4) 無際涯屈曲(무제애굴곡) : 끝(際涯)과 굴곡屈曲이 없다는 뜻이다. 말하자면 부드러움과 강함, 온화함과 굳셈을 잘 조화시키고 있어 어느 한 극단으로 달리거나 한쪽으로 굽어지는 일이 없으니 그 넓은 도량으로 많은 사람을 포용할 수 있다는 의미이다. 제애際涯는 '끝'을 말한다.

제269사 불린(不吝: 福 5門 32戶)

吝　惜也　可與之短而與之長　可假之輕而假之重
인　석야　가여지단이여지장　　가가지경이가지중

能使洽存　見人乏　莫我贍　見人愁　莫我歡
능 사 흡 존　견 인 핍　막 아 섬　견 인 수　막 아 환

能使逸免
능 사 일 면

[번 역]　인吝은 인색한 것이다. 단기短期로 주고 장기長期로 주는 것을 옳게 하며, 적게 빌려주고 많이 빌려주는 것을 합당하게 하여 능히 흡족하게 해 준다. 남의 궁핍함을 보면서 자기만 넉넉하지 말 것이며, 남의 근심을 보면서 자기만 기뻐하지 말아야 능히 편안해

진다.

주 해 1) 吝 惜也(인 석야) : 인吝은 인색한(惜) 것을 말한다. '불린不吝'은 인색하지 않는 것이다(吝 아낄 린, '인색함'; 惜 아낄 석, '인색함').

2) 可與之短而與之長(가여지단이여지장) : 단기(短)로 주고 장기(長)로 주는(與) 것을 옳게(可) 한다는 뜻이다(可 옳을 가; 與 줄 여; 短 짧을 단=短期; 長 길 장=長期).

3) 可假之輕而假之重(가가지경이가지중) : 적게(輕) 빌려주고(假) 많이(重) 빌려주는 것을 합당하게(可) 한다는 뜻이다. 여기서 가可는 가당可當, 즉 '합당함'의 뜻이다(輕 가벼울 경, '적음'; 假 빌가, '차용함, 빌려줌'; 重 무거울 중, '많음').

4) 能使洽存(능사흡존) : 능히(能) 흡족하게(洽) 해 준다는 뜻이다. 사使는 '(궁핍한 사람들로) 하여금'의 뜻이다. 흡洽는 '흡족할 흡'이다. 말하자면 궁핍한 사람들을 흡족하게 해 준다는 의미이다.

5) 見人乏 莫我贍(견인핍 막아섬) : 남(人)의 궁핍함(乏)을 보면서(見) 나(我)만 넉넉하지(贍) 말(莫) 것을 뜻한다(乏 떨어질 핍; 莫 말 막; 贍 넉넉할 섬).

6) 見人愁 莫我歡(견인수 막아환) : 남(人)의 근심(愁)을 보면서(見) 나(我)만 기뻐하지(歡) 말(莫) 것을 뜻한다(愁 근심 수; 歡 기뻐할 환).

7) 能使逸免(능사일면) : 능히(能) (궁핍이나 근심에서) 벗어나(免) 편안해진다(逸)는 뜻이다. 말하자면 (궁핍하거나 근심에 찬 사람들이 궁핍이나 근심에서) 벗어나 편안해지면 사회 전체가 편안해지고 나 자신 또한 편안해질 수 있다는 의미이다. 이는 남의 궁핍이나 근심을 함께 나누는 나눔의 미덕美德에 대한 가르침으로 홍익인간(自利他利)의 발현과 그 맥을 같이하는 것이다(逸 편안 일; 免 벗어날 면, '헤어남').

제270사 위비(慰悲: 福 5門 33戶)

慰悲者 慰人之可悲也 政愆 必失人 貨愆 當留人
위비자 위인지가비야 정건 필실인 화건 당유인

反慰之後 愆輕於前愆 喜之 無愆 任之
반위지후 건경어전건 희지 무건 임지

번역 위비慰悲란 남의 슬픔을 위로하는 것이다. 정치상의 허물은 반드시 사람을 잃게 하고, 재화財貨상의 허물은 마땅히 사람을 구류한다. 오히려 위로한 후에 허물이 이전보다 줄어들면 기뻐하고, 허물이 없으면 일을 맡긴다.

주해 1) 慰悲者 慰人之可悲也(위비자 위인지가비야) : 위비慰悲, 즉 '슬픔을 위로함'이란 남(人)의 슬픔(悲)을 위로하는(慰) 것을 말한다.

2) 政愆 必失人(정건 필실인) : 정치상의 허물(政愆)은 반드시(必) 사람을 잃게 한다(失人)는 뜻이다. 말하자면 정치를 하다가 허물을 지은 사람은 반드시 실각失脚하게 된다는 의미이다(愆 허물 건).

3) 貨愆 當留人(화건 당유인) : 재화상의 허물(貨愆)은 마땅히(當) 사람을 구류한다(留人)는 뜻이다. 말하자면 뇌물이나 공금 횡령 등 재화와 관련된 허물은 마땅히 구류하여 신문訊問을 하게 된다는 의미이다.

4) 反慰之後 愆輕於前愆 喜之(반위지후 건경어전건 희지) : 오히려(反) 위로한 후(慰之後)에 허물(愆)이 이전 허물보다(於前愆) 가벼우면(輕) 기뻐한다(喜)는 뜻이다. 말하자면 위로한 후에 허물이 이전보다 줄어들면 기뻐한다는 의미이다.

5) 無愆 任之(무건 임지) : 허물이 없으면(無愆) 일을 맡긴다(任)는 뜻

이다.

제271사 보궁(保窮: 福 5門 34戶)

保窮者 不得意 能自保窮 得意 能保人窮 非寬
보궁자 부득의 능자보궁 득의 능보인궁 비관

不能自保窮 又不能保人窮
불능자보궁 우불능보인궁

번역　보궁保窮이란 뜻을 얻지 못하면 능히 자신의 어려움을 돕고, 뜻을 얻으면 남의 어려움을 돕는 것이다. 너그럽지 못하면 자신의 어려움도 도울 수 없고, 또한 남의 어려움도 도울 수 없다.

주해　1) 保窮者 不得意 能自保窮 得意 能保人窮(보궁자 부득의 능자보궁 득의 능보인궁) : 보궁保窮, 즉 '궁함을 도움'이란 뜻을 얻지 못하면 능히 스스로의 궁함을 돕고(自保窮), 뜻을 얻으면(得意) 남의 궁함을 도와야 한다(保人窮)는 뜻이다. 말하자면 뜻을 이루지 못하면 능히 자신의 어려움을 돕고, 뜻을 이루면 남의 어려움을 도와야 한다는 의미이다(保 도울 보; 得 얻을 득, '이룸, 성취함').

2) 非寬 不能自保窮 又不能保人窮(비관 불능자보궁 우불능보인궁) : 너그럽지 못하면(非寬) 자신의 어려움도 도울 수 없고(不能自保窮), 또한(又) 남의 어려움도 도울 수 없다(不能保人窮)는 뜻이다. 너그러움에는 인내·용서·사랑의 의미가 함축되어 있다. 인내·용서·사랑은 성통공완性通功完을 이루기 위한 필수 덕목이다. 성통, 즉 본성을 통한다는 것은 생명의 유기성과 상호관통을 깨닫는다는

것으로 이 우주가 '한생명'임을 체득하는 것이다. '성통'이 이루어지지 않고서는 공완, 즉 재세이화·홍익인간은 실현될 수가 없는 것이다.

제272사 용부(勇赴: 福 5門 35戶)

寬仁者 豁如無所赵赶 故 見善則
관 인 자 활 여 무 소 자 저   고   견 선 즉

勇赴而自得其偉飽 若風滿帳中
용 부 이 자 득 기 위 포   약 풍 만 장 중

번 역   너그럽고 어진 사람은 활달하여 머뭇거림이 없다. 그러므로 선한 일을 보면 용감히 달려가 스스로 큰 만족을 얻나니, 마치 장막 가운데 바람이 가득 찬 것 같이 호연지기浩然之氣가 넘친다.

주 해   1) 勇赴(용부) : 용감히 나아감을 말한다.

2) 寬仁者 豁如無所赵赶(관인자 활여무소자저) : 너그럽고 어진 사람(寬仁者)은 활달하여(豁) 일에 머뭇거림(赵赶)이 없다(無)는 뜻이다(豁 넓을 활, 확트일 활; 赵 머뭇거릴 자; 赶 머뭇거릴 저).

3) 見善則 勇赴而自得其偉飽(견선즉 용부이자득기위포) : 선한 일을 보면(見善則) 용감히 달려가(勇赴) 스스로(自) 큰 만족(偉飽)을 얻는다(得)는 뜻이다. 이는 마치 목마른 자가 물을 보고 서둘러 달려가 해갈解渴을 하게 되는 것과도 같이 큰 만족을 얻게 된다는 의미이다 (赴 갈 부, '나아감, 달려감'; 偉 클 위; 飽 만족할 포, '마음에 흡족함').

4) 若風滿帳中(약풍만장중) : 마치 장막 가운데(帳中) 바람이 가득 찬

(風滿) 것 같이(若) 호연지기浩然之氣가 넘친다는 뜻이다(若 같을약=如; 帳 장막 장).

제273사 정선(正旋: 福 5門 36戶)

正 正理也 旋 旋理也 下石 靜定 上石 環旋
정 정리야 선 선리야 하석 정정 상석 환선

不動不違者 以鎭鐵居中也
부 동 불 위 자 이 진 철 거 중 야

人 仁居中寬 環而旋之 無所不合規
인 인 거 중 관 환 이 선 지 무 소 불 합 규

번역 정正은 바른 이치이며, 선旋은 도는 이치이다. 아랫돌은 가만히 있고 윗돌은 둥글게 돌아 움직이지도 않고 어긋나지도 않는 것은 누름쇠가 가운데 있기 때문이다. 사람도 어짊에 머물고 중심이 너그러우면 둥글게 돌아 법규에 맞지 않는 바가 없다.

주해 1) 正 正理也 旋 旋理也(정 정리야 선 선리야) : 정正은 바른 이치이며, 선旋은 도는 이치라는 뜻이다(旋 돌 선).

2) 下石 靜定 上石 環旋(하석 정정 상석 환선) : 아랫돌(下石)은 가만히 있고(靜定) 윗돌(上石)은 둥글게 도는(環旋) 것을 말한다.

3) 不動不違者 以鎭鐵居中也(부동불위자 이진철거중야) : 움직이지도 않고(不動) 어긋나지도 않는(不違) 것(者)은 누름쇠(鎭鐵)가 가운데(中) 있기(居) 때문이라는 뜻이다. 진철鎭鐵은 누름쇠를 말한다(鎭 누를진; 鐵 쇠 철).

4) 仁居中寬 環而旋之 無所不合規(인거중관 환이선지 무소불합규) : 어짊에 머물고(仁居) 중심이 너그러우면(中寬) 둥글게(環) 돌아(旋) 법규(規)에 맞지 않는(不合) 바(所)가 없다(無)는 뜻이다(居 있을 거, '머물러 있음').

제274사 능인(能忍: 福 5門 37戶)

忍有三 一曰因忍 二曰强忍 三曰能忍
인유삼 일왈인인 이왈강인 삼왈능인

因忍 無主決 强忍 無主決而欲主決
인인 무주결 강인 무주결이욕주결

獨能忍 定有主決 非寬 不能
독능인 정유주결 비관 불능

번역 참는 것에는 세 가지가 있으니, 첫째는 원인이 있어 참는 것이고, 둘째는 억지로 참는 것이며, 셋째는 능히 참는 것이다. 원인이 있어서 참는 것은 주체적 결단이 없으며, 억지로 참는 것은 주체적 결단은 없으나 주체적으로 결단코자 함이고, 오직 능히 참는 것만이 주체적 결단이 바로 서 있는 것이니, 너그럽지 못하면 이를 능히 할 수 없다.

주해 1) 忍有三 一曰因忍 二曰强忍 三曰能忍(인유삼 일왈인인 이왈강인 삼왈능인) : 참는(忍) 것에는 세 가지가 있으니(有三), 첫째는 원인이 있어 참는(因忍) 것이고, 둘째는 억지로 참는(强忍) 것이며, 셋째는 능히 참는(能忍) 것이라는 뜻이다.

2) 因忍 無主決(인인 무주결) : 원인이 있어 참는(因忍) 것은 주체적

결단(主決)이 없다(無)는 뜻이다.

　3) 强忍 無主決而欲主決(강인 무주결이욕주결) : 억지로 참는(强忍) 것은 주체적 결단은 없으나 주체적으로 결단코자 함(欲主決)을 말한다.

　4) 獨能忍 定有主決(독능인 정유주결) : 홀로(獨) 능히 참는(能忍) 것만이 주체적 결단(主決)이 바로 서 있는(定有) 것이라는 뜻이다. 능히 참는 것은 너그러운 천성에서 나오는 능동적인 참음이다.

　5) 非寬 不能(비관 불능) : 너그럽지 못하면(非寬) (이를) 능히 할 수 없다(不能)는 뜻이다.

제275사 장가(藏訶: 福 5門 38戶)

藏訶者 寬和而藏隱訶也 弱之寬 人不知警
장 가 자　관 화 이 장 은 가 야　약 지 관　인 부 지 경

柔之寬 人不知惠 猛之寬 人反伐之
유 지 관　인 부 지 혜　맹 지 관　인 반 벌 지

惟藏訶之寬 人自敬服 仁者能之
유 장 가 지 관　인 지 경 복　인 자 능 지

번역　장가藏訶란 꾸짖을 일이 있음에도 너그러운 온화함으로 감추어 숨기는 것이다. 약한 자의 너그러움은 사람들이 경계할 줄 모르고, 부드러운 자의 너그러움은 사람들이 그 은혜를 알지 못하며, 사나운 자의 너그러움은 사람들이 도리어 이를 친다. 오직 꾸짖을 일을 감추는 너그러움이라야 사람들로 하여금 스스로 삼가고 복종하게 한다. 이는 어진 사람이라야 능히 할 수 있는 것이다.

주 해 1) 藏呵者 寬和而藏隱呵也(장가자 관화이장은가야) : 장가藏呵, 즉 '꾸짖음을 감춤'이란 너그러운 온화함(寬和)으로 꾸짖을(呵) 일을 감추어(藏) 숨기는(隱) 것을 말한다. 말하자면 꾸짖을 일이 있음에도 너그러운 온화함으로 감추어 숨긴다는 뜻이다(藏 감출 장; 呵 꾸짖을 가; 隱 숨길 은).

2) 弱之寬 人不知警(약지관 인부지경) : 약한(弱) 자의 너그러움(寬)은 사람들(人)이 경계할 줄 모른다(不知警)는 뜻이다(警 경계할 경).

3) 柔之寬 人不知惠(유지관 인부지혜) : 부드러운(柔) 자의 너그러움은 사람들이 그 은혜를 알지 못한다(不知惠)는 뜻이다.

4) 猛之寬 人反伐之(맹지관 인반벌지) : 사나운(猛) 자의 너그러움은 사람들이 도리어(反) 이를 친다(伐之)는 뜻이다(猛 사나울 맹; 伐 칠 벌).

5) 惟藏呵之寬 人自敬服(유장가지관 인지경복) : 오직(惟) 꾸짖을(呵) 일을 감추는(藏) 너그러움(寬)이라야 사람들로 하여금 스스로(自) 삼가고(敬) 복종하게(服) 한다는 뜻이다(敬 삼갈 경; 服 복종할 복).

6) 仁者能之(인자능지) : 어진 사람(仁者)이라야 능히(能) 할 수 있다는 뜻이다.

제6문 엄嚴

제276사 엄(嚴: 福 6門)

和而整 肅而靜者 氣嚴也 不顧私 不私財者
화 이 정　숙 이 정 자　기 엄 야　불 고 사　불 사 재 자

義嚴也 主正直 主廉潔者 詞嚴也
의 엄 야　주 정 직　주 염 결 자　사 엄 야

번역　온화하면서 단정하고 엄숙하면서 고요한 것은 기운이 엄한 것이며, 사사로움을 돌보지 않고 재물을 사사로이 하지 않는 것은 의리가 엄한 것이고, 정직을 주장하고 청렴결백을 주장하는 것은 말이 엄한 것이다.

주해　1) 和而整 肅而靜者 氣嚴也(화이정 숙이정자 기엄야) : 온화하면서(和而) 단정하고(整) 엄숙하면서(肅而) 고요한 것(靜者)은 기운이 엄한(氣嚴) 것이라는 뜻이다(整 가지런할 정; 肅 엄숙할 숙; 嚴 엄할 엄).

2) 不顧私 不私財者 義嚴也(불고사 불사재자 의엄야) : 사사로움(私)을 돌보지 않고(不顧) 재물(財)을 사사로이 하지 않는(不私) 것은 의리가 엄한(義嚴) 것이라는 뜻이다(顧 돌아볼 고).

3) 主正直 主廉潔者 詞嚴也(주정직 주염결자 사엄야) : 정직正直을 주장(主)하고 청렴결백(廉潔)을 주장하는 것은 말이 엄한(詞嚴) 것이라는 뜻이다. 염결廉潔은 '청렴결백함'의 뜻이고, 사엄詞嚴은 말이 엄한 것이다(詞 말씀 사).

제277사 병사(屛邪: 福 6門 39戶)

屛邪者 去邪也 氣嚴則邪氣不能生
병 사 자 거 사 야 기 엄 즉 사 기 불 능 생

義嚴則邪謀不能聞 詞嚴則邪說不容口
의 엄 즉 사 모 불 능 문 사 엄 즉 사 설 불 용 구

번 역 병사屛邪란 간사함을 버리는 것이다. 기운이 엄하면 간사한 기운이 생겨나지 못하고, 의리가 엄하면 간사한 꾀가 들리지 않으며, 말이 엄하면 간사한 말이 입에 담기지 않는다.

주 해 1) 屛邪者 去邪也(병사자 거사야) : 병사屛邪, 즉 '간사함을 물리침'이란 간사함(邪)을 버리는(去) 것을 말한다(屛 물리칠 병; 邪 간사할 사; 去 버릴 거).

2) 氣嚴則邪氣不能生(기엄즉사기불능생) : 기운이 엄하면(氣嚴則) 간사한 기운(邪氣)이 생겨나지 못한다(不能生)는 뜻이다.

3) 義嚴則邪謀不能聞(의엄즉사모불능문) : 의리가 엄하면(義嚴則) 간사한 꾀(邪謀)가 들리지 않는다(不能聞)는 뜻이다.

4) 詞嚴則邪說不容口(사엄즉사설불용구) : 말이 엄하면(詞嚴則) 간사한 말(邪說)이 입에 담기지 않는다(不容口)는 뜻이다(詞 말씀 사; 容 담을 용).

제278사 특절(特節: 福 6門 40戶)

特節者 特特有高節也 其像也 雪裡靑松 其身也
특 절 자 특 특 유 고 절 야 기 상 야 설 리 청 송 기 신 야

海上峭巖
해 상 초 암

번역 　특절特節이란 유다른 특유의 높은 절개이다. 그 모습은 눈 속의 푸른 소나무 같고, 그 몸은 바다 위의 우뚝 솟은 바위 같다.

주해 　1) 特節者 特特有高節也(특절자 특특유고절야) : 특절特節, 즉 '특별한 절개'란 유다른(特) 특유特有의 높은 절개(高節)를 말한다(特 유다를 특).

　2) 其像也 雪裡靑松(기상야 설리청송) : 그(其) 모습(像)은 눈 속(雪裡)의 푸른 소나무(靑松)와 같다는 뜻이다. 말하자면 높은 절개를 가진 사람은 그 모습이 눈 속의 푸른 소나무와도 같이 기상이 넘친다는 의미이다(像 모습 상, 형상; 裡 속 리).

　3) 其身也 海上峭巖(기신야 해상초암) : 그 몸(身)은 바다 위(海上)의 우뚝 솟은 바위(峭巖)와 같다는 뜻이다. 말하자면 높은 절개를 가진 사람은 그 몸가짐이 바다 위의 우뚝 솟은 바위와도 같이 고고하다는 뜻이다(峭 가파를 초, '높고 험준함'; 巖 바위 암).

제279사 명찰(明察: 福 6門 41戶)

明察者 嚴而不明囂 嚴而不察散 是以 哲人
명 찰 자 엄 이 불 명 효 엄 이 불 찰 산 시 이 철 인

無人之囂 無人之散
무 인 지 효 무 인 지 산

번역 명찰明察이란 엄하되 시끄럽게 따져서 밝히지 않으며, 엄하되 여기저기 산란散亂하게 살피지 않는 것이다. 그러므로 밝은이는 남과 시끄러운 일이 없으며, 남과 헤어지고 흩어지는 일이 없다.

주해 1) 明察者 嚴而不明囂 嚴而不察散(명찰자 엄이불명효 엄이불찰산) : 명찰明察, 즉 '밝게 살핌'이란 엄하되(嚴而) 시끄럽게 밝히지 않으며(不明囂), 엄하되 산란散亂하게 살피지 않는(不察散) 것을 말한다. 말하자면 엄하더라도 시끄럽게 따져서 밝히지 않으며, 엄하더라도 여기저기 산란하게 살피지 않는 것을 의미한다(囂 시끄러울 효; 察 살필 찰).

2) 哲人 無人之囂 無人之散(철인 무인지효 무인지산) : 밝은이(哲人)는 사람(人)의 시끄러움(囂)이 없고(無), 사람의 흩어짐(散)이 없다(無)는 뜻이다. 말하자면 밝은이는 남과 시끄러운 일이 없으며, 남과 헤어지고 흩어지는 일이 없다는 의미이다(散 헤어질 산, '흩어짐').

제280사 강유(剛柔: 福 6門 42戶)

性剛者 尙嚴 一家解體 性柔者 尙嚴 六親離心
성강자 상엄 일가해체 성유자 상엄 육친이심

雖剛嚴 必恩 雖柔嚴 必和 有恩有和 無剛無柔
수강엄 필은 수유엄 필화 유은유화 무강무유

번역 성품이 강한 사람이 엄하면 한 집안이 해체되고, 성품이 부드러운 사람이 엄하면 육친(六親: 父母·兄弟·妻子)의 마음이 떠난다. 비록 강하고 엄하더라도 반드시 은혜롭게 하며, 비록 부드럽고 엄하더라도 반드시 온화하게 할 것이니, 은혜로움과 온화함이 있게 되면 강함도 없고 부드러움도 없다.

주해 1) 剛柔(강유) : 강함과 부드러움을 말한다.

2) 性剛者 尙嚴 一家解體(성강자 상엄 일가해체) : 성품이 강한 사람(性剛者)이 엄함을 숭상하면(尙嚴, 엄하면) 한 집안(一家)이 해체(解體)된다는 뜻이다.

3) 性柔者 尙嚴 六親離心(성유자 상엄 육친이심) : 성품이 부드러운 사람(性柔者)이 엄함을 숭상하면(尙嚴, 엄하면) 육친(六親: 父母·兄弟·妻子)의 마음이 떠난다(離心)는 뜻이다(尙 숭상할 상, 높일 상).

4) 雖剛嚴 必恩(수강엄 필은) : 비록(雖) 강하고 엄하더라도(剛嚴) 반드시 은혜롭게(必恩) 해야 한다는 뜻이다.

5) 雖柔嚴 必和(수유엄 필화) : 비록 부드럽고 엄하더라도(柔嚴) 반드시 온화하게(必和) 해야 한다는 뜻이다.

6) 有恩有和 無剛無柔(유은유화 무강무유) : 은혜로움과 온화함이 있게 되면(有恩有和) 강함도 없고(無剛) 부드러움도 없다(無柔)는 뜻이

다. 말하자면 강함과 부드러움(유약함)의 양 극단을 극복하게 된다는 뜻이다.

제281사 색장(色莊: 福 6門 43戶)

莊 厲而潤也 氣嚴而不色莊 近於怒
장 여이윤야 기엄이불색장 근어노

義嚴而不色莊 近於托 詞嚴而不色莊 近於論
의엄이불색장 근어탁 사엄이불색장 근어론

莊 發之機也
장 발지기야

번역 장莊은 엄하면서도 윤택한 것이다. 기운이 엄하여도 기색(氣色, 顏色)이 씩씩하지 않으면 성내는 것에 가깝고, 의리가 엄하여도 기색이 씩씩하지 않으면 부탁하는 것에 가까우며, 말이 엄하여도 기색이 씩씩하지 않으면 변론에 가깝다. 그러므로 기색이 씩씩함은 엄한 것이 일어나는 기틀이다.

주해 1) 色莊(색장) : 기색(氣色, 顏色)이 씩씩한 것을 말한다(莊 씩씩할 장).

2) 莊 厲而潤也(장 여이윤야) : 장莊, 즉 '씩씩함'이란 엄하면서도(厲而) 윤택한(潤) 것을 말한다.(厲 엄할 려; 潤 윤택할 윤)

3) 氣嚴而不色莊 近於怒(기엄이불색장 근어노) : 기운이 엄하여도(氣嚴而) 기색(氣色, 顏色)이 씩씩하지 않으면(不色莊) 성내는(怒) 것에 가깝다(近)는 뜻이다.

4) 義嚴而不色莊 近於托(의엄이불색장 근어탁) : 의리가 엄하여도(義嚴而) 기색이 씩씩하지 않으면(不色莊) 부탁하는(托) 것에 가깝다(近)는 뜻이다(托 맡길 탁).

5) 詞嚴而不色莊 近於論(사엄이불색장 근어론) : 말이 엄하여도(詞嚴而) 기색이 씩씩하지 않으면(不色莊) 변론(論)에 가깝다(近)는 뜻이다.

6) 莊 發之機也(장 발지기야) : 기색이 씩씩함(莊)은 (엄한 것이) 일어나는(發) 기틀(機)이라는 뜻이다.

제282사 능훈(能訓: 福 6門 44戶)

傅嚴則不訓而門徒能自訓
부 엄 즉 불 훈 이 문 도 능 자 훈

父兄嚴則不訓而子弟能自訓
부 형 엄 즉 불 훈 이 자 제 능 자 훈

長嚴則不訓而隣里能自訓
장 엄 즉 불 훈 이 린 리 능 자 훈

번역 스승이 엄하면 가르치지 않아도 제자들이 능히 스스로 훈도訓導되고, 부형父兄이 엄하면 가르치지 않아도 자제가 능히 스스로 훈육訓育되며, 어른이 엄하면 가르치지 않아도 이웃이 능히 스스로 훈계訓戒된다.

주해 1) 能訓(능훈) : 능훈能訓, 즉 '능히 가르침'이란 스승이 엄하여 제자들이 능히 스스로 훈도訓導되고, 부형이 엄하여 자제가 능히 스스로 훈육訓育되며, 어른이 엄하여 이웃이 능히 스스로 훈계訓戒

되는 것을 말한다.

　　2) 傅嚴則不訓而門徒能自訓(부엄즉불훈이문도능자훈) : 스승이 엄하면(傅嚴則) 가르치지 않아도(不訓而) 제자들(門徒)이 능히 스스로 훈도된다(能自訓)는 뜻이다(訓 가르칠 훈, 이끌 훈, '가르쳐 이끔'; 傅 스승 부; 徒 무리 도). 문도門徒는 '제자'이다.

　　3) 父兄嚴則不訓而子弟能自訓(부형엄즉불훈이자제능자훈) : 부형이 엄하면(父兄嚴則) 가르치지 않아도(不訓而) 자제子弟가 능히 스스로 훈육된다(能自訓)는 뜻이다.

　　4) 長嚴則不訓而隣里能自訓(장엄즉불훈이인리능자훈) : 어른이 엄하면(長嚴則) 가르치지 않아도(不訓而) 이웃(隣里)이 능히 스스로 훈계된다(能自訓)는 뜻이다. 인리隣里는 '이웃(사람)'을 말한다.

제283사 급거(急袪: 福 6門 45戶)

性不嚴則無勇　嚴則有勇　勇者　見不善急袪
성 불 엄 즉 무 용　엄 즉 유 용　용 자　견 불 선 급 거

見不信急袪　見不義急袪　嚴　勇之源也
견 불 신 급 거　견 불 의 급 거　엄　용 지 원 야

번역　성품이 엄하지 못하면 용기가 없고, 엄하면 용기가 있다. 용기가 있는 사람은 착하지 못한 것을 보면 급히 물리치고, 믿지 못할 것을 보아도 급히 물리치며, 의롭지 못한 것을 보아도 급히 물리친다. 엄함은 용기의 근원이다.

주해　1) 性不嚴則無勇 嚴則有勇(성불엄즉무용 엄즉유용) : 성품(性)이

엄하지 못하면(不嚴則) 용기가 없고(無勇), 엄하면(嚴則) 용기가 있다(有勇)는 뜻이다.

2) 勇者 見不善急祛 見不信急祛 見不義急祛(용자 견불선급거 견불신급거 견불의급거) : 용기가 있는 사람(勇者)은 착하지 못한 것을 보면(見不善) 급히 물리치고(急祛), 믿지 못할 것을 보아도(見不信) 급히 물리치며(急祛), 의롭지 못한 것을 보아도(見不義) 급히 물리친다(急祛)는 뜻이다(祛 떨 거, '물리침').

3) 嚴 勇之源也(엄 용지원야) : 엄함(嚴)은 용기(勇)의 근원(源)이라는 뜻이다.

제7강령 보報 제284사
6계階 30급級

● **제1계 적積 제285사**
    제1급 세구世久 제286사　　제2급 무단無斷 제287사
    제3급 익증益增 제288사　　제4급 정수庭授 제289사
    제5급 천심天心 제290사　　제6급 자연自然 제291사

● **제2계 중重 제292사**
    제7급 유조有早 제293사　　제8급 공실恐失 제294사
    제9급 면려勉勵 제295사　　제10급 주수株守 제296사
    제11급 척방斥謗 제297사　　제12급 광포廣佈 제298사

● **제3계 창刱 제299사**
    제13급 유구有久 제300사　　제14급 유린有隣 제301사
    제15급 기연其然 제302사　　제16급 자수自修 제303사
    제17급 불권不倦 제304사　　제18급 욕급欲及 제305사

●제4계 영盈 제306사

　　제19급 습범襲犯　제307사　　제20급 연속連續　제308사

　　제21급 유가有加　제309사　　제22급 전악傳惡　제310사

●제5계

　제311사

　　제23급 감상勘尙　제312사　　제24급 무탄無憚　제313사

　　제25급 취준驟峻　제314사　　제26급 외선外善　제315사

●제6계 소小 제316사

　　제27급 배성背性　제317사　　제28급 단련斷連　제318사

　　제29급 불개不改　제319사　　제30급 권린勸隣　제320사

참전계경

제7강령 보報

제284사 보(報)

報者 天 報惡人以禍 報善人以福 有六階三十級
보 자 천 보 악 인 이 화 보 선 인 이 복 유 육 계 삼 십 급

번역 보報란 하늘이 악한 사람에게는 앙화로 갚고, 착한 사람에게는 복으로 갚는 것이니, 여기에는 6계階 30급級이 있다.

주해 1) 報者 天 報惡人以禍 報善人以福(보자 천 보악인이화 보선인이복) : 보報, 즉 '갚음'이란 하늘이 악한 사람(惡人)에게는 앙화(禍=殃禍)로 갚고, 착한 사람(善人)에게는 복으로(以福) 갚는(報) 것을 말한다.

2) 有六階三十級(유육계삼십급) : 보(報)에는 여섯 가지 단계(階)와 서른 가지 급수(級)가 있다는 뜻이다.

해설 보報란 하늘이 악한 사람에게는 앙화殃禍로 갚고, 착한 사람에게는 복으로 갚는 것[100]을 말한다. 보는 쌓음(積)으로써 받는 것이고, 중重히 여김으로 받는 것이며, 시작함(刱)으로 받는 것이고, 채움(盈)으로써 받는 것이며, 큼(大)으로 받는 것이고, 작음(小)으로 받는

---

100 cf.『明心寶鑑』「省心・下」, 제17장: "邵康節先生 曰 有人 來問卜 如何是禍福 我虧人是禍 人虧我是福."

것이다. 우선 보(報)는 쌓음(積)으로써 받는 것이라고 「적積」(報 1階)에서는 말한다. 즉 "덕을 닦고 선을 행하여 쌓이고 쌓이면 사람들이 오래도록 감화됨에 신명神明이 이미 감응하고, 신명이 감응하면 하늘도 또한 감응하여 가히 최상의 복을 받게 된다"는 것이다. 다시 말해서 덕을 닦고 선을 행하여 오랜 세월 쌓이면 인간의 내재적 본성인 신성神性이 발현되어 천리天理에 순응하는 삶을 살게 되므로 하늘이 도와 하늘이 도와 길吉함이 있으며 이롭지 않음이 없게 되는 것이다.[101] 따라서 여러 대에 걸쳐 적선積善을 행하여야 하며「世久」(報 1階 1級)], 선을 행하는 마음이 끊어지지 않고 계속되어야 하고 「無斷」(報 1階 2級)], 날이 갈수록 착함을 더하고 달이 갈수록 덕을 더하여야 하며「益增」(報 1階 3級)], 아버지의 착함을 이어 나가는 것이어야 하고「庭授」(報 1階 4級)], 배운 바는 없어도 타고난 마음이 착함으로 향하여야 하며「天心」(報 1階 5級)], 저절로 착하게 되어야 한다「自然」(報 1階 6級)]. 한 해 자란 나무는 한 해의 이슬을 받고 십 년 자란 나무는 십 년의 이슬을 받아 열매를 맺듯이, 여러 대에 걸쳐 적선을 행하면 가히 이어지는 복을 받게 된다는 것이다. 또한 선을 행하는 마음이 끊어지지 않고 계속되며, 그 착함이 날로 더하여 보검寶劍과 같이 빛나고 그 덕德이 달로 더하여 옥玉과 같이 윤택하면 가히 그 복을 받게 된다. 그리고 아버지의 착함을 이어 그 자식이 계속해서 착함의 촛불을 밝히고(聯燭), 비록 어짊을 실천하지는 못하더라도 착하지 않은 것은 행하지 않는 타고난 천심(天心)으로 덕을 닦고 선을 행하여 티도 없고 흠도 없으면, 다시 말해서 영적(靈的)인 지혜의 불(火)

---

[101] 『皇極經世書』「纂圖指要·下」: "故聖人與天 行而不逆與時俱遊而不違是以自天祐之吉無不利…."

로써 스스로를 정화시키면,¹⁰² 가히 그 복을 받게 된다.

　보報는 중重히 여김으로 받는 것이라고 「중중」(報 2階)에서는 말한다. "중은 한 번에 큰 선행을 하는 것이다. 남이 행하지 못하는 것을 행하는 것은 착함의 용기이며, 남이 할 수 없는 것을 하는 것은 착함의 정성이다. 착한 용기가 있고 착한 정성이 있으면, 가히 그 복을 받게 된다." 따라서 어린 나이에도 착함을 행하며「有早」(報 2階 7級)], 착함을 잃을까 두려워하고「恐失」(報 2階 8級)], 착함에 힘쓰고 착함을 권장하며「勉勵」(報 2階 9級)] 착함을 지키어 옮기지 않고「株守」(報 2階 10級)], 착함을 해치는 비방을 물리치며「斥謗」(報 2階 11級)], 착함을 널리 펴야 한다「廣佈」(報 2階 12級)]. 실로 지혜로운 자는 순수하고도 헌신적인 행위를 통해 '참나'에 이르게 되는 까닭이다.¹⁰³ "사람이 어려서는 아직 뜻이 서지 못하고 배움이 결정되지 못하여 지혜의 문이 열렸다 닫혔다 하고, 국량(局量, 度量)이 어두웠다 밝았다 하지만, 능히 착한 일을 하니 가히 그 복을 받게 된다." 한결같이 착한 마음을 잘 지켜 악이 접근하지 못하게 하고, 착함을 권장하여 떨치게 하여 다시 착함에 힘쓰면 가히 그 복을 받게 된다. 또한 줄기가 뿌리를 지

---

102 cf. *The Bhagavad Gita*, 4. 36-38. : "And even if thou wert the greatest of sinners, with the help of the bark of wisdom thou shalt cross the sea of evil. Even as a burning fire burns all fuel into ashes, the fire of eternal wisdom burns into ashes all works. Because there is nothing like wisdom which can make us pure on this earth. The man who lives in self-harmony finds this truth in his soul."

103 cf. Ashvaghosha, *The Awakening of Faith*, p.129: "And when they are performing those three acts of charity, let them not cherish any desire for fame or advantages, nor covet any worldly rewards. Only thinking of those benefits and blessings that are at once for themselves and others, let them aspire to the most excellent, most perfect knowledge."; *The Bhagavad Gita*, 5. 6. : "But renunciation, Arjuna, is difficult to attain without Yoga of work. When a sage is one in Yoga he soon is one in God."

키듯 한결같은 정성을 다하면 하늘도 감응하여 하늘 기틀이 자연적으로 열려 하늘 성품을 발휘케 되므로 가히 그 복을 받게 된다. 그리고 천성이 굳고 순수하면 가히 그 복을 받게 된다. 즉 "성품이 편벽偏僻할지라도 한 가지 착함을 보고 백 가지 비방을 물리치고 한 가지 착함을 듣고 백 가지 비방을 물리치기를 거듭하면 착함이 더해지고 또한 방종해지지 않으니 이는 천성이 굳은 것"이요, "착한 일을 들어 남에게 들려주며 착한 말을 하여 남을 칭찬하면서도 착한 사람이 자기를 따르고 악한 사람이 자기를 희롱하는 것을 알지 못하니 이는 천성이 순수한 것"이다.

　보報는 시작함(刱)으로 받는 것이라고 「창刱」(報 3階)에서는 말한다. "창은 착함을 시작하는 것이다. 삶아서 물든 것을 제거하는 것은 삶음의 시작이고, 빨아서 더러운 것을 제거하는 것은 빨래의 시작이다. 뉘우쳐서 악을 제거하는 것은 착함의 시작이다. 몸의 혼탁함을 벗고 마음을 맑은 물에 씻으면, 가히 그 복을 받게 된다." 따라서 악함을 버리고 착함으로 나아간 햇수가 오래되어야 하며「有久」(報 3階 13級)], 착함을 이웃과 같이 하고「有隣」(報 3階 14級), 착함은 허락하고 악함은 허락하지 않으며「其然」(報 3階 15級), 스스로 자기를 착하게 닦고「自修」(報 3階 16級)], 착한 일을 함에 게으르지 않으며「不倦」(報 3階 17級)], 착함에 이르고자 해야 한다「欲及」(報 3階 18級)]. "성품이 악하면 남을 상하게 하고, 마음이 악하면 남을 모함謀陷하며, 욕심이 악하면 남을 해친다. 능히 이 세 가지 악을 버리고 착함으로 나아가 그 햇수가 오래되어 예전의 악함으로 되돌아가지 않는다면 어릴 때의 착함과 같이 되기는 어렵더라도 가히 그 복을 받게 된다." "착한 사람은 착한 사람과 이웃하므로 이웃이 착하지 않으면 그 곳을 떠나며 자신의 착한 덕이 손상될까 두려워하니 가히 그 복을 받게 된다." "사람의 성품은 본래 착하나 혹 물결이 일어 착하기도 하고 악해지기도 하는데,[104] 착함은 허락하고 악함은 허락하지 않는 것은 참됨으로 돌아오는 것이니 가히 그 복을 받게 된다." 말하자면 착함은 이치에 맞으므로 그렇다 하고 마음으로 허락하는 것이고, 악함은 이치에 맞지 않으므로 그렇지 않다 하고 마음으로 허락하지 않는 것이다. 그러나 일심一心의 근원은 무풍지대無風地帶여서 더 이상은 욕망의 물결이 일지 않으며, 마치 먹장구름에 물들여지지 않는 푸른 하늘과도 같이 맑고 밝고 고요하다. "스스로 착함을 닦기만 하다가 남의 큰 착함을 듣고 문득 부끄러워하는 것은 어진 성품이니, 가히 그 복을 받게 되는 것"이요, "착함을 찾고 착함을 가려내어 착함에 부합하여야 그치는 것은 부지런한 성품이니, 가히 그 복을 받게 되는 것"이며, 착함의 좋은 바를 알아 착함에 이르고자 하는 것은 "악의 옳지 못함을 아는 참된 성품이니, 가히 그 복을 받게 되는 것"이다. 말하자면 이기적인 욕구충족을 위해서가 아니라 영혼의 정화를 위해서 행위 하는 까닭에, 마치 연꽃잎이 물에 젖지 않는 것과 같이 악에 더럽혀지지 않으므로 하늘의 복을 받게 되는 것이다.[105]

보報는 채움(盈)으로써 받는 것이라고 「영盈」(報 4階)에서는 말한다. "영은 10수十數이다. 악이 다하여 아홉에 차면 이 세상에 있어서의 악함이며, 악이 극심하여 열(十)에 차면 또한 전세前世에 있어서의 악함이다. 악이 여지없이 가득 차면, 가히 가장 무서운 앙화(上禍) 즉 재앙으로 인한 화를 받게 된다." 아홉수에 대해서는 이미 「천부

---

104 cf. 『金剛三昧經論』, 146쪽; 『大乘起信論別記』, 474-475쪽.
105 cf. *The Bhagavad Gita*, 5. 10-11. : "Offer all thy works to God, throw off selfish bonds, and do thy work. No sin can then stain thee, even as waters do not stain the leaf of the lotus. The Yogi works for the purification of the soul: he throws off selfish attachment,…."

경」에서도 나온 바 있거니와, 열(十)이 열매라면 아홉은 인간세계를 상징하는 최고의 숫자이니. 악이 다하여 아홉에 차면 이 세상에 있어서의 궁악窮惡이라고 한 것이다. 열은 열매로서 이 세상의 끝(열매)인 동시에 다가오는 세상의 시작(씨앗)이니, 악이 극심하여 열(十)에 차면 열매인 동시에 씨앗으로서 기능하게 되므로 열(十)은 이미 전세前世에 있어서의 악함(惡)이 되는 것이다. 따라서 아버지의 악함을 이어 받지 말아야 하며[「襲犯」(報 4階 19級)], 연이어 계속해서 악을 짓지 말아야 하고[「連續」(報 4階 20級)], 악을 가중시키지 말아야 하며[「有加」(報 4階 21級)], 남에게 악을 전하지 말아야 한다[「傳惡」(報 4階 22級)]. 실로 "종신토록 선을 행하여도 선은 오히려 부족하고, 단 하루를 악을 행하여도 악은 스스로 남음이 있는"[106] 까닭이다. "아버지가 이미 악을 범하고 자식이 또 악을 이어받으면 그 악은 꺾지도 못하고 그치게도 못할 것이니, 가히 가장 무서운 앙화 다음 가는 앙화를 받게 된다." "아비에게 악을 듣고 이를 행하며, 자식에게 악을 가르치고 이를 채찍질하여 연속해서 악에 굴러 떨어지게 하면, 가히 큰 앙화를 받게 된다." 가벼운 악은 그치고 무거운 악을 행하여 악을 가중시키거나, 악을 비호하고 변호하면서 어리석고 선량한 사람에게 책임을 전가시켜 함정에 빠뜨리면, 가히 그 앙화를 받게 된다.

보報는 큼(大)으로 받는 것이라고 「대大」(報 5階)에서는 말한다. "대는 한 번의 행위로 큰 악을 짓는 것이다. 작은 악을 짓는 사람은 어리석어서 대처함이 같지 않아 혹 스스로 깨닫기 어려우나, 큰 악을 짓는 사람은 영악스러워 한때 큰 악을 행함에 그 죄가 신명과 사람을 꿰뚫으니, 가히 그 앙화를 받게 된다." 따라서 징계하고 정죄定罪

---

106 『明心寶鑑』, 「繼善」, 제5장: "馬援曰 終身行善 善猶不足 一日行惡 惡自有餘."

를 하여도 고치지 못하면 아니 되며[「勘尙」(報 5階 23級)], 악을 저지르고도 마음에 거리낌이 없으면 아니 되고[「無憚」(報 5階 24級)], 평소에는 착하고 어질다가 갑자기 험한 악을 지어서도 아니 되며[「驟峻」(報 5階 25級)], 겉만 착하고 속은 악해서도 아니 되는 것이다[「外善」(報 5階 26級)]. "한 번의 악함은 징계로 다스리고, 두 번째 악함은 정죄하여 다스린다. 그러함에도 오히려 고칠 줄 모르고 종신토록 악을 저지르는 것은 악에 미친 것이니, 가히 그 앙화를 받게 된다." "이미 지은 작은 악에 진실로 두려워함이 없고 장차 지을 악에도 전혀 거리낌이 없는 것은 완악한 악이니, 가히 그 앙화를 받게 된다." "원래 마음이 어질지 못하고 원래 성품이 착하지 못하여 갑자기 험한 악을 저지르는 것은 악이 감추어져 있었기 때문이니, 가히 그 앙화를 받게 된다." 겉만 착하고 속은 악하면 "눈 덮인 함정 속에 악의 태가 자라나 가득한 것 같은 어두운 악이니, 가히 그 앙화를 받게 된다."

보報는 작음(小)으로 받는 것이라고 「소小」(報 6階)에서는 말한다. "소는 작은 악이다. 허물이 지나치면 악이라 이르니, 큰 허물과 큰 악은 지혜가 어두운 데서 생긴다. 작은 악도 또한 악을 짓는 것이니, 가히 그 앙화를 받게 된다." 따라서 본래의 성품을 버리지 말아야 하며[「背性」(報 6階 27級)], 악을 끊고자 하다가 다시 악을 짓지 말아야 하고[「斷連」(報 6階 28級)], 악을 아는 사람은 마땅히 고쳐야 하며[「 」(報 6階 29級)], 자기의 악함이 고립되는 것이 두려워 양순한 사람에게 자기를 따르도록 권하지 말아야 한다[「勸隣」(報 6階 30級)]. 악을 시험 삼아 행하고서 이익을 얻었다고 해서 좋은 방법으로 알고 짓는 것은 본래의 성품을 저버리는 것이다. "분주히 악을 찾아다니며 악행을 저지르는 것은 악으로 뛰는 것이니, 가히 그 앙화를 받게 된다." "몰래 행한 악이 이미 드러남에 두려움을 품고 끊고자 하다가 사람들이 잠잠해지자 다시 그 악을 꾀하는 것은 요사스러운 악이니, 가히 그 앙화를 받게 된다." "마땅히 고쳐야 한다는 것을 알면서도 차마 고치지 못하는 것은 이익을 얻고자 하는 마음이 있기 때문으로[107] 이는 어두운 악에 들떠 있는 것이니, 가히 그 앙화를 받게 된다." 말하자면 자신의 경우든, 타인의 경우든, 악행을 저지르는 것이 바람직하지 않다는 것을 알면 마땅히 고치고 또 고쳐주어야 하나 그렇게 못하는 것은, 악행을 계속함으로써 얻게 될지도 모를 이익에 마음이 가 있기 때문이니, 가히 그 앙화를 받게 되는 것이다. "불이 연기에 싸여 있고, 거울이 먼지에 덮여 있으며, 뱃속의 태아가 막으로 덮여 있듯이," 참된 지혜가 이기적인 욕망에 가려지면 자연히 그 앙화를 받게 되는 것이다.[108] 또한 자기 혼자 악에 빠지는 것을 두려워하여 양순한 사람을 꾀어 같이 악에 빠지게 하는 것은 악에 굶주린 것이니, 가히 그 앙화를 받게 된다.

제7강령 보報에는 여섯 가지 단계(階), 즉 적積, 중重, 창刱, 영盈, 대大, 소小와 서른 가지 급수(30級)가 있다.

---

[107] cf. 『論語』「里仁」十六 : "子曰 君子喩於義 小人喩於利."
[108] cf. *The Bhagavad Gita*, 3. 38-39. : "All is clouded by desire: as fire by smoke, as a mirror by dust, as an unborn babe by its covering. Wisdom is clouded by desire, the everpresent enemy of the wise…"

제1계 적積

제285사 적(積: 報 1階)

積者 多數之謂也 修德行善 積之累之 人久感之
적자 다수지위야 수덕행선 적지누지 인구감지

神已感之 天亦感之 可領上福
신이감지 천역감지 가령상복

번역　적積이란 수가 많아지는 것을 이르는 것이다. 덕을 닦고 선을 행하여 쌓이고 쌓이면 사람들이 오래도록 감화됨에 신명(神明)이 이미 감응하고, 신명이 감응하면 하늘도 또한 감응하여, 가히 최상의 복을 받게 된다.

주해　1) 積者 多數之謂也(적자 다수지위야) : 적積, 즉 '쌓음(또는 쌓임)'이란 수가 많아지는 것을 말한다(積 쌓일 적, 쌓을 적).

2) 修德行善 積之累之(수덕행선 적지누지) : 덕을 닦고(修德) 선을 행하여(行善) 쌓이고 쌓이는(積之累之) 것을 말한다(累 불어날 루, 거듭 루).

3) 人久感之 神已感之(인구감지 신이감지) : 사람들(人)이 오래도록(久) 감화(感)됨에 신명(神)이 이미(已) 감응(感)한다는 뜻이다.

4) 天亦感之 可領上福(천역감지 가령상복) : (신명이 감응하면) 하늘(天)도 또한(亦) 감응(感)하여 가히(可) 최상의 복(上福)을 받게(領) 된다는 뜻이다. 사람이 감화됨에 신명이 감응하고 신명이 감응함에 하늘 또한 감응하여 최상의 복을 받게 된다는 것은, 덕을 닦고 선을 행하여

오랜 세월 쌓이면 인간의 내재적 본성인 신성神性이 발현되어 천리(天理)에 순응하는 삶을 살게 되므로 하늘이 도와 길(吉)하지 않음이 없게 되는 것을 말한다(領 받을 령).

제286사 세구(世久: 報 1階 1級)

世久者 累世行善也 一年之木 受一年之露
세 구 자 누 세 행 선 야 일 년 지 목 수 일 년 지 로

十年之木 受十年之露 重露結實 可領次福
십 년 지 목 수 십 년 지 로 중 로 결 실 가 령 차 복

번역 세구世久란 여러 대에 걸쳐 적선積善을 행하는 것이다. 한 해 자란 나무는 한 해의 이슬을 받고, 십 년 자란 나무는 십 년의 이슬을 받는다. 거듭 이슬을 받아 열매를 맺으면, 가히 이어지는 복을 받게 된다.

주해 1) 世久者 累世行善也(세구자 누세행선야) : 세구世久, 즉 '대를 이어 오래됨'이란 여러 대에 걸쳐(累世) 적선積善을 행하는(行) 것을 말한다. 누세累世는 곧 '누대累代'로 '여러 대에 걸쳐(대대로)'의 뜻이다(世 대이을 세).

2) 一年之木 受一年之露(일년지목 수일년지로) : 한 해(一年) 자란 나무(木)는 한 해의 이슬(露)을 받는다(受)는 뜻이다.

3) 十年之木 受十年之露(십년지목 수십년지로) : 십 년(十年) 자란 나무(木)는 십 년의 이슬(露)을 받는다(受)는 뜻이다.

4) 重露結實 可領次福(중로결실 가령차복) : 거듭(重) 이슬(露)을 받아

열매를 맺으면(結實) 가히(可) 이어지는(次) 복福을 받게(領) 된다는 뜻이다(次 이을 차).

제287사 무단(無斷: 報 1階 2級)

無斷者 行善之心 無間斷也 一夜三篇 千書可讀
무 단 자 행 선 지 심 무 간 단 야 일 야 삼 편 천 서 가 독

一日千步 萬里可達 善亦如之 可領其福
일 일 천 보 만 리 가 달 선 역 여 지 가 령 기 복

번역 무단無斷이란 선을 행하는 마음이 끊어지지 않고 계속되는 것이다. 하룻밤에 세 편의 책을 읽으면 천 권의 책도 읽을 수 있고, 하루에 천 걸음을 걸으면 만리 길도 도달할 수 있다. 선을 행하는 것도 이와 같이 하면, 가히 그 복을 받게 된다.

주해 1) 無斷者 行善之心 無間斷也(무단자 행선지심 무간단야) : 무단無斷, 즉 '끊어짐이 없음'이란 선善을 행하는行 마음心이 중간間에 끊어짐斷이 없는無 것으로 이는 곧 선을 행하는 마음이 끊어지지 않고 계속되는 것을 말한다.

2) 一夜三篇 千書可讀(일야삼편 천서가독) : 하룻밤(一夜)에 세 편(三篇)의 책을 읽으면 천 권의 책(千書)도 읽을 수 있다(可讀)는 뜻이다.

3) 一日千步 萬里可達(일일천보 만리가달) : 하루(一日)에 천 걸음(千步)을 걸으면 만리(萬里) 길도 도달할 수 있다(可達)는 뜻이다.

4) 善亦如之 可領其福(선역여지 가령기복) : 선(善)을 행하는 것 또한(亦) 이와 같이 하면(如之) 가히 그 복을 받을 수 있다는 뜻이다.

제288사 익증(益增: 報 1階 3級)

益增者 日益善而月增德也 鍊之又鍊 終成寶劍
익 증 자　일 익 선 이 월 증 덕 야　연 지 우 련　종 성 보 검

磨之又磨 終爲美玉 善如劍光 德如玉潤 可領其福
마 지 우 마　종 위 미 옥　선 여 검 광　덕 여 옥 윤　가 령 기 복

번 역　익증益增이란 날이 갈수록 착함을 더하고 달이 갈수록 덕을 더하는 것이다. 단련하고 또 단련하면 마침내 보검을 이루게 되고, 연마하고 또 연마하면 마침내 아름다운 옥이 된다. 착함이 보검과 같이 빛나고 덕德이 옥玉과 같이 윤택하면, 가히 그 복을 받게 된다.

주 해　1) 益增者 日益善而月增德也(익증자 일익선이월증덕야) : 익증益增, 즉 '더하여 증가함'이란 날이 갈수록 착함을 더하고 달이 갈수록 덕을 더하는 것을 말한다.

2) 鍊之又鍊 終成寶劍(연지우련 종성보검) : (쇠를 불에) 단련(鍊)하고 또(又) 단련하면 마침내(終) 보검寶劍을 이루게(成) 된다는 뜻이다.

3) 磨之又磨 終爲美玉(마지우마 종위미옥) : (돌을) 연마(磨)하고 또 연마하면 마침내 아름다운 옥(美玉)이 된다(爲)는 뜻이다.

4) 善如劍光 德如玉潤 可領其福(선여검광 덕여옥윤 가령기복) : 착함(善)이 보검(劍)과 같이(如) 빛나고(光) 덕(德, 덕을 베풂)이 옥玉과 같이(如) 윤택하면(潤), 가히 그 복을 받을 수 있다는 뜻이다.

제289사 정수(庭授: 報 1階 4級)

庭授者 繼父善也 父善而子惡者有
정 수 자 계 부 선 야 부 선 이 자 악 자 유

父愚而子賢者有 父善而子善者鮮 能繼父善
부 우 이 자 현 자 유 부 선 이 자 선 자 선 능 계 부 선

謂之聯燭 可領其福
위 지 연 촉 가 령 기 복

번 역   정수庭授란 아버지의 착함을 이어 나가는 것이다. 아버지는 착한데 자식은 악한 경우도 있고, 아버지는 어리석은데 자식은 현명한 경우도 있다. 아버지도 착하고 자식도 착한 경우는 드물다. 능히 아버지의 착함을 이어나가는 것을 연촉聯燭이라 이르니, 가히 그 복을 받게 된다.

주 해   1) 庭授者 繼父善也(정수자 계부선야) : 정수庭授, 즉 '가정에서 가르침'이란 아버지의 착함(父善)을 이어 나가는(繼) 것을 말한다(繼 이을 계, '이어 나감').

2) 父善而子惡者有 父愚而子賢者有(부선이자악자유 부우이자현자유) : 아버지는 착한데(父善而) 자식은 악한(子惡) 경우도 있고(有), 아버지는 어리석은데(父愚而) 자식은 현명한(子賢) 경우도 있다는 뜻이다.

3) 父善而子善者鮮(부선이자선자선) : 아버지도 착하고 자식도 착한(父善而子善) 경우는 드물다(鮮)는 뜻이다(鮮 드물 선).

4) 能繼父善 謂之聯燭 可領其福(능계부선 위지연촉 가령기복) : 능히(能) 아버지의 착함(父善)을 이어 나가는(繼) 것을 연촉(聯燭: 계속 촛불을 밝힘)이라 이르니(謂), 가히 그 복을 받을 수 있다는 뜻이다.

제290사 천심(天心: 報 1階 5級)

天心者 無所學而只有天心之向善也 云善行 從
천심자 무소학이지유천심지향선야 운선행 종

云善事 作 云善心 施 雖不蹈仁 不善 不爲
운선사 작 운선심 시 수부도인 불선 불위

可領其福
가령기복

번역 천심天心이란 배운 바는 없으나 다만 본래의 천심이 있어 선으로 향하는 것이다. 착한 행실이라 이르는 것을 따르고, 착한 일이라 이르는 것을 행하며, 착한 마음이라 이르는 것을 베푼다. 비록 어짊을 실천하지는 못하더라도 착하지 않은 것은 행하지 않으니, 가히 그 복을 받게 된다.

주 해 1) 天心者 無所學而只有天心之向善也(천심자 무소학이지유천심지향선야) : '하늘마음(天心)'이란 배운 바(所學)는 없으나(無) 다만(只) 본래의 천심天心이 있어(有) 선으로 향하는(向善) 것을 말한다.

2) 云善行 從 云善事 作 云善心 施(운선행 종 운선사 작 운선심 시) : 착한 행실(善行)이라 이르는(云) 것을 따르고(從), 착한 일(善事)이라 이르는 것을 행하며(作), 착한 마음(善心)이라 이르는 것을 베푼다(施)는 뜻이다.

3) 雖不蹈仁 不善 不爲 可領其福(수부도인 불선 불위 가령기복) : 비록 어짊(仁)을 실천하지는 못하더라도(不蹈) 착하지 않은 것은 행하지 않으니(不爲) 가히 그 복을 받을 수 있다는 뜻이다(蹈 밟을 도, '실천함').

제291사 자연(自然: 報 1階 6級)

自然者 自然爲善也 抱持文學 縻絆位處
자 연 자　자 연 위 선 야　포 지 문 학　미 반 위 처

雖欲爲不善不得 修德行善 無瑕無疵 可領其福
수 욕 위 불 선 부 득　수 덕 행 선　무 하 무 자　가 령 기 복

번 역　자연自然이란 저절로 착하게 되는 것이다. 글 배운 것을 가지고 벼슬자리에 매였어도 천심을 가진 사람은 비록 착하지 않은 짓을 하려고 해도 하지 못한다. 덕을 닦고 선을 행하여 티도 없고 흠도 없으면, 가히 그 복을 받게 된다.

주 해　1) 自然者 自然爲善也(자연자 자연위선야) : 자연自然, 즉 '저절로 그러함'이란 저절로(自然) 착하게 되는(爲善) 것을 말한다.

2) 抱持文學 縻絆位處 雖欲爲不善不得(포지문학 미반위처 수욕위불선부득) : 글(文) 배운(學) 것을 가지고(抱持) 벼슬자리(位)에 매였어도(縻絆) (천심을 가진 사람은) 비록(雖) 착하지 않은(不善) 짓을 하려고 해도(欲爲) 하지 못한다(不得)는 뜻이다. 포미抱持는 '잘 간직함'이다(抱 품을 포; 持 지닐 지, 縻 맬 미, 묶을 미, 絆 맬 반, 位 자리위, '벼슬자리').

3) 修德行善 無瑕無疵 可領其福(수덕행선 무하무자 가령기복) : 덕을 닦고(修德) 선을 행하여(行善) 티도 없고(無瑕) 흠도 없으면(無疵) 가히 그 복을 받을 수 있다는 뜻이다(瑕 티 하, 疵 흉 자, '흠, 결점').

제2계 중重

제292사 중(重: 報 2階)

重 一擧而爲大善也 行人之不行 善之勇也
중 일거이위대선야 행인지불행 선지용야

及人之不及 善之誠也 有善勇 有善誠 可領其福
급인지불급 선지성야 유선용 유선성 가령기복

번역 중重은 한 번에 큰 선행을 하는 것이다. 남이 행하지 못하는 것을 행하는 것은 착함의 용기이며, 남이 할 수 없는 것을 하는 것은 착함의 정성이다. 착한 용기가 있고 착한 정성이 있으면, 가히 그 복을 받게 된다.

주해 1) 重 一擧而爲大善也(중 일거이위대선야) : 중重, 즉 '큼'이란 한 번에(一擧) 큰 선행(大善)을 하는(爲) 것을 말한다(重 중할 중, '큼').

2) 行人之不行 善之勇也(행인지불행 선지용야) : 남(人)이 행하지 못하는(不行) 것을 행하는(行) 것은 착함(善)의 용기(勇)라는 뜻이다.

3) 及人之不及 善之誠也(급인지불급 선지성야) : 남(人)이 미치지 못하는(不及, 할 수 없는) 것을 미치는(及, 하는) 것은 착함(善)의 정성(誠)이라는 뜻이다.

4) 有善勇 有善誠 可領其福(유선용 유선성 가령기복) : 착한 용기(善勇)가 있고(有) 착한 정성(善誠)이 있으면, 가히 그 복을 받을 수 있다는 뜻이다.

제293사 유조(有早: 報 2階 7級)

有早者 有早年爲善也 人之幼也 志未定 學未決
유조자 유조년위선야 인지유야 지미정 학미결

慧竇開閉 局量晦明 能爲善事 可領其福
혜두개폐 국량회명 능위선사 가령기복

번역 유조有早란 어린 나이에 착함을 행하는 것이다. 사람이 어려서는 아직 뜻이 서지 못하고 배움이 결정되지 못하여 지혜의 문이 열렸다 닫혔다 하고, 국량(局量, 度量)이 어두웠다 밝았다 한다. 그러나 능히 착한 일을 하니, 가히 그 복을 받게 된다.

주해 1) 有早者 有早年爲善也(유조자 유조년위선야) : 유조有早, 즉 '일찍 있음'이란 어린 나이에 착함을 행하는 것을 말한다.

2) 人之幼也 志未定 學未決(인지유야 지미정 학미결) : 사람이 어려서는 아직(未) 뜻(志)이 서지(정해지지) 못하고 배움(學)이 결정(決)되지 못한다는 뜻이다.

3) 慧竇開閉 局量晦明(혜두개폐 국량회명) : 지혜의 문(慧竇)이 열렸다 닫혔다(開閉) 하고, 국량(局量, 度量)이 어두웠다 밝았다(晦明) 하는 것을 말한다. 국량局量은 '도량度量, 기량器量'을 말한다(竇 구멍 두, 圭門 두; 晦 어두울 회).

4) 能爲善事 可領其福(능위선사 가령기복) : 능히(能) 착한 일(善事)을 하니(爲), 가히 그 복을 받을 수 있다는 뜻이다.

제294사 공실(恐失: 報 2階 8級)

恐失者 恐失其善也 認善如寶 認惡如盜
공실자 공실기선야 인선여보 인악여도

恒恐失寶於盜 抱寶自保 一心鎭盜 不近寶室
항공실보어도 포보자보 일심진도 불근보실

可領其福
가령기복

번역 공실恐失이란 그 착함을 잃을까 두려워하는 것이다. 착함을 보배와 같이 알고 악함을 도적과 같이 알아서, 항상 보배를 도적에게 잃을까 두려워하고 보배를 품어 스스로 보호한다. 일심으로 도적을 진압하여 보배 있는 방에 가까이 못하게 하면, 가히 그 복을 받게 된다.

주해 1) 恐失者 恐失其善也(공실자 공실기선야) : 공실恐失, 즉 '잃을까 두려워함'이란 그 착함을 잃을까 두려워하는 것을 말한다.

2) 認善如寶 認惡如盜(인선여보 인악여도) : 착함(善)을 보배(寶)와 같이(如) 알고(認) 악함(惡)을 도적(盜)과 같이(如) 안다(認)는 뜻이다.

3) 恒恐失寶於盜 抱寶自保(항공실보어도 포보자보) : 항상(恒) 보배(寶)를 도적에게(於盜) 잃을까 두려워하고(恐失) 보배를 품어(抱寶) 스스로 보호한다(自保)는 뜻이다(抱 품을 포). 말하자면 착함을 잃을까 두려워하여 항상 착한 마음을 가슴에 품는다는 뜻이다.

4) 一心鎭盜 不近寶室 可領其福(일심진도 불근보실 가령기복) : 일심一心으로 도적(盜)을 진압(鎭)하여 보배 있는 방(寶室)에 가까이 못하게(不近) 하면, 가히 그 복을 받을 수 있다는 뜻이다. 말하자면 한결같이

착한 마음을 잘 지켜 악이 접근하지 못하게 하면 하늘의 복을 받게 된다는 뜻이다.

제295사 면려(勉勵: 報 2階 9級)

勉勵者　勉善而勵善也　勉善而不振　勵善
면려자　면선이여선야　면선이부진　여선

勵善而振　更勉善　善哉善哉　可領其福
여선이진　갱면선　선재선재　가령기복

번역　면려勉勵란 착함에 힘쓰고 착함을 권장하는 것이다. 착함에 힘써도 떨치지 못하면 착함을 권장하고, 착함을 권장하여 떨치게 하여 다시 착함에 힘쓰면, 착하고 착함이니 가히 그 복을 받게 된다.

주해　1) 勉勵者 勉善而勵善也(면려자 면선이여선야) : 면려勉勵, 즉 '힘쓰고 권장함'이란 착함에 힘쓰고 착함을 권장하는 것이다. 면려勉勵는 힘써 하도록 권장하는 것을 뜻한다(勉 힘쓸 면; 勵 권면할 려).

2) 勉善而不振 勵善(면선이부진 여선) : 착함에 힘써도(勉善而) 떨치지 못하면(不振) 착함을 권장한다(勵善)는 뜻이다.

3) 勵善而振 更勉善(여선이진 갱면선) : 착함을 권장하여(勵善而) 떨치게(振) 하여 다시(更) 착함에 힘쓰는(勉善) 것을 말한다.

4) 善哉善哉 可領其福(선재선재 가령기복) : 착하고 착함이니 가히 그 복을 받을 수 있다는 뜻이다.

제296사 주수(株守: 報 2階 10級)

株守者 守善不遷也 性柔 善而不能彰善 性俠
주수자 수선불천야 성유 선이불능창선 성협

善而不能統善 性弱 善而不能立善 自守善
선이불능통선 성약 선이불능입선 자수선

如株守根 天機自在 可領其福
여주수근 천기자재 가령기복

번역 주수(株守)란 착함을 지키어 옮기지 않는 것이다. 성품이 부드러우면 착하여도 능히 착함을 드러내지 못하고, 성품이 협소하면 착하여도 능히 착함을 거느리지 못하며, 성품이 약하면 착하여도 능히 착함을 세우지 못한다. 스스로 착함을 지키기를 줄기가 뿌리 지키듯 하면, 하늘 기틀이 자연적으로 열려 가히 그 복을 받게 된다.

주해 1) 株守者 守善不遷也(주수자 수선불천야) : 주수(株守), 즉 '줄기 지킴'이란 (줄기가 뿌리를 지키듯) 착함을 지키어 옮기지 않는 것을 말한다(株 줄기 주, '나무줄기'; 遷 옮길 천).

2) 性柔 善而不能彰善(성유 선이불능창선) : 성품이 부드러우면(性柔) 착하여도(善而) 능히 착함(善)을 드러내지 못한다(不能彰)는 뜻이다(彰 드러낼 창, 드러날 창).

3) 性俠 善而不能統善(성협 선이불능통선) : 성품이 협소하면(性俠) 착하여도(善而) 능히 착함(善)을 거느리지 못한다(不能統)는 뜻이다(俠 좁을 협, 統 거느릴 통).

4) 性弱 善而不能立善(성약 선이불능입선) : 성품이 약하면(性弱) 착하

여도(善而) 능히 착함을 세우지 못한다(不能立)는 뜻이다.

　　5) 自守善 如株守根(자수선 여주수근) : 스스로(自) 착함을 지키기(守善)를 줄기(株)가 뿌리(根) 지키는(守) 것처럼(如) 하는 것을 말한다.

　　6) 天機自在 可領其福(천기자재 가령기복) : 하늘 기틀(天機)이 저절로 있게(自在) 되어, 가히 그 복을 받을 수 있다는 뜻이다. 다시 말해서 줄기가 뿌리 지키듯 한결같은 정성을 다하면 하늘도 감응하여(至誠感天) 하늘 기틀이 자연적으로 열려 하늘 성품을 발휘케 되므로 가히 그 복을 받을 수 있다는 의미이다.

제297사 척방(斥謗: 報 2階 11級)

斥謗者 斥害善之謗也 性僻 見一善百謗 斥之
척 방 자　척 해 선 지 방 야　성 벽　견 일 선 백 방　척 지

聞一善百謗 斥之 甚則益於善而亦不縱
문 일 선 백 방　척 지　심 즉 익 어 선 이 역 부 종

天性之固也 可領其福
천 성 지 고 야　가 령 기 복

번역　척방斥謗이란 착함을 해치는 비방을 물리치는 것이다. 성품이 편벽偏僻할지라도 한 가지 착함을 보고 백 가지 비방을 물리치고 한 가지 착함을 듣고 백 가지 비방을 물리치기를 거듭하면 착함이 더해지고 또한 방종해지지 않는다. 이는 천성이 굳은 것이니, 가히 그 복을 받게 된다.

주해　1) 斥謗者 斥害善之謗也(척방자 척해선지방야) : 척방斥謗, 즉

'비방을 물리침'이란 착함(善)을 해치는(害) 비방(謗)을 물리치는(斥) 것을 말한다.

　2) 性僻 見一善百謗 斥之(성벽 견일선백방 척지) : 성품이 편벽偏僻할지라도 한 가지 착함을 보고(見一善) 백 가지 비방(百謗)을 물리치는 것을 말한다.

　3) 聞一善百謗 斥之(문일선백방 척지) : 한 가지 착함을 듣고(聞一善) 백 가지 비방(百謗)을 물리치는(斥) 것을 말한다.

　4) 甚則益於善而亦不縱(심즉익어선이역부종) : 거듭하면(甚則) 착함이 더해지고(益於善) 또한(亦) 방종해지지 않는다(不縱)는 뜻이다(縱 방종할 종).

　5) 天性之固也 可領其福(천성지고야 가령기복) : 천성天性이 굳은(固) 것이니 가히 그 복을 받을 수 있다는 뜻이다.

제298사 광포(廣佈: 報 2階 12級)

廣佈者 廣佈善也 擧善事聞人 說善言揚人
광 포 자　광 포 선 야　　거 선 사 문 인　　설 선 언 양 인

不知善人之從己 惡人之戲己 天性之純也
부 지 선 인 지 종 기　　악 인 지 희 기　　천 성 지 순 야

可領其福
가 령 기 복

[번 역]　광포廣佈란 착함을 널리 펴는 것이다. 착한 일을 들어 남에게 들려주며 착한 말을 하여 남을 칭찬하면서도 착한 사람이 자기를 따르고 악한 사람이 자기를 희롱하는 것을 알지 못한다. 이는

천성이 순수한 것이니, 가히 그 복을 받게 된다.

주 해 1) 廣佈者 廣佈善也(광포자 광포선야) : 광포廣佈, 즉 '널리 폄'이란 착함을 널리 펴는 것을 말한다(佈 펼 포).

2) 擧善事聞人 說善言揚人(거선사문인 설선언양인) : 착한 일을 들어(擧善事) 남(人)에게 들려주며(聞) 착한 말을 하여(說善言) 남을 칭찬하는(揚) 것을 말한다(揚 칭찬할 양).

3) 不知善人之從己 惡人之戱己(부지선인지종기 악인지희기) : 착한 사람(善人)이 자기(己)를 따르고(從) 악한 사람(惡人)이 자기를 희롱하는(戱) 것을 알지 못한다(不知)는 뜻이다(戱 희롱할 희).

4) 天性之純也 可領其福(천성지순야 가령기복) : 천성天性이 순수(純)한 것이니, 가히 그 복을 받을 수 있다는 뜻이다(純 순수할 순).

제3계 창刱

제299사 창(刱: 報 3階)

刱 刱善 蒸而去染者 蒸刱也 浣而去汚者 浣刱也
창 창선 증이거염자 증창야 완이거오자 완창야

悔而去惡者 善刱也 脫身混溯 洗心淸流 可領其福
회이거악자 선창야 탈신혼승 세심청류 가령기복

번 역 창刱은 착함을 시작하는 것이다. 삶아서 물든 것을 제거하는 것은 삶음의 시작이고, 빨아서 더러운 것을 제거하는 것은 빨래의 시작이다. 뉘우쳐서 악을 제거하는 것은 착함의 시작이다. 몸의 혼탁함을 벗고 마음을 맑은 물에 씻으면, 가히 그 복을 받게 된다.

주해　1) 刱 刱善(창 창선) : 창刱, 즉 '시작함'은 착함을 시작하는 것을 말한다. 창刱은 '비롯할 창'으로 '시작함'의 뜻이고, '창創'의 고자古字이다.

2) 蒸而去染者 蒸刱也(증이거염자 증창야) : 물에 넣고 쪄서(蒸而, 삶아서) 물든 것(染者)을 제거(去)하는 것은 삶음(蒸)의 시작(刱)이라는 뜻이다(蒸 찔 증; 染 물들일 염, 물들 염).

3) 浣而去汚者 浣刱也(완이거오자 완창야) : 빨아서(浣而) 더러운 것을 제거하는 것(去汚者)은 빨래의 시작(浣刱)이라는 뜻이다(浣 빨래할 완; 汚 더러울 오).

4) 悔而去惡者 善刱也(회이거악자 선창야) : 뉘우쳐서(悔而) 악을 제거하는 것(去惡者)은 착함의 시작(善刱)이라는 뜻이다(悔 뉘우칠 회).

5) 脫身混涃 洗心淸流 可領其福(탈신혼승 세심청류 가령기복) : 몸(身)의 혼탁함(混涃)을 벗고(脫) 마음(心)을 맑게 흐르는 물(淸流)에 씻으면(洗), 가히 그 복을 받을 수 있다는 뜻이다(涃 빠질 승).

제300사 유구(有久: 報 3階 13級)

有久者　去惡就善　足有歲久也　性惡傷人
유 구 자　거 악 취 선　족 유 세 구 야　성 악 상 인

心惡陷人 欲惡殘人 能去三惡而就善 就又有歲久
심 악 함 인   욕 악 잔 인   능 거 삼 악 이 취 선   취 우 유 세 구

不回舊頭 難于稚時善 可領其福
불 회 구 두   난 우 치 시 선   가 령 기 복

번역 유구有久란 악함을 버리고 착함으로 나아간 햇수가 오래된 것이다. 성품이 악하면 남을 상하게 하고, 마음이 악하면 남을 모함謀陷하며, 욕심이 악하면 남을 해친다. 능히 이 세 가지 악을 버리고 착함으로 나아가고, 나아간 햇수가 또한 오래되어 예전의 악함으로 되돌아가지 않는다면 어릴 때의 착함과 같이 되기는 어렵다 하더라도, 가히 그 복을 받게 된다.

주해 1) 有久者 去惡就善 足有歲久也(유구자 거악취선 족유세구야) : 유구有久, 즉 '오래됨'이란 악함을 버리고(去惡) 착함으로 나아간(就善) 햇수가 오래된(有歲久) 것을 말한다.

2) 性惡傷人 心惡陷人 欲惡殘人(성악상인 심악함인 욕악잔인) : 성품이 악하면(性惡) 남을 상하게(傷人) 하고, 마음이 악하면(心惡) 남을 모함(陷人)하며, 욕심이 악하면(欲惡) 남을 해친다(殘人)는 뜻이다(陷 빠질 함; 殘 해칠 잔).

3) 能去三惡而就善 就又有歲久 不回舊頭(능거삼악이취선 취우유세구 불회구두) : 능히(能) 이 세 가지 악을 버리고(去三惡) 착함으로 나아가고(就善), 또한(又) 나아간(就) 햇수가 오래되어(有歲久) 예전(舊)의 악함(頭 머리 두;'시작')으로 되돌아가지 않는 것을 말한다.

4) 難于稚時善 可領其福(난우치시선 가령기복) : 어릴 때의 착함과 같이(于稚時善) 되기는 어렵다(難) 하더라도, 가히 그 복을 받을 수 있다는 뜻이다.

제301사 유린(有隣: 報 3階 14級)

有隣者 同隣于善也 羊不群犬 鴻不集燕 理也
유 린 자 동 린 우 선 야 양 불 군 견 홍 부 집 연 이 야

善者隣善 隣不善則去之 恐損善德 可領其福
선 자 인 선 인 불 선 즉 거 지 공 손 선 덕 가 령 기 복

번 역 유린有隣이란 착함을 이웃과 같이 하는 것이다. 양은 개와 무리 짓지 않고, 기러기는 제비와 모이지 않는 것이 이치이다. 착한 이는 착한 이와 이웃하므로 이웃이 착하지 않으면 그곳을 떠나며 자신의 착한 덕이 손상될까 두려워하니, 가히 그 복을 받게 된다.

주 해 1) 有隣者 同隣于善也(유린자 동린우선야) : 유린有隣, 즉 '이웃이 있음'이란 착함(善)을 이웃과 같이(同隣) 하는 것을 말한다.

2) 羊不群犬 鴻不集燕 理也(양불군견 홍부집연 이야) : 양(羊)은 개(犬)와 무리 짓지 않고(不群), 기러기(鴻)는 제비(燕)와 모이지 않는(不集) 것이 이치라는 뜻이다.

3) 善者隣善 隣不善則去之(선자인선 인불선즉거지) : 착한 사람(善者)은 착함과 이웃(隣)하므로 이웃(隣)이 착하지 않으면(不善則) 그 곳을 떠난다(去之)는 뜻이다.

4) 恐損善德 可領其福(공손선덕 가령기복) : 자신의 착한 덕(善德)이 손상될까(損) 두려워하니(恐), 가히 그 복을 받을 수 있다는 뜻이다 (損 상할 손; 恐 두려워할 공).

제302사 기연(其然: 報 3階 15級)

其然者 然善 不然惡也 風蒲無定 葉不飄岸
기 연 자 연 선 불 연 악 야 풍 포 무 정 엽 불 표 안

人之性 善也 性或浪 欲善欲惡 然善而不然惡
인 지 성 선 야 성 혹 랑 욕 선 욕 악 연 선 이 불 연 악

返眞也 可領其福
반 진 야 가 령 기 복

번역 기연其然이란 착함은 허락하고, 악함은 허락하지 않는 것이다. 부들(갯버들)이 바람 부는 대로 흔들려도 그 잎이 언덕에는 나부끼지 않듯이, 사람의 성품은 본래 착하나 혹 물결이 일어 착하기도 하고 악해지기도 한다. 착함은 허락하고 악함은 허락하지 않는 것은 참됨으로 돌아오는 것이니, 가히 그 복을 받게 된다.

주해 1) 其然者 然善 不然惡也(기연자 연선 불연악야) : 기연其然, 즉 '그러함'이란 착함(善)은 허락하고(然), 악함(惡)은 허락하지 않는(不然) 것을 말한다. 말하자면 착함은 이치에 맞으므로 그렇다 하고 마음으로 허락하는 것이고, 악함은 이치에 맞지 않으므로 그렇지 않다 하고 마음으로 허락하지 않는 것을 말한다(然 허락할 연, 그럴 연).

2) 風蒲無定 葉不飄岸(풍포무정 엽불표안) : 부들(갯버들)이 바람 부는 대로 흔들려도 그 잎이 (바람막이) 언덕에는 나부끼지 않는 것을 말한다. 포蒲는 '부들 포'로 부들과에 속하는 다년초이다(飄 나부낄 표; 岸 언덕 안).

3) 人之性 善也 性或浪 欲善欲惡(인지성 선야 성혹랑 욕선욕악) : 사람(人)의 성품(性)은 본래 착하나 혹(或) 물결(浪)이 일어 착하고자 하기도

(欲善, 착하기도) 하고 악하고자 하기도(欲惡, 악해지기도) 한다는 뜻이다. 그러나 일심一心의 근원은 무풍지대無風地帶여서 더 이상은 욕망의 물결이 일지 않으며, 마치 먹장구름에 물들여지지 않는 푸른 하늘과도 같이 맑고 밝고 고요하다.

    4) 然善而不然惡 返眞也 可領其福(연선이불연악 반진야 가령기복) : 착함(善)은 허락하고(然) 악함(惡)은 허락하지 않는(不然) 것은 참됨(眞)으로 돌아오는(返) 것이니, 가히 그 복을 받을 수 있다는 뜻이다(返 돌이킬 반).

제303사 자수(自修: 報 3階 16級)

自修者 自修己善也 著人善 曰不能 勸人善
자 수 자 　자 수 기 선 야 　저 인 선 　왈 불 능 　권 인 선

亦曰不能 徒自修善 聞人大善而輒愧之 良性也
역 왈 불 능 　도 자 수 선 　문 인 대 선 이 첩 괴 지 　양 성 야

可領其福
가 령 기 복

번역   자수自修란 스스로 자기를 착하게 닦는 것이다. 남에게 착함을 나타낼 수도 없다 하고 남에게 착함을 권할 수도 없다 하며, 다만 스스로 착함을 닦기만 하다가 남의 큰 착함을 듣고 문득 부끄러워하는 것은 어진 성품이니, 가히 그 복을 받게 된다.

주 해   1) 自修者 自修己善也(자수자 자수기선야) : 자수自修, 즉 '스스로 닦음'이란 스스로 자기를 착하게 닦는 것을 말한다.

2) 著人善 曰不能 勸人善 亦曰不能(저인선 왈불능 권인선 역왈불능) : 남(人)에게 착함(善)을 나타낼(著) 수도 없다(不能) 말하고(曰) 남에게 착함을 권할(勸) 수도 없다 말하는 것을 말한다.

3) 徒自修善 聞人大善而輒愧之 良性也 可領其福(도자수선 문인대선 이첩괴지 양성야 가령기복) : 다만(徒) 스스로(自) 착함을 닦기(修)만 하다가 남(人)의 큰 착함(大善)을 듣고(聞) 문득(輒) 부끄러워하는(愧) 것은 어진 성품(良性)이니, 가히 그 복을 받을 수 있다는 뜻이다.

제304사 불권(不倦: 報 3階 17級)

不倦者 不倦爲善也 勤匠 造器 窮美而止
불 권 자 불 권 위 선 야 근 장 조 기 궁 미 이 지

勤醫 診痾 盡藥而止 勤善 亦如之 尋善淘善
근 의 진 아 진 약 이 지 근 선 역 여 지 심 선 도 선

合善而止 勤性也 可領其福
합 선 이 지 근 성 야 가 령 기 복

번역 불권不倦이란 착한 일을 함에 게으르지 않는 것이다. 부지런한 장인은 그릇을 만듦에 아름다움이 다해야 그치고, 부지런한 의사는 병을 진료함에 약을 다 써야 그친다. 착함을 부지런히 하는 것도 이와 같다. 착함을 찾고 착함을 가려내어 착함에 부합하여야 그치는 것은 부지런한 성품이니, 가히 그 복을 받게 된다.

주해 1) 不倦者 不倦爲善也(불권자 불권위선야) : 불권不倦, 즉 '게으르지 않음'이란 착한(善) 일을 함(爲)에 게으르지 않는(不倦) 것을 말한

다(倦 게으를 권).

　　2) 勤匠 造器 窮美而止(근장 조기 궁미이지) : 부지런한 장인(勤匠)은 그릇을 만듦(造器)에 아름다움이 다해야(窮美而) 그친다(止)는 뜻이다.

　　3) 勤醫 診痾 盡藥而止(근의 진아 진약이지) : 부지런한 의사(勤醫)는 병을 진료함(診痾)에 약을 다 써야(盡藥而) 그친다(止)는 뜻이다(痾 숙병 아).

　　4) 勤善 亦如之(근선 역여지) : 착함(善)을 부지런히(勤) 하는 것도 이와 같다(如之)는 뜻이다.

　　5) 尋善淘善 合善而止 勤性也 可領其福(심선도선 합선이지 근성야 가령기복) : 착함을 찾고(尋善) 착함을 가려내어(淘善) 착함에 부합하여야(合善而) 그치는(止) 것은 부지런한 성품(勤性)이니, 가히 그 복을 받을 수 있다는 뜻이다(尋 찾을 심; 淘 일 도, '일어서 가려냄').

제305사 욕급(欲及: 報 3階 18級)

欲及者　欲及於善也　性昏知昧　雖欲爲善
욕 급 자　욕 급 어 선 야　성 혼 지 매　수 욕 위 선

不知善之所善　惟知惡之不可　眞性也　可領其福
부 지 선 지 소 선　유 지 악 지 불 가　진 성 야　가 령 기 복

　[번 역]　욕급欲及이란 착함에 이르고자 하는 것이다. 성품이 혼미하여 아는 것이 어두우면 비록 착한 일을 하고자 해도 착함의 좋은 바를 알지 못한다. 오직 악의 옳지 못함을 아는 것은 참된 성품이니, 가히 그 복을 받게 된다.

주해 1) 欲及者 欲及於善也(욕급자 욕급어선야) : 욕급欲及, 즉 '이르고자 함'이란 착함에(於善) 이르고자(欲及) 하는 것을 말한다.

2) 性昏知昧 雖欲爲善 不知善之所善(성혼지매 수욕위선 부지선지소선) : 성품이 혼미하여(性昏) 아는 것이 어두우면(知昧) 비록(雖) 착한 일을 하고자(欲爲善) 해도 착함(善)의 좋은 바(所善)를 알지 못한다는 뜻이다.

3) 惟知惡之不可 眞性也 可領其福(유지악지불가 진성야 가령기복) : 오직(惟) 악(惡)의 옳지 못함(不可)을 아는(知) 것은 참된 성품(眞性)이니, 가히 그 복을 받을 수 있다는 뜻이다.

제4계 영盈

제306사 영(盈: 報 4階)

盈 十數也 窮惡 盈九 惡於當世 極惡 盈十
영 십수야 궁악 영구 악어당세 극악 영십

亦惡於前世也 惡盈無餘 可領上禍
역악어전세야 악영무여 가령상화

번역 영盈은 10수十數이다. 악이 다하여 아홉에 차면 이 세상에 있어서의 악함이며, 악이 극심하여 열(十)에 차면 또한 전세前世에 있어서의 악함이다. 악이 여지없이 가득 차면, 가히 가장 무서운 앙화(上禍)를 받게 된다.

주해   1) 盈 十數也(영 십수야) : 영盈, 즉 '가득 참'이란 10수十數를 말한다(盈 찰 영).

2) 窮惡 盈九 惡於當世(궁악 영구 악어당세) : 악이 다하여(窮惡) 아홉에 차면(盈九) 이 세상(當世)에 있어서의 악함(惡)이라는 뜻이다. 아홉 수에 대해서는 이미 천부경에서도 나온 바 있거니와, 열(十)이 열매라면 아홉은 인간세계를 상징하는 최고의 숫자이니, 악이 다하여 아홉에 차면 이 세상에 있어서의 궁악窮惡이라고 한 것이다.

3) 極惡 盈十 亦惡於前世也(극악 영십 역악어전세야) : 악이 극심하여(極惡) 열에 차면(盈十) 또한(亦) 전세前世에 있어서의 악함(惡)이라는 뜻이다. 열(十)은 열매로서 이 세상의 끝(열매)인 동시에 다가오는 세상의 시작(씨앗)이니, 악이 극심하여 열에 차면 열매인 동시에 씨앗으로서 기능하게 되므로 열은 이미 전세前世에 있어서의 악함이 되는 것이다.

4) 惡盈無餘 可領上禍(악영무여 가령상화) : 악이 여지없이(無餘) 가득 차면(盈) 가장 무서운 앙화殃禍(上禍), 즉 재앙으로 인한 화를 받는다(領)는 뜻이다.

제307사 습범(襲犯: 報 4階 19級)

襲犯者 承父惡也 前家火起 後家又火 不滅者未有
습 범 자   승 부 악 야   전 가 화 기   후 가 우 화   불 멸 자 미 유

父已犯惡 子又襲惡 不折不止 可領次禍
부 이 범 악   자 우 습 악   부 절 부 지   가 령 차 화

번역   습범襲犯이란 아버지의 악함을 이어받는 것이다. 앞집에

불이 나고 뒷집에 또 불이 나면, 타 없어지지 않을 것이 없다. 아버지가 이미 악을 범하고 자식이 또 악을 이어받으면 그 악은 꺾지도 못하고 그치게도 못할 것이니, 가히 가장 무서운 앙화 다음 가는 앙화를 받게 된다.

주해   1) 襲犯者 承父惡也(습범자 승부악야) : 습범襲犯, 즉 '범죄를 물려받음'이란 아버지의 악함(父惡)을 이어받는(承) 것을 말한다(襲 물려받을 습).

2) 前家火起 後家又火 不滅者未有(전가화기 후가우화 불멸자미유) : 앞집(前家)에 불이 나고(火起) 뒷집(後家)에 또(又) 불(火)이 나면, 타 없어지지 않을 것(不滅者)이 없다(未有)는 뜻이다.

3) 父已犯惡 子又襲惡(부이범악 자우습악) : 아버지(父)가 이미(已) 악을 범하고(犯惡) 자식(子)이 또(又) 악을 이어받는(襲惡) 것을 말한다.

4) 不折不止 可領次禍(부절부지 가령차화) : (그 악은) 꺾지도 못하고(不折) 그치게도 못할(不止) 것이니, 가장 무서운 앙화 다음 가는 앙화(次禍)를 받게(領) 된다는 뜻이다(折 꺾을 절).

제308사 연속(連續: 報 4階 20級)

連續者 做惡連續也 賊人 聽父 凶人 敎子
연 속 자   주 악 연 속 야   적 인   청 부   흉 인   교 자

聽父惡乎 敎子惡乎 聽父惡而行之 敎子惡而鞭之
청 부 악 호   교 자 악 호   청 부 악 이 행 지   교 자 악 이 편 지

連續轉惡也 可領大禍
연 속 전 악 야   가 령 대 화

번역 연속連續이란 연이어 계속해서 악을 짓는 것이다. 도적은 아비에게 악을 듣고, 흉악한 사람은 자식에게 가르치니, 아비의 악함을 들을 것인가, 자식에게 악함을 가르칠 것인가! 아비에게 악을 듣고 이를 행하며, 자식에게 악을 가르치고 이를 채찍질하여 연속해서 악에 굴러 떨어지게 하면, 가히 큰 앙화를 받게 된다.

주해 1) 連續者 做惡連續也(연속자 주악연속야) : 연속連續, 즉 '연이어 계속함'이란 연이어 계속해서 악을 저지르는 것을 말한다.

2) 賊人 聽父 凶人 敎子(적인 청부 흉인 교자) : 도적(賊人)은 아비에게 악을 듣고(聽父), 흉악한 사람(凶人)은 자식에게 가르친다(敎子)는 뜻이다.

3) 聽父惡乎 敎子惡乎(청부악호 교자악호) : '아비의 악함(父惡)을 들을(聽) 것인가, 자식(子)에게 악함(惡)을 가르칠(敎) 것인가!'의 뜻이다.

4) 聽父惡而行之 敎子惡而鞭之 連續轉惡也 可領大禍(청부악이행지 교자악이편지 연속전악야 가령대화) : 아비(父)에게 악을 듣고(聽) 이를 행하며(行之), 자식에게 악을 가르치고(敎) 이를 채찍질하여(鞭之) 연속連續해서 악惡에 굴러(轉) 떨어지게 하면, 가히 큰 앙화(大禍)를 받게(領) 된다는 뜻이다(鞭 채찍질할 편).

제309사 유가(有加: 報 4階 21級)

有加者 加惡也 鰐 不吞細泳 狼 不嚌殘走
유 가 자   가 악 야   악   불 탄 세 영   랑   불 혜 잔 주

惡輕則止 惡重則行 加惡也 可領其禍
악 경 즉 지   악 중 즉 행   가 악 야   가 령 기 화

번역　유가有加란 악을 가중시키는 것이다. 악어는 작은 물고기를 삼키지 않으며, 이리는 작은 짐승을 먹이로 삼지 않는다. 이처럼 가벼운 악은 그치고 무거운 악을 행하는 것은 악을 가중시키는 것이니, 가히 그 앙화를 받게 된다.

주해　1) 有加者 加惡也(유가자 가악야) : 유가有加, 즉 '더함이 있음'이란 악을 가중시키는 것을 말한다.

　2) 鰐 不吞細泳(악 불탄세영) : 악어는 작은(細) 물고기를 삼키지 않는다(不吞)는 뜻이다(鰐 악어 악; 吞 삼킬 탄).

　3) 狼 不嘒殘走(랑 불혜잔주) : 이리는 작은(嘒) 짐승을 쫓아 모질게 달리지(殘走) 않는다(不)는 뜻으로 이는 곧 작은 짐승을 먹이로 삼지 않는다는 의미이다(狼 이리 랑; 嘒 작을 혜).

　4) 惡輕則止 惡重則行 加惡也 可領其禍(악경즉지 악중즉행 가악야 가령기화) : 악이 가벼우면(惡輕則, 가벼운 악은) 그치고 무거우면(惡重則, 무거운 악은) 행하는 것은 악을 가중시키는(加惡) 것이니, 가히 그 앙화를 받게 된다는 뜻이다.

제310사　전악(傳惡: 報 4階 22級)

傳惡者　傳惡於人也　己惡　不知改　人惡　不勸改
전 악 자　전 악 어 인 야　기 악　부 지 개　인 악　불 권 개

反誘弄愚良　黨助己惡　護惡登辯　推諉愚良　眞惡
반 유 롱 우 량　당 조 기 악　호 악 등 변　추 위 우 량　진 악

陷假惡　可領其禍
함 가 악　가 령 기 화

번역　전악傳惡이란 남에게 악을 전하는 것이다. 자기의 악함을 고칠 줄 모르고 남의 악함도 고치기를 권하지 않으며, 도리어 어리석고 선량한 사람을 꾀고 희롱하여 무리를 지어 자기의 악함을 돕게 한다. 악을 비호하고 변호하면서 어리석고 선량한 사람에게 책임을 전가시켜 함정에 빠뜨리니, 가히 그 앙화를 받게 된다.

주해　1) 傳惡者 傳惡於人也(전악자 전악어인야) : 전악傳惡, 즉 '악을 전함'이란 남에게 악을 전하는 것을 말한다.

2) 己惡 不知改 人惡 不勸改(기악 부지개 인악 불권개) : 자기의 악함(己惡)을 고칠(改) 줄 모르고(不知) 남의 악함(人惡)도 고치기(改)를 권하지 않는다(不勸)는 뜻이다.

3) 反誘弄愚良 黨助己惡(반유롱현량 당조기악) : 도리어(反) 어리석고 선량한(愚良) 사람을 꾀고 희롱하여(誘弄) 무리(黨)를 지어 자기의 악함(己惡)을 돕게(助) 한다는 뜻이다.

4) 護惡登辯 推諉愚良(호악등변 추위우량) : 악을 비호하고(護惡) 변호하면서(登辯) 어리석고 선량한(愚良) 사람에게 책임을 전가시키는(推諉) 것을 말한다.

5) 眞惡 陷假惡 可領其禍(진악 함가악 가령기화) : 진악 함가악(眞惡 陷假惡)은 진짜 악(악을 비호하고 변호하는 사람)이 가짜 악(어리석고 선량한 사람)을 함정에 빠뜨린다는 뜻이다. 따라서 전체적인 뜻은 (어리석고 선량한 사람에게 책임을 전가시켜) 함정에 빠뜨리니, 가히 그 앙화를 받게 된다는 의미이다.

제5계 대大

제311사 대(大: 報 5階)

大 一爲而做大惡也 做小惡者 愚也 處否似
대 일위이주대악야 주소악자 우야 처부사

或難自覺 做大惡者 智也 一時行事 罪貫神人
혹난자각 주대악자 지야 일시행사 죄관신인

可領其禍
가령기화

번역 대大는 한 번의 행위로 큰 악을 짓는 것이다. 작은 악을 짓는 사람은 어리석어서 대처함이 같지 않아 혹 스스로 깨닫기 어려우나, 큰 악을 짓는 사람은 영악스러워 한때 큰 악을 행함에 그 죄가 신명과 사람을 꿰뚫으니, 가히 그 앙화를 받게 된다.

주해 1) 大 一爲而做大惡也(대 일위이주대악야): 대大, 즉 '큼'이란 한 번의 행위(一爲)로 큰 악(大惡)을 짓는(做) 것을 말한다.

2) 做小惡者 愚也 處否似 或難自覺(주소악자 우야 처부사 혹난자각): 작은 악(小惡)을 짓는 사람(者)은 어리석어서(愚也) 대처(處=對處)함이 같지 않아(否似) 혹或 스스로 깨닫기 어렵다(難自覺)는 뜻이다.

3) 做大惡者 智也 一時行事 罪貫神人 可領其禍(주대악자 지야 일시행사 죄관신인 가령기화): 큰 악을 짓는 사람은 영악스러워(智也) 한때(一時) 큰 악(事)을 행함(行)에 그 죄罪가 신명(神=神明)과 사람(人)을 꿰뚫으

니(貫), 가히 그 앙화를 받게 된다는 뜻이다.

제312사 감상(勘尙: 報 5階 23級)

勘尙者　徵勘而不改也　一惡經徵　再惡經勘
감 상 자　징 감 이 불 개 야　일 악 경 징　　재 악 경 감

猶不知改　終身做惡　狂惡也　可領其禍
유 부 지 개　종 신 주 악　　광 악 야　　가 령 기 화

번역　감상勘尙이란 징계하고 정죄定罪를 하여도 고치지 않는 것이다. 한 번의 악함은 징계로 다스리고, 두 번째 악함은 정죄하여 다스린다. 그러함에도 오히려 고칠 줄 모르고 종신토록 악을 저지르는 것은 악에 미친 것이니, 가히 그 앙화를 받게 된다.

주해　1) 勘尙者 徵勘而不改也(감상자 징감이불개야) : 감상勘尙, 즉 '죄를 더함'이란 징계(徵)하고 정죄(勘: 定罪)를 하여도 고치지 않는 것을 말한다(勘 헤아릴 감, '定罪'; 尙 더할 상).

2) 一惡經徵 再惡經勘(일악경징 재악경감) : 한 번의 악함(一惡)은 징계로 다스리고(經徵), 두 번째 악함(再惡)은 정죄하여 다스린다(經勘)는 뜻이다.

3) 猶不知改 終身做惡 狂惡也 可領其禍(유부지개 종신주악 광악야 가령기화) : 오히려(猶) 고칠(改) 줄 모르고(不知) 종신終身토록 악을 저지르는(做惡) 것은 악에 미친(狂惡) 것이니, 가히 그 앙화를 받게 된다는 뜻이다.

제313사 무탄(無憚: 報 5階 24級)

無憚者 做惡而無忌憚也 說惡而怕人道破
무 탄 자 주악이무기탄야　설악이파인도파

處惡而畏人知覺 自謂隱惡 旣裨惡 無眞心畏㤼
처악이외인지각　자위은악　기비악　무진심외겁

將營惡 無眞心忌憚 頑惡也 可領其禍
장영악　무진심기탄　완악야　가령기화

번 역　무탄無憚이란 악을 저지르고도 마음에 거리낌이 없는 것이다. 악을 말하면서 남이 말하여 깨뜨릴까 두려워하고, 악에 처하여서도 남이 알까 두려워하여 스스로 악을 숨기고자 하는 법인데, 이미 지은 작은 악에 진실로 두려워함이 없고 장차 지을 악에도 전혀 거리낌이 없는 것은 완악한 악이니, 가히 그 앙화를 받게 된다.

주 해　1) 無憚者 做惡而無忌憚也(무탄자 주악이무기탄야) : 무탄無憚, 즉 '두려워함이 없음'이란 악을 저지르고도(짓고도) 마음에 거리낌이 없다는 뜻이다(憚 꺼릴 탄, '두려워함').

2) 說惡而怕人道破 處惡而畏人知覺 自謂隱惡(설악이파인도파 처악이외인지각 자위은악) : 악을 말하면서(說惡而) 남(人)이 말하여 깨뜨릴까(道破) 두려워하고(怕), 악에 처하여서도(處惡而) 남(人)이 알까(知覺) 두려워하여(畏) 스스로(自) 악을 숨기려(隱惡) 하는 것을 말한다(怕 두려워할 파; 道 말할 도; 破 깨뜨릴 파).

3) 旣裨惡 無眞心畏㤼(기비악 무진심외겁) : 이미(旣) 지은 작은 악(裨惡)에 진심眞心으로 두려워함(畏㤼)이 없다(無)는 뜻이다(裨 작을 비; 㤼 겁낼 겁, '怯'의 俗字).

4) 將營惡 無眞心忌憚 頑惡也 可領其禍(장영악 무진심기탄 완악야 가령기화) : 장차(將) 지을(꾀할영營) 악惡에도 진심으로 거리낌(忌憚)이 없는(無) 것은 완악한(頑惡, 凶惡) 악이니, 가히 그 앙화를 받게 된다는 뜻이다(營 꾀할 영).

제314사 취준(驟峻: 報 5階 25級)

驟峻者 平居善良 驟爲峻惡也 良而做惡者無
취 준 자 평 거 선 량 취 위 준 악 야 양 이 주 악 자 무

善而做惡者亦無 其原心 不良 原性 不善
선 이 주 악 자 역 무 기 원 심 불 량 원 성 불 선

輒行峻惡 藏惡也 可領其禍
첩 행 준 악 장 악 야 가 령 기 화

번 역 취준驟峻이란 평소에는 착하고 어질다가 갑자기 험한 악을 저지르는 것이다. 어질면서 악을 저지르는 사람은 없고, 착하면서 악을 저지르는 사람 또한 없다. 원래 마음이 어질지 못하고 원래 성품이 착하지 못하여 갑자기 험한 악을 저지르는 것은 악이 감추어져 있었기 때문이니, 가히 그 앙화를 받게 된다.

주 해 1) 驟峻者 平居善良 驟爲峻惡也(취준자 평거선량 취위준악야) : 취준驟峻, 즉 '갑자기 험해짐'이란 평소에는 착하고 어질다가 갑자기(驟) 험한 악(峻惡)을 저지르는(爲) 것을 말한다(驟 갑작스러울 취; 峻 험할 준, 클 준).

2) 良而做惡者無 善而做惡者亦無(양이주악자무 선이주악자역무) : 어질

면서(良而) 악을 저지르는 사람(做惡者)은 없고(無), 착하면서(善而) 악을 저지르는 사람(做惡者) 또한 없다(亦無)는 뜻이다.

　　3) 其原心 不良 原性 不善(기원심 불량 원성 불선) : 원래 마음(原心)이 어질지 못하고(不良) 원래 성품(原性)이 착하지 못한(不善) 것을 말한다.

　　4) 輒行峻惡 藏惡也 可領其禍(첩행준악 장악야 가령기화) : 갑자기(輒) 험한 악(峻惡)을 저지르는(行) 것은 악(惡)이 감추어져(藏) 있었기 때문이니, 가히 그 앙화를 받게 된다는 뜻이다.

제315사 외선(外善: 報 5階 26級)

外善者 外善而內惡也 言正而行不合
외 선 자　외 선 이 내 악 야　언 정 이 행 불 합

行合而事不孚 雪下陷穽 惡胎産滿 盲惡也
행 합 이 사 불 부　설 하 함 정　악 태 산 만　맹 악 야

可領其禍
가 령 기 화

번역　외선外善이란 겉으로는 착하지만 속은 악한 것이다. 말은 바르되 행동이 합당치 못하고, 행동은 합당하되 일이 미덥지 못한 것이다. 눈 덮인 함정 속에 악의 태가 자라나 가득한 것 같은 어두운 악이니, 가히 그 앙화를 받게 된다.

주해　1) 外善者 外善而內惡也(외선자 외선이내악야) : 외선外善, 즉 '겉으로 착함'이란 겉으로는 착하지만 속은 악한 것을 말한다.

2) 言正而行不合 行合而事不孚(언정이행불합 행합이사불부) : 말은 바르되(言正而) 행동이 합당치 못하고(行不合), 행동은 합당하되(行合而) 일이 미덥지 못한(事不孚) 것을 말하는 것으로, 이는 겉으로는 착한 체 하지만 속이 악하기 때문이다(孚 믿을 부).

3) 雪下陷穽 惡胎産滿 盲惡也 可領其禍(설하함정 악태산만 맹악야 가령기화) : 눈 덮인 함정(雪下陷穽) 속에 악의 태(惡胎)가 자라나 가득한(産滿) 것 같은 어두운 악(盲惡)이니, 가히 그 앙화를 받게 된다는 뜻이다(陷 빠질 함; 穽 함정 정; 産 자랄 산; 盲 어두울 맹).

제6계 소小

제316사 소(小: 報 6階)

小 小惡也 過愆 過曰惡 大愆大惡 出自昧智
소 소악야 과건 과왈악 대건대악 출자매지

小惡 亦所做 可領其禍
소악 역소주 가령기화

번 역   소小는 작은 악이다. 허물이 지나치면 악이라 이르니, 큰 허물과 큰 악은 지혜가 어두운 데서 생긴다. 작은 악도 또한 악을 짓는 것이니, 가히 그 앙화를 받게 된다.

주 해   1) 小 小惡也(소 소악야) : 소小, 즉 '작음'이란 작은 악이라는 뜻이다.

    2) 過愆 過曰惡(과건 과왈악) : 허물(過愆)이 지나치면(過) 악惡이라 이른다(曰)는 뜻이다(過 지날 과, 허물 과; 愆 허물 건).

    3) 大愆大惡 出自昧智(대건대악 출자매지) : 큰 허물(大愆)과 큰 악(大惡)은 지혜(智)가 어두운 데서(自昧) 생긴다(出)는 뜻이다(自 부터 자, '…로부터'; 昧 어두울 매).

    4) 小惡 亦所做 可領其禍(소악 역소주 가령기화) : 작은 악(小惡)도 또한(亦) (악을) 짓는 것(所做)이니, 가히 그 앙화를 받게 된다는 뜻이다.

제317사 배성(背性: 報 6階 27級)

背性者 捨本性也 使俠便闊 捨拙便豪 試惡成利
배 성 자　사 본 성 야　　사 협 변 활　　사 졸 변 호　　시 악 성 리

認作良方 奔身買惡 跳惡也 可領其禍
인 작 양 방　분 신 매 악　　도 악 야　　가 령 기 화

번역 　배성背性이란 본래의 성품을 버리는 것이다. 협기俠氣를 부려 문득 너그러운 척하고, 옹졸함을 버리고 문득 호탕한 척하면서, 악을 시험 삼아 행하고서 이익을 얻었다고 해서 좋은 방법으로 알고 짓는 것이다. 분주히 악을 찾아다니며 악행을 저지르는 것은 악으로 뛰는 것이니, 가히 그 앙화를 받게 된다.

주해　1) 背性者 捨本性也(배성자 사본성야) : 배성背性, 즉 '성품을 배반함'이란 본래의 성품(本性)을 버리는(捨) 것을 말한다.

    2) 使俠便闊 捨拙便豪(사협변활 사졸변호) : 협기俠氣를 부려(使) 문득

(便) 너그러운(闊) 척하고, 옹졸함(拙)을 버리고 문득(便) 호탕한(豪) 척하는 것을 말한다(使 부릴 사; 俠 豪俠할 협, '俠氣가 있음'; 便 문득 변; 闊 너그러이할 활; 捨 버릴 사; 拙 옹졸할 졸; 豪 호협할 호).

3) 試惡成利 認作良方(시악성리 인작양방) : 악(惡)을 시험(試) 삼아 행하고서 이익(利)을 얻었다(成)고 해서 좋은 방법(良方)으로 알고(認) 짓는(作) 것을 말한다.

4) 奔身買惡 跳惡也 可領其禍(분신매악 도악야 가령기화) : 몸을 달려(奔身) 악을 사는(買惡, 분주히 악을 찾아다니며 악행을 저지르는) 것은 악으로 뛰는(跳惡) 것이니, 가히 그 앙화를 받게 된다는 뜻이다.

제318사 단련(斷連: 報 6階 28級)

斷連者 欲斷惡而復連惡也 密惡 旣露 懷懼欲斷
단 련 자   욕 단 악 이 부 연 악 야   밀 악   기 로   회 구 욕 단

人言 稍定 復謀其惡 妖惡也 可領其禍
인 언   초 정   부 모 기 악   요 악 야   가 령 기 화

번 역 단련斷連이란 악을 끊고자 하다가 다시 악을 잇는 것이다. 몰래 행한 악이 이미 드러남에 두려움을 품고 끊고자 하다가 사람들의 말이 잠잠해지자 다시 그 악을 꾀하는 것은 요사스러운 악이니, 가히 그 앙화를 받게 된다.

주 해 1) 斷連者 欲斷惡而復連惡也(단련자 욕단악이부연악야) : 단련斷連, 즉 '끊고 이음'이란 악을 끊고자 하다가(欲斷惡而) 다시(復) 악을 잇는(連惡) 것을 말한다.

2) 密惡 旣露 懷懼欲斷(밀악 기로 회구욕단) : 몰래 행한 악(密惡)이 이미 드러남(旣露)에 두려움을 품고(懷懼) 끊고자 하는(欲斷) 것을 말한다.

3) 人言 稍定 復謀其惡 妖惡也 可領其禍(인언 초정 부모기악 요악야 가령기화) : 사람들의 말(人言)이 잠잠해지자(稍定) 다시 그 악을 꾀하는(謀) 것은 요사스러운 악(妖惡)이니, 가히 그 앙화를 받게 된다는 뜻이다 (稍 점점 초; 定 잘 정; 復 다시 부).

제319사 불개(不改: 報 6階 29級)

不改者 知惡人 當改而不忍改也 知其當改
불개자 지악인 당개이불인개야 지기당개

不忍改者 爲欲利 浮於昧惡 可領其禍
불인개자 위욕리 부어매악 가령기화

번역 불개不改란 악을 아는 사람이 마땅히 고쳐야 하나 차마 고치지 못하는 것이다. 마땅히 고쳐야 한다는 것을 알면서도 차마 고치지 못하는 것은 이익을 얻고자 하는 마음이 있기 때문이다. 이는 어두운 악에 들떠 있는 것이니, 가히 그 앙화를 받게 된다.

주해 1) 不改者 知惡人 當改而不忍改也(불개자 지악인 당개이불인개야) : 불개不改, 즉 '고치지 못함'이란 악을 아는 사람(知惡人)이 마땅히 고쳐야 하나(當改而) 차마 고치지 못하는(不忍改) 것을 말한다.

2) 知其當改 不忍改者 爲欲利(지기당개 불인개자 위욕리) : 마땅히 고쳐야 함을 알면서도 차마 고치지 못하는 것은 이익을 얻고자 하는

(爲欲利) 마음이 있기 때문이라는 뜻이다. 말하자면 자신의 경우든 타인의 경우든, 악행을 저지르는 것이 바람직하지 않다는 것을 알면 마땅히 고치고 또 고쳐 주어야 하나 그렇게 못하는 것은, 악행을 계속함으로써 얻게 될지도 모를 이익에 마음이 가 있기 때문이라는 뜻이다.

3) 浮於昧惡 可領其禍(부어매악 가령기화) : 어두운 악에(於昧惡) 들떠 있는(浮) 것이니, 가히 그 앙화를 받게 된다는 뜻이다.

제320사 권린(勸隣: 報 6階 30級)

勸隣者 恐己惡孤立 勸良順從己 良順不從
권 린 자 공 기 악 고 립 권 양 순 종 기 양 순 부 종

反謀良順 己惡乃漲 餓惡也 可領其禍
반 모 양 순 기 악 내 창 아 악 야 가 령 기 화

번역 권린勸隣이란 자기의 악함이 고립되는 것을 두려워하여 양순한 사람으로 하여금 자기를 따르도록 하는 것이다. 양순한 사람이 따르지 않으면 도리어 그 양순한 사람을 모함한다. 자기의 악이 이에 불어남은 악에 굶주린 것이니, 가히 그 앙화를 받게 된다.

주해 1) 勸隣者 恐己惡孤立 勸良順從己(권린자 공기악고립 권양순종기) : 권린勸隣, 즉 '이웃에게 권함'이란 자기의 악함(己惡)이 고립孤立되는 것을 두려워하여(恐) 양순良順한 사람으로 하여금 자기를 따르도록(從己) 권하는(勸) 것을 말한다. 말하자면 자기 혼자 악에 빠지는 것을 두려워하여 양순한 사람을 꾀어 같이 악에 빠지게 한다는 의미

이다.

 2) 良順不從 反謀良順(양순부종 반모양순) : 양순한 사람이 따르지 않으면(不從) 도리어(反) 그 양순한 사람을 모함(謀)한다는 뜻이다.

 3) 己惡乃漲 餓惡也 可領其禍(기악내창 아악야 가령기화) : 자기의 악(己惡)이 이에(乃) 불어남(漲)은 악惡에 굶주린(餓) 것이니, 가히 그 앙화를 받게 된다는 뜻이다(漲 불을 창).

제8강령 응應 제321사

6과果 39형形

● 제1과 적積 제322사

　　제1형 극존極尊　제323사　　제2형 거유巨有　제324사
　　제3형 상수上壽　제325사　　제4형 제손諸孫　제326사
　　제5형 강녕康寧　제327사　　제6형 선안仙安　제328사
　　제7형 세습世襲　제329사　　제8형 혈사血祀　제330사

● 제2과 중重 제331사

　　제9형 복중福重　제332사　　제10형 옥백玉帛　제333사
　　제11형 절화節化　제334사　　제12형 현예賢裔　제335사
　　제13형 건왕健旺　제336사　　제14형 길경吉慶　제337사
　　제15형 세장世章　제338사

● 제3과 담淡 제339사

　　제16형 응복應福　제340사　　제17형 유고裕庫　제341사
　　제18형 무액無厄　제342사　　제19형 이수利隨　제343사
　　제20형 천권天捲　제344사

- **제4과 영盈 제345사**

  제21형 뇌진雷震 제346사   제22형 귀갈鬼喝 제347사
  제23형 멸가滅家 제348사   제24형 절사絶祀 제349사
  제25형 실시失屍 제350사

- **제5과 대大 제351사**

  제26형 인병刃兵 제352사   제27형 수화水火 제353사
  제28형 도적盜賊 제354사   제29형 수해獸害 제355사
  제30형 형역刑役 제356사   제31형 천라天羅 제357사
  제32형 지망地網 제358사   제33형 급신及身 제359사

- **제6과 소小 제360사**

  제34형 빈궁貧窮 제361사   제35형 질병疾病 제362사
  제36형 패망敗亡 제363사   제37형 미실靡室 제364사
  제38형 도개道丐 제365사   제39형 급자及子 제366사

참전계경

제8강령 응應

제321사 응應

應者 惡受禍報 善受福報 有六果三十九形
응 자 악 수 화 보 선 수 복 보 유 육 과 삼 십 구 형

번역 응應이란 악惡은 앙화로 응징 받고, 선善은 복으로 보응을 받는 것이니, 여기에는 6과果 39형形이 있다.

주해 1) 應者 惡受禍報 善受福報(응자 악수화보 선수복보) : 응이란 악은 앙화(禍=殃禍)로 응징 받고(受禍報), 선善은 복으로 보응을 받는(受福報) 것이라는 말이다.

　2) 有六果三十九形(유육과삼십구형) : 응應에는 여섯 가지 인과(果)와 서른아홉 가지 형태가 있다는 뜻이다.

해설 응이란 악은 앙화로 응징 받고, 선은 복으로 보응을 받는 것을 말한다. 응이란 쌓음(積)으로 오는 것이고, 중重히 여김으로 오는 것이며, 맑음(淡)으로 오는 것이고, 가득함(盈)으로 오는 것이며, 큼(大)으로 오는 것이고, 작음(小)으로 오는 것이다. 우선 응應은 쌓음(積)으로 오는 것이라고 「적積」(應 1果)에서는 말한다. 즉 "정성(誠)이란 인간사의 근본이고, 보응(應)이란 하늘의 이치가 다양한 인과因果 형태로 나타나는 시장과 같은 것이다. 화복禍福은 모두 쌓음으로 인하

여 온다. 큰 앙화를 내려 악한 사람에게 응징하며, 모든 복을 내려 착한 사람에게 보답한다." 이 우주는 자연법인 카르마(karma, 業)의 지배 하에 있으므로 각기 짓는 그 업業에 따라 다양한 형태의 화복 禍福이 주어지는 것이다. 선업善業을 짓느냐 악업惡業을 짓느냐 하는 것은 모두 자신에게 달린 것으로[109] 그에 따라 자연히 다양한 형태의 화복이 주어지는 것이니, 마치 온갖 화복이 거래되는 시장과도 같다고 한 것이다. 카르마의 목적이 단순한 징벌에 있는 것이 아니라, 영적靈的 교정의 의미와 함께 영적 진화를 위한 영성 계발에 있다는 사실을 자각한다면, 하늘이 내리는 앙화, 즉 시련의 교육적 의미를 감사하는 마음으로 깊이 새길 수 있을 것이다. 복덕福德을 쌓으면 지극히 존귀해지고「極尊」(應1果1形)], 크게 가지며「巨有」(應1果2形)], 오래 살고「上壽」(應1果3形)], 자손들이 효도하고 화목하며「諸孫」(應1果4形)], 건강하고 편안하며「康寧」(應1果5形)], 선인仙人의 안락함을 얻고「仙安」(應1果6形)], 좋은 가문의 전통을 대대로 물려받으며「世襲」(應1果7形)], 하늘을 대신하여 가르침을 세우고 교화를 행하게 된다「血祀」(應1果8形)]. 지극히 존귀해진다는 것은 '큰 덕을 부여받아 큰 자리에 처하여 하늘과 땅을 맡아 인류에게 덕화德化를 펴는 것'을 말한다. 큰 자리에 처한다는 것은 밝은이가 중심에 앉아 덕화德化를 펴는 것으로 한국 상고시대는 이른바 철인정치가 이루어진 시대임을 알 수 있게 한다. 당시 정치의 요체는 덕화에 기초한 홍익인간의 구현이었으며, 『천부경』·『삼일신고』·『참전계경』은 정치대전이자 삶의 교본으로서 그 속에 담겨진 진리의 정수精髓는 정치의 도道와 종교의 도와 학문의 도를 하나로 관통한 것이었다. 세 경전에 대한 사

---

109 cf. 『中庸』, 「道論」: "…子曰「射, 有似乎君子 失諸正鵠 反求諸其身.」"

상적 원시반본原始返本이 이루어지고 있는 것은 바로 그러한 철인 정치 시대가 다시 도래하고 있기 때문인 것으로 보인다. 크게 가진 다는 것은 "후한 덕을 타고나 본래 자리에 머물면서 넓은 땅을 가지고 보화를 저장하고 있는 것"을 말한다. 본래 자리에 머문다는 것은 근본지根本智의 발현으로 우주만물을 하나로 보는 본성本性의 자리에 머무는 것을 뜻한다. 말하자면 많은 복덕을 쌓은 사람은 후한 덕을 타고나 본성의 자리에 머물면서 넉넉한 재산을 가지고 편안하게 살 수 있다는 의미이다. 본성의 자리에 머물며 덕을 쌓으면 양생養生에 절도가 있어 신선의 골격으로 몸이 화해져 오래도록 장수하고, 좋은 가문에 태어나 건강하고 편안하며, 자손들도 효도하고 화목하게 된다. 또한 참전계경으로 법도를 이루어 선인의 안락함을 얻고, 좋은 가문의 전통을 이어받아 공적이 한 세상을 덮고 이름이 천추에 떨치게 된다. 그리고 혈사자血祀者, 즉 하늘과 조상에 제사지내는 사람은 하늘을 대신하여 가르침을 세우고 사람을 교화하여 법을 이루어 만세의 스승이 된다.[110] 우리 조상들은 박달나무 아래 제단을 만들고 소도라는 종교적 성지가 있어 그곳에서 하늘과 조상을 숭배하는 수두교蘇塗敎를 펴고 법 질서를 보호하며 살았다. 말하자면 당시로서는 수두교가 정치의 핵심 사상이 되었던 것이다. 이러한 수두, 제천의 고속古俗은 대개 삼한시대 혹은 삼국시대까지 이어졌는데, 부여의 영고, 고구려의 동맹, 동예의 무천, 삼한의 5월제와 10월제 등이 그것이다. 이처럼 하늘에 제사지내고 보

---

110 여기서 '血祀', 즉 피로 제사지낸다는 말은 흰 소를 잡아 제천하던 데서 유래된 것이다. 한국 상고 제정일치시대에는 敬天崇祖하는 의식을 담당한 巫師들이 상고 제정일치시대의 통치엘리트였으므로 血祀者가 하늘을 대신하여 가르침을 세우고 사람을 교화하여 법을 이루어 만세의 스승이 된다고 한 것이다.

본하는 소도의식을 통하여 천인합일天人合一・군민공락君民共樂을 이루어 국권을 세우고 정치적 결속력을 강화하며 국운의 번창을 기원했던 것으로 보인다.

응應은 중히 여김重으로 오는 것이라고 「중重」(應 2果)에서는 말한다. "종훈(倧訓: 天符經・三一神誥)이 소중한 것은 나라의 근본이기 때문이며, 전계(佺戒: 參佺戒經)가 소중한 것은 백성을 가르치는 것이기 때문이다. 나라 다스리는 근본 원리가 모두 여기에서 나온 것이다. 밝은 이가 산천의 정기를 빚어내어 종훈으로 선정을 베푸니 천하(天河: 바이칼호)¹¹¹가 먼저 맑아지고, 전계로 교화를 행하니 백악(白岳: 백두산)이 먼저 신령스러워진다" 복덕福德을 중히 여기면 크게 영화로워지고「福重」(應 2果 9形)], 한 세상이 안락하여 시비도 없고 송사訟事도 없으며「玉帛」(應 2果 10形)], 살아서는 맑은 덕이 있고, 죽어서는 아름다운 절개가 있으며「節化」(應 2果 11形)], 어진 후손이 태어나 가문을 부흥시키고「賢裔」(應 2果 12形)], 시운時運이 왕성하여 기원하는 대로 되며「健旺」(應 2果 13形)], 흉한 일은 물러가고 길한 일만 생기며「吉慶」(應 2果 14形)], 대대로 학업을 닦아 문필에 통달하게 된다「世章」(應 2果 15形)]. "복이 거듭 쌓이면 크게 영화로워져 대대로 벼슬과 복록이 있어서 부귀가 끊어지지 않으며 영웅과 준걸이 이어져서 가문이 빛나게 된다." 화려한 집에 살면서 금은옥백金銀玉帛을 저장하고, 교역은 날로

---

111 「太白逸史」 三神五帝本紀에 "天河는 天海라고도 하는데 지금의 北海이다"(『桓檀古記』 「太白逸史」 三神五帝本紀: "天河一云天海 今日北海 是也")라고 나와 있으며, 근년에 들어 고고학적 발굴 및 DNA 분석 결과 바이칼 호가 우리 한민족의 발원지이자 인류의 始原으로 인식되게 되었고, 또한 바이칼 호 주변에 사는 에벤키족의 언어에서 아리랑(alirang)은 '맞이하다'는 뜻을, 쓰리랑(sererong)은 '느껴서 알다'는 뜻으로 사용되고 있음이 발견된 것 등으로 미루어 볼 때 '天河'는 바이칼 호로 보는 것이 합당하다.

번성하여, 시비도 없고 송사訟事도 없는 안락한 한 세상을 살다 간다. 선비는 살아서는 맑은 덕이 있고, 죽어서는 아름다운 절개가 있으니, 사람들은 이름난 선비를 모두 스승으로 섬긴다. "어진 후손이 태어나 한미(寒微: 빈한하고 미천함)한 가문을 부흥시켜 귀하게 이름을 날리며 부富하게 세상에 드러난다." 시운時運이 왕성하여 기원하는 것이 모두 적중하며, 경사가 때맞추어 이르고, 대대로 학업을 닦아 문필에 통달하여 청렴하고 편안하게 물질세계 밖에서 유유자적한 삶을 살게 된다.

　응應은 맑음(淡)으로 오는 것이라고 「담淡」(應 3果)에서는 말한다. "몸이 맑으면 복이 응답하여 모든 사람이 덕을 이루므로 천하에 본성을 잃은 사람도 하나도 없고, 백성이 법을 어기는 일도 하나도 없게 된다. 나라의 근본을 밝게 징험하고, 인정에 적절히 부합시키며, 두루 만물의 힘을 보호하고, 즐거움을 뭇 사람과 더불어 취하는 것을 함께 준거할 법식으로 삼는다." 그런 까닭에 편안하게 늙어 자손들의 봉양을 받으며「應福」(應 3果 16形)], 재물 관리를 여유 있게 하고「裕庫」(應 3果 17形)], 액厄이 없으며「無厄」(應 3果 18形)], 방해는 물러가고 이익은 따라와 이르며「利隨」(應 3果 19形)], 하늘에 구름이 걷히듯 재앙이 걷히게 된다「天捲」(應 3果 20形)]. 덕을 쌓으면 복이 응답하여 한평생 시비나 질병이 없이 편안하게 늙어 자손들의 봉양을 받으며, 좋은 벗과 세월을 보낸다. 재물 관리를 여유 있게 하여 인심을 잃지 않으니 창고에는 오곡이 가득 차고, 정성과 믿음으로 일을 하므로 재액이 따르지 않는다. "환난이 이미 사라져 환난이 없고, 곤욕이 이미 비어 있어 곤욕이 없으며, 액운이 이미 다하여 액운이 모이는 일이 없다." 방해는 물러가 흩어지고 이익은 따라와 이르니, 이익의 크고 작음은 노력의 대소大小에 달려 있다. "재앙이 사라지고 재액이 물러가는 것이 마치 푸른 하늘에 구름이 걷히는 것과 같아서,

모든 착한 사람의 아내는 남편과 화합하여 함께 복을 누리고, 남편이 없는 착한 여인은 자손과 화합하여 함께 복을 누린다."

응應은 가득함(盈)으로 오는 것이라고 「영盈」(應 4果)에서는 말한다. "가득 참을 경계하는 이는 밝은이요, 그렇지 못한 이는 뭇 사람이다. 악을 물리침에 게으르지 않고 착함을 지키어 꾸준히 나아가는 것이 가득 참을 경계하는 것이다. 이는 참전계경의 가르침에 따라 법도에 맞게 살아감으로써 남을 나와 같이 헤아리는 데서 오는 편안함인 것이다." 말하자면 참전계경의 가르침에 따라 '혈구지도絜矩之道',[112] 즉 남을 나와 같이 헤아리는 추기탁인推己度人의 도를

---

112 cf.『大學』「傳文」治國平天下 18章: "所謂平天下 在治其國者 上 老老而民 興孝 上 長長而民 興弟 上 恤孤而民 不倍 是以 君子 有絜矩之道也.";『大學』「傳文」治國平天下 19章: "所惡於上 母以使下 所惡於下 母以事上 所惡於前 母以先後 所惡於後 母以從前 所惡於右 母以交於左 所惡於左 母以交於右 此之謂絜矩之道也." 治國平天下 18章은 군자가 지녀야 할 '絜矩之道'를 제시한 것이다. 즉 윗자리에 있는 이들이 노인을 노인으로 섬기고 어른을 어른으로 받들며 외로운 이들을 긍휼히 여기는 孝·悌·慈의 道를 실천하면 백성들도 이에 분발심을 일으키게 된다는 뜻이다. 이 세 가지 道는 人道의 大端으로서 모든 사람의 마음에 공통적으로 주어져 있기 때문에 齊家·治國·平天下 함에 있어 근본적인 道는 이러한 大端에서 벗어나지 않으며, 사람마음의 근본 또한 서로 다를 것이 없다는 데 근거하여 '絜矩之道'를 제시했다. 治國平天下 19章은 '絜矩之道'를 설명한 것이다. 윗사람이 내게 무례하게 대하는 것을 원치 않는다면 나의 이런 마음으로 아랫사람의 마음을 헤아려 역시 무례하게 그들을 부리지 말 것이며, 아랫사람이 내게 不忠하게 대하는 것을 원치 않는다면 나의 이런 마음으로 윗사람의 마음을 헤아려 역시 不忠하게 섬기지 말 것이다. 마찬가지로 자기를 중심으로 한 인간관계의 前·後·左·右에 이르기까지 모두 이와 같이 해 나간다면 천하의 균형과 조화가 이루어져 태평하게 될 것이라는 뜻이다. 이러한 '絜矩之道'는『參佺戒經』第 345事, 檀君八條敎 第2條, 九誓 第2誓 등 여러 경전에서 이미 제시된 것이다. 九誓 第2誓의 내용은 다음과 같다. "힘써라 너희는 형제에게 우애 있게 하여라. 형제란 같은 부모에게서 나뉘어 태어났으니 형이 좋아하는 것은 아우가 좋아하게 마련이고, 아우가 좋아하지 않는 것은 형도 좋아하지 않는 법이다. 세상 만물을 좋아하고 싫어함은 남과 내가 마찬가지이니 내 자신으로 미루어 세상 만물을 헤아리며, 친한 사람으로 미루어 소원한 이에게까지 생각이 미쳐야 한다. 이러한

지켜나간다면 편안한 생활을 할 수 있다는 것이다. 남을 나와 같이 헤아린다는 것은 내 마음으로 미루어 남의 마음을 헤아리는 것을 말한다. 이는 단군팔조교檀君八條教 제2조의 가르침과도 일치하는 것이다. 즉 "하늘의 홍범은 언제나 하나이고 사람의 마음 또한 다 같게 마련이니 내 마음으로 미루어 남의 마음을 헤아리도록 하라. 사람의 마음은 오직 교화를 통해서만 하늘의 홍범과 합치되는 것이니 그리 해야 만방에 베풀어질 수 있는 것이다"[113]라고 한 것이 그것이다. 앙화가 가득 차면 하늘의 벼락을 맞아 죽으며「雷震」(應 4果 21形)], 악귀가 몸에 붙어 다니고「鬼喝」(應 4果 22形)], 집안이 멸하며「滅家」(應 4果 23形)], 자손이 없어 제사가 끊기고「絶祀」(應 4果 24形)], 객사客死한다「失屍」(應 4果 25形)]. 앙화가 가득 차면 모든 일이 이루어지지 않게 되고, 벼락이 내리쳐 온몸이 다 타버린다. 또한 "악귀가 몸에 따르니 경영하는 일이 거의 다 되다가 막히고, 구하는 이익이 장차 이루어지려 하다가 깨뜨려지며, 말을 하면 반드시 비방이 따르고, 움직이면 반드시 노여움을 사게 되며, 애가 타고 혀가 문드러지는 것이 죽어서야 그치게 된다." 생업은 풍비박산이 되고, 자손은 서리 맞은 낙엽처럼 쇠잔하며, 제사도 끊겨서 집안이 망하는 앙화를 받는다. 먼 타향에서 정처없이 헤매다가 결국 고향에 돌아오지 못하고 객사하고 만다.

도가 나라 전체에 미치면 나라가 크게 일어날 것이요, 천하에까지 미치면 천하가 크게 변화될 것이다. 이것이 우애와 화목과 어짊과 용서함(友睦仁恕)이다. 감히 수행하지 않겠는가?"(『桓檀古記』「太白逸史」蘇塗經典本訓: "曰勉爾友于兄弟 兄弟者 父母之所分也 兄之所好則弟之所好也 弟之所不好則兄之所不好也 物來之好不好人我相同也 自身而及物 自親而及疎 以如是之道 推之鄉國則鄉國可興也 推之天下則天下可化也 是友睦仁恕之敢不修行乎…").

113 『桓檀古記』「檀君世紀」: "天範恒一 人心惟同 推己秉心 以及人心 人心惟化 亦合天範 乃用御于萬邦."

응應은 큼(大)으로 오는 것이라고 「대大」(應 5果)에서는 말한다. "악의 감정이 크면 그 응보도 또한 크다. 모습에 부끄러운 그림자가 많으니 어찌 앙화가 뒤따라 돌지 않겠는가. 온갖 귀신이 침노하고 능멸하여 그 이름과 몸이 동시에 멸한다." 악을 가득 채우면 악의 응함을 받게 되며「刃兵」(應 5果 26形)], 물이나 불의 재앙을 받고「水火」(應 5果 27形)], 도적의 피해를 당하며「盜賊」(應 5果 28形)], 맹수의 피해를 당하고「獸害」(應 5果 29形)], 감옥에 갇혀 형벌의 고통을 받으며「刑役」(應 5果 30形)], 하늘이 돕지 않고「天羅」(應 5果 31形)], 땅이 돕지 않으며「地網」(應 5果 32形)], 재앙이 자기 혼자에게만 미친다「及身」(應 5果 33形)]. 오랫동안 쌓인 악행이든, 일시에 크게 저지른 악행이든, 모두 병사들의 칼날에 베이는 것과 같은 해침(惡의 應)을 받는다. 악행이 크면 "떠돌아 흐르는 물에도 집을 잃고, 새어나오는 불에도 집을 잃으며, 떨어지는 물에도 목숨을 잃고, 타는 불에도 몸을 상한다." 또한 도적이나 맹수의 피해를 당하고, 많은 해를 감옥에 갇혀 형벌의 고통을 받게 된다. "매번 천기(天候)가 불리하여 어려움에 처하여서도 벗어나지 못하고, 하는 일마다 끝을 맺지 못한다." 천라天羅, 즉 '하늘의 그물'은 넓고 넓으나 사소한 일 하나라도 놓치지 아니하므로 악을 행하면 반드시 재앙을 만나게 되어 하는 일마다 끝을 맺지 못한다는 뜻이다. "길한 곳은 저절로 멀어지고 흉한 곳은 저절로 가까워져서 어려움에 처하여서도 벗어나지 못하고, 하는 일마다 끝을 맺지 못한다." 지망地網, 즉 '땅의 그물'은 그 누구도 벗어날 수 없으므로 악을 행하면 반드시 흉한 곳만 찾아다니게 되어 하는 일마다 끝을 맺지 못한다는 뜻이다. "여러 사람이 같이 위험에 처해도 그 위험이 유독 혼자에게만 미치고, 열 사람이 같이 거처해도 그 재앙이 유독 자기 혼자에게만 미친다." 이는 악행에 따른 하늘의 응보이다.

응應은 작음(小)으로 오는 것이라고 「소小」(應 6果)에서는 말한다.

"비록 착한 일이라 하더라도 작다 하여 행하지 않고, 비록 악한 일이라 하더라도 크지 않다 하여 행하는 것은, 이에 대한 응답 또한 작은 것이긴 하지만 가히 경계해야 하지 않겠는가." 티끌이 바람에 날려 산기슭에 쌓이기를 오랜 세월 거듭하면 산 하나를 이루게 되듯, 작은 선善이라 하여 행하지 않고 크지 않은 악惡이라 하여 행한다면 악으로 된 산(惡山)을 이루어 그 앙화를 받게 될 것이다. 따라서 작은 악이라 하더라도 쌓이면 가난을 면치 못하며「貧窮」(應 6果 34形)], 한평생 질병에 시달리고「疾病」(應 6果 35形)] 하는 일마다 패망하며「敗亡」(應 6果 36形)], 가족이 없고「靡室」(應 6果 37形)], 길거리에서 구걸하며「道丐」(應 6果 38形)], 앙화가 자손에게까지 미친다「及子」(應 6果 39形)]. 가난을 벗어나고자 해도 종신토록 얻지 못하는 것은 악한 사람이 받게 되는 응보이다. 악惡이란 선善의 결여이며, 이는 곧 남을 나와 같이 생각하는 마음이 결여된 데서 오는 것이다. 작은 악이라 하더라도 쌓이면 한평생 질병에 시달리게 된다. 내적 자아의 각성과 영적 힘의 계발을 위해 하늘은 악한 사람에게 가난과 질병을 내려 공부하게 하는 것이다. 건강과 질병, 삶과 죽음, 전쟁과 평화, 빛과 어둠, 기쁨과 슬픔, 사랑과 증오, 맑은 하늘과 태풍 등의 대조적 체험을 통해 우리의 영혼은 더욱 맑고 밝고 확대되고 강화되게 된다. 그리하여 마침내 이들이 모두 하나라는 인식에 이르게 된다. 작은 악이라 하더라도 쌓이면 하는 일마다 패망하여 하나도 성취되는 것이 없다. 그러나 매순간 정성을 다하여 천·지·인 삼신일체(三神一體, 三位一體)의 천도天道를 실천한다면, 우주만물을 '나'와 한몸으로 느끼어 사람 가운데 천지가 하나(人中天地一)가 되므로 이루어지지 않는 일이 없게 된다. 작은 악이라 하더라도 쌓이면 의지할 곳도 거처할 곳도 없는 외로운 신세가 된다. 하늘은 악한 사람으로 하여금 뼛 속 깊이 사무치는 외로움을 응시하게 함으로써 스스로를 돌이키는 공부를 하게 하는 것이다. 작은 악이라 하더라도 쌓이면 구걸을 하는 비참한 말년을 맞게 된다. 하늘은 악한 사람의 육신을 고달프게 하여 극심한 존재론적 단절을 체험하게 함으로써 스스로를 돌이키는 공부를 하게 하는 것이다. 정성이 없으니 믿음이 생겨나지 못하고, 믿음이 생겨나지 못하니 사랑 또한 우러나지 못하여 스스로 자초한 존재론적 단절을 온몸으로 느끼며 공부하게 하는 것이다. 앙화는 당대에 끝나지 않는다. "자식이 아비의 앙화를 받고, 모든 악한 사람의 아내는 남편과 함께 앙화를 받으며, 남편이 없는 악한 여자는 자손과 함께 앙화를 받는다." 작은 악이라 하더라도 쌓이면 그 앙화가 처자에게까지 미치게 되는 것이다. 하늘은 악한 사람으로 하여금 악의 파급효과를 직시하게 함으로써 스스로를 경계하며 돌이키는 공부를 하게 하는 것이다.

제1과 적積

제322사 적(積: 應 1果)

誠者 人事之本 應者 天理之市 禍福
성자　인사지본　　응자　천리지시　화복

皆因所積而來也 降大禍 報惡人 降諸福 報善人
개인소적이래야　　강대화　보악인　강제복　보선인

번역　정성(誠)이란 인간사의 근본이고, 보응(應)이란 하늘의 이치가 다양한 인과因果 형태로 나타나는 시장과 같은 것이다. 화복禍福은 모두 쌓음으로 인하여 온다. 큰 앙화를 내려 악한 사람에게 응징하며, 모든 복을 내려 착한 사람에게 보답한다.

주해　1) 誠者 人事之本(성자 인사지본): 성誠, 즉 '정성'이란 인간사의 근본이라는 뜻이다.

2) 應者 天理之市(응자 천리지시): 응應, 즉 '보응'이란 하늘의 이치(天理)가 (다양한 因果 형태로) 나타나는 시장과 같은 것이라는 뜻이다. 말하자면 이 우주는 자연법인 카르마(karma, 業)의 지배 하에 있으므로 각기 짓는 그 업業에 따라 다양한 형태의 화복禍福이 주어지는 것이다. 선업善業을 짓느냐 악업惡業을 짓느냐 하는 것은 모두 자신에게 달린 것으로 그에 따라 자연히 다양한 형태의 화복이 주어지는 것이니, 마치 온갖 화복禍福이 거래되는 시장과도 같다고 한 것이다. 카르마의 목적이 단순한 징벌에 있는 것이 아니라, 영적靈的 교정의

의미와 함께 영적 진화를 위한 영성계발에 있다는 사실을 자각한다면, 하늘이 내리는 앙화, 즉 시련의 교육적 의미를 감사하는 마음으로 깊이 새길 수 있을 것이다.

　　3) 禍福 皆因所積而來也(화복 개인소적이래야) : 화복은 모두(皆) 쌓음(積)으로 인因하여 온다(來)는 뜻이다.

　　4) 降大禍 報惡人 降諸福 報善人(강대화 보악인 강제복 보선인) : 큰 앙화(大禍)를 내려(降) 악한 사람(惡人)에게 응징하며, 모든 복(諸福)을 내려 착한 사람에게 보답한다는 뜻이다.

제323사 극존(極尊: 應 1果 1形)

哲人 賦大德 處大位 司天地 布人族化
철인 부대덕 처대위 사천지 포인족화

번역 　밝은 이(哲人)는 큰 덕을 부여받아 큰 자리에 처하여 하늘과 땅을 맡아 인류에게 덕화德化를 편다.

주해 　1) 極尊(극존) : 극존極尊, 즉 '지극히 존귀함'이란 큰 덕을 부여받아 덕화를 펴는 큰 자리에 처하여 지극히 존귀해지는 것을 뜻한다.

　　2) 哲人 賦大德 處大位(철인 부대덕 처대위) : 밝은 이(哲人)는 큰 덕(大德)을 받아(賦) 큰 자리(大位)에 처處한다는 뜻이다. 여기서 밝은이가 큰 자리에 처한다는 뜻은, 상고시대에는 밝은이라야 중심에 앉아 덕화德化를 펼 수 있었음을 나타낸 것으로 이른바 철인정치가 이루어졌던 시대임을 알 수 있게 한다. 당시 정치의 요체는 덕화에 기

초한 홍익인간의 구현이었으며, 천부경·삼일신고·참전계경은 정치대전이자 삶의 교본으로서 그 속에 담겨진 진리의 정수精髓는 정치의 도道와 종교의 도와 학문의 도를 하나로 관통한 것으로 가히 인류의 성전聖典이라 할 만하다. 세 경전에 대한 사상적 원시반본原始返本이 이루어지고 있는 것은 바로 그러한 철인정치시대가 다시 도래하고 있기 때문인 것으로 보인다.

3) 司天地 布人族化(사천지 포인족화) : 하늘과 땅(天地)을 맡아(司) 인류(人族)에게 덕화德化를 편다(布)는 뜻이다.

제324사 거유(巨有: 應 1果 2形)

巨有者 賦厚德 居素位 廣有土地 貯有寶貨
거유자 부후덕 거소위 광유토지 저유보화

絶憂愁 塞悲慘
절우수 색비참

번역 거유巨有란 후한 덕을 타고나 본래(本性) 자리에 머물면서 넓은 땅을 가지고 보화를 저장하고 있어 근심이 끊어지고 비참한 일도 없는 것이다.

주해 1) 巨有者 賦厚德 居素位 廣有土地 貯有寶貨(거유자 부후덕 거소위 광유토지 저유보화) : 거유巨有, 즉 '크게 소유함'이란 후한 덕(厚德)을 타고나(賦) 본래 자리(素位)에 거居하며, 넓은 땅을 가지고(廣有土地) 보화를 저장하고 있는(貯有寶貨) 것을 말한다. 본래 자리에 거한다는 것은 곧 본성의 자리에 머무는 것을 뜻한다. 본성의 자리는 분별지分

別智가 아닌 근본지根本智의 발현으로 우주만물을 '나'와 일체로 보게 되는 자리이므로 그러한 자리에 머무는 것은 덕화를 펴기 위한 필수조건이다.

    2) 絶憂愁 塞悲慘(절우수 색비참) : 근심(憂愁)이 끊어지고(絶) 비참한(悲慘) 일도 없는 것을 말한다. 비참함이 막힌다(塞)는 것은 곧 비참한 일이 없는 것을 뜻한다(塞 막힐 색).

제325사 상수(上壽: 應 1果 3形)

上壽者 養生有度 仙骨 化爲身 挹日華 飮露液
상 수 자 양 생 유 도 선 골 화 위 신 읍 일 화 음 로 액

筋健氣俏 揮煖裳 享甘旨 鶴髮童顔 延年益壽
근 건 기 초 휘 란 상 향 감 지 학 발 동 안 연 년 익 수

번역   상수上壽란 양생養生에 절도가 있어 신선의 골격으로 몸이 화하는 것이다. 태양의 정기를 취하며, 이슬을 마시고, 몸은 건강하고 기운은 맑으며, 따뜻한 옷을 휘날리고 단맛을 누리니, 머리는 백발이지만 얼굴은 어린아이의 얼굴로 오래도록 장수한다.

주해   1) 上壽者 養生有度 仙骨 化爲身(상수자 양생유도 선골 화위신) : 상수上壽, 즉 '오래 삶'이란 양생養生에 절도(度)가 있어(有) 신선의 골격(仙骨)으로 몸(身)이 화化하는 것을 말한다.

    2) 挹日華 飮露液(읍일화 음로액) : 읍일화挹日華는 햇빛(日華)을 당긴다(挹)는 뜻으로 이는 곧 태양의 정기를 취한다는 의미이다. 음로액飮露液은 이슬을 마신다는 뜻이다(挹 당길 읍; 液 액체 액).

3) 筋健氣俏 揮煖裳 享甘旨(근건기초 휘란상 향감지) : 몸은 건강하고(筋健) 기운은 맑으며(氣俏), 따뜻한 옷(煖裳)을 휘날리고(揮) 단맛(甘旨)을 누린다(享)는 뜻이다(筋 힘줄 근; 俏 예쁠 초; 旨 맛 지).

4) 鶴髮童顔 延年益壽(학발동안 연년익수) : 머리는 백발(鶴髮)이지만 얼굴은 어린아이의 얼굴(童顔)로 나이를 늘려(延年) 수壽를 더한다(益)는 뜻으로 곧 오래도록 장수함을 의미한다. 학발鶴髮은 노인의 백발을 뜻한다.

제326사 제손(諸孫: 應 1果 4形)

一家化十家 十家化百家 慈孝羽列 睦和林立
일 가 화 십 가   십 가 화 백 가   자 효 우 열   목 화 임 립

裕食足衣 書聲 徹日夜
유 식 족 의   서 성   철 일 야

번역 한 집이 열 집이 되고, 열 집이 백 집이 되어 자애와 효도가 깃(羽)처럼 펼쳐지고, 화목과 화평이 숲 우거진 듯하여, 먹을 것이 넉넉하고 입을 것이 풍족하며 글 읽는 소리가 밤낮을 끊이지 않는다.

주해 1) 一家化十家 十家化百家(일가화십가 십가화백가) : (諸孫, 즉 '여러 자손'이란) 한 집이 열 집이 되고, 열 집이 백 집이 되는 것을 말한다.

2) 慈孝羽列 睦和林立(자효우열 목화임립) : 자애(慈)와 효도(孝)가 깃(羽)처럼 펼쳐지고(列), 화목(睦)과 화평(和)이 숲 우거진(林立)듯 한 것을

뜻한다(羽 깃 우; 列 펼 열; 睦 화목할 목).

　　3) 裕食足衣 書聲 徹日夜(유식족의 서성 철일야) : 먹을 것이 넉넉하고(裕食) 입을 것이 풍족하며(足衣) 글 읽는 소리(書聲)가 밤낮을 끊이지 않는다(徹日夜)는 뜻이다(裕 넉넉할 유; 徹 통할 철).

제327사 강녕(康寧: 應 1果 5形)

康寧者 生於吉門 英恣罕儔 長於錦臠 身體淸健
강 녕 자 생 어 길 문 영 자 한 주 장 어 금 련 신 체 청 건

老於安樂 甘苦不入聞
노 어 안 락 감 고 불 입 문

번 역　강녕康寧이란 좋은 가문에 태어나서 그 빼어난 모습은 짝할 이 드물고, 비단옷과 고기반찬으로 자라서 몸이 맑고 건강하며, 안락 속에 늙어서 세상의 고락苦樂을 받지 않는 것이다.

주 해　1) 康寧(강녕) : 강녕康寧, 즉 '건강하고 편안함'이란 좋은 가문에 건강하게 태어나 평생 편안한 것을 뜻한다.

　　2) 生於吉門 英恣罕儔(생어길문 영자한주) : 좋은 가문에(於吉門) 태어나서(生) 그 빼어난 모습(英恣)은 짝(儔)할 이 드물다(罕)는 뜻이다(英 빼어날 영; 罕 드물 한; 儔 짝 주).

　　3) 長於錦臠 身體淸健(장어금련 신체청건) : 비단옷(錦)과 고기반찬(臠)으로 자라서(長) 몸(身體)이 맑고(淸) 건강한(健) 것을 말한다(錦 비단 금; 臠 저민고기 련, '잘게 저민 고기').

　　4) 老於安樂 甘苦不入聞(노어안락 감고불입문) : 안락 속에(於安樂) 늙

어서(老) 달콤하고 쓴(甘苦) 것이 들려오지 않는다(不入聞)는 뜻이다. 말하자면 편안하게 늙어서 세상의 고락(苦樂, 甘苦)을 받지 않는 것을 의미한다.

제328사 선안(仙安: 應 1果 6形)

仙安者 參佺成度 主名山勝地 尚志高大
선 안 자 참 전 성 도 주 명 산 승 지 상 지 고 대

徵實務白 養生衍年 飛昇大空
징 실 무 백 양 생 연 년 비 승 대 공

번 역 선안仙安이란 참전계경으로 법도를 이루어 명산에 지세地勢가 좋은 곳을 차지하고, 뜻이 숭고하며 크고, 실상을 징험徵驗하여 청백淸白에 힘써서 양생으로 오래 살다가 높은 하늘로 날아오르는 것이다.

주 해 1) 仙安(선안) : 선안仙安, 즉 '선인仙人의 안락함'이란 참전계參佺戒를 지키며 신선처럼 안락하게 사는 것을 뜻한다.

2) 參佺成度 主名山勝地 尚志高大(참전성도 주명산승지 상지고대) : 참전계경參佺戒經으로 법도를 이루어 명산에 지세地勢가 좋은 곳을 차지하고, 뜻이 숭고하며 큰 것을 말한다.

3) 徵實務白 養生衍年 飛昇大空(징실무백 양생연년 비승대공) : 실상(實)을 징험徵驗하여 청백淸白에 힘써서(務) 양생養生으로 오래 살다가(衍年) 높은 하늘(大空)로 날아오르는(飛昇) 것을 말한다. 청백淸白은 청렴하고 결백함'이고, 연衍은 '지날 연'으로 '초과함'이니 '연년衍年'은 오

래 사는 것을 뜻한다.

제329사 세습(世襲: 應 1果 7形)

世襲者 爲嗣尊統 懷文武之才 受將相之任
세 습 자　위 사 존 통　회 문 무 지 재　수 장 상 지 임

功盖一世 名振千秋
공 개 일 세　명 진 천 추

번역 세습世襲이란 높은 전통을 잇기 위하여 문무의 재능을 겸비하고, 장수와 재상의 소임을 받아 공적이 한 세상을 덮고 이름이 천추에 떨치는 것이다.

주해 1) 世襲(세습) : 세습世襲, 즉 '대대로 물려받음'이란 좋은 가문의 전통을 대대로 물려받아 그 공적이 한 세상을 덮고 그 이름이 천추에 떨치는 것을 말한다.

2) 爲嗣尊統 懷文武之才(세습자 위사존통 회문무지재) : 높은 전통(尊統)을 잇기 위하여(爲嗣) 문무文武의 재능(才)을 품는(懷, 겸비한) 것을 말한다.

3) 受將相之任 功盖一世 名振千秋(수장상지임 공개일세 명진천추) : 장수와 재상(將相)의 소임(任)을 받아(受) 공적(功)이 한 세상(一世)을 덮고(盖) 이름(名)이 천추千秋에 떨치는(振) 것을 뜻한다.

제330사 혈사(血祀: 應 1果 8形)

血祀者 道高德重 代天立敎 化人成規 爲萬世師
혈사자 도고덕중 대천입교 화인성규 위만세사

번역 혈사자血祀者는 도가 높고 덕이 깊어 하늘을 대신하여 가르침을 세우고 사람을 교화하여 법을 이루어 만세의 스승이 된다.

주해 1) 血祀者(혈사자) : 혈사자血祀者, 즉 하늘과 조상에 제사지내는 사람은 하늘을 대신하여 가르침을 세우고 만세의 스승이 된다는 뜻이다. 여기서 혈사血祀, 즉 피로 제사지낸다는 말은 흰 소를 잡아 제천하던 데서 유래된 것으로 지금의 송화강 연안인 아사달의 지명을 고대에는 소머리, 즉 우수牛首·우두牛頭라고 한 데서도 잘 나타난다. 한국 상고 정치사상의 근본정신은 천·지·인 삼재의 융화에 기초해 있으며, 효孝와 충忠에 기반된 숭조崇祖사상은 제천祭天에 기반된 경천(敬天, 敬神)사상과 함께 한국 전통사상의 골간을 형성해 왔다. 상고와 고대의 국중國中 대축제는 물론, 중세와 근세에도 제천, 즉 천지의 주재자主宰者를 받들고 보본報本하는 예를 잊지 아니하였다. 이러한 경천숭조하는 의식을 담당한 무사巫師들이 상고 제정일치시대의 통치엘리트였으므로 혈사자가 하늘을 대신하여 가르침을 세우고 사람을 교화하여 법을 이루어 만세의 스승이 된다고 한 것이다. 이처럼 하늘에 제사지내고 보본하는 소도의식을 통하여 천인합일天人合一·군민공락君民共樂을 이루어 국권을 세우고 정치적 결속력을 강화하며 국운의 번창을 기원했던 것으로 보인다.

2) 道高德重 代天立敎(도고덕중 대천입교) : 도가 높고(道高) 덕이 깊

어(德重) 하늘을 대신하여(代天) 가르침을 세우는(立敎) 것을 말한다.

3) 化人成規 爲萬世師(화인성규 위만세사) : 사람을 교화하여(化人) 법을 이루어(成規) 만세萬世의 스승(師)이 되는(爲) 것을 뜻한다.

제2과 중重

제331사 중(重: 應 2果)

倧之所重者 國體也 佺之所重者 民敎也 治亂
종 지 소 중 자 국 체 야 전 지 소 중 자 민 교 야 치 란

皆因所本而興也 哲人之氣 醞釀山川 倧興至治
개 인 소 본 이 흥 야 철 인 지 기 온 양 산 천 종 흥 지 치

天河先澄 佺行敎化 白岳 先靈
천 하 선 징 전 행 교 화 백 악 선 령

번 역 종훈(倧訓)이 소중한 것은 나라의 근본이기 때문이며, 전계(佺戒)가 소중한 것은 백성을 가르치는 것이기 때문이다. 나라 다스리는 근본원리가 모두 여기에서 나온 것이다. 밝은이가 산천의 정기를 빚어내어 종훈으로 선정을 베푸니 천하天河가 먼저 맑아지고, 전계로 교화를 행하니 백악白岳이 먼저 신령스러워진다.

주 해 1) 倧之所重者 國體也(종지소중자 국체야) : 종훈(倧訓: 天符經·三一神誥)이 소중한 것(者)은 나라의 근본(國體)이기 때문이라는 뜻이

다. 종倧은 곧 '종훈倧訓'으로 천부경, 삼일신고와 같은 경전을 말한다.

2) 倧之所重者 民敎也(전지소중자 민교야) : 전계(倧戒: 參倧戒經)가 소중한 것은 백성(民)을 가르치는(敎) 것이기 때문이라는 뜻이다. 전倧은 곧 '전계倧戒'로 '倧'을 이루는 구체적인 실천 방법을 제시한 참전계경, 단군팔조교 등을 말한다.

3) 治亂 皆因所本而興也(치란 개인소본이흥야) : 나라 다스리는 근본 원리가 모두 여기에서 나온 것이라는 뜻이다. 치란治亂은 혼란한 세상을 다스리는 것을 말한다.

4) 哲人之氣 醞釀山川 倧興至治 天河先澄(철인지기 온양산천 종흥지치 천하선징) : 밝은 이가 산천山川의 정기精氣를 빚어내어(醞釀) 종훈(倧)을 일으켜(興) 선정(善政, 至治)을 베푸니 천하(天河=天海: 바이칼호)가 먼저 맑아진다는 뜻이다. 여기서 '천하天河'를 바이칼 호로 본 것은「태백일사」삼신오제본기三神五帝本紀에 "천하는 천해天海라고도 하는데 지금의 북해北海이다"라고 나와 있거니와, 근년에 들어 고고학적 발굴과 DNA 분석 결과 바이칼 호가 우리 한민족의 발원지이자 인류의 시원始原으로 인식되게 된 것 등에 근거한 것이다(醞 빚을 온; 釀 빚을 양).

5) 倧行敎化 白岳 先靈(전행교화 백악 선령) : 전계(倧)로 교화敎化를 행行하니 백악(白岳: 백두산)이 먼저 신령스러워진다(先靈)는 뜻이다.

제332사 복중(福重: 應 2果 9形)

福重則大榮 世有爵祿 富貴不絶 英俊相承
복 중 즉 대 영　세 유 작 록　부 귀 부 절　영 준 상 승

門戶煥爀
문 호 환 혁

번 역   복이 거듭 쌓이면 크게 영화로워져 대대로 벼슬과 복록이 있어서 부귀가 끊어지지 않으며 영웅과 준걸이 이어져서 가문이 빛나게 된다.

주 해   1) 福重則大榮(복중즉대영) : (福重, 즉 '복이 거듭 쌓임'이란) 복이 거듭 쌓이면(福重則) 크게 영화로워진다(大榮)는 뜻이다.

  2) 世有爵祿 富貴不絶(세유작록 부귀부절) : 대대로(世) 벼슬과 복록(爵祿)이 있어서(有) 부귀富貴가 끊어지지 않는다(不絶)는 뜻이다(爵 벼슬 작; 祿 복 록).

  3) 英俊相承 門戶煥爀(영준상승 문호환혁) : 영웅과 준걸(英俊)이 이어져서(相承) 가문(門戶)이 빛나게(煥爀) 된다는 뜻이다(煥 빛날 환; 爀 불빛 혁).

제333사 옥백(玉帛: 應 2果 10形)

居華堂麗室　藏金銀玉帛　商旅盈門　交易日繁
거 화 당 려 실　장 금 은 옥 백　상 여 영 문　교 역 일 번

一世安樂　無非無訟
일 세 안 락　무 비 무 송

번 역   화려한 집에 살면서 금·은·옥·비단을 저장하고, 장사가 잘 되어 문전성시를 이루어서 교역은 날로 번성하며, 한 세상이 안락하여 시비도 없고 송사訟事도 없다.

주 해 1) 玉帛(옥백) : 옥백玉帛, 즉 '옥과 비단'이란 금은옥백을 많이 가지고 안락하게 사는 것을 말한다.

2) 居華堂麗室(거화당려실) : 화려한 집에 사는 것을 뜻한다.

3) 藏金銀玉帛(장금은옥백) : 금·은·옥·비단(金銀玉帛)을 저장(藏)하고 있다는 뜻이다.

4) 商旅盈門 交易日繁(상여영문 교역일번) : 상여영문商旅盈門은 행상行商이 문에 차다(盈門)는 뜻으로, 이는 곧 장사가 잘 되어 문전성시門前成市를 이룬다는 의미이다. 교역일번交易日繁은 교역이 날로 번성한다는 뜻이다.

5) 一世安樂 無非無訟(일세안락 무비무송) : 한 세상(一世)이 안락安樂하여 시비도 없고(無非) 송사訟事도 없다(無訟)는 뜻이다.

제334사 절화(節化: 應 2果 11形)

著名學士　人皆師事　生有淸德　死有令節
저 명 학 사　인 개 사 사　생 유 청 덕　사 유 영 절

번 역 사람들은 이름난 선비를 모두 스승으로 섬기니, 선비는 살아서는 맑은 덕이 있고, 죽어서는 아름다운 절개가 있다.

주 해 1) 節化(절화) : 절화節化, 즉 '절개로 화함'이란 죽어서는 아름다운 절개가 있는 것을 말한다.

2) 著名學士 人皆師事(저명학사 인개사사) : 이름난 선비(著名學士)를 사람들(人)은 모두(皆) 스승으로 섬긴다(師事)는 뜻이다(事 섬길 사).

3) 生有淸德 死有令節(생유청덕 사유영절) : (선비는) 살아서는(生) 맑은

덕(淸德)이 있고(有), 죽어서는(死) 아름다운 절개(令節)가 있다(有)는 뜻이다.

제335사 현예(賢裔: 應 2果 12形)

賢裔誕降 復興寒門 貴以顯名 富以著世 六親
현예탄강 부흥한문 귀이현명 부이저세 육친

和樂 族戚 感恩
화락 족척 감은

번역 어진 후손이 태어나 한미(寒微: 빈한하고 미천함)한 가문을 부흥시켜 귀하게 이름을 날리며 부富하게 세상에 드러나 육친이 화락하고 가문의 친척이 그 은혜에 감복한다.

주해 1) 賢裔誕降 復興寒門(현예탄강 부흥한문) : (賢裔, 즉 '어진 후손'이란) 어진 후손이 태어나(誕降) 한미(寒微: 빈한하고 미천함)한 가문(門)을 부흥復興시키는 것을 말한다(裔 후손 예). 한문寒門은 한미寒微한 가문을 뜻한다.

2) 貴以顯名 富以著世(귀이현명 부이저세) : 귀貴하게 이름을 날리며(顯名) 부富하게 세상에 드러나는(著世) 것을 뜻한다.

3) 六親 和樂 族戚 感恩(육친 화락 족척 감은) : 육친六親이 화락和樂하고 가문의 친척(族戚)이 그 은혜에 감복(感恩)한다는 뜻이다.

제336사 건왕(健旺: 應 2果 13形)

運健時旺 所禱皆中 隣和里頌 所言皆從
운 건 시 왕 　소 도 개 중 　인 화 리 송 　소 언 개 종

植木耕田 家道豊隆
식 목 경 전 　가 도 풍 륭

번역 시운時運이 왕성하여 기원하는 것이 모두 적중하며, 이웃과 화목하여 온 마을이 칭송하고 그가 말하는 대로 모두 따르며, 나무를 심고 밭을 갈아 가도家道가 풍성하고 드높게 된다.

주해 1) 健旺(건왕) : 건왕健旺, 즉 '굳건하고 왕성함'이란 시운時運이 왕성하여 기원하는 대로 되는 것을 말한다.

2) 運健時旺 所禱皆中(운건시왕 소도개중) : 운건시왕運健時旺은 운운이 굳건하고 때(時)도 왕성하다는 뜻으로 이는 곧 시운이 왕성한 것을 의미한다. 소도개중所禱皆中은 기원하는 것(所禱)이 모두(皆) 적중(中)하는 것을 뜻한다.

3) 隣和里頌 所言皆從(인화리송 소언개종) : 이웃과 화목하여(隣和) 온 마을이 칭송하고(里頌) (그가) 말하는 바(所言)를 모두(皆) 따른다(從)는 뜻이다.

4) 植木耕田 家道豊隆(식목경전 가도풍륭) : 나무를 심고(植木) 밭을 갈아(耕田) 가도家道가 풍성(豊)하고 드높게(隆) 된다는 뜻이다(隆 높을 륭).

제337사 길경(吉慶: 應 2果 14形)

凶事去 吉事生 不求不挽 慶事時至 子女滿堂
흉사거 길사생 불구불만 경사시지 자녀만당

終身喜悅
종신희열

번역 흉한 일은 물러가고 길한 일만 생겨 구하지 않고 당기지 않아도 경사가 때맞추어 이르고, 자녀가 집안에 가득하여 종신토록 기쁜 것이다.

주해 1) 凶事去 吉事生(흉사거 길사생) : (吉慶, 즉 '길하고 경사스러움'이란) 흉한 일(凶事)은 물러가고(去) 길한 일(吉事)만 생기는(生) 것을 뜻한다.

2) 不求不挽 慶事時至(불구불만 경사시지) : 구하지 않고(不求) 당기지 않아도(不挽) 경사(慶事)가 때맞추어 이르는(時至) 것을 말한다.

3) 子女滿堂 終身喜悅(자녀만당 종신희열) : 자녀가 집안에 가득하여(子女滿堂) 종신(終身)토록 기쁜(喜悅) 것을 뜻한다.

제338사 세장(世章: 應 2果 15形)

世修學業 翰墨相接 淸安得祿 優雅自居
세수학업 한묵상접 청안득록 우아자거

不與塵聒 物外逍遙
불여진괄 물외소요

번역 대대로 학업을 닦아 문필에 통달하고, 청렴하고 편안히 녹祿을 받아 우아하게 살며, 세속의 시끄러움을 떠나 물질세계 밖에서 유유자적하는 것이다.

주해 1) 世修學業 翰墨相接(세수학업 한묵상접) : (世章, 즉 '대대로 문장'이란) 대대로(世) 학업學業을 닦아(修) 문필에 통달한 것을 말한다. 한묵상접翰墨相接은 붓(翰)과 먹(墨)이 서로 잇닿아 있다는 뜻으로, 머뭇거리지 않고 계속 이어 글이 나오는 것이니 이는 곧 문필에 통달한 것을 의미한다.

2) 淸安得祿 優雅自居(청안득록 우아자거) : 청렴하고 편안히(淸安) 녹祿을 얻어(得) 우아優雅하게 사는(居) 것을 뜻한다.

3) 不與塵聒 物外逍遙(불여진괄 물외소요) : 세속의 시끄러움(塵聒)을 떠나(不與) 물질세계 밖(物外)에서 유유자적하는(逍遙) 것이다(塵 티끌진; 聒 시끄러울 괄). 소요逍遙는 '유유자적悠悠自適함'이다.

제3과 담淡

제339사 담(淡: 應 3果)

體淡則福應 全人成德 天下無一人失性 百姓
체 담 즉 복 응　전 인 성 덕　천 하 무 일 인 실 성　백 성

無一事違法 明徵國體 切合人情 周護物力
무 일 사 위 법　명 징 국 체　절 합 인 정　주 호 물 력

樂取與衆 同爲準式
낙 취 여 중   동 위 준 식

번 역 몸이 맑으면 복이 응답하여 모든 사람이 덕을 이루므로 천하에 본성을 잃은 사람도 하나도 없고, 백성이 법을 어기는 일도 하나도 없게 된다. 나라의 근본을 밝게 징험하고, 인정에 적절히 부합시키며, 두루 만물의 힘을 보호하고, 즐거움을 뭇 사람과 더불어 취하는 것을 함께 준거할 법식으로 삼는다.

주 해 1) 體淡則福應(체담즉복응) : 몸이 맑으면(體淡則) 복이 응답한다(福應)는 뜻이다(淡 담박할 담).

2) 全人成德 天下無一人失性(전인성덕 천하무일인실성) : 모든 사람(全人)이 덕을 이루어(成德) 천하天下에 본성을 잃은(失性) 사람도 하나도 없게(無一人) 된다는 뜻이다.

3) 百姓 無一事違法(백성 무일사위법) : 백성百姓이 법을 어기는(違法) 일도 하나도 없게(無一事) 된다는 뜻이다.

4) 明徵國體 切合人情(명징국체 절합인정) : 나라의 근본(國體)을 밝게 징험하고(明徵), 인정人情에 적절히 부합시키는(切合) 것을 뜻한다.

5) 周護物力 樂取與衆 同爲準式(주호물력 낙취여중 동위준식) : 두루(周) 만물의 힘(物力)을 보호(護)하고, 즐거움(樂)을 뭇 사람과 더불어(與衆) 취하는(取) 것을 함께(同) 준거할 법식(準式)으로 삼는다(爲)는 뜻이다.

제340사 응복(應福: 應 3果 16形)

一生 無是非 一生 無疾病 老受子孫享
일 생 무 시 비 일 생 무 질 병 노 수 자 손 향

良朋 送歲月
양 붕 송 세 월

번 역 일생에 시비가 없고 질병이 없으며, 늙어서는 자손들의 봉양을 받고, 좋은 벗과 세월을 보내는 것이다.

주 해 1) 應福(응복) : 응복應福, 즉 '복에 응함'이란 덕을 쌓으면 복이 응답하여 한평생 시비나 질병이 없이 편안하게 늙어 자손들의 봉양을 받는 것을 말한다.

2) 一生 無是非 一生 無疾病(일생 무시비 일생 무질병) : 일생一生에 시비가 없고(無是非), 일생에 질병이 없는(無疾病) 것을 말한다.

3) 老受子孫享(노수자손향) : 늙어서는 자손들의 봉양을 받는다는 뜻이다.

4) 良朋 送歲月(양붕 송세월) : 좋은 벗(良朋)과 세월을 보내는(送歲月) 것을 뜻한다.

제341사 유고(裕庫: 應 3果 17形)

管裕人之庫 五穀 充滿 誠信爲事 伊糴伊糶
관 유 인 지 고 오 곡 충 만 성 신 위 사 이 적 이 조

自手權柄 無厄
자 수 권 병 무 액

번역 재물 관리를 여유 있게 하는 사람의 창고에는 오곡이 가득 차고, 정성과 믿음으로 일을 하므로 곡식을 사고 파는 권한을 자기 뜻대로 행하여도 재액災厄이 없는 것이다.

주해 1) 裕庫(유고) : 유고裕庫, 즉 '넉넉한 창고'란 재물 관리를 여유 있게 하는 것을 말한다.

2) 管裕人之庫 五穀 充滿(관유인지고 오곡 충만) : 재물 관리를 여유 있게 하는 사람의 창고에는 오곡이 가득 차 있다는 뜻이다.

3) 誠信爲事 伊糴伊糶 自手權柄 無厄(성신위사 이적이조 자수권병 무액) : 정성과 믿음(誠信)으로 일(事)을 하기(爲) 때문에 곡식을 사고 파는(伊糴伊糶) 권한을 자기 뜻대로 행하여도 재액災厄이 없다는 뜻이다(伊 저 이, 이 이; 糴 쌀(곡식)살 적; 糶 쌀(곡식)팔 조).

제342사 무액(無厄: 應 3果 18形)

患難 已消故 無患難 困辱 已空故 無困辱 厄會
환 난 이 소 고 무 환 난 곤 욕 이 공 고 무 곤 욕 액 회

已盡故 無厄會
이 진 고 무 액 회

번역 환난이 이미 사라져 환난이 없고, 곤욕이 이미 비어 있어 곤욕이 없으며, 액운이 이미 다하여 액운이 모이는 일이 없다.

주해 1) 無厄(무액) : 무액無厄, 즉 '액厄이 없음'이란 더 이상 재액災厄이 없는 것을 말한다.

2) 患難 已消故 無患難(환난 이소고 무환난) : 환난患難이 이미 사라졌으므로(已消故) 환난이 없는(無患難) 것을 뜻한다.

3) 困辱 已空故 無困辱(곤욕 이공고 무곤욕) : 곤욕困辱이 이미 비어 있으므로(已空故) 곤욕이 없는(無困辱) 것을 뜻한다.

4) 厄會 已盡故 無厄會(액회 이진고 무액회) : 액운이 닥치는 기회(厄會)가 이미 다하였으므로(已盡故) 액운이 모이는 일이 없다(無厄會)는 뜻이다.

제343사 이수(利隨: 應 3果 19形)

妨害 退散 利益 隨至 利益之輕 利益之重
방 해 퇴 산 이 익 수 지 이 익 지 경 이 익 지 중

勤之小 勤之大
근 지 소 근 지 대

번역 방해는 물러가 흩어지고 이익은 따라와 이르니, 이익의 가벼움과 무거움은 부지런함의 작음과 큼에 있다.

주해 1) 妨害 退散 利益 隨至(방해 퇴산 이익 수지) : (利隨, 즉 '이익이 따름'이란) 방해妨害는 물러나 흩어지고(退散) 이익利益은 따라와 이르는(隨至) 것을 말한다.

2) 利益之輕 利益之重 勤之小 勤之大(이익지경 이익지중 근지소 근지대) : 이익의 가벼움(輕)과 무거움(重)은 부지런함(勤)의 작음(小)과 큼(大)에

있다는 뜻이다. 다시 말해서 이익의 크고 작음은 노력의 대소大小에 달려 있다는 의미이다.

제344사 천권(天捲: 應 3果 20形)

殃消災退 如靑天之捲雲 諸善人妻 和夫同福
앙 소 재 퇴   여 청 천 지 권 운   제 선 인 처   화 부 동 복

無夫善女 和子孫同福
무 부 선 녀   화 자 손 동 복

번 역   재앙이 사라지고 재액이 물러가는 것이 마치 푸른 하늘에 구름이 걷히는 것과 같아서, 모든 착한 사람의 아내는 남편과 화합하여 함께 복을 누리고, 남편이 없는 착한 여인은 자손과 화합하여 함께 복을 누린다.

주 해   1) 天捲(천권) : 천권天捲, 즉 '하늘이 걷힘'이란 하늘에 구름이 걷히듯 재앙이 걷히는 것을 말한다.

2) 殃消災退 如靑天之捲雲(앙소재퇴 여청천지권운) : 재앙이 사라지고(殃消) 재액이 물러가는(災退) 것이 마치 푸른 하늘(靑天)에 구름이 걷히는(捲雲) 것과 같다(如)는 뜻이다.

3) 諸善人妻 和夫同福(제선인처 화부동복) : 모든 착한 사람(諸善人)의 아내(妻)는 남편과 화합하여(和夫) 함께 복을 누린다(同福)는 뜻이다.

4) 無夫善女 和子孫同福(무부선녀 화자손동복) : 남편이 없는(無夫) 착한 여인(善女)은 자손과 화합하여(和子孫) 함께 복을 누린다(同福)는 뜻이다.

제4과 영盈

제345사 영(盈: 應 4果)

戒盈者 哲 否者 爲衆 去惡莫怠 守善不遷
계영자 철 부자 위중 거악막태 수선불천

是爲戒盈 絜矩以安
시위계영 혈구이안

번역 가득 참을 경계하는 이는 밝은이요, 그렇지 못한 이는 뭇 사람이다. 악을 물리침에 게으르지 않고 착함을 지키어 꾸준히 나아가는 것이 가득 참을 경계하는 것이다. 이는 참전계경의 가르침에 따라 법도에 맞게 살아감으로써 남을 나와 같이 헤아리는 데서 오는 편안함인 것이다.

주해 1) 戒盈者 哲 否者 爲衆(계영자 철 부자 위중) : 가득 참을 경계하는 이(戒盈者)는 밝은 이(哲)요, 그렇지 못한 이(否者)는 뭇사람(衆)이라는 뜻이다.

2) 去惡莫怠, 守善不遷 是爲戒盈(거악막태 수선불천 시위계영) : 악을 물리침(去惡)에 게으르지 않고(莫怠) 착함을 지키어(守善) 꾸준히 나아가는(不遷) 것이 가득 참을 경계(戒盈)하는 것이라는 뜻이다.

3) 絜矩以安(혈구이안) : (이는 참전계경의 가르침에 따라) 법도에 맞게 살아감으로써 (남을 나와 같이 헤아리는 데서) 오는 편안함이라는 뜻이다. 남을 나와 같이 헤아린다는 것은 내 마음으로 미루어 남의 마음을 헤

아리는 것을 말한다. 이는 단군팔조교檀君八條敎 제2조의 가르침과도 일치하는 것이다. 즉 "하늘의 홍범은 언제나 하나이고 사람의 마음 또한 다 같게 마련이니 내 마음으로 미루어 남의 마음을 헤아리도록 하라. 사람의 마음은 오직 교화를 통해서만 하늘의 홍범과 합치되는 것이니 그리 해야 만방에 베풀어질 수 있는 것이다." 또한 「태백일사」 소도경전본훈蘇塗經典本訓에 나오는 구서九誓 제2서의 내용과도 일치하고 있다. 즉 "…세상 만물을 좋아하고 싫어함은 남과 내가 마찬가지이니 내 자신으로 미루어 세상 만물을 헤아리며, 친한 사람으로 미루어 소원한 이에게까지 생각이 미쳐야 한다. 이러한 도가 나라 전체에 미치면 나라가 크게 일어날 것이요, 천하에까지 미치면 천하가 크게 변화될 것이다. 이것이 우애와 화목과 어짊과 용서함(友睦仁恕)이다…." 혈絜은 '잴 혈', 구矩는 '법도法度, 곡척曲尺'이니, 혈구絜矩는 '곡척으로써 잼, 법도로써 잼'의 뜻이다. '혈구지도絜矩之道'는 남을 나와 같이 헤아리는 추기탁인推己度人의 도를 말한다.

제346사 뇌진(雷震: 應 4果 21形)

禍盈則敗 天地溟漠 疾風暴雨 天雷大發
화 영 즉 패   천 지 명 막   질 풍 폭 우   천 뢰 대 발

霹靂響處 全身燒燼
벽 력 향 처   전 신 소 신

[번 역]　앙화가 가득 차면 패하나니, 천지가 아득하고 질풍과 폭우에 우뢰가 크게 일어나 벽력이 내리쳐 온몸이 다 타버린다.

주 해　1) 雷震(뇌진) : 뇌진雷震, 즉 '우뢰가 진동함'이란 하늘의 벼락을 맞아 죽는 것을 말한다.

　2) 禍盈則敗(화영즉패) : 앙화가 가득 차면(禍盈則) 패하게 된다는 뜻이다. 패한다는 것은 모든 일이 이루어지지 않게 된다는 의미이다.

　3) 天地溟漠 疾風暴雨 天雷大發(천지명막 질풍폭우 천뢰대발) : 천지天地가 아득하고(溟漠) 질풍疾風과 폭우暴雨에 우뢰(天雷)가 크게 일어나는(大發) 것을 말한다.

　4) 霹靂響處 全身燒燼(벽력향처 전신소신) : 벽력霹靂이 내리치는 곳(響處)에 온몸(全身)이 다 타버린다(燒燼)는 뜻이다(燼 탄 나머지 신).

제347사　귀갈(鬼喝: 應 4果 22形)

惡鬼隨身　營事幾完　沮之　求利將成　破之
악 귀 수 신　영 사 기 완　저 지　구 리 장 성　파 지

言必被謗　動必遭怒　焦心爛舌　終身乃止
언 필 피 방　동 필 조 노　초 심 란 설　종 신 내 지

번 역　악귀가 몸에 따르니 경영하는 일이 거의 다 되다가 막히고, 구하는 이익이 장차 이루어지려 하다가 깨뜨려지며, 말을 하면 반드시 비방이 따르고, 움직이면 반드시 노여움을 사게 되며, 애가 타고 혀가 문드러지는 것이 죽어서야 그치게 된다.

주 해　1) 鬼喝(귀갈) : 귀갈鬼喝, 즉 '귀신이 부름'이란 악귀가 몸에 붙어 다니는 것을 말한다(喝 부를 갈).

　2) 惡鬼隨身 營事幾完 沮之(악귀수신 영사기완 저지) : 악귀惡鬼가 몸에

따르니(隨身) 경영하는 일(營事)이 거의 다 되다가(幾完) 막히게(沮之) 된다는 뜻이다.

　　3) 求利將成 破之(구리장성 파지) : 구하는 이익(求利)이 장차 이루어지려(將成) 하다가 깨뜨려지는(破之) 것을 말한다.

　　4) 言必被謗 動必遭怒(언필피방 동필조노) : 말(言)을 하면 반드시(必) 비방(被謗)이 따르고, 움직이면(動) 반드시(必) 노여움을 사게(遭怒) 된다는 뜻이다(遭 만날 조).

　　5) 焦心爛舌 終身乃止(초심란설 종신내지) : 애가 타고(焦心) 혀가 문드러지는(爛舌) 것이 죽어서야(終身) 그치게(止) 된다는 뜻이다(焦 탈 초, 태울 초; 爛 문드러질 란).

제348사　멸가(滅家: 應 4果 23形)

産業 風揚飛散　子孫 霜打殘葉　夫妻 孤且孑
산　업　풍 양 비 산　　자 손　상 타 잔 엽　　부 처　고 차 혈

白髮 長呼哭
백　발　장 호 곡

번역　생업은 풍비박산이 되고, 자손은 서리 맞은 낙엽처럼 쇠잔하며, 부부는 외롭고 또 외로워 백발 늘그막에 울부짖을 뿐이다.

주해　1) 滅家(멸가) : 멸가滅家, 즉 '집안이 멸함'이란 죄업이 가득 차서 집안이 망하는 앙화를 받게 되는 것을 말한다.

　　2) 産業 風揚飛散(산업 풍양비산) : 생업(産業)이 풍비박산이 되는 것을 말한다.

3) 子孫 霜打殘葉(자손 상타잔엽) : 자손子孫은 서리 맞은(霜打) 낙엽(葉)처럼 쇠잔(殘)하게 된다는 뜻이다.

4) 夫妻 孤且孑 白髮 長呼哭(부처 고차혈 백발 장호곡) : 부부(夫妻)는 외롭고 또 외로워(孤且孑) 백발白髮 늘그막에 울부짖을 뿐이라는 뜻이다(呼 부르짖을 호; 哭 울 곡). 장호곡長呼哭은 길게 울부짖는다는 뜻으로 이는 곧 울부짖을 뿐이라는 의미이다(孑 외로움 혈).

제349사 절사(絶祀: 應 4果 24形)

世産 保其口 存其産 終其年
세 산 보 기 구 존 기 산 종 기 년

但無一個子女 絶其祀
단 무 일 개 자 녀 절 기 사

번 역　물려받은 재산으로 그 식구를 보호하며 재산을 보존하여 그 생애를 마칠 수 있으나, 다만 아들 딸 하나 없어 제사가 끊어진다.

주 해　1) 絶祀(절사) : 절사絶祀, 즉 '제사가 끊어짐'이란 자손이 없어 제사가 끊기는 것이다.

2) 世産 保其口 存其産 終其年(세산 보기구 존기산 종기년) : 물려받은 재산(世産)으로 그 식구를 보호하며(保其口) 재산을 보존하여(存其産) 그 생애를 마칠(終其年) 수 있다는 뜻이다.

3) 但無一個子女 絶其祀(단무일개자녀 절기사) : 다만(但) 아들 딸(子女) 하나 없어(無一個) 제사가 끊어진다(絶其祀)는 뜻이다.

제350사 실시(失屍: 應 4果 25形)

遠方爲客 積年未歸 死于荒丘 無人見者
원방위객 적년미귀 사우황구 무인견자

번역 먼 타향에서 나그네 되어 해가 쌓여도 돌아오지 못하고 거친 언덕에서 죽어가도 돌보는 사람이 없다.

주해 1) 失屍(실시) : 실시失屍, 즉 '시신을 잃음'이란 객사客死하는 것을 말한다.

2) 遠方爲客 積年未歸(원방위객 적년미귀) : 먼 타향(遠方)에서 나그네 되어(爲客) 해가 쌓여도(積年) (고향으로) 돌아오지 못하는(未歸) 것을 말한다.

3) 死于荒丘 無人見者(사우황구 무인견자) : 거친 언덕에서(于荒丘) 죽어가도(死) 돌보는 사람이 없다(無人見者)는 뜻이다.

제5과 대大

제351사 대(大: 應 5果)

感於惡 大 其應也亦大 形多愧影 禍不旋踵
감어악 대 기응야역대   형다괴영   화불선종

百鬼侵凌 名與身滅
백귀침릉 명여신멸

번역 악의 감정이 크면 그 응보도 또한 크다. 모습에 부끄러운 그림자가 많으니 어찌 앙화가 뒤따라 돌지 않겠는가. 온갖 귀신이 침노하고 능멸하여 그 이름과 몸이 동시에 멸한다.

주해 1) 感於惡 大 其應也亦大(감어악 대 기응야역대) : (大, 즉 '큼'이란) 악(惡)의 감정(感)이 크면(大) 그(其) 응보(應)도 또한 크다(亦大)는 뜻이다.

2) 形多愧影 禍不旋踵(형다괴영 화불선종) : '모습(形)에 부끄러운 그림자(愧影)가 많으니(多) 어찌 앙화(禍)가 뒤따라 돌지(旋踵) 않겠는가(不)'의 뜻이다(愧 부끄러울 괴; 旋 돌 선, 踵 뒤따를 종).

3) 百鬼侵凌 名與身滅(백귀침릉 명여신멸) : 온갖 귀신(百鬼)이 침노하고 능멸하여(侵凌) 그 이름(名)과 더불어(與) 몸(身)이 동시에 멸한다(滅)는 뜻이다.

제352사 인병(刃兵: 應 5果 26形)

老者 自一至九 少者 一做至九 並受兵刃之害
노자 자일지구 소자 일주지구 병수병인지해

번역 늙은 사람의 악행은 오랫동안 쌓인 것으로 하나로부터 아홉에 이르고, 젊은 사람의 악행은 일시에 크게 저지른 것으로 하나를 지어 바로 아홉에 이르니, 악을 가득 채운 것은 모두 같다. 그러므로 모두 병사들의 칼날에 베이는 것과 같은 해침(惡의 應함)을 받는다.

주해 1) 刀兵(인병) : 인병刀兵, 즉 '병사들의 칼날'이란 악을 가득 채우면 병사들의 칼날에 베이는 것과 같은 악의 응應함을 받게 된다는 뜻이다.

2) 老者 自一至九(노자 자일지구) : 늙은 사람(老者)은 하나로부터(自一) 아홉에 이른다(至九)는 뜻으로 이는 곧 오랫동안 살면서 악이 가득 찬 것을 말한다.

3) 少者 一做至九(소자 일주지구) : 젊은 사람은 하나를 지어 바로 아홉에 이른 것으로 이는 곧 일시에 크게 저질러 악이 가득 찬 것을 말한다.

4) 並受兵刀之害(병수병인지해) : (악을 가득 채운 것은 모두 같으므로) 모두(並) 병사들의 칼날(刀兵)에 베이는 것과 같은 해침(惡의 應함)을 받는다는 뜻이다.

제353사 수화(水火: 應 5果 27形)

漂水失家 漏火失家 落水逃命 焚火傷身
표 수 실 가   누 화 실 가   낙 수 도 명   분 화 상 신

번역 떠돌아 흐르는 물에도 집을 잃고, 새어나오는 불에도 집을 잃으며, 떨어지는 물에도 목숨을 잃고, 타는 불에도 몸을 상한다.

주 해 1) 水火(수화) : 수화水火, 즉 '물과 불'이란 악행이 크면 물이나 불의 재앙을 받게 된다는 뜻이다.

  2) 漂水失家 漏火失家(표수실가 누화실가) : 떠돌아 흐르는 물(漂水)에도 집을 잃고(失家), 새어나오는 불(漏火)에도 집을 잃는다(失家)는 뜻이다.

  3) 落水逃命 焚火傷身(낙수도명 분화상신) : 떨어지는 물(落水)에도 목숨을 잃고(逃命), 타는 불(焚火)에도 몸을 상한다(傷身)는 뜻이다(逃 떠날 도).

제354사 도적(盜賊: 應 5果 28形)

險地遇盜賊 失業金 屋裡遇盜賊 失殘産
험 지 우 도 적 　 실 업 금 　 옥 리 우 도 적 　 실 잔 산

번 역 험한 곳에서 도적을 만나 사업 자금을 잃고, 집안에서 도적을 만나 남은 재산을 잃는다.

주 해 1) 盜賊(도적) : 도적盜賊이란 악행이 크면 도적의 피해를 당하게 된다는 뜻이다.

  2) 險地遇盜賊 失業金(험지우도적 실업금) : 험한 곳(險地)에서 도적盜賊을 만나(遇) 사업(業) 자금(金)을 잃는다(失)는 뜻이다.

  3) 屋裡遇盜賊 失殘産(옥리우도적 실잔산) : 집안(屋裡)에서 도적盜賊을 만나(遇) 남은 재산(殘産)을 잃는다(失)는 뜻이다.

제355사 수해(獸害: 應 5果 29形)

絶嶺深林 被猛獸之害
절 령 심 림 피 맹 수 지 해

번역 높은 고개와 깊은 숲에서 맹수의 피해를 당하게 된다.

주해 1) 獸害(수해) : 수해獸害, 즉 '짐승의 피해'란 악행이 크면 맹수의 피해를 당하게 된다는 뜻이다.

2) 絶嶺深林 被猛獸之害(절령심림 피맹수지해) : 높은 고개(絶嶺)와 깊은 숲(深林)에서 맹수猛獸의 피해被害를 당하게 된다는 뜻이다.

제356사 형역(刑役: 應 5果 30形)

刑役 多少年囹圄 受刑役之苦
형 역 다 소 년 영 어 수 형 역 지 고

번역 많은 해를 감옥에 갇혀 형벌의 고통을 받는다.

주해 1) 刑役(형역) : 형역刑役, 즉 '형벌의 노역'이란 악행이 크면 많은 해를 감옥에 갇혀 형벌의 고통을 받게 된다는 뜻이다.

2) 多少年囹圄 受刑役之苦(형역 다소년영어 수형역지고) : 많은 해(多少年)를 감옥(囹圄)에 갇혀 형벌(刑役)의 고통(苦)을 받게(受) 된다는 뜻이다(囹 옥 령; 圄 옥 어, 가둘 어). 다소多少는 '많음'이다.

제357사 천라(天羅: 應 5果 31形)

每値天候不利 臨難 脫不得身 趁事 達不得終
매 치 천 후 불 리 임 난 탈 부 득 신 진 사 달 부 득 종

번역 매번 천기(天候)가 불리하여 어려움에 처하여서도 벗어나지 못하고, 하는 일마다 끝을 맺지 못한다.

주해 1) 天羅(천라): 천라天羅, 즉 '하늘의 그물'은 넓고 넓으나 사소한 일 하나라도 놓치지 아니하므로 악을 행하면 반드시 재앙을 만나게 되어 하는 일마다 끝을 맺지 못한다는 뜻이다.

2) 每値天候不利 臨難 脫不得身(매치천후불리 임난 탈부득신): 매번(每) 천기(天氣, 天候)가 불리할 때를 만나(値) 어려움에 처하여서도(臨難) 몸(身)이 벗어나지 못하는(脫不得) 것을 말한다. 말하자면 매번 천기가 불리하여(하늘이 돕지 않아) 어려움에 처하여서도 벗어나지 못한다는 의미이다(値 만날 치). 천후天候는 '천기天氣, 하늘의 징후'이다.

3) 趁事 達不得終(진사 달부득종): 일을 추진하여(趁事) 달성(達)코자 하나 마치지 못한다(不得終)는 뜻으로 이는 곧 하는 일마다 끝을 맺지 못한다는 의미이다(趁 쫓을 진).

제358사 지망(地網: 應 5果 32形)

吉地自遠 凶地自近 臨難 脫不得身
길 지 자 원 흉 지 자 근 임 난 탈 부 득 신

趁事 達不得終
진 사 달 부 득 종

번 역 길한 곳은 저절로 멀어지고 흉한 곳은 저절로 가까워져서 어려움에 처하여서도 벗어나지 못하고, 하는 일마다 끝을 맺지 못한다.

주 해 1) 地網(지망) : 지망地網, 즉 '땅의 그물'은 그 누구도 벗어날 수 없으므로 악을 행하면 반드시 흉한 곳만 찾아다니게 되어 하는 일마다 끝을 맺지 못한다는 뜻이다.

2) 吉地自遠 凶地自近 臨難 脫不得身(길지자원 흉지자근 임난 탈부득신) : 길한 곳(吉地)은 저절로 멀어지고(自遠) 흉한 곳(凶地)은 저절로 가까워져서(自近) 어려움에 처하여서도(臨難) 벗어나지 못한다(脫不得)는 뜻이다.

3) 趁事 達不得終(진사 달부득종) : 일을 추진하여(趁事) 달성(達)코자 하나 마치지 못한다(不得終)는 뜻으로 이는 곧 하는 일마다 끝을 맺지 못한다는 의미이다.

제359사 급신(及身: 應 5果 33形)

衆人同危 危獨及於一人 十人同居 殃獨及於自己
중 인 동 위   위 독 급 어 일 인   십 인 동 거   앙 독 급 어 자 기

번 역 여러 사람이 같이 위험에 처해도 그 위험이 유독 혼자에게만 미치고, 열 사람이 같이 거처해도 그 재앙이 유독 자기 혼자에

게만 미친다.

주 해 1) 及身(급신) : 급신及身, 즉 '몸에 미침'이란 여러 사람이 똑같이 위험에 처해도 그 재앙이 자기 혼자에게만 미치는 것이다. 이는 악행에 따른 하늘의 응보이다.

    2) 衆人同危 危獨及於一人(중인동위 위독급어일인) : 여러 사람(衆人)이 같이 위험(同危)에 처해도 그 위험(危)이 유독(獨) 혼자에게(於一人)만 미친다(及)는 뜻이다.

    3) 十人同居 殃獨及於自己(십인동거 앙독급어자기) : 열 사람(十人)이 같이 거처(同居)해도 그 재앙(殃)이 유독(獨) 자기 혼자에게(於自己)만 미친다(及)는 뜻이다.

제6과 소小

제360사 소(小: 應 6果)

雖善 以其小不爲 雖惡 以其不大爲之
수 선 이 기 소 불 위 수 악 이 기 부 대 위 지

此亦應之小者 可不戒哉
차 역 응 지 소 자 가 불 계 재

번 역 비록 착한 일이라 하더라도 작다 하여 행하지 않고, 비록 악한 일이라 하더라도 크지 않다 하여 행하는 것은, 이에 대한 응답 또한 작은 것이긴 하지만 가히 경계해야 하지 않겠는가.

주 해　1) 雖善 以其小不爲 雖惡 以其不大爲之(수선 이기소불위 수악 이기부대위지) : 비록(雖) 착한(善) 일이라 하더라도 작다(小) 하여 행하지 않고(不爲), 비록(雖) 악惡한 일이라 하더라도 크지 않다(不大) 하여 행하는(爲之) 것을 말한다.

　2) 此亦應之小者 可不戒哉(차역응지소자 가불계재) : 이(此)에 대한 응답(應) 또한(亦) 작은 것(小者)이긴 하지만 가可히 경계해야 하지 않겠는가(不戒哉).

제361사 빈궁(貧窮: 應 6果 34形)

貧不自保 窮不自存 欲免 終身不得
빈 불 자 보　궁 불 자 존　욕 면　종 신 부 득

번 역　가난하여 스스로를 보전하지 못하고, 궁핍하여 스스로 존립하지 못한다. 이를 벗어나고자 해도 종신토록 얻지 못한다.

주 해　1) 貧不自保 窮不自存(빈불자보 궁불자존) : (악한 사람은) 가난(貧)하여 스스로를 보전하지 못하고(不自保), 궁핍(窮)하여 스스로 존립하지 못한다(不自存)는 뜻이다. 작은 악이라 하더라도 쌓이면 가난을 면치 못하게 되는 것이다. 악惡이란 선善의 결여이며, 이는 곧 남을 나와 같이 생각하는 마음이 결여된 데서 오는 것이다.

　2) 欲免 終身不得(욕면 종신부득) : (이를) 벗어나고자 해도(欲免) 종신終身토록 얻지 못한다(不得)는 뜻이다.

제362사 질병(疾病: 應6果 35形)

一生 多疾病 四時 失序 萎靡不振
일 생 다 질 병 사 시 실 서 위 미 부 진

번역   한평생 질병이 많아서 춘하추동의 질서를 잃고 질병에 시들어 떨치지 못한다.

주해   1) 一生 多疾病(일생 다질병) : (악한 사람은) 한평생(一生) 질병疾病이 많다(多)는 뜻이다. 작은 악이라 하더라도 쌓이면 한평생 질병에 시달리게 되는 것이다. 남을 나와 같이 생각하는 마음이 결여된 데서 악이 생겨나게 되는 것이므로 내적 자아의 각성과 영적 힘의 계발을 위해 하늘은 악한 사람에게 질병을 내려 공부하게 하는 것이다. 건강과 질병, 삶과 죽음, 전쟁과 평화, 빛과 어둠, 기쁨과 슬픔, 사랑과 증오, 맑은 하늘과 태풍 등의 대조적 체험을 통해 우리의 영혼은 더욱 맑고 밝고 확대되고 강화되게 된다. 그리하여 마침내 이들이 모두 하나라는 인식에 이르게 된다.

 2) 四時 失序 萎靡不振(사시 실서 위미부진) : 춘하추동(四時)의 질서를 잃고(失序) 질병에 시들어(萎靡) 떨치지 못한다(不振)는 뜻이다. 춘하추동의 질서를 잃는다는 뜻은 만물이 소생하는 봄에도, 녹음이 무성한 여름에도, 그리고 가을 겨울에도 항상 질병이 끊이지 않아 사시사철 시들어 괴롭게 살아가는 것을 말한다(振 떨칠 진). 위미萎靡는 '시듦'이다.

제363사 패망(敗亡: 應 6果 36形)

事事敗亡 無一成就
사 사 패 망　무 일 성 취

번역　하는 일마다 패망하여 하나도 성취되는 것이 없다.

주해　1) 事事敗亡 無一成就(사사패망 무일성취) : (악한 사람은) 하는 일마다(事事) 패망敗亡하여 성취成就되는 것이 하나도 없다(無一)는 뜻이다. 작은 악이라 하더라도 쌓이면 무엇 하나 되는 일이 없는 것이다. 그러나 매순간 정성을 다하여 천·지·인 삼신일체(三神一體, 三位一體)의 천도天道를 실천한다면, 우주만물을 '나'와 한 몸으로 느끼어 사람 가운데 천지가 하나(人中天地一)가 되므로 이루어지지 않는 일이 없게 된다.

제364사 미실(靡室: 應 6果 37形)

無妻無子 孤子一身 東飄西零
무 처 무 자　고 혈 일 신　동 표 서 령

번역　아내도 없고 자식도 없어 외로운 한 몸이 동쪽 회오리바람에 휘말려 서쪽에 떨어진다.

주해　1) 無妻無子 孤子一身 東飄西零(무처무자 고혈일신 동표서령) : (靡室, 즉 '가족이 없음'이란) 아내도 없고(無妻) 자식도 없어(無子) 외로운 홀

몸(孤孑一身)이 동쪽 회오리바람(東飄)에 휘말려 서쪽에 떨어지는(西零) 격이 되는 것을 말한다. 작은 악이라 하더라도 쌓이면 외롭고 비참한 말년을 맞게 되는 것이다. 하늘은 악한 사람으로 하여금 뼈 속 깊이 사무치는 외로움을 응시하게 함으로써 스스로를 돌이키는 공부를 하게 하는 것이다(靡 없을 미). 고혈일신孤孑一身은 곧 '고혈단신孤孑單身'으로 혈육이 없는 외로운 홀몸을 뜻한다(飄 회오리바람 표; 零 떨어질 령).

제365사 도개(道丐: 應 6果 38形)

無依無捿 道路乞丐 無人救濟
무의무서 도로걸개 무인구제

번역 의지할 곳도 없고 거처할 곳도 없어 길거리에서 구걸을 하나 누구 하나 구제해 주지 않는다.

주해 1) 無依無捿 道路乞丐 無人救濟(무의무서 도로걸개 무인구제): (도개道丐, 즉 길거리에서 구걸함이란) 의지할 곳도 없고(無依) 거처할 곳도 없어(無捿) 길거리(道路)에서 구걸(乞丐)을 하나 누구 하나 구제救濟해 주는 사람이 없다(無人)는 뜻이다. 작은 악이라 하더라도 쌓이면 구걸을 하는 비참한 말년을 맞게 되는 것이다. 하늘은 악한 사람의 육신을 고달프게 하여 극심한 존재론적 단절을 체험하게 함으로써 스스로를 돌이키는 공부를 하게 하는 것이다. 정성이 없으니 믿음이 생겨나지 못하고, 믿음이 생겨나지 못하니 사랑 또한 우러나지 못하여 스스로 자초한 존재론적 단절을 온몸으로 느끼며 공부하게 하는 것이다. 걸개ㄹᄯ란 '구걸함'이다.

제366사 급자(及子: 應 6果 39形)

子受父禍 諸惡人妻 和夫同禍 無夫惡女
자 수 부 화 제 악 인 처 화 부 동 화 무 부 악 녀

和子孫同禍
화 자 손 동 화

번 역 자식이 아비의 앙화를 받고, 모든 악한 사람의 아내는 남편과 함께 앙화를 받으며, 남편이 없는 악한 여자는 자손과 함께 앙화를 받는다.

주 해 1) 子受父禍 諸惡人妻 和夫同禍 無夫惡女 和子孫同禍(수부화 제악인처 화부동화 무부악녀 화자손동화) : (及子, 즉 '자손에게 미침'이란) 자식(子)이 아비의 앙화(父禍)를 받고(受), 모든(諸) 악한 사람(惡人)의 아내(妻)는 남편(夫)과 함께(和同) 앙화(禍)를 받으며, 남편이 없는(無夫) 악한 여자(惡女)는 자손子孫과 함께 앙화를 받는 것을 말한다. 작은 악이라 하더라도 쌓이면 그 앙화가 처자에게까지 미치게 되는 것이다. 하늘은 악한 사람으로 하여금 악의 파급효과를 직시하게 함으로써 스스로를 경계하며 돌이키는 공부를 하게 하는 것이다.

부록 참고문헌 요해

참고문헌 요해

『격암유록格菴遺錄』

『격암유록』은 조선 명종 때의 학자 격암格菴 남사고(南師古, 1509~1571)가 남긴 우리나라의 대표적 예언서로 『남사고비결南師古秘訣』이라고도 한다. 남사고는 르네상스 시대 최고의 예언가였던 프랑스의 노스트라다무스(Michel de Notredame, Nostredame이라고도 함, 1503~1566)와 동시대를 살았으며 이들 두 사람은 각기 동·서양을 대표하는 예언가로 꼽힌다. 남사고는 명종 때 종묘宗廟의 일을 맡아보는 조관朝官 참봉參奉 벼슬을 지냈고 후에 천문학天文學 교수敎授를 역임하였다. 또한 소시少時에 신인神人을 만나 이 책에 기록된 비결秘訣 내용을 전수 받았다 하며, 역학易學·천문天文·지리地理·참위讖緯·복서卜書 등에 통달하였다 한다. 현재 『격암유록』은 국립 중앙도서관 고서 목록 古1496호 『격암유록』이라고 등록되어 있다. 이 책은 세론시世論視·계룡론鷄龍論·은비가隱秘歌·출장론出將論·승지론勝地論 등 60여 편의 논論과 가歌로 구성되어 있고 가歌는 국한문이 혼용되어 씌어졌다. 역학·풍수·천문·지리·복서 등의 원리에 입각하여 조선의 미래를 예언하고 또 그것에 대처하는 방법을 일러주고 있다. 「말운론末運論」에 보면, "자고예언비장지문 두장미불각서自古豫言秘藏之文 隱頭藏尾不覺書"라는 말이 나온다. 즉 "예로부터 전해오는 이 예언은 비밀히 감추어진 문장으로서 머리는 숨어 버리고 꼬리는 감춘 듯이 기록되어 사람들이 깨닫기 어렵게 된 글"이라는 뜻이다. 말하자면 파자破字, 측자側字, 은유, 비유 등으로 기록된 천기인봉天機印封의 이치를 설명하고 있는 것이다. 역사상 손꼽을 만한 유력한 예언서들이 무수한 논란을 야기시켰음에도 불구하고 사전에 파기되지 않고 온존할 수 있었던 것은 바로 이 천기인봉의 이치 때문이라 할 것이다. 만약 이들 예언서가 지적 탐구를 통해 사전에 해독될 수 있는 것이었다면 그 누군가의 손에 의해 이미 파기되었을 것이다. 예언서는 그 어떤 의미에서도 지적 탐구의 대상이 될 수는 없다. 어떤 의도나 목적을 가지고 사심私心으로 예언서를 해독하려 든다면 진실은 결코 스스로 그 모습을 드러내지 않을 것이다. 예언서의 진수眞髓는 유현幽玄하고 또 유현하여 오직 깨인 자가 아니고서는 감히 진리의 경계에 접근할 수 없게 되어 있는 것이다. 그래서 「가사요歌辭謠」에서는 "예언유서 세부지만시자탄(豫言有書 世不知晚時自歎)", 즉 예언서에 나타나 있는 것처럼 실제로 일어나고 있다는 사실을 세상 사람들이 뒤늦게 알고서 스스로 한탄하며 후회하게 되리라고 했다. 『격암유록』에서는 도덕적 타락상과 황금만능주의의 사조, 종교 이기주의와 세속화를 거듭 개탄하면서 모든 도와 교를 하나로 합치는 '신앙혁명'을 예고하고 있다. 「가사총론歌辭總論」에는 말세의 도덕적 타락상 및 물질만능주의와 불교, 기독교, 유교의 잘못된 신앙을 개탄하는 내용이 나온다. 이어 「가사요」에서는 "말복합이일리 동서도교합일리 혼미정신영불각(未復合而一理 東西道教合一理 昏迷精神永不覺)"이라 하여, 끝에 가서 동·서의 도와 교가 하나로 합쳐지게 되는 이치를 말하면서 정신이 혼미한 자는 결코 깨닫지 못할 것이라고 했다. 또한 「정각가精覺歌」에서는 유교, 불교, 기독교가 세속에 물들어 진정한 도를 밝히지 못하고 세상만 어지럽히고 있음을 한탄하면서 "도도교교독주장 신앙혁명부지…천강대도차시대 종도합일해원지(道道教

敎獨主張 信仰革命不知…天降大道此時代 宗道合一解寃知"라 하여 "수많은 도와 교가 신앙의 혁명기임을 모르고 제각기 자기 주장을 하지만 하늘의 대도大道가 내려온 이 시대는 모든 도를 하나로 합치는 해원임을 알라".고 했다. 또한 『격암유록』에는 『천부경』의 원리인 천·지·인 삼신일체의 천도가 후천세계를 열 것이라고 예언하였다. 「송가전松家田」에서는 천부경을 '진경眞經'이라고 하고 있고, 「궁을도가弓乙圖歌」에서는 "새벽에 맑은 정신으로 꿇어앉아 진경을 독송하길 주야로 잊지 말고 반드시 명심하라"고 나와 있으며, 「정각가」에서는 "상제께서 예언하신 성스러운 진경은 생사의 이치를 분명히 판별해 준 것으로 소리도 냄새도 없고 별 맛도 없다"고 하고 있다. 또한 「농궁가弄弓歌」에서는 "하늘에서 내려온 궁부(弓符, 天符經)에 하늘의 뜻이 있는데 창생을 구제하는 지극한 이치를 누가 알리오"라고 하고, 「가사총론」에서는 "궁부의 이치로 선천先天이 회복되니 사시장춘의 신세계"라고 하고 있다. 특히 「은비가隱秘歌」에서는 천부경의 중핵을 이루는 '집일함삼'과 '회삼귀일'의 원리가 인간 존재 속에 구현된 천·지·인 삼신일체(성부·성자·성령 삼위일체)의 천도가 후천세계를 열 것임을 예고하고 있다. 「은비가」에 나오는 '부자신중삼인출父子神中三人出'은 '집일함삼', 즉 하나를 잡아 셋을 포함하는 이치를 나타내고, '삼진신중일인출(三眞神中一人出)'은 '회삼귀일', 즉 셋이 모여 하나로 돌아가는 이치를 나타낸 것이다. 여기서 '부자신父子神'은 곧 성부·성자·성령이요 천부경의 천·지·인에 조응하는 것으로 삼위일체이다. 따라서 일즉삼(一卽三, 一卽多)이요 삼즉일(三卽一, 多卽一)이다. 천·지·인 혼원일기混元一氣인 '하나(一)'가 곧 우주만물(三)이요 우주만물이 곧 '하나(一)'이다. 진인眞人이란 삼신일체의 천도가 인간 존재 속에 구현된, 말하자면 '인중천지일人中天地一'을 체현한 존재이다. '신앙혁명'에 대한 예고와 더불어 『천부경』

이 만고의 진경眞經이며 천·지·인 삼신일체의 천도가 후천세계를 열 것이라고 한 『격암유록』의 예언적 내용은, 삼신일체에 뿌리를 둔 신교神敎가 모든 종교와 진리의 모체가 될 것이라고 예언한 『신교총화』의 내용과도 일치하는 것이다.

『규원사화揆園史話』

『규원사화』는 1676년 조선조 숙종 2년에 북애노인北崖老人이 고대로부터 내려오던 민족 사서를 종합 재구성하여 저술한 한국 상고사上古史 및 만설漫說을 담은 역사책으로 그 진본이 국립중앙도서관에 있다. 1972년 11월 3일에 이가원, 손보기, 임창순 3인의 고서심의위원이 심의를 하여 조선조 숙종 2년에 작성된 진본임을 확인하고 국립중앙도서관 귀중본으로 지정한 것이다. 1책 70장張의 필사본으로 된 이 책은 서문·조판기肇判紀·태시기太始紀·단군기檀君紀·만설漫說로 구성되어 있으며, 조판기·태시기·단군기에서 상고사를 서술한 다음, 만설이라 하여 여러 경전에서 느낀 바와 저자 자신의 소감을 피력하는 형식을 취하고 있다. '규원'은 저자가 부아악(負兒岳, 북한산) 기슭에 있던 자신의 서재 이름에서 따온 것이다. 조판기와 태시기에는 일대주신一大主神 환인이 천지를 열어 창조하고, 환웅 신시씨神市氏가 태백산에 내려와 동방의 군장君長이 되어 선정을 베푸는 과정과 수천 년을 다스리던 역사가 서술되어 있으며, 단군기에는 환검桓儉으로부터 고열가古列加까지 47대 왕명과 재위 기간 및 치적이 나타나 있다. 만설에서는 이 책을 저술할 당시 조선이 만주를 잃고 약소국으로 전락한 것을 탄식하면서, 부강한 나라가 되기 위한 3가지 조건으로 지리地利·인화人和·보성保性을 들고 있다. 이들 세 가지 요소는 각각 잃어버린 만주 땅을 되찾고, 당쟁을 버리고 화합하며, 고유 문화를 지킴과 동시에 남의 것도 취할 만한 것은 취하자는 의미를 내포하고 있다. 저자 북애자는 과거에 낙방한 후 팔도강산을 두루 편력한 다음 귀향하여 여러 서적을 읽던 중 술사述史에 뜻을 두게 되어 고려 말의 청평淸平 이명李茗이 지은 『진역유기震域遺記』를 참고로 저술하게 된 것인데, 이 책은 고려 초 발해유민이 쓴 『조대기朝代記』를 토대로 한 것이다. 『규원사화』의 내용은 이승휴李承休의 『제왕운기帝王韻紀』, 대야발大野勃의 『단기고사檀奇古事』 그리고 『환단고기』 등의 내용과 큰 줄기가 일치하고 있다. 「태시기」에는 요심遼瀋과 유연幽燕의 땅이 신시시대부터 이미 한족韓族의 땅이었다고 하며, 고대 우리 민족의 활동 중심지는 요동을 중심으로 한 압록강 이북의 대륙이었음을 명기하고 있다. 또한 「태시기」에는 "신시씨(神市氏, 배달국 환웅천황)가 세상을 다스린 것이 더욱 오래지만 치우蚩尤·고시高矢·신지神誌·주인朱因 제씨諸氏가 어울리어 인간의 366사를 다스렸다(神市氏 御世愈遠而 蚩尤高矢 神誌朱因 諸氏幷治人間 三百六十六事)"고 나와 있다. 「단군기」에 의하면 고대의 임금은 반드시 먼저 하늘과 단군 삼신三神을 섬기는 것을 도道로 삼았다고 한다. 관직에는 대선大仙·국선國仙·조의皂衣라는 것이 있었다. 고구려의 조천석朝天石, 발해의 보본단報本壇, 고려의 성제사聖帝祠, 요遼의 삼신묘三神廟, 금金의 개천홍성제묘開天弘聖帝廟는 모두 단군의 묘이며, 근조선에 이르러서도 세종은 단군묘를 평양에 설치했고 세조 원년에는 위패를 「조선 시조 단군 사당」이라 하였다고 한다. 그러나 북애자는 사람들이 오직 단군만을 높일 줄 알고 그 이전에 신시씨가 개창한 것은 알지 못하고 있음을 안타깝게 여겼다. 또한 「단군기」에는 단군이 오가五家와 백성들로 하여금 일월日月, 음양陰陽, 사시四時의 신과 산악山岳, 하천, 이사里社를 주관하는 신에게 제사를 올리게 하고 마친 뒤에 8훈(八

訓 또는 八條目)으로써 크게 가르침을 베푼 것으로 나오는데 이는 단군 자신이 백성들을 위하여 홍익인간의 이념을 풀이한 것이다. 이는 곧 경천애인敬天愛人 사상의 발로요 재세이화의 이념이 함축된 것이다. 8훈의 내용 중에는 『삼일신고』 제2장 「일신一神」과 제3장 「천궁天宮」, 그리고 제5장 「인물人物」에 대한 가르침이 자세하게 풀이되어 있다.

『금강경金剛經』

『금강경』은 600권의 『대반야경大般若經』 중 권577에 들어 있는 「능단금강분」을 말하며, 원명은 산스크리트로 『바즈라체디카 프라즈냐파라미타 수트라(Vajracchedika Prajñāpāramitñā-sūtra)』이고 한역명은 『능단금강반야바라밀다경(能斷金剛般若波羅蜜多經, 일명 金剛經)』이다. 600권이나 되는 반야경 가운데에서도 경의 중심이 되는 사상인 반야사상, 공空사상에 대한 핵심적 가르침을 간명하게 담고 있기 때문에 방대한 분량의 반야경을 공부하기 어려운 사람들에게 두루 읽혀지는 대승불교 경전이다. 금강석처럼 단단하고 예리하고 반짝이는 완전한 반야의 공지空智로 보살행을 수행하면 모든 집착과 분별에서 벗어나 바라밀다波羅蜜多, 즉 피안의 언덕에 이를 수 있다는 가르침을 설한 경전이다. 『금강경』은 대개 150~200년 경, 대승불교 초기에 성립되었으리라 추정되고 있다. 정신적으로 선禪에 가장 가깝게 접근할 수 있는 산스크리트 경전이다. 예로부터 『금강경』을 강의하는 사람이 많았으나, 특히 선종禪宗에서 육조 혜능(六祖慧能) 이후 소의경전所依經典으로 중시하고 있다. 세계적으로 널리 읽혀지고 있는 이 경은 비구와 보살들의 모임에서 설법주說法主인 붓다와 제자 가운데 공의 이치를 가장 잘 터득하고 있었다는 수보리 사이의 대화 형식으로 되어 있다. 모두 32장으로 이루어진 『금강경』은 「법회인유분法會因由分」 제1에서 시작하여 「응화비진분應化非眞分」 제32로 끝나고 있다. 『금강경』의 경문은 처음 '여시아문'(如是我聞: 이와 같이 나는 들었다)부터 '과보역불가사의'(果報亦不可思議: 과보도 또한 불가사의하다)까지가 전반부에 해당하고, 그 뒤인 '이시수보리백불언'(爾時須菩提白佛言: 그때에 수보리가 붓다에게 말하기를)부터 경의 끝에 이르기까지가 후반부에 해당된다. 역대 「금강경」 주석자들의 연구에 의하면, 전반부 경문과 후반부 경문의 어구와 내용이 현저하게 다르다고 한다. 승조僧肇는 경의 전반부에서는 중생공衆生空이 설해졌고, 후반부에서 설법공說法空이 설해졌다고 했다. 전반부는 붓다가 근기가 예리한 사람들을 위하여 설한 것이고, 후반부는 나중에 모인 근기가 둔한 사람들을 위하여 설한 것이다. 『금강경』에서 강조하고 있는 것은 공空사상으로 현상계의 무상함에 대해 붓다는 다음과 같이 말한다. "생의 모든 현상은 꿈 같고, 환상 같고, 물거품 같고, 그림자 같고, 이슬 같고, 번갯불 같으니, 그대는 마땅히 그와 같이 관觀하여야 하리라(一切有爲法 如夢幻泡影 如露亦如電 應作如是觀)." 생하는 모습(生相)은 꿈과 같이 자체의 성품이 없어 공空하다. 생상生相이 꿈이므로 주住・이異・멸滅이 꿈인 것은 당연하다. 일체의 존재를 다 부정하는 공空의 철학이 붓다와 수보리와의 대화를 통해 나타난다. 아상我相도 없고 인상人相도 없으며, 중생상衆生相도 없고 수자상壽者相도 없다는 붓다의 말씀은, 나아가 법상法相도 없고 법상 아닌 것도 없다는 부정의 부정(negation of negation)으로까지 이어진다. 철저한 자기부정의 과정을 통해서만 상대적인 분별지分別智를 뛰어넘어 절대적인 근본지根本智에 이를 수 있으며 참다운 불성佛性과 있는 그대로의 존재를 볼 수 있다는 것이 이 경전의 요지이다. 『금강경』의 한역본은 요진[姚秦: 姚萇이 세운 後秦(384~417)]의 삼장법사三藏法師 구마라집(鳩摩羅什 Kumarajiva, 343~413)이 번역한 『금강반야바라밀경』, 북위시대北魏時代에 보리류지菩提流支가 번역한 『금강반야바라밀경』, 진陳나라 때 진제眞諦가 번역한 『금강반야바라밀경』, 수隋나라 때 달마급다達磨及多가 번역한 『금강능단반야바라밀경金剛能斷般若波羅密經』, 당唐나라 때 현장玄奘이 번역한 『능단금강반야바라밀다경』(大般若波羅密多經의 권577 능단금강분을 번역한 것), 당 의정義淨이 번역한 『능단금강반야바라밀경』(능단금강경이라고도 함) 등 6종이 있는데, 그 중 구마라집 번역본이 가장 널리 읽힌다. 대승경전 초기에 성립된 가장 참신한 경전으로 손꼽히는 이 경전은 삼론·법상·화엄·천태 등 여러 종파와 선종禪宗의 근본경전으로 널리 독송되고 있다. 특히 선불교禪佛敎의 전통이 강한 우리나라에서는 더욱 귀하고 소중하게 인정받고 있는 경전이다.

『금강경오가해金剛經五家解』

『금강경오가해』는 요진姚秦의 삼장법사三藏法師 구마라집(鳩摩羅什 Kumarajiva, 343~413)이 번역한 『금강경』에 대한 주석서로, 당唐나라 규봉 종밀圭峰宗密의 『금강경소론찬요金剛經疏論纂要』, 당나라 육조 혜능六祖慧能의 『금강경해의(解義 또는 口訣)』, 양梁나라 쌍림 부대사雙林傅大士의 『금강경찬(贊)』, 송宋나라 야보 도천(冶父道川, 야부 도천이라고도 함)의 금강경 착어着語와 송頌(俠注), 송나라 예장 종경豫章宗鏡의 『금강경제강(提綱)』, 이상 다섯 사람의 주해를 한 책으로 엮어놓은 문헌이다. 이 문헌이 편찬되기 이전에도 규봉의 찬요, 육조의 해의, 부대사의 찬, 그리고 야보의 협주가 별행본으로 유포되고 있었으나 종경의 제강을 합쳐서 편찬한 사람이 누구인지는 확실하지 않다. 우리나라에 유통되는 『금강경오가해』는 위의 오가해 주석본에 조선 전기의 고승 함허당涵虛堂 득통 기화得通己和가 설의說誼한 것을, 조선 후기의 대종사 백암栢庵이 합쳐서 편철한 것이다. 구성은 규봉, 육조, 부대사, 야보, 종경의 순으로 되어 있으며 이들 모두 일세를 풍미한 선장禪匠들이다. 여기에 함허의 설의가 합편되어 있고 무착(無着 Asaga, 310~390)의 18주의住義와 그의 동생 세친(世親 또는 天親 Vasubandhu, 320~420)의 27단의斷疑의 대의를 의용依用하고 있으며 소명태자(昭明太子, ?~531, 梁나라 武帝의 장자)의 32분장分章도 응용하고 있으니 사실상 구가해九家解라고 말할 수 있다. 『금강경오가해』는 금강경을 선禪의 측면에서 주석한 것으로 금강경의 진의와 선의 진수를 이해하는데 있어 필독서인 것으로 알려져 있으며, 금강경의 많은 주석서 가운데에서도 백미白眉로 일컬어지는 문헌이다. 연대상으로는 오가 중 부대사의 찬이 가장 오래 되었다. 우선 쌍림 부대사(497~569, 성은 傅, 이름은 翕, 善慧大士라고도 함)의 찬은 이론의 세계에서 본 문자반야文字般若의 교의가 아닌, 실천적 체험이 용해되어 나타난 것이다. "만약 진공眞空의 색色을 깨달으면 소연히 이름을 버리리라"라고 그의 설법은, 낮에는 품팔이하고 밤에는 아내와 함께 정진하며 비승비속非僧非俗의 삶을 살았던 그의 실천적 체험이 용해된 것이다. 부대사의 찬의 진수는 그가 양梁 무제武帝에게 『금강경』을 설하는 선문답을 싣고 있는 『벽암록碧巖錄』 제67칙에서 명징하게 드러난다. 내용인즉, 양무제가 부대사를 초청하여 『금강경』을 설하도록 하였는데 부대사는 법상에 올라서 경상을 한번 후려치고는 곧바로 법상에서 내려왔다는 것이다. 양무제가 깜짝 놀라자 지공誌公 화상이 "폐하께서는 아시겠습니까?"라고 질문했고 무제가 잘 모르겠다고 답하자, 다시 지공이 말하기를 "부대사의 강의는 끝났습니다"라고 했다는 선화仙畵같은 일화가 나온다. 이는 마치 『벽암록』 제92칙에 세존께서 법상에 오르자 문수보살이 종을

치며 "법왕의 법을 자세히 관찰하니 이와 같다"라고 알리자, 세존은 한마디의 설법도 없이 법상에서 내려왔다는 이야기와 같다. 양무제는 문자반야를 듣기 위해 초청했는데, 부대사는 진리를 문자로 설명할 수 없어 경상을 후려침으로써 걸림 없는 반야의 지혜를 나타내 보인 것이다. 이는 아상我相에 대한 집착과 유무有無의 이변二邊을 떠나는 실천을 하지 않으면 지혜의 법문을 들을 수가 없음을 보여준 것이다. 육조 혜능(南宗禪의 창시자, 63~713)의 해의(口訣)는 그 서문에서 "금강경은 무상無相으로서 종宗을 삼고 무주無住로서 체體를 삼고 묘유妙有로서 용用을 삼는 바, 이 한 권의 경은 중생의 성품 가운데 본래 있지만 세상 사람들이 몸 밖에서 부처를 찾고 밖을 향하여 경을 구하는 까닭에 스스로 보지 못하므로 안으로 마음의 경을 가져서 반야행을 닦게 하기 위한 것"이라고 한 데서도 나타나듯이, 『금강경』의 진의를 마음의 실제와 연결시켜 밝히고 있다. 육조는 『금강경』 독송을 듣고 오조五祖 홍인弘忍의 문하에 들어가 그의 법통을 잇게 된 개인적인 인연도 있다. 규봉 종밀(시호는 定慧禪師, 780~841)의 찬요는 그 서문에서 "마음의 거울은 본래 청정하고 형상인 모습은 원래 공空한 것이라"고 하여 교선일치敎禪一致·정혜쌍수定慧雙修를 강조하는 입장에서 단순한 교석敎釋이 아니라 사상(四相: 我相·人相·衆生相·壽者相)을 없애고 삼공(三空: 我空·法空·俱空)을 체달함을 종지宗旨로 하면서 무착의 18주의住義와 세친의 27단의斷疑의 논지에 의해서 교의를 규명하였다. 징관(澄觀 738~839)의 일심사상을 계승한 규봉은 기신론起信論 사상과 화엄사상에 바탕을 둔 선종의 새로운 근거를 마련했다. 야보 도천(臨濟禪師 6세손, 1127~1130?)의 착어着語와 송頌은 무주無住·무상無相·무착無着·무념無念·무심無心·무위無爲의 해탈 풍광을 특색있게 그려내었다. 즉 "빛깔을 보되 빛깔에 간여하지 않고 소리를 듣되 소리가 아니로다. 빛깔과 소리에 구애되지 않는 곳에서 친히 법왕성에 이르리라(見色非干色 聞聲不是聲 色聲不處 親到法王城)"라고 한 그의 선게禪偈는 그 대표적인 것이다. 야보는 그의 서문에서 "○(圓相)법法은 홀로 일어난 것이 아니다. 누가 이름을 지었는가 … 고금古今사람이 알지못하여 방편으로 이름을 금강金剛이라 하였네"라고 하여 교의나 언어문자를 떠난 활구선活句禪의 묘용을 드러내었다. 예장 종경(생몰연대 미상)의 제강提綱은 그 서문에서 "무릇 공여래장空如來藏을 관觀하고 조사관祖師關을 부수어 진상眞常이 홀로 드러나면 반야般若 아닌 것이 없다"라고 하여 본래 중생에게 갖추어져 있는 여래장如來藏인 실상반야實相般若를 게송으로 드러내었으며, 소명태자의 32분장分章에 의거하여 대의를 설하고 요지를 제강提綱하였다. 특히 종경의 제강은 야보송冶父頌과 더불어 함허의 반야관(觀)에 지대한 영향을 미쳤으며 이들에 대해서는 함허가 자세하게 설의하였다. 끝으로 함허 득통(1376~1433)은 중국에서 이미 편집되어 있던 『금강경오가해』를 교정하여 서문을 붙이고 『금강경』에 대한 인도 유식학파의 논리적 해석으로부터 중국의 선禪에 대한 대표적 주석을 배열하고 해설을 붙여 이를 설의라 하였는데, 이것이 현재 『금강경』의 유통본으로 가장 널리 알려진 『금강경오가해』이다.

『금강삼매경론金剛三昧經論』

『금강삼매경론』은 신라시대의 고승 화정국사和靜國師 원효(元曉, 617-686)가 불교경전 『금강삼매경』을 주해한 주석서이다. 당시 국왕이 『금강삼매경』에 대한 설법을 듣고자 마련한 대법회에서 강론을 하기 위해 집필한 것으로, 송宋나라 『고승전高僧傳』 권4의 「신라국사문원효전新羅國沙門元曉傳」에 이 논을 저술한 연기緣起가 비교적

상세하게 소개되어 있다. 『금강삼매경』은 8품으로 되어 있는 것으로 기록되어 있으나 현존본은 7품뿐이다. 『금강삼매경』은 중국 남북조시대에서 당唐나라 초기까지 중국 불교에서 제기된 공空사상, 화엄華嚴, 재가불교在家佛敎 등의 모든 교리가 압축되었으며 원효의 논석論釋에 의해 비로소 그 심오한 뜻이 발현된 경전으로 『대승기신론大乘起信論』과 불가분의 관계를 맺고 있다. 특히 이 경전은 이 경에 대한 최초의 주석가인 원효 사상의 원숙한 경지를 논에서 보여주고 있을 뿐만 아니라, 달마의 이입사행설二入四行說과 『금강삼매경』의 이입설二入說의 상관관계에 착안하여 중국 초기선종과 이 경의 일정한 관계를 밝히려는 연구자들의 시도에 의해 학계의 주목을 받아왔다. 원래 원효는 『금강삼매경소』라고 하여 『삼국유사』에도 그렇게 되어 있으나, 당나라의 번경 삼장翻經三藏들이 소疏를 논論이라고 불렀다. 한국・중국・일본인들이 찬술한 불교서적 중에서 논으로 명명된 유일한 책이다. 원효는 이 논에서 일체교설敎說을 원활하게 회통시키기 위해 『화엄경』 『능가경楞伽經』 『법화경』 『대승기신론』 등 많은 대소승경론大小乘經論을 두루 인용하였으며, 중국 불교에서 제기되었던 교리를 고루 포함하여 교설의 통섭은 물론 불교학의 체계를 집대성하였다. 그 내용은 서분序分・정종분正宗分・유통분流通分의 3부분으로 되어 있는데 이 중에서 원효의 독창적인 사상이 집약된 부분은 서분이다. 이 경에 대한 원효의 논석은 대의를 서술하고, 경의 종지宗旨를 밝히고, 제명題名을 해석하고, 경문經文을 주역하는 순서로 되어 있다. 본 논의 대의를 보면 일심의 원천은 유・무를 떠나서 홀로 청정하며 삼공(三空: 我空・法空・俱空)의 바다는 진속眞俗을 융화하여 담연湛然한 것이라 하고 만덕원만萬德圓滿한 제문諸門은 일관一觀에 출出하지 아니하니 개開하여도 하나가 늘어나지 않고 합하여도 열이 줄어들지 않는 고로 부

증불감不增不減을 종요宗要로 하는 것이라고 되어 있다. 이는 원효가 논 서두에서 "합하여 말을 하면 일미관행一味觀行이 그 요要이고, 개開하여 말하면 십중법문十重法門이 그 종宗이다"라고 한 것과 같은 진리의 차원이다. 『대승기신론소·별기』에서 중관中觀·유식唯識의 공空·유有 대립을 화쟁회통시키고자 한 원효의 의지는 『금강삼매경론』에서 각(本覺·始覺) 사상을 토대로 '일미一味'라는 말로 총결되고 있다. 여래장如來藏이라고도 불리는 일심의 본체는 본각(本覺, 究竟覺)인데 『금강삼매경론』에서는 '본각이품本覺利品'이라는 독립된 장을 설치하고 이 본각의 이利로써 중생에게 이익을 주는 도리를 나타내고 있다. 본각은 시각始覺과 별개의 것은 아니며 같은 각인데, 본각은 본래 근본으로 있는 상태를 말한 것이고 시각은 그 본각이 어떤 좋은 인연을 만나 발현되기 시작한 것을 포착하여 말한 것일 뿐이다. 붓다는 말한다. "모든 각覺은 결정성決定性을 훼손하지도 않고 파괴하지도 않으므로 공空도 아니고 공 아닌 것도 아니어서 공함도 없고 공하지 않음도 없다." 진제眞諦·속제俗諦 이제二諦를 녹여 일법계一法界를 드러낸 것이 이른바 일심이니, 진속일여眞俗一如요 염정불이染淨不二이다. 일체의 염정제법染淨諸法이 일심에 의거해 있는 까닭에 일심은 모든 법의 근본이라고 본 것이다. 일심의 본체가 본래 적정하기 때문에 결정성지決定性地라 하고, 또한 일심이 나타날 때에 8식八識이 모두 전전轉轉하므로 이때 네 가지 지혜 - 대원경지大圓鏡智, 평등성지平等性智, 묘관찰지妙觀察智, 성소작지成所作智 - 가 원만해진다고 한다. 이 네 가지 지혜를 얻으면 바로 묘각妙覺의 지위에 있게 되므로 이는 불지佛智의 경지에 들어가는 것이라고 하고 있다. 원효에 의한 중관·유식의 화쟁회통은 그가 '무파이무불파 무립이무불립(無破而無不破 無立而無不立)'이라 하여 깨뜨림(破)이 없으되 깨뜨리지 않음이 없고, 세움(立)이 없으되 세우지 않음이 없는 이른바 '무리지지리 불연지대연(無理之至理 不然之大然)', 즉 상대적 차별성을 떠난 여실한 대긍정의 경계를 나타내 보인 데서 명징하게 드러난다. 말하자면 '무소불파無所不破·무소불립無所不立'의 논리로 중관·유식을 화쟁회통시켜 일심의 근원에 이르는 길을 제시하는 것이 『금강삼매경』의 대의요 종지宗旨라고 보는 것이다. 이러한 화쟁의 논리에는 유有나 무無도 극단이지만 중간도 또 하나의 극단이라는 '이변비중(離邊非中: 非有非無 遠離二邊 不着中道)'의 논리도 함축되어 있다. 또한 그는 『금강삼매경』이라는 표제에 대한 설명에서 "깨뜨리지 않는 것이 없기 때문에 금강삼매라 이름하고, 세우지 않는 것이 없기 때문에 섭대승경攝大乘經이라 이름하며, 모든 뜻의 종지가 이 둘을 벗어나지 않기 때문에 또한 무량의종無量義宗이라 하는데, 그 하나를 들어 머리 제목으로 삼았기에 금강삼매경이라 하였다"라고 하고 있다. 이는 '금강이 단단함을 체성體性으로 삼고 깨뜨리고 뚫는 것을 공능으로 삼듯, 금강삼매도 또한 실제實際를 체성으로 삼고 일체 의혹을 깨뜨리고 선정을 뚫는 것을 공능으로 삼는다'는 뜻으로 그 이면에는 일심의 근원으로 되돌아가 요익중생饒益衆生하는 원효사상의 실천 원리가 담겨져 있다. 그리하여 그는 중생심이 본래 공적지심空寂之心이나 망념이 동하여 무시無始이래로 유전流轉하는 바 수습하여 본래의 공심을 얻기 위하여서는 "진여문眞如門에 의하여 지행止行을 닦고 생멸문生滅門에 의하여 관행觀行을 일으키어 지止와 관觀을 동시에 닦아 나가야 한다"고 주장한다. 이는 생멸문과 진여문의 이문을 통해 일심에 대한 이론적 논의를 전개하고 궁극에는 믿음을 일으키어 실천적인 행위에로 나아가게 하는 『대승기신론』 사상의 진수가 그대로 드러난 것이다. 『대승기신론소』와 더불어 대승불교 철학의 대표적인 저작이자 한국불교의 고전적인 지침서로 꼽힌다. 해인사에 이 책의 판목板木이 있으며, 1958년 동국대학교에서 영인하였다.

『난랑비서鸞郞碑序』

『난랑비서』는 통일신라 말기 3교의 설說을 섭렵한 당대 최고의 지식인이었던 고운 최치원(857~?)이 지은 화랑 난랑의 비석 서문이다. 원래 화랑인 난랑의 행적과 화랑에 대한 자세한 설명을 포함한 장편의 문장이었을 것이나, 전문은 전하여지지 않고 『삼국사기三國史記』「신라본기新羅本紀」 제4 진흥왕 37년 봄 기사에 일부만이 인용되어 있다. 『난랑비서』에는 신시시대와 고조선 이래 우리의 고유한 전통적 사상의 뿌리에 대한 암시가 나타나 있으니, 그 내용은 다음과 같다. "나라에 현묘玄妙한 도道가 있으니, 이를 풍류風流라고 한다. 그 교敎의 기원은 선사先史에 상세히 실려 있거니와, 실로 이는 3교(儒·佛·仙)를 포함하며 중생을 교화한다. 이를테면, 들어오면 집에서 효도하고 나가면 나라에 충성하는 것은 노사구(魯司寇: 孔子)의 주지主旨와 같은 것이고, 무위無爲에 처하고 불언不言의 교를 행함은 주주사(周柱史: 老子)의 종지宗旨와 같은 것이며, 모든 악한 일을 행하지 않고 착한 일을 받들어 행함은 축건태자(竺乾太子: 釋迦)의 교리와 같은 것이다" 말하자면 교육의 원천이 되었던 우리 고유의 풍류(玄妙之道) 속에는 유·불·선이 중국에서 전래되기 수천 년 전부터 3교를 포괄하는 고유하고도 심오한 사상 내용이 담겨져 있어 화랑도는 그 현묘한 가르침을 받들어 수련한다는 것이다. 이 현묘한 도는 곧 천·지·인 삼신일체의 천도天道를 밝힌 『천부경』·『삼일신고』·『참전계경』의 가르침에 뿌리를 둔 것이다. 화랑도 정신과 이념의 본질 및 연원을 살피는 데 매우 중요한 사료이다.

『논어論語』

　『논어』는 『맹자孟子』 『대학大學』 『중용中庸』과 함께 사서四書의 하나로 일컬어지는 유교 경전이다. 춘추시대 노魯나라(지금의 山東省 지역) 출신으로 유교의 개조開祖인 공자(孔子, 이름은 丘, 字는 仲尼, 孔夫子라고도 함, BC 551~BC 479)의 사후에 그 제자들이 기록한 공자의 언행록이라는 것이 유교의 통설이다. 10권 20편으로 되어 있으며 현전하는 『논어』는 정현본鄭玄本 계통이다. 정현본은 후한後漢의 정현鄭玄이 노魯나라에 전하는 노론魯論 20편, 제齊나라에 전하는 제론齊論 22편, 그리고 공자의 자손 집 벽에 발랐던 고론古論 21편의 3종을 절충하여 편수를 20으로 한 것을 말한다. 『논어』의 주석은 많으나 1177년 남송南宋의 성리학자 주자(朱子, 이름은 熹, 1130-1200)가 새로운 철학 이론으로 해석한 『논어집주論語集註』가 가장 대표적인 것으로 꼽힌다. 『논어』가 사서의 하나로 널리 인식되게 된 것은 주자에 의해 『사서집주四書集註』, 즉 『논어집주』 『맹자집주(孟子集註, 1177년)』 『대학장구(大學章句, 1189년)』 『중용장구(中庸章句, 1189년)』가 저술된 이후이다. 공자 사상의 요체는 인仁이다. 춘추시대의 도덕적 타락상과 사회정치적 혼란상을 목격하고서 도덕성 회복을 위해 인을 강조했던 것이다. 『논어』「안연顏淵」편에 공자가 그 제자인 번지樊遲와의 문답에서 "인仁이란 남을 사랑하는 것이다"라고 한 데서도 알 수 있듯이, 인을 실천한다는 것은 곧 남을 배려하는 마음을 갖는다는 것이다. 인의 실천 방법은 충서忠恕의 도道로 나타난다. 적극적인 면이 '충忠'으로 나타난다면, 소극적인 면은 '서恕'로 나타난다. 즉 "자기가 서려고 하면 남도 세워 주고, 자신이 어떤 목적을 이루고자 하면 남도 이루어지도록 해 주는 것(「雍也」편)"이 인의 적극적 실천 방법인 '충'이라고 한다면, "자기가 하고 싶지 않은 일을 남에게

시키지 말라(「顏淵」편)"고 한 것은 소극적 실천 방법인 '서'이다. 인은 주체와 객체가 일체가 되는 대공大公한 경계이다. 사람이 인자하면 반드시 용기를 가지게 되고 지혜를 낳을 수 있는 까닭에 군자는 자기 몸을 죽여 인을 이룩한다. 따라서 공자는 진덕進德, 즉 덕을 진작振作시키는 것을 학문의 목표로 삼아 '덕성아德性我' 계발을 위주로 하였다. 공자의 호학적好學的 정신은 수신修身에 그 토대를 두고 '제가치국평천하齊家治國平天下'로 나아감으로써 강한 정치실천성을 내포하고 있다. 제경공齊景公이 물었다. "어떻게 하면 나라를 바로잡을 수 있겠습니까?" "군군 신신 부부 자자君君臣臣父父子子." 공자의 대답이었다. 즉 임금은 임금답고, 신하는 신하다우며, 어버이는 어버이답고, 자식은 자식다워야 정치질서가 확립될 수 있다는 것이다. 정치는 '정명正名', 즉 이름을 바로잡는 것을 근본으로 삼는다는 것이 공자의 '정명'사상이다(「子路」편). 공자는 당시의 혼란을 '정명'의 혼란으로 규정하고, 침권侵權을 정치질서 붕괴의 주요 원인으로 보았다. 자기를 닦고 백성을 다스리는 이른바 수기치인修己治人의 도를 체득하지 않고서는 인仁의 덕성적德性的 · 효용적 의미가 제대로 발현되기 어려우며 따라서 덕치德治가 구현될 수 없다. 또한 공자는 사회질서 유지를 위해 예禮를 강조하고 있는데, 「안연」편에서는 공자가 제자 안연에게 인仁과 예가 결국 하나임을 극기복례克己復禮라는 말로 설명하고 있다. 즉 자기를 이기고 예禮로 돌아가는 것이 인이며, 하루하루 자기를 이기고 예로 돌아가면 천하가 인으로 돌아갈 것이라고 한 것이 그것이다. 천하가 인으로 돌아가면 정치의 가장 주요한 과제인 사회 속의 신信의 확립은 저절로 이루어지게 되는 것이다. 예가 아니면 보지도, 듣지도, 말하지도, 움직이지도 말라(非禮勿視, 非禮勿聽, 非禮勿言, 非禮勿動)고 하는 '사물四勿'이 극기복례의 행동 지침이고, 그 잣대가 되는 것이 중용中庸, 즉 시중時中의 도이다. 『맹자孟子』 「공손축상公孫丑上」에서는 공자의 시중의 도를 찬양하여 이렇게 말하였다. "벼슬을 할 때면 나가서 벼슬하고, 그만두어야 할 때면 그만두고, 오래 머물러 있을 때면 오래 머물러 있고, 빨리 떠날 때면 빨리 떠나는 것은 공자였다(可以仕則仕 可以止則止 可以久則久 可以速則速 孔子也)." 백성은 가난함을 근심하지 않고 고르지 못함을 슬퍼하는 까닭에 어떤 상황에서도 지선至善을 지향하는 '시중'의 도로써 공자는 대동 사회를 구현하고자 했던 것이다. 한국에는 유교가 전래된 삼국시대에 『논어』도 전해진 것으로 보이며, 통일신라시대인 신문왕 2년(682)에 국학을 창설하여 『논어』를 가르쳤고, 원성왕 4년(788)에 설치된 독서삼품과讀書三品科에서도 『논어』는 필수과목이었다. 조선시대에는 주자학의 도입으로 오경五經보다 사서四書가 더 중시되면서 사서의 중심인 『논어』는 벽촌의 학동들에게까지 가르쳐졌다.

『단기고사檀奇古事』

『단기고사』는 발해의 건국 시조인 대조영(大祚榮, 高王)의 아우 반안군왕盤安郡王 대야발大野勃이 임금의 명을 받들어 사해에 널려 있는 사서를 수집하고 석실에 있는 장서와 옛 비문과 역사적 평론을 참고하다가 돌궐국(터키, 지금의 튀르키예)에까지 두 번 들어가 고적을 탐사하여 13년이 걸려 729년 천통天統 31년에 완성한 단군조선사이다. 단기고사 서문 첫머리에서 저자 대야발은 당나라 장군 소정방蘇定方과 설인귀薛仁貴가 백제와 고구려 멸망 당시 그 국서고國書庫를 부수고 단기고사와 고구려·백제사를 전부 불태워버린 관계로 다시 고대사를 편집하고자 여러 의견과 많은 사기를 참고하여 그 윤곽을 잡았음을 밝히고 있으며, 또한 그 서문에는 대야발이 발해국 고왕의 명을 받들어 천통天統 17년 3월 3일에 「삼일신고 서序」를 적게 된 경위가 나타나 있다. 그 요지는 다음과 같다. "처음에 '하나'님이 주신 성품은 본디 참됨과 망령됨이 없었건만(根本智) 사람이 그것을 받은 뒤로부터 순수함과 순수하지 못함이 생겨났으니(分別智), 비유컨대 백 갈래 냇물에 외로운 달 하나가 똑같이 비치고 같은 비에 젖건마는 만 가지 풀이 다 달리 피어남과 같음이라.···이『삼일신고』는 진실로 마음속 깊이 보배로이 간직할 최상의 참 이치요, 뭇 사람들을 밝은이가 되게 하는 둘도 없는 참 경전이니, 정밀하고 심오하며 현묘한 뜻과 신령스럽고 밝으며 환히 빛나는 글을 범인의 육안으로는 알 수 있는 것이 아닐지라(厥初神錫之性 元無眞妄 自是人受之品 乃有粹駁 譬如百川所涵 孤月同印 一雨所潤万卉-殊芳⋯若三一神誥者 洵神府寶藏之最上腦珠 化衆成哲之無二眞經 精微邃玄之旨 靈明炳煥之篇 有非肉眼凡衆之所可 窺測者也)." 제1세 단군왕검으로부터 제47대 단군까지 약 2천여 년의 역사를 역대 임금의 재위 기간과 주요 사건을 중심으로 편년체로 기술하고 있다.『단기고사』는 북애자北崖子의『규원사화揆園史話』, 이승휴李承休의『제왕운기帝王韻紀』그리고『환단고기』내의 여러 기록들과 큰 줄기가 일치하고 있으며,『천부경』과『삼일신고』의 원리와 그 가르침이 나타나 있다. 이 책은 조선시대까지만 해도 이름만 전해 오던 것을, 구한말의 한학자인 유응두柳應斗가 중국 고서점에서 우연히 발견해 세상에 알려지게 되었다고 한다.

『대승기신론(大乘起信論 The Awakening of Faith)』

『대승기신론Mahāyānaśraddhotpāda-sastra』은 1~2세기경 인도의 초기 대승불교 학자이자 불교 시인이며 대논사인 마명(馬鳴 Ashvaghosha, 80?~150?)의 저작으로『금강경』『원각경』『능엄경』과 함께 우리나라 불교의 근본경전인 사교과四教科에 속하는 논서이다. '대승(一心)에 대한 믿음을 일으키는 논서'를 뜻하는 『대승기신론』은 모든 경經과 논論을 회통시킨 불교 논서의 백미白眉이자 불교문학사상 최대 걸작의 하나로 꼽히고 있다. 양梁나라 진제삼장(眞諦三藏 Paramartha, 499-569)의 한역본(舊譯)과 당唐나라 실차난타(實叉難陀 Śikṣānanda, 652-710)의 한역본(新譯)이 전해지고 있으며, 산스크리트 원전은 전해지지 않는다. 현재 널리 이용되고 있는 것은 진제의 구역본舊譯本이다. 구성은 「서분序分」, 「정종분正宗分」, 「유통분流通分」으로 되어 있다. 「정종분」은 다시 인연분·입의분立義分·해석분·수행신심분修行信心分·권수이익분으로 나누어져 있다. 『대승기신론』 전반이 주로 일심一心에 대한 이론적 논의에 치중하고 있는 것과는 달리, 수행신심분과 권수이익분에서는 믿음을 일으켜 수행하는 것과 선근善根이 박약한 사람을 위하여 수행의 이익을 들어 그것을 권장하는 실천적 수행의 필요성을 들고 있다. 『대승기신론』의 주된 내용은 일부터 육까지로 요약된다. 즉 일심一心, 이문二門, 삼대三大, 사신四信, 오행五行, 육자염불六字念佛이 그것이다. 대승大乘은 곧 일심이며, 이 일심은 일체의 세간법世間法과 출세간법出世間法을 다 포괄한다. 『대승기신론』의 논지는 주로 일심에 대한 해명을 목적으로 진여문眞如門과 생멸문生滅門의 이문二門을 설정하고 이 일심의 세 측면을 체體·상相·용用 삼대로 나타내고 있다. 체·상·용은 일심, 즉 자성自性의 세 측면을 나타낸 것으로 '체'는 우주만물의 근원인 진여 그 자체, '상'은 형태 및 속성, '용'은 작용 또는 기능을 일컫는 것이다. 여기서 '체'는 법신(法身, dharmakya), 법신의 상相은 보신(報身, sambhogakya), 법신의 용用은 화신(化身, nirmakya)[應身]으로 일컬어지는 바, 법신인 '체'를 초논리·초이성·직관의 영역인 진제(眞諦)라고 한다면, 법신의 '용'인 '응신'

은 감각적·지각적·경험적 영역인 속제俗諦이다. 진제와 속제의 관계는 곧 본체와 작용의 관계이며, 이 양 세계를 관통하는 원리가 내재된 것이 '보신'이다. 하나인 마음뿌리로 돌아가기 위해서는 네 가지 기본적인 믿음이 필요하다. 즉 진여와 불佛·법法·승僧 삼보에 대한 믿음이다. 그러나 믿음이 있다고 해도 수행이 없다면 깨달음에 이르지 못할 것이다. 바로 여기에 보시布施·지계持戒·인욕忍辱·정진精進·지관止觀 오행五行의 수행이 필요하게 되는 것이다. 오행은 보시·지계·인욕·정진·선정·지혜의 육바라밀 중에서 선정과 지혜를 지관으로 묶어 다섯 가지로 줄인 것이다. 마지막으로 육자염불은 나무아미타불을 외우는 염불이다. 이것은 일상생활 속에서 수행할 수 있는 가장 흔한 염불의 예를 들은 것이고 참선이나 다른 수행으로 대체될 수도 있을 것이다. 일심의 뿌리로 돌아가는 것은 대립자의 양 극이 지니는 편견을 지양시켜 '나와 너', '이것과 저것'이 대립자임을 그만두는 것이다. 그것은 아슈바고샤(馬鳴)의 말처럼 "존재하는 것도 아니며 존재하지 않는 것도 아니요, 존재와 비존재가 동시에 존재하는 것도 아니며 존재와 비존재가 동시에 존재하지 않는 것도 아니다(Suchness is neither that which is existence, nor that which is non-existence, nor that which is at once existence and non-existence, nor that which is not at once existence and non-existence)." 한마디로 일체의 이분법이 완전히 폐기된 경지다. 『대승기신론』은 특히 북방 불교, 즉 동양 3국의 불교 발전에 큰 영향을 끼쳤으며 수많은 주석서가 씌어졌다. 예로부터 중국의 부영사사문淨影寺沙門 혜원(慧遠, 523-592)이 저술한 『대승기신론의소大乘起信論義疏』 2권과 신라해동사문新羅海東沙門 원효(元曉, 617-686)가 저술한 『대승기신론大乘起信論疏』 2권, 당唐의 법장(法藏, 643-712)이 저술한 『대승기신론의기大乘起信論義記』 3권은 '기신론삼소(三疏)'라 불리는데 그 중에서도 원효대사가 주석한 『대승기신론소』가 가장 뛰어난 저술로 꼽힌다.

『대승기신론소 · 별기 大乘起信論疏 · 別記』

『대승기신론소』는 『해동소海東疏』라고도 하는데 신라시대의 화정국사和靜國師 원효(元曉, 617~686)가 인도의 고승 마명(馬鳴 Ashvaghosha, 80?~150?)이 저술한 『대승기신론』(『기신론』으로 약칭) 본문을 해석한 것이고, 『대승기신론별기大乘起信論別記』(『별기』로 약칭)는 『대승기신론소』(『소』로 약칭)의 초고草稿와 같은 것으로 『기신론』을 간략하게 주석한 것이다. 『기신론』의 대의는 『소』와 『별기』 양자의 것을 종합할 때 그 논지가 분명히 드러난다. 원효의 『소』는 중국의 혜원慧遠·법장法藏의 주석서와 함께 '기신론삼소(三疏)'라 일컬어지는 것으로 한국은 물론 중국에서도 『기신론』 연구의 기본 문헌으로 삼은 명저이다. 원효는 당시 불교의 최대 논쟁이었던 중관사상中觀思想과 유식사상唯識思想이 『기신론』에서 종합되고 있는 점을 간파하고 '개開하면 무량무변無量無邊한 의미를 종宗으로 삼고 합合하면 이문일심二門一心의 법을 요要로 삼는' 이 논이야말로 모든 불교사상의 논쟁을 지양시킬 수 있는 근거를 명백히 제시하는 것으로 보고 있다. 여기서 「개합開合」과 「종요宗要」는 같은 것이다. 그가 『소』에서 '입파무애 입이무득파이무실(立破無碍 立而無得破而無失)'이라 하고 있는데 이는 긍정(立)과 부정(破)에 아무런 구애가 없으니 긍정한다고 얻을 것도 없고 부정한다고 잃을 것도 없다는 뜻이다. 여기서 「입立」에만 집착하거나 「파破」에만 집착하여 두 세계의 왕래를 알지 못하면 결코 화해에 이를 수 없는 것으로 보았다. 이는 「여탈與奪」「동이同異」「유무有無」에 관하여서도 마찬가지로 그 어느 것에도 집착하지 않을 때 둘이면서 하나가 되는 공존의 논리는 성립될 수 있다는 것이다. 이러한 중관·유식의 공空·유有 대립을 화쟁 회통시키려는 원효의 의지는, 『기신론』이라는 표제에 대한 설명에서 대승大乘을 소승小乘의 상대적 차별 개념이 아닌 모든 진리를 포용한다는 의미로 해석하고 또한 기신起信을 교조적인 의미의 믿음이 아닌 진리를 발현시킨다는 의미로 해설한 데서도 잘 나타난다. 『기신론』이 일심이문一心二門으로 여래如來의 근본 뜻을 해석하고 신심을 일으켜 수행하게 하는 것은 일심법에 의거하는 이 이문 - 진여문眞如門과 생멸문生滅門 - 이 모든 법을 총괄하는 까닭이라고 본 것이다. 우리가 감지하는 일체의 현상은 오직 마음으로부터 일어나는 것으로, 마음의 투사(projections) 혹은 그림자(shadows)에 불과한 것임을 말하여 주는 유명한 일화가 있다. 일찍이 원효가 의상義湘과 함께 구도적 일념으로 당나라로 가던 도중에 날이 저물고 일기가 불순하여 어떤 움막에 들어 자다가 목이 말라 사발 같은데 고인 물을 마시고 해갈하여 편히 쉬었는데, 이튿날 살펴보니 그 움막은 고총古塚의 감실龕室이요, 물그릇은 해골박이었다. 이를 본 원효는 갑자기 구토를 일으키다가 홀연 삼계유심三界唯心의 이치를 대오大悟하여 "심생즉종종법생 심멸즉종종법멸心生則種種法生 心滅則種種法滅"이라 하였다. "마음이 일어나면 갖가지 법이 일어나고, 마음이 사라지면 갖가지 법이 사라지니, 삼계는 오직 마음 뿐이요(三界唯心), 만법은 오직 식識 뿐이라(萬法唯識). 마음 밖에 법이 없거늘(心外無法) 따로 구할 것이 없다" 하여 의상과 헤어져 귀국했다 한다. 이것이 일체유심조사상一切唯心造思想이라는 것이다. 일체유심조는 일심 이외에 다른 실재가 있는 것이 아님을 분명히 밝힌 것으로 이 진여한 마음을 『소』와 『별기』에서는 대승의 법이라고 말하고 있다. 『별기』에서는 '사상유시일심四相唯是一心'이라 하여 사상, 즉 생生·주住·이異·멸滅이 일심일 뿐임을 강조하고, 마음과 사상의 뜻을 바닷물과 파도에 비유하고 있다. 온전히 하나가 된 진여한 마음은 원융회통圓融會通의 주체요 화쟁和諍의 주체인 까닭에 일체의 공덕의 근원이 되며 평화와 행복의 원천이 되는 것이다. 원효의 체계 속에서 진眞과 속俗, 이理와 사事, 염染과 정淨, 공空과 색色, 일一과 다多 등의 상호 대립하는 범주들은 각각 체(體: 실재의 영원하고 지각할 수 없는 裏의 측면)와 용(用: 실재의 현상적이고 지각할 수 있는 表의 측면)이라는 불가분의 관계로 분석됨으로써 화쟁 회통되고 있다. 원효가 개합開合의 논리를 이용하여 다양한 교리 이론을 자유롭게 화쟁할 수 있었던 것도 바로 그의 일심사상에 기인하고 있음을 『소』에서는 분명히 보여 준다. 그가 『소』에서 '유혜광명편조법계평등무이有慧光明遍照法界平等無二'라 한 것은 진속평등眞俗平等의 본체를 체득함으로써 우리의 마음이 순수하게 대승에 계합契合될 때 비로소 대승이 그 위력을 발휘하게 되어 홍익중생(弘益衆生, 自利他利)을 실현할 수 있게 된다는 것으로 이것이 곧 화쟁의 실천이다. '귀일심원歸一心源'을 설파한 이유도 여기에 있다. 『소』는 내용을 3문門으로 나누어 해석하였는데, 첫머리에서 일심이문의 종체宗體를 밝히고, 다음으로 제명題名을 해석하고, 그리고 본문에 대한 구절句節을 풀이하였다. 『별기』는 인연분因緣分·입의분立義分·해석분解釋分·수행신심분修行信心分의 4장으로 나누어진 원래 전문 가운데서 중요한 입의분·해석분의 2장만을 주해하고 있다. 특히 해석분을 다시 진여문과 생멸문 등으로 나누어 교리에 대한 논설을 펴고 그 내용의 오묘함을 찬탄하고 있다. 이렇듯 『소』와 『별기』에서 일심을 만물의 주추主樞로 보는 그의 해석은 간명하고 체계적이며 종합적이어서 불타佛陀의 광대무변한 설법을 총섭總攝할 수 있게 되어 있다.

『대학大學』

　『대학』은 『논어論語』 『맹자孟子』 『중용中庸』과 함께 사서四書로 일컬어지는 유교 경전의 하나로 공자孔子의 가르침을 정통으로 나타내는 중요한 경서經書이다. 원래 『예기禮記』의 제42편이었던 것을 북송北宋의 사마광司馬光이 처음으로 따로 떼어서 『대학광의大學廣義』를 만들었고, 이어 북송北宋의 정호程顥·정이程頤 형제가 『대학정본大學定本』을 지어 『논어』 『맹자』 『중용』과 함께 사서라고 칭하였다. 그 후 남송南宋의 성리학자 주자(朱子, 이름은 熹, 1130-1200)가 『대학장구(大學章句, 1189년)』를 만들어 경經 1장, 전傳 10장으로 구분하여 주석을 가함으로써 『논어집주(論語集注, 1177년)』 『맹자집주(孟子集注, 1177년)』 『중용장구(中庸章句, 1189년)』와 함께 『사서집주 四書集注』의 하나인 독립된 경전으로 널리 읽혀지게 되었다. 특히 주자가 보충한 보전補傳은 『대학장구』 서문과 함께 문장도 훌륭하고 그의 사상이 명징하게 드러나 있어 원元·명明·청淸에 이르기까지 널리 애독되었다. 『대학장구』의 경經은 공자의 말씀을 증자曾子가 기술한 것이고, 전傳은 증자의 뜻을 그의 제자들(주로 子思)이 기술한 것이라고 주자는 단정하였다. 경에서는 명명덕(明明德: 명덕을 밝힘)·친민[親民(新民): 백성을 친애함]·지지선(止於至善: 지선에 머묾)을 대학의 3강령三綱領이라 하고 이를 격물格物·치지致知·성의誠意·정심正心·수신修身·제가齊家·치국治國·평천하平天下의 8조목八條目으로 정리하여 유교의 윤곽을 제시하였다. 3강령 중 '친민(신민)'에 대해, 명明의 왕양명王陽明은 고본대로 백성을 친애한다는 뜻으로, 정이나 주자는 친親을 신新으로 풀이하여 백성을 새롭게 한다는 뜻으로 해석했다. 본래의 타고난 명덕을 밝혀서 백성에게 베풀어 사랑하고 새롭게 하는 것이니 그 뜻이 다른 것이 아니다. 8조목의 요지는 "사물의 이치를 궁구하여 이르지 않는 데가 없게 한 다음에야 모든 사물의 이치를 알 수 있게 되고, 모든 사물의 이치를 알고 난 다음에야 뜻이 성실해지고, 뜻이 성실해진 다음에야 마음이 바르게 되고, 마음이 바르게 된 다음에야 몸이 닦아지고, 몸이 닦아진 다음에야 집안이 다스려지고, 집안이 다스려진 다음에야 나라가 다스려지고, 나라가 다스려진 다음에야 천하가 태평하게 된다"는 것이다. 즉 3강령 8조목을 순서대로 실행하면 개인과 가족, 나라 전체가 화평하게 된다는 유교의 근본적인 사상이다. 전傳은 경經에 대한 각론으로서 증자가 해설한 것을 주자가 체계적으로 정리하여 놓은 것이다. 『대학』 「전문傳文」 치국평천하 18장은 치국평천하함에 있어 군자가 지녀야 할 '혈구지도絜矩之道'를 제시하고 있다. 즉 윗자리에 있는 이들이 노인을 노인으로 섬기고 어른을 어른으로 받들며 외로운 이들을 긍휼이 여기는 효孝·제悌·자慈의 도를 실천하면 백성들도 이에 분발심을 일으키게 된다는 뜻이다. 이 세 가지 도는 인도人道의 대단大端으로서 모든 사람의 마음에 공통적으로 주어져 있기 때문에 제가·치국·평천하함에 있어 근본적인 도는 이러한 대단에서 벗어나지 않으며, 사람마음의 근본 또한 서로 다를 것이 없다는 데 근거하여 '혈구지도'를 제시했다. 치국평천하 19장은 '혈구지도'를 설명한 것이다. 윗사람이 내게 무례하게 대하는 것을 원치 않는다면 나의 이런 마음으로 아랫사람의 마음을 헤아려 역시 무례하게 그들을 부리지 말 것이며, 아랫사람이 내게 불충不忠하게 대하는 것을 원치 않는다면 나의 이런 마음으로 윗사람의 마음을 헤아려 역시 불충하게 섬기지 말 것이다. 마찬가지로 자기를 중심으로 한 인간관계의 전·후·좌·우에 이르기까지 모두 이와 같이 해 나간다면 천하는 균형과 조화가 이루어져 태평하게 될 것이라는 뜻이다. 이러한 '혈구지도'는 『참전계경參佺戒經』 제345사, 단군팔조교檀君八條敎 제2조, 부여의 구서九誓 제2서 등 여러 경전에서 이미 제시된 것으로, 남을 나와 같이 헤아리는 추기탁인推己度人의 도를 지켜나간다면 편안한 생활을 할 수 있다는 뜻이다.

『도덕경道德經』

『도덕경』은 중국 춘추시대春秋時代인 BC 6세기의 사상가이며 도가道家철학의 시조인 노자(老子, 이름은 耳, 字는 聃, ?~?)가 지었다고 전해지는 중국의 고대 철학서이다. 『도덕경』이라는 이름은 한대(漢代: BC 206~AD 220)에 처음 사용되었으며, 그 이전까지는 저자의 이름을 따서 『노자』라고 했다. 현행본의 성립은 한초漢初로 보는 것이 통설이다. 전체 81장으로 되어 있으며, 상편 37장을 「도경道經」, 하편 44장을 「덕경德經」이라고 한다. 중국의 역사가 사마천史馬遷은 노자가 BC 6세기에 주周나라 조정에서 장서를 관리하는 주하사柱下史라는 벼슬을 지낸 적이 있다는 사실을 확인함으로써 그가 실존인물이었음을 밝히고 있다. 『도덕경』은 당시 지배층의 이데올로기로서 형식화하고 외면화한 유교의 인위적인 윤리 체계에 대한 비판인 동시에 무위자연無爲自然의 도에 대한 가르침이다. 이 경은 진지眞知를 애구愛求하는 지식인들의 지적 탐구의 대상이 되기도 하였지만, 위·진·남북조 시대와 같은 혼란기에 사람들에게 처세의 지혜를 일깨워주는 수양서로서도 널리 읽혔으며, 또한 민간신앙과 융합되면서 기층민들의 의식 속에 파고들어 이들의 세계관으로서의 기능을 수행하기도 하였다. 『도덕경』 40장에서 '약자도지용弱者道之用'이라고 하여 "약한 것이 도의 작용"이라고 한 것은 도의 작용을 무위자연의 그것으로 본 까닭이다. 말하자면 도는 곧 자연의 도로서 천지인天地人의 모든 활동을 포괄하는 자기 스스로의 순수 활동이다. 『도덕경』 28장에서는 "인법지 지법천 천법도 도법자연(人法地 地法天 天法道 道法自然)"이라 하여 "사람은 땅의 법칙을, 땅은 하늘의 법칙을, 하늘은 도의 법칙을, 도는 자연의 법칙을 본받아야 한다"라고 하고 있는데, 여기서 '도법자연'은 이 경의 전체적인 맥락을 통하여 볼 때 자연이 도의 상위개념이 아닌 동위개념으로 나타나고 있으므로 '도즉자연道卽自然'으로 보아야 할 것이다. 『도덕경』 25장에서는 경험세계의 총체 밖에서 그 스스로의 법칙성에 의해 활동하는 가장 포괄적이고도 근원적인 존재가 있다고 보고 그 존재는 "홀로 서서 변화되지 않으며 두루 운행하여도 위태롭지 않는 고로 가히 천하의 모체가 될 수가 있다"고 하면서 그 이름을 알지 못하여 억지로 '도道'라고도 하고 '대大'라고도 한 것으로 나와 있다. 『도덕경』 6장에서는 도에서 우주만물이 나오는 다함이 없는 창조성을 일컬어 '현빈玄牝'이라고 하고 있는데, 이는 도의 공용功用의 영구함을 암컷의 생산력에 비유한 것이다. "암컷의 문門이 천지의 근원이며 만물을 끊임없이 생산해 내어도 그 작용은 다함이 없다(玄牝之門 是謂天地根 綿綿若存 用之不勤)"라고 한 것이 그것이다. 우주만물은 도에서 나와 다시 도로 복귀하므로(反者道之動) 도의 견지에서 보면 늘어난 것도 줄어든 것도 없는 것이다. 노자에게 있어 최상의 정치 형태는 '무위자화無爲自化'의 그것인 것으로 나타난다. 이상적 위정자가 될 수 있기 위하여서는 무위이화의 덕을 지녀야 한다는 것이다. 이는 『도덕경』 48장에서 보여주는 것처럼, 함이 없으면서도 하지 않음이 없게 되는 이른바 '무위이무불위無爲而無不爲'의 경지를 말하는 것이다. 인위적인 조작이나 통제를 통하지 않고도 '무위이무불위'의 통치가 이루어지게 함으로써 권력 행사의 효율성을 극대화시킴은 물론 지속가능한 통치가 이루어지게 하는 자이다. 노자는 자연의 대도에 순응하는 삶을 가장 이상적인 것으로 보고 인간의 자연스런 연대의식이 피어날 수 있는 소국과민小國寡民의 촌락공동체를 이상사회의 원형으로 보았다. 이러한 그의 자연주의적 사회관은 NGO와 다국적 기업의 다원화된 활동증대로 국민국가의 패러다임이 깨어지고 그 결과 '제2의 근대'의 도전에 직면하게 된 오늘날에 재음미될 수 있는 것이다. 세계 정보통신계 선구자 니콜라스 네그로폰테(Nicholas Negrofonte)가 "20년 내 큰 나라들이 핵분열하여 수천개국(國)이 생긴다"고 예단한 것도 이와 같은 맥락에서 고찰될 수 있다. 또한 드볼과 세션(B. Devall & G. Session)의 근본생태론(Deep Ecology)에서 대안적인 체제로 제시하는 자립적이고 상부상조적이며 생태적으로 조화를 이루는 소규모의 분권화된 공동체와도 일맥상통하는 것이다. 『삼국사기三國史記』에는 신라 효성왕 2년(738)에 당나라 사신이 와서 노자의 『도덕경』을 바쳤다는 기록이 나오는데, 우리의 신선도문화는 그보다 수천 년 앞선 것으로 중국의 도교를 열게 하였으며 후에 그것이 다시 유입된 것이라고 보는 것이 타당하다. 예로부터 조선이 신선의 나라로 알려진 것은 선교의 뿌리가 동방임을 시사하는 것이다. 환국桓國으로부터 역易사상의 뿌리가 되는 『천부경天符經』이 전수되어 온 것이나, 배달국 제5대 태우의(太虞儀, BC 3511~BC 3418) 환웅 때 신선도문화가 체계화된 것 등이 이를 입증하는 것이다.

『돈오무생반야송頓悟無生般若頌』

『돈오무생반야송』은 육조 혜능六祖慧能의 법사法嗣로서 하택종荷澤宗의 시조인 당唐나라 선승禪僧 하택신회(荷澤神會, 684~758)가 남종선南宗禪의 주장을 정리한 것이다. 돈황문헌번호 S.468로서 호적胡適이 『전등록傳燈錄』권30에 수록된 「하택대사현종기荷澤大師顯宗記」와 대조하여 교정하고 『신회화상유집神會和尙遺集』 권4(1930년)에 수록하였다. 보리달마菩提達磨가 중국으로 건너온 이래 육조 혜능까지의 법맥이 형성되는 중국 선종의 계보를 보면, 달마를 조사로 삼아서 혜가慧可・승찬僧璨・도신道信・홍인弘忍으로 이어지고 육조에 이르러서는 대통신수大通神秀와 대감혜능大鑑慧能으로 나뉘게 된다. 이후 혜능의 제자인 하택신회荷澤神會에 의하여 신수의 북종선北宗禪과 혜능의 남종선南宗禪이라는 명칭이 널리 쓰이게 되었다. 혜능으로부터 청원행사靑源行思와 남악회양南岳懷讓의 두 계통이 생겨나고, 이것이 다시 임제・위앙・조동・운문・법안의 오종가풍五宗家風을 형성하게 되며 이 중에 임제종은 황룡黃龍과 양기楊岐의 두 파로 나뉘게 되는데, 이것을 통틀어서 오가칠종五家七宗이라고 한다. 혜능의 문하에는 기라성 같은 준걸들이 많았는데 이 중에서 가장 대표적인 인물을 꼽는다면 영가현각永嘉玄覺, 남악회양, 청원행사, 남양혜충南陽慧忠 그리고 하택신회이다. 이들은 이른바 혜능 문하의 5대 종장宗匠으로서 남돈선南頓禪을 확립하는데 중요한 역할을 했다. 『돈오무생반야송』에서 하택신회는 일一과 다多, 진제眞諦와 속제俗諦가 같은 것임을 이理와 사事의 관계를 통하여 나타내고 있다. "움직임과 고요함이 함께 묘妙하니, 이와 사는 모두 같은 것이다. 이는 그 정淨한 곳을 통하여 사의 다양성 속에 도달하고, 사는 이렇게 해서 이와 상통하여 무애無礙의 묘를 나타낸다(動寂俱妙 理事皆如 理淨處 事能通達 事理通無礙)." 여기서 이와 사는 본체와 작용의 관계로서, 근원적인 일자에서 만유가 생성되어 나오지만 그렇게 해서 생성된 만유는 궁극에는 다시 그 근원으로 되돌아가므로 둘이 아니다. 이와 같이 일一과 다多, 이理와 사事, 정靜과 동動, 진眞과 속俗, 정淨과 염染, 공空과 색色 등의 상호 대립하는 범주들은 본체(體)와 작용(用)이라는 불가분의 관계로 분석될 수 있다. 신회는 「무념위종 무작위본, 진공

위체 묘유위용(無念爲宗 無作爲本, 眞空爲體 妙有爲用)」에 대한 설명에서 북종선의 신수가 '진공묘유眞空妙有'를 심공심유로 해석했던 차원을 달리하여, 진공인 열반과 묘유인 반야를 체體와 용用의 관계로 해석함으로써 남종선의 근본을 명징하게 보여준다. 즉 "작용은 하지만 흔적이 없는 것을 진공이라 한다. 공空하지만 흔적이 없는 것도 아닌 것을 묘유妙有라 한다. 그래서 묘유는 마하반야이고 진공은 청정열반이다. 반야는 은밀하면서도 미묘한 광명이고 실상은 진여의 경계를 통달한다. 반야는 비춤이 없이 열반을 비추고 열반은 생함이 없이 반야를 생한다. 열반은 무생하고 반야는 능생하니 열반과 반야는 이름은 비록 다르나 그 체성은 같다. 단지 그 작용하는 뜻에 따라 이름을 붙였을 뿐 법에는 정해진 상相이 없다. 그리하여 열반이 반야를 생하는 것을 법신을 갖추었다고 하고 반야가 열반을 두루 비추는 것을 여래의 지견이라 한다(用而不有 卽是眞空 空而不無 便成妙有 妙有卽摩訶般若 眞空卽淸淨涅槃 般若通秘微之光 實相達眞如之境 般若無照 能照涅槃. 涅槃無生 能生般若 涅槃般若 名異體同 隨義立名 法無定相 涅槃能生般若 則名具佛法身 般若圓照涅槃 故號如來知見)." 신회의 이러한 해석은 '진공묘유'가 본래의 자성을 설명하는 것임을 보여주는 것이다. 일찍이 신회는 진공인 열반이 그 체가 되고 묘유인 반야가 그 용이 된다고 하였다. 한마디로 '진공묘유'는 체體로서의 열반과 용用으로서의 반야의 상호 관통에 대한 논리이다. 반야는 열반으로 인하여 존재하는 것으로 모두 열반의 투영에 지나지 않으며, 열반 역시 반야로 인하여 존재하므로 반야와 둘이 아니다. 본체계와 현상계는 본래 하나다. 텅 빈 것은 묘하게 있는 것이다. 본체계와 현상계가 본래 둘이 아니니, 열반과 반야는 한 맛이다. 비어 있음과 있음이 한 맛임을 알게 되면, 생生·주住·이異·멸滅의 사상四相의 변화가 그대로 공상空相임을 깨달아 생사를 여의게 되어 걸림이 없는 의식에 이르게 된다. 그러나 매순간 깨어 있는 의식이 아니고서는 결코 이를 수 없는 묘각의 경지다. 과거나 미래의 속박에서 벗어나 현재 여기 이 순간에 전적으로 집중執中할 수 있을 때, 그리하여 행위자는 사라지고 정제된 행위만이 남는 지선至善의 경지에 이르게 될 때 그러한 깨달음은 저절로 일어나게 된다.

『동경대전東經大全』

『동경대전』은 동학의 창시자 수운水雲 최제우(崔濟愚, 1824~1864))가 지은 순한문체로 된 동학의 경전이다. 제2대 교주인 최시형崔時亨이 1880년(고종 17) 5월 9일 강원도 인제군 남면 갑둔리에 경전 간행소를 설치하여 그 해 6월 14일에 완간했다. 체제는 각 판본마다 약간의 차이가 있으나 「포덕문布德文」·「논학문論學文」·「수덕문修德文」·「불연기연不然基然」의 4편이 중심을 이루고 있다. 그 외 축문祝文·입춘시立春詩·강시降詩·좌잠座箴·화결시和訣詩·탄도유심급歎道儒心急·결訣·우음偶吟·팔절八節·제서題書·영소詠宵·필법筆法·통문通文 등으로 구성되어 있다. 「포덕문」은 1861년 최제우가 전라북도 남원에 있는 선국사(善國寺, 또는 용천사)에 들어가 한 암자를 은적암隱寂庵이라 이름 짓고 그곳에서 수도하면서 지은 것으로 525자의 한문으로 되어 있다. 포덕문에는 당시 유교의 규범적 기능의 상실에 따른 '사상공황思想恐慌'을 극복할 수 있는 방법을 찾지 못해 답답해하는 심정이 그대로 드러나고 있다. 그는 당시 사람들이 각자위심各者爲心에 빠져 천리天理를 따르지 않고 천명을 돌아보지 아니함을 개탄하면서 당시 서세동점西勢東漸의 국제정세에 대한 심대한 우려를 나타내고 있다. 서학에 맞서 동학을 선포하는 보국안민輔國安民·광제창생廣濟蒼生의 정신과 이 도를 천하에 널리 전파해야

만 하는 역사적 필연으로서의 당위성이 잘 나타나 있다. 「논학문」은 동학의 교리가 체계적으로 서술되어 있는 것으로 총 1,338자로 되어 있다. 인내천人乃天이라는 동학의 평등무이平等無二의 세계관의 정수는 경신년(庚申年, 1860) 4월 5일 수운이 하늘(天主, 한울)로부터 받은 '오심즉여심(吾心卽汝心, 내 마음이 네 마음)'이라는 강화降話의 가르침에서 명징하게 드러난다. 이는 하늘마음이 바로 수운의 마음과 같다는 뜻이다. 수운은 그가 하늘로부터 받은 도를 '무왕불복지리無往不復之理', 즉 '가고 돌아오지 않음이 없는 이법'이라 하고 이를 천도라고 명명하였다. 수운의 천도와 천덕의 진수는 '시천주 조화정 영세불망 만사지侍天主造化定永世不忘萬事知'라고 하는 주문 열세 자에 함축되어 있는 것으로 나타난다. 우선 '시(侍, 모심)'의 세 가지 뜻인 내유신령內有神靈・외유기화外有氣化・각지불이各知不移는 안으로 신령이 있고 밖으로 기화氣化가 있어 온 세상 사람이 각기 알아서 옮기지 아니하는 것을 말한다. 따라서 「시천주」, 즉 천주(하늘, 한울)를 모신다는 뜻은 인간의 내재적 본성인 신성靈性과 혼원일기混元一氣로 이루어진 생명의 유기성과 상호관통을 깨달아 순천의 삶을 지향하는 것이다. 그리하여 무위이화無爲而化의 덕과 그 기운과 하나가 되어(造化定) 천도와 천덕을 평생 잊지 아니하면(永世不忘) 일체를 관통하게 된다(萬事知)는 뜻이다. 「수덕문」은 1862년 각지의 교도들에게 수덕에 힘쓸 것을 당부한 글로 1,060자로 되어 있다. 동학 「시천주」 도덕의 요체는 수심정기守心正氣에 있는 것으로 나타난다. 수심정기, 즉 마음을 지키고 기운을 바르게 하는 것이란 우주적 본성의 자리를 지키는 것인 동시에 우주 '한생명'에 대한 자각적 실천의 나타남이다. 수운은 수심정기를 성경誠敬 두 자로 설명하고 있다. 성경 두 자만 지켜내면 무극대도에 이르고 도성입덕道成立德이 되는 것으로 보았다. 성경이자誠敬二字로 이루어진 수심정기는 당시 양반 지배층의 이데올로기로서 형식화하고 외면화한 주자학과는 달리, 각 개인의 내면적 수양에 기초한 자각적 실천 수행으로서 만인이 동귀일체同歸一體하여 지상천국을 건설하는 요체가 되고 있다. 이는 해월의 경천敬天・경인敬人・경물敬物의 '삼경三敬'사상에서 보다 명징하게 드러난다. 「불연기연」은 최제우가 사도난정邪道亂正의 죄목으로 대구 장대大邱將臺에서 참형되기 바로 이전 해인 1863년에 지은 총 524자로 된 글로 사상적으로 가장 완숙하고 심오한 인식론적 근거를 펼친 글이다. '그렇지 아니함과 그러함', 즉 불연기연은 본체계와 현상계를 회통시키는 수운의 독특한 논리로 이분법적 사유체계를 초월한 평등무이의 세계관을 드러낸다. 4편 이외의 글들은 교도들의 수도생활에 필요한 지침을 간략하게 언급하고 있다. 교도들의 수도생활에 필요한 지침을 간략하게 언급하고 있다. 수운은 초명은 복술福述・제선濟宣이었으나 35세 때 어리석은 세상 사람을 구제하겠다는 결심으로 스스로 제우濟愚로 고쳤다. 19세기 서세동점의 시기에 아래로부터의 민중에 기초한 근대적 민족국가 형성의 철학적・사상적 토대를 마련하였다. 1855년 「을묘천서乙卯天書」를 받는 이적異蹟을 체험하고 1860년 경신 4월 5일 후천 오만년을 펼칠 '금불문고불문 금불비고불비(今不聞古不聞 今不比古不比)'의 만고 없는 무극대도無極大道를 각득覺得한 동학의 창시자요 혁명적 사상가이며 또한 대신사大神師로서, 다른 한편으론 「시천주」를 몸소 체득하여 '보국안민・포덕천하・광제창생'의 기치를 내걸고 양반 지배층을 대체할 보국의 주체로서의 근대적 민중의 대두를 촉발시키고 근대적 민족국가 형성의 사상적 토대를 마련한 시대적 선각자요 위대한 민족지도자로서, 그는 만인이 「시천주」의 주체로서의 자각을 통해 다 같은 군자로서 거듭날 수 있게 하고 또한 천하를 만인의 공유물로 생각하게 함으로써 민중정치참여의 전기를 마련하고자 했다. 귀천·빈부·반상班常·적서嫡庶 등 일체의 봉건적 신분차별이 철폐된 무극대도의 세계, 그것은 바로 그의「시천주」도덕의 실천이었던 것이다.『동경대전』은『용담유사龍潭遺詞』와 함께 동학교도들에게는 2대 경전이 되고 있으며, 한국사상에서 높은 비중을 차지하는 책이다. 한국 근대 신종교의 최초 경전으로 유·불·선과 민간신앙의 요소가 통일적으로 결합되었고, 그 후 여러 신종교 사상의 효시가 되었다.

『동몽선습童蒙先習』

『동몽선습』은 조선 중종 때 학자 박세무(朴世茂, 1487~1554)가 천자문을 익히고 난 후의 학동들에게 기본적인 유교적 도덕과 역사를 가르치기 위한 목적으로 저술한 초급교재로 1670년(현종 11)에 간행되었다. 내용은 경부經部와 사부史部로 나누어 경부에서는 부자유친父子有親·군신유의君臣有義·부부유별夫婦有別·장유유서長幼有序·붕우유신朋友有信의 오륜五倫을 간결하게 서술하고, 사부에서는 우리나라 단군에서부터 조선시대까지의 역사와 중국의 삼황오제三皇五帝에서부터 명나라까지의 역대사실歷代史實을 약술하였다. 아이들에게 우리나라와 동양의 전통 사상을 고취시키고 덕행의 함양에 도움이 되도록 했으며, 쉬운 자체字體와 간명한 문구를 사용하여 익히기 쉽도록 되어 있어 당시 천자문과 함께 가장 널리 보급되고 통용되었다. 임진왜란 이전의 초간본은 전하지 않고 1759년(영조 35)의 중간본만 전하며, 1742년에 영조가 책머리에 쓴 서문과 1770년에 송시열宋時烈이 책 끝에 쓴 발문跋文이 있다. 이 책의 중요성을 깨달은 영조는 교서관校書館으로 하여금 발간하여 널리 보급하도록 하였다. 어제본御製本이 규장각도서에 있다. 1541년(중종 36)

에 쓴 저자의 친필사본親筆寫本은 한국학중앙연구원에 소장되어 있다.

『맹자孟子』

『맹자』는 전국시대戰國時代 추趨나라(지금의 山東省 지역으로 魯나라와 인접함)의 유교 사상가로서 공자의 정통유학을 계승 발전시켰던 맹자(孟子, 이름은 軻, BC 372?~BC 289?)의 언행을 기록한 유교 경전이다. 맹자는 공자의 손자인 자사子思의 문하생으로 수업하여 공자 사상의 정통성을 온전하게 계승 발전시킴으로써 공자 다음의 '아성亞聖'이라는 칭호를 얻었으며, 이후 유교는 '공맹지교孔孟之敎'로 불릴 정도로 중시되었다. 맹자의 어머니가 자식을 위해 세 번 이사했다는 맹모삼천지교孟母三遷之敎는 유명한 고사이다. 『맹자』는 맹자의 이름을 딴 후세의 편찬물이지만 그의 사상의 진수가 담겨진 유일한 책이다. 「양혜왕梁惠王」 상하, 「공손추公孫丑」 상하, 「등문공藤文公」 상하, 「이루離婁」 상하, 「만장萬章」 상하, 「고자告子」 상하, 「진심盡心」 상하의 7편으로 되어 있으며 제후·제자들과의 문답 내용을 담고 있다. 『맹자』는 당唐나라 고문古文의 대가인 한유韓愈에 의해 경서經書로서의 가치가 세상에 드러나게 되었고, 그것이 북송北宋에 계승되어 차츰 고전으로서 중시되었으며, 남송南宋의 성리학자 주자(朱子, 이름은 熹, 1130-1200)에 이르러『사서집주四書集注』, 즉『논어집주(論語集注, 1177년)』『맹자집주(孟子集注, 1177년)』『대학장구(大學章句, 1189년)』『중용장구(中庸章句, 1189년)』가 저술되면서『논어論語』『대학大學』『중용中庸』과 함께 사서의 하나로서 유교의 주요한 경전이 되었다. 맹자는 패도정치가 만연한 전국시대에 배출된 제자백가諸子百家의 한 사람으로서 BC 320년경부터 약 15년 동안 각국을 유세하고 돌아다녔으나, 그가 내세운 인의仁義에 의한 왕도정치王道政治가 채택되지 않자 고향에 은거하여 제자 교육과 저술에 전념하였다. 맹자의 성선설性善說은 사람이 인仁을 실천할 수 있는 근거를 사단四端으로써 논증하고 있다. 즉 사람은 누구나 남에게 차마 잔인하게 하지 못하는 마음, 다시 말해서 남의 고통을 보고 참지 못하는 불인지심不忍之心이 있으니, 그것이 바로 측은지심惻隱之心, 수오지심羞惡之心, 사양지심辭讓之心, 시비지심是非之心이라는 것이다. 『맹자』「공손축상公孫丑上」에는 이렇게 나와 있다. "측은한 마음이 없으면 인간이 아니요, 부끄러워하고 미워하는 마음이 없으면 인간이 아니요, 사양하는 마음이 없으면 인간이 아니요, 시비를 가리는 마음이 없으면 인간이 아니다. 측은한 마음은 인仁의 단서端緒이요, 부끄러워하고 미워하는 마음은 의義의 단서이요, 사양하는 마음은 예禮의 단서이요, 시비를 가리는 마음은 지智의 단서이다. 사람이 이 사단四端을 가진 것은 마치 사지四肢를 가진 것과 같다. … 이 사단이 자기에게 있는 것을 알고서 확충해 나가면 … 천하라도 보전할 수 있게 되지만, 확충시키지 못하면 부모조차 섬길 수 없게 된다." 말하자면 유가儒家의 네 가지 덕목인 인의예지仁義禮智는 모든 사람의 본성인 이 사단四端을 충실하게 확충시켜 나가면 자연히 꽃피워 질 수 있다고 본 것이다. 맹자는 인간이 진실로 인간답게 되기 위해서는 교육을 통해 '사단'을 충실하게 확충시키는 길밖에 없는 것으로 보았다. 말하자면 맹자는 '사단'으로 성선性善을 논하고 있으나 단端은 단지 시점始點일 뿐 덕성이 원만하게 피어나려면 반드시 자각적 노력이 필요한 것으로 본 것이다. 『맹자』「진심장구상盡心章句上」에서도 타고난 천성을 넓혀서 충실하게 할 수 있도록 몸을 닦아야 한다고 하고 있다. 맹자는 천하의 득실이 민심民心의 향배에 달려 있다고 보고 인의仁義에 의한 왕도정치를 부르짖었다. 민심이 곧 천심이며 정치의 근본이 백성에 있다고 하는 것이 맹자의 민본주의民本主義이다. 하夏·은殷·주周가 득천하得天下한 것은 인정仁政을 행함으로써 득민심得民心했기 때문이며, 또한 실천하失天下한 것은 '인정'을 행하지 못함으로써 실민심失民心했기 때문이다. 그는 민심으로 천명天命을 해석함으로써 실민심이 곧 실천하라고 하여 역성혁명易姓革命을 시인하는 데까지 이르고 있다. 내성內聖을 근본으로 삼아 인정仁政을 베푸는 것이 왕도王道라는 맹자의 이러한 관점은 송·명대의 이학파理學派에게로 계승되고 다시 조선의 조광조趙光祖·이율곡李栗谷등의 성리학자들에 의해 도학의 맥이 이어졌다.

『명심보감明心寶鑑』

『명심보감』은 1393년 명明나라의 범립본范立本이 중국 고전에서 선현들의 금언金言·명구名句를 발췌, 상·하권 20편 798조로 편집한 것으로 수천 년간의 누적된 삶의 지혜와 천인합일天人合一에 기초한 생활철학의 진수가 담긴 책이다. 우리나라에서는 1454년(단종 2) 청주에서 처음 간행되었다.『명심보감』은 반성적 자기 성찰의 삶을 살 수 있도록 우리의 마음을 밝게 비추어주는 보배로운 거울과도 같은 삶의 지침서이다. 등장하는 인물과 서책도 다채로울 뿐 아니라 유·불·선(儒·佛·仙)의 사상이 통섭되어 있어 동양의 심원한 정신세계를 음미할 수 있게 한다. 유가儒家 중심인 다른 수신 서적과는 달리, 도가道家 관련 서적들이 비교적 많이 인용되고 있는 점이 이채롭다. 유가 가운데에도 많이 인용되는 공자와는 달리 맹자는 거의 인용되지 않고 있으며, 주자(朱子, 이름은 熹)를 비롯한 송대 성리학자의 글들이 많이 인용되고 있다.『명심보감』에 자주 등장하는 인물로는 공자孔子·강태공姜太公·장자莊子·소강절(邵

康節, 邵雍)·순자荀子·마원馬援·사마온공(司馬溫公, 司馬光)·정명도程明道·소동파蘇東坡·주문공(朱文公, 朱子) 등이 있고, 많이 인용한 책으로는 『경행록景行錄』『공자가어孔子家語』『격양시擊壤詩』『성리서性理書』『예기禮記』『역경易經』『시경詩經』등이 있다. 우리나라에서는 범립본의 원본보다는 고려 충렬왕 때 예문관제학藝文館提學을 지낸 추적秋適이 이를 초록抄錄한 초략본抄略本이 널리 유포되었으며, 현전하는 최고본最古本은 1637년(인조 15)본이다. 조선시대에 『동몽선습童蒙先習』과 함께 학동들의 한문교습서로 사용되기도 한 이 책은 동양의 여러 고전 중에서도 가장 널리 알려지고 폭넓게 읽혀진 책의 하나로서 주로 성통·공완性通功完에 관련된 내용이 전체를 관통하고 있다. '성통'이 개인적 수신에 관한 것이라면, '공완'은 사회적 삶에 관한 것으로 이 둘은 동전의 양면과도 같은 것이다. "종신토록 선을 행하여도 선은 오히려 부족하고, 단 하루를 악을 행하여도 악은 스스로 남아도는" 까닭에 참 본성을 통하고 공적을 완수할 수 있기 위해서는 마치 목마른 자가 물을 보고 서둘러 달려가 해갈解渴을 하게 되는 것과도 같이 선한 일에 용감히 나아가야 한다고 계선편繼善篇에서는 말한다. 선한 일에 용감히 나아간다는 것은 곧 순천順天의 삶을 사는 것을 의미한다. 하늘의 이치에 순응하는 삶을 사는 자는 하늘이 도와 길함이 있게 되는 반면, 역행하는 삶을 살면 반드시 그에 대한 하늘의 갚음을 받게 된다고 천명편天命篇에서는 말한다. 하늘의 실체는 육안으로 보이는 푸른 창공이나 까마득한 허공이 아니라 참 본성(神性, 自性, 一心)이다. 사람의 본성이 곧 하늘이다. 하늘의 그물은 넓고 넓어서 보이지는 않으나 티끌 하나라도 새는 일이 없으며, 아무리 미세한 카르마(karma, 業)라 할지라도 언젠가는 반드시 보상하게 되어 있는 까닭에 『명심보감』에서는 참 본성을 따르는 삶을 그토록 강조하고 있는 것이다. 여기에 나오는 선현들의 금언·명구는 참본성을 따르는 삶을 강조하고 있다는 점에서 그로부터 수천 년 전에 나온 『천부경』 『삼일신고』 『참전계경』의 내용과 그 맥을 같이 한다. 『명심보감』 초략본은 19편 247조로 구성되었는데, 후에 어떤 학자가 증보增補, 팔반가八反歌, 효행孝行, 염의廉義, 권학勸學 등 5편을 더하였다. 초략본의 체제는 선을 행하는 자에게는 하늘이 복을 내리고, 악을 행하는 자에게는 하늘이 재앙을 내리므로 선행을 계속하라는 계선편繼善篇 11조, 하늘의 명을 따르는 천명편天命篇 7조, 천명에 순응하는 순명편順命篇 5조, 어버이에게 효도하는 효행편孝行篇 5조, 자기 자신의 행실을 바르게 하는 정기편正己篇 26조, 주어진 분수를 지키는 안분편安分篇 5조, 바른 마음을 가지는 존심편存心篇 21조, 성품을 경계하는 계성편戒性篇 9조, 학문에 부지런히 힘쓰라는 근학편勤學篇 8조, 자녀를 가르치는 훈자편訓子篇 10조, 마음을 성찰하는 성심편省心篇 85조, 삼강오륜을 비롯한 교육의 법도를 세우는 입교편立教篇 10조, 나라의 정사를 다스리는 치정편治政篇 8조, 집안을 다스리는 치가편治家篇 8조, 인륜을 지키는 안의편安義篇 3조, 예절을 지키는 준례편遵禮篇 6조, 말을 삼가는 언어편言語篇 7조, 좋은 벗을 사귀는 교우편交友篇 8조, 부녀자의 행실을 가르친 부행편婦行篇 5조로 되어 있다. 이 외에도 판본에 따라서는 인과응보에 대한 가르침을 적은 증보편增補篇, 효도에 대한 가르침을 노래로 지은 팔반가八反歌, 효행을 적은 속효행편續孝行篇, 청렴한 행실을 적은 염의편廉義篇, 힘써 배우기를 권하는 권학편勸學篇 등이 수록되어 있다. 권학편에서 주문공朱文公은 말한다. "오늘 배우지 아니하고서 내일이 있다고 말하지 말며, 금년에 배우지 아니하고서 내년이 있다고 말하지 말라. 해와 달은 가고, 세월은 나를 위해 더 늘어나지는 않는 법. '아, 늙었다!' 라고 탄식하면, 이 누구의 허물인가?(朱文公 曰, 勿謂今日不學而有來日 勿謂今年不學

而有來年 日月逝矣 歲不我延 嗚呼老矣 是誰之愆)." 또한 도연명陶淵明의 시에 이르기를, "성년(盛年: 한창나이)은 거듭 오지 아니하고, 하루도 두 번 날이 새지 않으니, 젊었을 때에 마땅히 학문에 힘쓰라. 세월은 사람을 기다리지 않는다(陶淵明 詩 云, 盛年不重來 一日難再晨 及時當勉勵 歲月不待人)." 이 어찌 학동들만의 금과옥조金科玉條이겠는가!

『바가바드 기타 The Bhagavad Gita』

산스크리트어로 '거룩한 자의 노래'란 뜻인 『바가바드 기타』는 『베다Veda』, 『우파니샤드Upanishads』와 함께 힌두교 3대 경전의 하나로 꼽히는 철학서이다. 4세기 무렵의 인도 대서사시 『마하바라타Mahabharata』 제6권의 일부였으나 그 내용상 하나의 독자적인 문헌으로 읽혀져 왔으며, 시대와 종파를 초월하여 가장 널리 애송되는 경전으로서 오히려 『마하바라타』보다 더 유명한 세계적인 종교 문헌으로 알려져 있다. 권위로는 『베다』나 『우파니샤드』 같은 계시서가 더 우위에 있다 하겠지만, 인도 대중들에 대한 영향력이라는 면에서는 오히려 계시서를 능가하는 경전이 바로 이 『바가바드 기타』이다. 전통적으로 『베다』와 『우파니샤드』가 일반적으로 접근하기에는 너무 벽이 두텁고 난해하여 대개의 경우 자신의 삶과 동떨어진 저편의 세계로 인식된 데 비하여, 『바가바드 기타』는 항상 서민 대중의 삶 속에서 함께 호흡해 온 대중의 경전이라는 점에서 힌두교의 살아 있는 '바이블'로 평가된다. 특히 하층 천민들에 대한 해탈 가능성을 인정하고 있다는 점에서 인도 종교사에 특별한 의미를 부여한다. 모두 700구절의 아름다운 영적인 시로 이루어진 『바가바드 기타』의 배경이 되고 있는 것은 인간 내면의 영적靈的인 전쟁으로, 비슈누Visnu 신의 화신인 크리슈나Krishna와 전사

인 아르주나Arjuna 사이에 주고받는 대화로 이루어져 있다. 아르주나의 전차몰이꾼으로 변장한 크리슈나는 두 군대 사이로 전차를 몰고 들어가서 전장이라는 극적인 무대에서 아르주나에게 영적인 세계에 대한 심오한 가르침을 펴 보이기 시작한다. 순간 아르주나가 싸워야 할 상대는 외부의 육적인 친족과 친구가 아니라 자신의 내부에서 영적 진화를 방해하는 온갖 부정적인 에너지라는 사실이 밝혀진다. 베다의 제사 의식에 대한 가르침, 우파니샤드의 초월적인 브라흐마에 대한 가르침, 바가바타 종교의 유일신에 대한 가르침, 샹카의 가르침, 요가의 합일에 대한 가르침 등이 조화를 이루고 있다. 모든 개체 속에 현존하는 보편적 실재인 브라흐마(신성)가 곧 아트만(참자아)이므로 아트만과 브라흐마는 본질적으로 하나이다. 『바가바드 기타』에는 브라흐마를 체험하는 초월적인 의식상태인 사마디samadhi 또는 신과의 합일(yoga)에 이르는 방법이 자세히 설명되어 있다. 현상계와 본체계의 상호 관통을 『바가바드 기타』는 무한히 반복되는 브라흐마의 낮과 밤으로 묘사하고 있으며, 현상세계의 구원에 관심을 두고 있기 때문에 창조하고 유지하며 해체하는 신성의 세 측면 - 브라흐마, 비슈누, 시바 - 가운데서 현상세계를 유지하고 지탱하는 비슈누적인 측면을 강조한다. 그리하여 생성과 소멸을 초월한 또 다른 무형의 차원, 우주가 소멸되어도 사라지지 않는 영원한 실재의 차원에 이르는 방법을 제시한다. 전사인 아르주나가 비슈누 신의 화신인 크리슈나에게 이렇게 묻고 있다. "크리슈나여, 당신은 행위의 포기에 대해 말씀하시면서 또한 신성한 행위의 길을 권면勸勉하십니다. 지혜의 길(the path of wisdom, Jnana Yoga)과 행위의 길(the path of action, Karma Yoga), 이 둘 중에서 어느 것이 더 나은 길입니까?" 이것은 아르주나의 물음인 동시에 우리 모두의 물음이기도 하다. 여기서 '지혜의 길'과 '행위의 길'은

'지행止行과 관행觀行' 또는 '좌선坐禪과 행선行禪'의 관계와 같은 것이다. 이 둘은 깨달은 자의 눈으로 본다면 결국 하나이며, 그 목표는 같은 것이다. 하지만 보통 사람들에게는 행위를 포기하는 길보다는 행위의 길이 더 낫다고 크리슈나는 말한다. "아르주나여, 행위의 길을 따르지 않고 완전한 포기가 일어나기는 매우 어렵다. 지혜로운 자는 순수하고도 헌신적인 행위의 길을 통해 곧 브라흐마에 이르게 될 것이다."『바가바드 기타』는 행위의 결과에 대한 집착을 버리고 행위함으로써 행위의 속박에서 벗어날 수 있다고 말한다. 현존하는 최고最古의 『바가바드 기타』 주석은 9세기경의 샹카라 주석이다.

『반야심경般若心經』

『반야심경』은 반야부 경전 가운데서 반야의 핵심을 담은 요전要典이다. 원명은 산스크리트로 『프라즈냐파라미타 흐리다야 수트라Prajñāpāramitñā-hrdaya-sūñāśŚtra』이며 『반야바라밀다심경般若波羅蜜多心經』의 약칭으로 그 핵심은 공空사상이다. 600권의 『대반야경大般若經』의 사상을 한자 260자로 가장 짧게 요약하여 불교 교리의 정수를 반야바라밀다 계통의 '공空'을 강조하는 관점에서 서술하고 있다. 인간의 구성요소는 물질 요소인 색色과 정신 요소인 수受·상想·행行·식識의 다섯 가지 요소가 모여 쌓인 것으로 불교에서는 이를 오온五蘊이라고 부르는데, 모든 존재가 연기緣起에 의한 것일 뿐 실체가 없다는 것이다. 말하자면 우리 육신은 인연에 의해 오온이 잠정적으로 모여서 이루어진 것에 지나지 않기 때문에 집착할 만한 것이 못 된다는 것이다. 따라서 오온 그 자체가 '참나'가 아니라는 사실을 깨닫지 못하고 집착할 때 괴로움이 생기게 되는 것이다. 이 세상의 모든 것이 실체가 없는 공임을 철저하게 터득함으로써 지혜를 뜻하는 반야를 얻어, 마침내 정각正覺에 이를 수 있다는 것이다. 경전을 살펴보면 관세음보살을 통해서 반야의 인격을 보였으며, 불생불멸不生不滅을 통해서 반야의 실상을 천명했고, 보살과 부처님을 통해서 반야의 공덕을 나타내고 있다. 그리고 반야바라밀에 대한 신앙과 발원으로 경전의 종반부를 이루어 '지혜의 완성'을 뜻하는 반야바라밀다의 주문「아제 아제 바라아제 바라승아제 모지 사바하」로 끝나고 있다.『반야심경』의 설주說主에 대해서는 관자재보살, 관세음보살, 부처님의 세 가지 설이 있고, 설해진 시기는 부처님이 성도하신 뒤 20년 후「반야부 경전」을 21년간 설한 시기인 것으로 보이며, 설해진 장소는 인도 왕사성王舍城의 동북쪽에 있는 기사굴산인 것으로 알려져 있다. 기사굴산은 독수리의 머리라는 뜻으로 한문으로 영취산靈鷲山이라고도 하고 영산이라고도 하는 산이다. 이 경전의 한역본으로는 삼장법사三藏法師 현장(玄奘, 602~664)의 것이 가장 많이 읽히고 있는데 그중 '색즉시공 공즉시색色卽是空 空卽是色'은 널리 알려진 구절이다. 현재 한국 불교의 거의 모든 법회의식에서 독송되고 있으며, 반야부 경전 중에서도 가장 많이 읽히고 있는 불교 경전이다. 현재 알려지고 있는 이 경에 대한 한국인의 주석서로는 신라시대 원측圓測의『반야심경소般若心經疏』1권과『반야바라밀다심경찬般若波羅蜜多心經贊』1권, 원효元曉의『반야심경소』1권, 대현大賢의『반야심경고적기般若心經古迹記』1권과『반야심경주般若心經註』2권 등이 있다.

『베다Veda』

『베다』는 인도 최고最古의 성전聖典으로 고대 인도에서는 물론 현대에 이르기까지 힌두교도들에게는 절대 권위를 가지는 최고 경전으로서 인도 정신의 뿌리를 이룬다. 베다는 '지식'을 뜻하는 말로서 그것이 만들어진 정확한 연대는 알 수 없으나 대부분의 학자들은 BC 1500~1200년경으로 연대를 추정하는 바 수 세기에 걸쳐 스승이 제자에게 구전口傳한 내용이 저술된 것이다. 『베다』의 비밀스런 의식과 철학이 오늘날까지 고스란히 전해 올 수 있었던 것은 '위대한 성인(Maharsi)'이라 불리는 비야사Vyasa의 4대 베다 집대성 노력에 따른 것으로 그는 일반인들도 신에게 조금 더 다가갈 수 있도록 『마하바라타Mahabharata』를 저술하기도 했다. 베다는 원래 고대 인도인들이 신神에 대한 예배와 제사의식을 목적으로 만든 것이나, 그 제식制式이 점점 복잡해짐에 따라 이를 주관하는 사제司祭의 직분도 4그룹으로 나누어지게 되었다. 4개 베다는 전혀 다른 사상을 각각 전달하는 것이 아니라 동일한 사상을 근거로 하여 서로 연관된 역할을 부분적으로 나누어 저술한 것으로 「리그 베다Rig Veda」, 「야주르 베다Yajur Veda」, 「사마 베다Sama Veda」, 「아타르바 베다Atharva Veda」가 있다. 베다 중 가장 오래된 것이 「리그 베다」로 힌두교를 연구하는 데 있어 가장 중요하고 근간이 되는 경전이다. 「리그 베다」가 긴 세월의 흐름 속에서도 변형이나 오차 없이 전수될 수 있었던 것은 브라만 계급의 철저하게 구분된 신관의 의무에 기인하는 것이다. 암송을 전문으로 하는 사제급이 따로 지정되는 등 브라만 계급의 역할도 보다 체계적으로 세분화되었으며 제사의 종류도 다양화되어 3개의 베다가 추가되게 된 것이다. 「리그 베다」는 신들을 찬미하는 노래를 모아놓은 가장 오래된 찬가집이고, 「야주르 베다」는 공희供犧의식에 필요한 정칙定則들을 취급하고 제사의식에 필요한 산문체 형식의 주문을 모아놓은 것이며, 「사마 베다」는 신을 찬양하는 가사歌詞 운문체의 멜로디를 언급한 것이고,「아타르바 베다」는 재앙을 없애고 복을 부르는 주문이나 장수・질병치료 등의 진언眞言과 주술 중심의 찬가讚歌 그리고 적들의 퇴치까지도 포함하는 모든 종류의 일들에 대한 주문 등 신앙 형식의 정칙을 다룬 것이다.「아타르바 베다」는 토착적 인도의학의 시작으로 알려져 있다. 4종의 베다는 일반적으로 각기 4개의 부분으로 구성되어 있다. 제1의 부분은 상히타(Saṃhitā : 本集)로 찬가讚歌・가영歌詠 제사・만트라mantra 등의 집성부분이다. 제2의 부분은 브라흐마나Brāhmaṇa로 공희供犧의식과 제식祭式을 상세하게 산문체로 설명하여 본집을 보조하는 부분이다. 제3의 부분은 아라냐카Araṇyaka로 숲 등에서 몰래 전수하는 비설秘說을 기록한 것이다. 제4의 부분 우파니샤드Upanishads는 베다의 말미末尾라는 뜻으로 베단타Vedānta라 하여 그 무렵의 신비적인 사상을 기록한 것으로 성립 연대는 B.C. 500년 무렵이다. 이 4개의 베다에 의한 종교 통치 시대는 '베다 시대Veda Age'로 일컬어지며 약 천 년간 전성기를 누렸다.『베다』의 실행에 관련된 종교서가『브라야마나Brayamana』이다.

『벽암록碧巖錄』

『벽암록』은 중국 선종禪宗 5가家의 하나인 운문종雲門宗의 제4조祖 설두중현(雪竇重顯, 980~1052)이『경덕전등록景德傳燈錄』에 수록된 1700칙 공안公案 가운데서 가장 중요한 100칙 공안을 뽑아 송頌을 붙인『설두송고雪竇頌古』에 대해, 송대宋代 임제종臨濟宗의 제11조 원오극근(圓悟克勤, 1063~1135)이 자유롭게 평석評釋을 한 선종의 으뜸가는 공안집公案集이다.『벽암록』은『벽암집碧巖集』이라고도 하며 본래의 명칭은『불과원오선사벽암록佛果圓悟禪師碧巖錄』또는『원오노인벽암록圓悟老人碧巖錄』이라고 하는데, 불과佛果는 생전에 북송의 휘

종이 내린 법호이고, 원오는 사후에 남송의 고종이 내린 법호이다. '종문제일서宗門第一書'라는 칭호를 얻은 책으로 총 10권으로 구성되어 있으며, 『대정신수대장경大正新修大藏經』 제48책에 수록되어 있다. 이 책은 설두의 본칙本則과 송頌, 그리고 원오의 수시垂示와 착어著語, 평창評唱으로 구성되어 있다. 수시는 본칙에 들어가기 전에 그 칙의 종지나 착안점을 간단히 제시하는 일종의 서문이고, 착어는 본칙과 송에 대한 짤막한 단평短評이며, 평창은 전체적인 해설이다. 이 중에서 특히 착어는 촌철살인의 선기禪機를 격발하는 것으로 높은 평가를 받음으로써 당시 선림禪林을 풍미했던 『설두송고100칙』은 『벽암록』에서 더욱 빛을 발하게 되었다. 오늘날 선가에서 조주와 운문의 이름이 자주 거론되게 된 데에는 『설두송고100칙』에서 운문문언雲門文偃과 조주종심趙州從諗을 가장 많이 등장시킨 것과 무관하지 않으니, 선림에 미친 『벽암록』의 영향은 실로 크다 할 것이다. 선禪사상사로 볼 때 『벽암록』은 돈오견성頓悟見性과 철두철미한 자성자오自性自悟를 강조하는 『육조단경六祖壇經』의 사상이 집약되어 있으며, 특히 간화선看話禪의 발전은 이 책에 의지하는 바가 크다. 불교문학사로 보더라도 당시 문단의 중심 사조인 돈오무심頓悟無心 사상이 유감없이 발휘되어 있어 그 위치가 높게 평가된다. 『벽암록』 제6칙 「운문일일호일雲門日日好日」에서 운문 선사는 말한다. "우주가 인간을 위해 있는 것은 아니지 않는가. 우주의 본체에서 본다면, 소나기도 태풍도 홍수도 가뭄도 모두 자연의 현상일 뿐 거기에는 선도 악도 없다. 우주의 절대적인 진리를 파악하고 있는 사람에게는 매일매일이 참 좋은 날인 것이다. 불길할 것도 해로울 것도 하나 없는 그야말로 일일시호일日日是好日이다." 『벽암록』 제96칙은 조주 선사의 삼전어三轉語라는 법문을 다음과 같이 싣고 있다. "조주선사가 법당에 올라 대중들에게 법문을 제시했다. 쇠 부처(金佛)는 용광로를 거치면 녹아 버릴 것이고, 나무 부처(木佛)는 불에 타 버릴 것이고, 진흙 부처(泥佛)는 물에 녹아 풀어진다. 참된 부처(眞佛)는 마음속에 있다" 설두화상은 조주의 삼전어에 각각 게송을 읊고 있다. 첫 번째는 "진흙 부처는 물을 건너지 못한다"이다. 두 번째는 "쇠 부처는 용광로를 통과 할 수 없다"이다. 세 번째는 "나무 부처는 불을 건너지 못한다"이다. 말하자면 마음의 부처만이 건너지 못하는 곳이 없다는 뜻이다. 『벽암록』 제100칙 「파릉취모검巴陵吹毛劍」에서는 파릉 선사의 취모검吹毛劍에 대한 질문을 다음과 같이 싣고 있다. 한 화상이 파릉 선사에게 묻기를, "사람마다 지니고 있다는 반야般若의 지검智劍이란 어떤 것입니까?" 파릉 선사 왈, "산호 가지마다 온통 영롱한 달빛에 젖은 것과 같지." 우리가 태어날 때부터 지닌 반야般若의 지혜(智劍)는 산호 가지마다 달빛이 온통 영롱하게 빛나듯 세상에 비치지 않는 곳이 없는 까닭이다. 『벽암록』은 원오 사후 건염(建炎, 1127~1130) 연간에 원오의 수제자인 대혜종고(大慧宗杲 1089~1163)가 공안선公案禪이 구두선口頭禪으로 전락하는 것을 우려, 선종의 교외별전 불립문자(敎外別傳 不立文字)의 종지에 의거하여 모두 수거, 불태워 없앴다고 한다. 이 때문에 170여 년 동안이나 세상에서 자취를 감추고 실전하였는데 원나라 대덕(大德, 1297~1307) 연간에 이르러서 장명원張明遠이 발굴하여 중간하고, 이때 표제를 '종문제일서 원오벽암집(宗門第一書 圓悟碧巖集)'이라고 하여 최고의 가치를 부여함으로써 세상에 성대하게 유전하였다고 한다. 우리나라에 유통된 것은 장명원본 계통의 것으로 조선 세조 11년(1465) 을유자로 찍은 것인데 전권이 빠짐없이 남아 있는 완전본이란 점에서 가치를 지닌다. 보물 제1093호로 지정돼 있다.

『부도지符都誌』

『부도지』는 신라 눌지왕 때의 충신 박제상朴堤上의 『징심록澄心錄』 15지誌 가운데 상교上敎 제1지로서 우리나라에서 기록 연대가 가장 오래된 역사서이다. 부도符都라는 말은 하늘의 뜻에 부합하는 나라 또는 그 나라의 수도라는 뜻으로 단군의 나라를 일컫는 것이다. 『부도지』는 한민족의 기원, 분화, 이동 경로, 한국 상고 문화와 철학, 사상의 원형을 담고 있는 책이다. 『부도지』에 따르면, 파미르고원의 마고성麻姑城에서 시작한 우리 민족은 마고麻姑·궁희穹姬·황궁黃穹·유인有因·환인·환웅·단군에 이르는 동안 마고성에서 천산주天山洲로 옮겨 유인씨의 시대를 보내고, 적석산積石山의 환인 시대를 거쳐 태백산의 환웅 시대에 이르며, 배달국의 14대 자오지慈烏支 환웅 때 청구靑邱를 거쳐 만주로 들어오게 되는데, 그 사이 지구상의 동서남북 사방으로 퍼져 나가 천부天符의 신교神敎 문화를 세계 도처에 뿌리내리게 한 것으로 나온다. 오늘날까지도 세계 각지의 신화·전설·종교·역易사상과 상수학象數學·역법曆法·천문학·기하학·물리학·수학·음악·건축·거석巨石·세석기細石器·빗살무늬 토기 등에서 그 잔영을 찾아볼 수 있다. 박제상은 『부도지』 제7장에서 "미혹함이 심대하여 성상性相이 변이한 고로…그러나 스스로 힘써 닦아 미혹함을 깨끗이 씻어 남김이 없으면 자연히 복본復本할 것이니…(諸人之惑量 甚大 性相變異故…然 自勉修證 淸濟惑量而無餘則自然復本…)"라고 했다. 부도지에 나타난 복본 사상은 고구려의 다물多勿과도 관계가 있는 것으로 이화세계, 홍익인간으로의 복귀를 나타낸다. 지유地乳를 마시며 사는 인간이 만든 최초의 낙원국가, 고대 한민족의 발상지인 파미르고원 마고성으로의 복귀를 나타낸 것이다. 또한 『부도지』에는 천부경이 환인 이전의 시대로부터 전승되어 온 것으로 국본國本을 상징하는 것임을 알수 있게 하는 구절이 나온다. 즉『부도지』제1장에는 그 첫머리에 "마고성이 지상에서 가장 높은 성으로 천부天符를 받들어 선천先天을 계승하였다(麻姑城 地上最高大城 奉守天符 繼承先天)"라고 나와 있고, 제10장에는 "유인씨有因氏가 천부삼인天符三印을 이어받으니 이것이 곧 천지본음天地本音의 상象으로, 진실로 근본이 하나임을 알게 하는 것有因氏 繼受天符三印 此卽天地本音之象而使知其眞一根本者也)"이라고 나와 있으며, 또한 "유인씨가 천 년을 지내고 나서 아들 환인씨桓因氏에게 천부天符를 전하고…(有因氏千年 傳天符於子桓因氏…)"라고 나와 있고, 제33장에는 "마침내 오늘의 사람들로 하여금 가히 천부天符의 실재를 들어서 알게 하며…(竟使今人 可得聞而知天符之在…)"라는 말이 나와 있다. 이 책은 서기 1953년(단기 4286년) 박금의 프린트 본으로 세상에 알려진 것으로 전해진다.

『삼국사기三國史記』

『삼국사기』는 1145년(고려 인종 23) 김부식(金富軾 1075~1151) 등이 왕명을 받아 편찬한 기전체紀傳體로 된 삼국시대 역사서이다. 총 50권으로 본기本紀 28권(고구려 10권, 백제 6권, 신라·통일신라 12권), 연표年表 3권, 지志 9권, 열전列傳 10권으로 이루어져 있다. 한국 최초의 관찬官撰사서로서 초간본은 12세기 중엽에 간행되었으나 지금은 전해지지 않으며, 13세기 말에 간행된 것으로 추정되는 잔존본殘存本인 성암본誠庵本이 현존하는 최고最古의 고려본 판본으로 보물 제722호로 지정되어 있다.『삼국사기』는 인종의 명에 따라 감수국사監修國史 김부식의 주도 아래, 편찬 작업의 보조 역할을 담당한 참고參考 최산보崔山甫·이온문李溫文·허홍재許洪材·서안정徐安貞·박동계朴

東桂·이황중李黃中·최우보崔祐甫·김영온金永溫 등 8명과 편찬에 따르는 행정실무를 담당한 관구管句 김충효金忠孝·정습명鄭襲明 2명을 포함하여 모두 11명의 편사관이 편찬하였다. 『삼국사기』 편찬의 동기와 목적에 대해서는 김부식이 『삼국사기』의 완성과 함께 인종에게 올린 「진삼국사기표進三國史記表」에 잘 드러나 있다. 그 요지는 고려의 지식인들이 중국사에 대해서는 잘 알고 있으면서도 자국의 역사에 대해서는 그 시말을 모르고 있고, 중국 사서에 기록된 삼국의 역사가 소략하며 당시 현존하던 고기古記들이 거칠고 비속하므로 새로운 사서를 통해 국왕과 신하들의 잘잘못을 가려 후세의 교훈으로 삼고자 편찬되었다는 것이다. 삼국과 통일신라의 역사를 연구하는 데 가장 기본적인 사료로 이용될 뿐 아니라, 고려 중기의 역사의식과 문화 수준을 이해하는 데도 중요한 가치를 지니고 있다. 『삼국유사』와 함께 우리나라에 현전하는 것으로는 가장 오래된 역사책으로 꼽는다. 『삼국사기』는 열전을 중심으로 편제되어 있는 중국의 기전체 역사서와는 달리, 「본기」가 책 전체의 절반이 넘는 분량으로 내용상으로도 가장 큰 비중을 차지하고 있다. 「본기」는 신라·고구려·백제의 순으로 편제되어 그 각각은 국왕의 재위 연간을 단위로 한 연대순 서술 방식을 취하고 있다. 삼국의 시조설화와 고대국가 형성 과정, 삼국간의 동맹과 대립 그리고 삼국통일 과정, 통일신라의 정치권력 구조의 변동 등을 비롯하여 단편적이나마 각국의 고전古傳·고속古俗을 엿볼 수 있다. 내용 면에서는 크게 정치·자연현상·전쟁·외교 등 4항목으로 나뉜다. 정치 기사는 「본기」 가운데 가장 큰 부분으로, 축성築城·설책設柵·수궁실修宮室과 관련한 기록, 순행巡行 기사, 관리 임면·관청 설치에 관계되는 기록, 제사와 풍흉에 따른 종교적 관례에 관한 기록 등이 실려 있다. 천재지변을 포함한 자연현상에 관한 기사는 혜성·오성五星·유성·일식 등의 천변, 가뭄·홍수·벼락 등의 천재·지진·화재·동물변이·수변樹變·인변 등의 지변에 관한 것으로 930여 회 실려 있다. 자연변이 현상에 관한 기사의 빈번한 출현은 자연의 변화가 인간사와 일정한 관련을 가지고 있다는 동양사회의 전통적인 인식에 기인한다. 전쟁 기사는 삼국시대 700여 년간 있었던 28개국과의 440여 회 전쟁에 관한 기록이고, 외교 기사는 34개국과의 620여 회 교섭에 관한 기록이다. 「연표」는 BC 57년(박혁거세 즉위년)부터 중국·신라·고구려·백제의 순서로 각 왕의 재위 연간을 표시한 대조표이다. 중국의 기전체 사서와 같은 제후표諸侯表나 공신표功臣表 등 다양한 표가 없이 연표만 마련된 단조로운 편제이다. 「지」는 『삼국사기』에는 「잡지雜志」라는 이름으로 되어 있지만 내용은 지이다. 제1권은 제사祭祀·악樂, 제2권은 색복色服·거기車騎·기용器用·옥사屋舍, 제3~6권은 지리지地理志, 제7~9권은 직관지職官志로 중앙관부 7권, 궁정관부 8권, 무관·외직 9권으로 되어 있는데, 전체적으로 신라제도의 해설에 치중하였고, 특히 지리지에 가장 큰 비중을 두고 있다. 중국의 기전체 역사서와 비교하여 예禮·오행五行·천문天文·역曆·식화食貨가 없어 체제상 미숙한 편제라는 지적을 받고 있긴 하지만, 삼국의 지배조직을 포함하여 사회의 다양한 측면을 알 수 있는 사료이다. 「열전」은 10권으로 모두 50명의 인물이 실려 있으며, 부기된 인물까지 합치면 70여 명 이상에 달한다. 교훈적인 목적에서 주로 위국충절爲國忠節의 인물들을 나열하고 있으며, 그 중 신라인이 압도적인 다수를 차지하고 신라인 중에서도 통일 이전의 인물이 대부분인데 이는 편찬 당시 신라인에 대한 기록이 상대적으로 많이 남아 있었기 때문이다. 열전 제1~3은 김유신金庾信 개인에 관련된 것으로, 이렇게 한 인물을 3권으로 다룬 것은 당시에 그의 평판이 그만큼 높았음을 나타낸다. 제4권은 을지문덕乙支文德에서 사다함斯多含까지 국가에 충절과 신의를 지킨 인물을, 제5권은 을파소乙巴素·명림답부明臨答夫를 비롯하여 박제상朴堤上 등 국왕에 대해 충성을 바친 인물을, 제6권은 강수强首·최치원崔致遠·설총薛聰 등 유학자와 문인文人을, 제7권은 해론奚論·관창官昌을 비롯하여 계백까지 19명의 인물을, 제8권은 향덕向德·성각聖覺을 비롯하여 도미까지 11명을 실었다. 제9, 10권은 창조리倉助利와 연개소문淵蓋蘇文·궁예弓裔와 견훤甄萱의 열전이다. 『삼국사기』에서 편찬자의 사관을 잘 드러내고 있는 부분은 논찬論贊으로 본기와 열전에 모두 30칙則이 삽입되어 있는데, 그 내용은 대개 예법준칙, 유교적 덕치주의, 군신의 행동, 사대적 예절 등이다. 『삼국사기』는 그 저변에 흐르는 사대주의적 색채나 중국 사서에도 실려 있는 사실 기록이 빠져 있는 등의 문제점이 지적되기도 하지만, 정부 주도 하의 관찬이라는 역사 편찬의 본을 정착시킴으로써 조선 초 『고려사』 등의 관찬사서 편찬의 선구적 위치를 차지하는 데서 그 의의를 찾을 수 있다. 현전하는 『삼국사기』의 조선시대 판본은 1512년(중종 7)과 1573년(선조 6)에 간행된 완질본으로 각각 보물 제723호와 보물 제525호로 지정된 것이 있는데, 이 두 판본은 명나라 무종 정덕연간正德年間에 간행되었다고 해서 정덕본으로 통칭한다.

『삼국유사三國遺事』

『삼국유사』는 고려 충렬왕 때 고승 일연(一然, 시호는 普覺, 1206~1289)이 엮은 것으로 한국 고대의 역사·지리·문학·종교·언어·민속·사상·미술·고고학 등 총체적인 문화유산의 보고로 평가되는 사서史書이다. 조선 초기에 간행된 송은본松隱本은 국보 제306-1호, 1512년에 중간한 중종임신본(中宗壬申本, 또는 正德本이라고도 함)은 국보 제306-2호로 따로 지정되어 있다. 일연은 고려 후기 무신의 난 이후 원元나라의 억압으로 인한 문화적 위기의식에서 당시의 기록과 역사의 정리를 도모하여 단군의 고조선으로부터 시작하는 한국 고대사의 체계를 세웠다. 『삼국유사』의 체재는 5권 9편 144항목으로 되어 있는데, 9편은 왕력王曆·기이紀異·홍법興法·탑상塔像·의해義解·신주神呪·감통感通·피은避隱·효선孝善으로 구성되어 있다. 「왕력」은 삼국·가락국·후고구려·후백제 등의 간략한 연표이다. 「기이」편은 고조선으로부터 후삼국까지의 단편적인 역사를 57항목으로 서술하였는데, 서두에는 이 편을 설정하는 연유를 밝힌 서敍가 붙어 있다. 「홍법」편에는 삼국이 불교를 수용하게 되는 과정 및 그 융성에 관한 6항목, 「탑상」편에는 탑·불상에 관한 31항목, 「의해」편에는 원광서학조圓光西學條를 비롯한 신라의 고승들에 대한 전기를 중심으로 하는 14항목, 「신주」편에는 신라의 밀교적 신이승神異僧들에 대한 3항목, 「감통」편에는 신앙의 영이감응靈異感應에 관한 10항목, 「피은」편에는 초탈고일超脫高逸한 인물의 행적 10항목, 마지막 「효선」편에는 부모에 대한 효도와 불교적인 선행에 대한 미담 5항목을 각각 수록하였다. 『삼국유사』 첫머리의 고조선 왕검조선조에는 중국의 『위서魏書』를 인용하여 다음과 같이 말하고 있다. "중국의 『위서』에 이르되, 지금으로부터 2천 년 전에 단군왕검이 있어, 도읍을 아사달阿斯達에 정하고 나라를 열어 국호를 조선이라 일컬으니 중국의 요임금과 같은 때라 하였다. 고기古記에 이르되⋯평양성에 도읍하고 또 도읍을 백악산 아사달에 옮겼는데⋯나라를 다스리기 천오백 년이었다. 주나라 무왕 즉위 기묘에 단군은 장당경藏唐京으로 옮겼다가 후에 아사달에 돌아와 숨어서 산신이 되니, 나라의 수壽가 일천구백팔 세였다고 한다"라고 나와 있다. 또한『삼국유사』중종임신본中宗壬申本「기이」편 제1 고조선 왕검조선조에는 "옛날에 환국桓國의 서자庶子 환웅桓雄이 있어 인간 세상에 뜻을 품으매 환인(桓仁, 桓因)이 그 뜻을 알고 삼위태백三危太白을 내려다보니 홍익인간의 이념을 가히 실현할 만한지라 이에 천부인天符印 세 개를 주어 인간 세상을 다스리게 하였다(昔有桓國庶子桓雄 數意天下 貪求人世 父知子意 下視三危太伯可以弘益人間 乃授天符印三箇)"라고 나와 있다. 이는 곧 환국의 역사적 실재에 대한 천명과 더불어 환국·배달국·단군조선으로 이어지는 우리 상고사의 맥을 명정하게 보여주는 것으로, 단군신화를 단순한 신화가 아닌 개국사화, 즉 '역사적 사실(historical fact)'로 보게 하는 근거를 제시한다. 또한「흥법」편 제3 가엽불연좌석迦葉佛宴坐石 초두初頭에는 석가釋迦 이전 불교의 중심지가 우리나라였음을 시사하는 글을 인용하고 있다. 즉 "옥룡집玉龍集과 자장전慈藏傳 및 제가전기諸家傳紀에 이르되, 신라의 월성月城 동쪽, 용궁龍宮 남쪽에 가엽불迦葉佛의 연좌석宴坐石이 있는데 그곳은 전불前佛 시대의 가람 터이니 지금 황룡사皇龍寺의 지역은 7가람伽藍의 하나라 하였다"라고 한 것이 그것이다.『삼국유사』는 김부식金富軾이 편찬한『삼국사기三國史記』와 더불어 현존하는 한국 고대 사적史籍의 쌍벽으로서, 특히 김부식의 사대주의 사상으로 말미암아『삼국사기』편찬에서 누락시켰거나, 혹은 누락되었다고 보여지는 고기古記의 기록들을 원형대로 온전히 수록하고 있어 정사正史인『삼국사기』이상의 가치를 지닌 민족사의 보전寶典이라 일컬을 만하다. 육당六堂 최남선崔南善은 일찍이『삼국유사』를 평하여 "『삼국사기』와『삼국유사』중에서 하나를 택해야 될 경우를 가정한다면, 나는 서슴지 않고 후자를 택할 것"이라고까지 하였다. 이 밖에 역사·불교·설화 등에 관한 서적과 문집류, 사지寺誌·비갈碑碣·안첩按牒 등의 고문적古文籍에 이르는 많은 문헌을 인용하여, 차자표기借字表記된 자료인 향가, 서기체誓記體의 기록, 이두吏讀로 된 비문류, 전적에 전하는 지명·인명 표기 등을 집대성해 놓은 한국 고대 정치·사회·문화 생활의 유영遺影으로서 한민족韓民族의 역사를 기록한 일대 서사시라 할 수 있다. 특히 향찰鄕札로 표기된『혜성가彗星歌』등 향가 14수가 실려 있어『균여전均如傳』에 수록된 11수와 함께 현재까지 전하는 향가의 전부를 이루고 있는 관계로 한국 고대 문학사의 실증에 있어서도 절대적인 가치를 지닌다. 조선 초기에 간행된 것으로는 고판본의 인본印本인 석남본石南本과 송은본이 남아 있다. 석남본은 왕력과 제1권만 남은 잔본이며, 송은본은 권3·4·5만 있다. 완본으로는 1512년(조선 중종 7) 경주부사慶州府使 이계복李繼福에 의하여 중간된 중종임신본이 최고본最古本이며, 그 이전에 판각된 듯한 영본零本이 전한다. 이계복이 중간한 책판은 현재 전하지 않고 있으며, 중종임신본을 인행印行한 몇 종의 간행본이 국내외에 전한다. 최근 이 책에 대한 새로운 인식이 대두되면서 간행과 유통이 활발해졌다. 현재까지 고려시대의 각본刻本은 발견되지 않았고,『삼국유사』의 신간본新刊本으로는 1908년 간행된 일본 도쿄(東京) 제국대학 문학부의 사지총서본史志叢書本이 가장 오래된 것이고, 조선사학회본朝鮮史學會本과 계명구락부啓明俱樂部의 최남선 교감본校勘本 및 그의 증보본增補本이 있으며, 그 밖에 1921년 안순암安順庵 수택手澤의 정덕본을 영인影印하여 일본 교토(京都)대학 문학부 총서 제6에 수록한 것과 고전간행회본古典刊行會本이 있다. 8·15광복 후로는 삼중당본三中堂本, 1946년 사서연역회史書衍譯會에서 번역하여 고려문화사에서 간행한 국역본, 이병도李丙燾의 역주본 등 여러 가지가 있다.

『삼일신고三一神誥』

『삼일신고』는 일신강충一神降衷, 성통광명性通光明·재세이화在世理化·홍익인간弘益人間의 원리를 밝힌 총 366자로 이루어진 우리 민족 고유의 경전이다. 일신강충이란 '하나'님이 인간의 중심에 내려와 계심을 말함이요, 성통광명이란 인간의 중심에 내려와 계신 '하나'님의 진성眞性을 통하면 태양과도 같이 광명하게 됨을 말하는 것으로 이는 곧 사람이 하늘임을 알게 되는 것이다. 성통은 재세이화·홍익인간의 구현이라는 '공완功完'을 이루기 위한 전제조건인 동시에 인간의 자기실현을 위한 필수조건이다. 『삼일신고』는 모든 종교와 진리의 모체가 되는 원리를 담고 있다는 점에서 『천부경天符經』과 더불어 인류의 경전이라 할 만하다. 『삼일신고』는 한마디로 삼일三一사상을 본령本領으로 삼고 삼신三神 조화造化의 본원과 세계 인물의 교화를 상세하게 논함으로써 마음을 밝히고 세상을 밝히는 성통공완性通功完의 비밀을 담고 있다는 점에서 교화경敎化經이라고 부르기도 한다. 『삼일신고』의 핵심은 그 제목이 말하여 주듯, 천·지·인 삼신일체三神一體에 기초한 삼일사상이다. 발해국 시조 대조영의 「어제삼일신고 찬(御製三一神誥 贊)」에는 회삼귀일會三歸一을 뜻하는 삼즉일三卽一의 원리를 '반망귀진返妄歸眞', 즉 망령됨을 돌이켜 참됨으로 돌아가는 것이라고 하고 있다. 이는 곧 『삼일신고』 본문 속의 '반망즉진返妄卽眞'과 상통하는 것이다. 따라서 '삼일신고'란 망령됨을 돌이켜 참됨으로 돌아가게 하는 신명神明한 말씀이라는 뜻이다. 느낌을 그치고止感 호흡을 고르며調息 부딪침을 금하여禁觸 오직 한 뜻으로 이 우주가 '한생명'이라는 삼일의 진리를 닦아 나가면 삼진(三眞: 眞性·眞命·眞精), 즉 근본지根本智로 돌아가 일신(唯一神, '하나'님)과 하나가 될 수 있는 것이다. 이는 곧 삼신일체·삼진귀일三眞歸一로서 성통광명·재세이화·홍익인간의 원리가 구현됨을 뜻한다. 삼일신고 원문이 실려 있는『태백일사太白逸史』「소도경전본훈蘇塗經典本訓」에는『삼일신고』가 본래 신시개천神市開天의 시대에 나온 것으로 그 글의 내용은 대개 하나를 잡아 셋을 포함하고 셋이 모여 하나로 돌아가는 '집일함삼 회삼귀일(執一含三 會三歸一)'의 원리를 근본으로 삼는다고 나와 있다. 말하자면 환국桓國으로부터 내려오던 것을 환웅천황이 신시에 개천하면서 글로 펴내어 오늘에 전해지고 있는 것이다.『환단고기桓檀古記』내의 여러 기록들은『삼일신고』가 환국·배달국·단군조선·부여·고구려·대진국(발해)·고려로 이어지는 우리 역사 속에서『천부경』과 더불어 국가적으로 매우 중시되었던 경전임을 밝히고 있으며, 북애北崖의『규원사화揆園史話』「단군기檀君記」와 발해국 시조 대조영(大祚榮, 高王)의 아우 반안군왕盤安郡王 대야발大野勃의『단기고사檀奇古事』에도『삼일신고』의 원리와 그 가르침이 나타나 있다. 이렇듯『삼일신고』는『천부경』과 더불어 나라를 다스리는 만세의 경전이자 만백성을 교화시키는 교화경으로서 우리 배달겨레가 반드시 숙지해야 할 정치대전이자 삶의 교본이었던 것이다.『삼일신고』원문이 수록된 문헌과 자료로는「발해 석실본渤海 石室本」「천보산 태소암본天寶山 太素庵本」「고경각 신사기본古經閣 神事記本」이 가장 원형인 것으로 알려져 있다.「석실본」이란 말은 발해국 제3대 문왕文王 대흠무大欽武께서 남기신「삼일신고 봉장기三一神誥奉藏記」라는 글 속에 삼일신고를 영원히 보존키 위해 대흥大興 3년 3월 15일 '영보각靈寶閣에 두었던 어찬진御贊眞本을 받들어 태백산 보본단報本壇 석실 속에 옮겨 간직한다'라고 한 데서 유래한다. 이렇게 보본단 석실 속에 감추어진 민족경전과 단군실사檀君實史는 조선말기에 이르러 백봉 대종사(白峯大宗師)에 의해 발견되게 되는데 그 경위는「단군교포명서檀君敎佈明書」에 잘 나타나 있다. 그 내용인즉, "백봉 대종사께서 태백산중에서 하늘에 10년 기도 끝에 대황조성신大皇祖聖神의 묵계를 받으시고 보본단 석실을 찾아내어, 그 속에서 민족경전과 단군실사를 얻으셨다"라고 한 것이 그것이다. 삼일신고 본문 앞에는 발해국 시조 대조영의 「어제삼일신고 찬(御製三一神誥 贊)」이 있고, 그 앞에는 어제御弟 대야발의 「삼일신고 서序」가 있으며, 본문 뒤에는 고구려 개국공신 마의극재사麻衣克再思의 「삼일신고 독법讀法」이 있고, 그 뒤에는 발해국 문왕의 「삼일신고 봉장기」가 있다. 「삼일신고 봉장기」에 의하면, "삼일신고는 원래 돌과 나무로 된 두 본(二本)이 있어 세상에 전해져 왔는데 석본石本은 부여 국고國庫에 간직되었고, 단본檀本은 위만조선衛滿朝鮮에 전하였다가 둘 다 병화兵火에 잃었다 하며 … 이 책은 곧 고구려에서 번역하여 전한 것이요, 우리 할아버지 고왕高王께서 읽으시고 예찬한 것이다"라고 하고 있다. 이렇듯 「삼일신고 봉장기」에는 발해국 문왕까지 이 경전이 전해진 경위가 밝혀져 있고, 그 뒤에 대종교까지 전하여진 경위는 백봉 대종사와 두암 백전頭岩伯佺 등이 단기 4237(1904)년 10월 3일에 공표한 「단군교포명서」에 밝혀져 있다. 이듬해 단기 4238(1905)년 섣달 그믐날 밤 백봉 대종사는 구순九旬의 백전을 보내어 구국운동차 일본을 다녀오는 홍암 나철弘岩羅喆을 서울 서대문역에서 만나 『삼일신고』와 『신사기神事記』를 전해 주게 하였다. 『삼일신고』 구본舊本에선 장을 나누지 않았는데 고려 말기 행촌 이암이 『태백일사』에서 「허공虛空」, 「일신一神」, 「천궁天宮」, 「세계世界」, 「인물人物」의 5장으로 나누었다. 다만 제1장의 제목을 필자는 '허공虛空'이 아닌 '하늘(天)'이라고 하였다. 『삼일신고』 366자에서는 『천부경』 81자가 담고 있는 의미가 보다 명료하게 드러난다. 「소도경전본훈」에서는 『삼일신고』의 다섯 가지 큰 지결旨訣이 천부天符에 근본을 두고 있으며, 그 궁극적인 뜻이 천부중일天符中一의 이상에서 벗어나지 않음을 밝히고 있다. 여기서 '천부중일'의 '중일'이란 이 우주가 '한 생명'이라는 삼즉일三卽一의 이치를 드러낸『천부경』의 '인중천지일人中天地一'을 축약한 것으로, 백성들을 교화하기 위한 교화경으로서의 위상을 말하여 주는 것이다.

『역경(易經, 周易)』

『역경』은 중국의 시조로 여겨지는 배달국의 태호복희씨(太皞伏羲氏, 배달국 제5대 太虞儀 桓雄의 막내아들)에 의해 처음 만들어져 주周나라 문왕文王대에 이르러 괘사卦辭·효사爻辭가 만들어지고 이후 공자孔子에 의해『십익十翼』으로 정리되면서 주나라 시대의 역易이란 뜻에서『주역周易』으로 불리게 된 유교 경전이다. 중국 삼국시대 위魏나라의 철학자 왕필王弼은 복희씨가 황하黃河 용마龍馬의 등에 그려진 하도(河圖, 龍圖라고도 함)의 이치를 깨닫고 그것으로 역易의 팔괘八卦를 만들고 이를 다시 겹쳐서 64괘를 만들어 삼라만상의 상호작용과 변화의 표징으로 삼았다고 하고, 중국 전한前漢시대 역사학자 사마천司馬遷은 복희씨가 8괘를 만들고 문왕文王이 64괘와 괘사卦辭·효사爻辭를 만들었다고 하였다. 괘사는 문왕이, 효사는 문왕의 아들 주공周公이 만들었다고 보는 것이 통설이다. 하도는 열 개의 숫자 1, 2, 3, 4, 5, 6, 7, 8, 9, 10이 일으키는 변화이며 그 합인 55라는 숫자는 상생오행相生五行을 나타내고, 하우夏禹가 낙수洛水 거북의 등에서 얻은 낙서(洛書, 龜書 또는 九書)는 아홉 개의 숫자 1, 2, 3, 4, 5, 6, 7, 8, 9가 일으키는 변화이며 그 합인 45라는 숫자는 상극오행相剋五行을 나타내는 것으로, 하도낙서는 상생상극하는 천지 운행의 현묘한 이치를 드러낸 것이다. 하도낙서에 의해 발전되어온 동양의 역

易사상은 『역경』을 깊이 연구한 공자孔子에 의해 『십익』으로 정리되어 그 원뜻이 해석되고 이치가 밝혀지게 된다. '십익'은 '열 개의 날개'이니 경經을 보조하는 해설이라는 뜻으로 여기에는 단전彖傳 상·하편, 상전象傳 상·하편, 계사전繫辭傳 상·하편, 문언전文言傳, 설괘전說卦傳, 서괘전序卦傳, 잡괘전雜卦傳이 들어 있다. 「설괘전」에는 "간艮은 동북의 괘로서 만물의 종말을 이루게 하는 것이고 또한 그 시작인 것이다(艮東北之卦也 萬物之所成終而所成始也)"라는 말이 나오는데, '간艮'은 동북 간방을 가리키는 것으로 선천문명이 여기서 종말을 이루고 동시에 후천문명의 꼭지가 여기서 열린다는 예언적인 내용을 담고 있다. 또한 『주역』이 나오기 전에도 하夏나라 때의 연산역連山易, 은殷나라 때의 귀장역歸藏易이라는 역서가 있었다고 한다. 따라서 『역경』은 당대에 완성되었다기보다는 오랜 세월 동안 누적된 지혜의 소산으로 보는 것이 타당할 듯하다. 그렇다 할지라도 환국桓國으로부터 역易사상의 뿌리가 되는 『천부경天符經』이 전수되어 왔고 또 배달국 제5대 태우의(太虞儀, BC 3511~BC 3418) 환웅 때 신선도문화가 체계화된 사실로 미루어 볼 때 태우의 환웅의 막내아들인 복희씨가 『역경』을 처음 만들었다고 보는 것은 충분히 설득력이 있다고 본다. 동양의 모든 학문과 철학의 기초가 되는 『역경』은 크게 경經과 전傳의 두 부분으로 나누어지며 64괘·384효, 괘사卦辭, 효사爻辭, 십익十翼으로 구성되어 있다. 역이란 말은 변역變易, 즉 '바뀐다' '변한다'는 뜻으로 우주만물이 끊임없이 변화하는 원리를 밝힌 까닭에 『역경The I Ching』을 『변역의 서the Book of Changes』라고 부르는 것이다. 이 역은 간역簡易·변역變易·불역不易의 세 가지 의미를 함축하고 있는데 『역경』의 요체는 이러한 역易의 세 측면이 종합될 때 자연히 드러난다. 우주만물이 생장하여 변화하는 모습이 기실은 모두 그 근본으로 되돌아가는 작용으로 이러한 과정은 다함이 없이 순환 반복되는 것이니 단순한 변화라는 의미에서 간역이라 한 것이고, 음양동정陰陽動靜의 원리에 의해 우주만물이 상호의존·상호전화·상호관통하며 끊임없이 변화한다는 의미에서 변역이라 한 것이며, '하나(一)'의 묘리妙理의 작용으로 삼라만상이 오고 가며 그 쓰임(用)은 무수히 변하지만 근본은 변함도 다함도 없다는 의미에서 불역이라 한 것이다. 불역은 가없는 변화에 응답하는 원궤圓軌의 중심축인 불변의 우주섭리를 말함이니, 이는 곧 그 자체는 생멸하지 아니하면서 만유를 생멸케 하고 또한 그 자체는 무규정자이면서 만유를 규정하며 만유에 편재遍在해 있는 무시무종無始無終의 유일자(唯一神, 道, 太極)를 말함이다. 이렇듯 변화하는 우주만물은 불변의 우주 섭리를 그 체로 하고 있는 까닭에 불변의 이치를 알지 못하고서는 현상계의 변화하는 이치 또한 알 수 없으며 따라서 본체계와 현상계의 상호 관통의 원리 또한 알 수 없는 것이다. 스스로 생성되고 스스로 변하여 스스로 돌아가는 것이니, 창조주 - 피조물 또는 주체 - 객체 이분법은 성립되지 않는다. 이 불변의 이치는 우주만물에 내재해 있는 동시에 가없는 기화氣化의 작용으로 만유를 변질시키는 하나인 혼원일기混元一氣를 일컫는 것으로『역경』에서는 이를 태극太極이라고 하고 있다. 태극은 음과 양 이기二氣로 나누어지고, 음과 양은 다시 각각 음과 양으로 나누어져 사상四象, 즉 태양太陽·소음小陰·소양小陽·태음太陰을 이루며, 사상은 다시 음과 양으로 나누어져 8괘, 즉 건乾 ☰·곤坤 ☷·진震 ☳·손巽 ☴·감坎 ☵·이離 ☲·간艮 ☶·태兌 ☱를 이루고, 8괘가 서로 겹쳐서 64괘가 이루어진다. 정이程頤의 주석서『역전易傳』은 중국 철학사상 주요한 위치를 차지하고 있으며,『주역정의周易正義』(위나라 王弼 및 진나라 韓康伯의 注, 당나라 孔穎達의 疏)와『주역집해周易集解』(당나라 李鼎祚의 輯)도 일반적으로 알려진 주석본이다. 조선 후기 철학자 일부一夫 김항金恒은 복희8괘(羲易, 先天圖), 문왕8괘(周易, 後天圖)에 이어 제3괘도卦圖인 정역8괘(正易, 正易圖)를 완성했다. 정역이 전하는 개벽 문제의 핵심은 지구 자전축의 정립과 공전궤도의 변화, 유・불・선의 통합, 그리고 정음정양正陰正陽의 시대의 도래이다.

『열반경종요涅槃經宗要』

『열반경종요』는 『열반종요』라고도 하는데 신라시대의 고승 화정국사和靜國師 원효(元曉, 617~686)가 석존釋尊의 최후의 법문인 열반경涅槃經의 종지宗旨를 해설한 책이다. 서문이 서거정(徐居正, 1422~92)의 『동문선東文選』에 전하며, 일본 닛코(日光)의 린노사(輪王寺)에 1124년의 판본이 소장되어 있다. 『열반종요』는 두 부분으로 나누어져 있는데, 먼저 『열반경』의 대의를 설하고 다음으로 4부분(門)으로 나누어 서술하였다. 대의에서는 '통중전지부분귀만류지일미 개불의지지공화백가지이쟁(通衆典之部分歸萬流之一味 開佛意之至公和百家之異諍)'이라 하여 여러 종파의 모든 경전들을 통합하여 무수한 진리의 가지들(萬流)을 하나의 진리(一味)로 되돌리고 불타 사상의 지극한 공평함을 열어 백가百家의 이쟁異諍을 화합하게 한다고 했다. 이는 7세기 진리가 당략黨略으로 전락하던 시대에 분열의 죄악성과 융화의 당위성을 설파함으로써 신종교운동 내지 신사회운동을 통해 삼국통일의 철학적・사상적 기초를 마련한 원효의 화쟁和諍사상의 대의가 드러나는 대목이기도 하다. 원효는 한편으론 비종파주의적 전제에 입각하여 경經・율律・논論의 삼장三藏 전체를 섭렵하고 불가佛家의 철학적 두 대종大宗인 공론空論과 유론有論을 관통하는 원융회통圓融會通의 사상을 정립시킨 위대한 종교지도자요 혁명적 사상가이며 또한 대논사大論師로서, 다른 한편으론 성속일여聖俗一如의 정신을 몸소 구현하여 '일체무애인 일도출생사(一切無碍人 一道出生死)'의 뜻을 담은 무애가無碍歌를 지어 부르면서 두타행으로 천촌만락千村萬落을 주행하며 이를 유포시켜 대중을 불법에 귀의하게 만들었던 진속원융무애론자眞俗圓融無碍論者로서, 그는 일체의 형식적이고 교조적인 낡은 종교적 관습에서 벗어나 모든 중생과 하나가 되어 중생교화의 이상을 실천하고자 했던 것이다. 이러한 중생 교화의 실천에 있어 그는 신라인과 고구려·백제 망민亡民을 결코 차별하지 않았다. 이는 바로 그의 화쟁 총화 정신의 발로요 화쟁사상의 실천이었던 것이다. 원효사상의 특성은 모든 이쟁異諍을 화해하고 제설諸說을 회석소통會釋疏通하는 독특한 연구 방법과 논리를 전개시키고 있다는 점이다. 그는 『열반종요』 속의 불성론佛性論 6문(六門: 出體門, 因果門, 見性門, 有無門, 三世門, 會通門) 중 결론 부분에 해당되는 회통문을 통문이通文異와 회의동會義同으로 분별하여 먼저 문이文異를 통해通解하고 다음에 의동義同을 회명會明함으로써 하나의 결론을 얻고 있다. 즉 '이 마음이 곧 불성佛性'이라는 것이다. 바로 일심이 불성의 체體인 것이다. 이러한 일심의 성性은 제변諸邊을 원리遠離하므로 도무지 해당하는 것이 없으며, 해당하는 것이 없으므로 해당하지 않는 것도 없다. 그리하여 그는 '유비일고능당제문 유비이고제문일미(由非一故能當諸門 由非異故諸門一味)'라고 하여 "하나가 아니므로 능히 제문諸門에 해당되며, 다른 것이 아니므로 제문이 한 맛(一味)으로 통한다"고 하였다. 이렇게 해서 원효의 진속원융무애관眞俗圓融無碍觀이 형성되고 '귀일심원歸一心源'이라는 실천의 원리가 제공됨으로써 일체의 이설異說과 논쟁이 화쟁 회통할 수 있게 된 것이다. 이러한 불성의佛性義를 통한 그의 불성관은 일체의 변계소집遍計所執을 두루 없애게 되면 개체라는 완고한 테두리가 녹아 없어지면서 상호 관통의 법칙을 깨닫게 되어 일체에 편만遍滿한 불성을 무애지안無碍智眼으로 편견遍見할 수 있게 됨으로써 무사의(無思議 acintya)의 세계로 들어가 편만한 법계를 증득할 수 있게 된다는 것을 보여준다. 대의에 이어 다음으로 『열반종요』의 내용 설명은 인연因緣·교종教宗·교체教體·교적教迹의 4문으로 나누어 설명하였다. 제1문 「인연」에서는 『섭론攝論』 『지도론智度論』 등을 인용하여 문답식으로 설명하였다. 제2문 「교종」에서는 6사師의 주장을 인용한 뒤, 열반문涅槃門과 불성문佛性門으로 나누어 설명하였는데, 열반문은 다시 명의문名義門·체상문體相門·통국문通局門·이멸문二滅門·삼사문三事門·사덕문四德門으로 나누고, 불성문은 출체문出體門·인과문因果門·견성문見性門·유무문有無門·삼세문三世門·회통문會通門으로 나누었다. 제3문 「교체」에서는 『아비달마구사론阿毘達磨俱舍論』과 『성실론成實論』 등을 인용하여 이부異部와 대승을 설명하였다. 제4문 「교적」에서는 이교오시설二教五時說과 사종교판四宗教判을 인용하여 교판의 의의와 문제에 대해 서술하였다. 한마디로 원효의 진속원융무애관은 티끌 속에서 티끌 없는 곳으로 가는 경지다. 『열반종요』에서는 말한다. "이미 건너가야 할 저쪽 언덕이 없는데, 어찌 떠나가야 할 이쪽 언덕이 있으리(既無彼岸可到 何有此岸可離)."

『용담유사龍潭遺詞』

『용담유사』는 동학의 창시자 수운水雲 최제우(崔濟愚, 1824~1864)가 1860년 철종 11월 부터 4년에 걸쳐 포교를 목적으로 지은 9편의 한글 가사체로 된 가사집이다. 1860년의 「용담가龍潭歌」「안심가安心歌」「교훈가教訓歌」, 1861년의 「도수사道修詞」「검결劍訣」「몽중노소문답가夢中老少問答歌」, 1862년의 「권학가勸學歌」, 1863년의 「도덕가道德歌」「흥비가興比歌」 등이 1881년 6월 충청북도 단양丹陽 여규덕呂圭

德의 집에서 최시형崔時亨에 의해 처음 간행되었고, 1893년과 1922년 각각 목판본으로 재간행되었는데 이때 「검결」은 정치적 이유로 간행되지 못했으나 후대에 편입되었다. 대내적으로는 사회적 불안·부패·부조리와 같은 사회 병리 현상을, 대외적으로는 서세동점西勢東漸의 징후를 수운이 몸소 체험하고서 시운관時運觀을 바탕으로 후천 오만 년을 펼칠 새로운 활로로서의 대도大道 동학을 내세운다는 것이 『용담유사』의 주된 내용이다. 「용담가」는 1860년(철종 11) 수운이 득도하고 지은 가사이다. 자신이 태어나고 자라 득도한 곳인 경주 구미산 용담의 경치와 득도의 기쁨을 노래한 가사로 풍수지리사상과 충효사상이 강조되어 있다. 「안심가」는 1860년에 지은 가사이다. 당시 사회에서 불안해하던 부녀자들을 안심시키려는 목적으로 지은 가사이다. 천대받던 부녀자들의 덕을 칭송하고 좋은 시절이 오면 여성이 주체가 될 것이라고 했다. 「교훈가」는 1860년에 지은 가사이다. 고향의 교도들에게 수도에 힘쓰라고 교훈을 내리는 내용이다. 「몽중노소문답가」는 1861~62년에 지은 가사이다. 자식이 없던 노인이 금강산에 들어가 빌어 옥동자를 얻었는데 이 아이는 난세를 한탄하며 천하를 돌아다니다가 금강산에서 꿈속의 도사를 만나 득도했다는 내용으로, 수운의 삶과 득도 과정을 나타낸 가사이다. 「도수사」는 1861년에 지은 가사이다. 고향에서 제자들을 가르치다가 떠나게 되면서 제자들에게 도 닦기를 간절히 당부하는 내용이다. 「권학가」는 1862년에 지은 가사이다. 동학을 믿음으로써 다함께 동귀일체同歸一體할 것을 권유하는 내용이다. 「도덕가」는 1863년에 지은 가사이다. 지벌地閥과 문필보다는 도덕이 중요함을 강조했으며, 내 몸에 이미 모시고 있는 '하늘'님에 대한 경외의 마음이 무엇보다도 소중하다고 했다. 「흥비가」는 1863년에 지은 가사이다. 『시경詩經』의 노래체인 흥과

비를 이용하여 도를 닦는 법을 가르치는 내용으로, 도는 멀고 어려운 것이 아니라 가까운 데에서 찾을 수 있다고 했다. 「검결」은 1861년에 지은 가사이다. 이 노래가 문제가 되어 1864년 3월 최제우는 사도난정邪道亂正의 죄목으로 대구 장대大邱將臺에서 처형당하게 되었다. 갑오농민전쟁 때는 군가로 불리기도 한 것으로 수운의 변혁의지가 잘 나타난 작품이다. 『용담유사』는 후천개벽사상을 일반 민중이나 부녀자들이 쉽게 이해할 수 있도록 한글 가사체로 썼다. 형식이나 문체는 비록 고전 가사와 같지만 개화기의 문체를 처음으로 다루었다는 점에서 개화기 가사의 효시가 된다. 『동경대전東經大典』과 함께 동학의 2대 경전으로 꼽힌다.

『우파니샤드 The Upanishads』

『우파니샤드(奧義書)』는 힌두교의 경전 『베다Veda』에 속하며, 시기 및 철학적으로 그 마지막 부분을 형성하고 있기 때문에 베단타(Vedānta: 베다의·末尾·극치)라고도 불린다. 우파니샤드의 원뜻은 사제 간에 '가까이 앉음'이라는 뜻에서 그 사이에 전수되는 비밀스런 가르침도 의미하게 되었으며, 옛날부터 천계문학(天啓文學: śruti)으로서 신성시되었다. 개개의 우파니샤드는 통일된 사상을 한 사람의 저자가 일정한 형식으로 서술한 것이 아니라 긴 세월에 걸쳐 여러 사람에 의해 편집·정비된 것으로 인도의 철학·종교 사상의 원천을 이룬다. 초기의 『우파니샤드』는 각 베다서의 브라흐마나(Brāhmana, 梵書)의 일부이었을 가능성도 있으나, 철학적·신비적 문제에 대한 관심이 많아지고 베다의 신들과 제사의례에 관한 관심이 옅어지면서 브라흐마나와 분리되었다. 베다의 결론부이자 베다적 지식과 지혜의 절정이랄 수 있는 『우파니샤드』는 인도 사상에서 차지하는 그 자체의 중요성 때문에 보통 독립된 하나의 문헌으로 읽혀지고 있으며, 『바가바드 기타Bhagavad Gita』, 『베다Veda』와 함께 힌두교 3대 경전의 하나로 꼽힌다. 현재 200여 종이 전해지는데, 그 중 중요한 것 10여 종은 고古우파니샤드로 불리며 BC 600~AD 300년경에 성립된 것이고, 그 후 십 수세기에 이르기까지 만들어진 것을 신우파니샤드라고 하는데, 모두 산스크리트Sanskrit로 썼었다. 고우파니샤드의 사상은 일원론적인 절대자를 설정하고 진리의 인식(brahma-vidyā)에 도달함으로써 그와 일체화하는 귀일사상歸一思想을 특징으로 하고 있다. 우주 원리를 브라흐마(Brāhma, 梵)라 하여 개별적 원리인 아트만(Atman, 我)과 일체화하는 범아일여梵我一如를 궁극적 이상으로 삼고 있다. 아트만(개체성)이 곧 브라흐마(전체성)라는 진리가 우파니샤드에서 추구하는 최고의 지식이다. 대우주의 본체인 브라흐마와 개인의 본질인 아트만을 일체화한 사상의 형성 배경에는 창조관과 동치(同置, upāsana)의 논리를 들 수 있다. 창조의 의미로 사용되는 스리스티sṛṣṭi는 최고신이 스스로를 이분화二分化하여 자신의 일부를 방출(esṛj)하는 자기생식自己生殖으로 창조자와 피조물이 동질적이라는 의미를 담고 있으며, 우주적 실재와 개인의 구성 요소를 대응시켜 불사(不死, amṛta)를 탐구하였던 동치의 논리는 범아일여사상의 원형을 보여 주는 것이다. 브라흐마가 '참나'임을 깨닫는 사람은 욕망과 두려움에서 해방되고 업에서 자유로워져 환생하지 않는다는 것이다. 고苦와 업業, 윤회, 해탈 등의 개념이 처음 등장하는 『우파니샤드』는 브라흐마나의 제의祭儀를 중심으로 한 행위주의적 철학의 극복이라는 점에서 불교 홍기를 촉진한 사상적 계기가 된 것으로 보인다. 신우파니샤드는 그 내용으로 보아 고古우파니샤드의 내용을 그대로 발전시킨 것, 명상법으로 요가적인 것, 유행자적遊行者的인 것, 힌두교의 신 시바를 원리로 한 것, 힌두교의 신 비슈누를 원리로 한 것 등 5종으로 분류된다.『우파니샤드』가운데서 우파니샤드적 교설의 정수로 간주되고 있는 열 개의 우파니샤드는「이샤」,「께나」,「카타」,「프라슈나」,「문다까」,「만두캬」,「찬도캬」,「브르하다란야까」,「아이따레야」, 그리고「타이티리야」이다.『우파니샤드』는 19세기 초 유럽에서 2, 3차 번역본까지 나와 상당수의 사상가들에게 깊은 영향을 미쳤고, 특히 독일에서 그 영향이 두드러졌다. 철학자 쇼펜하우어는『우파니샤드』를 그의 '삶의 위안이자 죽음의 위안'이라고 했다.

『육조단경六祖壇經』

『육조단경』은 중국 선종禪宗의 육조六祖이자 남종선南宗禪의 개조開祖인 당唐나라 선승禪僧 혜능(慧能, 638~713)이 소주자사韶州刺史 위거韋據의 요청에 따라 대범사大梵寺의 계단戒壇에서 한 수계설법授戒說法을 제자 법해法海 등이 편찬한 것이라고 하는데 후인의 추가 부분도 포함되어 있다. 본래 명칭은『육조대사법보단경六祖大師法寶壇經』이며 약칭하여『단경』이라고도 한다. 선종어록禪宗語錄에 불타 설법의 호칭인 경經자를 사용하는 예가 다른 곳에는 없어 남종선의 개조로서의 혜능에게 붓다와 동등한 지위와 권위를 부여하려는 찬자撰者의 의도가 엿보인다. 달마達磨를 개조로 한 중국 선의 흐름은 육조 혜능慧能에 오게 되면『금강경』의 반야사상에 근거한 새로운 경향을 띠게 된다.『단경』은 동토東土 선맥禪脈의 주봉이라 할 혜능의 직설법 어록으로 그의 생애와 중심 사상을 담고 있으며 남종선의 기본 입장과 특징을 보여주는 근본 자료로 매우 중요하다. 가장 오래되어 원형으로 간주되는 둔황본敦煌本『단경』은 전반에 걸쳐 남종돈교南宗頓敎의 최상대승법最上大乘法인 반야바라밀般若波羅蜜·심지법문心地法門·정혜일치定慧一致·돈오견성頓悟見性 등 선禪사상이 그 근저에 면면히 흐르고 있으며 계·정·혜(戒定慧) 3학이 한 가지임을 분명히 보여준다. 남종의 선사상은 일체 중생이 본래 구족具足하고 있는 반야의 지혜와 자성공自性空을 깨달아 어리석음에서 벗어나 불지佛智를 증득證得할 것을 강조한다. 『단경』에서 혜능이 "무념無念을 종宗으로 하고 무상無相을 체體로 하며 무주無住를 근본으로 한다"고 설한 것이 그 요체다. 여기서 무념은 일체의 생각을 없애는 것이 아니라 망념이 없는 근원적인 본래의 마음을 말한다. "육진六塵을 여의지도 않고 그것에 물들지도 않아서 오고 감에 자유로운 것이 곧 반야삼매이며 자재해탈이니, 무념행이라고 이름한다"라고 하고 있다. 혜능이 "본래 아무것도 없는데, 어느 곳에 먼지나 티끌이 있을손가(本來無一物 何處有塵埃)"라고 설한 게송은 남종선의 사상을 단적으로 나타낸 것으로 유명하다. 이 게송偈頌은 자성 즉 마음의 본체가 본래 청정하며, 생멸生滅이 없고, 고요하며, 스스로 구족具足하고, 그 자체로서 만법을 낸다는 것을 나타내고 있다. 『단경』에는 법신불·화신불(化身佛, 應身佛)·보신불의 3신불이 자기 본성 속에 있음을 분명히 밝히고 있다. 여기서 '불佛'은 일심一心의 세 측면을 그렇게 명명한 것이다. 혜능은 평등무이平等無二한 본성을 일컬어 실성實性이라 하고 이 실성 가운데 있으면서 선악에 물들지 않는 것을 일컬어 만덕원만萬德圓滿한 보신불이라고 하고 있다. 다시 말해서 일념 일념으로 자기 본성의 자각적 주체가 되어 본래의 마음을 잃지 않는 것을 보신이라 일컫는 것이다. 진여 그 자체인 법신은 곧 자성을 일컬음이며, 일념을 선한 쪽으로 돌리어 지혜가 즉석에서 생겨나게 되는 것을 일컬어 자성이 변화한 화신불이라고 하고 있다. 돈오견성하면 삼신(三身: 법신·보신·화신), 사지(四智: 大圓鏡智, 平等性智, 妙觀察智, 成所作智)를 이루어 보고 듣는 인연을 여의지 않고 초연히 붓다의 지위에 오르게 된다고 하고 있다. 『단경』의 사상은 철두철미한 자성자오(自性自悟: 자신의 성품을 스스로 깨침)에 있으므로 그 이외의 것은 인정하지 않는다. 혜능은 집이 가난하여 나무를 팔아 어머니를 봉양했는데, 어느 날 장터에서 『금강경』을 독송하는 것을 듣고 출가할 뜻을 세워 선종의 오조五祖 홍인弘忍의 문하에 들어가 선법(頓法)과 가사를 전수받은 뒤 남방으로 가서 신수神秀가 펴는 북종선北宗禪에 맞서 후일 남종선을 개창하게 되는데, 후세의 오가칠종五家七宗은 모두 남종선에서 발전하였다. 혜능의 뒤를 이어 하택신회荷澤神會 · 남양혜충南陽慧忠 · 영가현각永嘉玄覺 · 청원행사青源行思 · 남악회양南岳懷讓 등이 남종선을 더욱 발전시켰다. 『단경』은 당시의 사조를 모두 수용하여 독자적인 혜능의 어록으로 편찬한 것이기에 사상적으로나 문학적으로나 최고의 수준이었으며, 오늘날까지 선 · 교를 막론하고 귀중한 경으로 평가된다. 현존 최고最古의 1권본인 돈황본敦煌本을 비롯하여 2권본인 혜흔본惠昕本 계통과, 1권본인 덕이본德異本 · 종보본宗寶本 계통 등이 있으며, 한국의 선종도 중국의 남종선에서 유래한 까닭에 일찍이 이 책이 유행하여 이제까지 밝혀진 목판 · 판각板刻 종류만도 20종이나 되며, 주로 덕이본이 유통되어 왔다.

『이입사행론二入四行論』

『이입사행론』은 중국 선종의 초조初祖 보리달마(菩提達磨, Bodhidharma, ?~528 ?)가 도道에 들어가는 요문을 밝힌 글이다. 근년에 중국 돈황敦煌에서 출토된 자료에 의해 달마가 그의 근본사상인 이입사행二入四行을 친설親說했음이 밝혀졌다. 달마達磨의 사상을 전하는 법어집 중 가장 널리 알려진 『소실육문少室六門』, 즉 「심경송心經頌」「파상론(破相論, 觀心論)」「이종입二種入」「안심법문安心法門」「오성론悟性論」「혈맥론血脈論」 등의 육문六門 가운데 「이종입二種入」에 해당하는 부분으로 달마의 유일한 친설이라고 믿어지기도 한다. 이입사행은 '선으로 가는 두 가지의 길과 네 가지의 실천'에 관한 것으로, '이입二入'이란 도에 이르는 길은 많으나 근본을 들어 말하자면 이입理入과 행입行入의 두 가지 문이 있다는 것이고, '행입行入'에는 사행四行, 즉 네 가지 실천행이 있다는 것이다. 달마의 대승선은 『능가경楞伽經』을 소의경전으로 삼아 반야사상에 그 기초를 두고 있으며, 당시의 가람불교나 강설불교講說佛敎와는 정반대인 벽관壁觀의 실천으로 새로운 경지를 열었다. 달마는 남인도(일설에는 페르시아) 향지국왕香至國王의 셋째 왕자 출신으로 6세기 초 중국(北魏)의 뤄양(洛陽)에 이르러 쑹산(嵩山) 소림사少林寺에서 9년간의 면벽좌선面壁坐禪 끝에, 사람의 마음은 본래 청정하다는 이理를 깨달아야 한다고 설파하고, 이 선법禪法을 제자 혜가慧可에게 전수했다. 그리하여 중국 선종은 보리달마를 초조初祖로 2조 혜가, 3조 승찬僧璨, 4조 도신道信, 5조 홍인弘忍, 6조 혜능慧能의 순서로 상전된다. 달마선의 요체인 이입사행은 이치로 들어가는 이입理入과 실천행으로 들어가는 행입行入의 두 가지 문이 있고 사행四行, 즉 보원행報怨行, 수연행隨緣行, 무소구행無所求行, 칭법행稱法行의 네 가지 실천행을 통해 궁극적 진리에 이를 수 있다는 것이다. 달마는 진리를 자각하는 구체적인 실천법으로 벽관壁觀이라는 독자적인 대승선법을 주창했다. 먼저 이치로 들어가는 '이입'이란 바로 이 벽관을 통해 자기 마음을 봄으로써 참 성품을 깨달아 일체 생명의 진성眞性이 하나임을 체득하는 것이다. 이는 곧 분별지分別智를 버리고 근본지根本智로 되돌아가는 것으로 마음을 밝혀서 편안히 하는 실천이다. 그래서 "이입이란 안심安心이며, 안심이란 벽관이다"라고 한 것이다. 또한 이는 달마의 교의를 원칙화한 것으로 보이는 "교외별전 불립문자 직지인심 견성성불(敎外別傳 不立文字 直指人心 見性成佛)"이라는 「사구게四句偈」에도 잘 나타나 있다. 즉 "경전 밖에 따로이 전하매 문자에 의존하지 아니하고 바로 사람의 마음을 가리키니 자성自性을 보고 성불成佛할지니라"라는 뜻이다. 다음으로 실천행으로 들어가는 '행입'에는 네 가지 구체적인 실천행(四行)이 있다. 첫째, 보원행이란 자신이 겪게 되는 괴로움과 고통이 스스로가 지은 악업의 업보라고 생각하여 달게 받으며, 원망에서 벗어나 오로지 선업善業으로 나아가야 함을 말한다. 둘째, 수연행이란 현실의 고락苦樂이 모두 인연에 의한 것일 뿐 그 실체가 있는 것이 아님을 관觀하여 마음이 동요하지 않고 도에 따르는 실천을 하는 것을 말한다. 셋째, 무소구행이란 일체가 모두 공하다는 진리를 깨달아 구함이 없는 행을 하는 것을 말한다. 아무 것도 구하지 않을 때 이미 도道 안에 있게 되는 것이다. 넷째, 칭법행이란 자성이 본래 공함을 알아 일체 망상을 여의고 육바라밀六波羅蜜을 수행하는 것을 말한다. 여기서 '이입理入'과 '행입'은 불가분의 표리관계로서 달마선의 진수는 이 양자를 종합할 때 비로소 드러난다. 이러한 이입二入 법문은 『금강삼매경金剛三昧經』에 나와 있는 법문이기도 하다. '이입理入'을 진여문眞如門에 의하여 지행(止行, 坐禪)을 닦는 것이라고 한다면, '행입'은 생멸문生滅門에 의하여 관행(觀行, 行禪)을 일으키는 것으로, 지止와 관觀을 동시에 닦아 나가야 한다고 하는 『금강삼매경金剛三昧經』의 종지宗旨와도 일맥상통하는 것이다. 또한 이는 생멸문과 진여문의 이문을 통해 일심에 대한 이론적 논의를 전개하고 궁극에는 믿음을 일으키어 실천적인 행위에로 나아가게 하는 『대승기신론』사상의 진수와도 맞닿아 있다. 이와 같이 이치와 실천행의 두 가지 문은 이치(理)에 의

하여 행行을 일으키고 행에 의하여 이치에 들어가는 상즉상입相卽 相入의 관계로 둘이면서 하나인 이문일심二門一心의 법이다.

『장자莊子』

『장자莊子』는 중국 전국시대戰國時代인 BC 4세기의 대표적인 도가 사상가 장자(莊子, 이름은 周, BC 369?~BC 289?)가 저술한 것으로 그의 이름을 딴 중국 고전이다. 당唐 현종玄宗이 그에게 남화진인南華眞人이라는 호를 추증하여, 『장자』는 『남화진경南華眞經』이라는 이름으로 널리 읽혔다. 장자의 정확한 생몰연대는 미상이나 전국시대 송宋나라의 몽(蒙, 지금의 河南省 商邱縣) 출신으로 유교 사상가인 맹자(孟子, BC 372?~BC 289?)와 동시대에 활약한 것으로 전하며, 관영官營인 칠원漆園의 말단관리가 된 적이 있을 뿐 그 이후는 평생 벼슬길에 들지 않았다. 초楚나라의 위왕威王이 그를 재상으로 맞아들이려 했으나 고사했다. 『장자』는 대략 전국시대 말기(BC 3세기 말)에 완성한 것으로 추정되며 원래 52편이었다고 하는데, 현존하는 것은 진대晉代의 곽상郭象이 산수刪修한 33편으로 내편內編 7, 외편外編 15, 잡편雜編 11로 나뉜다. 그 중에서 장자의 근본사상을 기술한 내편이 원형에 가장 가깝다고 하며, 외편과 잡편은 내편의 뜻을 부연한 것으로서 그의 후학들이 연구 발전시킨 것이라고 한다. 곽상의 주석본은 현존하는 가장 오래된 완본完本의 기본 자료이며, 그 뒤에도 당唐나라 성현영成玄英의 『주소註疏』와 송나라 임희일林希逸의 『구의口義』 등 많은 주석본이 나왔다. 『장자』 사상의 요체는 그의 만물제동설萬物齊同說에서 명징하게 드러난다. 일체의 대립상相과 상대적 차별상을 떠나 만물이 평등하다고 보는 것이다. 거기에 이르는 방법으로 장자는 심재(心齋: 마음을 비워 깨끗이 함)와 좌망坐忘을 들고 있다. 장자는 말한다. "물질적 형체를 떠나고 지식에 작별을 고하면서, 나는 대통大通과 하나가 된다. 이를 일러 앉아서 고스란히 잊는 것(坐忘)이라고 한다(離形去知 同於大通 此謂坐忘)." 장자는 노자老子와 마찬가지로 도道를 자본자근自本自根·자생자화自生自化하는 우주만물의 근본원리라고 본다. 도는 명名과 무명無의 피안에서 일一과 다多, 무無와 유有, 본체와 현상을 모두 포괄하는 동시에 초월하는 근원적 일자를 지칭한 것이다. 사람이 도를 닦아 덕을 회복하게 되면 도의 관점에서 사물을 직시하게 되어 종국에는 생生과 사死가 동반자이며 '하나(一)'의 기운(混元一氣)이 천하를 관통하고 있음을 알게 되므로 만물을 하나로 평등하게 보는 '도추道樞' 또는 '천天鈞'의 경지에 이르게 되는 것이다. 이는 곧 무궁無窮의 품속에서 노니는 절대적 자유의 경지이다. 절대적 자유는 삶과 죽음을 관통한다. 절대적 자유의 품속에서는 '나'를 잊고, '나'를 잃지 않으므로 온전한 삶을 누릴 수가 있는 것이다. 이렇듯 『장자』 「제물론齊物論」의 제동사상齊同思想은 「소요유逍遙遊」에 나오는 자유론 및 전생설全生說과 불가분의 관계를 이루면서 그의 사상의 핵심을 형성하고 있다. 장자는 노자의 무위자연無爲自然 사상을 보다 철저하게 전개하여 무궁의 품속에서 노니는 유희삼매遊戲三昧의 경지에 이르고 있으며, 그의 사상은 대부분 우화寓話의 형태로 나타나고 있다. 장자가 나비가 되어 날아다니는 꿈을 꾸다가 깨어나서 '장자가 꿈속에 나비가 된 것인지, 나비가 꿈속에 장자가 된 것인지 알 수 없다'고 한, 이른바 '나비의 꿈(胡蝶之夢)' 이야기는 그 대표적인 것이다. 또한 장자가 임종에 즈음하여 그의 장례식을 성대히 치르려고 제자들이 의논하는 것을 듣고서, "나는 천지天地로 관棺을 삼고, 일월日月로 연벽連璧을 삼으며, 성신星辰으로 구슬을 삼고, 만물이 조상객弔喪客이니 모든 것이 다 구비되었다. 무엇이 더 필요한가?"라고 하며 그 의논을 즉

시 중단하게 했다는 일화는 실로 장자다운 면모를 보여주는 것이다. 이러한 장자의 초탈 사상은 그의 후학에 이르러서는 『장자』의 외편과 잡편에서 드러나듯 세속적 관심과 절충되는 형태로 나타난다. 『장자』는 위진魏晉 때부터 육조시대六朝時代에 이르기까지 당시 현학의 사상적 기반이 되었으며, 특히 불교 선종禪宗의 발전에 지대한 영향을 미쳤다.

『제왕운기帝王韻紀』

『제왕운기』는 1287년(충렬왕 13) 문인 이승휴(李承休, 1224~1300)가 당시 원나라의 정치적·문화적 지배체제를 극복하고자 저술한 역사서사시이다. 『삼국사기三國史記』, 『삼국유사三國遺事』와 함께 고려시대에 찬술한 3대사서三代史書의 하나로서 상·하 2권으로 이루어져 있다. 상권에서는 반고盤古로부터 금金나라까지 중국의 역사를 칠언시로 읊었으며, 하권에서는 한국사를 2부로 나누어 제1부에서는 동국군왕개국연대東國君王開國年代라 하여 전조선·후조선·위만조선·한사군·삼한·신라·고구려·백제·후고구려·후백제·발해의 사적을 칠언시 1,460언으로 읊었고, 제2부에서는 본조군왕세계연대本朝君王世系年代라 하여 고려 태조로부터 충렬왕대까지의 사실史實을 오언시 700언으로 읊었다. 특히 하권에 실려 있는 단군에 관한 기록은 『삼국유사』의 기록과 함께 가장 오래된 것이다. 하권 「지리기地理紀」에는 "요동에 별천지가 있으니 중국 왕조와는 아주 구분되며, 삼면은 바다이고 북은 대륙에 이어진 중방中方 천리 땅이 조선이다. 천하의 명승이고 평화로운 고장, 예의바른 집으로서 중국인이 문화국이라고 일컫는 나라이다"라고 나와 있다. 『제왕운기』의 내용은 북애北崖의 『규원사화揆園史話』, 대야발大野勃의

『단기고사檀奇古史』 그리고 『환단고기』 등의 내용과 큰 줄기가 일치하고 있다. 1360년(공민왕 9년)에 경주에서 중간, 1413년(태종 13년)에 3간되었다. 현재 전해지고 있는 중요한 판본은 여말선초의 중간본으로 곽영대郭英大 소장본과 동국대학교 소장본이 있는데, 각각 보물 제418호와 제895호로 지정되어 있고, 삼성출판박물관에 소장되어 있는 판본은 보물 제1091호로 지정되어 있다. 특히 민족문화적 주체성에 대한 표명과 더불어 단군기원의 역사의식 환기와 상고사를 한국사에 편입시켜 다룬 점이 높이 평가되고 있다.

『조선경국전朝鮮經國典』

『조선경국전』(또는 경국전)은 1394년(태조 3) 정도전(鄭道傳, 1342~1398)이 왕에게 지어 바친 조선왕조의 건국이념을 정리, 제시한 사찬私撰 법전이다. 조선 개국의 기본 정책을 규정한 법전으로 조선왕조의 헌법이라 할 수 있는 책이다. 그 내용은 서론에서는 정보위正寶位・국호國號・안국본安國本・세계世系・교서敎書 등으로 나누어 국가통치의 기본을 제시하였고, 본론에서는 주례周禮의 6전典을 조선의 현실에 맞게 조정하여 치治・부賦・예禮・정政・헌憲・공工으로 나누고 각 전典의 소관 업무를 항목으로 나누어 서술하였다. 국호조國號條에는 단군조선의 개국에 관한 기록이 나타나고 있다. 중요한 것으로는, 치전에서는 재상 중심의 통치와 고시제도에 의한 관리 선발, 부전에서는 군현제도와 호적제도의 정비, 토지소유의 균등과 부세 경감・지출 억제, 예전에서는 유교적 관혼상제 의례 실시, 능력 본위의 인재선발, 정전에서는 병농일치兵農一致・둔전제 실시, 헌전에서는 형벌의 원칙 제시와 도덕정치 강조, 공전에서는 사치 금지와 재정 낭비 경계 및 백성 혹사 금지 등을 들 수 있다.

후에『경제육전經濟六典』을 비롯, 성종 때의『경국대전經國大典』편찬의 모체가 되는 등 여러 법전의 효시嚆矢가 되었으며,『삼봉집三峯集』(권 7, 8)에도 수록되어 있다. 상·하 2권으로 된 필사본이 규장각 도서에 있다.

『조선왕조실록朝鮮王朝實錄』

『조선왕조실록』은 조선 태조에서 철종에 이르는 조선조 25대 472년간의 역사적 사실을 각 왕별로 기록한 총 1,893권, 888책에 이르는 편년체 사서(編年體史書)이다. 1413년(태종 13)에 태조실록이 처음 편찬되고, 1865년(고종 2)에 25대 철종실록이 완성되었다. 조선 전기에는 춘추관과 충주·전주·성주 등 네 곳에 사고史庫가 있었는데 임진왜란으로 전주 사고를 제외한 모든 사고가 불에 타 버렸으며, 1603년(선조 36)에서 1606년까지 전주 사고본 실록을 근거로 태조에서 명종까지 13대에 걸친 실록 804권 3부를 다시 출판하였다. 그 후 수 차례 우여곡절을 겪다가 인조 이후 20세기 초까지 실록은 태백산사고·정족산사고·적상산사고·오대산사고 실록만 보존되어 전해지게 되었다. 태백산, 정족산 사고의 실록은 1910년 일제가 조선총독부로 이관하였다가 다시 경성제국대학으로 이장하여 해방 후 서울대학교 규장각에 그대로 소장되어 현재에 이르고(태백산본은 서울대학교 규장각에 소장되었다가 정부기록보존소 부산지소로 이관됨), 오대산 사고는 일본 도쿄제국대학으로 반출되었다가 1923년의 관동대지진으로 소실되어 현재 27책만 전하고 있으며, 적상산 사고는 구황궁 장서각에 소장되어 있다가 한국전쟁 당시 북한이 가져가 현재 김일성종합대학에 소장되어 있다. 실록의 편찬은 대개 전왕이 죽은 후 다음 왕의 즉위 초기에 이루어지는데, 춘추관 내에

임시로 설치된 실록청(또는 撰修廳)에서 담당하였다. 실록청의 총재관總裁官은 재상이 맡았으며, 대제학 등 문필이 뛰어난 인물이 도청都廳 및 각방 당상各房堂上으로 임명되었다. 실록 편찬의 기본 자료로서 가장 근간이 되는 것은 사관이 전대 임금 재위시에 작성해 둔 사초史草와 춘추관에서 매일 기록한 시정기時政記, 승정원일기承政院日記 등이었고, 문집·일기·야사류 등도 이용되었으며, 후기에는 비변사등록備邊司謄錄과 일성록日省錄도 사용되었다. 실록 편찬 과정은 초초初草·중초中草·정초正草의 3단계로 나누어졌는데, 초초는 각방의 당상과 낭청郎廳이 자료를 분류하고 중요 자료를 뽑아 작성한 초안이고, 중초는 도청에서 그 내용을 수정·보완한 것이며, 정초는 총재관과 도청 당상이 중초를 교열하고 최종적으로 수정·첨삭을 하여 완성한 것이다. 『조선왕조실록』은 왕실 중심의 서술 방식과 명분론적 시각, 당론黨論에 의한 곡필曲筆의 문제 등이 한계로 지적될 수 있으나 조선시대의 정치·경제·사회·문화 등 다방면에 걸친 역사적 사실을 망라하여 수록하고 있다는 점에서 조선시대를 이해하는 가장 기본적인 사료임은 물론, 세계적으로 귀중한 문화유산이다. 세종실록에 보면, 세종대왕이 단군사당을 다시 세울 곳을 조사하라고 신하들에게 명하자 세종 10년 6월조 유관柳寬의 상서와 세종 18년 12월조 유관의 조카 유사눌柳思訥의 상서 중에 단군의 사적과 단군묘의 설립지에 관하여 '세년가世年歌'에 의해서 전래되어 온 것을 언급한 사실이 나온다. 세년가에 의하면 원래 구월산이 사당이 있은 자리니까 그곳에 다시 세워야 한다는 것이었다. 근세 세종대왕 대에 이르기까지도 불리어진 세년가는 요동별천지에 단군이 고조선이라는 나라를 세운 때로부터 고려 공양왕 때까지의 기록을 담고 있는데 유희령의 『표제음주동국사략標題音註東國史略』에서 그 전문이 발견되었다. 이는 단군사화檀君

史話를 뒷받침하는 중대한 사료이다. 조선왕조실록은 1973년 12월에 국보 제151호로 지정되었으며, 현재 남아 있는 정족산본 1,181책, 태백산본 848책, 오대산본 27책, 산엽본(散葉本, 잔존분) 21책, 총 2,077책이 1997년 10월에 유네스코 세계기록유산으로 지정되었다. 1968년부터 세종대왕기념사업회가, 1972년부터는 민족문화추진회가 국역 사업을 시작하여 1993년에 완성, 신국판 413책으로 간행되었다. 북한의 사회과학원에서도 1975년부터 1991년까지 실록을 국역하여 총 400책으로 간행하였다.

『중용中庸』

『중용』은 『논어論語』『맹자孟子』『대학大學』과 함께 사서四書의 하나로 일컬어지는 유교 경전이다. 남송南宋의 성리학자 주자(朱子, 이름은 熹, 1130-1200)가 『예기禮記』 총 49편 가운데 31편 「중용」과 42편 「대학」을 따로 떼어 『논어』『맹자』와 함께 사서로서 표장表章하고 여기에 주석을 가하여 『사서집주四書集注』, 즉 『논어집주(論語集注, 1177년)』『맹자집주(孟子集注, 1177년)』『대학장구(大學章句, 1189년)』『중용장구(中庸章句, 1189년)』를 저술함으로써 독립된 경전으로 널리 읽혀지게 되었다. 『중용』은 일찍이 학자들의 주목을 받아 북송北宋의 정호・정이 형제가 33장이던 것을 37장으로 나누어 주석을 붙이기도 하였으며, 이것을 다시 33장으로 주희가 총정리한 것이 중용장구中庸章句이다. 서문에서 주희는 예기 가운데 한 편이었던 이 글을 공자(BC 552~479)의 손자이며 증자曾子의 제자인 자사(子思, 이름은 孔伋)가 지었다고 했다. 자사는 중용을 유가사상의 핵심 주제로 보았으며, 사람들이 모든 행동에서 본받아야 할 원칙이자 나라를 다스리는 근본이라고 했다. 구성은 전체 33장이며 1장은 전편全篇의 요체로 천명天命·성性·도道·교敎로써 중용의 철학적 근거를 밝힌 뒤 "치중화 천지위언 만물육언(致中和天地位焉萬物育焉: 중화를 이루면 하늘과 땅이 제자리에 있게 되고 만물이 자라게 된다)"이라는 중용 최고의 경지를 밝혔다. 2~11장은 공자의 말을 인용하여 중용의 도를 이루는, 다시 말해서 치중화致中和하는 방법을 논함으로써 1장의 뜻을 완결시켰고, 12~20장은 공자의 말과 시경詩經을 인용하여 중용지도中庸之道의 원리와 작용을 밝히고, 중용과 중화의 관계를 체體와 용用으로 설명하였다. 21~26장은 중용에서 가장 중요하게 다루어지는 성誠을 설명하여, '성은 하늘의 도이고 성을 이루는 것은 사람의 도'라고 하여 수양을 통해 성을 이루면 천성天性을 터득하여 행할 수 있다고 하였으며, 27~33장은 지성至誠을 체득한 성인의 도·덕德·교화敎化에 대하여 설명하였다. 중용의 중은 치우치지도 기울지도 않음(不偏不倚), 지나치지도 모자라지도 않음(無過不及), 희로애락이 일어나지 않음(喜怒哀樂之未發)을 뜻하고, 용은 변함없음(平常, 不易)을 뜻함으로써 인간 성품의 이치를 담고 있다. 따라서 중용이란 말뜻 자체가 인간 본성에 대한 학문인 성리학의 핵심을 함축하고 있다. 또한 1장 처음의 "천명지위성 솔성지위도 수도지위교(天命之謂性 率性之謂道 修道之謂敎: 하늘이 명한 것을 성이라 하고, 성을 따르는 것을 도라 하며, 도를 닦는 것을 교라 한다)"라는 구절에서 유교 철학의 출발점·지향점을 제시함으로써 『중용』은 흔히 유교의 철학개론서라 불린다. 중용을 실천하는 것은 평범한 사람도 할 수 있을 만큼 쉽지만, 철저히 지키는 것은 성인聖人도 하기 어렵다고 한다. 지극한 정성至誠이 곧 지선至善으로 중용에 가깝다고 할 수 있다. 자사는 공자의 '중中'에 관한 해석을 지어지선止於至善의 중용적中庸的인 상태로 재확인하고 있다. 공자의 도를 시중時中의 도라고 부르는 것은 어떤 상황에서도 그가 지선至善을 지향하는 경지에 이른 사람이라는 뜻으로 '시중'의 논의를 통해 '중'의 개념을 확장시키고 있다. 중용을 지켜 이것에서 벗어나지 않는 것이 군자의 도道이며 세상의 정해진 이치定理라고 한다. 한국에서도 고려 말 정주학程朱學을 수용하여 조선의 국시國是가 된 이래『중용』은 사서의 하나로 존중되었으며 성리학자들의 연구에 힘입어 정신문화 형성에 큰 영향을 주었다.

『징심록추기澄心錄追記』

『징심록추기』는 생육신生六臣의 한 사람이자 『금오신화金鰲新話』의 저자인 매월당梅月堂 김시습(金時習, 1435~1493)이 쓴 것으로 박제상의 징심록澄心錄에 대한 추기追記이다. 징심록은 상교 5지인 「부도지」, 「음신지音信誌」, 「역시지曆時誌」, 「천웅지天雄誌」, 「성신지星辰誌」와 중교中敎 5지인 「사해지四海誌」, 「계불지禊祓誌」, 「물명지物名誌」, 「가락지歌樂誌」, 「의약지醫藥誌」, 그리고 하교下敎 5지인 「농상지農桑誌」, 「도인지陶人誌」, 그 밖에 알려지지 않은 3지를 포함하여 모두 15지로 되어 있는데, 이후 박제상의 아들 백결百結이 「금척지金尺誌」를 지어 보태고, 김시습이 「징심록추기」를 써서 보탬으로써 모두 17지로 이루어져 있다. 천부경의 내용이 적힌 『징심록』은 세조 반정 때 숨어 버리게 되는데, 후에 김시습이 이를 풀이한 금척지를 영해寧海 박씨문중에 전하였다고 한다. 『징심록추기』는 우리 역사상 왕권과 결부되는 것으로 간주되는 금척金尺에 천부경이 새겨져 있음을 확연하게 보여 준다. 『징심록추기』 제8장에는 금척이 '천부경의 원리를 본떠 만들었고, 천부경을 영원히 보존하기 위하여 금으로 만들었으며, 무오류성을 지닌 우주만물을 재는 척도로서의 자尺로 만든 것'이라고 나와 있다(…大抵其本 卽天符之法而製之以金者 爲其不變也 作之以尺者 爲其無誤也). 말하자면 하늘의 뜻에 부합하는 천부도天符都

를 건설하기 위한 신기神器였던 것이다. 제10장에는 "신라 창시의 근본이 이미 부도符都에 있었으니, 금척의 법이 또한 단군의 세상에 있었음을 가히 알 수 있는 것이다(新羅創始之本 已在於符都則金尺之法 亦在於檀世者可知也)"라고 나와 있고, 이어서 "혁거세왕이…13세의 어린 나이로 능히 뭇 사람들의 추대를 받은 것은 그 혈통의 계열이 반드시 유서가 깊었기 때문으로 금척이 오래된 전래물임을 또한 미루어 알 수 있다(赫居世王…以十三之年少 能爲衆人之所推則其 血系 必有由緖而金尺之 爲傳來之古物 亦可以推知也)"라고 나와 있으며, 제13장에는 "(조선조) 태조가 꿈에 금척을 얻은 것이 어찌 우연이라 할 수 있으리오(太祖之夢得金尺 豈其偶然者哉)"라고 나와 있다. 실로 금척은 환단桓檀시대로부터 전래되어 온 영원성·무오류성을 지닌 우주만물의 척도로서 천부경을 새겨서 천권天權을 표시한 천부인天符印의 일종이었던 것이다.

『참전계경參佺戒經』

『참전계경』은 신시神市 배달국시대에 환웅천황이 5사(穀·命·刑·病·善惡)와 8훈(誠·信·愛·濟·禍·福·報·應)을 중심으로 삼백예순여섯 지혜로 백성들을 가르친 것을 신지神誌가 기록한 것인데, 오늘날 전해지는 것은 고구려의 국상國相 을파소乙巴素가 다시 정리하여 만든 것이다. 『태백일사太白逸史』 「소도경전본훈蘇塗經典本訓」에 의하면, "참전계경은 세상에 전하기를 을파소 선생이 전해 준 것이라 한다. 선생이 일찍이 백운산에 들어가 하늘에 기도하고 천서天書를 얻으니 그것이 곧 참전계경이다"라고 나와 있다. 을파소가 적기를, '신시이화神市理化의 세상에 8훈을 날(經)로 삼고 5사를 씨(緯)로 삼아 교화가 널리 행해져서 홍익제물弘益濟物하였으니 참전參佺의 이룬 바가 아닌 것이 없다. 지금 사람들이 이 참전계를 통해 수

양에 더욱 힘쓴다면 백성을 편안케 함에 어찌 어려움이 있겠는가' 하였다. 약 9,000년 전 환국桓國으로부터 『천부경』 『삼일신고』가 구전되다가 약 6,000년 전 환웅천황 때 녹도문자鹿圖文字로 기록되었으며, 여러 문헌상의 기록에서 나타나듯 이때부터 『참전계경』 366사가 백성들에게 가르쳐지기 시작했다. 우리 배달민족의 삼대경전의 가르침은 단군조선에도 그대로 이어져 이후 전서篆書로 전해지게 된다. 실로 참전계경은 환웅천황 때부터 백성을 교화하는 기본 경전으로서 고구려에 이어 '해동성국海東盛國' 발해에 이르기까지 국운을 융성하게 하고 나라의 기상을 떨치게 한 원동력이 되었다. 『참전계경』은 『천부경』의 '인중천지일人中天地一', 『삼일신고』의 '성통공완性通功完'을 이루는 구체적인 방법을 366사로써 제시하고 있다. 여덟 가지 이치에 따른 삼백예순여섯 지혜로 재세이화在世理化·홍익인간弘益人間 하는 방법을 제시한 것이라 하여 팔리훈八理訓, 366사 또는 치화경治化經이라고 부르기도 한다. 참전계경의 가르침은 한마디로 참전계경 제345사에 나오는 '혈구지도(絜矩之道'로 압축될 수 있다. '혈구지도'란 남을 나와 같이 헤아리는 추기탁인推己度人의 도를 말한다. 남을 나와 같이 헤아린다는 것은 내 마음으로 미루어 남의 마음을 헤아리는 것이다. 이는 『단군팔조교檀君八條教』 제2조의 가르침과도 일치하는 것으로 부여의 『구서九誓』 제2서誓에서는 우애와 화목과 어짊과 용서함(友睦仁恕)으로 나타나고 있고, 『대학大學』 「전문傳文」 치국평천하治國平天下 18장에서는 군자가 지녀야 할 혈구지도를 효孝·제悌·자慈의 도道로 제시하고 있다. 이러한 혈구지도는 다름 아닌 환웅 신시시대로부터 비롯된 것으로 재세이화·홍익인간을 구현하는 요체인 것으로 나타난다. '참전계'는 천·지·인 삼재의 융화에 기초하여 경천숭조敬天崇祖하는 '보본報本'의 계戒이다. '보본'이라 함은 '근본에 보답한다'는 뜻으로 효孝와 충忠에 기반된 숭조崇祖사상은 제천에 기반된 경천(敬天, 敬神)사상과 함께 한국 전통사상의 골간을 형성해 온 것이다. 우리 조상들은 박달나무 아래 제단을 만들고 소도라는 종교적 성지가 있어 그곳에서 하늘과 조상을 숭배하는 수두교(蘇塗敎, 神敎)를 펴고 법질서를 보호하며 살았다. 하늘에 제사지내고 보본하는 소도의식을 통하여 천인합일天人合一 · 군민공락君民共樂을 이루어 국권을 세우고 정치적 결속력을 강화하며 국운의 번창을 기원했던 것으로 보인다. 일연一然의 『삼국유사三國遺事』에는 환웅천황이 신시를 개천하고 인간의 360여사를 주재하며 재세이화 한 것으로 나와 있고, 북애北崖의 『규원사화揆園史話』에도 "신시씨(神市氏, 배달국 환웅천황)가 세상을 다스린 것이 더욱 오래지만 치우蚩尤 · 고시高矢 · 신지神誌 · 주인朱因 제씨諸氏가 어울리어 인간의 366사를 다스렸다"라고 나와 있다. 발해국 반안군왕盤安郡王 대야발大野勃의 『단기고사檀奇古事』에서는 환웅의 아들이며 환인의 손자인 단군왕검이 삼일신고를 천하에 널리 알리고, 366사의 신정神政으로 정성스럽게 훈교訓敎하여 그 교화를 받은 모든 백성들이 10월 3일에 환검을 임금으로 추대하니 그가 제1세 단제檀帝라고 하였다. 또한 『신사기神事記』 「치화기治化紀」에는 치화주治化主 환검이 세 선관(三僊: 虞官 元輔 彭虞, 史官 神誌, 農官 高矢)과 네 신령(四靈: 風伯持提, 雨師渥沮, 雷公肅愼, 雲師守己)에게 직분을 주어 인간의 삼백예순여섯 가지 일을 맡아 다스리게 한 것으로 나온다. 『환단고기桓檀古記』 내의 여러 기록들도 이러한 사실을 명징하게 보여 준다. 이처럼 366사로써 재세이화, 홍익인간 하는 치도治道는 환웅 신시시대로부터 단군시대에도 그대로 전승된 것으로 나타나고 있다. 이렇듯 『참전계경』이 환웅 신시시대 때부터 실재하였음을 입증하는 문헌과 자료는 수없이 많다. 정확하게 말하자면 참전계경 366사를 배제하고는 재세이화 · 홍익인간을 논할 수가 없다. 『참전계경』366사는 여덟 가지 강령(8綱領) 즉 성·신·애·제·화·복·보·응이 각각 성誠이 6체體 47용用, 신信이 5단團 35부部, 애愛가 6범範 43위圍, 제濟가 4규規 32모模, 화禍가 6조條 42목目, 복福이 6문門 45호戶, 보報가 6계階30급及, 응應이 6과果 39형形으로 이루어져 있다. 8강령은 『천부경』『삼일신고』와 마찬가지로 천·지·인 삼재三才에 기초하여 하늘과 사람과 만물을 하나로 관통하고 있음을 보여 준다. 8강령의 논리 구조를 보면, 전前 4강령 성·신·애·제와 후後 4강령 화·복·보·응은 인과관계를 이루고 있다. 여기서 성·신·애·제 4인因과 화·복·보·응 4과果는 그 성性이 따로 있는 것이 아니고 오직 일심一心일 따름이다. 다만 제문諸門에 의지하여 일성一性을 나타낸 것일 뿐이다. 따라서 '4인因·4과果'는 단선적 구조가 아니라 상호의존(interdependence)·상호전화(interchange)·상호관통(interpenetration)하는 원궤圓軌를 형성하고 있다. 시작도 끝도 없는 영원한 '하나(一)'의 조화 기운과 하나가 되는 것, 바로 여기에 마음을 밝히고 세상을 밝히는 '인중천지일'·'성통공완'의 비밀이 있다. 『참전계경』은 거기에 이르는 구체적인 길을 366사로써 제시한 것이다. 『참전계경』의 의미는 제331사에 나오는 종倧과 전佺에 관한 설명에서 명료하게 드러난다. 즉 "종(倧=倧訓)이 소중한 것은 나라의 근본이기 때문이며, 전(佺=佺戒)이 소중한 것은 백성을 가르치는 것이기 때문이다. 나라 다스리는 근본 원리가 모두 여기에서 나온 것이다" 여기서 '종倧'은 곧 '종훈倧訓'으로 『천부경』『삼일신고』와 같은 경전이라고 한다면, '전佺'은 곧 '전계佺戒'로 '종倧'을 이루는 구체적인 실천방법을 제시한 『참전계경』 『단군팔조교』 등을 말하는 것으로 보인다. 발해국(大震國) 문적원감文籍院監 임아상任雅相이 주해한 『삼일신고』 「천궁」은 '공완功完' 즉 재세이화·홍익인간을 구현하는 방법을 366사로써 제시하고 있다. 즉 "성통性通은 참본성을 통하는 것이요, 공완功完은 삼백예순여섯 가지 선행을 하고, 삼백예순여섯 가지 음덕을 쌓으며, 삼백예순여섯 가지 좋은 일을 짓는 것이다. 그리하면 나아가 '하나'님(一神, 唯一神)을 친견하고 영원히 쾌락을 얻으며, '하나'님과 함께 지락至樂을 누리리라." 말하자면 366사는 정제된 행위의 길을 통해 궁극적으로는 영혼의 완성에 이르게 하는 구체적인 방법론임을 천명한 것이다. 『환단고기』 「북부여기北夫餘紀」에서 해모수解慕漱 20년 신사辛巳에 '새 궁궐 366칸을 지어 천안궁이라 이름하였다'라는 대목은 366사로써 재세이화·홍익인간 하려는 의지를 나타낸 것으로 볼 수 있다. '366'이란 숫자는 삼일신고 366자字인 동시에 참전계경 366사로서 '천궁'을 지상에 건설하려는 의지를 상징한 것이다. 『천부경』 『삼일신고』와 마찬가지로 『참전계경』의 요체는 한마디로 천·지·인 삼재의 조화이다. 경천숭조하는 '보본'의 계戒는 366사로써 이러한 조화를 구현하기 위한 것이었으며, 당시로서는 하늘과 조상을 숭배하는 수두교(神敎)가 정치의 핵심 사상이 되었던 것이다. 환인, 환웅, 단군(환검) 이래 전해진 『천부경』 『삼일신고』 『참전계경』 등의 가르침은 천신교天神敎, 신교神敎, 수두교蘇塗敎, 대천교(代天敎, 부여), 경천교(敬天敎, 고구려), 진종교(眞倧敎, 발해), 숭천교(崇天敎·玄妙之道·風流, 신라), 왕검교(王儉敎, 고려), 배천교(拜天敎, 遼·金), 주신교(主神敎, 만주) 등으로 불리며 여러 갈래로 퍼져 나갔다. 고구려의 조천석朝天石, 발해의 보본단報本壇, 고려의 성제사聖帝祠, 요遼의 삼신묘三神廟 금金의 개천홍성제묘開天弘聖帝廟는 모두 단군의 묘이며, 근조선에 이르러서도 세종은 단군묘를 평양에 설치했고 세조 원년에는 위패를 「조선 시조 단군사당」이라 하였다고 한다. 이렇듯 하늘과 조상을 숭배하는 수두교는 부여, 고구려, 신라, 발해, 고려와 요나라, 금나라, 청나라, 터키(突厥國, 지금의 튀르키예), 일본 등

세계 각지에 널리 전파되어 세계 정신문화의 형성에 지대한 영향을 미쳤다. 당시 국가지도자들은 사해四海를 널리 순행巡行했으며, 모든 종족과 믿음을 돈독히 하고 돌아와 부도符都를 세웠다. 『부도지符都誌』에는 "임검씨가…사해를 널리 돌아다니며 여러 종족들을 차례로 방문하니, 백 년 사이에 가지 않은 곳이 없었다. 천부天符에 비추어서 수신하고 미혹함을 풀고 근본으로 되돌아갈 것解惑復本을 맹세하며 부도符都 건설을 약속하니, 이는 지역이 멀고 소식은 끊어져서 종족들의 언어와 풍속이 점차 변하여 서로 달라졌기 때문에, 함께 모여 서로 돕고 화합하는 자리에서 천부의 이치를 익혀 분명히 알게 하기 위한 것이었다"라고 나와 있다. 말하자면 상고시대 조선은 세계의 정치적·종교적 중심지로서, 사해의 공도公都로서, 세계 문화의 산실産室 역할을 했던 것이다.

『천부경天符經』

『천부경』은 우주만물의 창시창조創始創造와 생성, 변화, 발전, 완성의 원리를 밝힌 총 81자로 이루어진 우리 민족 으뜸의 경전이다. 천·지·인 삼신일체三神一體의 천도天道에 부합하는 경으로서 우주의 조화 원리를 밝히고 있다는 점에서 조화경造化經이라고 부르기도 한다. 한민족 정신문화의 뿌리이며 세계 정신문화의 뿌리가 되는 큰 원리를 담고 있는 바, 『삼일신고(三一神誥, 敎化經)』 『참전계경(參佺戒經, 366事, 治化經)』을 비롯한 우리 민족 고유의 경전과 역易사상에 근본적인 설계 원리를 제공하였다. 『천부경』은 천·지·인 삼신일체三神一體의 천도天道를 밝힘으로써 '천부중일天符中一'의 이상을 명징하게 제시한 전 세계 경전의 종주宗主요 사상의 원류라 할 만한 진경眞經이다. 여기서 삼신일체(三位一體·聖父·聖子·聖神)란 각각 신이 있는 것이 아니고 작용으로만 삼신三神이며 그 체는 일신(唯一神)이다. 이는 곧 유일신의 실체를 밝힌 것으로 그 유일신이 바로 천·지·인 혼원일기混元一氣인 '하나(一)', 즉 '하나'님(天主·Allah神·Brāhma·道·神性)이다. 말하자면 '하나(一)'인 혼원일기(唯一神)에서 천·지·인 셋(三神)이 갈라져 나온 것이므로 천·지·인이 각각 있는 것이 아니고 작용으로만 셋이라는 뜻으로 천·지·인 삼신이 곧 유일신이다. 이미 9,000년 이상 전부터 모든 종교와 진리의 모체가 되어 온 우리의 신교神敎는 바로 이러한 일즉삼一卽三·삼즉일三卽一의 원리에 기초한 삼신사상에서 나온 것이다. 우리 민족의 3대 경전인 『천부경』·『삼일신고』·『참전계경』을 관통하는 신교적 사유의 특성은 한마디로 대통합이다. 이는 전일적이고 생태적이며 영적靈的인 현대 물리학의 새로운 실재관과도 일치하는 것이다. 그것은 인간 존재의 세 중심축이랄 수 있는 종교와 과학과 인문, 즉 신과 세계와 영혼의 세 영역(天地人 三才)의 분절성을 극복하고 전체로서의 통일성을 지향하게 함으로써, 인간 존재의 '세 중심축'의 연관성 상실을 초래한 근대 서구의 정치적 자유주의를 치유할 수 있는 묘약妙藥을 함유하고 있다. 무시무종無始無終이며 무소부재無所不在인 하늘[天主·하늘(님)]은 곧 우리의 참본성(自性, 一心, 순수의식)이다. 천·지·인 삼신은 참본성, 즉 자성의 세 측면을 나타낸 것이다. 참본성이 바로 절대유일의 '참나'인 유일신이다. 따라서 유일신은 특정 종교의 신도 아니요 섬겨야 할 대상도 아니다. 바로 우리 자신이며 우주만물 그 자체다. 하늘(天)과 성性과 신神은 하나이다. 『천부경』에서 근원적 일자一者에 이름을 붙이지 않고 그냥 '하나(一)'라고 한 것은 무수한 진리의 가지들을 하나의 진리로 되돌리기 위한 우리 국조의 심원한 뜻이 담겨진 것이다. 유일신唯一神 논쟁은 단순히 종교 차원이 아닌 우리 삶 속에 뿌리박은 심대한 문제이다. 삶과 종교, 종교와 종교, 학문과 종교의 화해를 통해 진정한 문명이 개창될 수 있기 위해서는 유일신 논쟁이 명쾌하게 종결되지 않으면 안 된다. '집일함삼執一含三'과 '회삼귀일會三歸一'을 뜻하는 일즉삼一卽多·삼즉일多卽一의 원리에 기초한 천부경의 삼신사상은 유일신 논쟁을 침묵시킬만한 난공불락의 논리구조와 '천지본음天地本音'을 담고 있다. 일체의 생명이 하나인 혼원일기에서 나와 다시 그 하나인 혼원일기로 돌아가는 이치를 통해 우리 인류 또한 천지에 뿌리를 둔 '한생명'임을 직시하게 하고, '중일中一'의 실천적 삶을 기반으로 한 재세이화·홍익인간의 이상을 제시한다는 점에서, 『천부경』은 단순히 우리 민족 고유의 경전이 아니라 모든 종교와 진리의 모체가 되는 인류의 경전이다. 우주의 순환, 천체의 순환, 생명체의 순환, 그리고 의식계의 순환과 더불어 일체 생명의 비밀을, 그 어떤 종교적 교의나 철학적 사변이나 언어적 미망迷妄에 빠지지 않고 단 81자로 열어 보인 천부경이야말로 모든 종교와 진리의 진액이 응축되어 있는 경전 중의 경전이다. 『태백일사太白逸史』 「소도경전본훈蘇塗經典本訓」에는 『천부경』이 천제 환인(桓仁, 桓因)이 다스리던 환국桓國으로부터 구전된 글이라고 나와 있다. 그 시기는 약 9,000년 전이다. 그 후 약 6,000년 전 배달국 시대에 환웅桓雄이 신지神誌 혁덕赫德에게 명하여 우리나라 최초의 문자인 사슴 발자국 모양을 딴 녹도鹿圖 문자로 기록케 하여 전하다가, 단군조선에 이르러서는 전문篆文으로 전하게 되었다. 따라서 오늘날 천부경은 훗날 고운孤雲 최치원崔致遠이 전자篆字로 기록해 놓은 옛 비석을 보고 다시 한문으로 옮겨 서첩書帖으로 만들어 세상에 전한 것이다. 최치원 이후 『천부경』은 조선 중종 때 일십당주인一十堂主人 이맥李陌이 『태백일사』에 삽입하여 그 명맥을 잇다가 1911년 운초雲樵 계연수桂延壽가 『환단고기桓檀古記』를 편찬하여 오늘에 이르고 있다. 『환단고기』는 신라 승려 안함로安含老의 『삼성기三聖紀』와 원동중元董仲의 『삼성기三聖紀』, 고려 말 행촌杏村 이암李嵒의 『단군세기檀君世紀』, 고려 말 휴애거사休崖居士 범장范樟의 『북부여기北夫餘紀』 그리고 이암의 현손인 이맥의 『태백일사』를 합본한 것으로 우리 환단(桓檀: 환국·배달국·단군조선)의 역사를 알게 해 주는 소중한 역사서이다. 『환단고기』 내의 여러 기록들은 『천부경』이 환국·배달국·단군조선·부여·고구려·대진국(발해)·고려로 이어지는 우리 역사 속에서 국가적으로 매우 중시되었던 경전임을 밝히고 있다. 또한 발해국 시조 대조영(大祚榮, 高王)의 아우 반안군왕盤安郡王 대야발大野勃의 『단기고사檀奇古事』에 천부경의 원리와 그 가르침이 나타나 있으며, 조선 정조正祖 5년 구월산 삼성사에 올린 치제문致祭文에 '천부보전天符寶篆'이 지금에 이르러서는 사실적 물증이 없으나 우리 동국 역사에서는 신성하게 일컬어지며 세세로 전해져 왔다' 라고 기록되어 있다. 이 외에도 『천부경』 원문 81자가 수록되지는 않았지만 그 원리나 가르침에 대하여 거론한 자료는 적지 않으며, 그 명칭 또한 천부경 또는 천경天經, 진경眞經, 천부天符, 천부진경天符眞經, 천부보전天符寶篆, 천부보전天符寶典, 금척金尺 등으로 일컬어지고 있다. 『천부경』『삼일신고』『참전계경』을 압축한 『단군팔조교檀君八條敎』, 환국·배달국·단군조선에 이르는 역사와 천부경의 원리를 총 180자로 밝힌 『신지비사神誌秘詞』, 박제상朴堤上의 『징심록澄心錄』 15지誌 가운데 제1지인 「부도지符都誌」, 생육신生六臣의 한 사람인 매월당梅月堂 김시습金時習의 『징심록추기澄心錄追記』, 우리나라 대표적 예언서인 격암 남사고(南師古, 1509~1571)의 『격암유록格菴遺錄』, 모든 종교와 진리의 모체가 되는 신교의 원리를 밝힌 자하선인紫霞仙人과 팔공진인八公眞人의 예언서 『신교총화神敎叢話』, 그리고 고구려 명재상 을파소乙巴素의 후손 을밀선인乙密仙人이 지은 다물多勿의 노래인 '다물흥방지가多勿興邦之歌' 등에 천부경의 원리와 그 가르침이 나타나 있어『천부경』의 지속적인 전승과 심대한 가치를 짐작케 한다.『천부경』원문 81자가 모두 수록된 문헌과 자료로는 이맥의 『태백일사』에 실려 있는 「태백일사본太白逸史本」, 1916년 계연수가 묘향산 석벽에서 발견, 이를 탁본하여 이듬해인 1917년 단군교 교당에 전했다는 「묘향산 석벽본妙香山石壁本」, 성균관대학교에서 소장하고 있는 『최문창후전집崔文昌候全集』의 「최고운 사적본(崔孤雲 事跡本)」, 조선 말 대유학자 노사 기정진(盧沙 奇正鎭) 계통으로 전해온 「노사전 비문본(盧沙傳 碑文本)」, 고려말 6은六隱중의 한 사람인 농은 민안부(農隱 閔安富)의 「농은 유집본(農隱 遺集本)」이 있다. 「농은 유집본」에는 『천부경』 81자가 한자漢字의 초기 형태인 갑골문(甲骨文, 象形文字)으로 수록되어 있다. 이 중에서 가장 많이 인용되고 있는 것은 「태백일사본」과 「묘향산 석벽본」으로 이 양 본은 전문이 모두 일치하고 있다. 『천부경』은 본래 장이 나뉘어 있지 않았지만, 필자는 그 의미를 보다 명료하게 풀기 위하여 상경上經 「천리天理」, 중경中經 「지전地轉」, 하경下經 「인물人物」의 세 주제로 나누어 살펴보았다. 천부경 81자는 본체-작용-본체·작용의 합일, 정신-물질-정신·물질의 합일, 보편성-특수성-보편성·특수성의 합일이라는 변증법적 논리 구조를 가지고 있다. 이러한 논리 구조는 천·지·인 삼재의 융화를 바탕으로 일즉삼一卽三·삼즉일三卽一의 원리가 인간 존재 속에 구현되는 함의를 지니고 있다. 상경 「천리」는 '하나(一)'에서 우주만물이 나오는 '일즉삼'의 이치를 드러내고, 중경 「지전」은 '하나(一)'의 이치와 기운의 조화造化 작용을 나타내며, 하경 「인물」은 우주만물의 근본이 '하나(一)'로 통하는 '삼즉일'의 이치와 하늘의 이치가 인간 속에 징험徵驗되는 일심의 경계를 보여준다. 가을이 되면 나무가 수기水氣를 뿌리로 돌리듯, 일체의 생명은 본래의 뿌리로 돌아감으로써 영원한 생명을 유지한다. 우주 가을로의 초입初入에서 『천부경』으로의 원시반본原始返本이 이루어지고 있는 것도 사상적 원시반본을 통하여 우리 인류가 영원한 생명을 체득하기 위한 것이다.

『태극도설太極圖說』

『태극도설』은 중국 북송北宋시대 성리학의 비조鼻祖 주돈이(周敦頤, 호는 濂溪, 1017~1073)가 우주의 생성과 인류의 근원을 「태극도太極圖」라는 하나의 그림으로 나타내고 그것을 249 글자로 논한 책이다. 그 내용을 보면, 우주만물의 생성 과정은 태극-음양-오행-만물로 되어 있으며 태극의 동정動靜에 의해 음양이 생겨나지만 음양 내에도 역시 태극은 존재한다. 음양의 이기二氣에 의해 수水·화火·목木·금金·토土의 오행이 생성되고 음양오행에 의해 만물이 생겨나지만 오행 및 만물 내에도 태극은 존재한다. 성리학을 집대성한 남송南宋의 주자(朱子, 이름은 熹, 1130~1200)에 이르면 태극은 이理라 해석되게 되는데 이 이理가 곧 도道이다. 태극은 본래 다함이 없는 무극無極이다. 무극의 진眞과 음양오행의 정精과의 묘합妙合으로 하늘의 도인 건도乾道는 양陽의 남자를 이루고 땅의 도인 곤도坤道는 음陰의 여자를 이루며 만물이 화생하나, 만물은 결국 하나의 음양으로, 그리고 음양은 하나의 태극으로 돌아간다. 말하자면 음양오행의 우주적 기운의 응결凝結에 의해 만물이 화생하나 궁극에는 그 근원으로 되돌아가는 것이다. 『태극도설』은 우주 만물의 생성 과정을 설명하면서 인간의 우월성을 강조하고 있다. 인간은 음양오행의 수秀를 얻은 만물 중에서 가장 영묘靈妙하고 그 성性의 온전함을 지닌 존재로서 인식하는 힘과 도덕성을 갖추고 있다. 그 이성은 태극을, 선한 마음과 악한 마음으로 나뉘는 것은 음양을, 인·의·예·지·신의 오상五常은 오행을 본뜬다. 그러나 동시에 사람은 정욕을 피하기 어렵기 때문에 성인은 인의중정仁義中正을 정하여 정靜을 주로 하는 인륜의 규범을 세운 것이라고 한다. 『태극도설』은 주자(朱子, 이름은 熹)에 의해 이기철학理氣哲學의 근본 원리를 밝힌 글로 간주되면서 성리학의 철학사상에 커다란 영향을 미쳤다. 주자는 그의 정치精緻한 해석을 통하여 자신의 이기철학 이론을 완성시켰으며, 동시에 이 책을 주해한 『태극도설해太極圖說解』를 만들어 널리 알림으로써 주돈이는 성리학의 개조開祖로 받들어지게 되었다. 주돈이는 송대宋代에 이르러 본격화된 유가철학에서의 새로운 경향의 철학운동-유학을 보다 철학적으로 체계화하는 한편, 유가철학 외부의 도가사상과 불교사상을 비판하는 동시에 그 철학적인 요소를 상당부분 흡수하는-의 선두주자로 평가되었으며, 당시 소옹邵雍, 장재張載, 정호程顥 정이程頤 등도 그러한 새로운 경향을 대표하는 이들로서, 이들 5인의 철학사상을 중심으로 당시의 철학 이론을 집대성한 이가 바로 남송대의 주자이다. 『태극도설』 서두에 나오는 '무극이태극無極而太極'에 관하여 도가연원설道家淵源說을 취하는 학자는 무극에서 태극이 일어난다고 보는 기일원론氣一元論을 제창하지만, 주자는 주자자득설周子自得說을 취하여 무극이면서 태극이라고 하고 우주의 본체를 '무형이유리無形而有理'라고 해석하여 태극과 음양오행은 각각 이와 기를 가리킨다고 하는 이기이원론理氣二元論을 제창하여 『태극도설』을 자신의 이기 철학의 기본 구조로 내세웠다. 주자 이후에도 『태극도설』은 우주만물에 관한 이기론적 해명으로 받아들여졌으며, 그 내용을 어떻게 해석하는가의 문제는 이기 철학의 전개에서 중요한 논쟁점이 되기도 했다. 주돈이가 맹자孟子 이래의 절학絶學을 전한 사람이라고 하여 사상계의 주목을 받게 된 것은 주자가 그를 찬양했기 때문이긴 하지만, 거의 천 년 동안 중국의 국가 이념으로 자리 잡았던 이학理學의 토대를 마련했다는 사실은 새삼 그가 사상계의 거봉이었음을 확인시켜 준다. 저서에는 『태극도太極圖』 『태극도설太極圖說』 『통서通書』 등이 있는데, 후에 편찬된 『주자전서周子全書』에 수록되었다. 총 40장으로 이루어진 『통서』는 유교 교의를 재해석하여 성리학의 중심 사상인 이학의 바탕을 마련했다. 그의 학설은 『역易』과 『중용中庸』을 근거로 도교道敎사상을 도입했으며 무극이태극설無極而太極說을 비롯하여 주정설主靜說·성설誠說·성인가학설聖人可學說 등 송학宋學의 근간에 관계되는 문제를 많이 내포하고 있는 것으로 알려져 있다.

『해월신사법설海月神師法說』

『해월신사법설』은 동학의 제2대 교주 해월海月 최시형(崔時亨, 1827~1898)이 설법한 내용을 모아 엮은 법설집이다. 농사일을 하다가 집강執綱에 뽑혀 활동하였으며, 1861년(철종 12) 동학에 입교하여 수운의 가르침을 받고 1863년 제2대 교주가 되어 1898년 교도 송경인宋敬仁의 밀고로 체포, 사도난정邪道亂正이라는 죄목으로 교수형에 처해지기까지 수운의 가르침을 끝끝내 지키며 교단의 명맥을 이었다. 1892년부터 북접北接을 위주로 3차에 걸친 합법적 교조신원伸寃운동을 벌였으며, 1894년(고종 31) 남접의 전봉준全琫準·김개남金開男·손화중孫華中 등이 일으킨 동학혁명의 무력행동에 대해선 원칙적으로는 반대입장을 표명했으나, 사태가 확대되자 1894년 9월 충청도 청산青山에 신도들을 집결시켜 무력투쟁을 전개하였다. 1897년 의암義菴 손병희孫秉熙에게 도통을 전수하였다. 해월은 『영부주문靈符呪文」에서 동학의 도의 정수를 '이천식천以天食天-이천화천以天化天'이라는 말로 명징하게 드러내 보이고 있다. 즉 우주만물은 지기至氣인 하늘(天)의 화현化現인 까닭에 하늘로써 하늘을 먹고 하늘로써 하늘을 화할 뿐이라고 한 것이다. 말하자면 우주만물이 모두 한 기운 한 마음으로 꿰뚫어진 까닭에 우주만물의 생성·변화·소멸 자체가 모두 하늘의 조화造化 작용인 것으로 나타나는 것이다. "저 새소리도 또한 시천주侍天主의 소리니라"라고 한 것은 사람만이 홀로 생명의 본체인 천주天主를 모신 것이 아니라 우주만물이 다 천주를 모시고 있다는 뜻이다. 무궁한 하늘의 조화를 깨닫게 되면 조물자造物者인 하늘과 그 그림자인 우주만물이 분리될 수 없는 하나라는 사실을 알게 된다는 것이다. 그러나 그러한 묘각妙覺의 경지는 매순간 깨어있는 의식이 아니고서는 결코 이를 수 없는 까닭에 「양천주養天主」에서는 "오직 하늘을 양養한 사람에게 하늘이 있고, 양치 않는 사람에게는 하늘이 없나니…"라고 한 것이다. '하늘을 기름(養天)'은 자각적 실천을 강조한 것으로 '하늘을 모심(侍天)'과 그 의미가 다르지 않다. 그것은 곧 일심의 원천으로 되돌아가 경천敬天·경인敬人·경물敬物의 삶을 실천하는 것이다. 또한 「영부주문靈符呪文」에서는 "마음이란 것은 내게 있는 본연의 하늘이니 천지만물이 본래 한 마음이라"고 하고, 「삼경三敬」에서는 "내 마음을 공경치 않는 것이 곧 천지를 공경치 않는 것이라(吾心不敬 卽天地不敬)고 하여 천지만물이 하나인 마음(一心, 순수의식, 우주의식, 전체의식)의 법으로 돌아감을 보여준다. 해월이 향아설위向我設位라고 하는 우주적 본성으로의 회귀를 강조한 것도 이 때문이다. 특히 「천지부모天地父母」에서 "… 천지가 그 부모인 이치를 알지 못한 것이 오만 년이 지나도록 오래 되었으니…"라고 한 것은 천·지·인 혼원일기混元一氣에서 만유가 비롯됨에도 부모 포태의 이치만 알고 천지포태의 이치와 기운은 알지 못하는 것을 두고 한 말로서 깊이 음미해 볼 필요가 있다. 실로 천지 포태의 이치와 기운을 알지 못하면 참본성을 깨달을 수가 없는 것이다. 그리고 해월이 「부화부순夫和婦順」에서 "부화부순은 우리 도의 제일 종지宗旨"라고 하여 음양의 조화를 특히 강조한 것은 후천 곤도坤道시대가 지천태괘(地天泰卦, ䷊)인 음양지합陰陽之合의 시대인 것과 맥을 같이 하는 것으로 천시天時와 인사人事가 상합하고 있음을 보여준다. 『해월신사법설』은 「천지이기天地理氣」「천지부모天地父母」「도결道訣」「천지인·귀신·음양(天地人·鬼神·陰陽)」「허虛와 실實」「심령지령心靈之靈」「대인접물待人接物」「영부주문靈符呪文」「수심정기守心正氣」「성·경·신(誠·敬·信)」「독공篤工」「성인지덕화聖人之德化」「천도天道와 유·불·선(儒·佛·仙)」「오도지삼황吾道之三皇」「개벽운수開闢運數」「수도법修道法」「부화부순夫和婦順」「부인수도婦人修道」「향아설위向我設位」「용시용활用時用活」「삼경三敬」「천어天語」「이심치심以心治心」「이천식천以天食天」「양천주養天主」「내수도문內修道文」「내칙內則」「십무천十毋天」「임사실천십개조臨事實踐十個條」「명심수덕明心修德」「수도修道」「삼재三災」「포덕布德」「오도지운吾道之運」「강서降書」「강시降詩」등으로 구성되어 있다. 동학의 정치사회적 참여가 활성화된 것은 접接이라는 영성靈性 공동체로서의 성격과 포包라는 정치적·사회적 운동체로서의 성격이 복합된, 이른바 '접포'라고 하는 유기적 네트워크체제로 이루어진 접포제接包制의 형성에 따른 것이다. 1862년 수운이 '접주제接主制'를 창설한지 거의 30년 만인 1890년대에 '접'은 전국적인 조직으로 뿌리를 내리게 된다. 특히 1884년 12월 동학도의 수적 증가에 따른 조직의 기능적 분화와 전문성 및 효율성을 극대화하기 위한 방안의 일환으로 해월은 교장教長, 교수教授, 도집都執, 집강執綱, 대정大正, 중정中正으로 이루어진 육임제六任制를 도입하게 되는

데 이는 동학이 명실공히 조직으로서의 체계성과 유기성을 갖추게 되는 단초가 된 것이다. 1890년대 후반에 이르러서는 '접'에 기초한 '포'가 활발하게 형성되어 동학의 사회정치적 참여가 강화되게 된다. 접포제가 동학농민군의 자치체인 집강소執綱所로 발전한 것은 풀뿌리 민주주의의 실천이라는 측면에서 특기할 만하다. 사실상 접포제는 1894년 동학농민혁명과 1904년 갑진개화운동 그리고 1919년 3·1독립운동의 사상적·조직적 기초가 되었다. 이처럼 접포제는 보국輔國의 주체로서의 근대적 민중의 대두를 촉발시킴으로써 근대적 민족국가 형성의 사상적 토대 구축과 더불어 새로운 문명 창조의 기틀을 마련하였다는 점에서 그 의미를 찾을 수 있다. 자율성과 평등성에 기초한 접포제는 - 비록 그것이 현실적으로 완성된 형태는 아니었다 할지라도 - 권력과 자유가 조화를 이루는 이상적인 직접정치의 원형(prototype)을 보여주고 있다는 점에서 오늘날 대의정치의 한계를 극복하는 하나의 방안을 제시한 것으로 볼 수 있다.

『화엄경華嚴經』

『화엄경』은 세존(釋迦世尊)의 깨달음의 내용을 직설한 경전이며, 원명은 산스크리트로 『붓다 아바탐사카 마하바이풀랴 수트라 (Buddha-avatamsaka-mahāvaipulya-sūtra)』, 한역명은 『대방광불화엄경(大方廣佛華嚴經, 일명 華嚴經)』이며 대승불교의 최고 경전으로 일컬어진다. 한역본은 불타발타라(佛陀跋陀羅 Buddhabhadra) 번역의 60권본(418~420), 실차난타(實叉難陀 Siksananda) 번역의 80권본(695~699), 반야般若 번역의 40권본(795~798)이 있는데, 40권본은 60권본·80권본의 마지막 장인 입법계품入法界品에 해당하므로 완역본은 아니다. 전체의 산스크리트본은 전하지 않고 십지품十地品과 입법계품入法界品만 원전으로 전하며, 티베트어 번역본이 완역본으로 전해진다. 이 경전은 처음부터 현재의 형태로 성립된 것은 아니며 여러 경들이 별도로 전해지다가 4세기경 중앙아시아에서 집대성된 것으로 추정된다. 구성은 60권본이 34품, 80권본이 39품, 티베트본이 45품으로 되어 있다. 60권본을 구역舊譯이라고 하고 80권본을 신역新譯이라고 하는데, 동아시아에서 가장 널리 유포되어 온 것은 60권본이다. 세존께서 성도成道하신 후 3·7일간 설했다는『화엄경』은 대승불교의 근본인 보살행과 그로부터 화엄華嚴처럼 피어나는 과보에 대해 극히 조직적이고 체계적으로 설한 경전이며, 비로자나불毘盧遮那佛 Vairocana)을 교주로 한다. 60권본은 7처處: 설법 장소)·8회會: 설법 모임 수)·34품品: 장)으로 구성되어 있다. 제1적멸도량회寂滅道場會: 제1·2품)·제2보광법당회普光法堂會: 제3~8품)는 지상에서, 제3도리천회切利天會: 제9~14품)·제4야마천궁회夜摩天宮會: 제15~18품)·제5도솔천궁회兜率天宮會: 제19~21품)·제6타화자재천궁회他化自在天宮會: 제22~32품)는 천상에서, 제7보광법당회(제33품)·제8서다림회逝多林會, 즉 祇園精舍: 제34품)는 다시 지상에서 설법이 행해진다.『화엄경』에서는 완전한 깨달음에 이르는 과정을 10신信·10주住·10행行·10회향廻向·10지地·등각等覺·묘각妙覺의 52계위로 설명하고 있다. 이처럼 보살행을 10의 수로 조직하여 설하는 것은 10이 완전성을 상징하기 때문일 것이다. 제1회는 석존의 성도成道 장면에서 시작된다. 세존께서 마가다국의 보리수 아래에서 얻은 깨달음의 요체는 "이것이 있으므로 저것이 있고, 저것이 있으므로 이것이 있다"고 하는 연기緣起의 진리이다. 이러한 상호 연관과 상호 의존의 세계 구조를『화엄경』에서는 인드라망(Indra網: 제석천왕의 보배 그물)으로 비유한다. 제석천궁帝釋天宮에는 그물코마다 보석이 달려 있는 무한히 큰 그물이 있는데, 서로의 빛을 받아 서로 비추는 관계로 하나만 봐도 나머지 전체 보석의 영상이 보이게 된다는 것이다. 이 세상의 그 어떤 것도 전체와 분리되어 그 자체만으로 존재할 수는 없으며, '이것'이 곧 다른 '모든 것'임을 뜻한다는 것이다. 말하자면 일즉다一卽多요 다즉일多卽一이다. 밤하늘에 흩어져 있는 무수한 별들 사이에 인력이 작용하고 있는 것처럼, 우주만물은 끝없이 상호 연결되어 있으며 서로가 서로를 비추는 상즉상입相卽相入의 구조로 연기緣起하고 있음을 보여주는 것이다. 그런 까닭에 "연기를 보는 자는 나를 보고, 나를 보는 자는 진리를 본다"고 한 것이다. 제2회에서는 보살행의 근원이 서원誓願을 세우는 마음에 있음을 강조하고 이러한 마음이 신심·보리심으로 표현된다. 문수보살이 사제(四諦;苦·集·滅·道의 4진리)의 법을 설한 뒤 10명의 보살이 각각 10가지 심원한 진리에 대해 설한 것으로 10신十信에 해당하는 법문이다. 제3회는 보살이 지녀야 할 10가지 마음가짐에 대해 설한 것으로 10주十住에 해당하는 법문이다. 제4회는 보살이 행해야 할 10가지 행위에 대해 설한 것으로 10행十行에 해당하는 법문이다. 제5회는 수행의 공덕을 중생에게 돌리는 보살의 10가지 행위에 대해 설한 것으로 10회향十廻向에 해당하는 법문이다. 제6회는 보살의 10가지 수행 단계를 설한 것으로 10지十地에 해당하는 법문이다. 『화엄경』 가운데 가장 먼저 성립된 이 십지품(十地品, 1~2세기경)은 성인의 과덕果德을 나타내는 매우 수준 높은 품으로 경의 가장 중요한 부분으로서 화엄경이 결집되기 이전에는 『십지경十地經』이라고 불리는 독립된 경전이었다. 제7회는 성불에 거의 다 이르러 간 등각等覺에 해당되는 법문이다. 제8회는 화엄경의 마지막 부분인 입법계품入法界品으로 선재동자善財童子가 53명의 선지식善知識을 찾아다니는 구법행각을 그린 것으로서 보살의 수행 계위 중 마지막 단계인 묘각妙覺에 해당되는 법문이다. 『화엄경』에는 이상의 법문 외에 십현연기무애법문十玄緣起無碍法門·사법계설四法界說·육상원융론六相圓融論 등 불교의 주요 사상들이 실려 있다. 『화엄경』은 한역된 이래 동아시아 사상사에 심대한 공헌을 해 왔으며, 중국에서는 6세기에 화엄종이 성립되었고 제3조 현수대사賢首大師 법장(法藏, 643~712)에 이르러서는 이 경을 바탕으로 현수종賢首宗이라고 불리는 화엄종을 대성시켰다. 한국에서도 원효元曉·의상義湘의 『화엄경』 연구에 힘입어 화엄종이 창종됨으로써 『화엄경』은 한국 화엄종의 근본 경전이 되었으며, 또 한국불교 소의경전所衣經典 가운데 최고의 경전으로서 『법화경法華經』과 함께 불교 경전의 양대 산맥을 이루고 있다.

『화엄일승법계도華嚴一乘法系圖』

『화엄일승법계도』는 신라시대의 고승이며 해동海東의 화엄초조華嚴初祖로 일컬어지는 의상(義湘, 義相이라고도 함, 625~702)이 화엄사상의 정수를 7언言 30구句의 게송偈頌으로 나타낸 총 210자의 법계도와 이를 해석한 내용으로 이루어진 글이다. 『화엄법계도』 『일승법계도』 『법성도法性圖』 『해인도海印圖』 등으로도 불리는 이 법계도는 법계연기法界緣起사상의 요체를 밝히고 있어 화엄사상사 전체를 통해서도 매우 중시되고 있는 작품이다. 이 법계도는 의상이 당唐에 유학하여 중국 화엄종 2대 조사 지엄(智儼, 602~668)의 문하에 있던 중 지엄이 입적하기 직전인 668년 7월 15일에 완성되었는데, 전해오는 바에 의하면 화엄의 진리에 대해 의상이 쓴 책을 불사른 후 타지 않고 남은 210개의 글자를 가지고 게송을 짓고 법계도를 만들었다고 한다. 이 법계도를 저술한 목적은 '이름과 상相에만 집착하는 뭇 중생들이 무명無名의 참된 원천으로 돌아가게 하기 위해서'

였다고 한다. 모든 것에 주인이 따로 있는 것이 아니므로 저자명을 기록하지 않는다고 하면서 향상대사(香象大師: 의상의 스승인 智儼)라고만 저자가 밝히고 있어 이 법계도가 의상의 작품이 아니라는 설이 제기되기도 했으나, 최치원崔致遠의 『의상전義湘傳』을 인용하고 있는 고려 초 균여均如의 『일승법계도원통기一乘法界圖圓通記』나 고려 후기 일연一然의 『삼국유사三國遺事』(권4 義湘傳教條)의 기록으로 미루어 의상이 찬술했다는 것이 통설이다. 의상은 이 법계도를 중시하여 제자들에게 인가의 표시로 수여하기도 하였다. 법계도는 법法·계界·도圖의 세 부분으로 나뉘어 설명된다. 법은 자성自性·궤칙軌則·대의對意로 나타난 법성法性을 가리키는 것이고, 계는 인因·성性·분제分齊로 나타나는 연기緣起 현상을 가리키는 것이다. 도인圖印으로 작성된 210자의 법성게法性偈는 법法으로부터 시작해서 불佛로 끝나기까지의 연기 과정이 계界로 나타나고 있으므로 법계는 근본적인 불법이 연기하여 사상事相을 만드는 과정을 이르는 것이다. 도圖는 기세간器世間·중생세간衆生世間·지정각세간智正覺世間을 나타낸 것으로 이는 각기 물질세계·수행의 세계·깨달음의 세계를 상징하며 흰색 바탕에 검은 색의 글씨로 게송을 적고 붉은 색의 선으로 게송의 진행 방향을 나타내고 있다. 총 210자의 게송이 모두 한 줄로 이어진 것은 여래如來의 일음一音을 상징하는 것이고, 이 선이 중앙의 법法자에서 시작하여 다시 중앙의 불佛자에 이르기까지 54번의 굴곡을 이루는 것은 중생의 근기에 따라 가르침의 방편이 달라지는 것을 나타낸 것이다. 여기서 '법'과 '불'이 두 글자를 중앙에 둔 것은 인과因果의 본성이 중도中道임을 나타내 보인 것이다. 또 이 법계도가 시작도 끝도 없는 도인圖印의 형태로 표시된 것은, 하나인 혼원일기混元一氣에서 우주만물이 나와 다시 그 기운으로 되돌아가는 과정이 끝없이 순환 반복됨을 나타낸 것으로, 일즉다一卽多·다즉일多卽一의 원융자재圓融自在한 법계연기의 실상을 보여주는 것이다. 무수한 사상事象이 있는 것 같지만 기실은 "이것이 있으므로 저것이 있고, 저것이 있으므로 이것이 있다"고 하는 연기緣起의 진리에서 벗어나는 것이 아니다. 이 세상의 그 어떤 것도 전체와 분리되어 존재할 수는 없으며, '이것'이 곧 다른 '모든 것'이다. 일체 만유가 끝없이 상호 연결되어 있으며 서로가 서로를 비추는 상즉상입相卽相入의 구조로 연기緣起하고 있는 까닭에 연기緣起를 관觀하는 것이 곧 진리를 관하는 것이라고 한 것이다. 법계도의 체계 속에서 진眞과 속俗, 이理와 사事, 염染과 정淨, 공空과 색色, 일一과 다多등의 상호 대립하는 범주들은 각각 체體와 용用이라는 불가분의 관계로서 상호 관통한다. 이 법계도의 게송은 『화엄경華嚴經』의 근본정신과 진리를 증득證得하는 과정을 원융무이圓融無二한 법성法性을 펼쳐 보이는 것에서 시작하여 붓다의 경지인 부동지不動地에 이르기까지의 깨달음의 과정으로 나타내고 그 과정에서 초발심初發心과 보살행의 중요성을 강조한다. 이 글의 주석서로는 의상의 문도들이 편찬한 『화엄일승법계도기총수록華嚴一乘法界圖記叢髓錄』, 균여의 『일승법계도원통기』, 그리고 조선 전기 김시습金時習의 『일승법계도주一乘法界圖註』 등이 전하는데 이들 모두 화엄경 연구에 중요한 문헌인 것으로 알려져 있다.

『환단고기』桓檀古記』

『환단고기』(또는 한단고기)는 평안북도 선천宣川 출신의 운초雲樵 계연수(桂延壽, ?~1920)가 1911년 초기에 『삼성기三聖紀』, 『단군세기檀君世紀』, 『북부여기北夫餘紀』, 『태백일사』를 합본, 한정판 30부로 출간한 것이다. 우리 환단(桓檀: 환국)·배달국(桓雄 神市)·단군조선의 역사를 알게 해 주는 소중한 역사서로서 고대 한국의 역사, 신앙, 풍습, 천문, 지리, 역법曆法, 역易사상과 상수학象數學, 정치, 경제, 철학, 교육, 예술 등에 대한 풍부한 자료가 담겨 있다. 그 내용을 보면, 「삼성기」는 신라의 승려인 안함로安含老와 행적을 알 수 없는 원동중元董仲이 쓴 것을 각각 상·하권으로 구분하여 합친 것으로 우리 민족의 시발인 환국시대의 환인으로부터 7세 단인檀仁까지 3301년의 역사와 신시시대의 환웅으로부터 18세 단웅檀雄까지 1565년의 역사를 서술하고 있으며 하권에는 인류의 조상에 관한 내용이 나오고 있고 신시역대기가 덧붙여 있다. 1421년에 세조가 전국에 수집 명령을 내린 『삼성기』와 책명이 일치한다. 「단군세기」는 고려 말 행촌杏村 이암李嵒이 전한 것으로 1세 단군왕검에서 47세 단군 고열가古列加까지 2096년에 걸친 단군 재위 기간의 주요 사건들을 편년체로 기술하고 있다. 「북부여기」는 고려 말 휴애거사休崖居士 범장范樟이 전한 것으로 상·하·가섭원부여로 구성되어 있으며 시조 해모수解慕漱에서부터 6세 고무서高無胥까지의 204년과 가섭원부여 108년의 역사를 서술하고 있다. 「단군세기」의 속편이다. 「태백일사」는 이암의 현손이자 조선 중기의 학자인 이맥李陌이 전한 것으로 환국·신시시대로부터 고려에 이르는 내용을 담고 있다. 즉 삼신오제본기·환국본기·신시본기·삼한관경본기·소도경전본훈·고구려국본기·대진국본기·고려본기가 포함되어 있다. 삼한관경본기에는 마한세가馬韓世家 상·하와 번한세가番韓世家 상·하가 담겨 있다. 『환단고기』 내의 여러 기록들은 『천부경』이 환국·배달국·단군조선·부여·고구려·백제·신라·가야·발해(大震國)·통일신라·고려·조선으로 이어지는 우리 역사 속에서 국가적으로 매우 중시되었던 경전임을 밝히고 있는데, 특히 소도경전본훈蘇塗經典本訓에는 『천부경』과 『삼일신고』 전문이 실려 있다. 『환단고기』의 내용은 북애자北崖子의 『규원사화揆園史話』, 이승휴李承休의 『제왕운기帝王韻紀』, 대야발大野勃의 『단기고사檀奇古事』 등의 내용과 큰 줄기가 일치하고 있다. 당시 고조선의 중심부는 발해의 북쪽에 있었고 그 영역은 중국 북경과 근접한 난하灤河로부터 한반도의 대부분에 이르는 광대한 지역을 포함했던 것으로 나와 있다. 이는 중국의 가장 오래된 지리서인 『산해경山海經』에 고조선이 옛 요동遼東을 포함한 넓은 영토를 차지한 선진 민족 국가였다는 사실이 여러 곳에 나와 있는 것과 일치하는 것이다. 단군이 도읍을 정한 평양도 반도 안의 대동강 유역이 아니라 원래는 대륙 땅에 위치해 있었으며, 후에 그곳에 살던 사람들이 옮겨 오면서 지명을 가져온 것이다. 1979년 제자 이유립李裕岦에 의해 공개된 『환단고기』가 원본이 아닌 필사본이라는 이유로 그 진위 여부가 위서 논쟁을 야기시키기도 했으나, 최근 숙명여대 소장본이 오형기 필사본과 원문을 대조한 결과 필사되기 이전의 원본임이 확인됨으로써 그러한 논쟁에 종지부를 찍을 수 있게 되었다. 더욱이 근년에 들어 단군조선시대의 천문 현상-예를 들면, 단군세기에 나오는 13세 단군 흘달屹達 50년(BC 1733) 무진戊辰에 수성, 금성, 화성, 목성, 토성의 다섯 행성이 결집한 오성취루五星聚婁 현상-을 서울대 박창범 교수팀이 슈퍼컴퓨터를 이용해 역으로 추적하여 컴퓨터 합성기법으로 시각화함으로써 그러한 사실을 과학적으로 검증하였다.

『황극경세서皇極經世書』

『황극경세서』는 중국 북송北宋시대 거유巨儒 소옹(邵雍, 시호는 康節, 1011~1077)의 저서이다. 상수象數에 기초하여 천지 운행의 원리를 밝힘과 동시에 장대한 우주론적 역사관을 펼친 책으로 권1~10

은 「관물내편觀物內篇」, 권11~12는 「관물외편觀物外篇」이라 전한다. 『황극경세서』에서 원회운세元會運世의 수數로 밝히는 천지 운행의 원리는 천시天時와 인사人事가 조응하고 있음을 보여 준다. 「관물내편」에서는 회會로 운運을 헤아려 세수世數와 세갑자歲甲子를 나열하여 제요帝堯부터 오대五代에 이르는 역사 연표를 통해 천하의 이합치란離合治亂의 자취를 보여 줌으로써 천시天時가 인사人事에 징험徵驗되는 것을 나타내었고, 「관물외편·상上하下」에서는 운運으로 세世를 헤아려 세수와 세갑자를 나열하여 제요부터 오대에 이르는 전적典籍을 통해 흥패치란興敗治亂과 득실사정得失邪正의 자취를 보여 줌으로써 인사가 천시에 징험되는 것을 나타내고 있다. 그리하여 천지만물뿐 아니라 인사人事가 생장·분열과 수렴·통일을 순환 반복하는 원회운세元會運世라는 천지 운행의 원리와 상합하고 있음을 밝히고 있다. 우주 1년의 이수理數를 처음으로 밝혀낸 소강절에 의하면 우주 1년의 12만 9천6백 년 가운데 인류 문명의 생존 기간은 건운乾運의 선천 5만 년과 곤운坤運의 후천 5만 년을 합한 10만 년이며, 나머지 2만 9천6백 년은 빙하기로 천지의 재충전을 위한 휴식기이다. 우주력宇宙曆 전반 6개월(春夏)을 생장·분열의 선천시대라고 한다면, 후반 6개월(秋冬)은 수렴·통일의 후천시대로 천·지·인 삼재의 융화에 기초한 정음정양正陰正陽의 시대라고 할 수 있을 것이다. 소강절은 춘하추동의 생장염장生長斂藏의 이치를 통해 원회운세元會運世를 밝힘과 동시에 삼라만상의 일체의 변화를 꿰뚫고 있다. 천지의 시종始終은 일원一元의 기氣이며, 일원은 12만 9천6백 년이요, 일원에는 12회(子會, 丑會, 寅會, 卯會, 辰會, 巳會, 午會, 未會, 申會, 酉會, 戌會, 亥會)가 있으니 1회會인 1만 8백 년마다 소개벽이 일어나고 우주의 봄과 가을에 우주가 생장분열하고 수렴되는 선·후천의 대개벽이 순환하게 되는 것이다. 또한 1회會에는 30운運이 있으니 1운運은 360년이고 또 1운運에는 12세世가 있으니 1세世는 30년이다. 즉 일원一元에는 12회會 360운運 4,320세世가 있는 것이다. 우주력 12회에서 전반부 6회인 자회子會에서 사회巳會까지는 자라나고 후반부 6회인 오회午會에서 해회亥會까지는 줄어든다. 오회에 이르러 역逆이 일어나고 미회未會에 이르러 통일이 되는 것이다. 천개어자天開於子, 즉 자회에서 하늘이 열리고, 지벽어축地闢於丑, 즉 축회에서 땅이 열리며, 인기어인人起於寅, 즉 인회에서 인물이 생겨나는 선천개벽이 있게 되는 것이다. 성星의 76 즉 인회의 가운데에서 개물이 되는 것은 1년의 경칩에 해당하고, 315 즉 술회戌會의 가운데에서 폐물되는 것은 1년의 입동에 해당한다. 소강절이 자회子會에서 하늘이 서북으로 기운다고 하고 축회丑會에서 땅이 동남이 불만이라고 한 것은 천축과 지축이 기울어진 것을 말하는 것이다. 지축이 23.5도로 기울어짐으로 인해 양은 360보다 넘치고 음은 354일이 되어 태양・태음력의 차이가 생겨나게 된 것이다. 건운乾運의 선천 5만 년이 음양상극의 시대로 일관한 것은 지축의 경사로 인해 음양이 고르지 못한 데 기인한다. 음양동정陰陽動靜의 원리로 이제 그 극에서 음으로 되돌아오면서 우주의 가을인 미회未會에서는 천지가 정원형으로 360이 되어 음양이 고르게 되는 후천개벽이 일어나게 되는 것이다. 이른바 지축이 바로 선다는 것이 이를 두고 하는 말이다. 말하자면 우주의 시간대가 새로운 질서로 접어들면서 선천의 건운 5만 년이 다하고 곤운의 후천 5만 년이 열리게 되는 것이다. '앎은 강절의 지식에 있나니'라는 말처럼 '이기지종理氣之宗' 또는 '역易의 조종祖宗'으로 일컬어지는 소강절의 상수象數 학설에 기초한 우주관과 자연철학은 송대宋代 성리학의 비조鼻祖 주돈이의 태극도설太極圖說과 더불어 동양 우주론의 바탕을 이루고 있다. 그의 사상은 『황극경세서』를 통해 세상에 알려졌고, 주자(朱

子, 이름은 熹)에 의해 성리학의 근본 이념으로 자리 잡게 되었다.

『황제내경黃帝內經』

　『황제내경』은 중국 고대 전설상의 인물인 황제(黃帝: 성은 公孫, 이름은 軒轅)와 명의名醫 기백岐伯의 의술에 관한 토론을 기록한 것이라고 전하나 사실은 진한秦漢시대에 황제의 이름에 가탁假託, 전승되어 온 의료법을 모아 엮은 책으로 추정된다. 중국의 고전의학서 중에서 현존하는 가장 오래되고 중요한 책으로 내경內經이라고도 하며 의학오경醫學五經의 하나로서 동양의학의 원류로 간주된다. 내용은 의학서이면서 동시에 천문, 역법, 지리, 음률 등 각 분야의 지식을 두루 섭렵한 것으로 그 이론과 정신은 모두 『역경易經』에 근원을 두고 있다. 이 경은 소우주인 인간의 육체를 논한 자연철학적 이론 의서로서 원래 18권으로 전반 9권은 「소문素問」, 후반 9권은 「영추靈樞」로 구분된다. 「소문」은 천인합일설天人合一說・음양오행설陰陽五行說 등에 입각한 병리학설을 주로 하여 장부臟腑・경락經絡・병기病機・진법診法・치칙治則・침구針灸・방약方藥 등의 각 분야 및 인체생리・병리・진단・치료에 대해 계통적으로 논술하여 중국 의학이론의 기초를 공고히 하게 되었고 오랜 기간 동안 중의학의 발전에 지도적인 역할을 해 온 까닭에 특히 중의학에서 그 중요성을 인정받고 있는 경전이다. 「영추」는 사람의 몸속에서 양에 속하는 정기인 신神과 음에 속하는 정기인 영靈의 관건이 되는 주요한 문제를 개괄적이고도 정밀하게 논술하고 있으며, 경락・침구 분야에서 쓰이는 물리요법을 상세히 서술하고 있다. 기초이론과 임상 방면에서 이 두 책은 상호 보완 관계에 있으면서도 각기 특색이 있다. 경락・침구 방면에서는 「영추」가 「소문」에 비해

풍부하고 자세하여 「영추」를 침경針經이라고 부르는 것이다. 『황제내경』의 첫머리는 상고천진론上古天眞論으로 시작한다. 「소문」의 제1편인 상고천진론은 「소문」의 서론이자 『황제내경』 전편에 대한 서론으로서 동양의학에서 인간을 보는 관점에 대한 선언이다. 이 제목을 그대로 직역하면 '상고시대의 천진天眞에 대하여 논한다'라고 풀이할 수 있을 것이다. 황제 헌원은 배달국 제14대 치우천황(蚩尤天皇, 慈烏支桓雄이라고도 함)과 동시대의 인물로 치우천황이 기원전 2707년에 제위에 올랐으니, 지금으로부터 4,700여 년 전의 인물로 추정할 수 있다. 상고는 황제내경이 쓰여진 시기보다 훨씬 이전의 시기이다. 천진은 '하늘의 참 모습'이니, 그것은 조금도 꾸밈이 없는 자연 그대로의 상태를 뜻하는 것이다. 따라서 상고천진론의 의미는 상고시대의 선인仙人들이 행한 자연적인 양생법 내지는 존명법存命法의 요체를 밝힌 것이라 할 수 있다. 현대의학으로서도 게놈(genome) 프로젝트를 통해 이제 그 단초를 규명하는 단계에밖에 이르지 못한 생명의 신비를, 상고천진론에서는 모든 인간이 태어나면서부터 그 자체의 생명 프로그램을 가지고 나온다는 사실을 밝혀놓고 있는 것이다. 크게 세 부분으로 구성되어 있는데, 그 첫째는 건강한 삶과 타고난 수명을 논하며 자연의 변화에 맞추어 사는 것이 건강과 장수의 비결임을 이야기하고, 그 둘째는 여자는 7년을 주기로, 남자는 8년을 주기로 성장·쇠퇴하는 타고난 생명의 전개 과정을 논하며, 마지막으로 인간의 한계를 벗어난 생명의 완성을 다루고 있다. 마지막 부분은 동양의학의 목표가 단순히 무병장수하는 삶이 아니라 인간 자체의 완성이라는 사실을 알려준다는 점에서 중요한 의의가 있다. 현존하는 『내경』으로는 당唐나라의 왕빙王氷이 주석注釋을 가한 24권본이 있다. 『내경』은 한 사람이 일시에 저술한 것이 아니어서 글자의 탈락, 각 편의 목록과 장

章・절節이 부적합한 곳도 있었으나, 왕빙은 12년이라는 긴 세월 동안 새롭게 편집하고 주석을 더하였으며 또한 당시에 부족했던 7편을 「소문」 밀본密本에서 보충해 넣는 등의 작업을 거쳐 보응寶應 원년(762)에 비로소 완성을 보게 되었다. 이렇게 하여 만들어진 책이 현재 전해 내려오는 『황제내경』「소문」의 주석본이다. 왕빙보다 앞서 수隋나라의 양상선楊上善이 편집한 『황제내경태소黃帝內經太素』 30권이 있었으나 소실되고 전해지지 않는다.

 *「참고문헌 요해」는 참고문헌에 대한 필자의 사상적 논의와 함께 역사적 사실을 수록한 것으로, 통용되는 역사적 사실에 관한 기록은 네이버, 다음, 야후, 구글 등의 백과사전과 유관 자료를 참고하였음.

찾아보기

【ㄱ】

가사요歌辭謠 755
가사총론歌辭總論 40 755
가시마(鹿島昇) 33
가엽불迦葉佛 808
가장假章 506 509 526 527
각자위심各者爲心 785
각지불이各知不移 82 83 103 186 382 786
간艮 814 815
간계奸計 507 512 552
간륜間倫 507 565 566
간무桓武 204
감坎 815
감感 86 89 138 184 188 189 250 353
감물甘勿 34
감상勘尙 651 658 689
감시만어感時漫語 34 138
갑골문甲骨文 36
갑진개화운동 851
강개慷慨 578 582 600
강녕康寧 700 703 717

강륵强勒 506 511 545
강유剛柔 579 588 644
강천講天 221 233 301
강태공姜太公 791
개망즉진改妄卽眞 190
개속改俗 455 461 499 500
개천경 203
개천홍성제묘開天弘聖帝廟 203 758
거발환居發桓 31
거불단 환웅居弗檀 桓雄 31
거유巨有 700 703 714
건乾 815
건도乾道 86 846
건왕健旺 700 705 726
건운乾運 69
검결劍訣 818
격암유록格菴遺錄 37 39 40 41 754
격양시擊壤詩 792
견우見牛 230 271
견적見跡 230 271
결정성지決定性地 766
경덕전등록景德傳燈錄 799
경물敬物 111 112 849
경신敬神 207 220 223 236
경인敬人 110 111 849
경중輕重 454 460 488
경천敬天 110 111 112 148 199 849
경천교敬天敎 34 139 203
경천(敬天, 敬神)사상 168 720

경천숭조敬天崇祖 60 199 203 380
경천애인敬天愛人 127 759
경천敬天의 도道 148 150 151 168
경타警墮 375 389 428
경행록景行錄 792
계물繼物 578 583 604
계연수桂延壽 32 35
고경각 신사기본(古經閣 神事記本) 129
고구려 33 125 139 204 380
고구려국본기高句麗國本紀 197 202 857
고려 34 126 139 203
고려도경高麗圖經 41
고려본기 857
고려팔관기高麗八觀記 33
고무서高無胥 857
고부顧賦 375 391 435
고성제苦聖諦 185
고시高矢 196 200 758
고연固然 374 384 403
고열가古列加 857
고왕高王 204
고전역학 9
고정固貞 317 324 364
고조선 33 60 168 380
고조선비기古朝鮮秘記 33
고조선시대 381
고주몽高朱蒙 37
고진감래苦盡甘來 279

고집멸도苦集滅道 185
고체물리학 10
고혈일신孤子一身 750
곤坤 815
곤도坤道 846 850
곤운坤運 69 70
곰 토템족 87
공렴公廉 316 320 331
공맹지교孔孟之敎 789
공반公頒 374 386 416
공손축公孫丑 789
공실恐失 650 654 669
공아空我 578 583 606
공자孔子 59 320 376 377 379 422 440 769 791
공자가어孔子家語 792
관寬 579 586 629
관물내편觀物內篇 859
관물외편觀物外篇 859
관수寬邃 375 392 448
관학灌涸 375 390 432 433
관행觀行 80 231 276 389 422
광개토대왕 204
광명이세 169
광제창생廣濟蒼生 785
광포廣佈 650 654 673 674
교敎 375 390 433
교선일치敎禪一致 763
교수敎授 850

교장敎長 850

교조신원伸寃운동 848

교화敎化 61

교화경敎化經 125 134

교훈가敎訓歌 818

구가狗加 151

구구경(천부경) 89

구궁九宮 88

구규九竅 88 213 227 252 463 504

구다라 204

구마라집(鳩摩羅什 Kumarajiva) 761

구부득고求不得苦 185

구삼국사舊三國史 33

구서九誓 206 707 735 780

구운驅殟 506 509 524

구월산 832

구월산 삼성사 35

구이(九夷) 379

구인자래仇人自來 365

구화산九華山 89

국량局量 668

국사國史 33

국제천문연맹(IAU) 176

국호조國號條 830

군민공락君民共樂 199

궁극적 실재 56 58 64 66 92 136
  157 160 169 207

궁극적 실재(混元一氣, 우주의식, 전체의
  식, 순수의식, 一心) 368

궁부(弓符, 天符經) 40 756

궁을도가弓乙圖歌 39 756

궁희穹姬 38 204

권린勸隣 651 658 697

권섬勸贍 375 390 431 432

권학가勸學歌 818

귀갈鬼喝 701 708 736

귀염鬼焰 507 514 561 562

귀일심원歸一心源 109 167 185 379

규봉 종밀圭峰宗密 761

규원사화揆園史話 33 127 128 196
  201 203 204 757 758

균련均憐 374 386 418 419

균여均如 855

극기복례克己復禮 770

극례克禮 220 224 245

극존極尊 700 703 713

극종克終 334 375 393 450 451

근본생태론(Deep Ecology) 782

근본지根本智 138 146 183 188 228
  257 378 382 388 419

근원적 일자唯一神, 混元一氣] 208

근원적 일자一者 46 60 62 66 70 86
  106 135 136 138 153 157 160
  164 181 208 226 237

근원적 일자('하나'님, '하늘'님, 창조주, 天
  主, 唯一神) 368

금金 758 829 840 846

금강경金剛經 73 759

금강경소론찬요金剛經疏論纂要 761
금강경오가해金剛經五家解 105 319
　　　761
금강경제강(提綱) 761
금강경찬(贊) 761
금강경해의(解義 또는 口訣) 761
금강반야바라밀경 761
금강삼매경 765
금강삼매경론金剛三昧經論 79 105
　　　227 388 422 764
금교각金喬覺 89
금나라 204
금벽禁癖 455 461 495
금성金星 173 177
금척金尺 37 38 39
금척지金尺誌 38 835
금촉 186 190
급거急祛 579 588 647
급신及身 701 709 745
급자及子 682 701 751
긍발矜發 374 386 415
기氣 86 138 183 184 188
기欺 506 509 517 518
기독교 44 61 83 150 381
기氣·색色·유有 409
기신론삼소(三疏) 774
기연其然 77 101 650 655 678
기오旣誤 374 383 397
기우귀가騎牛歸家 230 271

기일원론氣一元論 847
기전체紀傳體 803
길경吉慶 700 705 727
김개남金開男 848
김부식金富軾 33 803 808
김시습金時習 37
까타 우파니샤드Kata Upanishad 82

【ㄴ】

나나니벌(蜾蠃之賊) 517 577
나비의 꿈(胡蝶之夢) 828
나즈카판 175
낙서洛書(龜書 또는 九書) 88 93
낙수洛水 93
낙천樂天 221 233 294 295
난랑비서鸞郎碑序 33 381 768
난천리難天理 290
남극판 174
남사고南師古 37 754
남사고비결南師古秘訣 754
남송南宋 833
남아메리카판 175
남악회양南岳懷讓 783 824
남양혜충南陽慧忠 783 824
남접 848
남종선南宗禪 384 782
남화진경南華眞經 827
남화진인南華眞人 827

내유신령內有神靈 82 83 103 157 233 786
내재 101 157
네그로폰테(Nicholas Negrofonte) 782
노금拏金 506 510 534 535
노사구(魯司寇: 孔子) 381 768
노사 기정진(蘆沙 奇正鎭) 35
노사전 비문본(蘆沙傳 碑文本) 35 36
노약老弱 454 460 491
노자老子 780
녹도鹿圖 문자 32 200
녹야원鹿野苑 185
논어論語 320 324 377 385 659 769
논어집주論語集註 769
논학문論學文 92 233 785
농궁가弄弓歌 40 756
농상집요農桑輯要 132
농은 민안부(農隱 閔安富) 35
농은 유집본(農隱 遺集本) 35
농재農災 454 465
뇌진雷震 701 735 736
뇌허雷虛 220 229 273 274
누가복음(Luke) 164
뉴턴(Isaac Newton) 9 92 95
능가경楞伽經 825
능엄경 772
능인能忍 579 587 637
능훈能訓 579 588 646
닐스 보어(Niels Bohr) 102

닛코(日光) 816

【ㄷ】

다물多勿 37 133 380 802
다물흥방지가多勿興邦之歌 37 41
다음 가는 밝은이(中哲) 187
다즉일多卽一 106 107
단군 32 34 38 39 127 138 168 203 204 380
단군檀君(桓倹) 31
단군 가륵조 202
단군 고열가高烈加 151
단군교 203
단군교부흥경략檀君教復興經略 198
단군교포명서檀君教佈明書 130 131
단군기檀君記 127 204
단군 도해道奚 126
단군묘 203
단군세기 32 33 34 61 126 132 151 197 198 202 856
단군시대 200
단군실사檀君實史 130
단군 예절교훈 팔리八理 366사 202
단군왕검 34 199 201 857
단군조선 32 33 37 125 166 200 808
단군팔조교檀君八條教 37 197 206 708 735 779

단군(한검) 203
단기고사檀奇古史 35 128 199 201
    204 758 771
단단학회檀檀學會 202
단련斷連 651 658 695
단제檀帝 151 200
달마達磨 765
달마급다達磨及多 761
달마대사達磨大師 228
달면達勉 375 391 442
담淡 700 706 728
담중擔重 316 323 354
대待 375 392 444
대大 651 657 659 688 701 709 739
대개벽 68
대류(convection(對流)] 174
대륙이동설(大陸移動說) 174
대륙판 174
대반야경大般若經 759
대백산太白山 204
대변경 199 202
대삼大三 85
대삼합육 생칠팔구大三合六生七八九
    85
대성大誠 300
대승大乘 79 81 150
대승기신론(大乘起信論 The Awakening of
    Faith) 78 80 765 772
대승기신론별기大乘起信論別記 78 79

91 101 227 581 775
대승기신론소大乘起信論疏 78 81 91
    105 767
대승기신론소·별기(大乘起信論疏·別
    記) 379 384 581 775
대승불교 772 851
대승윤리大乘倫理 581
대야발大野勃 33 35 128 131 144 199
    201 204 758 771
대우주 99 110 115 120
대원경지大圓鏡智 110 766
대인접물待人接物 850
대정大正 850
대조영 131 132
대조영(大祚榮, 高王) 35 128 204 771
대종교경전大倧敎經典 130 203
대종교요감大倧敎了勘 202 203
대종사大宗師 498
대진국본기 857
대천待天 221 233 295
대천戴天 221 233 297
대천교 139 203
대통大通 101 828
대학大學 206 707 778
대학광의大學廣義 778
대학장구大學章句 769 778
대효大孝 221 235 236 303
대흠무大欽武 130
대흥大興 127 130

덕망德望 317 326 372
덕성아德性我 377 440
도道 59 65 81 118 135 207 266 377
도가道家 387 416
도개道丐 701 710 750
도교 59 379
도덕 186 382
도덕경道德經 57 65 76 90 97 100
　　　115 120 223 237 327 379 780
도생일道生一 77 90 97
도성입덕道成立德 159
도성체道聖諦 185
도수사道修詞 818
도신道信 783
도업道業 375 389 424
도적盜賊 701 709 742
도집都執 850
도천禱天 221 233 298
도학道學 352 353
도화導化 220 224 241
독 512
독례讀禮 507 516 573
독서삼품과讀書三品科 771
돈오견성頓悟見性 800
돈오무생반야송頓悟無生般若頌 82
　　　782
돌궐국突厥國 204
동경대전東經大全 59 64 82 92 93
　　　109 175 186 233 327 382 584
　　　785
동국군왕개국연대東國君王開國年代
　　　829
동귀일체同歸一體 69 109 119 167
　　　185 787 819
동명왕편東明王篇 33
동몽선습童蒙先習 788 792
동문선東文選 816
동이문화 379
동이인 379
동조東朝 204
동표凍豺 454 457 469 470
동학東學 64 81 82 83 157 186 233
　　　373 381 785
동학농민혁명 851
동학혁명 848
두암 백전(頭岩 伯佺) 131
둔황본敦煌本 822
득우得牛 230 271
디이츠(R. Dietz) 174
땅의 그물(地網) 215

【ㄹ】

루소(J. J. Rousseau) 24
뤄양(洛陽) 825
르네상스 114
리그 베다Rig Veda 798
린노사(輪王寺) 816

【ㅁ】

마가馬加 151
마고麻姑 38
마고성麻姑城 37 38 133 204 802
마명(馬鳴 Ashvaghosha) 772 775
마원馬援 792
마음의 밭(意田) 254
마의극재사麻衣克再思 131
마태복음(Matthew) 46 155 156 164
마하바라타Mahabharata 104 794
마한세가 62 196 201
만두꺄 우파니샤드(Mandukya Upanishad) 58 157
만물여아위일萬物與我爲一 105
만물화생 157
만법귀일萬法歸一 104
만상일천萬像一天 103
만천慢天 506 509 520
만타慢他 221 232 287
망網 94
망가忘家 316 323 357
망우존인(忘牛存人) 230 271
망형忘形 221 235 312 313
매월당梅月堂 김시습金時習 835
맨틀 대류[mantle convection(對流)] 137 174 178
맨틀mantle 174
맹모삼천지교孟母三遷之教 789

맹자孟子 60 322 377 378 440 789
맹자집주孟子集注 769 789
메이지(明治) 204
면강勉强 221 232 278
면고免故 374 384 405 406
면려勉勵 650 654 670
멸滅 776
멸가滅家 701 708 737
멸산滅産 506 510 532
멸성체滅聖諦 185
멸신滅身 317 324 326 366
멸친蔑親 506 509 522 523
명命 86 138 181 182 183
명령자螟蛉子 577
명백明白 578 583 603
명심보감明心寶鑑 94 231 325 508 517 588 652 657 791
명약관화明若觀火 261
명왕성冥王星 176 177
명찰明察 579 588 643
모건(W. J. Morgan) 174 178
모권謀權 506 510 536
목성木星 173 177
목우牧牛 230 271
몽중노소문답가夢中老少問答歌 458 476 818
묘관찰지妙觀察智 110 766
묘향산 35
묘향산 석벽본(妙香山 石壁本) 35 36

무극無極 86 93 326 327 373 846
무극대도無極大道 327 373
무단無斷 650 653 662
무령왕 204
무리지지리 불연지대연無理之至理 不然之大然 101 767
무색계無色界 626
무소구행無所求行 825
무소부재無所不在 45 60 150 172 208 226
무시無時 454 457 471
무시무종無始無終 45 58 117 208 226
무식無息 278
무신無身 316 323 358 359
무애가無碍歌 817
무액無厄 700 706 731
무왕불복無往不復 112
무왕불복지리無往不復之理 73 92 327 373 786
무위이무불위無爲而無不爲 327 372 781
무위이화無爲而化 112 115 138 185 208 210 216 225 241 243 327 372 384 402
무위자연無爲自然 780
무위자화無爲自化 781
무유撫柔 454 458 475
무종無終 506 509 528 529
무착(無着 Asaga) 762

무체법경無體法經 82
무친無親 316 320 334
무탄無憚 651 658 690
무형지천無形之天 237 368
묵안默安 220 228 264
문권文卷 537 538
문왕文王 130
문자왕 204
문적원감文籍院監 198 201
물리物理 10 385 408 409
물신物神숭배 159
물오동포物吾同胞 149
물의勿疑 579 585 622
물적 차원 106
물질만능주의 159 212 458
물택勿擇 375 391 441
미시세계 9
미실靡室 701 710 749
미형未形 375 392 445 446
미회未會 69
민본주의民本主義 791
밀기密記 199 201

【ㅂ】

바가바드기타(The Bhagavad Gita) 59 104 150 154 158 223 319 323 326 382 517 654 656 659 794
바이칼 호 705

박노철朴魯哲 202
박달나무 199 704
박세무朴世茂 33 788
박제상朴堤上 37 132 204 205 802 835
반고盤古 829
반망귀진返妄歸眞 132
반본환원返本還源 230 271
반안군왕盤安郡王 35 128 144 147 199 201 204 771
반야般若 78 81 825
반야심경般若心經 71 78 796
반야般若의 지검智劍 113 801
반자도지동反者道之動 100 120 327
반정半程 374 384 408
반진일신返眞一神 187
발해(大震國) 33 125 195 204
발해국大震國 198 201 204
발해국 문왕 131
발해 석실본(渤海 石室本) 129
방운放運 221 232 286
배달국倍達國 32 33 37 125 166 204 379 808 813
배달국倍達國(桓雄 神市) 31
배달민족 200
배달전서 203
배망排忙 316 322 344
배성背性 651 658 694
배유培幼 375 389 430 431

배천교拜天敎 203
백결百結 37 835
백두산 166
백봉 대종사(白峯大宗師) 130 131
백악白岳(백두산) 705 722
백운산 195 200
백제 204
번제의식燔祭儀式 96 113 226 246
번제의식(燔祭儀式, sacrifice) 213 515
번지樊遲 376 769
번한세가 34
범상범上 507 516 575 576
범장范樟 32 132 202 857
법法 774
법신法身 80 81 82 83 104 105
법신(法身, dharmakya) 773
법신불 81
법회인유분法會因由分 760
베게너(Alfred Wegener) 174
베다Veda 59 794 797
베단타Vednta 799
벽관壁觀 825
벽암록碧巖錄 113 799
별의 진화 172 176
병사屛邪 579 588 641
보報 217 650 652
보국안민輔國安民 785
보궁保窮 579 587 634
보리달마菩提達磨 783

보리달마(菩提達磨, Bodhidharma) 824
보리류지菩提流支 761
보본報本 199 203 380 704 720
보본단報本壇 130 203 758
보본사상報本思想 60 168 380
보산保産 375 389 426
보시(布施, charity) 320 774
보신報身 80 81 82 83
보신(報身, sambhogakya) 773
보신불 81
보원행報怨行 825
보편의식普遍意識 6
복福 217 578 580
복본 사상 133
복중福重 700 705 722
본각本覺 79 228 581 766
본각本覺(究竟覺) 79
본각이품本覺利品 79 766
본심본태양 앙명 인중천지일本心本太陽昂明人中天地一 108
본조本朝 204
본체 76 77 78 80 81 82 84 85 90 92 93 101 104 117 157
본체계 70 82 86 101 104 106 157 159
부도符都 38 39 205
부도지符都誌 37 38 132 204 205 802
부동지不動地 856
부분지部分智 183

부여 33 125 139 204 206 380
부자신중삼인출父子神中三人出 40 756
부혼付混 374 386 421
부화부순夫和婦順 850
북두칠성北斗七星 86 87
북부여기北夫餘紀 32 198 200 202 856
북송北宋 846
북애자北崖子 33 127 196 201 204 772
북애노인北崖老人 757
북접北接 848
북종선北宗禪 824
분멸심分別心 319
분별지分別智 146 183 209 228 257 382 388 419
불佛 59 66 81 118 136 207 774
불각不覺 581
불개不改 651 658 696
불교不驕 59 60 83 91 167 184 185 578 581 595 596 626
불구不苟 578 582 601
불권不倦 650 655 680
불기不棄 375 439
불린不吝 579 631
불망不忘 220 229 236 266 269
불모不謀 579 585 628
불식不息 221 231 236 277

불연不然 77 101
불연기연不然基然 64 82 103 785
불우不尤 316 337 338
불이不貳 316 333
불혹不惑 220 228 256
불확정성원리(Uncertainty Principle) 102
붓다 185
브라흐마(Brāhma, 梵) 104
브라흐마Brāhma 59 104 105 118 136 795 799
브라흐마(Brāhma, Atman) 66 382
브라흐마(Brāhman 또는 Brāhma) 157
브엘세바 106
비감肥甘 454 458 477
비례물동非禮勿動 770
비례물시非禮勿視 770
비례물언非禮勿言 770
비례물청非禮勿聽 770
비로자나불(毘盧遮那佛 Vairocana) 852
비산誹訕 507 514 569 570
비슈누Visnu 794
비식鼻識 167 184
비파형 단검 문화 33
빈궁貧窮 701 710 747
빈우賓遇 317 324 361

【ㅅ】

사고嗣孤 317 324 362 363

사교과四敎科 773
사구게四句偈 826
사기捨己 316 320 335
사다함斯多含 806
사단四端 377 378 440 790
사도난정邪道亂正 848
사령四靈 200
사마광司馬光 778
사마디samadhi 795
사마 베다Sama Veda 798
사마온공(司馬溫公, 司馬光) 792
사마천史馬遷 780
새무얼 노아 크레이머(Samuel Creimer) 21
사상四相 96 319 763 776
사서집주四書集注 769 778 789 833
사성제四聖諦 185
사시四時 317 326 369
사시似是 374 383 395 396
사양지심辭讓之心 377 790
사종무상경四種無相境 96
사주四柱 463 504
사지(四智: 大圓鏡智, 平等性智, 妙觀察智, 成所作智) 823
사해四海 205
산(誠山) 285
삶의 교본 34 129 211 703 714
삼경三敬 111 112 148 849 850
삼경(三庚: 初伏·中伏·末伏의 三伏) 468

삼계三界 626
삼국사기三國史記 33 204 380 381
    768 782 803 808
삼국유사三國遺事 31 33 168 196 200
    204 379 380 806
삼독三毒 271
삼망(三妄: 心·氣·身) 138 180 183
    188
삼복(三伏, 三庚) 469
삼복三伏(初伏·中伏·末伏) 457 468
삼봉집三峯集 831
삼생만물三生萬物 76 77 90 97
삼선三僊 200
삼성기三聖紀 32 200 201 856
삼성기전三聖紀全 31 32 34 126 196
삼성밀기三聖密記 33
삼신三神 42 44 83 112 134 135 153
    154 160 163 169 180 197 199
    201 202 203
삼신三神(天神) 60
삼신묘三神廟 203 758
삼신사상 47
삼신오제본기三神五帝本紀 44 83 705
    722 857
삼신일체三神一體 31 34 40 41 42 44
    46 62 83 108 112 116 139 208
    211 216 225 226 243 244 246
    387 389 416 424 710
삼신일체(三位一體: 聖父·聖子·聖靈) 44

삼악도三惡道 86
삼위태백三危太白 39 808
삼일도三一圖 44 93 94
삼일사상三一思想 94
삼일신고(敎化經) 134
삼일신고三一神誥 31 34 37 45 46 86
    110 125 126 127 130 132 135
    140 144 146 147 155 159 186
    196 197 198 199 200 201 203
    211 217 224 703 714 810
삼일신고 독법讀法 131
삼일신고 봉장기(三一神誥 奉藏記) 130
    131
삼일신고三一神誥 서序 131 144 772
삼일三一 원리 125 132 138 141 185
    186
삼일철학역해종경합편三一哲學譯解倧
    經合編 200
삼재三才 379
삼전어三轉語 800
삼즉일三卽一 또는 다즉일多卽一 107
    112
삼즉일(三卽一, 會三歸一) 120
삼즉일三卽一 40 45 73 99 107 115
    132 134 160 389 424
삼진三眞 138 180 182 188
삼진(三眞: 性·命·精) 184
삼진(三眞: 眞性·眞命·眞精) 133
삼진신중일인출三眞神中一人出 756

삼한 380
삼한관경본기三韓管境本紀 387
삼한관경기본 마한세가三韓管境本紀
　　馬韓世家 42
삼환관경본기三韓管境本紀 34 35 62
　　196 201 416 857
상傷 507 512 548
상相 80
상고천진론上古天眞論 9
상대성이론 10 95
상보성원리(Complementarity Principle)
　　102
상부 맨틀 174
상생오행相生五行 93
상수上壽 700 703 715
상수학象數學 204 802
상제上帝 111 148
상즉상입相卽相入 95 97 827
상철上哲 138 182 435
상호관통 96
상호의존 96
상호전화 96
색계色界 626
색신色身 104
색장色莊 579 588 645
색즉시공 공즉시색色卽是空 空卽是色
　　71 78
생生 776
생멸生滅 77 101 117

생멸문生滅門 78 79 389 422 767
생멸심生滅心 167
생명의 순환 95
생명의 순환 고리 95 97 117
생명 헌장憲章 9
생사省事 104 579 623
생아生芽 375 447
생주이멸生住異滅 96
생천生天 154 160
생태계 95
서序 454 460 485
서恕 374 382 394
서거정徐居正 816
서경書經 88
서긍徐兢 41
서세동점西勢東漸 785 819
석가釋迦 381
석삼극무진본析三極無盡本 56 66
석절惜節 316 320 332
선善 578 582 599 622
선교仙敎 89
선교(仙敎, 神敎) 379
선사先史 33 381
선악과善惡果 183
선안仙安 700 703 718
선원先遠 454 460 486
선재동자善財童子 853
선종禪宗 229 759
선천 69

선천개벽先天開闢 68 69
선천건도先天乾道 68
설두송고雪竇頌古 799
설비設備 455 461 494
설식舌識 167 184
설신褻神 507 516 572
설인귀薛仁貴 128
설총薛聰 806
섬진무루纖塵無漏 161
섭제攝提 88
성性 86 138 150 155 181
성誠 182 183 217 220 266 712
성경聖經 46 59
성・경・신(誠・敬・信) 850
성경이자誠敬二字 381 786
성경팔리聖經八理 203
성기원도 절친견(聲氣願禱 絶親見) 156 161
성기원도 절친견 자성구자 강재이뇌(聲氣願禱 絶親見 自性求子 降在爾腦) 46
성리性理 10 385 408 409
성리서性理書 792
성리학性理學 68 846
성・명・정 61 62
성부 83
성부・성자・성령(聖父・聖子・聖靈) 40 61
성선性善 440 790

성선설性善說 377
성소작지成所作智 110 766
성속일여聖俗一如 68 387 416
성신 86
성제사聖帝祠 203 758
성통·공완性通功完 87 110 113 125 128 137 138 139 140 158 163 167 168 170 181 185 187 190 196 206 214 217 582 634
성통광명性通光明 125 133 136 138 157
성호聖號 44
세계世界 137 140 171 172 186
세구世久 650 653 661
세년가世年歌 832
세문법世間法 149
세속5계(世俗五戒) 380
세습世襲 700 703 719
세장世章 700 705 727
세조 203
세존(釋迦世尊) 851
세종 203
세친(世親 또는 天親 Vasubandhu, 320~420) 762
소小 651 658 693 701 709 746
소강절邵康節 68 791
소개벽 68
소국과민小國寡民 782
소도 199 704

소도경전본훈蘇塗經典本訓 31 32 44 46 56 83 93 125 126 134 195 200 735 857
소도의식 199 705 720
소동파蘇東坡 792
소림사少林寺 825
소립자素粒子물리학 10
소문素問 861
소소령령昭昭靈靈 161
소실육문少室六門 825
소양小陽 815
소옹邵雍 847 858
소우주 99 110 115
소우주인 120
소음小陰 815
소정방蘇定方 128
소행성 137 173 176 177
속단續斷 316 322 343
속완위여편續宛委餘編 34 138
속제俗諦 80
손巽 815
손화중孫華中 848
송가전松家田 39 756
송시열宋時烈 788
송절送絶 507 514 568 569
쇄우鎖憂 221 235 305
수교修敎 579 585 618
수덕문修德文 785
수두교蘇塗敎 199 203 204 704

수두교(神敎) 203
수메르인 21
수밀이국須密爾國 21
수보리 760
수빈首濱 454 460 487
수산水山 454 459 483
수성(水星, Mercury) 173 177
수식收殖 455 461 502
수신修身 375 391 437 438
수신제가치국평천하修身齊家治國平天下 34 388 422
수심정기守心正氣 186 382 850
수연행隨緣行 825
수오지심羞惡之心 377 790
수운水雲 109
수운水雲 최제우崔濟愚 175 785 818
수이전殊異傳 33
수자상壽者相 319 760
수해獸害 701 709 743
수화水火 701 709 741
숙정肅靜 220 224 246 247
순循 317 320 326 368
순順 578 583 609
순수의식 66 119 136 150 156 157 164 207 422
순수의식(전체의식, 보편의식, 근원의식, 우주의식) 63
순수의식(전체의식, 우주의식) 81
순자荀子 792

순지順志 221 235 306 307
순천順天 221 233 234 276 290 586
숭덕崇德 220 224 240
숭천교崇天敎 34 139
숭천교(崇天敎・玄妙之道・風流, 신라)
　　　203
습범襲犯 651 657 683 684
승僧 774
승법계도원통기乘法界圖圓通記 855
승찬僧璨 783
시恃 82
시施 374 386 412
시時 454 456 464
시각始覺 581 766
시경詩經 792 834
시공연속체 95
시비지심是非之心 377 790
시중時中 771
시천恃天 103 158 221 233 299 300
　　　849
시천주恃天主 82 86 103 137 168 186
　　　849
시천주 조화정 영세불망 만사지恃
　　　天主造化定永世不忘萬事知 786
시총恃寵 506 509 530 531
식息 86 89 138 184 185 189 250
신 183 188
신신 217 316 318
신神 151 155

신身 86 138 183
신고三一神誥 34 126
신교神敎 41 45 203 802
신교神敎문화 203
신교총화神敎叢話 37 41
신국神國 136 137 163 165 166 168
　　　169
신단수 196
신독愼獨 506 509 521 522
신라 39 139 204 379
신라국사문원효전新羅國沙門元曉傳
　　　764
신라본기新羅本紀 380 768
신라 효성왕 379
신명神明 653 660
신명迅命 221 235 311
신명계神明界 522
신사기神事記 131 200 201 202
신선도문화 379 782 814
신선의 나라 379
신성靈性 233
신성神性 45 59 111 112 113 135
　　　136 150 155 156 159 160 165
　　　167 214 233 586 653 661
신성(참본성) 224
신성 회복 113
신수神秀 783
신시神市 125 148 151 196 201
신시개천神市開天 125 126

신시神市 배달국 195
신시본기神市本紀 31 126 196 198
　　199 201 857
신시神市시대 60 168 202 380 381
신시씨神市氏 196 199 201 204
신시역대기 857
신시이화神市理化 195 200
신식身識 167 184
신·인간 이원론 159
신정神政 199 201
신지神誌 32 195 196 200 758
신지비사神誌秘詞 37
신천信天 300
신취神聚 220 229 276
신향神鄕 128
신화神和 586 620
실성實性 81
실시失始 221 232 283
실시失屍 701 708 739
실차난타實叉難陀 Śikṣānanda, 652-710)
　　773
심心 86 138 183 184 188
심곡心曲 303
심관心關 328
심령心靈 612
심생즉종종법생 심멸즉종종법멸心
　　生則種種法生 心滅則種種法滅 91
심우尋牛 230 271
심우도尋牛圖 229 271

심적心蹟 374 383 399
심체무이心體無二 79
십간十干 462 504
십문十門 105
십이지十二支 463 504
십중법문十重法門 766
십지품十地品 852
쌍림 부대사雙林傅大士 761
쓰리랑 705

【ㅇ】

아래 밝은이(下哲) 180 182 187 436
아르주나Arjuna 795
아리랑(alirang) 705
아메리카판 174
아사달 151
아상我相 319 760
아슈바고샤(Ashvaghosha, 馬鳴) 78
아원자 물리학 77
아인슈타인(Albert Einstein) 95
아키히도 일왕 204
아타르바 베다(Atharva Veda) 798
아트만Atman 157
아프리카판 174
아홉구멍(九竅) 213 227 252 463 504
　　532
안념安念 374 385 409
안데스산맥 175

안민安民 316 323 356
안식眼識 167 184
안장왕安藏王 41
안정安定 578 584 610
안충安衷 221 235 304
안파견安巴堅 환인桓仁 31
안함로安含老 32 857
알라(Allah) 59 118
알파(α) 59
애愛 217 374 376
애별리고愛別離苦 185
애인愛人 578 581 590
야곱 106
야발 147
야보 도천(冶父道川) 761
야주르 베다Yajur Veda 798
약約 316 320 322 340
약자도지용弱者道之用 56 780
양가(羊加 또는 鷄加) 151
양괴凉怪 454 466 467
양구養口 221 235 309
양능揚能 578 583 607
양성養性 375 391 436
양열讓劣 578 581 598
양자공학 11
양자역학量子力學 9 95
양자장量子場 12 77
양자장(量子場 quantum field) 77
양자장(量子場 quantum field)이론 10

양천養天 103 158 849
양천주養天主 103 158 849 850
양체養體 221 235 308
양혜왕梁惠 789
어제삼일신고 찬(御製三一神誥 贊) 130 132 810 812
엄嚴 579 588 640
에벤키족 705
여래장如來藏 79 764 766
여실수행如實修行 320
역逆 507 515 571
역경易經 792
역경(易經 The I Ching) 88
역경(易經, 周易) 813
역구逆詬 507 516 576
역법曆法 205 802
역사易祀 506 510 533
역易사상 204
역수力收 375 443
역수책수數策 90
역종易種 454 459 481
역천逆天 234
연기緣起 185
연기론적緣起論的 생명관 97
연기적緣起的 세계관 91
연속連續 651 684 685
연약권(軟弱圈, asthenosphere) 174
연좌석宴坐石 380
연촉聯燭 664

열烈 317 320 324 360
열반涅槃 104
열반경종요涅槃經宗要 816
열반종요涅槃宗要 91 156 165 816
열역학 제1법칙 101
열염熱染 454 457 467 468
염染 73 83
염정제법染淨諸法 227
영盈 651 656 682 701 707 734
영가현각永嘉玄覺 824
영대靈臺 227 252
영대(靈=靈臺) 213 510 532
영명榮命 316 323 355
영보각靈寶閣 130
영부주문靈符呪文 65 86 109 849 850
영성 계발 215 703
영육쌍전靈肉雙全 68 387 416
영적靈的 교정 215
영적 일체성 92 159 378 581
영적靈的 진화 92 103 215 381 422 703
영적 차원 106
영추靈樞 861
영취산靈鷲山 797
영혼의 정화(purification of soul) 113
예기禮記 778 792 833
예모禮貌 578 584 613
예수 164
예수 그리스도 63

예장 종경豫章宗鏡 761
예제預劑 455 461 505
오가五加 127 130 148 151
오가五家 127 758
오가칠종五家七宗 783 824
오근五根 189
오대산사고 831
오륜五倫 788
오메가(Ω) 59
오성취루五星聚婁 33 858
오심불경 즉천지불경(吾心不敬 卽天地不敬) 111 849
오심즉여심吾心卽汝心 112 175
오온五蘊 185 796
오욕칠정五慾七情 91 92
오조五祖 763
오종가풍五宗家風 783
오취온고五取蘊苦 185
오행(五) 90
오행五行 86 88 90 91 97
옥백玉帛 700 723 724
온양穩養 375 393 449
온지溫至 579 585 621
옴(OM) 59
완급緩急 374 387 411
왕검교王儉敎 34 139 203
왕검조선 151
왕도정치王道政治 790
왕시往時 454 457 472

왕양명王陽明 778
왕엄주王弇洲 34 138
왕의영王懿榮 36
외선外善 651 658 692
외유기화外有氣化 82 83 103 157 233 786
요遼 758
요검要儉 455 461 496
요나라 204
요동遼東 829 858
요한계시록(Revelation) 59 150
욕계欲界 626
욕급欲及 650 655
용容 374 384 402
용用 80
용담유사龍潭遺詞 64 103 111 165 186 223 381 458 476
용마龍馬 93
용부勇赴 579 587 635
용시용활用時用活 850
우가牛加 151
우두牛頭 720
우사雨師 196 201
우상숭배 60 111 149 159 165 209
우수牛首 720
우주의식 66 136 150 157 207
우주적 무도舞蹈 89
우주적 본성 119 150 186
우주적 본성(神性) 159

우주적 생명 89
우주적 에너지 95
우주적 자아(cosmic self) 224
우파니샤드(The Upanishads) 59 382 794 820
운동의 법칙 92
운문문언雲門文偃 800
운문종雲門宗 799
운사雲師 196 201
운삼사 성환오칠(運三四 成環五七) 90 97
웃가야(上伽倻) 33
원각경 772
원기元氣 210 327 373
원동중元董仲 32 201 857
원방각圓方角 44 93
원시반본原始返本 43 118 119 704 714
원오극근圓悟克勤 799
원융무이圓融無二 112 118
원융회통圓融會通 379 777
원전圓轉 221 232 280
원죄原罪 183
원증회고怨憎會苦 185
원혐遠嫌 578 583 602
원회운세元會運世 68 859
원효元曉 78 79 149 379 384 764 775
원효대사元曉大師 91

원효대사전집元曉大師全集 79
원희原喜 374 386 413
위만조선衛滿朝鮮 131
위비慰悲 579 587 633
위사委唆 507 513 556 557
위성 137 173 176
윌리엄 블레이크(William Blake) 94
유가儒家 378
유가有加 651 657 685 686
유고裕庫 700 706 730 731
유관柳寬 832
유교 59 378
유구有久 650 655 675 676
유라시아 204
유라시아판 174
유린有隣 650 655 677
유물론 159
유·불·선(儒·佛·仙) 380 392 409
　　440 791
유사눌柳思訥 832
유성 173 176
유식사상唯識思想 78 167 775
유심론 159
유아幼我 374 383 395
유오산천 무원부지(遊娛山川 無遠不至)
　　205
유응두柳應斗 772
유인有因 38 204
유인씨有因氏 38 204

유일신(神性) 150
유일신(唯我) 112
유일신唯一神 44 45 46 58 59 60 61
　　62 63 66 102 118 135 136 154
　　155 158 159 160 207 209 227
유일신 논쟁 63 159
유일신(참본성) 17
유일자 63
유정由情 374 383 400
유조有早 650 654 668
유태流胎 506 511 544
유형지천有形之天 237 368
유희령 832
육育 375 389 423
육감六感 227 249 252
육경六境 184 189
육근六根 184 189
육바라밀六波羅蜜 826
육신보전肉身寶殿 89
육십갑자六十甲子 463 504
육임제六任制 850
육정六丁 457 468
육조단경六祖壇經 81 384 822
육조 혜능六祖慧能 60 81 759 761
육체적 자아(corporal self) 224
육친六親 644
육친育親 317 324 362
윤기倫紀 439
윤상倫常 439

윤자潤資 455 461 498
윤회輪回 368 371 378
윤회輪廻 96
윤회 사상輪廻思想 91
으뜸 밝은이(上哲) 179 180 182 187 435
은건隱愆 578 583 608
은비가隱秘歌 40 756
은하계 137 172 173
은허殷墟 36
은허문자殷墟文字 36
을밀선인乙密仙人 37 197 202
을보륵乙普勒 198
을지문덕乙支文德 806
을파소乙巴素 37 195 197 200 202 806
음淫 506 511 540
음陰 507 514 559
음양 86
음양동정陰陽動靜 69 210 326 370
음양상극陰陽相剋 69
음양오행 75 84 85 86 89 90 93 96 97 120
음양오행(七) 90 93
음양陰陽 이기二氣 90 97
응應 215 217 700 702
응복應福 700 706 730
응천應天 221 233 292
응화비진분應化非眞分 760

의義 316 320 328
의상義湘 776 854
의상대사義湘大師 91
의상전義湘傳 855
의식意植 220 228 253
의식意識 166 184
의식의 사다리 106
의암義菴 손병희孫秉熙 848
의전意田 254
의천疑天 300
의학오경醫學五經 861
이離 815
이異 776
이理·공空·무無 409
이규보李奎報 33
이기二氣 85
이기이원론理氣二元論 847
이기철학理氣哲學 847
이맥 32 130 200
이명李茗 132 758
이문일심二門一心 78 79 105
이물移物 454 459 479 480
이변비중離邊非中 767
이생삼二生三 76 77 90 97
이수利隨 700 706 732
이승휴李承休 33 758 829
이시와타리 신이치로(石渡信一郎) 204
이식耳識 167 184

이암李嵒 32 135 140 202 857
이율곡李栗谷 90 791
이입理入 825
이입사행론二入四行論 115 228 824
이종입二種入 825
이천식천以天食天 65 849 850
이학파理學派 791
이화세계 133 389 424
익심匿心 506 509 519
익중益增 650 653 663
인仁 578 580 589
인각人角 93
인간認懇 374 386 414
인간불평등기원론 24
인기어인人起於寅 68
인내천人乃天 64 82 134
인내천人乃天 사상 134
인도 104 379
인도인 104
인도관 174
인드라 94
인드라망(Indra網) 94 852
인물人物 71 78 83 99 120 127 128 138 140 141 154 176 179 181 186
인병刃兵 701 709 740 741
인사人事 70 78 88 112 114 166 326
인상人相 319 760
인오동포人吾同胞 149

인욕(忍辱, patience) 320 774
인우구망人牛俱忘 230 271
인의예지仁義禮智 378 382 790
인중천지일人中天地一 41 42 80 83 87 108 110 112 114 116 134 196 206 216 217 243 245 389 424
인화人和 586 620
인회寅會 68 71
일관一觀 105
일구昵仇 317 324 325 365
일묘연만왕만래 용변부동본(一妙衍萬往萬來 用變不動本) 100 106 107 154 161
일미관행一味觀行 766
일본 204
일본 호상열도 175
일생이一生二 76 77 90 97
일성一性 217
일승법계도원통기一乘法界圖圓通記 855
일시무시일一始無始一 55 56 66
일신(唯一神) 44 61 135 140
일신一神 42 66 127 129 135 136 140 153 160 163 165 172 176 183 187 206 224
일신강충一神降衷 125 136 157 208 224 226 244
일심一心 66 79 81 99 106 119 135

　　　　136 149 150 167 207 217 226
　　　　227
일심(自性) 80
일심법一心法 78 79 82 83
일심위대승법一心爲大乘法 149
일심이문一心二門 78
일엄溢嚴 220 228 258
일연一然 33 196 200 806
일원宇宙曆 1年 68 96
일월日月 317 326 370
일월성신日月星辰 237
일적십거 무궤화삼一積十鉅無匱化三
　　　　72
일종무종일一終無終一 117 120
일즉다一卽多 57 70 106 107
일즉삼一卽三 40 45 57 73 107 134
　　　　160 389 424
일즉삼(一卽三, 一卽多) 112
일즉삼(一卽三, 執一舍三) 120
일즉삼·삼즉일(一卽三·三卽一) 47
　　　　51 87 102 113 114
일즉삼(一卽多)·삼즉일(多卽一) 47
일체유심조사상(一切唯心造思想) 776
일환세계一丸世界 177
임검씨 205
임아상任雅相 198 201
임제종臨濟宗 799
입기立氣 247
입법계품入法界品 852

입본立本 455 461 501
입신立身 220 228 255
입자-파동의 이중성 10
입전수수入纏垂手 230 271

【ㅈ】

자겸自謙 578 581 596 597
자공 320
자기自記 220 229 268 269
자기 생성적 네트워크 체제 67 77
　　　　84 102 154 161 208 226
자본자근自本自根 56 66 101 172
자비慈悲 378
자사子思 789 833
자생자화自生自化 56 66 80 101 172
자성(本性) 136 153
자성自性 45 61 81 83 109 118 156
　　　　160 162 224
자성구자 강재이뇌自性求子 降在爾腦
　　　　156 159 161 162
자성자도自性自度 384
자성자오自性自悟 800 824
자수自修 650 655 679
자연自然 650 653 666
자연법 215 703 712
자연지성自然之誠 269
자오지慈烏支 환웅 204 802
자임自任 220 229 267

자취自就 579 585 626
자하선인紫霞仙人 37
자회子會 68 71
작용 76 77 78 80 81 82 84 85 90
　　　101 104 117 157
작용·반작용의 법칙 92
잠재의식 167
장가藏呵 579 587 638 639
장건壯健 454 460 492
장권獎勸 375 389 427
장당경藏唐京 807
장본戕本 506 511 542
장수왕 204
장실將失 374 383 398
장자莊子 56 57 60 65 101 105 498
　　　791 827
장자藏子 506 511 543
장재張載 847
장주莊周(莊子) 101
장지將至 454 457 473
재목在目 220 229 272 274
재세이화在世理化 42 44 47 110 125
　　　127 133 136 137 138 139 157
　　　167 170 196 198 199 200 201
　　　202 206 207 214 216 587 635
재아在我 316 322 347
저가猪加 151
적積 650 653 659 660 700 702 712
적상산사고 831

적석산積石山 204 802
전계佺戒 197 199 201 705 721 722
전계(佺戒=參佺戒) 198
전국시대戰國時代 789 827
전등록傳燈錄 782
전매全昧 374 384 406 407
전문篆文 32
전봉준全琫準 848
전불前佛시대 380
전서篆書 200
전악傳惡 651 657 686 687
전前6식 184 189
전일성全一性 77
전자篆字 32
전적이체全的理諦 149
전체의식 66 111 136 150 157 207
전탁傳托 375 393 451
절대 시공時空 95
절대자絶對者 66 118 136 207
절사絶祀 701 708 738
절종絶種 506 511 546
절화節化 700 705 724
접주제接主制 850
접포 850
접포제接包制 850
정淨 73 83
정精 86 138 181 182 183 184
정각가精覺歌 40 755
정기正氣 247

정도전鄭道傳 33 830
정로定老 375 389 429 430
정명도程明道 792
정묵靜默 578 584 611
정선正旋 579 636
정성의 산(誠山) 233
정수庭授 650 653 664
정식精食 455 461 462 497 498
정실淨室 220 224 248
정심正心 220 227 236 251 252
정외情外 374 384 404
정이程頤 778 833 847
정족산사고 831
정중동 동중정靜中動 動中靜 422
정직正直 316 320 330
정진精進 774
정치대전 34 129 211 703 714
정치적 자유주의 45 159
정현鄭玄 769
정혜쌍수定慧雙修 763
정호程顥 778 833 847
제濟 217 454 456
제1강령 성誠 207 217 222
제2강령 신信 209 218
제2의 르네상스 113
제2의 종교개혁 113
제3강령 애愛 210 218
제4강령 제濟 211 218
제5강령 화禍 212 218

제6강령 복福 213 218
제7강령 보報 214 218
제8강령 응應 215 218
제8식 167
제가齊家 207 707
제경공齊景公 770
제동사상齊同思想 828
제물론齊物論 60 105 828
제법諸法 73 83
제석천帝釋天 89
제석천궁帝釋天宮 94 852
제석천왕 94
제손諸孫 700 703 716
제씨諸氏 196
제왕운기帝王韻紀 33 758 829
조광조趙光祖 791
조기造器 455 461 503
조대기朝代記 31 33 758
조물자造物者 65 66 103 136 207
조산造山운동運動 174 178
조선경국전朝鮮經典 33 830
조선 시조 단군사당 204
조선왕조실록朝鮮王朝實錄 33 831
조습燥濕 454 458 478 479
조식調息 185 190 319
조식법調息法 190
조신調身 319
조신신물造燒燒物 160
조심調心 319

조의국선皂衣國仙 168 380
조의국선皂衣國仙의 국풍國風 60
조주종심趙州從諗 800
조천석朝天石 203 758
조화造化 61 62
조화경造化經 31
조화造化기운 206
조화 기운 99 172 216 217
조화자造化者 65
조화造化 작용 65 75 102 137 138
　　　172 175 208 213 225 241 516
존물存物 578 583 605
존봉尊奉 220 224 238 239
존재의 집 65
존재혁명 114
존 코벨(Joan C. Covell) 204
종교개혁 113 114
종문제일서宗門第一書 800
종훈倧訓 197 705 721
주住 776
주공主恭 578 584 613
주周나라 780
주돈이(周敦 頤, 周濂溪) 846
주렴계周濂溪 68
주륜湊倫 375 391 439
주문공(朱文公, 朱子) 792
주수株守 650 654 671
주신교主神教 203
주인朱因 196 201 758

주자朱子 68 86 778 846
주자전서周子全書 848
주주사周柱史 768
주주사(周柱史: 老子) 381
주체-객체 이분법 102 154 161 176
　　　209 231 274
주하사柱下史 780
준계遵戒 579 585 620
중重 650 654 667 700 705 721
중간밝은이(中哲) 180 182 187 436
중과衆寡 454 460 489
중관사상中觀思想 775
중국 379
중국中國25사史 204
중도中道 208 209 225 244 245 322
　　　342
중생상衆生相 319 760
중성中誠 300
중시重視 316 322 345
중용中庸 150 322 622 770 833
중용장구中庸章句 769 833
중용전中庸典 208
중일中一 42 47 208 225 226 244
　　　387 389 416
중일中一의 법도 225 244 245
중정中正 850
중정中正의 도道 209 322
중종임신본中宗壬申本 808
중철中哲 138 182 436

중화中和 586
중화진탕中火震盪 178
증자曾子 778
지地 454 458 474
지智 455 461 493 494
지각 변동 178
지감至感 186 190 221 233 236 288 289
지계持戒 774
지계(持戒, morality) 320
지공기誌公記 33
지관止觀 774
지구地球 173 177
지기地氣 476
지기至氣 42 112 119 135 136 154 159 163 165 207 584
지기(至氣, 混元一氣) 135
지념持念 578 584 615
지령地靈 458 476
지리地理 77 88 96 112 114 166
지망地網 701 709 744 745
지방地方 93
지벽어축地闢於丑 68
지분知分 578 584 616
지상천국 139
지상천궁地上天宮 137
지어지선止於至善 834
지엄(智儼, 602~668) 854
지위리 환인智爲利 桓仁(檀仁) 31

지장왕보살地藏王菩薩 89
지전地轉 71 75 78 83 96 120 140
지중知中 209 316 322 342
지천명知天命 59
지천태괘地天泰卦 68 850
지행止行 80 231 276 389 422 767
직접참여 422
진瞋 271
진震 815
진경眞經 37 39 41 44 756
진공묘유眞空妙有 17 784
진노瞋怒 579 585 625
진리 불립문자不立文字 58
진리의 중추 111 149
진명眞命 87 138 182
진묵 대사震默大師 26
진산塵山 221 232 284
진삼국사기표進三國史記表 804
진성眞性 84 85 86 87 89 125 136 138 157 158 181 182 183 187
진속眞俗 평등 105
진여眞如 66 77 79 81 101 112 117 136 149 167 186 207 379 382 384 581
진여대해 영절백비고(眞如大海 永絶百非故) 149 384
진여문眞如門 78 79 80 389 422 767
진역유기震域遺記 33 758
진인사대천명盡人事待天命 114 232

282
진정 87 138 182
진제眞諦 80 117
진제삼장(眞諦三藏 Paramartha) 773
진종교眞倧敎 203
진화론 102 159
질권質權 537
질능嫉能 507 514 564
질병疾病 701 710 748
짐독鴆毒 507 513 550 551
짐새 513 550 551
집강執綱 850
집강소執綱所 851
집성체集聖諦 185
집일함삼執一含三 34 40 42 46 134 160
집일함삼 회삼귀일(執一含三 會三歸一) 34 125
징심록澄心錄 37 802 835
징심록추기澄心錄追記 37 38 835

【ㅊ】

찰합拶合 316 322 351 352
참나 44 46 61 63 109 112 160 210 215
참나(우주적 본성, 神性, 自性, 一心) 70
참됨(三眞) 183
참목숨(眞命) 180 187

참본성 15 19 26 45 108 115 135 136 137 150 154 155 158 159 162 167 170 181 182 187 198 207 208 216 222 225 241 243 850
참본성(神性) 156 224
참본성(自性) 46 156
참본성(自性, 一心, 순수의식) 45
참본성(血性) 222
참본성(참성품) 138
참성품(眞性) 187
참여하는 우주 102 208 226 230 273
참여하는 우주(participatory universe) 102
참전 197
참전參佺 195 202 214 585 586
참전계參佺戒 195 197 199 200 202
참전계경參佺戒經 31 37 45 88 110 167 195 196 197 199 200 202 203 206 211 216 217 703 707 714 836
참정기(眞精) 180 187
창冊 650 655 674 675
창도彰道 220 224 244
창세기(Genesis) 106 181
창조론 102 159
창조신創造神 207
창조신(the god of creation) 104

창조주創造主 66 118 136 207
척경踢傾 506 509 525
척방斥謗 650 654 672
척벽拓闢 454 459 482
척정斥情 220 228 264
척확尺蠖 403
천天 155
천간天干 468
천개어자天開於子 68
천경天經 37 126
천경(天符經) 34 126
천계문학(天啓文學: śruti) 820
천공조화天工造化 242
천궁天宮 127 128 136 140 163 164 166 169 170 186 198 201 202
천권天捲 700 706 733
천덕天德 216 240 372
천도天道 31 44 62 73 93 112 139 208 211 216 225 243 244 301 387 389 416 424 710
천도교 59
천도교경전天道敎經典 82 86 103 109 110 111 119 149 158 186 208 223 584
천라天羅 701 709 744
천령天靈 440
천리天理 55 73 78 83 99 120 140 214 245 290 292 326 586 653 661

천문학 205
천범天範 128
천보산 태소암본(天寶山 太素庵本) 129
천부天符 37 44 88 134 204 205 802
천부경(造化經) 44
천부경天符經 31 32 34 36 39 40 47 76 77 80 83 96 102 108 110 113 114 117 119 126 127 154 161 164 172 176 196 197 200 203 211 217 245 327 703 714 841
천부도天符都 38
천부 문화 38
천부보전天符寶篆 34 37
천부삼인天符三印 38
천부인天符印 39 808
천부중일天符中一 44 99 109 113 115 118 120 134 140 389 424
천부진경天符眞經 37
천산(天山, 波奈留山) 166
천산주天山洲 204 802
천상천하유아독존天上天下唯我獨尊 63
천성天性 436 437
천손족天孫族 166
천시天時 70 77 88 96 112 114 166 326
천신天神 66 126 136 207 237 239 250

천신교天神教 203

천실踐實 316 322 341

천심天心 211 253 254 391 440 441 478 650 653 665

천안궁 198 202

천연불망天然不忘 266 267

천연지성天然之誠 269 271

천왕성天王星 173 177

천원天圓 93

천이삼 지이삼 인이삼(天二三 地二三 人二三) 73 75 76 77 80 83 84 90 97 154 161

천이 지이 인이(天二 地二 人二) 76 84 90 97

천인지리天人之理 242

천인합일天人合一 103 112 168 199 705 720

천일天一 88

천일 지일 인일(天一 地一 人一) 76 77 80 83 84 90 97

천주天主 60 86 137 165

천주天主(하느님) 65 207

천지 개벽 69 96

천지본음天地本音 18 38 47

천지부괘天地否卦 68

천지부모天地父母 25 119 849 850

천지 운행 69 70 75 76 84 93 94 96 120 154 161 169 216 584 813 858

천지윤회天之輪回 372

천지이기天地理氣 172 850

천·지·인 62 379 389

천지인·귀신·음양(天地人·鬼神·陰陽) 850

천·지·인 삼극三極 66 72 74 182

천·지·인 삼신三神 61 160

천·지·인 삼재三才 44 60 70 108 110 160 168 199 203 217 225 243 424

천지창조天地創造 22 67 71 137 172 176

천지 포태胞胎 86 89 96 850

천통天統 128

천패天敗 316 322 346

천하(天河=天海: 바이칼호) 705 722

천화天和 586 620

천황 204

철인정치 713 714

첩응貼膺 220 229 269 270 274

청清 622

청구青邱 204 802

청나라 204

청룡青龍 88

청원행사青源行思 783 824

청천聽天 209 221 233 234 293 322

청평이명清平 李茗 33

체體 80

체담替擔 316 321 339

체측替惻 578 581 593

초요招搖 88

초월 101 157

초전법륜初轉法輪 185

촉觸 86 89 138 183 184 189 250

촌적忖適 316 322 348 349

최고운 사적본崔孤雲 事跡本 35

최문창후전집崔文昌候全集 35

최시형崔時亨 785 819

최잔摧殘 507 512 553

최제우崔濟愚 64

최치원崔致遠 32 33 381 768 806 855

추趨 789

추기탁인推己度人 206 707 735

추적秋適 792

축건태자竺乾太子 381 768

축회丑會 68 71

춘추시대春秋時代 780

출세문법出世間法 149

충忠 316 320 323 352

충기冲氣 76

충서忠恕 377

취인取人 506 510 538 539

취준驟峻 651 658 691

측은지심惻隱之心 377 790

치癡 271

치국治國 207 707

치국평천하治國平天下 207 707

치우蚩尤 196 201 758

치제문致祭文 35

치지致知 220 228 260

치화治化 61 62

치화경治化經 87 196 203

치화기治化紀 200 201 202

치화주治化主 200 201

칠백세계七百世界 137 171 172 176

칠성기도 87

칠성판七星板 87

칠정七情 86 87 400 626

칭법행稱法行 825

【ㅋ】

카르마(karma, 業) 91 92 96 183 215 325 366 378 703 712

카르마의 법칙 91

코란The Holy Quran(Koran) 59

코펜하겐 해석 12

퀴글리(Carroll Quigley) 41

크리슈나Krishna 794

【ㅌ】

탈취 506 510 531

탐食 271

태兌 815

태극太極 72 86 93 846

태극太極(無極) 66 136 207

태극도太極圖 846
태극도설太極圖說 68 86 846 848
태극도설해太極圖說解 847
태백산太白山 166 196
태백산사고 831
태백일사太白逸史 31 32 34 35 42 44 46 56 57 62 83 93 125 126 127 132 140 195 196 197 198 199 200 201 202 379 387 416 705 722 735 856
태백일사본太白逸史本 35 130
태백진훈太白眞訓 132
태소암본 130 132
태양太陽 173 177 815
태양계(Solar System) 137 172 176
태우의太虞儀 379 782
태음太陰 88 815
태일太一 88
태평양판 174
태학太學 127
태호복희씨太皞伏羲氏 87 93 813
택재擇齋 220 249
터키(突厥國) 204
토성土星 173 177
투권偸卷 506 510 537
투질妬質 507 514 567
투현妬賢 507 514 563
특절特節 579 588 642

【 ㅍ 】

파릉 선사 114 801
파릉취모검巴陵吹毛劍 801
파미르고원(波奈留山, 天山崑崙) 38 133 204
판구조론(板構造論, PlateTectonics) 137 174 178
팔강령(八綱領, 八理) 87
팔공진인八公眞人 37
팔괘八卦 87 93
팔괘묘八卦廟 89
팔리훈八理訓 196 203
팔식八識 167
팔자八字 462 503 504
팔절八節 87
패리敗理 507 516 574
패망敗亡 701 710 749
패정佩政 316 323 353
편년체 사서編年體史書 831
편허偏許 374 386 417
평등무이平等無二 81 113
평등성지平等性智 109 379 387 392 419 440 766
평천하平天下 207 707
폐물閉物 220 228 262 263
포덕문布德文 785
표면의식 167 184 189
표제음주동국사략標題音註東國史略

832
표훈천사表訓天詞 33
풍류風流 211 380 381 440 768
풍백風伯 196 200
풍우뇌정風雨雷霆 237
필도必圖 507 513 554 555

【ㅎ】

하나 (一) 44 45 55 56 57 58 59 60
　　61 62 63 65 66 70 71 72 75 76
　　77 78 80 82 83 84 85 86 90 92
　　93 94 96 97 99 100 101 102
　　105 112 117 119 134 135 138
　　140 150 151 153 166 169 178
　　181 182 183 208 209 217 227
　　244 327 373 382
하나님 44 59 66 128 136 146 155
　　164 171 172 175 178 181 207
　　208 223 237 238 239 244 245
　　248 249 251
하나님(根本智) 188
하나님(唯一神) 153 163 169 208 225
하나님(天神) 237 244 246
하나님(天主) 118
하나님(天主・Allah・Brāhma・道・神性)
　　45
하나님[一神, 唯一神] 198
하늘(天) 60 129 135 136 140 148
　　150 151 155 186 207
하늘[天主] 45
하늘기운(全體意識, 宇宙意識, 純粹意識)
　　230 275
하늘기운(우주의식) 213 516
하늘님 150
하늘님(唯一神) 150
하늘님(하느님) 160
하늘마음(天心) 210 323 665
하늘의 그물(天羅) 94 215
하늘의 하늘 223 237
하도河圖 88 93
하도河圖(龍圖) 93
하도낙서河圖洛書 93
하란 106
하부 맨틀 174
하성下誠 300
하우夏禹 93
하이젠베르크(Werner Heisenberg) 102
하철下哲 138 182 436
하택신회荷澤神會 782
하택종荷澤宗 782
하회何悔 316 322 350
한국문화 204
한사상 73
한생명 47 70 87 92 113 133 139
　　155 159 186 214 245 378 382
　　587 635
한얼 66 136 207

한얼교 203
한울 66 136 207
한울님 165
함지咸池 88
함허涵虛 762 764
합동合同 454 490
해강解剛 454 458 476
해동성국海東盛國 195
해모수解慕漱 198 202 857
해세계(태양계) 171 176
해양판 174
해왕성(海王星, Neptune) 173 177
해월신사법설海月神師法說 848
해월海月 최시형崔時亨 848
해저확장설海底擴張說 174
해환육천海幻陸遷 178
행성行星 137 173 176 177
행입行入 825
행촌삼서杏村三書 132
향아설위向我設位 849 850
향지국왕香至國王 825
허광虛誆 316 321 336
허령虛靈 220 228 259
헌원軒轅 88 861
헤스(H. Hess) 174
혁거세왕 39
혁덕赫德 32
현묘지도(玄妙之道, 風流) 60 168 190 380

현빈玄牝 65
현상계 70 82 86 101 104 106 157 159
현수대사賢首大師 법장法藏 854
현수종賢首宗 854
현예賢裔 700 705 725
현장玄奘 761 797
혈구지도絜矩之道 206 207 215 707 735 779
혈사血祀 700 703 720
혈사자血祀者 704 720
형역刑役 701 709 743
혜가慧可 783
혜능慧能 384 783 822
혜성 173 176
호물護物 578 581 591 592
호은怙恩 506 509 529
호쯔마 전(秀眞傳) 33
혼원일기混元一氣 40 44 45 46 55 57 62 66 70 90 92 102 103 110 112 119 120 136 137 138 154 157 159 165 175 178 206 207 208 209 225 226 227 233 241 244 382
혼원일기混元一氣(唯一神) 44
홍량弘量 579 587 630
홍범구주洪範九疇 88 93
홍암 나철弘岩 羅喆 131
홍익인간弘益人間 39 42 44 47 125

127 133 136 137 138 139 157
166 167 168 170 196 198 200
201 202 206 207 214 389 424
587 632 635 714
홍익제물弘益濟物 195 200
홍인弘忍 384 763 783
홍행촌수紅杏村叟 132
화和 579 585 617
화禍 217 508
화랑도 205 380
화성火星 173 177
화신化身 82 83 105
화신(化身, nirmakya)[應身] 773
화신(化身, 應身) 80
화신불 81
화신불(化身佛, 應身佛) 81
화엄경華嚴經 94 851
화엄일승법계도華嚴一乘法系圖 57 854
화엄초조華嚴初祖 854
화쟁和諍 379
화쟁회통和諍會通 82
화정국사和靜國師 원효元曉 816
환검 119 199 200 201
환국桓國 31 32 33 37 125 126 151
166 200 204 379 808 811
환국본기桓國本紀 31 151 857
환단桓檀 32 39 127 132
환단고기桓檀古記 31 32 33 34 42 44 46 56 61 62 83 93 109 125 134
151 195 196 197 198 200 204
379 387 389 416 708 758 856
환역桓易 34
환웅桓雄 32 39 119 126 196 199
201 203 204 379
환웅 시대 204
환웅 신시시대 200
환웅 천손족桓雄 天孫族 87
환웅·천황桓雄天皇 34 125 126 148
151 195 196 200
환인桓仁 31 39 119 199 203 204
환인(桓因 또는 桓仁) 38 39 151 808
환인 시대 204
환인씨桓因氏 38
환화(桓花 또는 檀樹) 151
황궁黃穹 38 204
황극경세서皇極經世書 68 653 858
황룡사皇龍寺 380
황사荒邪 506 511 541
황제黃帝 861
황제내경黃帝內經 87 861 863
회삼귀일會三歸一 34 40 42 46 62 83
132 134 160
회향懷香 220 225 251
효·제·자孝·悌·慈 707
후厚 622
후박厚薄 374 386 420
후천 68

후천개벽 69 70 119
후천 곤도(後天 坤道) 68
휴산休算 221 232 281
흉기凶器 507 512 549
흉모兇謀 507 513 558
흑전黑箭 507 514 560
흘달屹達 32 129 858
흠무欽武 127
홍비가興比歌 818
희구喜救 578 581 594
희로애락애오욕(喜·怒·哀·樂·愛·惡·慾) 400
희로우사비경공(喜·怒·憂·思·悲·驚·恐) 400
히말라야산맥 174
힌두교 59 382

【기타】

2세 단군 부루扶婁 197 202
3·1운동 89 851
3세 단군 가륵嘉勒 198
5계五戒 380
5사 200
5사(穀·命·刑·病·善惡) 195
5세 단군 계가구을鷄加丘乙 151
6바라밀波羅蜜 81
6범範 211
6세 단군 우가달문牛加達門 151
7가람伽藍 380
7세 단군 계가한율鷄加翰栗 151
8강령八綱領 87 216 217
8계八戒 214 585 586 620
8식八識 167 766
8정도八正道 185
8조목八條目 778
8훈(誠·信·愛·濟·禍·福·報·應) 195 200
8훈(八訓 또는 八條目) 127 758
9서九誓 380
10세 단군 우가노을牛加魯乙 151
12세 단군 우가아한牛加阿漢 151
12처處 184
13세 단군 우가흘달牛加屹達 151
14세 단군 우가고불牛加古弗 151
16세 단군 우가울나牛加蔚那 151
24절기 89
33인 89
33天(忉利天) 89
49재 87
64괘 88
366사事 87 110 167 170 196 198 199 200 201 202 203 205 206 217
Allah 66 136 207
Ashvaghosha 150
Ashvaghosha, The Awakening of Faith 149

Atman 136 207

Padma Sambhava 87

『천부경·삼일신고·참전계경』

등록 1994.7.1 제1-1071
1쇄 발행 2006년 5월 10일
9쇄 발행 2023년 10월 31일

지은이 최민자
펴낸이 박길수
편집인 소경희
편 집 조영준
관 리 위현정
디자인 이주향
펴낸곳 도서출판 모시는사람들
　　　　03147 서울시 종로구 삼일대로 457(경운동 수운회관) 1207호
전 화 02-735-7173, 02-737-7173 / 팩스 02-730-7173

인 쇄 피오디북(031-955-8100)
배 본 문화유통북스(031-937-6100)
홈페이지 http://www.mosinsaram.com/

값은 뒤표지에 있습니다.

ISBN 978-89-90699-37-4　　03150
(세트)ISBN 978-89-90699-10-7　　04150